NATIONAL GEOGRAPHIC TRAVELER

USA-NATIONALPARKS

Reise- und Naturführer der 58 Nationalparks

NATIONAL GEOGRAPHIC TRAVELER

USA-NATIONALPARKS

Reise- und Naturführer der 58 Nationalparks

INHALT

S. 2/3: Goldgelb leuchtende Blumen, Great Smoky Mountains NP
Gegenüber: Nez Perce Creek, Yellowstone NP

Bärenmutter mit Jungem, Denali NP

DIE PARKS – EIN GESCHENK

Ein Merkmal dieses Führers ist seine Sorge um das Wohl der Parks, die er beschreibt. Beim Lesen werden Sie merken, dass die Beschreibungen auch Hinweise auf die Bedrohung eines Parks enthalten. Nationalparks waren stets Schlachtfelder der Naturschutzbewegungen, und sie sind es noch.

Doch auch Schlachten können anregend und lehrreich sein, und nicht nur die Parks, sondern auch unsere Zielvorstellungen entwickeln sich ständig fort. Man kann sagen, dass die Gründung eines Parks erst der Anfang ist; wenn wir es richtig machen, hören wir nie auf, den Park zu schaffen, weil wir nie aufhören, etwas über ihn – und auch über uns selbst – zu erfahren.

Es gab Zeiten, da schuf der Kongress Nationalparks, um Teilaspekte zu bewahren: hier die Tiere, da die Geysire, dort die Landschaft. Andere Elemente wurden kaum beachtet, ja missachtet. Bis in die dreißiger Jahre wurden in manchen Parks Raubtiere getötet, um die »guten« Tiere zu schützen. In der frühen Zeit des Yosemite National Park wurden die Spechte abgeschossen, wenn ihr Hämmern den Schlaf der Hotelgäste störte. In Yellowstone war gewerbliche Fischerei bis weit ins 20. Jahr-

hundert hinein ausdrücklich erlaubt. Erst mit dem Fortschreiten der Ökologie reifte die Erkenntnis, dass im Park alles miteinander verflochten ist. Langsam wurde uns klar, dass es nicht darauf ankommt, wieviel Hektar Blumenwiesen ein Park besitzt, und dass ein Park kein Zoo ist.

Stattdessen versuchen wir, das Ganze zu bewahren, alles, was da kriecht, fliegt, grast, schlägt, wächst, erodiert, tropft, ausbricht und sich entwickelt. Nennen wir es je nach Einstellung Wildnis, Natur oder Ökosystem – es ist die verwickelte Gesamtheit der Prozesse, die wir schützen müssen.

Das hat ein paar Konsequenzen, und die sind uns nicht immer lieb. Zum Beispiel die, dass Leute wie ich, die gerne angeln, genug Forellen in den Bächen lassen, damit Otter, Pelikane und Bären ebenfalls satt werden. Das heißt auch, dass wir keine Blumen pflücken und keine Steine sammeln. Es bedeutet ferner, dass wir das Wild nicht mehr füttern, sondern die Tiere ihren Weg gehen lassen – im Einklang mit ihrer Umwelt.

Kurz, es bedeutet einen radikalen Wandel unseres Naturverständnisses. Als Nation haben wir uns dafür entschieden, der Natur in wenigen, kostbaren Schutzgebieten das Recht zu geben, ihre eigene Wahl zu treffen. Wenn das beinhaltet, dass wir einen Bären aus einer halben Meile Entfernung durch Fernglas betrachten, statt ihm Aluminiumfolie durchs Autofenster zu reichen, dann soll es so sein; wir ahnten ja sowieso, was für den Bären am besten war. Wenn es bedeutet, dass wir respektieren, welche Rolle natürliche Feuer für die Regeneration der Wälder spielen, dann soll es eben so sein.

Jeder Zeitungsleser weiß, dass nicht immer alles nach Wunsch verläuft. Die Natur schert sich nicht um unsere Regeln. Die Bären lassen uns manchmal wissen, dass wir nicht immer das Sagen haben. Und Yellowstone hat 1988 bewiesen, dass Waldbrände größer werden können, als irgend jemand bis dahin erwartete. Es behauptet ja keiner, die Umstellung sei einfach. Doch je mehr wir üben, um so mehr lernen wir.

Und so haben diese wunderbaren Parks, die uns mit ihrer Schönheit entzücken und mit ihrem Frieden erquicken, noch ein weiteres Geschenk für uns bereit. Sie sind Bühnen, die uns tiefer in die Natur blicken lassen und uns lehren, was sie für die Seele des Menschen bedeutet. Leicht sind solche Lektionen nicht, aber sie sind immer die Reise wert.

Paul Schullery
Yellowstone National Park

Sonnenuntergang über den Pine Glades, Everglades NP

ZUM GEBRAUCH DIESES FÜHRERS

Jeder der 58 Landschaftsparks bietet Spaß, Abenteuer und – fast immer – eine bezaubernde Natur. Ein unbekanntes Land erkundet man am besten mit einem Führer, einem Gefährten, der die Wege ausprobiert hat, und weiß, wo es lang geht.

Unsere Beschreibungen beginnen mit den Sehenswürdigkeiten, dem ökologischen Hintergrund und der Geschichte des Parks – und häufig auch mit Gefahren durch Umweltverschmutzung, Erosion, Erschließung und anderes. Sie erfahren, warum ein einziger Schritt weg vom Wege zarten Pflanzen schaden kann und warum bestimmte Schutzgebiete dem Wild vorbehalten bleiben. Die Parks sind nicht nur für die Menschen da: Sie bewahren Lebensraum für Pflanzen und Tiere. 22 Parks wurden wegen ihrer herausragenden Naturschönheiten von den Vereinten Nationen, der UNESCO, zu »Stätten des Welterbes« erklärt; 20 genießen aufgrund ihrer ökologischen Einmaligkeit den Rang »Internationaler Biosphärenreservate«.

Bevor Sie starten: Nehmen Sie diesen Führer zur Hand und machen Sie sich mit den Parks vertraut, die Sie besuchen wollen. Sie werden sehen, dass jedem Einführungsteil drei »Wie«- und »Wann«-Abschnitte folgen; dazu nun einige allgemein gehaltene Anmerkungen.

Anreise

Vielleicht wollen Sie auf Ihrer Reise mehr als einen Park aufsuchen. Die Regionalkarten zeigen Straßenverbindungen zwischen den Parks auf. Wählen Sie weniger nach der Entfernung aus als nach der Zeit, die Sie brauchen. Die Parks liegen eben nicht an Autobahnen; die Straßen sind oft holprig und im Sommer nicht selten überfüllt.

Reisezeit

Statt sich mitten im Sommer mit anderen Touristen in einem beliebten Park zu drängen, sollten Sie lieber im Juni oder Ende August reisen und wochentags früh ankommen. Viele Parks haben einen schönen Herbst mit wenig Gästen. Im Frühling sprießen die Wildblumen, und der Winter lockt Skifahrer, Schneeschuhwanderer und Schlittschuhläufer an. Obwohl die Parks im Allgemeinen ganzjährig geöffnet sind, ist das Angebot außerhalb der Saison meist eingeschränkt. Lesen Sie mehr darüber unter den Rubriken **Reisezeit** und **Praktische Informationen**.

Reiseempfehlungen

Kaum zu glauben, aber wahr: Der typische Besucher verbringt im Schnitt einen halben Tag im Park. Und oft huscht dieser halbe Tag noch an seiner Windschutzscheibe vorbei. Ganz gleich, wie lange Sie bleiben, verbringen Sie Ihre Zeit im Park – und nicht im Auto. Das Veranstaltungsprogramm entnehmen Sie Anschlägen oder der Park-Zeitung. Unter **Reiseempfehlungen** finden Sie jeweils Vorschläge für 1/2-, 1-, 2- oder Mehrtagesbesuche. Die Autoren des Führers haben die Routenpläne entworfen und geprüft; scheuen Sie sich aber nicht, etwas auf eigene Faust zu erkunden. Unter **Ausflüge** am Ende eines Kapitels finden Sie weitere Vorschläge.

Weitere Elemente des Führers:

Karten

Die Karten zu den Parks und Regionen sollen Ihnen bei der Planung helfen. Wünschen Sie genauere Auskünfte über Wanderwege oder andere Einrichtungen im Park, dann wenden Sie sich an den *Park Service* oder an die Parkverwaltung selbst. Reisen Sie immer mit Straßenkarte.

Die Karten weisen Sondergebiete im Park aus: In *Wildness Areas* soll die Ursprünglichkeit eines Gebietes erhalten werden; Straßen, Gebäude und Fahrzeuge sind daraus verbannt. In *National Preserves* ist möglicherweise die Jagd gestattet.

Praktische Informationen

Hier sind konkrete Besucherinformationen zusammengestellt; Näheres erfahren Sie per Telefon oder im Internet (www.nps.gov). Prospekte sind meist kostenlos zu haben; Gegen eine geringe Gebühr erhalten Sie die Ausgabe der Zeitung National Park System Map and Guide, Kontakt über Consumer Information Center, Tel. 888-878-3256 oder durch die Website www.pueblo.gsa.gov.

Eintrittsgebühren. Die meisten Parks bieten Tages- bzw. Wochenkarten an, aber auch Jahreskarten.Für 80 $ können Sie den Pass »America the Beautiful« kaufen, der für ein Jahr bis zu vier Personen in einem Privat-Pkw freien Eintritt in alle Nationalparks gewährt, dazu in Einrichtungen des U.S. Fish and Wildlife Service, U.S. Forest Service und des Bureau of Land Management. Wer über 62 Jahre alt ist, kann den »America the Beautiful Senior Pass« für $10 erwerben; Behinderte erhalten den »Golden Access Pass« kostenlos. Beide Pässe haben unbegrenzte Gültigkeit und gelten für alle Mitreisenden im Wagen und für alle Nationalparks und entsprechende Gebiete der Bundesstaaten. Die Ausweise sind an jeder Kassierstelle des *Park Services* zu erhalten.

Weitere Informationen: Tel. (888) 275-8747; www.recreation.org.

Tiere. Prinzipiell sind Hunde, Katzen u.a. auf Wegen, in Gebäuden oder im Landesinneren nicht erlaubt. Anderswo müssen die Tiere an die Leine genommen werden. Achten Sie auf die Beschilderung.

Einrichtungen für Behinderte. Hier finden Sie Angaben darüber, welche Gebiete der jeweiligen Parks, einschließlich Visitor Center und Wege, für Behinderte zugänglich sind.

Besondere Ratschläge: • Gehen Sie kein Risiko ein. Immer wieder kommen in Nationalparks Menschen zu Tode oder werden schwer verletzt. Die meisten Unfälle geschehen durch Leichtsinn oder weil klare Warnungen nicht beachtet werden.

• Halten Sie Abstand von wilden Tieren. Nicht füttern und nicht versuchen, sie zu berühren – auch nicht Waschbären oder Backenhörnchen (die Krankheiten übertragen können). Schrecken Sie möglichst keinen Bären auf, und lassen Sie keinen an sich heran. Kommt er dennoch, verscheuchen Sie ihn durch Schreien, Händeklatschen oder Töpfeschlagen. Verstauen Sie alle Nahrungsmittel im Auto, oder hängen Sie sie 5 m hoch und 3 m vom Stamm an einen Baum.

• Schonen Sie Ihre Gesundheit. Überfordern Sie sich nicht, wenn Sie nicht trainiert sind. Wasser abkochen, wenn es nicht aus einem Trinkwasserhahn des Parks kommt. Chemische Mittel vernichten nicht Giardia, ein Protozoon, das schweren Durchfall auslöst und sogar in kristallklaren Bächen lauert. Achten Sie auf Warnungen vor Unterkühlung und der Lyme-Krankheit. Im Westen stellt manchmal das Hantavirus eine Gefahr dar; es wird durch Mäuse übertragen.

• Manche Strecken werden Sie mit Wohnwagen nicht befahren können,

schon gar nicht mit Anhänger. Beachten Sie die Verkehrsvorschriften bei Einfahrt in den Park.

Campingplätze. Zentrale Reservierungen sind möglich: Acadia, Channel Islands, Death Valley, Everglades, Grand Canyon, Great Smoky Mountains, Joshua Tree, Katmai, Mammoth Cave, Mount Rainier, Olympic, Rocky Mountain, Sequoia & Kings Canyon, Shenandoah, Waterton-Glacier und Zion.

Bitte kümmern Sie sich früh um Reservierungen.

Der National Recreation Service (NRRS, Tel. 877-444-6777) akzeptiert Reservierungen für Arches, Big Bend, Black Canyon of the Gunnison, Bryce, Lassen, North and Cascades.

Unterkunft. Die Angaben über Unterkünfte im Führer sind als Service für den Leser gedacht. Die Verzeichnisse sind in keiner Weise vollständig und bedeuten keine Empfehlung durch die National Geographic Society. Die Daten waren bei Drucklegung der deutschen Ausgabe des Buches gültig; sie können sich seitdem geändert haben. In den meisten Parks gibt es komplette Listen der Unterkünfte im Gebiet; auf Wunsch schickt man sie Ihnen zu. Auch die örtlichen Fremdenverkehrsämter erteilen sehr gern Auskunft.

1 EPC

DER OSTEN

DER OSTEN

Erst nachdem die landschaftlichen Schönheiten des Westens längst ihre Fürsprecher gefunden hatten, wandten sich die Planer den stilleren Reizen des Ostens zu. Die Bedrohung der Natur durch expandierende Städte und das Anschwellen des Autoreiseverkehrs nach dem Ersten Weltkrieg führten zur Einrichtung von Parks auch im Osten. Zwischen 1919 und 1926 bewilligte der Kongress die ersten drei im Faltenwurf der Appalachen. Heute

zählen diese Parks – Acadia, Great Smoky Mountains und Shenandoah – zu den beliebtesten des Landes.

Acadia schützt Pflanzen und Tiere, Berge, Inseln, Meer und Gezeitentümpel an einem wilden Streifen Küste in Neuengland. Die Laubwälder und blühenden Wiesen von Shenandoah – wo 250 Jahre lang gerodet, geackert und geweidet wurde – beweisen die Fähigkeit der Natur, sich zu erneuern. Great Smoky breitet seinen

Die Liebe der Amerikaner zum Automobil förderte den Straßenbau und trug so zur Schaffung der Nationalparks im Osten bei. Im Jahre 1935 wurde der Blue Ridge Parkway als staatliches Arbeitsprojekt in Angriff genommen; ein Jahr später wurde er dem Park Service unterstellt. Als meistbefahrene Parkstraße des Landes verbindet Blue Ridge den Skyline Drive von Shenandoah mit dem Great Smoky Mountains National Park. Zusammen bilden beide eine Kammstraße, die von Ausstellungsstätten und Wanderwegen begleitet wird.

Schutzmantel über jungfräuliche Wälder an Hängen bis 1800 m, in denen über 100 Baumarten gedeihen.

Seit den 1920er Jahren hat der Kongress weitere spezifische Biome im Osten unter Schutz gestellt. Im Mammoth Cave National Park erstreckt sich auf insgesamt 320 Meilen das größte Höhlennetz der Welt. Isle Royale, an der US-kanadischen Grenze, umfasst das gesamte Ökosystem einer Insel. In und an Seen, dichten Wäldern und fjordähnlichen Küsten leben Wölfe und Elche, ihre Beutetiere.

Nicht weit davon legt sich ein Geflecht von Seen und zahllosen Wasserarmen über die Wälder von Voyageurs National Park, benannt nach den französisch-kanadischen Pelzhändlern, die hier etwa hundert Jahre lang mit Kanus durch die Wälder glitten.

Eine andere Sorte Wasser – nämlich das aus heißen Quellen – gab Anlass zur Gründung des kleinen Hot Springs National Park. Die meisten der 47 heißen Quellen werden in die Rohrleitungen der Badehäuser der alten Kurstadt geleitet.

Eine Unterwasserwildnis erwartet Sie im Biscayne National Park in Florida, wo das nördlichste aktive Korallenriff der kontinentalen USA wächst. Westlich von Biscayne liegt Everglades National Park, gegründet 1947, nicht so sehr, um die Landschaft zu erhalten, sondern um ein einmaliges Ökosystem zu schützen, wie es sich um einen langsam fließenden Strom von geringer Tiefe und 80 km Breite gebildet hat. Everglades bietet einer

In den 1960er Jahren setzte es sich der National Park Service zum Ziel, in jedem größeren Naturraum des Landes einen Park als »Vignette des ursprünglichen Amerikas« zu schaffen. Die jüngeren Parks des Ostens – Cuyahoga Valley, Biscayne, Dry Tortugas und Voyageurs – bereicherten die schon vorhandene Mannigfaltigkeit.

höchst vielfältigen Tierwelt mit vielen bedrohten Arten Raum, ist aber durch den steigenden Wasserbedarf der Städte und Landwirtschaft in Südflorida selbst gefährdet.

Westlich von Key West, inmitten einer 7 Meilen langen Inselgruppe, reich an Vögeln und Meerestieren, befindet sich auf einer ehemaligen Festung des 19. Jahrhunderts der Dry Tortugas National Park.

Fern vom Festland auf St. John liegt Virgin Islands National Park. Seine dicht mit Bayrum, Mango und Trompetenbäumen bewachsenen Hügel fallen zu Sandbuchten hin ab, die von türkisblauem Wasser und Korallenriffen eingerahmt werden.

Sonnenaufgang an Acadias rosa Granitküste

ACADIA

MAINE

GEGRÜNDET 26. FEBRUAR 1919

193 Quadratkilometer

Meer und Berge begegnen sich in Acadia, wo »man mit der einen Hand fischen und mit der anderen Blaubeeren sammeln kann« – wie ein offenbar beidhändig begabter Besucher schrieb. Der größte Teil Acadias liegt auf Mt. Desert Island, einem Patchwork aus Park, Privatland und Küstensiedlungen, die sich in der Saison mit »Sommergästen« – wie sie die Einheimischen nennen – füllen. Andere Teile des Parks liegen über kleinere Inseln und eine Halbinsel verstreut.

Mt. Desert Island war einst kontinentales Festland, ein granitener Gebirgsrücken am Randes des Ozeans. Vor etwa 20 000 Jahren schoben sich mächtige Gletscher, die stellenweise 3 km dick waren, über das Bergland, schliffen die Gipfel ab, schnitten Sättel ein, hobelten Seen aus und weiteten die Täler. Als die Gletscher abschmolzen, stieg das Meer: Die Täler wurden überflutet, die Küste »ertrank«, Das voreiszeitliche Bergland wurde in die mit Seen übersäte, gebirgige Insel verwandelt, die heute wie eine Hummerschere in den Atlantik ragt.

Samuel de Champlain, der die Küste 1604 erforschte, nannte die Insel L'Isle des Monts Déserts, was manchmal mit »Insel der kahlen Berge« übersetzt wird. (Von seinem Schiff aus konnte er die bewaldeten Hänge der Berge wohl nicht sehen). Die Sommergäste entdeckten Mt. Desert Mitte des 19. Jahrhunderts neu, bauten Häuser, die sie

»Cottages« nannten, machten ihre Jachten in felsumgürteten Häfen fest und genossen die Ursprünglichkeit des Landes. Diese zu bewahren, stifteten sie Land für den heutigen Park, den ersten östlich des Mississippi.

Nachdem er einmal aus Landschenkungen hervorgegangen war, nahm der Park auch später alles an, was ihm angeboten wurde, und so wuchs er Stück um Stück. Acadias Grundbesitz war lange Zeit so zerstückelt, daß seine amtlichen Grenzen erst im Jahre 1986 festgelegt wurden.

Als sechstkleinster Nationalpark der Vereinigten Staaten gehört Acadia – mit 3 Millionen Besuchern pro Jahr – zu den 10 meistbesuchten Parks. Sie bringen etwas zu Wege, was den ersten Sommergästen auf Mt. Desert noch fremd war: Verkehrsstauungen.

Anreise

Von Ellsworth (ca. 28 Meilen südöstlich von Bangor) über Maine 3 nach Mt. Desert Island, wo sich der Hauptteil des Parks befindet; das *Visitor Center* liegt ca. 3 Meilen nördlich von Bar Harbor. Ein weiterer Teil des Geländes liegt südöstlich von Ellsworth auf der Schoodic Peninsula, eine Fahrt von 1 Stunde von Bar Harbor. Anreise zu den Inseln des Parks: siehe **Die Inseln**. Flughäfen: Bangor und Bar Harbor.

Reisezeit

Ganzjährig geöffneter Park, aber das *Main Visitor Center* ist von Mitte April bis Oktober geöffnet. Im Juli und August drohen Verkehrsstaus. Auch zieht der Herbstwald von September bis Ende Oktober viele Besucher an. Schnee und Eis blockieren viele Parkstraßen von Dezember bis Mitte April, aber Skilanglauf ist möglich.

Reiseempfehlungen

Planen Sie mindestens einen Tag für **Mt. Desert Island**, mit Fahrten auf der **Park Loop Road** (20 Meilen) und der Gipfelstraße zum Mount Cadillac. Am 2. Tag: Besuch der **Schoodic Peninsula** mit unverstellten Ausblicken auf die Felsenküste von Maine. Haben Sie mehr Zeit, dann wandern Sie oder besuchen Sie eine der kleineren Inseln.

MOUNT DESERT ISLAND

60 Meilen; mindestens 1 ganzer Tag

Stehen Sie früh auf, wenn Sie von einer Rundfahrt im Sommer durch **Mt. Desert Island** auf der **Park Loop Road** etwas haben wollen. (An klaren Tagen bilden sich zwischen 10 und 15 Uhr oft Autoschlangen). Erkundigen Sie sich am Vortag, wann die Sonne aufgeht (in der Lokalzeitung im *Visitor Center*).

Dann: eine halbe Stunde vor Morgengrauen frühstücken, eine Decke einpacken und hinauf auf den 460 m hohen **Cadillac Mountain**. Es sind 3½ Meilen Serpentinen bis zum Parkplatz.

Gehen Sie nun zum **Summit Trail** und suchen Sie sich eine nach Osten gerichtete Felsnische. Hier, auf dem höchsten Berg der Ostküste Amerikas nördlich von Brasilien, dämmert der Morgen früher als an den meisten - anderen Orten der kontinentalen USA. Haben Sie genügend Morgenrot genossen, dann pflücken Sie sich im Lichte des neuen Tages Blaubeeren am Wege.

Beim Abstieg schauen Sie auf **Frenchman Bay** hinunter, eine weite Wasserlandschaft mit eingesprengten Inseln; der Name deutet auf frühe französische Siedler hin. (Man kann auch eine zweistündige Bootsrundfahrt in die Bucht unternehmen; Abfahrtszeiten am *Municial Pier* in Bar Harbor erfragen.)

Kehren Sie zur *Loop Road* zurück und biegen Sie nach rechts. Nach

Leuchtturm von Bass Harbor Head in der Abenddämmerung

knapp ½ Meile biegen Sie wieder rechts ab (von hier ab Einbahnstraße) und fahren vor bis zum Meer. Zwei lohnende Haltepunkte sind das **Sieur de Monts Spring Nature Center** und die **Wild Gardens of Acadia**; beide zeigen typische Lebensräume. Lassen Sie **Sand Beach** vorerst unbeachtet. Vielleicht kommen Sie später zum Baden oder Sonnenbaden zurück (auch wenn das Wasser im Sommer nur zwischen 10° und 13° C warm ist).

Knapp 1 Meile weiter weist ein Schild auf **Thunder Hole** hin. Gehen Sie dort die Betontreppe zu dem Felsschlund hinunter, nach dem der Ort benannt ist: Das Donnergrollen entsteht, wenn die Luft darinnen von der heranrollenden Flut zusammengepresst wird und explosionsartig entweicht. Aber vielleicht hören Sie auch nur ein Gurgeln und Schwappen: Das Donnern ertönt wohl nur bei steigender Flut oder bei Sturm.

Das nächste Ziel sind die 33 m hohen **Otter Cliffs**. Gehen Sie vom Parkplatz über einen Strandpfad zum **Otter Point**. Die bunten Bojen, die vor der Küste auf und ab tanzen, markieren Hummerfallen. Genießen Sie hier das herbe Flair der Küste von Maine: Felsen, Möwen und der Geruch salziger Luft. Am **Hunters Head** verläßt die *Loop Road* die Küste und führt bald zweibahnig zum Ausgangspunkt zurück. Am Wege liegt **Jordan Pond**, einer der vielen, von Gletschern ausgeschürften Teiche.

Bisher waren Sie im Ostteil der Insel; wenn Sie den Westteil erkunden wollen, müssen Sie zunächst aus dem Park heraus und dann wieder in ihn hineinfahren. Sie fahren zunächst auf der *Loop Road* nach Norden, dann auf Maine Hwy. 233 nach Westen zum Maine 198, dann auf Maine 102 nach Süden durch Somesville hindurch. Links liegt **Somes Sound**, der einzige Fjord an der Atlantikküste der USA, und rechts **Echo Lake**, ein Badesee mit einem kleinen Strand. Sie durchqueren Southwest Harbor und biegen kurz danach, vor Manset, auf Maine 102A nach links ab: Sie erreichen ein großes Stück Park. Bei **Seawall** können Sie Picknick machen und sich auf dem nahen 1¼ Meilen langen **Ship Harbor Nature Trail** die Beine vertreten: Sie erleben, wie bewaldeter Küstensaum und Gezeitensee ineinander greifen.

Ein kurzer Umweg vom 102A weg führt zum **Bass Harbor Head**, wo ein Leuchtturm aus dem 19. Jahrhundert steht. Weiter geht es auf 102A nach **Bass Harbor**, dann auf 102 durch Tremont, dann 7 Meilen nordwärts in ein Gebiet namens **Pretty Marsh** – ein herrlicher Platz zum Picknicken. Ein kurzer Pfad führt zu einem mit Felsen übersäten Strand. Auf 102 kommen Sie dann schließlich über Somesville zurück zum *Visitor Center*.

FAHRWEGE UND WANDERUNGEN

John Rockefeller Jr., Sommergast auf Mt. Desert Island, hat seit 1917 den Bau eines 57 Meilen langen Netzes von breiten Kieswegen für Pferdewagen gefördert. Überzeugt davon, dass das neumodische Automobil die Ruhe der Insel stören würde, verbannte er es von den Fahrwegen. Die Wege wurden mit 17 Brücken aus handbehauenem Granit geschmückt – jede von ihnen ein Kunstwerk. Später hat Rockefeller das Wegenetz plus 4500 Hektar seines Landes dem Park übereignet. Die Fahrwege, die noch immer für Autos gesperrt sind, stehen bei Wanderern, Radlern, Reitern und Skilangläufern hoch im Kurs.

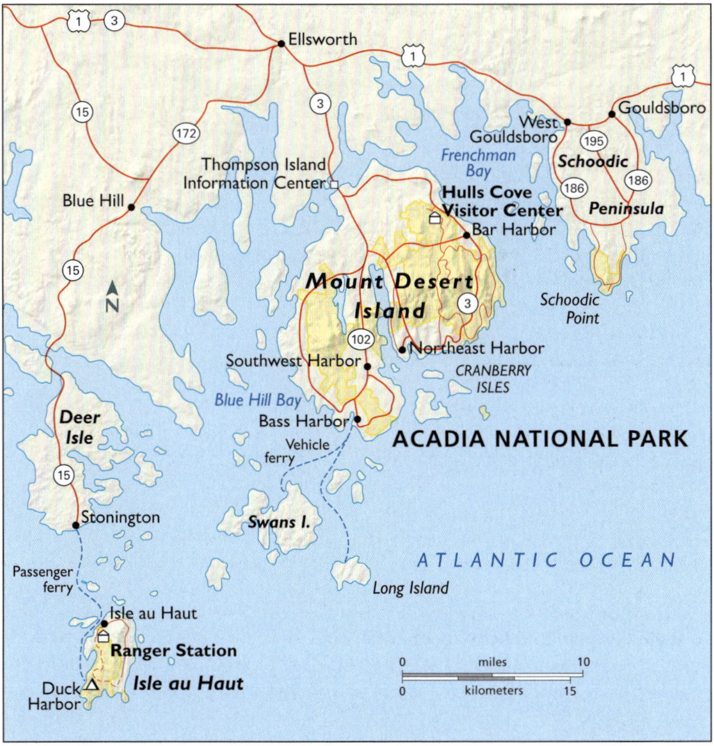

Union River Bay
Trenton
Hancock County-Bar Harbor Airport
LAMOINE S.P.
Hadley Pt.
Eastern Bay
West Trenton
Mount Desert Narrows
Thomas I.
Thompson Island Information Center
Hamilton Pond
Salsbury Cove
Western Bay
Indian Point
Town Hill
Lake Wood
Youngs Mt. 680 ft
Aunt Betty Pond
MOUNT DESERT ISLAND NATIONAL PARK
Somes Pond
Round Pond
Somesville
Bar I.
Bartlett Island
Somes Sound
Sargent Mt. 1,373 ft
Pretty Marsh
Hall Quarry
Penobscot Mt. 1,194 ft
Pretty Marsh Harbor
Long Pond
Echo Lake
Hodgdon Pond
Folly I.
Acadia Mt. 681 ft
Upper Hadlock Pond
Echo Lake Beach
Lower Hadlock Pond
Valley Cove
Gatehou
Hardwood Island
Mansell Mt. 949 ft
Beech Mt. 839 ft
Seal Cove Pond
Bernard Mt. 1,071 ft
The Narrows
Northeast Harbor
Northeast Harbor
Moose Island
Seal Cove
Seal Cove
Greening Island
SEAL COVE RD.
Southwest Harbor
Southwest Harbor
Passenger ferries
Manset
West Tremont
Bass Harbor Marsh
Blue Hill Bay
Bar I.
Cranberry Isles
Goose Cove
Duck Cove
Bernard
Western Way
Trumpet I.
Seawall
Bass Harbor
Bass Harbor
WONDERLAND TRAIL
Ship I.
SHIP HARBOR TRAIL
Ship Harbor
Bass Harbor Head
To Swans Island
To Long Island

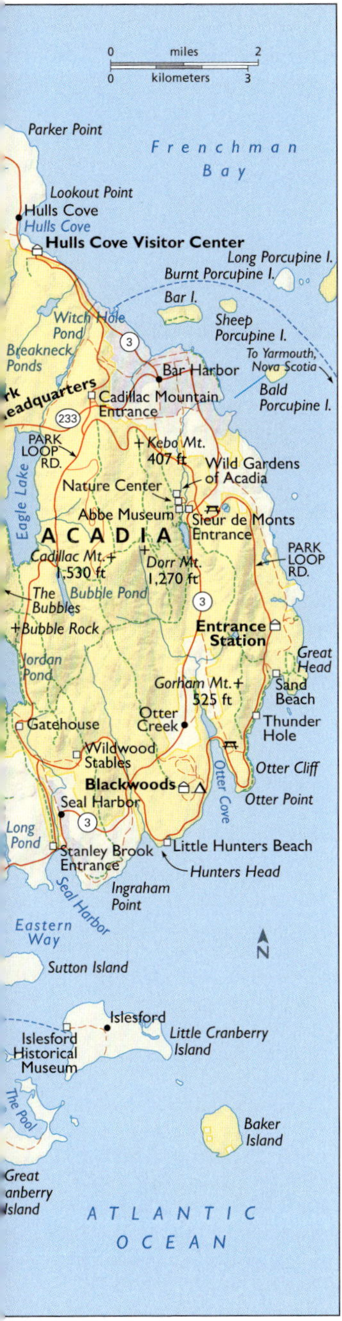

Probieren Sie mal die 4,5 Meilen lange **Hadlock Brook Loop**. Parken Sie am Maine Hwy. 198 gleich nördlich von **Upper Hadlock Pond**. Gehen Sie an der Abzweigung links nach Osten zur **Hemlock Bridge**, einem Schmuckstück aus handgehauenem Stein. Folgen Sie dem Weg bergauf zu einer zweiten hübschen Brücke, der **Waterfall Bridge**, die neben einem 12 m hohen Wasserfall liegt. (Wenn Sie jetzt umkehren, sind Sie hin und zurück 1,8 Meilen gewandert.) Wenn Sie die Brücke überqueren und 1 Meile weiter nach Süden gehen, kommen Sie an eine gut markierte Kreuzung. Biegen Sie bei Intersection 19 rechts und bei Intersection 18 nochmals rechts ab und gehen Sie am See entlang.

Vielleicht sehen – und hören – Sie Seetaucher. Der Weg führt über die **Hadlock Brook Bridge** zum Ausgangspunkt zurück.

Der Park bietet noch 120 weitere Meilen Wanderwege, leichte Spazierwege am Meer und am See oder steile Kletterpfade zum Cadillac oder auf andere Berge hinauf.

Wenn Sie einen Ausflug in die Geschichte machen wollen, dann probieren Sie **Gorge Road**. An steileren Stellen sind Stufen eingebaut, die um die Jahrhundertwende von Sommergästen angelegt wurden, die sich zwar betätigen, aber nicht überanstrengen wollten. Der Weg beginnt am Parkplatz an der Park Loop Road unweit des 120 m hohen **Kebo Mountain**. Er verläuft zunächst durch Wald; auf dem Boden einer Felsschlucht markieren Steinhaufen seinen Verlauf. Nach etwa 1 Meile kommt man an eine Kreuzung. Hier hat man nun die Wahl, ob man denselben Weg zurückgeht oder aber zum Cadillac oder zum **Dorr Mountain** voranstürmt; zu beiden führen steile Wege von über 1½ Meilen Länge.

Morgennebel über Ruder- und Fischerbooten in Seal Harbor

SCHOODIC PENINSULA

100 Meilen; ein halber Tag

Zu dem 45 Meilen von Bar Harbor entfernten Vorposten des Parks, **Schoodic Peninsula**, gelangt man über Maine 3 und US 1 in Richtung West Gouldsboro. Von dort geht es auf Maine 186 südwärts nach Winter Harbor und weiter zum Eingang des Parks.

Nehmen Sie von hier die 6 Meilen lange einbahnige Strecke nach **Schoodic Point**. Die mächtigen Granitfelsen hier sind von schwarzen Diabasgängen durchbrochen – Magma, das einst durch Spalten emporgestiegen ist. Die donnernde Brandung ist auf Schoodic fast noch eindrucksvoller als auf Mt. Desert Island. Und es gibt bei diesem Schauspiel hier weit weniger Zuschauer!

Ein Netz aus Wanderwegen erschließt den Westen. Sie gehen dabei durch Feuchtgebiete und Wälder. Der längste Pfad ist der **Anvil Trail**, der vom Parkplatz Blueberry Hill aus ansteigt und schöne Aussichten auf Little Moose Island und Frenchman Bay bietet. Achten Sie auf Tiere, darunter Baumstachler wie der *urson* Waschbären und Elche.

DIE INSELN

jeweils ein ganzer Tag

Teile von Acadia liegen auf Inseln. Zwei davon sind die **Isle au Haut**, zur Hälfte in Privatbesitz, und Little Cranberry Island mit dem Islesford Historical Museum. Beide werden das Jahr über von Postschiffen angelaufen (Autofähren gibt es nicht); die Fahrpläne sind im *Visitor Center* zu erfragen.

Die Fahrt zur **Isle au Haut**, der von Samuel de Champlain so benannten »hohen Insel«, beginnt in Stonington an der Südspitze von **Deer Isle**, ca. 40 Meilen von Ellsworth. Rechnen Sie mindestens 2 Stunden für die Fahrt von Mt. Desert Island und die Suche nach einem Parkplatz in Hafennähe. Nehmen Sie ein Lunchpaket mit! Das

Postboot befördert die Gäste nach dem Prinzip, *first come, first served.* Die 45 Minuten dauernde Überfahrt endet am Town Landing. Im Sommer hält das Schiff auch in **Duck Harbor**, einem parkeigenen Zeltplatz und Trailhead.

Wenn Sie wandern wollen, steigen Sie am Town Landing aus und gehen die Straße zur Ranger Station hinüber. Dort beginnt der 4 Meilen lange **Duck Harbor Trail**, der durch Wald, Strand und Blaubeersträucher – man darf davon pflücken und essen – nach Duck Harbor führt. Hier können Sie den Tag über wandern, eine Wald- und Küstenlandschaft genießen und Ausschau halten nach Fischadlern und Weißkopf-Seeadlern. Am späten Nachmittag bringt Sie das Boot zurück.

Die 2½ Meilen lange Bootsfahrt vom Hafen im Nordosten zur **Little Cranberry Island** dauert bei gutem Wetter 20 Minuten; auch im Südwesten kann man ein Boot bekommen.

Auf der kleinen Insel mit ihrer Felsküste und den einsamen Landstraßen leben 80 Einwohner, deren Familien schon seit dem 18. Jahrhundert hier ansässig sind.

Wenn ihr Boot sich dem Hafen des hübschen Dorfes **Isleford** nähert, entdecken Sie zwei auffällige Gebäude: den hölzernen **Blue Duck Ship's Store**, ein Laden für Schiffer, und direkt dahinter das **Isleford Historical Museum**; es ist in einem Backsteinbau im neogeorgianischen Stil untergebracht. Beide Häuser gehören zum Acadia National Park.

Ausgestellt sind Schiffsmodelle aus den Anfängen des 20. Jahrhunderts, Navigations- und andere Seefahrerutensilien sowie Puppen und Spielzeuge, Fotos und alte Werkzeuge. Sie erinnern an die Seefahrertradition der fünf Cranberry Isles.

Schön ist auch eine **Islesford Historical Cruise** (Tel. 207-276-5352; Reservierung erforderlich). Ausgangspunkt für die von einem Ranger geführte Tour ist der Municipal Pier am Northeast Harbor; die Boote halten in Little Cranberry Island und richten ihren Blick auf die Geschichte der Insel.

Blick vom Cadillac Mountain auf die Porcupines in der Frenchman Bay

PRAKTISCHE INFORMATIONEN

ZENTRALE
P.O. Box 177, Bar Harbor, Maine 04609. Tel. (207) 288-3338; www.nps.gov/acad

SAISON UND ANREISE
Ganzjährig geöffnet, doch im Winter sind Besuchereinrichtungen geschlossen; die Park Loop Road wird z.T. nicht geräumt. Wetterinformationen (auf Band) über Tel. (207) 667-8910 zu erfragen. Wegen Bootsfahrten nach Isle au Haut (207) 367-5193, nach Islesford (207) 276-5352 anrufen.

BESUCHERINFORMATIONEN
Visitor Center, Maine Hwy. 3 südlich von Hull's Cove, täglich geöffnet, Mitte April bis Oktober. Ebenso **Thompson Island Information Center**, Maine 3 kurz vor der Brücke zur Mt. Desert Island. Außerhalb der Saison: Auskunft bei der **Zentrale**, 2½ Meilen westlich von Bar Harbor an Maine 233.

GEBÜHREN
23. Juni–Mitte Oktober: $20 pro Auto für eine 7-Tages-Karte, $10 für eine 7-Tages-Karte, von Mai bis einschließlich Oktober.

TIERE
An der Leine erlaubt, außer an Badeseen, in öffentlichen Gebäuden, auf einigen Wanderwegen und auf dem Campingplatz Isle au Haut.

EINRICHTUNGEN FÜR BEHINDERTE
Visitor Center, einige Toiletten und Fahrwege sind für Rollstuhlfahrer geeignet. Broschüre gratis.

AKTIVITÄTEN
Kostenlose naturkundliche Veranstaltungen: Naturwanderungen, Sternenschau, Filme, Dia-Vorträge. Außderm: Busfahrten (Tel. 207-288-3327; auch 207-288-9899), Bucht- und Inselrundfahrten, Kutschfahrten, Heuwagenfahrten, Audio-Führung mit Tonband, Wandern, Radfahren, Reiten, Schwimmen, Fischen, Skilanglauf, Schneeschuhlaufen, Schlittschuhlaufen, Eisfischen und Schneemobilfahren.

BESONDERE RATSCHLÄGE
- Seien Sie vorsichtig bei Steinen und Felsen in der Nähe des Wassers; Rutschgefahr durch Algen.
- Im Frühling und Herbst kann es zu Sturmfluten kommen.

FREIES ZELTEN
Nicht erlaubt.

CAMPINGPLÄTZE
Zwei Campingplätze, beide auf 14 Tage begrenzt. **Blackwoods** ganzjährig geöffnet. Reservierung bei NRRS (siehe Seite 11) empfohlen. Mai bis Oktober; übrige Zeiten: first come, first served. $20 pro Nacht. **Seawall** geöffnet Ende Mai bis 30. September. $14–$20 pro Nacht. Duschen auch außerhalb des Parks. Zelt- und Wohnwagenplätze; keine Anschlüsse.

UNTERKUNFT
(wenn nicht anders vermerkt, gelten Preise für 2 Personen im Doppelzimmer zur Hauptsaison)

In Bar Harbor, Maine 04609:
Bar Harbor Inn (Newport Drive) P.O. Box 7. Tel. (207) 288-3351 oder (800) 248-3351. 153 Zimmer. $199–$369. Pool, Restaurant.
Bayview 111 Eden St. Tel. (800) 356-3585 oder (207) 288-5861. 33 Zimmer. $165–$480. Pool. Geöffnet Mitte Mai bis Mitte Oktober.
Cleftstone Manor 92 Eden St. Tel. (207) 288-4951. 17 Zimmer. $100–$225. Geöffnet Mitte April bis 30. November.
Cromwell Harbor Motel 359 Main St. Tel. (207) 288-3201. 26 Zimmer. $95–$150.
Wonder View Inn & Suites 50 Eden St. Tel. (888) 439-8439 oder (207) 288-3358. 79 Zimmer. $139–$199. Pool, Restaurant. Geöffnet Mai bis November.

In Northeast Harbor, Maine 04662:
Asticou Inn (Hwy.3) Tel. (207) 276.3344. (800) 258-3373. 48 Zimmer. $225–$340 mit 2 Mahlzeiten. Pool, Restaurant. Geöffnet Ende Mai bis Mitte Oktober.
Kimball Terrace Inn 10 Huntington Rd. Tel. (800) 454-6225 oder (207) 276-3383. 71 Zimmer. $75–$190. Pool, Restaurant.
Moorings Inn Shore Rd., Manset. Tel. (800) 596-5523. 22 Zimmer, einige mit Küche. 4 Cottages. $85–$110. Mai bis Oktober. Restaurant, Bootsverleih.

Weitere Unterkünfte: Chambers of Commerce von Bar Harbor, Tel. (207) 664-2940, Northeast Harbor, Tel. (207) 276-5040, und Southwest Harbor, Tel. (207) 244-9264.

AUSFLÜGE

MOOSEHORN NATIONAL WILDLIFE REFUGE
CALAIS, MAINE

Im Frühjahr zeigt sich hier das Waldschnepfen-Männchen bei seinem Balzflug. Beide Teile des Naturparks schützen den Lebensraum der amerikanischen Waldschnepfe und anderer Waldtiere. Enthält zwei Naturschutzgebiete. 98 km². Angebote: Wandern, Bootfahren, Radfahren, Fischen, Jagen, Wintersport. Ganzjährig geöffnet, *dawn to dusk*. Zentrale in Baring Unit, nahe US 1, etwa 75 Meilen vom Acadia NP. Tel. (207) 454-7161.

MAIN COASTAL ISLANDS NATIONAL WILDLIFE REFUGE
STEUBEN, MAINE

Wasserzugvögel und Schnepfenvögel rasten hier und auf mehr als 49 Inseln vor der Küste. Die beiden Wanderwege führen durch Fichten- und Strauchkieferbestände, Blaubeerbüsche und Torfmoor. Auf Petit Manan Island gibt es eine der größten Nistkolonien für Seevögel und einen Leuchtturm. April bis August geschlossen. 32 km². Wanderwege. Halbinsel ganzjährig geöffnet, *dawn to dusk*. Zufahrt von US 1 in Steuben, etwa 35 Meilen vom Schoodic Unit des Acadia NP. Tel. (207)546-2124.

RACHEL CARSON NATIONAL WILDLIFE REFUGE
WELLS, MAINE

An der Südküste von Maine zwischen Kittery und Cape Elizabeth gelegen, bieten die 11 Units dieses Naturparks Einblick in den sensiblen Lebensraum einer Gezeitenmündung. Die *Unit* von Wells bietet den 1 Meile langen Lehrpfad *Carson Trail*; daneben nistende und ziehende Schnepfenvögel, Watvögel, Wasservögel und Greifvögel. 21 km². Angebote: Wandern, Kanufahren, Jagen, Picknickplätze, Panoramastraßen, Skilanglauf, Zugang für Behinderte. Ganzjährig geöffnet, *dawn to dusk*. Zentrale in Wells, Maine 9, nahe US 1, etwa 160 Meilen vom Acadia NP. Tel. (207) 646-9226.

Ein Schwarm kleiner Fische flieht vor einem Raubfisch

BISCAYNE

FLORIDA
GEGRÜNDET 28. JUNI 1980
700 Quadratkilometer

Biscayne ist ein Gemälde in Wasserfarben. Es bietet Ansichten zu Land und unter Wasser. Vom schmalen Küstensaum des Parks schweift der Blick über eine Bucht, die oberflächlich ruhig, darunter aber voller Leben ist. An Bord eines Glasbodenbootes kann man einiges von diesem Leben erblicken: grell-bunte Fische, fantastisch geformte Korallen, sanft wogendes Seegras.

Biscayne – das ist Wildnis unter Wasser. Nur 5% des Parks sind Land: etwa 40 kleine Koralleninseln und eine Mangrovenküste, die längste unbebaute Küste dieser Art im Osten der USA. Die Tiere des Parks sind unter Wasser zu finden: äußerst kleine, ganz ungewöhnliche Lebewesen. Die am weitesten verbreitete Lebensgemeinschaft ist die des Korallenriffs – Kolonien winziger Polypen, die Kalk ausscheiden und in stetig wachsenden Felsgebilden leben. Die Korallenriffe von Biscayne gehören zu den wenigen lebenden der kontinentalen USA.

Der Park hat ein Ökotop bewahrt, das vom »Fortschritt« bereits zum Tode verurteilt war. Die Gefahr drohte um 1960, als geplant wurde, die nördlichen Keys von Florida, von Key Biscayne bis Key Largo, für Ferien- und Wohnsiedlungen zu erschließen. Naturschützer kämpften um die Bucht von Biscayne: 1968 wurde sie zum National Monument erklärt. Bei Gründung des Biscayne National Parks wurden die Grenzen um weitere kleine Inseln und Riffe erweitert.

Biscayne umfaßt ein vielfältiges Ökosystem von der Mangrovenküste bis zum Golfstrom. Neben dem Mangrovensaum an der Küste und dem lebenden Korallenriff gibt es zwei weitere Biotope: die kleinen Inseln und die seichten Gewässer der Bucht. Und die Überschneidungen bringen noch weitere Lebensformen hervor.

Alles wird durch die Barriere der nördlichsten Keys gegen den Ozean abgeschirmt. So geschützt, ist die Bucht Schongebiet für alle Lebewesen und eine Freude für den Besucher, der in die Tiefe schauen will.

Anreise

Von Miami nehmen Sie den Florida Turnpike (Fla. 821) Richtung Süden bis Speedway Boulevard; dort links abbiegen. Nach 4 Meilen auf dem Speedway Boulevard geht es links auf den North Canal Drive (Osten); dem folgen Sie bis zum Parkeingang. Von Homestead (ca. 9 Meilen) nimmt man die SW 328th St. (North Canal Drive), um zum Eingang des Parks zu kommen. Flughafen: Miami.

Reisezeit

Ganzjährig geöffneter Park. Die beste Zeit für einen Besuch ist von Mitte Dezember bis Mitte April, die trockene Jahreszeit im subtropischen Florida. Im Sommer ist mit Moskitos und schnell aufziehenden Gewittern zu rechnen; das Wasser ist aber meist ruhig. Hurrikane sind selten.

Reiseempfehlungen

Sie sehen Biscayne am besten bei einem konzessionierten Bootsausflug. Auf einer ***reef cruise*** betrachten Sie die Unterwasserwelt durch den Glasboden eines Bootes, oder Sie schwimmen auf einem Schnorchelausflug durchs flache Wasser. Für erfahrene Taucher werden Tauchfahrten zum Außenriff angeboten (Voranmeldung ratsam). Bei geringer Nachfrage oder bei rauem Wetter können Bootsfahrten ausfallen. Obwohl dies ein Wasserpark ist, lohnt auch eine Wanderung entlang der Mangrovenküste am Rande dieses marinen Ökosystems.

FAHRT ZU DEN RIFFEN

ein halber Tag

Buchen Sie die Fahrt rechtzeitig (siehe **Praktische Informationen**). Die Fahrpläne verschieben sich je nach Saison. Bei **Convoy Point**, dem Heimathafen der Glasbodenboote und Sitz des **Dante Fascell Visitor Center**, können Sie sich vor der Fahrt über die einzigartige Flora und Fauna der Bucht informieren. Der Ausflug dauert etwa 3 Stunden; Schnorchel- und Tauchfahrten dauern länger und kosten mehr.

In der Mitte des Bootsdecks befindet sich eine rechteckige Schaukammer mit breiten Fenstern am Boden, Scheinwerfer richten sich auf den Meeresboden. Die Passagiere stehen am Geländer um die Kammer herum und erleben eine immer wechselnde, grünliche Szenerie.

Mäanderkoralle

Kendall
South Miami
SW 67TH AVE.
826
1
MATHESON HAMMOCK PARK
Key Biscayne
BILL BAGGS CAPE FLORIDA S.P.
Lighthouse
Biscayne Channel
Shoal Point
Chicken Key
Safety Valve
Park boundary
FLORIDA'S TURNPIKE
Cutler Ridge
OLD CUTLER ROAD
0 miles 4
0 kilometers 6
Soldier Key
Fowey Rocks
Brewster Reef
821
COCONUT PALM DRIVE
Black Point
BLACK POINT PARK AND MARINA
Featherbed Bank
RAGGED KEYS (private)
Lighthouse
Lewis Cut
Boca Chita Key
Star Reef
Bowles Bank
BISCAYNE BAY
Fender Point
Sands Key
Sands Cut
Legare Anchorage
NORTH CANAL DR. (SW 328 ST.)
BISCAYNE NATIONAL PARK
University Dock
Bache Shoal
Dante Fascell Visitor Center and Park Headquarters
Coon Pt.
Sea Grape Pt.
Convoy Point
HOMESTEAD BAYFRONT PARK AND MARINA
Elliott Key Ranger Station
Elliott Key
PALM DRIVE
Ott Point
Long Reef
Turkey Point
INTRACOASTAL WATERWAY
Billys Point
Hawk Channel
FLORIDA KEYS NATIONAL MARINE SANCTUARY
Sandwich Cove
Petrel Pt.
Adams Key
Ajax Reef
Christmas Point
Long Arsenicker
Totten Key
Caesar Creek
Caesar Cr. Bank
Mangrove Point
Jones Lagoon
Old Rhodes Key
Pacific Reef
Swan Key
Broad Creek
Card Sound
Angelfish Creek
N
Key Largo
905
JOHN PENNEKAMP CORAL REEF STATE PARK
FLORIDA KEYS NATIONAL MARINE SANCTUARY

Mangrovenwald an der Küste von Elliott Key

Während das Boot über die Bucht gleitet, teilt der Ranger Brocken von hartem Korallenkalk aus und bereitet die Gäste auf das vor, was bei den Riffen zu sehen sein wird. Unterdessen ziehen ein gewellter Meeresgrund und wogendes Seegras am Betrachter vorbei. Ausgedehnte Bestände von Zwergseegras und eine Wassertiefe von nur 1 bis 3 Metern machen Biscayne Bay zu einer Krabbelstube für zahllose kleine Meerestiere, darunter Garnelen, Stachelhummer, Schwämme und Krebse. Über 325 Arten Fische tummeln sich in den Gewässern des Parks. Möglich, dass Sie auch eine der großen, graziösen Meeresschildkröten zu Gesicht bekommen.

Vom Bootsdeck aus sehen Sie Schiffe ihre Bahn durch die Bucht ziehen und Pelikane vorbeifliegen. Sobald die Pelikane Fische entdecken, tauchen sie kopfüber ins Wasser, um sie mit ihren großen Schnäbeln zu fangen. Unter den zahlreichen anderen Vögeln findet man auch Kormorane und Reiher.

Durch die Länge der Bucht verläuft der Intracoastal Waterway, der mit Markierungen versehen ist, die den Navigationskarten entsprechen. Nahe der Fahrrinne erheben sich natürliche Schlammbänke, die bei Ebbe sichtbar werden. Knochenfische, die aufgrund ihrer Schnelligkeit und Stärke von den Sportfischern geschätzt werden, leben in den Schlammbänken.

Das Boot schlüpft nun durch die Kette der Keys in Richtung der Außenriffe. Hier hält es an, denn es gibt eine *Floor Show* zu sehen: das bunte Aufblitzen eines Papageifisches, das geschmeidige Gleiten eines Engelfisches, kleine Dschungel von Korallen. Langsam bewegt sich das Boot auf einen neuen Aussichtspunkt zu, und eine neue Schau beginnt. Riesige Hirnkorallen und aufragende Sternkorallen beherrschen die Riffe, viele so hoch, dass sie den Glasboden zu streifen drohen. Fächer- und

Seekuh

andere Weichkorallen wiegen sich im ruhig klaren Wasser. Der Ranger hilft bei der Bestimmung der vielfarbig schillernden Fische, die durch die Korallen huschen. Bevor das Boot die Außenriffe erreicht, wendet es und kehrt zum Hafen zurück.

Die Rundfahrten führen am **Caesar Creek** vorbei, der nach Black Caesar benannt ist, einem sagenumwobenen Piraten, der hier im 18. Jahrhundert auf der Lauer gelegen haben soll. Über 50 Wracks liegen im Bereich des Parks. Bundesgesetze schützen sie vor Bergungsfirmen und Andenkenjägern. Besucher mit eigenen Booten können auch am Adams Key an Land gehen.

Elliott Key bietet einfache Zeltplätze, Toiletten, einen Naturlehrpfad, einen Badestrand, eine *Ranger Station* und – die Hinterlassenschaften von Bulldozern als Erinnerung daran, wie knapp die Keys der Zerstörung entgangen sind. Im Norden liegt *Boca Chita Key* mit einer Anlegestelle, einfachen Zeltplätzen und Toiletten, aber ohne Trinkwasser.

MANGROVENKÜSTE

1/4 Meile; mindestens eine Stunde

Wenn Sie wenig Zeit haben, ist Convoy Point ein guter Platz für einen Strandspaziergang und für ein Picknick. Haben Sie mehr Zeit, dann sollten Sie sich nach den von Rangern geführten Kanufahrten in die Mangroven erkundigen: Sie können auch selbst paddeln.

Die Mangroven festigen die Küste; im Gewirr ihrer stelzenförmigen Wurzeln sammeln sich ihr eigenes Laub und andere organische Stoffe. Während diese Bäume bei vielen Vögeln beliebt sind – darunter manchmal sogar eine seltene Kuckucksart, Coccyzus minor, und Fregattvögel – lockt das Wasser die bedrohten Manatis und die ebenfalls gefährdeten Krokodile, zwei Arten, die die Ranger hier überwachen.

Muscheln, Fische und andere Meerestiere finden sich an den halb im Wasser stehenden Wurzeln der Bäume ein. Verrottete, eiweißreiche Mangrovenblätter ernähren Kleinstlebewesen am Beginn jener Nahrungskette, die bei dem Angler endet, der sich in der Bucht einen Schnappbarsch fängt und ihn verspeist.

Außerdem filtern die Mangroven Schadstoffe aus dem Süßwasser heraus, das in die Bucht hineinfließt. Ob Sie zu Fuß oder mit dem Paddelboot unterwegs sind, achten Sie auf die Tiere, die in den Wasserarmen der Mangroven Nahrung und Zuflucht finden. An einem Wintertag könnten Sie eine Seekuh entdecken. Die Szene wechselt ständig: Bei Ebbe werden Nährstoffe ins Meer hinausgespült, bei Flut kommen neue Bewohner in den Mangroven an.

Schnapper zwischen Weichkorallen *(oben)*, Königlicher Engelfisch *(Mitte links)*, Drückerfisch an der Weichkoralle *(Mitte rechts)*, Igelfisch *(unten links)*, Nassau-Zackenbarsch *(unten rechts)*

PRAKTISCHE INFORMATIONEN

ZENTRALE

9700 S.W. 328th St., Homestead, Florida 33033. Tel (305) 230-1144; www.nps.gov/bisc

SAISON UND ANREISE

Ganzjährig geöffnet. Die Keys (Inseln) sind nur mit dem Boot zu erreichen. Bootsrundfahrten täglich, doch können bei geringer Nachfrage außerhalb der Saison Fahrten ausfallen. Eigene Boote sind erlaubt; Anlegeplätze vorhanden ($15 Anlegegebühr) auf Elliott, Adams und Boca Chita Keys.

BESUCHER- UND BOOTSINFORMATIONEN

Dante Fascell Visitor Center ganzjährig täglich geöffnet. Auskunft über den Park: Tel. (305) 230-7275.
Auskunft und Reservierung für konzessionierte Glasbodenboots-, Schnorchel-, Tauch-, Insel- und Kanufahrten unter Tel. (305) 230-1100. Vermietung möglich. Abfahrt von Convoy Point.

GEBÜHREN

Keine. $15 Anlegegebühr für private Boote auf Elliott und Boca Chita Keys. Gebühren für Bootsfahrten werden von den Konzessionären erhoben.

TIERE

An der Leine erlaubt (max. Länge 1,80 m) auf Park- und Picknickplätzen in Convoy Point und Elliott Key. Verboten auf Bootsfahrten.

EINRICHTUNGEN FÜR BEHINDERTE

Dante Fascell Visitor Center ist vollständig rollstuhlgerecht; das sind auch die Toiletten auf Elliott Key und Boca Chita Key. Rundfahrten mit Schiffen nur mit Hilfe möglich.

AKTIVITÄTEN

Naturkundliche Veranstaltungen: Glasboden-Bootsfahrten, Kanufahrten, Naturfahrten, erläuternde Ausstellungen. Außerdem: Schwimmen, Schnorcheln, Sporttauchen, Wasserski, Bootsfahrten, Kanufahrten (Kanuverleih), Fischen, Hummerfang, Wandern, Vogelbeobachtung. Außerdem: Familienprogramm, Vorträge. Angebot nach Jahreszeit.

BESONDERE RATSCHLÄGE

• Keine Korallen oder andere Lebewesen am Riff berühren: Sie sind leicht zu beschädigen, können aber auch tiefe Schnittwunden und Infektionen verursachen.
• Moskitos und andere Insekten können auf den Inseln zur Plage werden, besonders von April bis Dezember; reichlich Insektenschutzmittel mitnehmen.

CAMPINGPLÄTZE

Zwei Bootscampingplätze, beide auf 14 Tage begrenzt. **Elliott Key** und **Boca Chita Key** ganzjährig geöffnet, *first come, first served*. Kalte Duschen auf Elliott Key. Nur Zeltplätze. Gruppencampingplatz auf Elliott Key.

UNTERKUNFT

(wenn nicht anders vermerkt, gelten Preise für 2 Personen im Doppelzimmer zur Hauptsaison)

In Florida City, Florida 33034:
Best Western 411 S. Krome Ave.. Tel. (880) 981-5100 oder (305) 246-5100. 114 Zimmer. $142. Klimaanlage, Pool.
Coral Roc Motel 1100 N. Krome Ave. Tel. (305) 247-4010. 16 Zimmer, 4 mit Kochnische. $36–159. Klimaanlage, Pool.
Comfort Inn 333 SE First Ave., US 1. Tel. (800) 352-2489 oder (305) 248-4009. 124 Zimmer. $79– $250. Klimaanlage, Pool.
Ramada Inn 124 E. Palm Dr. Tel. (800) 272-6232 oder (305) 247-8833. 123 Zimmer. $89–149. Klimaanlage, Pool, Frühstück inklusive.
Knights Inn 1223 NE First Ave., US 1. Tel. (305) 247-6621. 48 Zimmer, 6 mit Kochnische. $79 – $169. Klimaanlage, Pool.

In Homestead, Florida 33030:
Days Inn 51 S. Homestead Blvd. Tel. (305) 245-1260. 100 Zimmer. $89. Klimaanlage, Pool, Restaurant, Bar.
Everglades Motel 605 S. Krome Ave. Tel. (305) 247-4117. 14 Zimmer. $39–179. Pool, Klimaanlage.

Weitere Unterkünfte: Homestead/Florida City Chamber of Commerce, 160 US Hwy. 1, Florida City, Florida 33034. Tel. (305) 247-2332 oder (888) 352-4891.

AUSFLÜGE

JOHN PENNEKAMP CORAL REEF STATE PARK
KEY LARGO, FLORIDA

Hier kann ein Korallenriff durch Taucherbrille oder Glasbodenboot besichtigt werden. 255 km². Angebote: *Visitor Center,* 47 Zeltplätze, Wandern, Bootfahren, Bootsrampen, Fischen, Picknickplätze, Wassersport, Zugang für Behinderte. Ganzjährig bei Tageslicht geöffnet. Ab US 1 in Key Largo, etwa 40 Meilen vom Biscayne NP und 35 vom Everglades NP. Tel. (305) 451-1202.

NATIONAL KEY DEER REFUGE
BIG PINE KEY, FLORIDA

Der Hirsch der Keys ist vom Verschwinden seines Lebensraumes bedroht. *Nicht füttern!* 36 km². Angebote: Wandern und Tiere in freier Wildbahn beobachten. Ganzjährig geöffnet, *dawn to dusk*. Ab US 1 auf Big Pine Key, etwa 150 Meilen südlich vom Biscayne NP. Tel. (305) 872-0774.

GREAT WHITE HERON NATIONAL WILDLIFE REFUGE
BIG PINE KEY, FLORIDA

Der Naturpark ist dem Schutze des Silberreihers gewidmet. Die Mangroveninseln bieten auch der seltenen Weißschopftaube und dem Rosa Löffler Heimat. 779 km². Keine Einrichtungen. Zugang nur mit dem Boot. Ganzjährig geöffnet, *dawn to dusk*. Auskunft beim National Key Deer Refuge; siehe oben.

Boardwalk Loop Trail

CONGAREE

CENTRAL SOUTH CAROLINA
GEGRÜNDET 2003
98 Quadratkilometer

Wenn man das Wort »Sumpf« sagt, haben die meisten Menschen wohl als Erstes das Bild von nassem, moskitobevölkerten Schlamm vor sich, den sie kaum besuchen möchten. Eine solche Vorstellung hat sicher manche Besucher vom Congaree Swamp National Monument, einem Wald von 98 km² in South Carolina ferngehalten.

Doch nachdem das Gebiet im November 2003 zum Nationalpark erklärt wurde – und das unerfreuliche Wort mit »s« aus seinem Namen entfernt hatte –, stieg die monatliche Besucherzahl beträchtlich.

Genau genommen ist Congaree kein Sumpf, weil dort den größten Teil des Jahres kein stehendes Wasser zu finden ist.

Einer der neueste Nationalparks ist ein Auwald, der etwa zehn Mal im Jahr überflutet wird. Er erstreckt sich vom mäandernden Congaree River nach Nordosten und ist der größte zusammenhängende Laubwald in einem Feuchtgebiet in den Vereinigten Staaten.

Schieben Sie das gespenstische Spanisch Moos zur Seite, das von den kahlen Zypressen hängt, und Sie betreten ein üppiges Land, in dem Hirsche, Luchse, Wildschweine und verspielte Fischotter leben.

Gelbbauch-Saftlecker bohren an einem Tag ein Loch in einen Baum und kommen am nächsten Tag, um den Saft zu trinken, der sich gesammelt hat. Fast überall im Park hört man das Klopfen der Spechte, die fleißig bei der Arbeit sind.

Jährlich im Herbst und Frühjahr veranstalten die Rangers Führungen, damit die Besucher die unheimlichen Schreie des Steifenkauzes hören und die leuchtenden Pilze, die auf den Zypressen wachsen, sehen können. Regionalen Sagen berichten, dass die knorrigen Zypressenstümpfe eigentlich Waldelfen sind, die nachts hier tanzen.

Congaree erhielt seinen Namen nach dem Indianerstamm der hier vor Jahrhunderten lebte. Ihre Zahl verringerte sich im 18. Jahrhundert beträchtlich durch die Schwarzen Pocken, die von den europäischen Siedlern eingeschleppt wurden.

Gegen Ende des 19. Jahrhunderts zog die aufblühende Holzindustrie des Landes nach Süden und warf ein Auge auf die riesigen Bäume von Congaree. Doch die Abgelegenheit der Gegend und das Fehlen von schiffbaren Wasserwegen rettete viele alte Baumriesen vor der Axt.

Naturschützer kämpften eifrig, um den Rest zu retten. 1976 belohnte der Kongress ihre Bemühungen mit der Einrichtung des Congaree Swamp National Monument. Seit seiner Einrichtung wurde der Park auch zu einem nationalen Naturerbe, einem Vogelschutzgebiet von Weltgeltung und einem internationalen Biosphärenreservat erklärt.

Anreise

Von Columbia 20 Meilen südöstlich auf der I-77 bis zur Ausfahrt 5 (Bluff Road oder S.C. 48). Folgen Sie dann den Wegweisern zum Congaree National Park.

Reisezeit

Ganzjährig. Frühjahr und Herbst sind die angenehmsten Zeiten. Bootsfahrer können im Spätwinter und zu Beginn des Frühjahrs nach den Regen besser paddeln.

Reiseempfehlungen

Nehmen Sie sich einen ganzen oder wenigstens einen halben Tag. Gehen Sie vom Visitor Center zunächst den **Low** und den **High Boardwalk Trail** (insgesamt 2,4 Meilen). Dann folgt der **Weston Lake Loop Trail**, (4,4 Meilen) um einen toten Flussarm. Vogelliebhabern gefällt der 11,7 Meilen lange **Kingsnake Trail** in einen entlegenen Teil des Parks.

BOARDWALK TRAIL

2,4 Meilen; 2 Stunden

In diesem Waldgebiet bilden Weihrauchkiefern und Laubbäume eine Kronenschicht, die höher reicht als die im Amazonas-Regenwald. Weihrauchkiefern strecken sich bis auf fast 50 Meter Höhe, um Sonnenlicht zu bekommen. Einige majestätische alte Sumpfzypressen besitzen einen Stammumfang von fast 8 Metern, ihre Kronen tauchen die Welt darunter in ein braun und grün geflecktes Licht.

Stümpfe von Sumpfzypressen

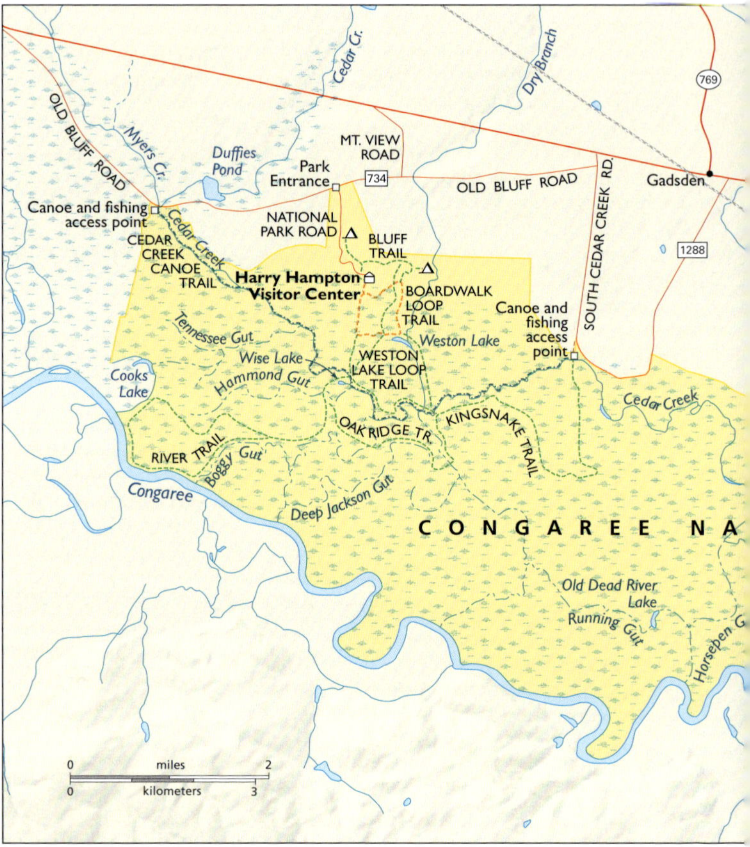

In Congaree gibt es einige der größten Bäume des Staates oder sogar dse ganzen Landes. Der größte Hickorybaum erreicht 43 Meter, die größte Weihrauchkiefer des Parks ist 51 Meter hoch, so hoch wie ein 17-stöckiges Haus.

Die Abholzung begann in den Sümpfen des Südostens in den 1880ern und konzentrierte sich bald auf die alten Sumpfzypressen. In den nächsten zwei Jahrzehnten wurden alle Bestände, die leicht zu erreichen waren, abgeholzt und die Auwälder in South Carolina drastisch reduziert. Doch am Congaree half das Fehlen schiffbarer Wasserwege die unersetzlichen Bäume zu retten, weil es schwierig war, sie abzutransportieren.

Die Stürme des Hurrikan Hugo 1989 schlugen eine Schneise in den alten Wald und stürzten auch manche der Rekordbäume, die hier wachsen, um. Der Sturm riss viele Löcher in die Kronenschicht und machte so Platz für frischen Wuchs. Inzwischen haben sich im toten Holz verschiedene Vögel, Fledermäuse, Reptilien, Insekten und Pilze angesiedelt.

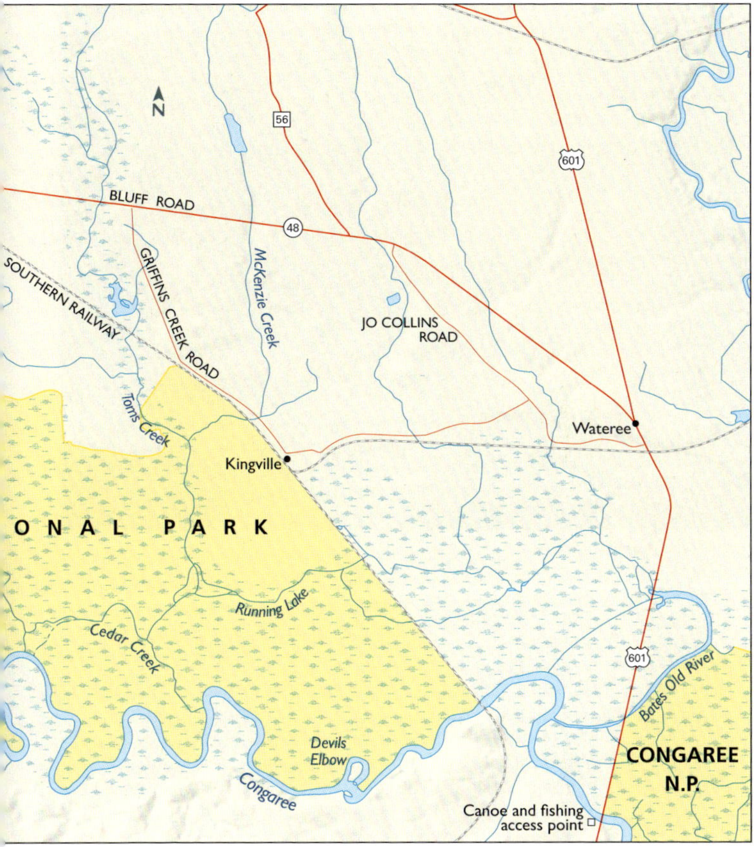

Etwa zehnmal jährlich werden die Wälder überschwemmt, meist als Folge von Dammöffnungen und Starkregen weiter nördlich. Das Wasser bringt Schlamm, der den Boden mit Nährstoffen anreichert. Gelegentlich stürzen flach wurzelnde Laubbäume um, doch die Zypressen mit ihren teils bis zu 2,50 Meter tief reichenden Wurzeln bleiben meist stehen. Tiere fliehen in höher gelegene Gebiete und manche retten sich auf treibende Baumstämme.

Da das Gelände sich von Westen nach Osten kaum neigt (etwa 6 Meter), kann das überschüssige Wasser sich überall verteilen. Doch selbst dieser geringe Höhenunterschied führt zu total unterschiedlichen Biotopen: In den höheren, trockeneren Gegenden wachsen Amberbäume, eine amerikanische Eichenart und Stechpalmen, während in den tiefer gelegenen, feuchteren Gebieten Zypressen, Tupelobäume und Schwarzeschen gedeihen.

Der **Boardwalk Loop Trail** beginnt am Visitor Center, wo Sie Kartenmaterial, Information und Vorschläge für andere Touren finden. Während Sie

Sommerlicher Sumpfzypressenwald

allmählich in den Auwald vordringen, ersetzen alte Weihrauchkiefern und gemischter Laubwald die anfänglichen Hochlandföhren. Während der Überflutungen kann das Wasser bis zum hölzernen Weg oder höher steigen. Dicke Ranken von Wildem Wein und Kletterhortensien umschlingen die Stämme alter Bäume und tragen zur urweltlichen Atmosphäre bei. Die haarigen Ranken und Stängel gehören zum Giftsumach und können die Haut ebenso sehr reizen wie die Blätter.

Weiter den Weg entlang wachsen Tupelobäume und Zypressen in stehendem braunem Wasser, gefärbt durch die Gerbsäure all der verwesenden Pflanzen. Bei leichtem Regen ist es hier besonders schön –Regentropfen prasseln auf das Wasser, ein schleierartiger Dunst umhüllt den urweltlichen Wald und der Gesang der Vögel scheint aus einer anderen Zeit zu stammen. In diesen schattigen Tiefen erwartet man fast, Wesen aus einer anderen Zeit zu treffen.

Der Boardwalk führt weiter zum malerischen **Weston Lake**. Sabalpalmen neben dem Weg verleihen der Umgebung einen tropischen Touch. An den Stämmen der Bäume sieht man die Arbeit der Spechte. Alle acht Spechtarten, die es im amerikanischen Süden gibt, darunter Carolinaspecht, Kokardenspecht und Rotkopfspecht, leben im Congaree.

Im Sommer umschwirren Kolibris die attraktiven Blüten der Trompetenblume, während die Ammerfinken nach Beeren und Samen suchen. Umgestürzte Baumstämme liegen vermodernd in Lachen mit feuchten Pflanzen. Neues Leben siedelt sich in den Ritzen und Spalten umgefallener Bäume an.

Gelegentlich zeigen sich Fischotter beim Herumtollen im Weston Lake und Rotbauchschildkröten reihen sich auf treibenden Baumstämmen auf. Der kleine Altwasserarm, etwa 7 Meter tief, war einst eine Biegung des Congaree River; vor Tausenden von Jahren änderte der Fluss seinen Lauf – die Biegung blieb als See – und fließt jetzt in zwei Meilen Entfernung. In der Nähe stehen knorrige Zypressenstümpfe; je weiter östlich der Weg Sie führt, desto mehr alte Zypressen sehen Sie.

Der Boardwalk führt dann durch einen Wald von Amberbäumen, Stechpalmen, Weihrauchkiefern und vor allem Zypressen. Berühren Sie die Stämme alter Zypressen, ihre moosbewachsene Oberfläche fühlt sich wie Samt an. Der Boardwalk Loop lässt sich durch den **Weston Lake Loop Trail** um 4,4 Meilen zum Cedar Creek verlängern. In diesem größten Creek des Parks bestehen beste Chancen Reiher und Otter zu sehen.

WEITERE TRAILS IN DEN PARK

Ein halber bis ein ganzer Tag

Für eine längere Wanderung führt der **Oak Ridge Trail**, zugänglich vom Weston Lake, südlich tiefer in den alten Wald hinein und bietet einen 6,6 Meilen langen Rundweg ab dem Visitor Center. Wenn Sie zum Fluss und zurück wandern möchten, brauchen sie fast einen ganzen Tag: Über den Boardwalk geht es zum westlichen Teil des Weston Lake Loop Trail und des Oak Ridge Trail, der 10 Meilen lange **River Trail** deckt den Rest des Weges ab.

Der 11,7 Meilen lange **Kingsnake Trail** bietet weitere Möglichkeiten, Tiere zu beobachten – vor allem Vögel –, und zwar im wenig besuchten Ostteil des Parks. Der Weg beginnt beim Parlplatz Cedar Creek.

Der **Cedar Creek Canoe Trail** führt durch schattige Wasserwege mit braunem Wasser, an denen scheue Vögel und andere Tiere leben. Die Stille der Gegend gibt das Gefühl, in eine andere Welt eingetaucht zu sein. Einmal im Monat bietet der Park geführte Touren in dieses geheimnisvolle Gebiet und stellt die Kanus für die Teilnehmer. Ansonsten gibt es im nahen Columbia eine Reihe von Anbietern, die Kanus vermieten.

Amerikanischer Otter

PRAKTISCHE INFORMATIONEN

ZENTRALE

100 National Park Road, Hopkins SC 29061. Tel. (803) 776-4396. www.nps.gov/cosw

SAISON UND ANREISE

Ganzjährig geöffnet. Nach schweren Regenfällen telefonisch abklären, ob der Park überflutet ist und nach den Bedingungen für Wanderungen und Kanufahrten fragen.

BESUCHER- UND BOOTS-INFORMATIONEN

Ganzjährig täglich geöffnet. Abseits der S.C. 48, 1,2 Meilen vom Parkeingang an der National Park Road.

GEBÜHREN

Keine.

TIERE

An der Leine erlaubt, auf den Boardwalks nicht zugelassen.

EINRICHTUNGEN FÜR BEHINDERTE

Visitor Center, Toiletten, Picknickplätze und einfache Campingplätze sind für Rollstühle zugänglich. Ebenso der 2,4 Meilen lange Boardwalk Loop Trail.

AKTIVITÄTEN

Kostenlose naturkundliche Veranstaltungen: Naturwanderungen und Kanufahrten. Umwelterziehung und Naturstudien. Außerdem: Wandern, Fischen (Angelschein von South Carolina erforderlich), einfache Campingplätze, Vogelbeobachtung, Picknickplätze, Kanu- und Kayakfahrten (eigenes Boot mitbringen, im Park sind keine Boote zu leihen). Kanuvermietung und Organisation von Touren: Adventure Carolina Canoeing & Camping (1107 State St., Cayce, SC 29033. Tel. 803-796-405) und Riverrunner Outdoor Center (905 Gervais St., Columbia, SC 29201, Tel. 803-771-0353).

BESONDERE RATSCHLÄGE

- Nehmen Sie viel Wasser mit, da es unterwegs kein Trinkwasser gibt. Wenn Sie Wasser von der Oberfläche trinken wollen, reinigen sie es chemisch.
- Erkundigen Sie sich nach den Wetterbedingungen und dem Wasserstand.
- Nehmen Sie auf eine Kanu- oder Kayaktour eine genaue Karte mit.
- Die Stechmücken können sehr aufdringlich sein, bringen Sie reichlich Insektenschutz mit.
- Es gibt giftige Schlangen im Park, machen Sie um alle Schlangen einen großen Bogen.

FREIES ZELTEN

Genehmigung erforderlich; kostenlos zu erhalten in den Visitor Centers. Zelte müssen wenigstens 30 Meter von Straßen, Trails, Seen und fließendem Wasser entfernt sein.

CAMPINGPLÄTZE

Zwei einfache Campingplätze, beide auf 14 Tage begrenzt. Kostenlose Genehmigung erforderlich, im Visitor Center nicht mehr als einen Tag vorher zu erhalten. Der Afterhours Campingplatz kann Gruppen aufnehmen. Tragbare Toiletten, Plätze für Lagerfeuer, Grills und Picknicktische. Auch der Bluff Campingplatz kann Gruppen aufnehmen; Plätze für Lagerfeuer, Grills und Picknicktische im freien Gelände. Beim Camping im Hinterland kein offenes Feuer erlaubt.

UNTERKUNFT

(wenn nicht anders vermerkt, gelten Preise für 2 Personen im Doppelzimmer zur Hauptsaison)

In Columbia, SC:

Comfort Inn & Suites Fort Jackson Maingate 7337 Garners Ferry Rd., 29209. Tel. (803) 695-5555. 67 Zimmer. $89–$159. Klimaanlage, Pool.

Fort Jackson Inn-Econo Lodge 4486 Fort Jackson Blvd., 29209. Tel (803) 738-0510. 34 Zimmer. $85. Klimaanlage.

Holiday Inn Express Columbia-Fort Jackson 7251 Garners Ferry Rd., 29209. Tel. (803) 695-1111. 66 Zimmer. $119–$209. Klimaanlage, Pool.

Clarion Town House Hotel 1615 Gervais St., 29201. Tel. (803) 771-8711 oder (800) 277-8711. 163 Zimmer. $120–$140. Klimaanlage, Pool, Restaurant.

Inn at Claussen's 2003 Greene St., 29205. Tel. (803) 765-0440. 27 Zimmer. $145–$160. Klimaanlage.

Weitere Unterkünfte: Columbia Metropolitan Convention & Visitors Bureau, Tel. (800) 264-4884 oder (803) 545-0000.

AUSFLÜGE

CAROLINA SANDHILLS NATIONAL WILDLIFE REFUGE

McBEE, SOUTH CAROLINA

Der zwischen dem Piedmont Plateau und der Atlantischen Küstenebene gelegene Park ist die Heimat der bis 30 Meter hohen Sumpfkiefern. In diesen Bäumen lebt die größte Population von Kokardenspechten im ganzen Land. Im Refuge gibt es eine 9 Meilen lange Fahrstraße, 2 markierte Wanderwege, 20 Fischteiche und einen hölzernen 4,5 Meter hohen Beobachtungsturm. Hier leben mehr als 750 Pflanzen-, 190 Vogel-, 42 Säugetier-, 41 Reptilien- und 25 Amphibienarten. 184 km². Ganzjährig geöffnet; beste Monate April/Mai und September/Oktober. Etwa 75 Meilen nordöstlich vom Congaree NP abseits der US 1 nördlich von McBee. Tel. (843) 335-8401.

SANTEE NATIONAL WILDLIFE REFUGE

SUMMERTON, SOUTH CAROLINA

Im nördlich von Lake Marion gelegenen Refuge finden nistende Vögel ebenso wie Zugvögel eine sichere Zuflucht. Weißkopfseeadler, Wanderfalke und Waldstorch gehören zu den 300 Arten, die hier gesichtet wurden. Auch Fischliebhaber werden begeistert sein. Ferner fehlt es nicht an Möglichkeiten, Hirsche, Alligatoren, Luchse, Truthähne und Kojoten zu sehen. Camping ist nicht erlaubt, um die Vögel zu schützen. Pine Island darf nur zu Fuß erkundet werden. Wanderwege und Fahrstraßen. 61 km². Ganzjährig geöffnet. Etwa 50 Meilen südöstlich vom Congaree NP. Tel. (804) 478-2217.

Weißwedelhirsche äsen unter einer riesigen Roteiche

CUYAHOGA VALLEY

OHIO

GEGRÜNDET 11. OKTOBER 2000

133 Quadratkilometer

Das Cuyahoga Valley hält jede Menge Überraschungen bereit. Allein die Tatsache, dass es im Nordosten von Ohio zwischen den Großstädten Cleveland und Akron überhaupt einen Nationalpark gibt, mag viele erstaunen. Erst seit dem Jahr 2000 hat das Cuyahoga-Tal den höchsten Status, den ein Naturschutzgebiet erreichen kann.

Wer den Park besucht, kann dort viel entdecken. Einsame Pfade führen durch zerklüftete Schluchten und scheinen meilenweit von der Zivilisation entfernt. Die bewaldeten Hügel wirken so unberührt, dass niemand große Siedlungen in der Nähe vermuten würde, und in den Sumpfgebieten tummeln sich Biber, Reiher und Brautenten.

Straßen und sogar Autobahnen durchziehen das Gebiet, das mit einer Vielzahl privat betriebener Attraktionen und Stadtparks aufwartet. Mit den großen Parks im Westen lässt sich das Cuyahoga Valley deshalb kaum vergleichen, eher schon mit einem großräumigen Naherholungsgebiet. Besucher können innerhalb der Parkgrenzen auf einer Panoramastraße entlangfahren, Symphoniekonzerten lauschen, Kunstausstellungen besuchen, Golf spielen und im Winter auf Skiern verschneite Hänge hinuntersausen.

Die Geschichte des Cuyahoga Valley ist genauso einzigartig wie die bunte Mischung aus unbelassener Natur und von Menschen errichteten Sehenswürdigkeiten. In den 1960er Jahren machten sich die Bürger und Kommunalpolitiker vor Ort Sorgen, weil die Industrie- und Wohngebiete ausuferten und das reizvolle Cuyahoga River Valley mit seinen Dörfern, ruhigen Nebenstraßen und Wäldern bedrohten. 1974 verabschiedete der Kongress eine Gesetzesvorlage, die die Gründung einer National Recreation Area unter der Obhut der Nationalparkbehörde vorsah. Im Laufe der Zeit kam es aber zu Meinungsverschiedenheiten über den Charakter des Naherholungsgebietes. Deshalb forderten viele den strengeren Nationalparkstatus für das Gebiet, der im Jahr 2000 verliehen wurde.

Heute ziehen die umliegenden Städte vielfältigen Nutzen aus dem Cuyahoga-Valley-Nationalpark. Anrainer können in dem Park joggen, Fahrrad fahren oder picknicken, Kinder dürfen hier im Winter rodeln. Naturliebhaber finden unberührte Landstriche mit Dutzenden heimischer Vogel- und Wildblumenarten. Im Porthouse Theatre der Kent State University finden regelmäßig Aufführungen statt. Das Cuyahoga Valley entspricht vielleicht nicht den gängigen Vorstellungen von einem Nationalpark, ist aber sehr reizvoll.

Anreise

Von Cleveland 10 Meilen südwärts auf der I-77; von Akron 5 Meilen nordwärts auf der I-77 oder der Ohio 8; von Osten oder Westen führen die I-80 (Ohio Turnpike) und die I-271 mitten durch den Park. Flughäfen: Cleveland oder Akron.

Reisezeit

Ganzjährig. Am Towpath Trail ist es im Frühjahr und Herbst, besonders aber im Sommer an Wochenenden immer voll. Viele Aktivitäten finden im Winter nicht statt, dafür kann man dann Ski fahren (Abfahrt und Langlauf) und rodeln. Im Frühjahr färben Blumen, im Herbst Blätter den Park bunt.

Reiseempfehlungen

Informieren Sie sich vorab im **Canal Visitor Center** über die Geschichte des Kanals und des Parks sowie über das Angebot. Fragen Sie nach geführten Touren und Veranstaltungen. Wandern oder radeln sie auf einem Abschnitt des **Towpath Trail**, bevor sie ostwärts zur **Tinkers Creek Gorge** fahren. Wenden Sie sich dann nach Süden zu den **Brandywine Falls**, und besichtigen Sie Museen und Ausstellungen in **Boston** und **Peninsula**. Südlich der Happy Days Lodge beginnen reizvolle Wanderwege, die in das Gebiet der **Ledges** führen.

CANAL TOWPATH TRAIL

2 Stunden bis ein halber Tag oderlänger

Vor einigen Jahrzehnten schien der stark verschmutzte **Cuyahoga River** kaum als Mittelpunkt eines Nationaparks geeignet. Der Fluss, dessen Name in der Indianersprache »gekrümmt« bedeutet, ist dank des Engagements der Bevölkerung heute wesentlich sauberer. Zwar empfehlen die Parkmitarbeiter immer noch nicht, in ihm zu schwimmen oder zu paddeln, doch bietet die 30 Kilometer lange Lebensader, die durch das Herz des Parks verläuft, mittlerweile einer erstaunlichen Vielzahl von Tier- und Pflanzenarten einen Lebensraum.

Um 1820 legte man parallel zum Fluss einen Kanal für Frachtschiffe vom Eriesee zum Ohio River an, um die Wirtschaft im Cuyahoga Valley anzukurbeln. Später machten Straßen den Kanal überflüssig, der nun seit langer Zeit nicht mehr genutzt wird. Die angrenzenden Treidelpfade, auf denen Maultiere einst Schiffe stromaufwärts schleppten, sind heute jedoch beliebte Wander- und Radwege. Der **Ohio & Erie Canal Towpath Trail** zieht sich rund 20 Meilen durch den Park und erstreckt sich im Norden bis nach Cleveland und im Süden bis nach Akron hinein. Er bildet in vielerlei

GARFIELD PARK RESERVATION
OHIO & ERIE CANAL RESERVATION
Garfield Heights
Maple Heights
ROCKSIDE RD.
Bedford
SOUTH CHAGRIN RESERVATION
Rockside Station
Lock 39
TOWPATH TRAIL
CANAL RD.
TINKERS CREEK ROAD
Tinkers Creek Gorge
Ranger Station
GORGE PARKWAY
Bridal Veil Falls
Independence
Lock 38
Canal Visitor Center
Tinkers Creek Aqueduct
Tinkers Cr.
ALEXANDER RD.
Alexander's Mill
Frazee House
CUYAHOGA VALLEY SCENIC RAILROAD
Cuyahoga
CANALWAY OHIO NATIONAL SCENIC BYWAY
Northfield
Brecksville Nature Center
CUYAHOGA
Brecksville
Sagamore Hills
Macedonia
BRECKSVILLE RESERVATION
Ranger Station
Squire Rich Historical Museum
RIVERVIEW RD.
Station Road Bridge
BIKE & HIKE TRAIL
VALLEY
OHIO & ERIE CANAL TOWPATH TRAIL
National Park Service Admin. Hdqrs.
Brandywine Cr.
Coonrad
Ranger Station
Brandywine Falls
Brushwood Lake
NATIONAL
Boston Store
Boston
Boston Heights
Blue Hen Falls
FURNACE RUN
Peninsula Depot Visitor Center
Lock 29
Richfield
PARK
Peninsula
Deep Lock Quarry
Happy Days Visitor Center
Ledges
CANALWAY OHIO NATIONAL SCENIC BYWAY
Furnace Run
Kendall L.
VIRGINIA KENDALL PARK
Everett Road Covered Bridge
Ranger Station
Hunt Farm Visitor Information Center
Hale Farm & Village
Bath
Blossom Music Center
Porthouse Theatre
Wyoga Lake
Ira Road Trailhead
STEELS CORNERS RD.
HAMPTON HILLS
O'NEIL WOODS
AKRON CLEVELAND RD.
0 miles 2
0 kilometers 3
Botzum
Ghent
Cuyahoga
F.A. SEIBERLING NATUREALM
OHIO & ERIE CANAL TOWPATH TRAIL
Cuyahoga Falls
N
14
8
480
422
17
77
21
271
82
80
176
303

Hinsicht den Kern des Naherholungsgebietes im Cuyahoga Valley.

Das **Canal Visitor Center** ist in einem Kanalhaus an der Canal Road im Norden des Parks untergebracht. Hier können Sie ein Video und historische Erinnerungsstücke anschauen. Direkt vor den Zentrum befindet sich **Lock 38**, die letzte funktionstüchtige Schleuse des Parks. Früher waren hier zahlreiche Schleusen in Betrieb, damit die Schiffe auf ihrem Weg vom Eriesee landeinwärts nach Akron und zurück die rund 120 m Höhenunterschied überwinden konnten. Kostümierte Parkaufseher und ehrenamtliche Mitarbeiter zeigen im Sommer und Herbst am Wochenende, wie die Schleuse funktioniert.

Wenn Sie den Towpath Trail (und den Rest des Cuyahoga Valley) erkunden, sollten Sie auch die **Cuyahoga Valley Scenic Railroad** in Erwägung ziehen: Sie fährt zwischen Akron und Independence am Fluss entlang und hält siebenmal im Park.

Folgen Sie der Tinkers Creek Road und dem Gorge Parkway nach Osten zur malerischen **Tinkers Creek Gorge**, einem nationalen Wahrzeichen. Vom Aussichtspunkt am Parkway bietet sich ein herrlicher Blick über das bewaldete Tal und den Fluss in 60 m Tiefe. Weiter östlich können Sie Ihren Wagen auf dem Parkplatz der **Bridal Veil Falls** abstellen. Nach einem kurzen Fußmarsch durch ein steilwandiges Tal erreichen Sie einen hübschen Platz, an dem ein Nebenfluss des **Tinkers Creek** über eine Reihe von Sandsteinvorsprüngen in die Tiefe stürzt. Insgesamt gibt es in der Schlucht fast 70 Wasserfälle. Hier, aber auch an anderen Stellen im Park, wachsen Schierlingstannen, Buchen, Ahornbäume, Eichen und Birken, die das Bild ansonsten eher in weiter nördlich gelegenen Hartholzwäldern prägen. Die Pfade, die sich durch die Schlucht winden, gehören zum 186 Meilen langen Wegenetz des Cuyahoga-Tals. Ganz

Scheune aus dem 19. Jahrhundert

nach Belieben können Sie wenige Meter neben der Straße spazieren gehen oder Tageswanderungen unternehmen.

BRANDYWINE FALLS & LEDGES

ein Tag oder länger

Die meistbesuchte Natursehenswürdigkeit des Parks, die **Brandywine Falls**, stürzen im östlichen Teil des Parks über treppenförmige Sandsteinvorsprünge. Ein Pfad führt zu zwei Aussichtsplattformen, die in verschiedenen Höhen am Ufer liegen. Im Winter, wenn Eiszapfen und Fließwasser ein weißes Muster aus kleinen Säulen und Strudeln bilden, sind die Wasserfälle mindestens genauso interessant wie während der Schneeschmelze im Frühjahr. Die **Blue Hen Falls** sind etwas weniger eindrucksvoll und deshalb nicht so überlaufen. Sie befinden sich nur wenige Minuten entfernt an der Westseite des Cuyahoga River in einem lauschigen Tal mit Beständen von Ahorn und Buchen.

Am 1836 eröffneten **Boston Store** im nahe gelegenen Dorf gleichen Namens sollten Sie unbedingt eine Pause einlegen. Hier können sie eine interessante Ausstellung über Konstruktion und

Herbstwanderung auf dem Ohio & Erie Canal Towpath Trail

Aussehen der Schiffe besuchen, die in früheren Zeiten den Ohio & Erie Canal hinauf- und hinunterfuhren. Die Stadt **Peninsula** etwas weiter südlich galt damals als Hochburg des Kanalschiffbaus. Heute geht es in dem Ort mit hübschen Läden, Cafés und Kunstgalerien gemütlich zu. Hier können Sie auch Fahrräder mieten.

Eine der Hauptattraktionen liegt südöstlich von Peninsula an der Kendall Park Road. Der Hauptweg zieht sich an den **Ledges** um ein kleines Plateau. Er folgt einem Pfad unter stark zerklüfteten Steilhängen, die aus 320 Millionen Jahre altem Sandsteinkonglomerat bestehen. Sie sollten sich Zeit für Ihre Wanderung nehmen, denn zwischen den hohen Bäumen, Farnen und im Moos können Sie immer wieder Eichhörnchen entdecken, das Zwitschern von Meisen hören und interessante Felsformationen bestaunen. Auf der Ostseite der Ledges lockt die **Ice Box Cave** Abenteuerlustige mit schmalen Gängen. Im Westen kann man am **Ledges Overlook** weit über bewaldete Hügel blicken oder den Sonnenuntergang genießen.

Im **Happy Days Visitor Center** an der Ohio 303 erhalten Sie Programmhinweise für den Park. Im Zentrum finden Konzerte, Tanzvorführungen, Lesungen und Aktivitäten für Kinder statt.

Jeder Ortsansässige hat seinen Lieblingsabschnitt auf dem Towpath Trail. Bei Naturliebhabern steht der Teil nördlich des **Ira Road Trailhead** hoch im Kurs. Nach 100 Jahren siedelten sich Ende der 1970er Jahre erstmals wieder Biber im Cuyahoga Valley an und schufen hier ein ausgedehntes Feuchtgebiet. Kanadareiher, Rosenbrust-Kernknacker, Rotschulterstärlinge, eine Eisvogelart und Zitronenwaldsänger leben mit vielen anderen Vogelarten, mit Bisamratten und Weißwedelhirschen in dieser Region.

Mir der Geschichte der Besiedlung des Tals durch Menschen befasst sich ein Freilichtmuseum an der Oak Hill Road im Südwesten des Parks bei Bath.

PRAKTISCHE INFORMATION

ZENTRALE
Cuyahoga Valley NP, 15610 Vaughn Rd., Brecksville, Ohio 44141, Tel. (216) 524-1497; www.nps.gov/cuva.

SAISON UND ANREISE
Ganzjährig geöffnet für Individualbesuche und Events.

BESUCHERINFORMATIONEN
Canal Visitor Center, Canal and Hillside Roads, Valley View, ganzjährig geöffnet. Tel. (216) 524-1497. **Hunt Farm Visitor Information Center**, am Towpath Trail, ganzjährig, Öffnungszeiten saisonabhängig. Das **Peninsula Depot Visitor Center** ist das Empfangszentrum des Parks, die Öffnungszeiten richten sich nach den Zugfahrplänen. Von Ende Dezember bis Mitte Februar geschlossen.

EINTRITTSGEBÜHREN
Park: kostenlos. Konzerte und Sonderveranstaltungen teilweise kostenpflichtig.

TIERE
An der Leine erlaubt.

EINRICHTUNGEN FÜR BEHINDERTE
Viele Wege, die Besucherzentren, historische Gebäude und Aktivitäten sind für Rollstuhlfahrer zugänglich, ebenso der 20 Meilen lange Canal Towpath Trail mit Kiesbelag.

AKTIVITÄTEN
Parkmitarbeiter und ehrenamtliche Helfer veranstalten Führungen und naturkundliche Wanderungen. Im Blossom Music Center, Tel. (330) 920-8040, und im Porthouse Theatre, Tel. (330) 929-4416, finden kulturelle Veranstaltungen statt. Im Sommer können Sie picknicken, Golf spielen, wandern, angeln, Rad fahren, reiten (kein Pferdeverleih im Park), im Winter Schlitten und Ski fahren und Schneeschuhwanderungen unternehmen. Am bequemsten erkunden Sie den Park mit der **Cuyahoga Valley Scenic Railroad**, Tel. (800) 468-4070.

CAMPINGPLÄTZE
Innerhalb des Parks gibt es keine Campingplätze, freies Zelten verboten.

UNTERKUNFT
(wenn nicht anders vermerkt, gelten Preise für 2 Personen im Doppelzimmer zur Hauptsaison)

IM PARK:

Inn at Brandywine Falls, 8230 Brandywine Rd., Sagamore Hills, OH 44067, Tel. (330) 467-1812 oder (888) 306-3381. 3 Zimmer, 3 Suiten. $125–$325, Frühstück inkl.; Klimaanlage.

Jugendherberge **Stanford Hostel** 6093 Stanford Rd., Peninsula, OH 44264, Tel. (330) 467-8711. 30 Betten – nach Geschlechtern getrennte Schlafsäle. $16 pro Nacht für Mitglieder des Jugendherbergsverbandes. Bettwäsche $3.

Unterkünfte über das Akron/Summit Convention & Visitors Bureau, Tel. (800) 245-4254, www. visitakronsummit.org oder Convention & Visitors Bureau of Greater Cleveland, Tel. (800) 321-1001 oder, www.positivelycleveland.com.

Die **Hale Farm & Village** ist von Mai bis Oktober geöffnet. Sie stellt das Leben in einem typischen Dorf des Cuyahoga Valley um die Mitte des 19. Jahrhunderts nach. Das Zentrum bildet die 1826 errichtete Farm der Pionierfamilie Hale. Um sie gruppieren sich weitere Gebäude, in denen kostümierte Mitarbeiter spinnen, weben, Körbe flechten und Kerzen ziehen, Glas blasen, Eisen schmieden und Geschichten erzählen. Mit dem Auto ist es von hier aus nur ein kurzes Stück bis zur überdachten **Everett Road Bridge**, der Rekonstruktion einer älteren Brücke.

Vom Cuyahoga-Valley-Nationalpark ist es niemals weit bis zur nächsten Autobahn, Stadt und Einkaufsmeile. Dass die Natur ihren Reichtum und ihre Schönheit dennoch voll entfalten kann, macht den Park so überraschend und reizvoll.

Blick aus der Vogelperspektive auf Fort Jefferson

DRY TORTUGAS

FLORIDA

GEGRÜNDET 26. OKTOBER 1992

262 Quadratkilometer

Im Golf von Mexiko gelegen, rund 70 Meilen westlich von Key West, Florida, erstreckt sich eine 7 Meilen lange Inselkette von sieben tiefliegenden Inseln, die das Zentrum des Dry Tortugas National Parks bilden, ein Schutzgebiet für Vögel und Meerestiere, mit einigen der intaktesten Korallenriffs, die vor den Küsten Amerikas zu finden sind. In für einen Nationalpark etwas untypischer Lage steht mittendrin Fort Jefferson, ein Relikt des 19. Jahrhunderts.

Knapp 34 ha der Fläche des Parks von 259 km^2 befindet sich über Wasser. In unmittelbarer Nachbarschaft vom Visitor Center in Fort Jefferson liegt die Insel Bush Key, die mit braunem Zedernholz, Meerträubchen, Mangroven und Feigenkakteen den ursprünglichen »Wüstencharakter« der Inseln widerspiegelt. Die Inselkette endet ungefähr 3 Meilen westlich mit der 12 ha großen Insel Loggerhead Key, auf der im Jahre 1858 ein Leuchtturm fertig gestellt wurde, der auch heute noch den Seefahrern den Weg weist.

Der spanische Forscher Juan Ponce de León kam im Jahre 1513 auf diese Insel und fand Leatherback, Loggerhead, die Grüne Meeresschildkröte sowie die Echte Karettschildkröte vor, die sich alle im klaren Wasser tummelten. Und so gab er der Insel den Namen

Las Tortugas; das bedeutet »die Schildkröten«. In den folgenden drei Jahrhunderten dienten die Schildkröten als Fleisch- und Eierlieferant für die Piraten; diese raubten auch die Sandnester von Seeschwalben aus; Hunderttausende dieser Seeschwalben kommen zwischen März und September nach Bush Key. Im Jahre 1825, als der erste Leuchtturm der Insel Segler vor den umliegenden Riffen und Sandbänken warnte – mehr als 200 Schiffe erlitten hier seit dem 17. Jahrhundert Schiffsbruch –, warnten spezielle Meereskarten vor den »dry«, trockenen, Tortugas, weil Süßwasser fehlte.

Im Jahre 1846 äußerten US-Militärstrategen Besorgnis darüber, dass feindliche Länder die Schifffahrtsstraßen im Golf von Mexiko blockieren könnten. Daher entschied die Regierung den Bau einer Festung für 450 Kanonen und 2000 Mann auf der Insel Garden Key. Dadurch, dass der dreistöckige, 15 m hohe, ein Sechseck von 800 m Umfang bildende Bau sehr respekteinflößend war, mussten die Waffen niemals in Gebrauch genommen werden. In dem späteren Staatsgefängnis für Deserteure des Bürgerkrieges wurde auch der Arzt Samuel Mudd gefangen gehalten, dem Verschwörung in Bezug auf Abraham Lincolns Tod vorgeworfen wurde. Er hatte (wie er sagte, unwissend) das gebrochene Bein des Mörders John W Booth operiert. Das »Gibraltar des Golfes« hatte im Jahre 1874 einige Schicksalsschläge zu überwinden: Gelbfieber, Sturmschäden. Schließlich war die Festung wegen neuer Kanonen nicht mehr zeitgemäß. Im Jahre 1898 als Kohlenlager für die Navy wieder zu neuem Leben erweckt – das Schlachtschiff *Maine* steuerte von hier aus auf sein berüchtigtes Ziel Havana Harbour, 90 Meilen südlich, zu – wurde die Festung 1907 endgültig aufgegeben. 1935 wurde sie zum Nationaldenkmal.

Anreise

Per Boot oder Wasserflugzeug. Permanenter Bootsservice. Für Abfahrtszeiten und Reservierungen rufen Sie bitte die Nummer (800) 634-0939, (305) 294-7009 oder (800) 236-7937 an. Für autorisierte Lufttaxis und Charterboote wenden Sie sich bitte an die Parkzentrale. Die Überfahrt mit dem Boot von Key West dauert etwa 3 Stunden, mit dem Wasserflugzeug 40 Minuten. Diejenigen, die mit Privatbooten anreisen, sollten sich an das NOAA Chart # 11434 (»Sombrero Key zu Dry Tortugas«) oder Chart #11438 (»Dry Tortugas«) halten.

Reisezeit

Ganzjährig. Die Temperaturen schwanken zwischen 10°C und 27°C. Im April und Mai, der Hauptbesuchszeit, herrscht ein mildes Klima. Die Winter sind oft windig und es herrscht eine raue See. Die Saison der Hurrikane dauert von Juni bis Ende November, wenn die Temperaturen und die Luftfeuchtigkeit am höchsten sind.

Reiseempfehlungen

Ein Tagesausflug per Boot oder Wasserflugzeug erlaubt einen gemütlichen Besuch der **Garden Key Insel**, inklusive eines *self-guided* Spazierganges in **Fort Jefferson**. Wenn die Insel **Bush Key** geöffnet ist und sie eine Stunde Zeit haben, schwimmen Sie durch den engen Kanal. Oder benützen Sie die neue Brücke.

GARDEN KEY UND FORT JEFFERSON

70 Meilen von Key West; ein ganzer Tag

Erkundigen Sie sich bei Ihrer Ankunft nach den Angeboten für naturkundliche Touren mit einem Führer. Das *Visitor Center* befindet sich unweit des Eingangs.

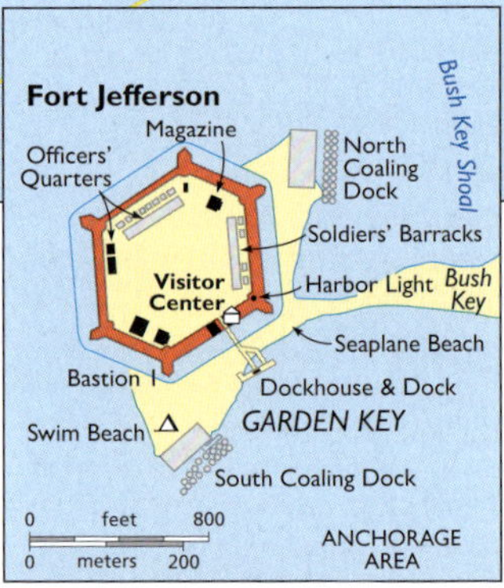

Sehen Sie sich zuerst eine Videovorführung über den Park an, und machen Sie dann eine *self-guided* Tour durch Fort Jefferson. Wendeltreppen aus Granitstein führen zu den Kanonenstellungen ganz oben an der Festung. Von dort hat man einen einmaligen Rundumblick mit einer exzellenten Möglichkeit, Vögel mit dem Fernglas zu beobachten. Schon recht früh wurden Naturalisten wie John James Audubon auf die Tierwelt Tortugas mit seinen Seeschwalben, Kormoranen, Möwen, Kiebitzen, Pelikanen, Falken, und Fregattvögeln aufmerksam. Er segelte von Key West aus nach Tortugas, um diese Vögel näher zu beobachten. Schauen Sie sich das Hafenlicht von Garden Key an, und spazieren Sie über die grasbewachsene Brüstung, an der riesige Küstenkanonen ausgestellt sind.

Lesen Sie die Broschüre »Walking the Seawall«, die zu einem Spaziergang an dem $^1/_2$ Meilen langen Seewall und Wassergraben einlädt, der der Meeresschnecke, dem gelben Stachel-

Sonnendurchflutete Torbögen auf Fort Jefferson

PRAKTISCHE INFORMATIONEN

ZENTRALE

Die Zentrale vom Dry Tortugas NP liegt am Everglades NP, 40001, State Road 9336, Homestead, Fla. 33034. Tel. (305) 242-77000; www.nps.gov/drto

SAISON UND ANREISE

Ganzjährig geöffnet. Größte Besucherzahlen im Frühling, Reservierungen von Boot bzw. Wasserflugzeug empfehlenswert. Übernachtung nur auf Garden Key möglich (Campingplätze). Loggerhead und Bush Key sind nur bei Tage zugänglich. Bush Key ist von März bis September – während der Nistzeit – nicht zugänglich.

BESUCHERINFORMATIONEN

Visitor Center ganzjährig täglich geöffnet

EINTRITTSGEBÜHREN

$5 pro Person.

TIERE

Nur auf dem Campingplatz erlaubt. Sie müssen immer angeleint werden.

EINRICHTUNGEN FÜR BEHINDERTE

Der Hafen, *Visitor Center* und Campingplatz von Fort Jefferson sind für Rollstuhlfahrer geeignet.

AKTIVITÄTEN

Gelegentlich finden naturkundliche Veranstaltungen statt. *Self-guided* Spaziergänge, Schwimmen, Schnorcheln, Tauchen, Unterwasserfotografieren, Vogelbeobachtung, Sportfischen, Camping, Sternenschau.

BESONDERE RATSCHLÄGE

Denken Sie daran, Wasser- und Nahrungsvorräte mitzunehmen. Es gibt kein Süßwasser für Camper und keine Duschen. Privatboote müssen vor der Küste an extra ausgewiesenen Gebieten verankert werden. Kein öffentlicher Anlegeplatz. Keine öffentliche Telefonverbindung nach Tortugas.

CAMPING

Camping ist nur auf der Insel Garden Key erlaubt. 10 einfache Zeltplätze verfügbar. Keine Reservierung. 14-Tage-Limit. $3 pro Person und Nacht. Gruppen von 10 oder mehr Leuten müssen sich im Voraus eine besondere Genehmigung einholen: P.O. Box 6208, Key West, Florida 33049; 30 Tage Bearbeitungszeit.

UNTERKUNFT

(wenn nicht anders vermerkt, gelten Preise für 2 Personen im Doppelzimmer zur Hauptsaison)

In Key West, Florida 33040:

Best Western Key Ambassador Resort Inn 3755 S. Roosevelt Blvd. Tel. (800) 432-4315 oder (305) 296-3500. 100 Zimmer. $129-$159. Klimaanlage.

Duval House 815 Duval St. Tel. (305) 294-1666. 29 Zimmer, 2 Kochnischen. $165-$380. Klimaanlage.

The Marquesa Hotel 600 Fleming St. (305) 292-1919. 27 Zimmer. $230-$495. Klimaanlage, Pool, Restaurant.

Westwinds 914 Eaton St. Tel. (800) 788-4150 oder (305) 296-4440. 26 Zimmer, 7 Kochnischen. $165. Klimaanlage.

Weitere Unterkünfte: Key West Chamber of Commerce, 402 Wall St., Fla. 33040. Tel. (800) 527-8539 oder (305) 294-2587.

rochen und anderen Kreaturen als Schutz dient. Außerhalb der Mauer befindet sich ein hervorragendes Gebiet zum Schnorcheln – brusttiefes Wasser mit Korallen und mit vielen der 442 Fischarten, die es hier gibt. (Das *Visitor Center* hält eine begrenzte Anzahl an Taucherbrillen, Schnorcheln und Flossen zum Verleihen bereit.) Wenn Sie jemanden finden, der sich bereit erklärt, über ihre Sicherheit beim Schwimmen zu wachen, können sie vom Badestrand des Campingplatzes aus an der Mauer entlang, wo sich die Fische versammeln, schwimmen. Seien Sie vorsichtig bei den Barrakudas, die zwar nur sehr selten aggressiv sind, aber die ihr Territorium verteidigen.

Sonnenaufgang über Mangroven in der Florida Bay

EVERGLADES

FLORIDA
GEGRÜNDET 6. DEZEMBER 1947
6102 Quadratkilometer

Eine kleine Schar Parkbesucher folgt der Führerin auf einer Naturwanderung durch die Everglades. Über eine Stunde lang hat sie ihnen die lebenden Wunder um sie herum gezeigt – Schmetterlinge und Schnecken, Alligatoren und Fische, Vögel und wieder Vögel. Am Ende der Tour versammelt sie ihre Gruppe um sich herum und deutet auf einen Trupp von neun Ibissen, die am wolkenlosen Himmel dahinziehen.

»In den 30er Jahren wären es neunzig gewesen«, sagt sie. »Jetzt haben wir nur noch ein Zehntel der Watvögel von damals. Schreiben Sie Ihrem Abgeordneten, dass wir die Everglades retten müssen«. Solche Äußerungen sind dem Personal des Parks zwar offiziell nicht erlaubt, doch der Einsatz für den bedrohten Nationalpark führt schon einmal dazu.

Der Park liegt an der Südspitze der Everglades, einer 100 Meilen langen subtropischen Naturlandschaft aus Sumpfwiesen mit dschungelartigen Bauminseln *(hammocks)* darin sowie Mangrovensümpfen, die sich ursprünglich vom Lake Okeechobee bis zur Florida Bay erstrecken. Einst floss das Wasser, Leben spendendes Element dieses Ökosystems, vom See ungehindert südwärts. Doch mit der Erschließung und Besiedlung Südfloridas wurde Wasser zunehmend in Siedlungen und große Farmen abgeleitet. Große bewässerte Felder reichen bis vor die Pforten des Parks. Das Verschwinden des Ibis birgt eine Warnung: Die Feuchtlebensräume im Park gehen zurück, weil nicht genügend Wasser in die Everglades gelangt.

Der besondere Auftrag des Parks bestärkt seine Retter. Anders als bei den früheren Parks, die gegründet wurden, um eine Landschaft zu schützen, wurde Everglades geschaffen, um ein Ökosystem auch für seine Tierwelt zu erhalten. Die einzigartige Mischung von tropischen und gemäßigten Pflanzen und Tieren in diesem Park mit ihren 700 Pflanzen- und 300 Vogelarten – neben der bedrohten Rundschwanz-Seekuh, leben hier das Krokodil und der Florida-Puma – hat dem Park Anerkennung als »International Biosphere Reserve« und als »Stätte des Welterbes« der UNESCO eingetragen.

Freunde der Everglades fordern den Ankauf privater Feuchtgebiete östlich des Parks, um so die ökologische Schutzzone auszudehnen und weitere Wasserrechte zu erwerben.

Die Vielfalt des Lebens im Everglades-Nationalpark, von Algen bis Alligatoren, beruht auf einem Wechsel von Wasserreichtum und Dürre. In der feuchten Jahreszeit fließt ein Strom, der nur Zentimeter tief, aber Kilometer breit ist, fast unsichtbar zum Golf von Mexico. In der Trockenzeit ruht der Park und wartet auf die Rückkehr des Wassers. Pflanzen und Tiere haben sich diesem Rhythmus angepaßt. Wenn Menschen ihn verändern, setzen sie die Everglades aufs Spiel.

Anreise

Von Miami aus fährt man auf der US 1 südwärts nach Florida City, dann über Fla. Hwy. 9336 (Palm Drive) westwärts zum *Main Visitor Center*, ca. 50 Meilen von Miami. Zum *Shark Valley Information Center* fährt man von Miami westwärts auf der US 41 (Tamiami Trail). Von Naples fährt man auf der US 41 ostwärts zum Fla. Hwy. 29, dann südwärts nach Everglades City. Flughäfen: Miami und Naples.

Reisezeit

Everglades hat zwei Jahreszeiten, eine trockene (Mitte Dezember bis Mitte April) und eine feuchte (den Rest des Jahres). Die meisten Angebote gibt es in der Trockenzeit; in der Feuchtzeit machen ein feuchtheißes Klima und Wolken von Moskitos den Besuchern zu schaffen.

Reiseempfehlungen

Wenn Sie nur 1 Tag Zeit haben und an der Ökologie der Everglades interessiert sind, dann wandern Sie entlang der Strecke vom **Ernest F. Coe Visitor Center** nach **Flamingo** und nutzen Sie das bereitgestellte Informationsmaterial. Bei einem längeren Aufenthalt bieten sich Flamingo oder **Everglades City** als Stützpunkte an; planen Sie Ihre Fahrten nach dem Zeitplan der Bootstouren. In der feuchten und trockenen Periode kommt man nur mit dem Boot oder Kanu ins eigentliche Landesinnere. Wegen der Moskitos empfiehlt sich eher die Trockenzeit für Kanufahrten. (An den Eingängen des Parks wird für Fahrten mit dem Airboat geworben; solche Gefährte stören die Tiere und beschädigen das Riedgras; sie sind daher aus dem Park verbannt.)

VON ROYAL PALM BIS FLAMINGO

76 Meilen hin und zurück; ein ganzer Tag

Die **Main Park Road** verbindet den Haupteingang südwestlich von Florida City mit **Flamingo** an der **Florida Bay**. Rauschen Sie da nicht mit 55 Meilen pro Stunde durch. Ob Sie Zwi-

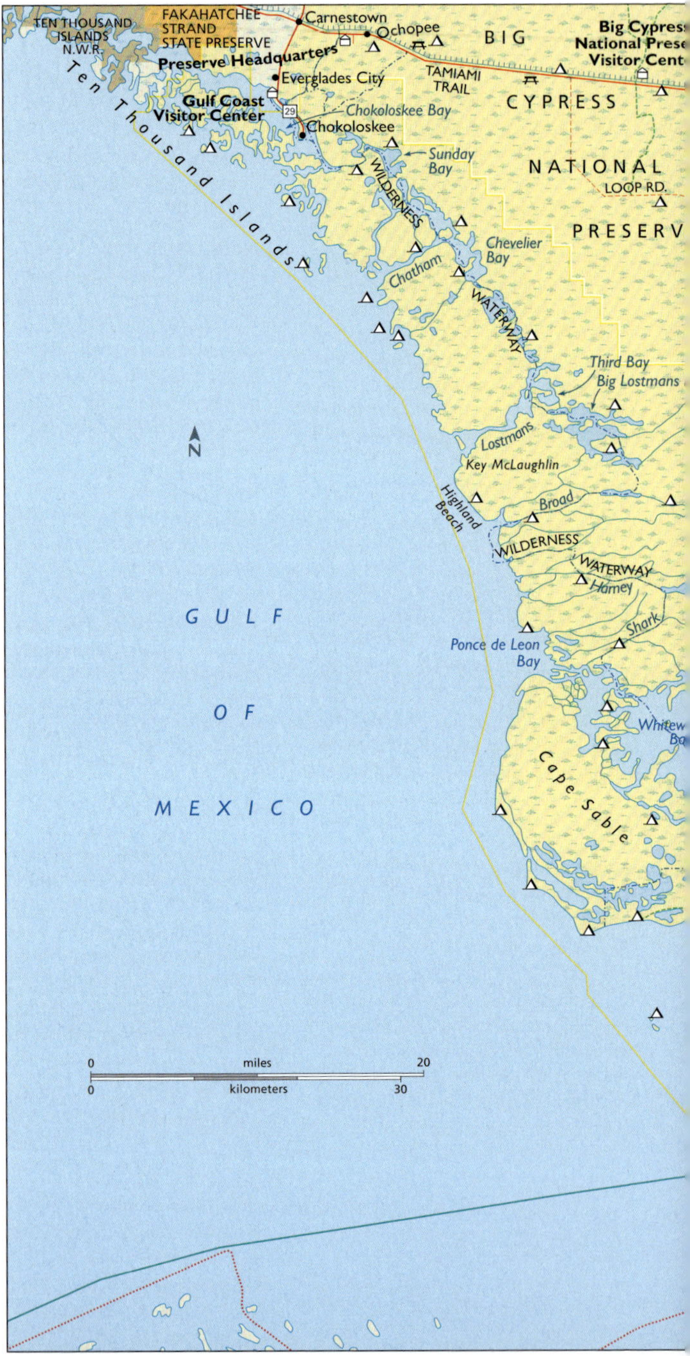
TEN THOUSAND ISLANDS N.W.R.
FAKAHATCHEE STRAND STATE PRESERVE
Carnestown
Ochopee
BIG CYPRESS NATIONAL PRESERV
Big Cypress National Prese Visitor Cent
Preserve Headquarters
Everglades City
TAMIAMI TRAIL
Gulf Coast Visitor Center
29
Chokoloskee Bay
Chokoloskee
Sunday Bay
LOOP RD.
Ten Thousand Islands
WILDERNESS
Chevelier Bay
Chatham
WATERWAY
Third Bay
Big Lostmans
Lostmans
Key McLaughlin
Highland Beach
Broad
WILDERNESS
WATERWAY
Harney
Shark
Ponce de Leon Bay
Whitew Ba
Cape Sable
GULF OF MEXICO
N
0 miles 20
0 kilometers 30

THE EVERGLADES
Tamiami Ranger Station
EE SNAIL
MMOCK
TURE TRAIL
oop Road
ducation
enter
Tamiami Canal
TAMIAMI TRAIL
Shark Valley Visitor Center
TRAM TOUR
Observation Tower
Shark River Slough
Miami International Airport
FLORIDA'S TURNPIKE
EVERGLADES NATIONAL PARK
Pa-hay-okee
PINELANDS TRAIL
MAIN PARK ROAD
Long Pine Key
Homestead
Florida City
Ernest F. Coe Visitor Center and Park Hdqrs.
Royal Palm Visitor Center
ANHINGA TRAIL
GUMBO LIMBO TRAIL
BISCAYNE NATIONAL PARK
Mahogany Hammock
Pearl Bay Chickee
Nine Mile Pond
Taylor Slough
West Lake Trailhead
CROCODILE LAKE N.W.R.
Joe Bay
Barnes Sound
Key Largo
Deer Key
Eagle Key
Snake Bight
Madeira Bay
Flamingo Visitor Center
JOHN PENNEKAMP CORAL REEF STATE PARK
Key Largo
Florida Bay Ranger Station and Science Center
FLORIDA BAY
Corinne Key
FLORIDA KEYS NATIONAL MARINE SANCTUARY
Plantation Key
Upper Matecumbe Key
LIGNUMVITAE KEY STATE AQUATIC PRESERVE
INTRACOASTAL WATERWAY
Lower Matecumbe Key
ATLANTIC OCEAN
75
924
997
94
41
826
821
1
9936
905

Karibische Kiefern bei Mahogany Hammock

schenstopps an den vorgeschlagenen Stellen machen, hängt vom Bootsfahrplan ab.

Verschaffen Sie sich am **Ernest F. Coe Visitor Center** einen Überblick über den Park. Beachten Sie die Zeiten für Führungen durch Ranger vom nahen **Royal Palm Visitor Center** aus sowie den Bootsfahrplan ab Flamingo, 38 Meilen weiter.

Schon während der Autofahrt sehen Sie Silberreiher und andere Vögel verstreut im Riedgras oder auf den Bäumen am Wege sitzen. Biegen Sie nach 4 Meilen zum **Royal Palm Visitor Center** ab. Während Sie auf den Beginn der Führung auf dem Anhinga Trail warten, können Sie auf eigene Faust in die Schatten des 1/2 Meile langen **Gumbo Limbo Trail** eintauchen; benannt ist der Pfad nach einem Baum, der wegen seiner rot abschuppenden Haut auch »Touristenbaum« heißt. Schäden, die der Wirbelsturm Andrew im August 1992 angerichtet hatte, sind immer noch deutlich zu erkennen.

Der Weg führt zu einem Hammock, einer auf erhöhtem Grund gelegenen Insel von tropischen Laubbäumen, darunter *Gumbo Limbos* und ein paar schöne Exemplare von Würgefeigen. Die Erhebung sorgt für trockeneren Boden und lässt Hartholzbäume gedeihen, die ihrerseits vielen Tieren – Schlange, Reh, Fuchs und Waschbär – Schatten und Schutz gewähren.

Achten Sie auf *Solution Holes,* Auswaschungen im Kalkstein, die Feuchtigkeit halten und sich in der Trockenzeit zu kleinen Ökotopen entwickeln. Wenn sich solche Mulden mit organischer Substanz füllen und vom Wind oder durch Vögel besamt werden, entstehen Hammocks.

Den 1/2 Meile langen Anhinga Trail können Sie zwar auch allein beschreiten, doch haben Sie mit einem Ranger bessere Chancen, Tiere zu beobachten. Der Bretterweg berührt einen flachen Süßwassergraben. Dort sind wahrscheinlich Alligatoren zu sehen und ein paar bemerkenswerte Vögel, darunter der langschnäbelige Schlangenhalsvogel *(anhinga)*, nach dem der Pfad benannt ist.

Der Ranger erklärt: Der entzückende Zebra-Schmetterling schmeckt fürchterlich; Greifvögel, die ihn gekostet haben, tun das kein zweites Mal. Aus den weißen Eierbeuteln an jenem Ast werden bald Kugelschnecken schlüpfen, die Lieblingsspeise des bedrohten Schneckenweihs. Der Schnabel dieses falkenähnlichen Spezialisten ist so geformt, dass er die Schnecke aus ihrem Gehäuse ziehen kann. Jener schlanke, langmäulige Fisch, der sich da durchs klare Wasser schlängelt, ist ein Knochenhecht; er kann die Trockenzeit in einem Schlammloch überdauern, weil er eine einfache Lunge besitzt. Der Alligator dort lockert in wassergefüllten *Solution Holes* den Schlamm und schafft ihn mit dem Schwanz beiseite. In der Trockenzeit überleben in der so geschaffenen Oase Fische, Frösche, Schnecken und Vögel – solange es der Hausherr erlaubt. Ungewöhnliche Anpassungsformen und ein feines Gleichgewicht sorgen für die erstaunliche Artenvielfalt der Everglades.

Auch an der Straße gibt es Lehrreiches zu sehen. Sieben Meilen weiter am 1 Meile langen **Pineland Trail** kann man so eine *stop-and-walk*-Lektion erhalten. Kiefern wachsen auf höherem Grund – 1,50 bis 2 Meter über Meereshöhe; also wurden Kiefernwälder vernichtet, weil man Miami und andere Städte auf solchem Gelände erbaute. Was Sie sehen, sind die Reste der Kiefernwälder, die einst Südostflorida bedeckten. Zu den Blumen, die hier wachsen zählen eine Mädchenauge-Art und die purpur blühende Ruellie.

Bald kommt ein Aussichtspunkt namens **Pa-hay-okee** oder »Grasmeer« – der indianische Name für die Everglades. Ein Brettersteg führt zu einer überdachten Beobachtungsplattform, von der aus man auf ein schier endloses Meer von Gras blicken kann. Nach 19 ½ Meilen erreicht man **Mahogany Hammock**, wo der größte lebende Mahagonibaum der USA zu besichtigen ist.

Schöne Picknickplätze gibt es bei **Paurotis Pond** (24 ½ Meilen), **Nine Mile Pond** (26 ½ Meilen) und **West Lake** (30 ½ Meilen).

In **Flamingo** können Sie im Hafen nahe dem Visitor Center eine Bootstour buchen. Bevor die Tour anfängt, wäre ein ½-Meilen-Rundgang *(self-guided)* am Ufer der Florida Bay zu

Mit dem Kanu unterwegs zur Florida Bay

empfehlen: Sie ist eine Kinderstube für Meerestiere in der Obhut des Parks. Der zweistündige Bootsausflug ins Hinterland beginnt am Hafen und führt zunächst in den 1957 erbauten **Buttonwood Canal**. Manchmal verstecken sich in den Wurzeln der drei Mangrovenarten, die man am Wilderness Waterway sehen wird, scheue Krokodile, manchmal sonnen sie sich auch an den Ufern des Kanals. Die Fahrt führt über **Coot Bay** in die **Whitewater Bay** hinein, wo Kanuwanderer auf etwa zeltgroßen, im Wasser stehenden Plattformen kampieren. Erwarten Sie keine Flamingos: Die haben dem Ort nur den Namen gegeben.

VON SHARK VALLEY BIS EVERGLADES CITY

49 Meilen; ein ganzer Tag

Der **Tamiami Trail** (US 41) begrenzt den Park im Nordosten. Halten Sie am **Shark Valley Information Center** nahe dem östlichen Parkeingang. Hier beginnt eine 15 Meilen lange Ringstraße, die nur für Fußgänger oder Radfahrer zugänglich ist; man kann sich aber auch einer zweistündigen Tonband-Tour auf der *Tram* anschließen; das ist ein ganzjährig verkehrender, offener Wagenzug.

Allerdings werden Sie keine Haie sehen, auch wenn das Tal nach dem **Shark River** benannt ist; Haie finden sich nur an dessen Mündung im Golf von Mexiko. Aber Sie werden die Spuren von Alligatoren im Riedgras sichten, wohl auch die Alligatoren selbst sowie Watvögel. Die Reise führt zu einem 20 m hohen Turm mit einer Aussicht auf das, was dem Park seinen Namen gegeben hat: sumpfige Wiesen *(glades)*, die sich ewig *(ever)* fortsetzen. Hier kann man hervorragend Alligatoren beobachten, und man erhält einen Eindruck von der artenreichen Vogelwelt des Feuchtlebensraumes der Everglades.

Kehren Sie zur US 41 zurück, die nordwärts aufs Gebiet des Big Cypress National Preserve einschwenkt, welches zum Ökosystem der Everglades gehört. Das Wasser des Parks kommt zum großen Teil durch die vier Schleusentore, die sich nördlich der Straße am Parkrand befinden. Biegen Sie auf Fla. Hwy. 29 nach Süden und **Everglades City** ab. Im Hafen können Sie sich eine der angebotenen Bootstouren aussuchen.

Die **Ten-Thousand-Island**-Tour ist den Mangroveninseln am Golf von Mexiko gewidmet. Auf der Überfahrt zu den Inseln schauen manchmal große unter Naturschutz stehende Meeressäugetiere dem Boot nach – so die geschmeidigen Tümmler und die schwerfälligen Seekühe. Auch zeigen sich Fischadler, Pelikane und Kormorane. Aus der Ferne erscheinen die Inseln als geschlossener Streifen tief gelegenen, grünen Landes; von nahem entpuppen sie sich als ein Gewirr von Wasserwegen.

Es sind weit weniger als 10 000 Inseln, aber die genaue Zahl ist nicht bekannt und ändert sich laufend. Die Inseln entstehen aus der Anhäufung von Laub und anderen organischen Stoffen an den Stelzenwurzeln der Mangroven. Die Insel kann von Stürmen oder den Gezeiten zerrissen werden, so dass neue Inseln entstehen, die wieder wachsen. Sie können aus ein paar Bäumen bestehen, aber auch mehrere hundert Hektar groß sein.

Das Boot quert **Chokoloskee Bay**, benannt nach einer Insel aus Muschelschalen, die Indianer aufgeschüttet hatten – lange vor Ankunft des Weißen Mannes. Die Bucht ist das nördliche Ende des 99 Meilen langen **Wilderness Waterways**, einer Kanuroute durch die tief zerrissene Küstenzone des Parks, die von Everglades City nach Flamingo führt.

Im Uhrzeigersinn von oben links: Waschbär zwischen Mangrovenwurzeln; Baumfrosch; Distel im Shark Valley; Alligator im Sumpf; Schneckenweih auf Futtersuche

PRAKTISCHE INFORMATIONEN

ZENTRALE
40001 State Road 9336, Homestead, Florida 33034. Tel. (305) 242-7700; www.nps.gov/ever.

SAISON UND ANREISE
Ganzjährig geöffnet; außerhalb der Saison (Mai bis Mitte Dezember) sind einige Einrichtungen und Dienste nur beschränkt oder nicht verfügbar.

BESUCHERINFORMATIONEN
Ernest F. Coe Visitor Center am Hwy. 9336 beim Haupteingang. **Royal Palm Visitor Center** ab Main Park Road, wenige Meilen nach Parkeingang. **Flamingo Visitor Center** an der Main Park Road an der Florida Bay (außerhalb der Saison zeitweise geschlossen). **Shark Valley Information Center** am Nordende des Parks an der US 41. **Gulf Coast Visitor Center** in Everglades City am Hwy. 29, am Nordwesteingang.

EINTRITTSGEBÜHREN
$10 pro Auto und Woche. $5 pro Wanderer oder Radfahrer.

TIERE
Tiere müssen an die Leine genommen werden und sind nur auf den Campingplätzen erlaubt.

EINRICHTUNGEN FÜR BEHINDERTE
Alle Besucherzentren, Toiletten und Tram-Touren für Rollstuhlfahrer zugänglich. Mehrere Wege mindestens teilweise zugänglich. Hinterland: Peer Bay ist ebenfalls für Rollstuhlfahrer zugänglich.

AKTIVITÄTEN
Kostenlose naturkundliche Veranstaltungen: Naturwanderungen und -vorträge, Ausstellungen, Abendprogramm. Außerdem: Tram-Touren bei Tage und bei Nacht; Bootsrundfahrten; Verleih von Kanus, Hausbooten, Motorbooten, Fahrrädern; Fischen (Lizenz erforderlich); Krabbenfischen; Garnelenfang . Im Winter und an Feiertagen ist Voranmeldung für Touren ratsam. Vermietung und Bootstouren in Flamingo: Tel. (341) 695-3101. Tram-Tour in Shark Valley: Tel. (305) 221-8455. Bootstour und Vermietung in Everglades City: Tel. (800) 445-7724 in Florida oder (341) 695-2591 von außerhalb.

BESONDERE RATSCHLÄGE
- Sie brauchen das ganze Jahr über Insektenschutzmittel, aber besonders von April bis Dezember.
- Schwimmen wird nicht empfohlen.

FREIES ZELTEN
Genehmigung erforderlich; $10 pro Genehmigung und $2 pro Person, zu erhalten in Flamingo und Everglades City; persönliches Erscheinen Voraussetzung. Gebührenpflichtig nur von Mitte November bis einschließlich April.

CAMPINGPLÄTZE
Zwei Campingplätze, auf 14 Tage begrenzt von November bis Mai, sonst 30-Tage-Limit. $14 pro Platz von November bis Mai. **Flamingo** und **Long Pine Key** ganzjährig geöffnet. Reservierung über NRRS ist erforderlich von Mitte November bis März (siehe S. 11). Kalte Duschen in Flamingo. Plätze für Zelte und Wohnmobile; keine Anschlüsse. Drei Gruppenplätze; teils mit Reservierung. April bis November Gastronomie.

UNTERKUNFT
(wenn nicht anders vermerkt, gelten Preise für 2 Personen im Doppelzimmer zur Hauptsaison)

In Florida City, Florida 33034:
Comfort Inn 333 SE First Ave./US 1. Tel. (305) 248-4009. 124 Zimmer $59–250$. Klimaanlage, Pool.
Coral Roc Motel 1100 N. Krome Ave. Tel. (305) 247-4010. 16 Zimmer, 4 mit Kochnische. $36–89$. Klimaanlage, Pool.
Knights Inn 1223 N.E. 1st Ave./US 1. Tel. (305) 247-6621. 49 Zimmer, 6 mit Kochnische $79–169$. Klimaanlage, Pool.

In Homestead, Florida 33030:
Days Inn 51 S. Homestead Blvd. Tel. (305) 245-1260. 111 Zimmer. $60. Klimaanlage, Pool, Restaurant.
Everglades Motel 605 S. Krome Ave. Tel. (305) 247-4117. 14 Zimmer. $89–179$. Pool, Klimaanlage.
Redland Hotel & Historic Inn 5 Flagler Ave. Tel. (800) 595-1904 oder (305) 246-1904. 13 Zimmer. $99–129$. Pool,Frühstück inlusive.

Weitere: Greater Homestead/Florida City Chamber of Commerce, 212 NW 1 Ave., Homestead Fla. 33030. Tel. (305) 247-2332, www.chamberinaction.com.

AUSFLÜGE

BIG CYPRESS NATIONAL PRESERVE

OCHOPEE, FLORIDA

Big Cypress liefert Leben spendendes Süßwasser für die Everglades und die Küstenflüsse. Es ist mehr als ein Sumpfgebiet: Moraste, Trocken- und Feuchtwiesen, Hammocks aus Laubgehölzen, Kiefernwald, Mangrovenwälder, ferner Watvögel, Alligatoren, der bedrohte Florida-Pumas und Schwarzbären. 2950 km². Angebote: 6 Zeltplätze, Wandern, Fischen, Vogelbeobachtung, Kanufahren, Geländefahrzeuge (Genehmigung erforderlich), Picknickplätze, Panoramastraßen. An US 41 (Tamiami Trail) neben Everglades NP gelegen. Tel. (239) 695-1201.

CORKSCREW SWAMP SANCTUARY

NAPLES, FLORIDA

Ein 2 ½ Meilen langer Brettersteg führt Besucher auf einer *self-guided tour* durch das Gebiet. Größter Zypressenurwald der USA und vielfältige Tierwelt: darunter Schwalbenweih und Papstfink im Winter, nistende Waldstörche und Alligatoren. 52 km². Wanderwege, Picknickplätze. Ganzjährig geöffnet. Ab Fla. Hwy. 846 etwa 50 Meilen nordwestlich vom Everglades NP. Tel. (239) 348-9151.

J. N. »DING« DARLING NATIONAL WILDLIFE REFUGE

SANIBEL, FLORIDA

Überwinternde Wasservögel und eine große Zahl Rosa Löffler dominieren unter den 230 Vogelarten dieses Insel-Naturparks. Benannt nach dem politischen Karikaturisten und Pionier der Naturpark-Bewegung, Jay Norwood Darling. 26 km². Angebote: Wandern, Bootfahren, Radfahren, Fischen, Panoramastraße. Ganzjährig geöffnet, *sunrise to sunset*. Freitags geschlossen. Visitor Center an der US 41, etwa 75 Meilen nordwestlich vom Everglades NP. Tel. (239) 472-1100.

Herbstlicher Blick über Dunst vom Clingmans Dome

GREAT SMOKY MOUNTAINS

NORTH CAROLINA UND TENNESSEE
GEGRÜNDET 15. JUNI 1934
2109 Quadratkilometer

Eins hört man immer wieder über Great Smoky: dass es der meistbesuchte Park der Nation ist und dass er mit über 9 Millionen pro Jahr doppelt so viele Besucher anzieht wie irgendein anderer Nationalpark. Die meisten dieser Millionen schauen sich den Park aus dem Auto von einer Höhenpanoramastraße aus an, auf der sich an einem typischen Wochentag im Sommer 60 000 Menschen drängen.

Zum Glück gibt es eine Menge Park, weitmaschig verbunden durch 384 Meilen Straße. Sie sollten den Wagen abstellen und einen der vielen *Quiet Walkways* von Great Smoky gehen, kurze Pfade, die in eine Welt hineinführen, »wie sie einst war« – wie die Hinweisschilder meinen. 800 Meilen Wanderwege erschließen diese Welt.

Der Park umfaßt 2000 Quadratkilometer Bergland und besitzt einige der schönsten Laubwälder der Welt sowie eine unvergleichliche Vielfalt an Pflanzen und Tieren. Wegen seines Reichtums an ursprünglicher, östlicher Waldvegetation ist der Park in den Rang eines »International Biosphere Reserve« erhoben worden.

Die Smoky Mountains gehören zu den ältesten Gebirgen der Erde. Die Gletscher der Eiszeit drangen bei ihren Südwärtsbewegungen bis an diese Berge hin vor, die so zu einer Nahtstelle zwischen südlicher und nördlicher Flora wurden. Rhododendron und Kalmie gedeihen auf dem verwitterten Felsgestein. Zwischen Waldland und schroffen Felsen wachsen über 1600 Arten blütentragender Pflanzen – und zwar einige von ihnen nur hier. An anderen Stellen herrscht Buschwerk vor; es bedeckt baumlose Flächen und bildet Lorbeerdickichte aus, durch die schwer durchzukommen ist.

Wald und Unterholz zusammen bringen eine dicke Schicht atmender Blätter hervor. Die Feuchtigkeit und der Kohlenwasserstoff, die die Blätter abgeben, bilden den dünnen Dunstschleier, der den Bergen ihren Namen gibt. Durch die Luftverschmutzung der letzten Jahre sind dem Dunst mikroskopisch kleine Sulfatpartikel beigefügt worden, wodurch sich die Sicht seit 1950 um 60% verschlechtert hat. Die Verschmutzung hat auch die Fichtenbestände geschädigt – die größten in den südlichen Appalachen. Und Insekten zerstören Frasers-Tanne, das Pendant der Fichte in höheren Lagen.

Der Park hütet auch die bescheidenen Kirchlein, Blockhütten, Farmhäuser und Scheunen der Bergbauern, die sich hier am Ende des 18. Jahrhunderts angesiedelt hatten. Die meisten ihrer Nachkommen zogen weg, als der Park gegründet wurde; einige von ihnen sind jedoch bis in unsere Tage dort geblieben.

Anreise

Von Knoxville, Tenn. (ca. 25 Meilen) über I-40 zum Tenn. Hwy. 66, dann auf der US 441 zum Eingang Gatlinburg. Von Asheville, N.C. (ca. 40 Meilen) über I-40 West zur US 19, dann auf der US 441 zum Südeingang des Parks bei Cherokee, N.C. Will man über eine Panoramastraße gemächlich anreisen, dann empfiehlt sich der 469 Meilen lange Blue Ridge Parkway: Er verbindet den Shenandoah National Park in Virginia mit Great Smoky. Flughäfen: Knoxville und Asheville.

Reisezeit

Ganzjährig geöffnet. Im Sommer und Herbst, wenn sich die Blätter verfärben (und die Massen kommen), sollte man um die Wochenmitte und früh anreisen. *Visitor Center* sind ganzjährig geöffnet.

Reiseempfehlungen

Für einen 1-Tages-Besuch: Auf der **Newfound Gap Road** zum **Clingmans Dome**, um vom höchsten Punkt des Parks alles zu überschauen. Für den zweiten Tag: Fahrt auf der **Cades Cove Loop Road**, die – per Auto oder Fahrrad – in die Pionierzeit zurückführt.

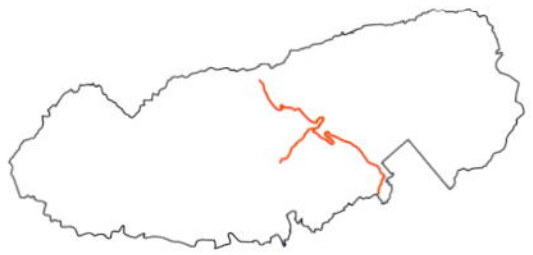

AUF DER NEWFOUND GAP ROAD ZUM CLINGMANS DOME

40–45 Meilen; ein halber bis ganzer Tag

Die **Newfound Gap Road**, die auf 600 m Meereshöhe beginnt und bis auf 1500 m ansteigt, verbindet die beiden großen *Visitor Centers* des Parks, **Sugarlands** (bei Gatlinburg, Tenn.) und **Oconaluftee** (bei Cherokee, N.C.). Die Straße, die von den Laubwäldern der tieferen zu den Fichten-Tannen-Wäldern der höheren Lagen emporsteigt, führt in der Vertikalen vor, was ökologisch einer Reise von Georgia nach Kanada entspricht. Mit Regen ist immer zu rechnen, und wenn es im Tiefland klar ist, kann in der Höhe Dunst oder Nebel herrschen. Wenn Sie von Sugarlands starten, gibt es nach 5

Meilen bei **Chimneys** einen hübschen Picknickplatz. Hier kann man sich auf den 1 Meilen langen, erläuterten **Cove Hardwood Nature Trail** begeben. Nach kurzer Fahrt gelangt man zu den **Chimney Tops Overlooks**, von wo man jenen Doppelgipfel erblickt, den die Cherokees *Duniskwalguni*, d.h. »Geweihgabel«, nennen.

Von hier können Sie auf dem steilen **Chimney Tops Trail** (4 Meilen hin und zurück) durch urtümlichen Wald und 400 m hoch zu den Steilklippen der Chimneys klettern. Wenn Sie Zeit und Lust haben, können Sie auch beim nächsten Aussichtspunkt steil zu den **Alum Cave Bluffs** aufsteigen; hier befand sich im 19. Jahrhundert ein gewerbliches Alaunbergwerk, das im Bürgerkrieg Salpeter für Schießpulver geliefert haben soll. Der Weg beginnt mit einem leichten 2 1/2 Meilen langen Rundweg, der an einem bewaldeten Bachufer entlang zum **Arch Rock** hinaufführt, einem Felsentor, das Verwitterungskräfte in Jahrmillionen geschaffen haben. Im Wald stehen mächtige, 200 Jahre alte Hemlock-Tannen. Auch ist hier der richtige Platz für eine Wildblumen-

wanderung im Frühjahr, wenn die Vögel nisten und singen. Sie können nun im Bogen zurücklaufen oder über einen steilen Seitenweg 1 Meile zu den Klippen hinaufsteigen.

Fahren Sie dann weiter zum **Newfound Gap** (1539 m), über den nicht nur die Grenze zwischen Tennessee und North Carolina verläuft, sondern auch ein großes Teilstück des Appalachian Trails. Von hier können Sie an klaren Tagen **Mt. LeConte** (2010 m) und Ihr nächstes Ziel, **Clingmans Dome**, sehen. Die 7 Meilen lange **Clingmans Dome Road** biegt hier scharf ab und windet sich durch Fichten und Tannen zum Parkplatz hinauf. Von dort geht ein Steilpfad von $^1/_2$ Meile zu einer Wendeltreppe, die zum Aussichtsturm auf den höchsten Gipfel (2025 m) im Park hinaufführt. Von dort haben Sie einen wunderbaren Rundblick. Es kann aber ebenso passieren, dass Sie meinen, über einem Meer wogender Wolken zu schweben. Nun geht es, je nach Zeit und Ziel, zurück nach Sugarlands oder weiter zum *Oconaluftee Visitor Center.* (Von Mai bis Oktober wird bei **Mingus Mill** mit

Wasserkraft Mais- oder Weizenmehl gemahlen.) Bei Oconaluftee können Sie das **Mountain Farm Museum** besuchen, eine Gruppe von Farmgebäuden, die hier zusammengetragen wurden.

CADES COVE LOOP ROAD

11 Meilen; mindestens ein halber Tag

Folgen Sie ab *Sugarlands Visitor Center* dem **Little River** und **Laurel Creek Road**, um zur **Cades Cove Loop Road** zu gelangen. Cades Cove führt historisch in das Jahr 1819 zurück, als die Cherokee-Indianer Siedlern per Vertrag erlaubten, das weite Hochtal zu roden. Gegen 1850 lebten hier über 680 Menschen. Sie hinterließen Gebäude, die sich zu einem Freilichtmuseum entwickelt haben, dessen Objekte entlang einer 11 Meilen langen einbahnig zu befahrenen »Schleife« *(Loop Road)* aufgereiht sind. Die offiziellen Haltepunkte *(Sites)* sind deutlich gekennzeichnet. Doch vielleicht halten Sie auch unabhängig davon einmal an, um die herrliche Ruhe zu genießen, um Weißwedelhirschen nachzuschauen oder die merkwürdigen Waldmurmeltiere aus ihren Erdhöhlen hervorlugen zu sehen.

Erster Stopp ist **John Oliver Place**, *Site 3*. Die Blockhütte wurde aus handbehauenen Baumstämmen errichtet. Schauen Sie von der Terrasse auf das lang gestreckte, grüne Tal hinunter, das die Familie 1826 hierher ans Ende der amerikanischen Welt gelockt hat. **Primitive Baptist Church**, *Site 4*, wird von manchen Touristen übergangen, weil sie abseits der *Loop Road* an einer Schotterstraße liegt. Tun Sie es nicht. Die einfache Kirche wacht über einen kleinen Friedhof, von dessen Steinen man die Vergangenheit ablesen kann. Die Kirche wurde im Bürgerkrieg

Berglorbeer an einem der Arme des Pigeon River

geschlossen, weil »wir Unions-Leute waren und die Rebellen zu stark waren hier in Cades Cove« – wie es in einem Brief hieß.

Die **Methodist Church**, *Site 5*, hatte einen Eingang für Männer und einen anderen für Frauen und Kinder. Auch beim Gottesdienst trennte eine Barriere die Geschlechter.

Kurz hinter der Kirche beginnt **Hyatt Lane**, eine alte Straße, die einmal aus Cades Cove herausführte und mit der man die Tour abkürzen kann. Bleiben Sie auf der *Loop Road* und fahren Sie zur **Missionary Baptist Church**, *Site 7*, die 1839 von ausgestoßenen Mitgliedern der *Primitive Baptist Church* gegründet wurde. Weil sich auch hier die Gemeinde in Anhänger der Union und der Konföderierten spaltete, wurde auch diese Kirche im Bürgerkrieg geschlossen.

Die Straße führt weiter zur **Rich Mountan Road**, *Site 8:* Sparen Sie sich die für einen anderen Tag. (Die Schotterstraße führt über **Rich Mountain** aus dem Park heraus). Lassen Sie auch **Cooper Road Trail**, *Site 9*, vorerst aus. (Dieser einstige Fuhrweg ist heute ein 13 Meilen langer Wanderweg, der aus dem Park herausführt). Rechts voraus führt eine kurze Seitenstraße zu den nächsten Zielen, **Abrams Fall**, *Site 10*, und **Elijah Oliver Place**, *Site 11*.

Am Parkplatz müssen Sie sich entscheiden, was Sie machen wollen: Entweder Sie wandern 2 Stunden und 2 1/2 Meilen zu den sehenswerten Abrams Falls, oder Sie wählen eine 1/2 -Meilen-Tour zum nächsten Gehöft. Oder Sie fahren auf der *Loop Road* weiter zur nächsten Abzweigung nach **Cable Mill**, *Site 12*, wo Getreide zu Mehl verarbeitet wird.

Im **Cades Cove Visitor Center** gibt es Karten und andere zusätzliche, wichtige Informationen für die Besucher. Außerdem werden im ganzen Park Bücher, Videos und DVDs angeboten und verkauft.

Wanderer auf einem Trail in den Great Smoky Mountains (oben); ein Weißwedelhirsch springt über einen Zaun (unten)

Weitere Gebäude – eine Schmiede, eine große, freitragende Scheune, ein Räucherhaus – sind hier aufgestellt worden. Fragen Sie nach im *Visitor Center*, wann Vorführungen stattfinden. Man kann zum Beispiel zusehen, wie schmackhafter Sirup aus Zuckerhirse gemacht wird. Kurz nach Cable Mill beginnt die **Parson Branch Road**, mit der Sie aus dem Park heraus- und ins 21. Jahrhundert hineinfahren können. Die schmale, unbefestigte Straße, die manchmal wegen der Wetterbedingungen geschlossen ist (im Park nachfragen), wurde um 1838 durch die Wildnis geführt.

(Die 8 Meilen bis zur US 129 können eine Stunde dauern.) Wenn Sie auf der *Loop Road* fortfahren, wird Ihr nächster Halt **Tipton Place** sein, *Site 17*. Von Hamp Tipton kurz nach dem Bürgerkrieg gebaut, wurde das Haus später Heim eines Schmiedes, der in der Nähe seine Werkstatt errichtete.

Ein Schwarzbär klettert nach einer ausgiebigen Mahlzeit von einem Kirschbaum

Fahren Sie nun zum letzten Halt, **Carter Shields Cabin**, *Site 18*. Blockhütten wie diese wurden von Holzhäusern abgelöst, als die Holzwirtschaft Anfang dieses Jahrhunderts hier Einzug hielt.

WANDERUNGEN UND RUNDFAHRTEN

Self-guided Naturlehrpfade beginnen mit einem Regal voller Prospekte: Sie werfen einen *Quarter* (25 Cents) ein und holen sich den heraus, der Ihr Ziel beschreibt. **Balsam Mountain Trail** ist der leichteste Kletterpfad im Park, eine Schleife von 1 $^{1}/_{2}$ Meilen. Am Wege lernen Sie, Bäume und – im Frühjahr – Wildblumen zu bestimmen. Der $2^{1}/_{2}$ Meilen lange Weg (hin und zurück) beginnt an der Little River Road bei Elkmont und schlängelt sich durch Kalmien- und Rhododendrondickichte zu einem der vielen Wasserfälle des Parks.

Bei einem längeren Aufenthalt sollten Sie auch schwierigere Wege ausprobieren. Am lohnendsten ist die Wanderung auf den 2010 m hohen Mt. LeConte, den dritthöchsten Berg des Parks. Der kürzeste, aber steilste Aufstieg führt über den **Alum Cave Trail**, der vom Wanderweg nach Alum Cave Bluffs abgeht (siehe oben). Von dort führt ein 5 Meilen langer Kletterweg zum Gipfel des **LeConte** hinauf. An einer Stelle verläuft der Pfad so dicht am Abgrund, dass man sich an einem Drahtseil festhalten muss. Machen Sie die Tour in diese (dünn)luftigen Höhen nur bei gutem Wetter, guter Gesundheit und – guten Nerven.

Auch für Autofahrer gibt es Lehrpfade – auf Straßen. Der **Roaring Fork Motor Nature Trail**, 4 Meilen von Gatlinburg entfernt und von der **Cherokee Orchard Road** abzweigend, ist eine 5 Meilen lange, kurvenreiche Einbahnstrecke mit einem wohlbegründeten Tempolimit von 10 mph. Etwa 1 Meile vor Beginn der Strecke liegt rechts an der Straße der **Noah »Bud«Ogle Place**. Bei einem Rundgang (I Meilen) sieht man die Reste einer alten Farm.

Auf dem Roaring Fork Trail sollen Sie sich des Reisebüchleins bedienen, das die Route beschreibt. Die Straße führt auf eine Kuppe, die an schönen Tagen einen prächtigen Blick auf die **Sugarlands** und **Cove Mountains** bietet. Sie führt an einem Urwald von Hemlock-Tannen vorbei. Hier und da liegen modernde Kastanienstämme, die an die Krankheit erinnern, die den einstigen König des Waldes zu Fall brachte.

PRAKTISCHE INFORMATION

ZENTRALE

107 Park Headquarters Rd., Gatlinburg, Tennessee 37738. Tel. (865) 436-1200; www.nps.gov/grsm

SAISON UND ANREISE

Ganzjährig geöffnet. Straße zum Clingmans Dome sowie alle unbefestigten Straßen im Winter gesperrt.

BESUCHERINFORMATIONEN

Sugarlands an US 441 südlich des Eingangs bei Gatlinburg, Tenn.; Oconaluftee, an US 441 nördlich von Cherokee, N.C. Geöffnet von April bis November: *Cades Cove Visitor Center*, südlich von Townsend, Tenn.; Zugang von US 321 östlich von Townsend. Alle täglich geöffnet. Auskunft bei der Zentrale.

EINRICHTUNGEN FÜR BEHINDERTE

Visitor Centers und Toiletten für Rollstuhlfahrer zugänglich. Laurel Falls Trail ist geteert, aber steil: nur mit Hilfe zu befahren. Sugarlands Valley Nature Trail (¹/₄ Meile südlich des *Visitor Center*) ist leicht zugänglich. Broschüre gratis.

AKTIVITÄTEN

Kostenlose naturkundliche Veranstaltungen: Naturwanderungen (am Tage und abends), Kinder- und Lagerfeuerprogramm, Ausstellungen und Demonstrationen zur Pionierzeit, Dia-Vorträge. Außerdem: jährliche Feste, Tonbandführungen für Autofahrer, Wandern, Radfahren, Fischen (Genehmigung erforderlich), Reiten (Ställe im Park).

FREIES ZELTEN

Erlaubnis erforderlich; kostenlos in *Visitor Centers* und *Ranger Stations* zu erhalten. Zelten nur an den bezeichneten Stellen erlaubt. Reservierung bis 30 Tage im Voraus möglich; wegen B*ackcountry Permit* an den Park schreiben oder Tel. (865) 436-1231.

CAMPINGPLÄTZE

Zehn Campingplätze, meist Mitte Mai bis Oktober auf 7 Tage begrenzt. **Cades Cove** und **Smokemont** ganzjährig geöffnet, **Elkmont** April bis Oktober. Reservierung erforderlich von Mitte Mai bis Oktober über NRRS (siehe Seite 11). Übrige Plätze von Mitte März bis 31. Oktober geöffnet. $14–$23 pro Nacht. Keine Duschen. Zelt- und Wohnwagenplätze; keine Anschlüsse. Sieben Gruppencampingplätze. Reservierung erforderlich (über Zentrale).

UNTERKUNFT

(wenn nicht anders vermerkt, gelten Preise für 2 Personen im Doppelzimmer zur Hauptsaison)

INNERHALB DES PARKS:

LeConte Lodge (auf Mt. LeConte; Zugang über Wanderweg) 250 Apple Valley Rd., Sevierville, Tenn. 37862. Tel. (865) 429-5704. 10 Blockhütten, kein elektr. Strom, gemeinsame Badezimmer. $97 inklusive 2 Mahlzeiten. Geöffnet von Ende März bis Ende November.

AUSSERHALB DES PARKS:

In Bryson City, NC 28713:

Hemlock Inn (Galbraith Creek Road ab Hwy. 19) P.O. Drawer Box 2350. Tel. (828) 488-2885. 25 Zimmer. $169–$230 mit 2 Mahlzeiten. Restaurant.

In Cherokee, NC 28719:

Best Western Great Smokies Inn Hwy. 441 und Acquoni Rd. P.O. Box 1809. Tel. (800) 528-1234 oder (828) 497-2020. 152 Zimmer. $97. Klimaanlage, Pool, Restaurant.

Holiday Inn Cherokee US 19 S. P.O. Box 1929. Tel. (828) 497-9181. 154 Zimmer. $99–$130. Klimaanlage, Pool, Restaurant.

In Fontana Dam, MC 28733:

Historic Fontana Village Resort. P.O. Box 68, (N.C. 28). Tel. (800) 849-2258 oder (828) 498-2211. 90 Zimmer, $99; 120 Cottages mit Küche. $59–$239. Pool, Restaurant, Klimaanlage.

In Gatlinburg, Tenn. 37738:

Buckhorn Inn 2140 Tudor Mt. Rd. Tel. (865) 436-4668. 9 Zimmer, 7 Cottages, 3 Gästehäuser. $115–$285. Klimaanlage, Restaurant.

Gillette Motel 235 Historic Nature Trail, P.O. Box 231. Tel. (865) 436-5601 oder (800) 437-0815. 80 Zimmer. $92. Klimaanlage. Pool.

Garden Plaza Hotel 520 Historic Nature Trail, P.O. Box 1130. Tel. (800) 435-9201; in Tenn. oder (865) 436-9201. 400 Zimmer. $89–$140. Pool, Restaurant, Klimaanlage.

Park Vista Hotel 705 Cherokee Orchard Rd., P.O. Box 30. Tel. (800) 421-7275 oder (865) 436-9211. 312 Zimmer. $90– $170. Klimaanlage, Pool, Restaurant.

Weitere Unterkünfte in Gatlinburg: Chamber of Commerce, P.O. Box 527, Gatlinburg, TN 37738. Tel. (800) 822-1998 oder (865) 436-4178.

AUSFLÜGE

PISGAH NATIONAL FOREST
ASHEVILLE, NORTH CAROLINA

Der Blue Ridge Parkway durchquert diesen Bergwald mit Laubbäumen, Azaleen, Felsschluchten und Wasserfällen. Herrlich im Frühjahr und Herbst. Enthält drei Naturschutzgebiete sowie Mt. Mitchell, den höchsten Berg östlich des Mississippi. 2100 km². Angebote: 447 Zeltplätze, Wandern, Fischen, Reiten, Picknickplätze, Panoramastraße, Schwimmen. Ganzjährig geöffnet, die meisten Campingplätze Frühjahr bis Spätherbst. *Visitor Center* an US 276, 50 Meilen vom Great Smoky Mountains NP. Tel. (828) 257-4200.

NANTAHALA NATIONAL FOREST
ASHEVILLE, NORTH CAROLINA

Die von Laubwald bedeckten Berge sind von Tälern, Schluchten und Wasserfällen durchschnitten. Bekannt für seine Azaleen und Rhododendren. 2126 km². Insgesamt 395 Zeltplätze, Wandern, Bootfahren, Bootsrampen, Fischen, Reiten, Picknickplätze, Panoramastraßen, Zugang für Behinderte. Ganzjährig geöffnet; die meisten Campingplätze von Frühjahr bis Spätherbst. Tel. (828) 257-4200.

BREAKS INTERSTATE PARK
BREAKS, VIRGINIA

Russell Fork bricht hier durch die Pine Mountains und bildet Breaks Canyon, den »Grand Canyon des Südens«. Wildwasser – Stufe VI. Blumensaisoneröffnung mit Rhododendren. Gospel Music Festival am Wochenende vor Memorial und Labor Day. 19 km². Angebote: 138 Zeltplätze, Cottages und Motels, *Visitor Center*, Gastronomie, Wandern, Bootfahren, Bootsrampe, Fischen, Picknickplätze, Panoramastraße, Schwimmen, Zugang für Behinderte. Ganzjährig geöffnet; fast alle Einrichtungen zugänglich vom 1. April bis Mitte Dezember. Am Va. Hwy. 80, etwa 190 Meilen vom Great Smoky Mountains NP. Tel. (540) 865-4413.

BIG SOUTH FORK NATIONAL RIVER & RECREATION AREA

ONEIDA, TENNESSEE

Die Big South Fork des Cumberland River zerschneidet das Cumberland Plateau: Wildwasser neben ruhigen Flussabschnitten, Sandsteinklippen, Wasserfälle und Felsentore. 469 km². 235 Zeltplätze, Wandern, Reiten, Bootfahren, Bootsrampe, Fischen, Schwimmen, Jagen, Picknickplätze. Ganzjährig geöffnet. Ab US 27, ca. 100 Meilen nordwestlich vom Great Smoky Mountains NP.
Tel. (423) 286-7275.

CHEROKEE NATIONAL FOREST

CLEVELAND, TENNESSEE

Dieses raue Bergland ist dicht mit einem Kiefern-Laub-Mischwald bedeckt, daneben mit Azaleen und Kalmien. 2589 km². Angebote: 29 Zeltplätze, Wandern, Bootfahren, Bootsrampe, Fischen, Jagen, 30 Picknickplätze, Panoramastraßen, Schwimmen, Mountainbiken, Fahrrad. Ganzjährig geöffnet; die meisten Campingplätze von Mai bis Oktober geöffnet. Grenzt an Great Smoky Mountains NP.
Tel. (423) 476-9700.

CHATTAHOOCHEE NATIONAL FOREST

GAINESVILLE, GEORGIA

Dieser Laub- und Nadelwald umfasst verschiedene Oberflächenformen: Seen, Flüsse, Täler, Berge und Piedmont-Hochflächen. Enthält 10 Naturschutzgebiete und ein Stück Chattooga Wild and Scenic River; ferner Brasstown Bald, den höchsten Berg des Staates (1458 m). 3490 km². Angebote: über 25 Zeltplätze, Gastronomie, Wandern, Segeln, Bootsrampe, Fischen, Jagen, Picknickplätze, Panoramastraßen, Schwimmen, Zugang für Behinderte. Ganzjährig geöffnet; die meisten Campingplätze von Mai bis September geöffnet. An US 129, ca. 95 Meilen vom Great Smoky Mountains NP.
Tel. (770) 297-3000.

Blick nach Westen von Hot Springs Mountain Tower

HOT SPRINGS

ARKANSAS
GEGRÜNDET 4. MÄRZ 1921
22 Quadratkilometer

Die meisten Nationalparks sind Tausende von Hektar groß, liegen fernab von den Städten und behüten ihre Naturdenkmäler vor kommerzieller Ausbeutung. Nicht so Hot Springs. Dieser kleinste Nationalpark liegt mitten in einer Stadt, die ihr Geschäft damit macht, das wichtigste Gut des Parks zu gewinnen und zu vertreiben: mineralhaltiges Wasser aus heißen Quellen.

Das Herz dieses merkwürdigen Parks schlägt in der Bathouse Row an der Central Avenue, der Hauptstraße von Hot Springs, Arkansas. Überragt wird die Central Avenue vom Hot Springs Mountain, aus dem die Quellen fließen. Der Westhang des Berges war in seinem unteren Teil einmal mit Kalktuff überzogen, einem milchfarbenen, porösen Mineral, das die heißen Quellen hier abgelagert haben. Als Hot Spring Mitte des 19. Jahrhunderts als Badekurort erblühte, nahmen sich Geschäftsleute der Quellen an, fassten sie ein und leiteten das Wasser in die Badehäuser an der Central Avenue. Die Unternehmer richteten auch den Berghang her, indem sie tonnenweise Erde auftrugen und ihn anschließend mit Gras und Büschen bepflanzten.

»Von da an«, meint ein Einwohner von Hot Springs spöttisch, »ist er immer wieder von Landschaftsarchitekten aus dem Osten heimgesucht worden, die den Anblick von nacktem Fels nicht ertragen können.«

Der Park nennt sich »ältestes Nationalparkgebiet«, weil Präsident Andrew Jackson 1832 die heißen Quellen zu einem Schutzgebiet erklärte. Als daraus 1921 ein Nationalpark wurde, war Hot Springs längst ein bekannter Kurort zur Heilung rheumatischer und anderer Erkrankungen.

Der Park schützt das »Wasseraufnahmegebiet« der heißen Quellen, nämlich die Zone, wo Regen und Schnee in den Boden einsickern, wie auch das »Wasserabgabegebiet«, also die 47 Quellen des Parks. Täglich fließen etwa 2,6 Millionen Liter Wasser mit einer Temperatur von 62° C in ein komplexes Röhren- und Speichersystem. Damit werden kommerzielle Bäder und parkeigene »Füllbrunnen« gespeist, an denen jedermann seine Wasserbehälter füllen kann. Die Gäste glauben an die Heilkraft des Wassers, der Park selbst erhebt einen solchen Anspruch nicht.

Anreise

Von Little Rock, ca. 55 Meilen auf I-30, US 70 nach Westen zum Ark. Hwy. 7; von Süden, Hwy. 7; von Westen, US 70 oder 270. Flughafen: Little Rock.

Quellwasser ergießt sich über Kalktuff-Terrasse

Reisezeit

Ganzjährig geöffneter Park. Im Sommer ist es heiß, im Juli voll. Reisen Sie im Spätherbst, wenn sich die Laubwälder um Hot Springs verfärben. Die Winter sind kurz und mild; das Vierblättrige Engelsauge, die erste von vielen Wildblumen, blüht im Februar.

Reiseempfehlungen

Spazieren Sie an der **Bathhouse Row** der **Central Avenue** entlang, erleben Sie dann **Hot Springs** an den Flanken eines städtisch gestylten Hügels. Die Natur kommt auf den Waldwegen der **Gulpha Gorge** zu ihrem Recht.

BATHHOUSE ROW

4 Häuserblocks; 2 Stunden

In den ersten Jahren des 20. Jahrhunderts säumten elegante Gebäude einen Teil der **Central Avenue**, nämlich **Bathhouse Row**. Als später der Glaube der Schulmedizin an die Heilkraft heißer Quellen schwand, verschwanden auch die Badehäuser. Doch der Nimbus einer Badekur haftet manchen Stätten noch an, so dem **Hot Springs National Park Visitor Center**, einem restaurierten »Tempel der Gesundheit und Schönheit«. Durch Räume voll blitzender Armaturen und ausladender Badewannen können Sie wie durch ein **Museum** der Anwendungen schreiten, die den Gästen hier drei Wochen lang täglich geboten wurden. Das **Buckstaff Bathhouse** bietet seinen Gästen noch Bäder in herkömmlicher Form an. Das im Jahr 2008 eröffnete **Quapaw Bathhouse** ist ein familienfreundliches Spa mit großen Bädern und gutem Service (Einige Hotels haben auch Bäder, Auskunft dazu beim Visitor Center.)

THERMAL SPRINGS

eine halbe Meile; 2 Stunden

An der Ecke Central Avenue und Fountain Street) befindet sich **DeSoto**

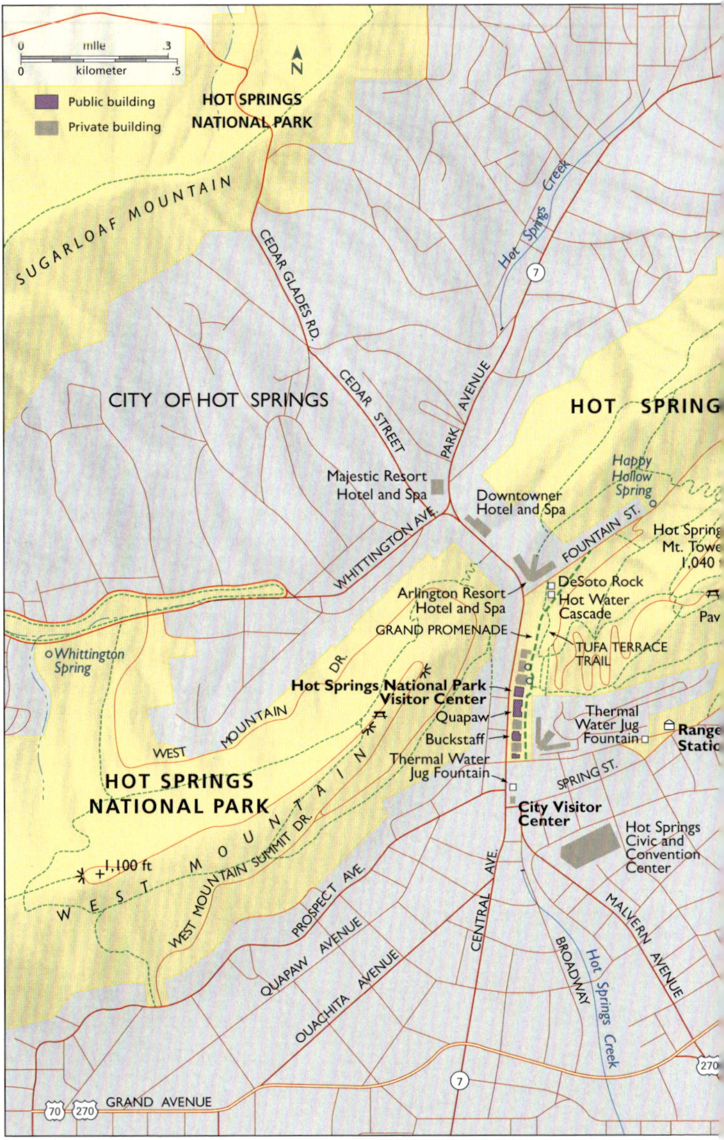

Rock, ein mächtiger Felsbrocken, und Arlington Lawn. Besuchen Sie den Hot Springs pool. Dort können Sie das Wasser sehen und berühren. Aber Vorsicht, es ist sehr heiß. Gehen Sie hinauf zur **Hot Water Cascade**, einem erst 1982 geschaffenen Wasserfall. Das Wasser, das hier austritt, hat seine Reise vor etwa 4000 Jahren als Regenwasser begonnen, das in Erdspalten versickerte. Tief im Inneren der Erde wurde es erhitzt; nun steigt es im

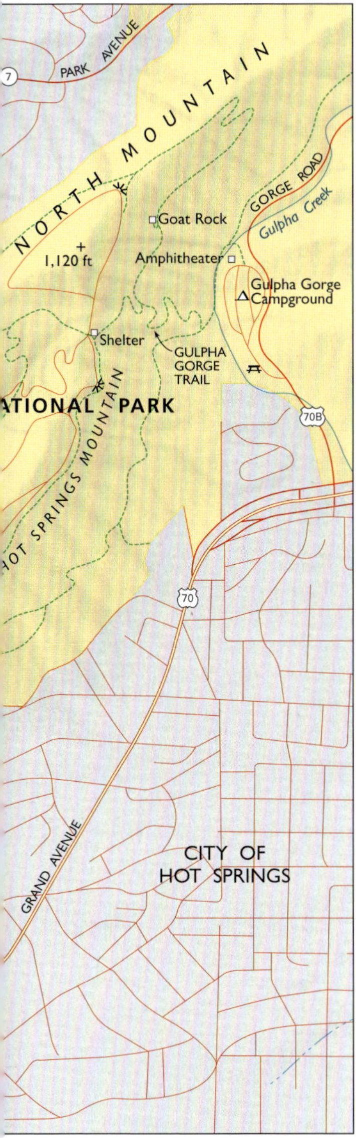

Laufe von ein bis zwei Jahren durch Bruchspalten nach oben und hat dabei kaum Zeit abzukühlen.

Die Kalktuffschicht, die sich aus dem Spritzwasser von The Cascade bildet, wächst immerhin um 3 Millimeter pro Jahr. Die leuchtend grünen Algen sind eine von 30 Pflanzenarten, die im heißen Wasser gedeihen.

Der **Tufa Terrace Trail** führt – unweit der Hot Water Cascade – an vielen verborgenen Quellen vorbei. Auf dem Wege dorthin kreuzt man **Grand Promenade**, einen schön gestalteten, gemauerten Fußweg im Rücken der Badehäuser. Kosten Sie mal das Wasser im Trinkbrunnen: Es wird auf 38° C heruntergekühlt. Die Quellen sind versiegelt – und damit keimfrei. Als einige dieser Quellen noch offen waren, haben sich die Leute hier Fußbäder genehmigt. Um das berühmte heiße Wasser wirklich aus der Erde sprudeln zu sehen, gehen Sie nach Open Springs hinter dem Maurice Bathhouse. Beide Quellen münden in ein Sammelbecken.

Steigen Sie die Treppen hinauf und beenden Sie Ihren Spaziergang auf der Grand Promenade. An diesem Weg wurde 30 Jahre lang gebaut und gestaltet; er leitet angenehm von der strengen Architektur der Badehäuser zu den Waldwegen des Hügels über.

GULPHA GORGE

1 3/5 Meilen hin und zurück; 2 Stunden

Um zu finden, was man normalerweise in einem Nationalpark sucht, verlässt man **Hot Springs** auf Ark. Hwy. 7 nach Norden, biegt in die US 70B ein und fährt zum Gulpha Gorge Campground – ca. 3 Meilen vom Stadtzentrum entfernt. Beim Freilichttheater beginnt **Gulpha Gorge Trail**. Man überquert **Gulpha Creek** und gelangt in einen Wald, in dem Hartriegel und Judabäume wachsen; im Frühjahr und Frühsommer säumen Wildblumen den Weg. Knapp 1 Meile weiter kreuzt der Weg zum **Goat Rock**, von wo sich eine gute Aussicht bietet. In den nahe gelegenen Steinbrüchen schürften die Indianer Wetzschiefer, um Pfeil- und Speerspitzen herzustellen.

PRAKTISCHE INFORMATIONEN

ZENTRALE
101 Reserve Street, Hot Springs, AR 71901. Tel. (501) 623-2824; www.nps.gov/hosp

SAISON UND ANREISE
Ganzjährig geöffnet.

BESUCHERINFORMATIONEN
Hot Springs National Park Visitor Center liegt direkt an der Bathhouse Row. Täglich geöffnet außer Erntedankfest, Weihnachten und Neujahr. Auskunft über Tel. (870) 620-6751.

EINTRITTSGEBÜHREN
Keine, doch werden Gebühren für Thermalbäder erhoben.

TIERE
Nicht erlaubt in Gebäuden; ansonsten, an der Leine gehalten, erlaubt.

EINRICHTUNGEN FÜR BEHINDERTE
Visitor Center voll zugänglich für Rollstuhlfahrer; die Hot Spring Discovery Tour und die Bathhouse Row Tour sind teilweise zugänglich.

AKTIVITÄTEN
Kostenlose naturkundliche Veranstaltungen: Wanderungen und Badehaus-Touren. Außerdem: audiovisuelle und erläuternde Ausstellungen, Wandern, Reiten (keine Reitställe im Park); sechs Badehäuser mit Thermalbädern, Whirlpools, Dampfbädern, Fango, Massagen.

BESONDERE RATSCHLÄGE
- Thermalbäder sind für Personen mit bestimmten Leiden nicht zu empfehlen.

CAMPINGPLATZ
Ein Campingplatz, **Gulpha Gorge**, begrenzt auf 14 Tage. Ganzjährig geöffnet, first come, first served. $10 pro Nacht.

UNTERKUNFT
(wenn nicht anders vermerkt, gelten Preise für 2 Personen im Doppelzimmer zur Hauptsaison)

In Hot Springs, Arkansas:

1890 Williams House Bed & Breakfast Inn 420 Quapaw, 71901. Tel. (870) 624-4275 oder (800) 756-4635. 7 Zimmer $129–$189 mit Frühstück. -Klimaanlage.

Arlington Resort Hotel & Spa 239 Central Ave., 71901. Tel. (800) 643-1502. 481 Zimmer. $99–$350. Klimaanlage, 2 Pools, 3 Restaurants.

Austin Hotel 305 Malvern Ave., 71901. Tel. (800) 445-8667 oder (870) 623-6600, 200 Zimmer. $90. Klimaanlage, Pool, Restaurant.

Lake Hamilton Resort 2803 Albert Pike, 71914. Tel. (501) 767-8606. 94 Zimmer. $104–$119. Klimaanlage, Pool, Restaurant (am Wochenende).

SunBay Resort 4810 Central Ave., 71913. Tel. (800) 468-0055 oder (501) 525-4691. 115 Condos, $119–$219. Klimaanlage, 3 Pools, Restaurant.

The Springs Hotel and Spa 135 Central Ave., 71901. Tel. (888) 6224-5521 oder (888) 624-5521. 139 Zimmer, $89. Klimaanlage, Pool, Restaurant

Weitere Unterkünfte: Hot Springs Convention and Visitors Bureau, P.O. Box 6000, Hot Springs, AR 71902. Tel. (800) 543-2284 oder (870) 321-2277.

AUSFLÜGE

OUACHITA NATIONAL FOREST
HOT SPRINGS, ARKANSAS

Ein Mischwald bedeckt die Ouachita Mountains mit ihren Seen, Quellen, Wasserfällen und dem Ouachita River. Sie umfassen sechs Naturschutzgebiete. 7282 km². Angebote: 24 Zeltplätze, Wandern, Fischen, Reiten, Jagen, Zugang für Behinderte. Ganzjährig geöffnet. Eingang an US 270, ca. 10 Meilen westlich von Hot Springs NP. Tel. (501) 321-5202.

HOLLA BEND NATIONAL WILDLIFE REFUGE

DARDANELLE, ARKANSAS

Überwinternde Weißkopf-Seeadler und Wasservögel bevölkern dieses Gebiet am Arkansas River. 26 km². Angebote: Wandern, Bootfahren, Bootsrampe, Fischen, Jagen, Panoramastraße. Ganzjährig geöffnet, dawn to dusk. Nahe Ark. Hwy. 154, ca. 60 Meilen vom Hot Springs NP. Tel. (479) 229-4300.

OZARK NATIONAL FOREST

RUSSELLVILLE, ARKANSAS

Eiche, Hickory und Kiefern bedecken die Ozark Mountains. Beste Angelmöglichkeiten! Umfasst Blanchard Springs Caverns und fünf Naturschutzgebiete. 4855 km². Angebote: 359 Zeltplätze, 9 Cabins,Wandern, Bootfahren, Bootsrampe, Fischen, Jagen, Reiten, Picknickplätze, Panoramastraßen, Wassersport, Zugang für Behinderte. Ganzjährig geöffnet, ebenso einige Campingplätze. Auskunft in Russellville an der US 64, ca. 80 Meilen vom Hot Springs NP. Tel. (479) 964-7200.

BUFFALO NATIONAL RIVER

HARRISON, ARKANSAS

Dieser Park schützt 135 Meilen des Buffalo Rivers. Wildwasser am Oberlauf, flussabwärts ruhiger. 387 km². 12 Zeltplätze, Gastronomie, Bootfahren, Fischen, Jagen, Picknickplätze, Schwimmen. Ganzjährig geöffnet, ebenso die meisten Campingplätze. Zentrale in Harrison, an der Kreuzung US 65/Ark. Hwy. 7, ca. 170 Meilen vom Hot Springs NP. Tel. (870) 439-2502.

Der See liegt bei Sonnenaufgang im Nebel

ISLE ROYALE

MICHIGAN
GEGRÜNDET 3. APRIL 1940
2314 Quadratkilometer

Aus den Weiten des Lake Superior erhebt sich eine Insel, die mehr wegen ihrer Wölfe und Elche berühmt ist als für die Schönheit ihres Parks. Aber die Leute, die die abgeschiedene Welt der Isle Royale besuchen bleiben im Schnitt 4 Tage, während die durchschnittliche Verweildauer in Nationalparks sonst nur 4 Stunden beträgt.

Die meisten kommen mit dem Fährboot des Park Service auf diese 45 Meilen lange Insel. Sobald sie den Boden dieses naturgschützten Parks betreten haben, sind sie sich selbst überlassen. Sie müssen mitbringen, was sie brauchen, und mitnehmen, was sie nicht mehr brauchen.

Dies ist ein raues, wildes Land. Seine Wege können in Nebel oder Schlamm versinken, und Kriebelmücken und Moskitos können in Schwärmen über den Wanderer herfallen. Und weil es keine Vorbestellung für Campingplätze gibt, kann ein Rucksackwanderer nie sicher sein, wo der Tag für ihn endet.

Jeder, der auf Isle Royale landet – auch Tagesbesucher –, bekommt noch im Hafen die Parkbestimmungen vom Ranger erläutert. Die wichtigste lautet: Trinkwasser 2 Minuten lang abkochen oder filtern; chemische Reinigungsmethoden wirken gegen viele Krankheitserreger nicht.

Die menschlichen Waldläufer teilen sich den Wald mit Wölfen und Elchen, den berühmtesten Bewohnern der Insel. Sie sind die Nachkommen jener Einwanderer vom Festland, die Isle Royale ungewollt zu einer Arche Noah gemacht haben; die Elche schwammen zu Anfang des Jahrhunderts herüber, die Wölfe kamen um 1949 zu Fuß übers Eis. Wissenschaftler erforschen das Nebeneinander von Raub- und Beutetieren.

Auf den Wegen werden Sie wahrscheinlich nur die Spuren oder Losung der Tiere sehen, obwohl Elche ganz plötzlich mitten in einer saftigen Wiese auftauchen können. Auf Biberteichen sieht man bisweilen das gekräuselte V, das ihre Erbauer durchs Wasser ziehen. Auf den Campingplätzen zeigt sich wohl auch manchmal ein Fuchs, der einen Happen erhofft. Denken Sie dabei aber an die Regel: Keine Tiere füttern!

Anreise

Buchen Sie im Voraus Ihre Bootsfahrt ab Houghton oder Copper Harbor, Michigan, oder Grand Portage, Minnesota. Der Ausgangshafen, den Sie wählen, bestimmt die Aufenthaltsdauer. Auskunft über Fährverbindungen und Charter-Wasserflugzeuge: siehe **Praktische Informationen.** Isle Royale liegt 56 Meilen von der Küste Michigans und 18 Meilen von der Minnesotas oder 22 Meilen von Grand Portage entfernt. Flughäfen: Houghton, Michigan; Duluth, Minnesota.

Reisezeit

Ende Juni bis September, der Park ist vom 1. November bis Mitte April geschlossen. Die Mückenplage ist im Juni und Juli am schlimmsten. Sommernächte konnen kühl sein (5° C). Blaubeeren reifen Ende Juli bis August.

Reiseempfehlungen

Obwohl 1-Tages-Besuche in **Rock Harbor** und **Windigo** möglich sind, wird mehr Zeit benötigt, um die wilde Schönheit von Isle Royale zu erfahren. 1-Tages-Gästen bleibt nur die Zeit zwischen Bootsankunft und -abfahrt für ihren Besuch. Die Überfahrt dauert je nach Ausgangshafen, zwischen 2 und 6 Stunden.

Am besten erwandert man den Park mit dem Rucksack: Campingplätze liegen aufgereiht an den 165 Meilen Wanderwegen. Nicht-Camper, die weit genug im Voraus planen, können Unterkunft in Rock Harbor buchen und den Park per Boot oder zu Fuß erkunden.

WINDIGO

ein ganzer Tag

Steigen Sie in Grand Portage, Minnesota, an Bord der *Wenonah,* ein konzessioniertes Passagierboot, um sich in 3 Stunden zur Isle Royale übersetzen zu lassen; es ist die kürzeste Bootsverbindung überhaupt. Achten Sie bei der Einfahrt in den fjordähnlichen **Washington Harbor** auf die Boje, die das Wrack der America markiert, eines 55 m langen Dampfers, der im Jahr 1928 sank; sein Bug ragt gespenstisch bis unter die Wasseroberfläche auf. Sporttaucher – mit Genehmigung – sind häufig hier und an den anderen neun großen Wracks um Isle Royale zu finden.

Fragen Sie nach der Landung in der Ranger Station gleich nach dem nächsten Windigo Nature Walk, einer einstündigen Führung um diese westliche Eingangspforte zum Park.

Wenn Sie die Führung verpassen, nehmen Sie den **Windigo Nature Trail**, einen Rundweg von 1 1/4 Meilen, auf dem Pflanzen erklärt und die Futterplätze der Tiere gezeigt werden.
Sie werden erfahren, wie die Insel entstanden ist: Nach dem Rückzug der Gletscher vor etwa 10000 Jahren tauchte Isle Royale aus den Wassern

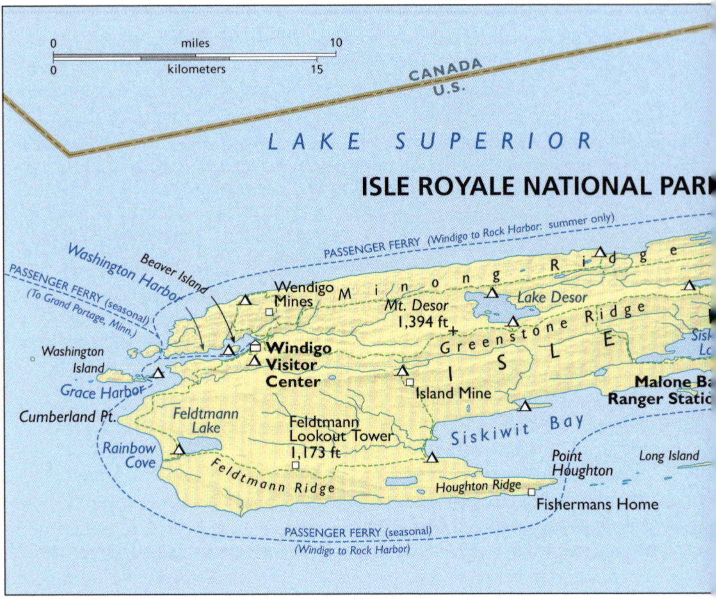

des späteren Lake Superiors auf. Vertiefungen im nackten Fels wurden zu Seen. Die ersten »Siedler« – nämlich Flechten, Moose und von den Vögeln herangetragene Samen – setzten sich in Ritzen und Spalten fest und begannen, Boden zu bilden. Auch Tiere fanden den Weg auf die Insel, und ein Ökosystem entstand. Und es ist noch im Werden, denn Tiere kommen, wie Wölfe und Elche, während andere verschwinden, wie Karibu und Coyote. Versäumen Sie auf keinen Fall den kurzen Abstecher zur **Moose Exclosure**, wo man sehen kann, wie sich Wald entwickelt, wenn die Elche fern gehalten werden. (Der Aufenthalt dauert – je nach Fahrplan der Boote – etwa $2^1/_2$ Stunden).

Wenn Sie vor Abfahrt Ihres Bootes noch Zeit haben, dann schlendern Sie auf dem **Feldtmann Lake Trail** doch ein Stück nach Westen. Von diesem Uferweg aus sieht man **Beaver** Island und das bewaldete Nordufer des Hafens.

ROCK HARBOR

ein oder mehrere Tage

Eine 1-Tages-Reise nach **Rock Harbor**, dem östlichen Eingangstor zum Park, kann knapp werden. Die Überfahrt an Bord der *Isle Royale Queen IV* von Copper Harbor dauert etwa $3^1/_2$ Stunden. Anschließend bleiben Ihnen noch 3 Stunden Zeit für eine Erkundung des Hafengeländes. Sie werden sich bei dieser Stippvisite im Gebiet um Rock Harbor wohl ständig davon überzeugen wollen, dass die Queen noch am Pier liegt.

Wenn Sie länger bleiben und nicht mit dem Rucksack wandern wollen, dann finden sich – bei Vorbestellung – in der Rock Harbor Lodge sicher genügend Unterkünfte (siehe **Praktische Informationen**).

Beginnen Sie mit dem **Stoll Trail**, einem Rundweg von 4 Meilen, der sich ab Rock Harbor Lodge durch einen Wald windet und auf Brettern ein Moor durchquert. Nach $^1/_2$ Meile

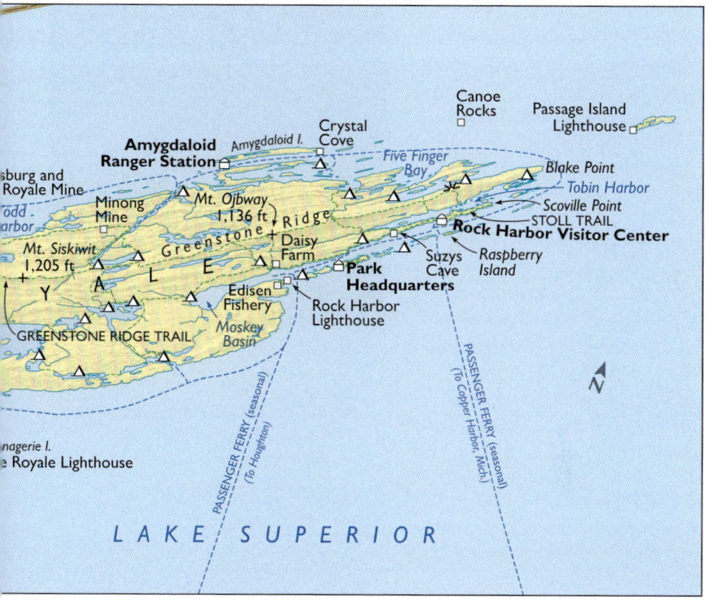

kommen Sie an Gruben, aus denen die Indianer Kupfererz schlugen. Der Bergbau begann hier um 2500 v. Chr. und währte mindestens 1500 Jahre. Das Kupfer, das am Mississippi Handelsgut war, wurde zu Angelhaken, Messern und Ahlen verarbeitet. Auf Isle Royale hat man über tausend Gruben gefunden.

Wandern Sie nun 1 1/2 Meilen meist an einer Felsküste entlang zum schroffen **Scoville Point**, von wo man einige der rund 200 felsigen Inselchen um Isle Royale schön überblicken kann. Zurück kommen Sie über einen Seitenweg am bewaldeten Ufer des Tobin Harbor entlang. In der Nähe des Hotels werden Sie auf Spuren der **Smithwick Mine** stoßen, die von einem der vielen Bergbauprojekte im 19. Jahrhundert künden.

Für wenig Geld können Sie mit einem Shuttle Boat von Rock Harbor 1/2 Meile weit über meist ruhiges Wasser nach **Raspberry Island** hinüberfahren, wo man auf einem Pfad von 1 Meile Länge den Vegetationstyp des borealen Waldes – Weißfichte, Balsamtanne, Papierbirke, Espe – sowie ein Moor studieren kann.

Auf einer weiteren halbtägigen, geführten Bootstour können Sie (gegen Gebühr) in die Geschichte zurückreisen. Erster Stopp ist **Edisen Fishery**, die Pete Edisen gehörte, der 1983 als einer der letzten gewerblichen Fischer der Insel starb. Der Park Service restauriert die diversen moosgedichteten Blockhäuser und Schuppen, die voller Kuriositäten stecken, und demons-

Elchbulle auf der Suche nach Wasserpflanzen

triert alte Techniken des Fischens. Ein kurzer Abstecher führt zum hübschen **Rock Harbor Lighthouse**, das 1855 erbaut wurde, um Erzschiffen den Weg zu weisen. Bereits 1859 wurde aber die Grube geschlossen, die jene Schiffe füllen sollte.

INS INNERE DER INSEL

3 bis 5 Tage

Um die außergewöhnliche Schönheit der einsamen Insel Isle Royale zu erleben, müssen Sie das Hinterland erwandern. Richten Sie Ihren drei- oder fünftägigen Aufenthalt nach dem Bootsfahrplan ein.

Eine mögliche 5-Tage-Tour: Ankunft Montag mit der Isle Royale Queen IV in Rock Harbor und Wanderung nach Südwesten auf dem **Rock Harbor Trail**. Nach knapp 2 Meilen weist ein Schild auf **Suzy's Cave** hin. Diese Höhle ist ein ungewöhnliches, vom Wasser geschaffenes Felsentor. Nach weiteren 3 Meilen ist man am Three Mile Campground. Übernachten Sie hier, und wandern Sie am nächsten Morgen 4 1/2 Meilen an der Küste entlang nach Daisy Farm. Da müssen wohl einmal Gänseblümchen geblüht haben, Gemüse wollte jedenfalls nicht gedeihen.

Hier können Sie 3 Tage lang zelten, um sich am Freitag morgen zurück zur Queen zu begeben. Oder Sie nehmen 2 Tage für den Rückweg und über-nachten Donnerstag abend in *Three Mile*. Von Daisy Farm führt der leichte, 1 1/2 Meilen lange **Mount Ojibway Trail** zum 340 m hohen Berg hinauf, den ein Aussichtsturm krönt. Auf der Hütte oben überwacht der Park Service die Qualität der Luft: solche Stationen sind an 65 Punkten in den Nationalparks eingerichtet. Vom Turm ab können Sie den **Greenstone Ridge Trail** beschreiten, der 40 Meilen weit über den Rücken der Insel führt. Etwa 1 1/2 Meilen westlich zeigt ein Schild den **Daisy Farm Trail** an, der zum Zeltplatz zurückführt.

Grauwolf

DIE WÖLFE VON ISLE ROYALE

Man wird auf Isle Royale wahrscheinlich nie einen Grauwolf zu Gesicht bekommen. Wölfe meiden den Menschen, aber sie leben gesellig in Rudeln beisammen. Nur das dominante Paar erzeugt Nachkommen; die übrigen Tiere beschützen und füttern die Welpen, die im Frühjahr geboren werden. Hunderttausende Wölfe streiften einst durch Nordamerika, doch die frühen Siedler töteten oder vertrieben sie. Heute leben dort nur noch 66 000 Grauwölfe, die meisten in Kanada und Alaska.

Als die ersten Wölfe etwa 1949 über den zugefrorenen Lake Superior auf die Insel kamen, fanden sie eine wachsende Elchherde vor, die ohne natürliche Feinde war. Die Wölfe verhinderten eine Überbevölkerung. Beide Arten gediehen, und die Wölfe vermehrten sich auf 50 Wölfe in vier Rudeln. Gegen 1980 gab es weniger Elche, und die Wolfspopulation nahm ab. Doch obwohl sich die Elche wieder vermehrten, nahm der Bestand der Wölfe auf unerklärliche Weise weiter ab. Beide Populationen sind in den letzten Jahren weitgehend stabil.

PRAKTISCHE INFORMATIONEN

ZENTRALE

800 East Lakeshore Drive, Houghton. Mich. 49931. Tel. (906) 482-0984; www.nps.gov/isro

SAISON UND ANREISE

Der Park ist von Mitte April bis 31. Oktober geöffnet: Zugang nur per Schiff oder Wasserflugzeug; voller Service von Mitte Juni bis 31. August. $4 pro Tag. Wetterbedingt kann es zu Verspätungen bei den Abfahrtszeiten kommen. Die Zentrale ist ganzjährig geöffnet.

AUSKÜNFTE ÜBER SCHIFFE UND WASSERFLUGZEUGE

Reservierung erforderlich (möglichst 1 oder 2 Monate im Voraus). Bootsfahrplan von **Houghton** nach Rock Harbor über Zentrale erfragen. (Das Schiff des Park Service, *Ranger III*, befördert Boote unter 6 Meter Länge auf dieser Strecke.)

Strecke von **Copper Harbor** nach Rock Harbor: The Royale Line; Box 24, Copper Harbor, MI 49918 oder Tel. (906) 289-4437, www.isleroyale.com.

Strecke von **Grand Portage** nach Windigo und Rock Harbor: GPIR Transport Lines,P.O.Box 10529, White Break Lane, MN 55110, Tel. (651) 653-5872.

Informationen zu Wasserflugzeugen bei Seaplane Royale Air Service Inc. P.O. Box 15184, Duluth, MN 55815, Tel. (877) 359-4753 oder (218) 721-0405.

BESUCHERINFORMATIONEN

Windigo Information Center am Westende der Insel, **Rock Harbor Information Center** am Ostende. Beide täglich während der Saison geöffnet.

TIERE

Nicht erlaubt in Booten und innerhalb des Parkgeländes, das sich bis zu 4½ Meilen in den Lake Superior erstreckt.

EINRICHTUNGEN FÜR BEHINDERTE

Headquarters in Houghton, Rock Harbor Lodge, die beiden Informationszentren und Zeltplatz am Rock Harbor und bei Daisy Farm sind für Rollstuhlfahrer zugänglich.

AKTIVITÄTEN

Kostenlose naturkundliche Veranstaltungen: Natur- und historische Wanderungen und Vorträge, Kanutour, Leuchtturm- und Kupfergrubentour, Abendprogramm.

Außerdem: Bootfahren, Kanu-fahren (Vermietung in Windigo und Rock Harbor; Genehmigung erforderlich), Kayakfahren, Wandern, Sporttauchen, Fischen (Genehmigung für Lake Superior erforderlich), Bootsausflüge zu den Außeninseln.

BESONDERE RATSCHLÄGE

- Rechnen Sie mit plötzlichen Böen und rauer See auf Lake Superior; wagen Sie die Überfahrt nicht mit Booten unter 6 m Länge. Siehe oben.
- Keine öffentlichen Telefone im Park.

CAMPING

36 Zeltplätze im Hinterland; begrenzt auf 1 bis 5 Tage. Zelten erlaubt von Mitte April bis Ende Oktober. First come, first served. Keine Gebühren. Genehmigung erforderlich, zu erhalten im Visitors Center. 17 Zeltplätze erlauben Gruppencamping (Reservierung erforderlich), Informationen bei der Parkverwaltung.

UNTERKUNFT

(wenn nicht anders vermerkt, gelten Preise für 2 Personen im Doppelzimmer zur Hauptsaison)

INNERHALB DES PARKS:

Rock Harbor Lodge P.O. Box 605 Houghton, Mich. 49931. Tel. (906) 337-4993. Von Oktober bis April: c/o P.O. Box 207, Mammoth Cave, KY 42259. Tel. (270) 758-2001. 60 Zimmer, $223–$386 mit Verpflegung. 20 Cottages mit Kochnischen $248. Restaurant. Geöffnet Ende Mai bis Anfang September.

AUSSERHALB DES PARKS:

In Copper Harbor, Mich. 49918:

Bella Vista Motel P.O. Box 26. Tel. (906) 289-4213. 30 Zimmer. $48–$65. Geöffnet Mai bis Oktober.

Keweenaw Mountain Loge US 41. Tel. (906) 289-4403. 42 Zimmer. Zimmer $95, Cottages $129. Restaurant. Geöffnet Mai bis Mitte Oktober.

Lake Fanny Hooe Resort & Campground (ab US 41) 505 2nd St. Tel. (800) 426-4451. 17 Zimmer. $79–$99. Ganzjährig. 64 Zeltplätze $28–$38. Mitte Mai–Mitte Oktober.

In Grand Portage, Minn. 55605:

Grand Portage Lodge & Casino US 61 und Marina Rd. Tel. (800) 543-1384 oder (218) 475-2401. 100 Zimmer $75. Pool, Restaurant.

In Houghton, Mich. 49931

Best Western-Fraunklin Square Inn 820 Shelden Ave. Tel. (888) 487-1700 oder (906) 487-1700. 104 Zimmer. $104. Klimaanlage, Pool, Restaurant.

AUSFLÜGE

GRAND PORTAGE NATIONAL MONUMENT
GRAND PORTAGE, MINNESOTA

Im 18. und 19. Jahrhundert trafen sich an diesem zentralen Versorgungsdepot der North West Company die Pelzhändler (»Voyageurs«). Besucher können die Einrichtungen besichtigen. Geöffnet von Ende Mai bis Anfang Oktober. Der Grand Portage Trail (ganzjährig geöffnet) folgt der Route der Voyageurs, die ihr Gerät fast 9 Meilen weit über Land trugen, um Stromschnellen und Wasserfälle am Pigeon River zu umgehen. 286 Hektar. Angebote: Wandern, Skilanglauf, historische Ausstellungen, Zugang für Behinderte. An US 61, ca. 22 Meilen vom Isle Royale NP zu Schiff bis Grand Portage. Tel. (218) 475-0123.

CHEQUAMEGON-NICOLET NATIONAL FOREST
PARK FALLS, WISCONSIN

Der Name Chequamegon *(Sho-wah-ma-gon)* bedeutet »Ort des seichten Wassers«. Neben Seen, Strömen und einem Fluss bietet der einzige National Forest Wisconsins eine Mischung an Fichten, Ahorn, Espen und Kiefern. 8933 km^2. Angebote: Campingplätze, Bootfahren, Picknickplätze, Panoramastraßen, Jagen, Langlauf, Schneeschuhlaufen, Naturerkundungen, Vogelbeobachtung, Fotografieren. Ganzjährig geöffnet. Zentrale am Wis. Hwy. 13, ca. 220 Meilen vom Isle Royale NP per Fähre auf der Michigan-Seite. Tel. (715) 762-2461.

HIAWATHA NATIONAL FOREST
ESCANABA, MICHIGAN

Umfasst sechs Naturschutzgebiete zwischen den drei großen Seen und einen Abschnitt des North Country Scenic Trail. 3614 km^2. Angebote: 25 Zeltplätze, Bootfahren, Fischen, Reiten, Jagen, Panoramastraßen, Wintersport, Wassersport, Zugang für Behinderte. Ganzjährig geöffnet; die meisten Campingplätze vom 15. Mai bis Mitte September geöffnet. Auskünfte in Rapid River, Escanaba, Munising und anderen Orten. Über 300 Meilen vom Isle Royale NP per Fähre auf der Michigan-Seite. Tel. (906) 786-4062.

APOSTLE ISLANDS NATIONAL LAKESHORE

BAYFIELD, WISCONSIN

Dieses Ufergebiet umfasst 21 der 22 abgelegenen Apostle Islands und 11 Meilen Festland am Lake Superior. Zugang zu den Inseln per Boot; gewerbliche und Charterboote; Angelfahrten auf Charterbooten möglich. 170 km². Angebote: 63 Zeltplätze (Genehmigung erforderlich), Wandern, Bootfahren, Fischen, Kanufahrten, Wintersport, Zugang für Behinderte. Ganzjährig geöffnet, ebenso die Campingplätze. Visitor Center in Bayfield am Wis. Hwy. 13, ca. 250 Meilen vom Isle Royale NP per Fähre auf der Michigan-Seite. Tel. (715) 779-3397.

PICTURED ROCKS NATIONAL LAKESHORE

MUNISING, MICHIGAN

Sandsteinklippen, von der Natur zu Burgen und Palisaden geformt, geben diesem ersten National Lakeshore seinen Namen. Das Gebiet umfasst ferner Dünen und Uferwälle, Sandstrände, Wälder, Binnenseen, Flüsse und Wasserfälle. 289 km². Angebote: 66 Zeltplätze, Wandern, Bootfahren, Fischen, Jagen, Picknickplätze, Wintersport, Wassersport, Zugang für Behinderte. Ganzjährig geöffnet: Campingplätze von Mitte Mai bis Oktober geöffnet. Visitor Center in Munising am Mich. Hwy. 28, ca. 335 Meilen vom Isle Royale NP per Fähre auf der Michigan-Seite. Tel. (906) 387-3700 oder 2607.

OTTAWA NATIONAL FOREST

IRONWOOD, MICHIGAN

Waldgebiet mit Seen, Strömen, Flüssen und Wasserfällen. Umfasst ferner drei Naturschutzgebiete, Black River Harbor Recreation Area und North Country National Scenic Trail. Rund 4000 km². Angebote: über 30 Zeltplätze, Wandern, Kanu- und Kajakfahren, Mountainbike-Fahren, Fischen, Jagen, Picknickplätze, Wintersport, Zugang für Behinderte. Mai bis Dezember geöffnet, ebenso die Campingplätze. Visitor Center in Watersmeet an US 2 per Fähre auf der Michigan-Seite. Tel. (906) 932-1330.

Der Prapery Room im Frozen-Niagara-Bereich

MAMMOTH CAVE

KENTUCKY
GEGRÜNDET 1. JULI 1941
212 Quadratkilometer

Unter den Hügeln und Senken Kentuckys verbirgt sich ein Kalksteinlabyrinth, das zur Herzkammer eines Nationalparks wurde. Mammoth Cave National Park ist über Tage etwa 200 Quadratkilometer groß; niemand weiß, wie weit es unter Tage reicht. Über 365 Meilen des fünfstöckigen Höhlensystems sind kartiert. Eine Decke aus Sandstein, bis zu 15 m dick, liegt wie ein Schirm über einem Sockel aus Kalkstein; wo der Schirm undicht ist, dringt Oberflächenwasser in die Tiefe und löst den Kalk.

Mammoth ist das größte bekannte Höhlensystem der Welt; es ist eine »Stätte des Welterbes« der UNESCO und wurde als International Biosphere Reserve vorgeschlagen. Und es ist immer noch so »gewaltig, düster und fremd«, wie es Stephen Bishop, ein ehemaliger Sklave und früher Führer, beschrieben hat. Nur mit einer flackernden Schmalzöllampe ausgerüstet, entdeckte und kartierte er viele Höhlengänge in Mammoth. Bishop starb 1857; sein Grab befindet sich im Guides Cemetery am Eingang.

Die meisten Besucher erleben die unheimliche Schönheit der Höhlen nur von den 12 Meilen erschlossener Gänge her. Die Führer erklären die

Geologie und erzählen – 60 bis 100 Meter unter der Erde – teils wahre, teils erfundene Geschichten. Die Touren sind Klettertouren ins Innere der Erde; die Steigungen können manchen Gästen zu schaffen machen. Nur wenige scheinen Angst zu haben; denn die Ranger schleusen jährlich eine halbe Million Männer, Frauen und Kinder durch die Gänge.

Mammoth verzichtet darauf, die Unterwelt in grelles Licht zu tauchen. Nie verliert man das Gefühl, dass man tief unter der Erde ist. Und nirgendwo sonst erfährt man besser, was totale Dunkelheit ist, und im Kontrast dazu – das Wunder des Lichts. Auf manchen Touren holt der Ranger seine Gruppe zusammen und schaltet – nach Ankündigung – das Licht aus. Ein absolutes Dunkel bricht herein. Dann zündet er ein Streichholz an: Der winzige Lichtfleck breitet sich wie magisch aus und beleuchtet staunende Gesichter.

Anreise

Mammoth Cave, 9 Meilen nordwestlich von I-65, ist etwa gleich weit (ca. 85 Meilen) von Louisville und Nashville (Tenn.) entfernt. Von Süden nimmt man Exit 48 bei Park City und fährt auf Ky. Hwy. 255 nordwestwärts zum Park; von Norden wählt man Exit 53 bei Cave City und fährt auf Ky. 70 nordwestwärts in Richtung Park. Lassen Sie sich nicht von Schildern beirren, die private »Mammoth«-Höhlen anpreisen. Flughäfen: Nashville, TN, Louisville, KY.

Reisezeit

Ganzjährig geöffneter Park. Unter der Erde gibt es (fast) keine Jahreszeiten; die Höhlentemperatur bleibt bei 12° C. Im Sommer kommen die meisten Besucher; Touren werden in kurzen Intervallen angeboten. Sonst gibt es weniger Touren, aber auch weniger Teilnehmer – und man hört den Ranger besser.

Reiseempfehlungen

Alle Touren kosten Eintritt. Für einen Halbtagesbesuch empfiehlt sich die **Historic Tour**, die Geologie und Geschichte verbindet oder die **Introduction to Caving Tour**. Falls Sie etwas mehr Zeit zur Verfügung haben, könnten Sie die etwas anstrengendere **Grand Avenue Tour** machen (man muss 3 steile Hügel, jeder etwa 28 m hoch, überwinden). Eine Reservierung ist im Sommer, an Feiertagen und in der Ferienzeit erforderlich. Tragen Sie Schuhe mit rutschfesten Sohlen und bringen Sie eine Jacke mit. Als krönender Abschluss Ihrer Reise in die Unterwelt eignet sich eine Flussfahrt oder ein Spaziergang auf dem **River Styx Nature Trail**.

Die leichteste Tour (1/4 Meile, 75 Minuten) ist die **Travertine Tour**. Mit nur 18 Stufen in jeder Richtung (plus wahlweise 49) ist sie eine abgewandelte Form der **Frozen Niagara Tour**. Die härteste Tour ist die **Wild Cave Tour**, die nur im Sommer und auf Vorbestellung angeboten wird; sie geht über 5 Meilen, einen Teil davon auf dem Bauch.

HISTORIC TOUR

2 Meilen; 2 Stunden

Aus der Helle des Tages treten Sie beim **Historic Entrance** in ein trüb erleuchtetes Dunkel ein; der Eingang wurde von Pionieren um 1790 entdeckt, von den Indianern Tausende Jahre früher. Unweit des Eingangs, bei der **Rotunda** in 40 m Tiefe, finden sich Spuren der Nutzung der Höhle als Salpetergrube im Kriege von 1812. Sklaven schleppten Baumstämme herein, bauten Laugenfässer und füllten sie mit Erdreich aus der Höhle. Das Wasser, das man in die Fässer schüttete, sickerte als Salzlauge heraus. Durch ausgehöhlte Baumstämme führte man die Lauge ab und das Wasser zu. Aus den Nitraten, die man gewann, stellte man dann anschließend Schießpulver her.

Broadway, die Hauptstraße im Untergrund, führt zur **Methodist Church**, wo um 1800 Gottesdienste stattgefunden haben sollen. Ein Stück weiter erinnert **Booth's Amphitheater** an den Auftritt des Schauspielers Edwin Booth. Edwin, Bruder des Attentäters John Wilkes Booth, hat hier den Hamlet-Monolog vorgetragen; auf einen Knopfdruck des Rangers hallen Hamlets Worte wider …

Bottomless Pit erschien früheren Besuchern in der Tat als bodenlos: Das Loch ist 32 m tief, und wenn man hochschaut, dann wölbt sich noch eine Kuppel 12 m hoch darüber. Auf dem Rückweg kommt man durch **Fat Man's Misery**, einen engen Durchlass, dessen Wände Generationen von »Höhlenforschern« glatt poliert haben. Schließlich kommt man zur **Great Relief Hall**, einer großen Kammer, in der man aufrecht stehen kann. Dann geht es weiter zu den letzten Höhepunkten der Tour: **Mammoth Dome**, 59 m vom Boden bis zur Decke, und **Ruins of Karnak**, ein beeindruckendes Ensemble funkelnder Säulen aus Kalkstein, die an einen ägyptischen Tempel erinnern.

EINFÜHRUNG IN DAS HÖHLENWANDERN

1 Meile; etwa 3 Stunden

Eine Höhlenexpedition kann enormen Spaß machen und eine wahre Herausforderung darstellen. Diese Tour, die von einem Park Ranger geführt wird, gibt etwa 10 und mehr Besuchern Informationen aus erster Hand beim Erforschen der Höhlen. Diese Tour wird während des Sommers täglich angeboten und im

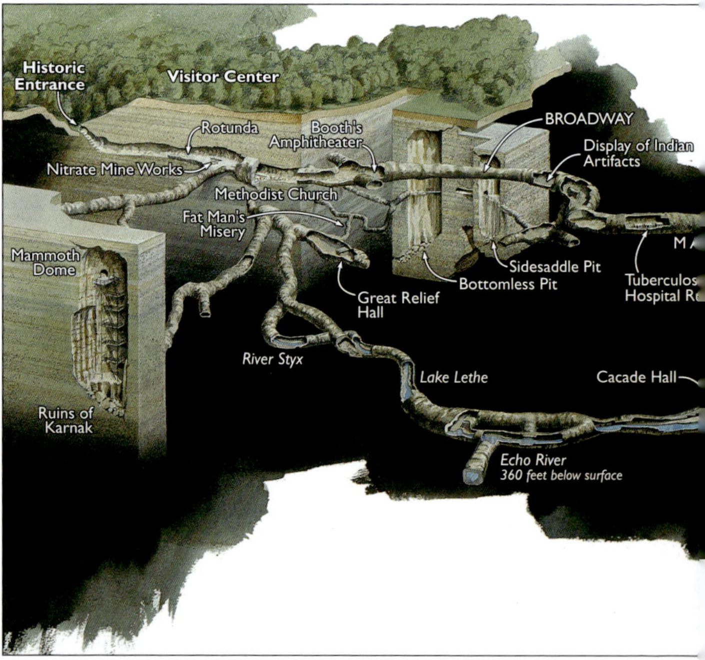

Augenlose, farblose Höhlenassel

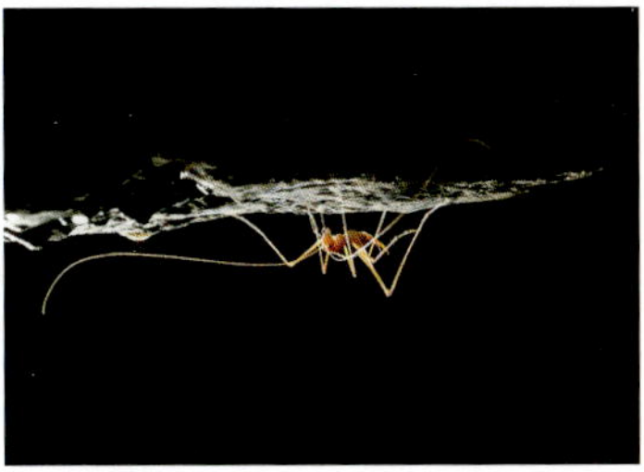

Höhlengrille an der Decke in Mammoth

Frühling und Herbst an den Wochenenden. Machen Sie sich auf Krabbeln, Klettern, gebeugtes Gehen und selbst auf das Laufen in Canyons, mit teilweise gefährlichen Passagen gefasst. Fernab von traditionellen Wanderungen besichtigen Sie die gewundenen Canyons, krabbeln entlang der Fox Avenue und tauchen bei Frozen Niagara wieder auf. Während der Führung erklärt der Ranger die geologischen Entwicklungen, die für die unterschiedlichen unterirdischen Gänge verantwortlich sind. Sie werden auch mit den grundlegenden Sicherheitshinweisen vertraut gemacht. Helme und Lampen werden gestellt. Die Teilnehmer sollten Knieschoner mitbringen (Schoner aus hartem Kunststoff und für Rollerblader sind nicht erlaubt). Lange Hosen und geschlossenes Schuhwerk

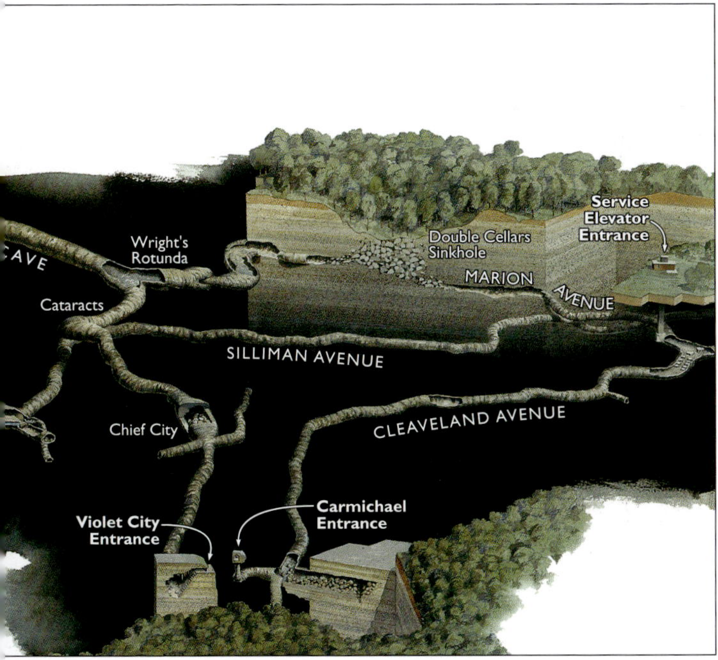

Tropfsteine im Frozen-Niagara-Bereich

sind erforderlich. Handschuhe empfehlenswert. Toiletten vorhanden. Jugendliche zwischen 10 und 15 Jahren müssen in Begleitung eines Erwachsenen sein.

GRAND AVENUE TOUR

4 Meilen, 4½ Stunden

Die Tour, die während der Sommermonate überfüllt sein kann, beginnt mit einer kurzen Busfahrt vom Visitor Center zum **Carmichael Entrance**. Hier geht man einen Treppenschacht zur **Cleaveland Avenue** hinunter, einer langen, röhrenförmigen Höhle, die ein Fluss geschaffen hat. Ihre Wände glitzern vom Gips, der dort fleckenförmig ausblüht. Das weiße Mineral kristallisiert unter der Kalkoberfläche aus, wenn es sich mit Sickerwasser verbindet; es bricht dann in blütenartigen faszinierenden Strukturen hervor.

Eine Meile weiter liegt **Snowball Room**, ein Restaurant, in dem man Sandwiches erhält. Die einst herrlichen, schneeballartigen Gebilde an der Decke waren infolge des Publikumsverkehrs grau und unansehnlich geworden, sind aber mittlerweile gereinigt worden. Umweltschützer plädieren für die Schließung des Lokals. Eine weitere Flusshöhle, **Boone Avenue**, führt durch einen engen Gang 100 m tief in die Erde hinunter. Die

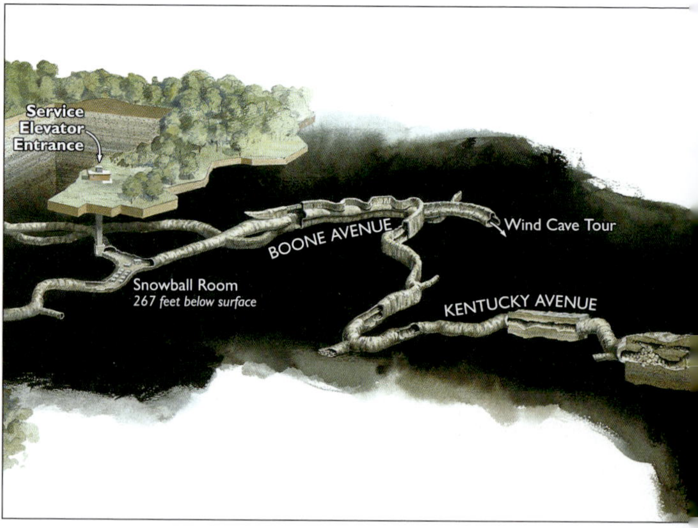

Tour endet am **Frozen Niagara**, einer mächtigen Kaskade aus Stein, die dadurch entstand, dass mineralhaltiges Wasser hier einsickerte, verdunstete und die glänzenden Stalaktiten und Stalagmiten zurückließ. Solche Formen entstehen mit einem Tempo von etwa 2,5 cm in 200 Jahren.

BOOTSFAHRTEN UND WANDERUNGEN

Wenn Sie den **Green River** erleben wollen, der seine Schleifen 25 Meilen lang durch den Park zieht, dann kaufen Sie sich am besten im Visitor Center ein Ticket und machen eine geruhsame Bootsfahrt an Bord der *Miss Green River II*. Oder Sie wandern am **River Styx Nature Trail** entlang, der den Fluss ein Stück weit begleitet. Der Weg beginnt und endet beim Visitor Center; er macht auf Zusammenhänge zwischen den ober- und unterirdischen Vorgängen in Mammoth aufmerksam. Am **River Styx Spring** tritt z. B. Höhlenwasser aus und fließt in den Green River. Ebenfalls vom Ufer aus können Sie **Cave Island** sehen, die sich aus angeschwemmten Bäumen und Schlick gebildet hat.

Der Hauptteil der 85 Meilen umfassenden Wanderwege im Park liegt im Hinterland jenseits des Green River. Im Park selbst führen keine Brücken über den Fluss. Ihren Wagen können Sie aber mit der *Green River Ferry* südwestlich des *Visitor Centers* oder mit *Houchen's Ferry* am westlichen Parkrand über den Fluss setzen lassen. Von der Anlegestelle der Fähre am Green River aus können Sie auf dem Echo River Spring Trail an einer Reihe von Tümpeln vorbeigehen, in denen der unterirdische Fluss aus den Höhlen kommt.

Fahren Sie auf der **Green River Ferry Road** nach Norden zum Gruppencampingplatz von Maple Spring. Von dort führt ein Schotterweg zur **Good Spring Church** aus dem Jahre 1842. Von hier aus können Sie 10 Meilen weit durch Wälder wandern, die sich langsam wieder die Rodungen zurückerobern. Bevor Sie den Park verlassen, legen Sie einen letzten Halt am Sloan's Crossing Pond ein, wo sich in einer Sandsteinmulde ein Feuchtbiotop gebildet hat.

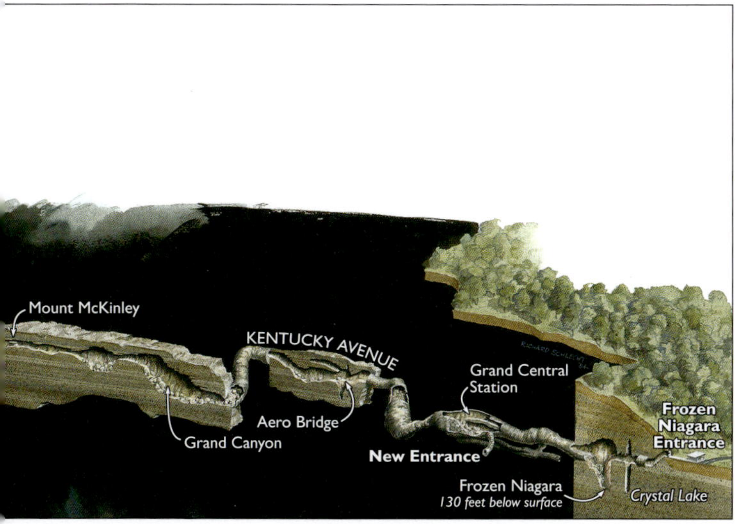

PRAKTISCHE INFORMATIONEN

ZENTRALE
Mammoth Cave, Kentucky 42259. Tel. (270) 758-2180; www.nps.gov/maca.

SAISON UND ANREISE
Ganzjährig geöffnet. Höhlenbesichtigung ist nur mit Führung möglich; Führungen täglich.

BESUCHERINFORMATIONEN
Visitor Center ganzjährig täglich geöffnet. Kartenverkauf für alle Touren außer Wild Cave; dort nur mit Reservierung. Kartenbestellung möglich über NRRS (siehe S. 11) oder über www.recreation.gov. Allgemeine Tourenauskünfte über Zentrale, Tel. (270) 758-2180.

EINTRITTSGEBÜHREN
Keine. Führungen sind jedoch gebührenpflichtig; Karten zwischen $4 und $23 für Erwachsene und Jugendliche, Kinder unter 6 Jahren frei. Höhere Preise für besondere Touren, Wild Cave Tour $48 pro Person. Preise unter Vorbehalt.

TIERE
An der Leine erlaubt, außer in den Höhlen und am Visitor Center. Kurzzeitige Unterbringung des Tieres kann über das Mammoth Cave Hotel organisiert werden.

EINRICHTUNGEN FÜR BEHINDERTE
Visitor Center, einige Plätze am Headquarters Campground und Toiletten sind zugänglich. Einige kleine Rundgänge sind ebenfalls möglich.

AKTIVITÄTEN
Naturkundliche Veranstaltungen: Höhlentouren, Programm für Kinder, Naturwanderungen, Fischen (keine Genehmigung erforderlich), Kanu- und Kajak fahren, Reiten, Radfahren, gelegentlich Sonderveranstaltungen.

BESONDERE RATSCHLÄGE
- Höhlentouren sind anstrengend; lassen Sie sich auf jeden Fall von den Rangern beraten, falls Sie gesundheitliche Probleme haben.
- Ziehen Sie feste Schuhe an und nehmen Sie eine Jacke mit.

FREIES ZELTEN
Erlaubnis erforderlich. Kostenlos zu erhalten am Visitor Center.

CAMPINGPLÄTZE
Drei Campingplätze, alle auf 14 Tage begrenzt. $12–$30 pro Nacht. Kostenpflichtige Duschen beim **Mammoth Cave**. Zelt- und Wohnwagenplätze bei Headquarters; keine Anschlüsse. Nur Zelte im **Maple Spring Group Campground**, März bis November, und **Houchins Ferry**, ganzjährig, first come, first served. Reservierung über für MammutCave und Maple Springs bei NRRS. Gastronomie im Park.

UNTERKUNFT
(wenn nicht anders vermerkt, gelten Preise für 2 Personen im Doppelzimmer zur Hauptsaison)

INNERHALB DES PARKS:
Mammoth Cave Hotel Mammoth Cave, KY 42259. Tel. (270) 758-2225. 92 Zimmer. Hotel $84–$94; Cottages $59–$99. Klimaanlage, Restaurant.

AUSSERHALB DES PARKS:
In Cave City, KY 42127:
Best Western Kentucky Inn 1009 Doyle Ave. Tel. (800) 528-1234 oder (270) 773-3161. 44 Zimmer. $60–$99, inklusive Frühstück. Klimaanlage, Pool.
Days Inn Cave City 822 Mammoth Cave St. Tel. (800) 329-7466 oder (270) 773-2151. 110 Zimmer. $66. Klimaanlage, Pool.
Knights Inn 1006A Doyle Rd. Tel. (800) 321-4245 oder (270) 773-2181. 100 Zimmer. $80. Klimaanlage, Pool, Restaurant.
Master's Inn 102 Gardner Ln. Tel. (270) 773-3101. 105 Zimmer. $59. Klimaanlage, Pool.
In Park City, KY 42160:
Park Mammoth Resort (I-65 und US 31W) P.O. Box 307. Tel. (270) 749-4101. 92 Zimmer. $66. Klimaanlage, Pool, Restaurant.
In Bowling Green, KY 42104:
Bowling Green Bed & Breakfast 3313 Savannah Dr. Tel. (270) 781-3861. 2 Zimmer. $60, mit Frühstück. Klimaanlage.
New's Inn 3160 Scottsville Rd. Tel. (270) 781-3460. 48 Zimmer. $60–$70. Klimaanlage, Pool.

Weitere Unterkünfte: Chambers of Commerce, Cave City, Tel. (270) 773-5159 und Bowling Green, Tel. (270) 781-3200.

AUSFLÜGE

DANIEL BOONE NATIONAL FOREST
WINCHESTER, KENTUCKY

Der 269 Meilen lange Sheltowee Trace National Recreation Trail, der viele der Rastplätze des Waldes verbindet, erinnert an Boones indianischen Namen Sheltowee oder »Große Schildkröte«. Die geologischen Wunder sind über 100 natürliche Felsbrücken aus Sandstein auf dem Gebiet der Red River Gorge Geological Area; Wind und Wasser haben sie in 70 Millionen Jahren geschaffen. Der Park enthält zwei Naturschutzgebiete. 2823 km^2. Angebote: 1000 Zeltplätze, Wandern, Bootfahren, Bootsrampe, Bootshäfen, Fischen, Jagen, Reiten, Pisten für Geländefahrzeuge, Picknickplätze, Panoramastraßen, Wassersport, Skilanglauf, Zugang für Behinderte. Ganzjährig geöffnet, die meisten Campingplätze von April bis November. Auskunft im Supervisor's Office, Winchester, Kentucky, ca. 125 Meilen vom Mammoth Cave NP. Tel. (859) 745-3100.

CUMBERLAND GAP NATIONAL HISTORICAL PARK
MIDDLESBORO, KENTUCKY

Auf der Pirsch überwanden indianische Jäger die große Mauer der Appalachen, lange bevor westwärts drängende Pioniere den Gap Mitte des 18. Jahrhunderts »entdeckten«. Im Jahre 1775 trieben Daniel Boone und seine Leute den Wilderness Trail nach Kentucky vor; sie eröffneten so den Siedlern den Weg nach Westen. Über 60 Meilen Wanderwege führen den Besucher zu Pinnacle Overlook, White Rocks, Sand Cave und zum Hensley Settlement. 89 km^2, teils in Virginia und Tennessee gelegen. Angebote: 160 Zeltplätze, Wandern, Höhlentouren, Picknickplätze, Panoramastraßen, Zugang für Behinderte. Ganzjährig geöffnet, ebenso die Campingplätze. Visitor Center in Middlesboro an der US 25E, ca. 190 Meilen vom Mammoth Cave NP. Tel. (859) 248-2817.

Ein plätschernder Bach im Shenandoah National Park

SHENANDOAH

VIRGINIA
GEGRÜNDET 26. DEZEMBER 1935
794 Quadratkilometer

Der Skyline Drive, der 105 Meilen weit dem Kamm der Blue Ridge Mountains folgt, ist zu beiden Seiten von Wald und Hügelland umgeben. Für viele, die den Drive entlangfahren, ist die Straße selbst ein Park. Doch die Autos fahren am wahren Shenandoah vorbei. Mehr als 500 Meilen Wanderwege führen kreuz und quer über den Skyline Drive, und der Appalachian Trail läuft praktisch parallel zu ihm.

Der lang gezogene und schmale Park verläuft seitwärts oberhalb und unterhalb der Straße, die ihn teilt. Der Drive folgt in seinem Verlauf sogar den Höhenwegen, auf denen schon die Indianer und frühen Siedler gegangen sind; heute befördert er Touristen in ein Gebiet, das bis in unsere Zeit hinein lange als Grenzland gegolten hat.

Anders als die meisten Nationalparks liegt Shenandoah auf altbesiedeltem Gebiet. Um den Park zu gründen, mussten die Behörden in Virginia 3870 private Grundstücke erwerben. Nie zuvor war eine so große Fläche besiedelten, privaten Landes in einen Nationalpark verwandelt worden, und nie zuvor war das Gelände eines Parks so von Menschenhand gezeichnet.

In den 10 Jahren vor seiner Eröffnung zogen etwa 465 Familien aus dem Parkgebiet fort oder wurden umgesiedelt. Einige Bergbewohner aber zogen es vor, ihr Leben im Park zu beschließen; sie liegen in den abgelegenen Friedhöfen verschwundener Hofstätten im Park begraben.

Ein Großteil von Shenandoah bestand aus kargem Farmland, ausgewaschenen Berghängen oder zwei- oder dreimal nachgewachsenem Wald. Heute sind die Spuren der Rodungen, der Weidewirtschaft und des Ackerbaus im Schwinden begriffen, und der Wald kehrt – langsam und stetig – wieder. Der Frühling kommt erst in die Täler, dann steigt er auf die Höhen. Wenn man auf einem Wanderweg dem Gang des Frühlings folgt, dann sieht man an einem einzigen Tag so viele Blumen, wie sie woanders nur über einen Zeitraum von Wochen erblühen.

Anreise

Von Washington, D. C. (ca. 70 Meilen), auf der I-66 nach Westen zur US 340, dann südwärts zum Front Royal (North) Entrance des Parks. Von Charlottesville auf der I-64 zum Rockfish (South) Entrance. Von Westen auf der US 211 über Luray zum Thornton Gap (Middle) oder auf US 33 ostwärts zum Swift Run Gap Entrance. Flughäfen: Dulles International bei Washington, D.C. oder Charlottesville, VA.

Reisezeit

Von den fast 1,6 Millionen Besuchern im Jahr kommen die meisten im Oktober, um den Herbstwald zu sehen. Um Staus im Herbst zu meiden, sollte man früh ankommen (möglichst an einem Wochentag) und das Gebiet zu Fuß erkunden. Manchmal wird der Skyline Drive, die Nord-Süd-Achse des Parks, bei Schnee gesperrt. Auch sind die meisten gewerblichen Einrichtungen im Winter geschlossen. Zwar sind die Campingplätze an Sommerwochenenden überfüllt, doch für Tagesbesucher bleibt eine Menge Park. Wildblumen blühen vom Frühlingsanfang bis zum Spätherbst.

Reiseempfehlungen

Bei einem 1-Tages-Besuch mit dem Auto sollte man, wo immer man einfährt, aussteigen und wandern. Selbst wenn man sich nur ein paar hundert Meter vom Aussichtspunkt fortwagt, ist man doch im Park und nicht bloß auf einer Panoramastraße. Für einen längeren Besuch sind feste Ausgangspunkte wie **Big Meadows** oder **Skyland** zu empfehlen, von denen man zu Ausflügen in den Park starten kann.

SKYLINE DRIVE VON FRONT ROYAL BIS BIG MEADOWS

51 Meilen; ein ganzer Tag

Nicht ganz 5 Meilen südlich der **Front Royal Entrance Station** liegt das **Dickey Ridge Visitor Center**, wo eine Ausstellung über den Park und seine Sehenswürdigkeiten entlang des **Skyline Drive** informiert. Wenn Sie einen ersten Eindruck vom Leben der Bergbewohner gewinnen wollen, dann überqueren Sie den Drive am Visitor Center und wandern dort 2$^1/_2$ Meilen auf dem **Fox Hollow Trail**, der nach den Pächtern benannt ist, die in dieser Talmulde 1837 als erste siedelten. Ihre Häuser sind verschwunden, aber man sieht die Spuren ihrer Mühen; große Haufen aufgeschichteter Steine aus den Feldern.

Genießen Sie von den Overlooks am Skyline Drive die Aussicht aufs **Shenandoah Valley** und die darüber thronenden Gipfel. Der Blick ist einmalig, außer wenn Luftverschmutzung die Sicht trübt. An vielen Aussichtspunkten weisen Schilder auf gut markierte Wanderwege hin. Sie sind mit Farben gekennzeichnet: Weiß ist der **Appalachian Trail**; blau ein Wanderweg des Parks; gelb ein Reitweg (Wandern auch gestattet).

Vom Mathews Arm, 22 Meilen von Front Royal entfernt, führt Sie der gut

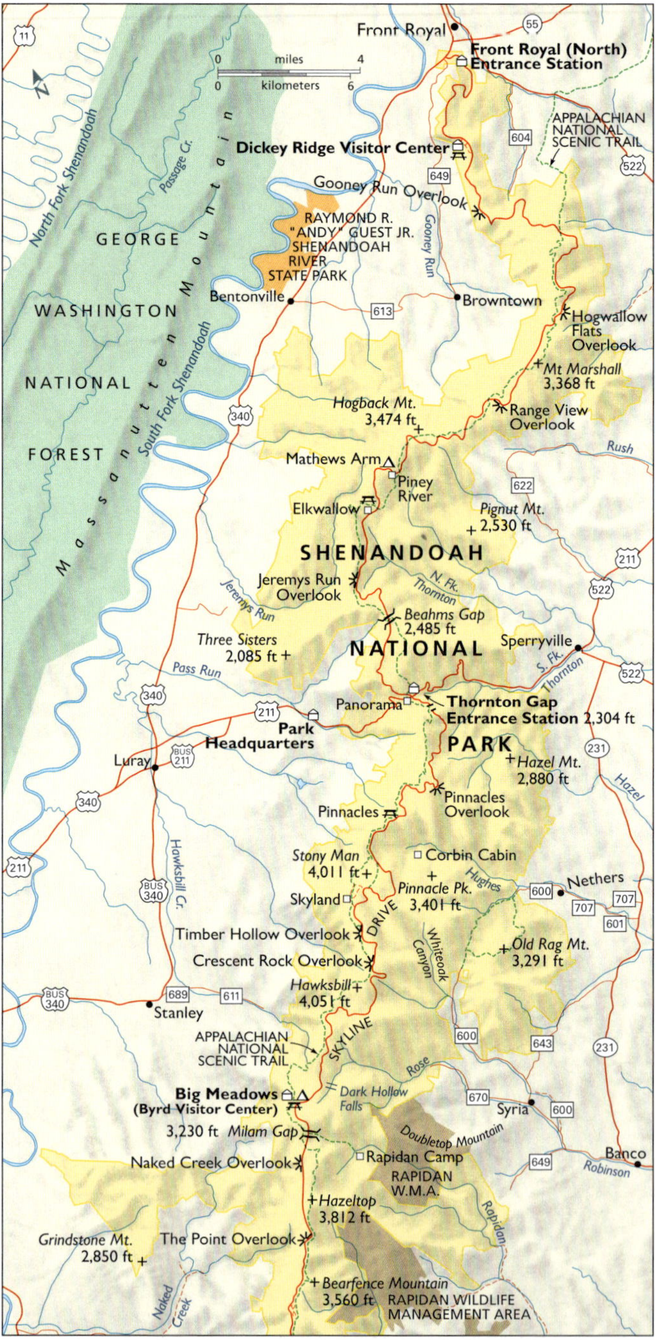
Front Royal
Front Royal (North) Entrance Station
miles 0 4
kilometers 0 6
APPALACHIAN NATIONAL SCENIC TRAIL
Dickey Ridge Visitor Center
Gooney Run Overlook
Gooney Run
North Fork Shenandoah
Passage Cr.
RAYMOND R. "ANDY" GUEST JR. SHENANDOAH RIVER STATE PARK
GEORGE WASHINGTON NATIONAL FOREST
Massanutten Mountain
South Fork Shenandoah
Bentonville
Browntown
Hogwallow Flats Overlook
Mt Marshall 3,368 ft
Hogback Mt. 3,474 ft
Range View Overlook
Rush
Mathews Arm
Piney River
Elkwallow
Pignut Mt. 2,530 ft
SHENANDOAH NATIONAL PARK
Jeremys Run Overlook
Jeremys Run
N. Fk. Thornton
Beahms Gap 2,485 ft
Three Sisters 2,085 ft
Sperryville
S. Fk. Thornton
Pass Run
Panorama
Thornton Gap Entrance Station 2,304 ft
Park Headquarters
Luray
Hazel Mt. 2,880 ft
Hazel
Pinnacles Overlook
Pinnacles
Hawksbill Cr.
Stony Man 4,011 ft
Corbin Cabin
Pinnacle Pk. 3,401 ft
Hughes
Nethers
Skyland
Timber Hollow Overlook
Crescent Rock Overlook
Whiteoak Canyon
Old Rag Mt. 3,291 ft
Hawksbill 4,051 ft
Stanley
SKYLINE DRIVE
APPALACHIAN NATIONAL SCENIC TRAIL
Rose
Big Meadows (Byrd Visitor Center) 3,230 ft
Dark Hollow Falls
Syria
Milam Gap
Doubletop Mountain
Banco
Robinson
Naked Creek Overlook
Rapidan Camp
RAPIDAN W.M.A.
Rapidan
Hazeltop 3,812 ft
Grindstone Mt. 2,850 ft
The Point Overlook
Bearfence Mountain 3,560 ft
RAPIDAN WILDLIFE MANAGEMENT AREA
Naked Creek
11
55
604
522
649
613
340
622
211
522
522
211
BUS 211
231
340
211
BUS 340
600
707
707
601
BUS 340
689
611
600
643
231
670
600
649

GEORGE WASHINGTON NATIONAL FOREST
Massanutten Mountain
Grindstone Mountain 2,850 ft
The Point Overlook
Bearfence Mt. 3,560 ft
RAPIDAN W.M.A.
Shenandoah
Green Mt. 2,149 ft
Lewis Mountain
Naked Cr.
The Oaks Overlook
Pocosin Mission
Conway
APPALACHIAN NATIONAL SCENIC TRAIL
Dry Run
Huckleberry Mt. 2,158 ft
RAPIDAN W.M.A.
Elkton
Elk Run
South River
South
Saddleback Mt. 3,375 ft
Swift Run Gap Entrance Station 2,365 ft
Hightop 3,587 ft
McGaheysville
SHENANDOAH NATIONAL PARK
Bacon Hollow Overlook
Swift Run
Rocky Mount 2,740 ft
Parker Branch
Simmons Gap
Roach
South Fork Shenandoah
Big Run
Loft Mt. Overlook
Brokenback Mt. 1,750 ft
Rockytop Overlook
Lynch
Port Republic
Big Run Overlook
Loft Mountain Information Center
SKYLINE DRIVE
Madison Run
Buck Mountain Cr.
Dundo Group Camp
Grottoes
Trayfoot Mt. Overlook
Pasture Fence Mountain
Doyles
S. Fk. Rivanna
Riprap Trail Parking
N. Fk.
Moormans
Riprap Overlook
Moormans River Overlook
Crimora
Mechums
Turk Mt. 2,960 ft
S. Fk.
Bucks Elbow Mountain
Sawmill Run Overlook
South
Jarman Gap 2,175 ft
Crozet
Lickinghole Cr.
APPALACHIAN NATIONAL SCENIC TRAIL
McCormick Gap Overlook
Waynesboro
0 miles 4
0 kilometers 6
Rockfish Gap (South) Entrance Station 1,900 ft
BLUE RIDGE PARKWAY
N
340
609
33
810
664
614
250
64
624
29
6

Corbin Cabin, Relikt aus der Bergbauernzeit

zu gehende 1 3/4 Meilen lange Naturlehrpfad **Traces Nature Trail** durch einen Eichenwald in die Zeit der ersten weißen Siedler zurück. Die Spuren sind verwischt: eine alte Straße, Bäume, zerfallene Steinwälle. Etwas anspruchsvoller ist der **Corbin Cabin Cutoff Trail**, der vom Parkplatz nach Meilenstein 37 abgeht. Der steile Aufstieg (1H Meilen) endet bei **Corbin Cabin**, dem einzigen typischen Wohnhaus eines Bergbauern im Park. 1909 fällte und bearbeitete George Corbin Baumstämme und errichtete sein Blockhaus. Die Familie Corbin, wie viele andere auch, lebte von dem, was sie anbaute oder anfertigte. Der Potomac Appalachian Trail Club unterhält das Haus und vermietet es an seine Mitglieder oder auch andere Touristen.

Skyland (bei Meilenstein 42) stammt aus den 1890er Jahren. Diese Ferienanlage, mit Hotel, Restaurant und »Cabins«, ist von April bis November geöffnet. Der 1,6 Meilen lange **Stony Man Trail** beginnt nahe dem Parkplatz und erreicht – 100 Meter höher – den felsigen Gipfel des **Stony Man**, des zweithöchsten Berges im Park (1223 m). Von einem Felssporn schweift der Blick weit über die Höhen. Der Weg führt als Schleife zum Ausgangspunkt zurück.

Schön ist auch der **Limberlost Trail** bei Meilenstein 43. Bänke laden dort zum Rasten ein.

Halten Sie am **Crescent Rock Overlook** (bei Meilenstein 44) und werfen Sie einen Blick auf **Hawksbill Mountain** (1235 m; höchster Gipfel des Parks). Sechs Meilen weiter zweigt der **Dark Hollow Falls Trail** ab, ein 1 2/5 Meilen langer Rundweg zu Wasserfällen. Steil führt der Weg hinauf, vorbei an Farnen, Moosen und Leberblümchen; dicke Holzbänke laden zum Rasten ein.

Big Meadows (Meilenstein 51) ist Vieles in einem: Wanderwege, Campingplatz, Hotel, diverse Besuchereinrichtungen und das **Byrd Visitor Center**, wo Wechselausstellungen Geschichten aus dem Park erzählen.

Heute künden die laublosen Bäume, die man besonders im Nordteil des Parks findet, vom Wirken des Großen Schwammspinners sowie anderem Ungeziefer und Krankheiten. Doch scheint nicht, wie Anfang des 20. Jh. die Kastanie, eine ganze Art bedroht zu sein. Gesunde Bäume werden den Wald in den nächsten Jahrzehnten erneuern.

Zum Abschluss des Tages können Sie durch die Blumenwiesen der sanften Hügel spazieren, die dem

Gebiet den Namen gaben. Vielleicht schrecken Sie dabei Wild (oder sogar einen Schwarzbären) auf.

RAPIDAN CAMP BIS ROCKFISH GAP

54 Meilen; ein ganzer Tag

Parken Sie am Skyline Drive bei **Milam Gap** (Meile 52,8). Gegenüber zeigt ein Wegeschild den 4-Meilen-Rundweg (hin und zurück) nach **Camp Hoover** an. Zunächst wandern Sie ein Stück auf dem Appalachian Trail, biegen dann links in den **Mill Prong Trail** ein, laufen durch ein Waldstück zu einem kleinen Wasserfall hinunter und überqueren drei Bäche. An der Straße gehen Sie rechts und weiter zu den Blockhäusern von **Camp Hoover** – ein National Historic Landmark. Dieser Platz erfüllte die drei Anforderungen, die Präsident Herbert Hoover an seinen Urlaubsort stellte: Er sollte a) nicht weiter als 100 Meilen von Washington entfernt sein, b) an einem Forellenbach und c) hoch genug liegen, um Moskitos abzuschrecken. Das Brown House, Präsident Hoovers Hütte, sieht heute wieder aus wie 1931. Es kann im Sommer und Herbst mit Touren, die vom Byrd Visitor Center ausgehen, besichtigt werden.

Ein Tangare im Sommerkleid

Bei Meile 56,4 vor dem Lewis Mountain Campground beginnt ein $^4/_5$-Meilen-Weg ($1^1/_2$ Stunden) zum **Bearfence Mountain**. Man muß ein bisschen über die Felsen kraxeln, aber dafür wird man am Ende mit einem fantastischen Rundblick von 360 Grad belohnt.

Der **Swift Run Gap Entrance** (bei Meilenstein 65) ist ein alter Pass über den Blue Ridge, der jetzt von der US 33 genutzt wird. Im Mai wandern Wildblumenliebhaber den nahen **Hightop Summit Trail** hinauf (3 Meilen hin und zurück), um eine seltene Lilienart zu sehen.

Loft Mountain (bei Meilenstein 79) mit Campingplatz und Ranger Station ist Ausgangspunkt für Touren in den Südteil des Parks.

Achten Sie bei der Service-Station am Skyline Drive auf den Anfang des **Frazier Discovery Trail**, der auf 1,3 Meilen vorführt, wie Weideland sich zu Waldland zurückentwickelt. Nachdem die Kastanie verschwunden war, begannen andere Baum- und Buscharten, Fuß zu fassen. Das können Sie hier von nahem beobachten; wie es im Großen geschieht, können Sie von einem Felsvorsprung am Wege überschauen. Zwei Aussichtspunkte bieten einen herrlichen Blick über das Tal des Shenandoah, den großen Nebenfluss des Potomac, der seinerseits durch Washington fließt.

Bei **Rockfisch Gap**, nahe der **Rockfish Entrance Station**, hat sich ein alter Büffelpfad erst zu einem Fuhrweg, dann zur modernen Autostraße entwickelt. Hier, am Südende des Parks, beginnt nämlich der Blue Ridge Parkway des National Park Service, der die Nationalparks Shenandoah und Smoky Mountains NP miteinander verbindet.

PRAKTISCHE INFORMATIONEN

ZENTRALE
3655 US 211 E, Luray, Virginia 22835. Tel. (540) 999-3500.

SAISON UND ANREISE
Ganzjährig geöffnet. Auskünfte (auf Band) über Tel. (540) 999-3500. Skyline Drive kann bei Schnee und Eis vorübergehend gesperrt sein. Auskunft: Tel. (540) 999-3500.

BESUCHERINFORMATIONEN
Dickey Ridge Visitor Center, nahe North Entrance, von Ende März bis Ende November täglich geöffnet. **Byrd Visitor Center** bei Big Meadows, nahe Parkmitte, von März bis Ende November geöffnet.

EINTRITTSGEBÜHREN
März–Nov. $15, Dez.–Feb. $10 pro Wagen, gültig für 7 Tage.

TIERE
Müssen an der Leine gehalten werden; auf bestimmten Wegen und in Gebäuden nicht erlaubt.

EINRICHTUNGEN FÜR BEHINDERTE
Besucherzentrum, Freilichttheater, Picknickplätze, Campingplätze und Limberlost Trail sind für Rollstuhlfahrer zugänglich. Toiletten, Unterkünfte und Restaurants ebenfalls. Broschüre gratis.

AKTIVITÄTEN
Kostenlose naturkundliche Veranstaltungen: Naturwanderungen, Abendprogramm (nur von Sommer – Herbst). Außerdem: Fischen, Reiten und Wandern auf etwa 500 Meilen an Wegen.

BESONDERE RATSCHLÄGE
- Felsen an Wasserfällen sind gefährlich
- Fahren Sie den Wagen ganz von der Straße herunter, wenn Sie an einer Aussichtsstelle halten.
- Füttern oder stören Sie die Tiere nicht.

FREIES ZELTEN
Genehmigung erforderlich; kostenlos zu erhalten bei den Visitor Centers, Zentralen und Eingängen.

CAMPINGPLÄTZE
Vier Campingplätze mit Einzl- und Gruppenplätzen. **Mathews Arm** und **Loft Mountain** von Mitte Mai bis Oktober geöffnet,Reservierung erforderlich. **Big Meadows** von Mitte März bis November geöffnet; Reservierung empfohlen vom Memorial-Day-Wochenende (30. Mai) bis Oktober (siehe S. 11); Reservierung über NRRS erforderlich. $16–$20 pro Nacht. Duschen, Zelt- und Wohnwagenplätze; keine Anschlüsse. Läden und Restaurants beim **Dundo Group Campground**. Duschen und Waschmaschinen (außer in Mathews Arm und Dundo).

UNTERKUNFT
(wenn nicht anders vermerkt, gelten Preise für 2 Personen im Doppelzimmer zur Hauptsaison)

INNERHALB DES PARKS:
P.O. Box 727, Luray, VA 22835. Tel. (800) 999-4714 oder (540) 843-2100.
Big Meadows Lodge (Meile 51.3) Lodge-Zimmer $139–$149; Cabins $106–$109; Suiten $156–$166. Restaurant. Mitte April bis Ende Oktober.
Lewis Mountain Cabin (Meile 57.6) Hiker's Cabin $28. 10 Cabins mit Grillstelle im Freien. $94–$127. Mitte April bis Ende Oktober.
Skyland Lodge (Meilen 41.7 und 42.5) 177 Zimmer. Lodge-Zimmer $128–$149; Suiten $147–$194; Cabins $78–$259. Restaurant. Anfang April bis Ende November.

AUSSERHALB DES PARKS:
In Front Royal, VA 22630:
Quality Inn 10 Commerce Ave. Tel. (800) 821-4488 oder (540) 635-3161. 107 Zimmer. $75–$85. Klimaanlage, Pool.
Woodward House on Manor Grade Bed & Breakfast 413 S. Royal Ave. Tel. (800) 635-7011 oder (540) 635-7010. 7 Zimmer, 2 Cottages. $105–$220, mit Frühstück. Klimaanlage.
In Sperryville, VA 22740:
Conyers House Inn and Stable 3131 Slate Mills Rd. Tel. (540) 987-8025. 7 Zimmer, 2 Cottages. $150–$300, mit Frühstück. Klimaanlage, Restaurant.
In Stanley, VA 22851:
Jordan Hollow Farm Inn 326 Hawksbill Park Rd. Tel. (888) 418-7000 oder (540) 778-2285. 20 Zimmer. $190–$300. Klimaanlage, Restaurant, keine Kinder.
In Waynesboro, VA 22980:
The Inn at Afton I-64 an US 250. Tel. (800) 860-8559 oder (540) 942-5201. 118 Zimmer. $60–$100. Klimaanlage, Pool, Restaurant.

AUSFLÜGE

GEORGE WASHINGTON NATIONAL FOREST

HARRISONBURG UND ROANOKE, VIRGINIA

Verwaltungsmäßig seit 1995 mit dem Jefferson National Forest zusammengefasst. Grenzt ans Shenandoah Valley mit seiner reichen Vergangenheit. Fischen und Herbstfarben hervorragend. Enthält sechs Naturschutzgebiete und 62 Meilen Appalachian Trail. 4309 km^2 in drei Teilen, z.T. in West Virginia gelegen. Angebote: 807 Zeltplätze, Gastronomie, Bootfahren, Fischen, Wandern, Reiten, Jagen, Picknickplätze, Wassersport, Wintersport, Zugang für Behinderte. Ganzjährig geöffnet.
Tel. (540) 265-5100.

JEFFERSON NATIONAL FOREST

ROANOKE, VIRGINIA

Der Jefferson National Forest ist ein Waldgebirge mit Laubwald, Kiefern und Rhododendron. Es gibt Bäche und Wasserfälle. Er enthält elf Naturschutzgebiete und die Mount Rogers National Recreation Area. 2914 km^2, z. T. in West Virginia und Kentucky gelegen. Angebote: 670 Zeltplätze, Wandern, Bootfahren, Bootsrampe, Fischen, Reiten, Jagen, Picknickplätze, Wassersport, Zugang für Behinderte. Ganzjährig geöffnet, ebenso einige Campingplätze. Auskunft im Büro des USFS in Roanoke, ca. 120 Meilen südlich vom Shenandoah NP.
Tel. (540) 265-5100.

ELIZABETH HARTWELL WILDLIFE REFUGE

LORTON, VIRGINIA

Der Naturpark, der dem Schutz des Weißkopf-Seeadlers gewidmet ist, liegt auf einer Halbinsel im Potomac River bei Washington, D. C. Wald und Feuchtgebiete bieten ideale Lebensbedingungen für die Adler und andere Wildtiere. 922 Hektar. Angebote: Wandern, Tierbeobachtungen in freier Wildbahn. Ganzjährig geöffnet.
An Va. 242, ca. 75 Meilen vom Shenandoah NP. Tel. (703) 490-4979.

Trunk Bay – für ihre Schönheit bekannt

VIRGIN ISLANDS

UNITED STATES VIRGIN ISLANDS
GEGRÜNDET 2. AUGUST 1956
61 Quadratkilometer

Hohe, grüne Hügel, die zu türkisfarbenen Buchten hin abfallen; feinsandige, weiße Strände und Korallenriffe; Ruinen, die an die Ära des Zuckers und der Sklaven erinnern – all das findet Schutz auf St. John, einem der 100 karibischen Inselflecken, die zusammen die Virgin Islands (Jungferninseln) bilden.

Trotz seiner geringen Größe (52 km²) ist St. John klimatisch überraschend vielfältig. Über 800 subtropische Pflanzenarten gedeihen in Zonen, die von feuchten Höhenwäldern über Wüste bis zu Mangrovensümpfen reichen; unter diesen Mangobäume, Sauersack und Teyer-Palme, Terpentinbaum und Tamarinde, Agave und Meerträubchen. Umgeben ist die Insel von lebenden Korallenriffen – wundervollen, vielförmigen und sensiblen Tier- und Pflanzengesellschaften, die einen Schutzwall für die berühmten Strände von St. John bilden.

Als Kolumbus 1493 diese vielen Inseln sichtete, benannte er sie nach den sagenhaften 11 000 Jungfrauen der Hl. Ursula. Seitdem haben Spanien, Frankreich, die Niederlande, England, Dänemark und die USA verschiedene Inseln zu verschiedenen Zeiten beherrscht. Die Dänen begannen im 17. Jahrhundert mit der Kolonisation; 1717 erschienen die ersten Pflanzer auf St. John und um die Mitte des Jahrhunderts gab es 88 Plantagen. Sklaven rodeten die steilen Hänge und bauten Zuckerrohr an. Als die Dänen 1848 die Sklaverei abschafften, war es mit der Zuckerwirtschaft vorbei. Es folgten eine Periode der Brache und eine Subsistenzwirtschaft.

Aus Furcht, die Deutschen könnten die Inseln im Ersten Weltkrieg besetzen, kauften die USA St. John, St. Croix, St. Thomas und etwa 50 kleine Inseln für 25 Millionen Dollar von Dänemark. Im Jahre 1956 kaufte der Naturschützer Laurance S. Rockefeller über 2000 Hektar Land für einen Nationalpark auf St. John; 1962 erwarb der Park 2290 Hektar Wasserfläche dazu. Wohl liegen drei Viertel der Insel innerhalb seiner Grenzen, doch gehört dem Park nur gut die Hälfte des Bodens. Eine wachsende Bautätigkeit auf privatem Grund im Park bereitet zunehmend Sorge. Auch bedrängen die vielen Kreuzfahrtschiffe den Park; diese setzen auf einen Schlag große Mengen Besucher an Land, ohne Rücksicht auf die Kapazität des Parks. Es ist möglich, dass einige der Wanderwege wegen Instandhaltungsarbeiten geschlossen sind. Fragen Sie beim Visitor Center nach.

Reisezeit

Ganzjährig. Hauptsaison von Mitte Dezember bis Mitte April.

Anreise

Mit dem Flugzeug nach Charlotte Amalie auf St. Thomas, dann mit dem Taxi oder Bus nach Red Hook, dann mit der Fähre über den Pillsbury Sound nach Cruz Bay – eine Fahrt von 20 Minuten. Oder man nimmt eine der seltener verkehrenden Fähren von Charlotte Amalie; die Fahrt dauert 45 Minuten, aber der Hafen liegt näher am Flugplatz.

Reiseempfehlungen

Für einen Tagesbesuch: **North Shore Road** zu den **Annaberg Sugar Mill Ruins**, wo man an der Küste ein Stück wandern oder ein bisschen schnorcheln kann. Rückfahrt über **Centerline Road** und die Ruinen von **Herman Farm**. Am 2. Tag: Wandern auf dem **Reef Bay**, Besuch des **East End** der Insel, von **Saltpond Bay**, und Aufstieg zu **Ram Head**. Haben Sie mehr Zeit, dann sollten Sie sich den ausgezeichneten Führungen und Veranstaltungen der Ranger anschließen. Wenn Sie Auto fahren, haben Sie Acht auf steile Straßen mit Schlaglöchern und unübersichtlichen Kurven, und: Fahren Sie links. Tempolimit ist 20 mph. Die Alternative ist ein Taxi mit Führer.

NORTH SHORE ROAD CENTERLINE ROAD LOOP

15 Meilen; 3 Stunden bis zu einem Tag

Beginnen Sie Ihre Tour am Visitor Center in **Cruz Bay**; holen Sie sich eine Karte, Informationen über Wanderwege und fragen Sie, was die Ranger sonst noch anbieten. Fahren Sie dann ostwärts zur North Shore Road (Route 20). Die Straße ist gut, aber stellenweise sehr steil. Halten Sie oben auf dem Hügel und schauen Sie aus der Vogelperspektive auf die malerische Stadt hinunter, ihren Hafen, die vielen kleinen Nachbarinseln und die große Insel **St. Thomas** jenseits des Sundes. Um das **West End** von **St. John** noch besser überblicken zu können, erklimmen Sie Caneel Hill; der mäßig anstrengende 4/5-Meilen-Weg zweigt rechts ab. Bei Sonnenuntergang, wenn es kühler wird, ist der Blick vom Gipfel noch schöner! Halten Sie am nächsten Aussichtspunkt (1/2 Meile weiter) und werfen Sie einen Blick auf **Caneel Bay** und die große Insel im Nordosten, **Jost van Dyke** – eine der britischen Jungferninseln. Bevor in den 1930er Jahren der berühmte Badeort entstand, wurde hier im 18. und 19. Jahrhundert

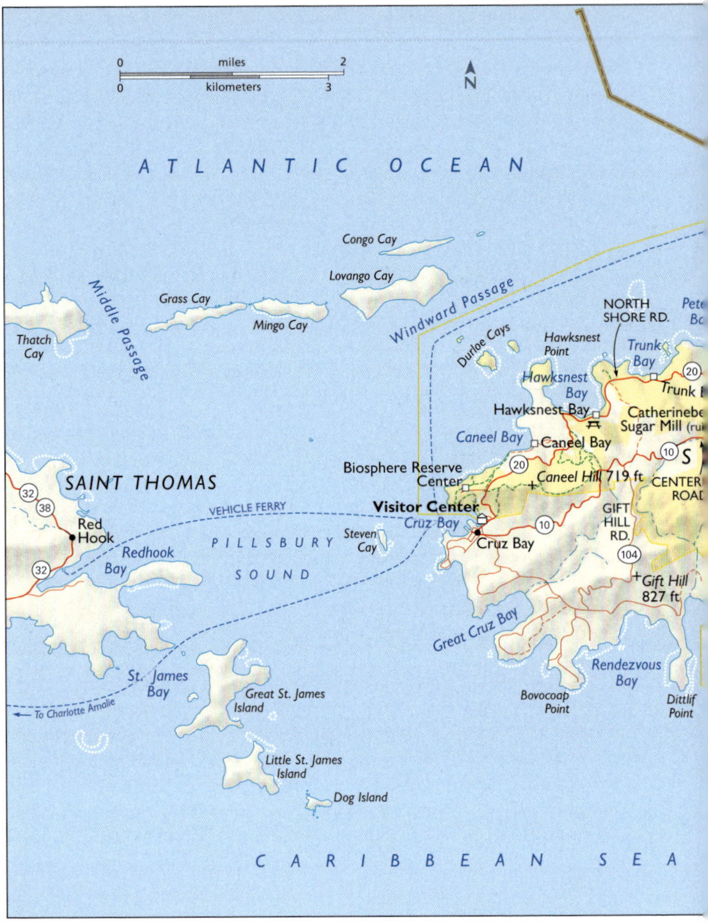

Zuckerrohr gepflanzt. »Caneel« heißt im Holländischen und Dänischen »Zimt« – nach den zimtartigen Blättern eines Baumes aus der Familie der Myrten. (Von 1860 bis etwa 1930 wurde aus dem Öl der Blätter ein Kölnischwasser der Marke »St. John Bay Rum« gewonnen.)

Die Einfahrt zum Feriendorf Caneel Bay liegt hügelabwärts zur Linken hinter Meilenstein 1,5. Das Land gehörte bis vor kurzem den Rockefellers; es wird heute vom Park an die privaten Betreiber der Ferienanlage verpachtet. Um die herrlichen Strände und Buchten zu erleben, die Gärten voller Palmen, blühender Bougainvillea und rosa Oleander, sei ein Spaziergang auf dem **Turtle Point Trail** um **Hawksnest Point** herum empfohlen – ein Gang von einer Stunde. Die Betreiber der Anlage verlangen nur, dass Sie sich als Tagesgast an der Rezeption einschreiben.

Von Caneel Bay führt die Straße erst steil hinauf, dann wieder hinunter zum **Hawks-nest Beach**, wo man schwimmen, schnorcheln und Picknick machen kann. Eine Ausstellung erläutert, wie die empfindlichen Riffe

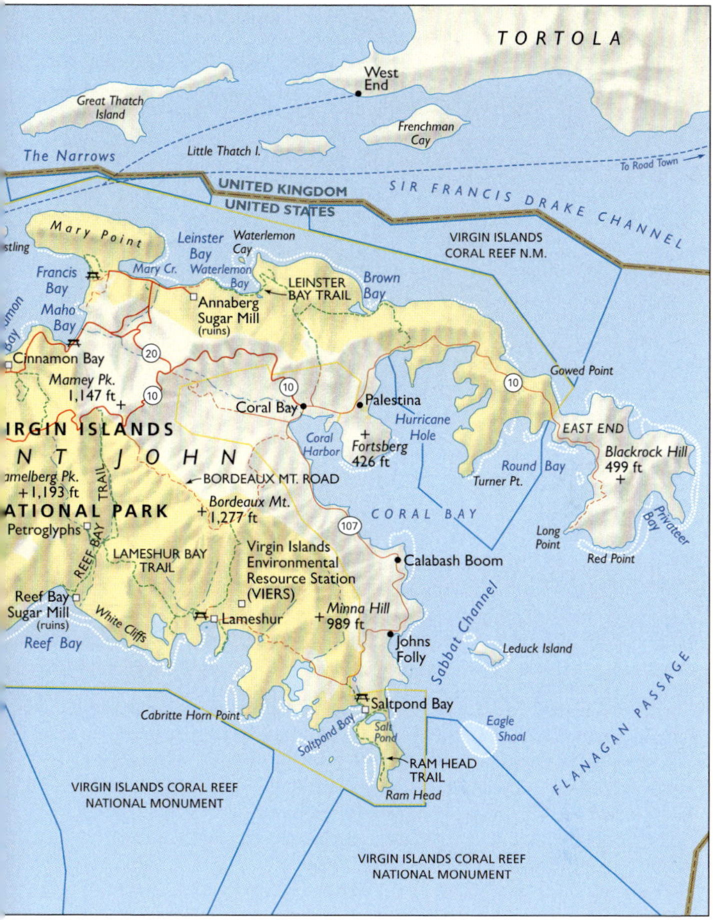

durch Schadstoffe, Schwimmer, Schnorchler und die Anker achtloser Bootsführer beschädigt werden; man wird ermahnt, sich nicht auf die Riffe zu setzen, zu stellen oder sie zu berühren.

Einer der schönsten Ausblicke der Karibik erwartet Sie 1 Meile weiter, wenn **Trunk Bay** mit ihrem üppigen Palmenstrand und den Segelbooten in der Bucht vor Ihnen liegt. Vor einer Landzunge liegt **Whistling Cay**; dort befand sich im 19. Jahrhundert eine Zollbaracke, die Schiffe, die zwischen den dänischen und den britischen Inseln verkehrten, kontrollierte. Die Schönheit von Trunk Bay zieht viele Besucher an – auch die Passagiere der Kreuzfahrtschiffe. Der Park hat hier einen Unterwasser-Lehrpfad für Schnorchler angelegt: 16 Tafeln identifizieren die Pflanzen und Tiere des Riffs. Als echter Schnorchler bevorzugen Sie aber vielleicht eines der nächsten Riffe, wo weniger los ist.

Hinter Trunk Bay steigt die Straße steil an. Oben liegt das Millionenprojekt **Peter Bay**, eine private Enklave im Park. Solche Projekte betrüben Ranger wie Umweltschützer, weil Sediment-

Schnorchler auf dem Wege zu einem Korallenriff vor Caneel Bay

schichten von den steilen Hängen abgewaschen und ins Meer gespült werden, wo sie Riffe und Seegrasbeete beschädigen.

Bei **Cinnamon Bay** (Meilenstein 4,5) befindet sich der einzige parkeigene Campingplatz – gegenüber den Ruinen der dänischen (vormals holländischen) Zuckerfabrik von Cinnamon Bay, einer der ältesten der Insel. Tafeln am Wege (1 Meile) erzählen ihre Geschichte und benennen heimische Baumarten, wie Lorbeerbaum, Limonelle und Kalebassenbaum, aus dessen kürbisähnlichen Früchten Schüsseln angefertigt werden. Wenn Sie Glück haben, hören Sie dort auch einiges über die wechselvolle Lokalgeschichte.

Fahren Sie 1/2 Meile weiter, und ein neuer atemberaubender Blick tut sich auf: **Maho Bay**, **Francis Bay** – wo sich Meeresschildkröten ihre Nahrung suchen – und **Mary Point**. Sie werden Pelikane im Tiefflug und Fregattvögel erleben, die anderen Meeresvögeln die Beute wegschnappen, um sich nicht die eigenen, riesigen Schwingen nass zu machen. Die silbernen Dächer, die man unter den Bäumen durchschimmern sieht, gehören zu einem Haus, das 1952 von einer Amerikanerin namens Ethel McCully erbaut wurde; sie schwamm von einem Schiff an Land und blieb. Da es auf St. John damals keine gepflasterten Wege oder Autos gab, mußte das Material auf Eseln von Cruz Bay herangeschafft werden – immerhin ein Weg von nicht weniger als 4 Stunden.

Dann geht es einen Hügel hinunter, und die Straße verläuft fast eben an einem Strand entlang. Fahren Sie nun noch 1 Meile bis zum Ende der Straße und biegen Sie rechts nach **Annaberg** ab. Zur Rechten werden Sie einen dichten Mangrovensumpf erblicken, einen von vielen auf der Insel, dessen große, verknotete Wurzeln die Küste befestigen und den Fischen Laichplätze bieten.

Achten Sie etwa 100 m vor der Abzweigung links auf ein Schild, das auf den giftigen karibischen Manzinellabaum hinweist. Kolumbus nannte seine grünen Früchte »Todesäpfel«. Bei Regen nicht unter diesen Baum stellen: Die Tropfen können schmerzhafte Blasen auf der Haut erzeugen.

Direkt voraus liegt **Mary Creek** mit einem Blick auf **Mary Point**. Eine bemerkenswerte Gesellschaft von Meerestieren bewohnt die niedrigen Riffe und Seegrasbeete der Bucht. Wenn Sie hinauswaten (Strandschuhe nicht vergessen), können Sie grellbunte Seemuscheln, stachelige schwarze Seeigel und zerbrechliche Seesterne (denen die Arme nachwachsen) entdecken.

Korallenbrocken bieten vielen kleinen Lebewesen Schutz. Man kann sie aufheben und anschauen, aber man sollte sie auch wieder an ihren Platz zurücklegen.

Von hier empfiehlt sich ein leichter Spaziergang auf dem **Leinster Bay Trail**, der über I Meilen ostwärts an der Küste entlang zur **Waterlemon Bay** führt, wo sich wohl die besten Schnorchelgründe des Parks befinden.

Am Ende des Weges gelangt man an einen Sandstrand, wo man schwimmen und schnorcheln kann. Wenn es die Kondition erlaubt, laufen Sie jedoch besser zur Landspitze hinüber, schwimmen durch die schmale Wasserrinne und schnorcheln um die kleine **Waterlemon Bay** herum.

Wieder am Leinster Trail, können Sie an dem kleinen Parkplatz aussteigen und zu den teilweise restaurierten Ruinen der **Annaberg Sugar Mill** hinaufsteigen.

Ein Rundgang (self-guided) von $^1/_4$ Meile führt Ihnen die Sklavenquartiere, Windmühle, Pferdemühle, Ofen, Zisterne und die Fabrik vor, wo gut zwei Jahrhunderte lang aus Zuckerrohr Rohzucker, Melasse und Rum für Dänemark erzeugt wurden. Naturstein von der Insel, Ballastziegel und Korallen wurden für den Bau der dicken Mauern verwendet.

Von hier oben kann man jenseits der Meerenge einige weitere der Virgin Islands sehen, darunter **Tortola**, die größte der britischen Jungferninseln, und links die britische **Great Thatch** in Form eines Dinosauriers. Im Winter ziehen hier manchmal Buckelwale vorbei. Als die Briten ihre Sklaven 1833 befreiten – 15 Jahre vor den Dänen –, sollen die Sklaven von Annaberg versucht haben, nach Great Thatch hinüberzuschwimmen. Bevor Sie den Aussichtspunkt verlassen, gönnen Sie sich den Duft der Blüten des Roten Jasminbaums, der in der Nähe wächst.

Nehmen Sie die ziemlich ebene **Centerline Road** (Route 10), um nach Cruz Bay zurückzukehren, aber achten Sie auf »blinde« Kurven. Dass Sie langsam vorankommen, wird Sie nicht stören: Die Landschaft des **East End** ist hinreißend. Wenn Sie Zeit haben, biegen Sie nach etwa 3 Meilen rechts in die **Catherineberg Road** ein; ein kurzes Stück die Straße hinauf liegen die Reste der **Catherineberg Sugar Mill** aus dem 18. Jahrhundert. Die Windmühle ist außen wieder hergestellt, und es gibt 1,20 m dicke Steinmauern, hübsche Bogengänge, eine mächtige Steinsäule und einige Originalbalken zu besichtigen.

EAST END: CORAL BAY & SALTPOND BAY

26 Meilen hin und zurück; mindestens ein halber Tag

Fahren Sie auf der Centerline Road (Route 10) aus Cruz Bay heraus und halten Sie nach knapp 3 Meilen bei Herman Farm (siehe oben). Etwa $^1/_2$ Meile voraus liegt **Konge Vey Overlook**, wo ein Schaubild am Wege auf Jost van Dyke, Great Thatch und weitere Inseln und Buchten im Norden hinweist.

Der beliebte **Reef Bay Trail** beginnt 1 $^1/_4$ Meilen voraus. Er führt abwärts in ein steiles V-förmiges Tal – durch feuchten, subtropischen Wald, über Trockenwald zu Akaziengestrüpp an der Küste. Die Ruinen der Zuckergüter säumen die 2,5 Meilen lange Strecke und merkwürdige Felszeichnungen gibt es auch. Gehen Sie wenigstens ein Stück in den Wald hinein. Besser noch: Sie schließen sich einer Ranger-Führung an, dann holt Sie ein Boot von der Küste ab und erspart Ihnen den Rückweg.

Fahren Sie weiter zum Aussichtspunkt bei **Mamey Peak**, wo Sie **Coral Bay** und das East End der Insel überschauen können. Der Name der Bucht

PRAKTISCHE INFORMATIONEN

ZENTRALE
P.O. Box 710, St. John US Virgin Islands 00830. Tel. (340) 776-6201; www.nps.gov/viis.

SAISON UND ANREISE
Ganzjährig geöffnet. Zugang per Schiff. Wetter ist das ganze Jahr beständig.

BESUCHERINFORMATIONEN
Cruz Bay Visitor Center, am West End von St. John, ganzjährig täglich geöffnet. Besucherauskünfte über Tel. (340) 776-6201.

EINTRITTSGEBÜHREN
Keine Gebühr für den Park.

TIERE
An öffentlichen Badestränden, auf Picknickplätzen und Campingplätzen nicht erlaubt. Ansonsten, an der Leine gehalten, erlaubt.

EINRICHTUNGEN FÜR BEHINDERTE
Einige Fähren nach St. John sind für Rollstuhlfahrer zugänglich; Visitor Center, mehrere Campingplätze bei Cinnamon Bay sowie Toiletten dort, an der Trunk Bay und an der Hawksnest Bay.

AKTIVITÄTEN
Kostenlose naturkundliche Veranstaltungen: erläuternde Vorträge und Ausstellungen, Führungen durch Natur und Geschichte, Wanderungen, Schnorcheltouren, Schwimmen, Schnorcheln, Bootfahren, Fischen (keine Genehmigung erforderlich), Windsurfen, Fotokurse, archäologische Grabungen, gelegentliche Rundfahrten mit dem Bus.

rührt nicht von den reichlich vorhandenen Korallen her, sondern von einem »Korral« *(kraal)* der Holländer aus dem 18. Jahrhundert. Die Dänen legten ihre ersten Pflanzungen in diesem Teil der Insel an, so auch das weitläufige Estate Carolina des dänischen Königs. Sie bauten das **Fort Frederik** auf dem **Fortsberg Hill** am Ostrand der Bucht. Hier brach im Jahr 1733 ein blutiger Sklavenaufstand aus, wohl der erste in der Neuen Welt.

Auf Route 10 geht es 2 Meilen ostwärts zum Dorf **Coral Bay**. Vielleicht sehen Sie einen Mungo über die Straße huschen. Mungos wurden vor einem Jahrhundert eingeführt, um die Ratten zu bekämpfen, haben sich aber explosionsartig vermehrt. Schauen Sie sich in Coral Bay die hübsche **Emmaus Church** mit ihren rosa Dächern an; sie wurde in den 1780er Jahren von mährischen Missionaren erbaut. Führen Sie jetzt weiter, dann würden Sie mit prächtigen Blicken auf **Hurricane Hole**, **Round Bay** und die britischen Jungferninseln belohnt. Doch sei Ihnen für heute empfohlen, sich auf Route 107 vier Meilen an der Küste entlang in Richtung **Saltpond Bay** zu begeben – in einen wilden Teil der Insel.

Etwa 9/10 Meile vom Parkplatz entfernt beginnt ein breiter Sandstrand, bespült von kristallklaren Wellen. Am Strand entlang gelangt man zum felsigen, fast 1 Meile langen **Ram Head Trail**, der sich auf einen Felssporn hinauf- und auf der anderen Seite wieder herunterwindet. Dort erwarten Sie ein blauer Kieselstrand und ein arides Klima. Es gedeihen hier mehrere Arten von Kakteen und eine Agavenart, die 15–20 Jahre braucht, um zu blühen und dann vergeht.

Von der Kuppe des Hügels eröffnet sich ein herrlicher Rundblick auf die Karibik. Achten Sie darauf, dass Sie sicher stehen, denn hier auf dem **Ram Head**, 60 m über der See, weht ein recht frischer Wind.

FREIES ZELTEN
Im Park nicht erlaubt.

CAMPINGPLÄTZE
Ein Campingplatz im Park: **Cinnamon Bay**; von Dezember bis Mitte Mai auf 14 Tage begrenzt, sonst 21-Tage-Limit. Ganzjährig geöffnet. Reservierung erforderlich bei Cinnamon Bay Campground, P.O. Box 720, Cruz Bay, St. John, USVI 00831. Tel. (800) 539-9998 oder (340) 776-6330. Pro Nacht für 2 Personen: $27 für den Platz; $80 für eingerichtete Zelte; $110–$140 für Cottages. Kalte Duschen. Gruppen: bei Cinnamon Bay Campground anfragen.
Maho Bay; Reservierungen bei Maho Bay Camp, 17-A East 73rd St., New York, N.Y. 10021. Tel. (800) 392-9004 oder (212) 472-9453. 114 Zelt-Cottages, gemeinsame Bäder. $110 pro Nacht von Dezember bis April; $75 pro Nacht von Mai bis Ende November. Restaurant. Früh reservieren für Dezember bis Mai.

UNTERKUNFT
(wenn nicht anders vermerkt, gelten Preise für 2 Personen im Doppelzimmer zur Hauptsaison)

Auf St. John, USVI 00831:
Caneel Bay P.O. Box 720, Cruz Bay. Tel. (888) 767-3966 oder (340) 776-6111. 166 Zimmer. $495–$1200. Pool, Restaurants.
Gallows Point Suite Resort P.O. Box 58. Tel. (800) 323-7229 oder (340) 776-6434. 60 Zimmer, Küchen. $478–$632. Pool, Restaurant.
St. John Inn P.O. Box 37. Tel. (800) 666-7688 oder (340) 693-8688. 11 Zimmer, einige mit Küchen. $160–$215.
Westin Resort St. John P.O. Box 8310. Tel. (340) 693-8000. 321 Zimmer. $759–$909. Klimaanlage, 3 Pools, Restaurants.

AUSFLÜGE

BUCK ISLAND REEF NATIONAL MONUMENT
ST. CROIX, U.S. VIRGIN ISLANDS

Ein Korallenriff umgibt diese kleine Insel fast völlig. Zwei markierte Unterwasserwege führen Schnorchler oder Passagiere von Glasbodenbooten durch das einzigartige und dynamische Ökosystem eines Korallenriffs. Vom Gipfel von Buck Island bieten sich herrliche Ausblicke auf St. Croix und das Riff. 76 km^2 unter Wasser. Angebote: Wandern, Picknickplätze, Schwimmen, Schnorcheln. Ganzjährig geöffnet (nur bei Tageslicht). Zufahrt per Charterboot von Christiansted, St. Croix (Schnorchelausrüstung wird gestellt).
Tel. (340) 773-1460.

Die bewaldeten Inseln von Rainy Lake – Kanada im Hintergrund

VOYAGEURS

MINNESOTA
GEGRÜNDET 8. APRIL 1975
2882 Quadratkilometer

Aus der Luft sehen die Waldstücke von Voyageurs aus wie grüne Teile eines Puzzlespiels, die über einen Riesenspiegel verstreut liegen. Voyageurs ist ein Waldgebiet des Nordens mit 30 Seen und über 900 Inseln in einer Landschaft an der US-kanadischen Grenze.

Ein Drittel des Parkgebietes ist Wasser, das meiste in den vier großen Seen Rainy, Kabetogama, Namakan und Sand Point, die durch schmale Wasserarme verbunden sind. Auch kleinere Seen blitzen in den Wäldern und Mooren von Voyageurs auf; sie bedecken den buchtenreichen Landrücken der Kabetogama-Halbinsel, den Uferstreifen gegenüber und die vielen kleinen Inseln.

Die Schönheiten dieses 55 Meilen langen Parks erschließen sich nur vom Wasser aus. Motorboote (in den meisten der angrenzenden Boundary Waters Canoe Area Wilderness verboten) rauschen über die Seen. Kanus gleiten durch schmale Rinnen. Angler hocken am Geländer ihrer Hausboote und hoffen auf Zander, Schwarzbarsch und Kanadahecht. An fast jedem See erschallt der Schrei des Seetauchers. Und wahrscheinlich bietet kein anderer Nationalpark der 48 südlicher liegenden Staaten eine so gute Chance, Weißkopf-Seeadler zu sehen und Wölfe des Nachts heulen zu hören.

Der Park ist nach den Voyageurs benannt. Französisch-Kanadiern, die im späten 18. und frühen 19. Jahrhundert in Kanus aus Birkenrinde für die Pelzhandelsgesellschaften unterwegs waren. Die Voyageurs waren für ihre Ausdauer – sie paddelten bis zu 16 Stunden am Tag – und ihre lauten Lieder bekannt. Ihre Kanu-Route zwischen dem kanadischen Nordwesten und Montreal wurde später vertraglich als US-kanadische Grenze fixiert.

Wenn man in diesem Gewirr von Seen und Inseln mit dem Boot unterwegs ist, kann man diese Grenze unversehens überschreiten.

Anreise

Von Duluth fährt man ca. 110 Meilen auf US 5 nach Norden. Zum Crane Lake biegt man bei Orr nach Osten ab und fährt noch 28 Meilen auf County Roads 23 und 24. Nach Ash River bleibt man weitere 25 Meilen auf US 53, folgt dann dem Ash River Trail nach rechts und fährt noch 10 Meilen. Zum Kabetogama Lake Visitor Center bleibt man weitere 3 Meilen auf US 53, biegt dann rechts in County Road 122 ein und fährt bis an den See. Zum Rainy Lake fährt man auf US 53 bis International Falls, dann auf Minn. Hwy. 11 bis zum ausgeschilderten Parkeingang und biegt dann rechts zum Visitor Center ab. Flughäfen: Duluth, International Falls und Fort Frances, Ontario.

Reisezeit

Ganzjährig geöffnet, aber am besten zugänglich vom Frühjahr bis Frühherbst. Bootsfahrten werden im Spätherbst durch Überfrieren und im frühen Frühjahr durch Eisbruch eingeschränkt. Im Winter sind Skilanglauf, Schneemobilfahren und Eisfischen möglich. Die 7 Meilen lange Eisstraße bei Rainy Lake führt auf einmalige Weise in den Park hinein: Sie kommen mit dem Auto an Stellen, die man sonst nur mit dem Boot oder dem Schwimmflugzeug erreicht.

Reiseempfehlungen

Der Weg zum Herzen dieses Parks führt übers Wasser. **Kabetogama Lake**, **Rainy Lake**, **Crane Lake** und **Ash River** sind private Erholungsgebiete, die als Eingangspforten dienen, auch wenn sie nicht zum Park gehören. Wählen Sie bei Planung Ihrer Reise einen dieser Zugänge; sie liegen weit auseinander und haben ihre Besonderheiten. Falls Sie in einem Motel oder Ferienhotel wohnen wollen – der Park hält Listen der Unterkünfte in diesen Orten bereit (siehe »Praktische Informationen«). Oder Sie

Moderne »Voyageurs« am Kabetogama See

wohnen auf einem Campingplatz und nutzen die Orte als Ausgangspunkte. Sie können sich auch ein Hausboot mieten oder mit dem Boot zelten. Führer, Kanus, Hausboote und Motorboote sind überall zu finden und zu mieten.

Von den Visitor Centers aus verkehren private Schiffe mit Park Rangers an Bord. Auch wenn Sie ein eigenes Boot haben, möchten Sie sich vielleicht einer organisierten Rundfahrt und einem erfahrenen Steuermann anvertrauen; denn die Seen sind groß, es gibt Untiefen, und es pfeift mitunter eine steife Brise übers Wasser, die selbst den erfahrenen Bootsmann auf die Probe stellt.

Wenn Sie wenig Zeit haben, ist Kabetogama Lake der richtige Ort, um Einblick in den Park zu gewinnen.

KABETOGAMA LAKE

mindestens ein ganzer Tag

Buchen Sie am **Kabetogama Lake Visitor Center** eine Abendführung, eine Kanufahrt oder das Kinderprogramm. Sie können auch mit dem Boot auf dem Locator Lake (Reservierung und Schlüsselabholung beim Besucherzentrum) fahren und den Locator Lake Trailhead erkunden. Dort verlassen Sie das Boot für eine Wanderung von 2 Meilen, die an einem Fichtenmoor und einem Biberteich mit Damm und Bau vorbeiführt. Achten Sie auf das gewellte V, das ein schwimmender Biber hinter sich lässt. Der Pfad überwindet eine Anhöhe und fällt zum Seeufer ab. Dort wird ein Kanu aus dem Versteck gezogen; auf diesem paddelt man auf den See hinaus und hält nach Bisamratten, Weißkopf-

Ein Streifen schwimmender Wasserpflanzen in der Browns Bay am Rainy Lake

Seeadlern, Fischadlern, Eistauchern, Blauflügelenten und Kanadareihern Ausschau. Sie können auch eins der parkeigenen Kanus benutzen, falls Sie es vorbestellt und den Schlüssel im Visitor Center von **Kabetogama Lake** abgeholt haben. Sie müssen dann allerdings auf eigene Faust zum Wanderweg am Locator Lake zurückfinden. Wenn Ihnen der Termin dieser Seenfahrt nicht passt, bietet sich der ganztägige Bootsausflug nach **Kettle Falls** als Alternative. Genaueres siehe **Crane Lake & Ash River**, unten.

RAINY LAKE

mindestens ein halber Tag

Obwohl der See groß ist (45 Meilen lang, 12 Meilen breit), können Sie ihn dennoch unbesorgt im gemieteten Motorboot oder Hausboot selbst befahren. Am **Rainy Lake Visitor Center** bekommen Sie Wetter- und Wasserauskünfte. Etwa 1 1/2 Meilen nordwestlich liegt **Little American Island**, wo Goldfunde vor hundert Jahren einen kurzen Goldrausch ausgelöst haben. Etwa 2 Meilen östlich liegt **Bushyhead Island**, wo Sie einen Grubenschacht und einen Haufen Schutt vorfinden.

Wenn Sie kein Boot haben, können Sie trotzdem auf Fahrt gehen. Der Park bietet kostenlose Fahrten mit einem 8 m langen Kanu an, das denen der Voyageurs nachgebildet ist. Daneben gibt es weitere Angebote, u.a. für Kinder. Wanderwege in der Nähe des Visitor Center: **Oberholtzer Trail** und **Black Bay Beaver Pond Trail** (zu einem Biberrevier).

CRANE LAKE & ASH RIVER

jeweils mindestens 1 bis 2 Tage

Bei der Ferienanlage von Ash River befindet sich ein Visitor Center (nur im Sommer geöffnet). Hier lernen Sie, wie man mit den Navigationskarten umgeht. Achten Sie auf Warnbojen und die nummerierten Markierungen an den Fahrrinnen. Diese Gewässer sind gefährlich, daher: *Benutzen Sie unbedingt die Karten.*

Wenn Sie eine richtige Erkundungsreise machen wollen, dann fahren Sie nach Kettle Falls, wo sich Wasserwege kreuzen, auf denen schon die Indianer, Voyageurs, Holzfäller, Fischer – und sogar Schwarzbrenner unterwegs waren, die Schnaps aus Kanada über die Grenze schmuggelten.

Von Crane Lake aus fahren Sie nordwärts durch die **King Williams Narrows**, den **Sand Point Lake** und die **Namakan Narrows**, dann westlich über den Namakan Lake, an der US-kanadischen Grenze entlang, die hier nach Norden schwenkt.

Von Ash River aus durchfahren Sie die **Sullivan Bay** bis zur Mündung, dann geht es im Zickzack durch ein Gewirr von Inseln zur **Moose Bay**. Besonders reizvoll ist die Durchfahrt südlich von **Williams Island** (mit einem einfachen Zeltplatz) zur Hoist Bay – die so heißt, weil man hier Baumstämme »hochhievte«, um sie auf Waggons zu verladen. Es sind noch die Stützpfeiler des Bahndammes zu sehen, der die Verbindung zum Sägewerk herstellte. Nun geht es nordwärts zur **Namakan Island** und um die Westseite der Insel herum.

Beide Routen führen ans Südende der **Voyager Narrows**. Man durchfährt diese Enge und kommt nach Kettle Falls. Der Damm in der Nähe der Docks dient der regionalen Wasserregulierung.

Dabei wird sowohl elektrische Energie gewonnen als auch Hochwasserkontrolle betrieben. Die sehr staubige Schotterstraße am Wasser ist ein ehemaliger Portage-Pfad. Nach etwa ¼ Meile auf dieser Straße gelangen Sie an ein rot bedachtes, weiß verschaltes Gebäude mit einer überaus langen Terrasse: das im Jahr 1910 erbaute **Kettle Falls Hotel**. Es ist noch immer in Betrieb; man muss jedoch im Voraus buchen.

Wie man sonst nach Kettle Falls kommt? Mit einem Ausflugsboot, das mehrmals in der Woche von den Visitor Centers von Rainy Lake und Kabetogama Lake startet. Die Ganztagestour ist so gelegt, dass man im Hotel zu Mittag isst und dann zurückfährt.

Weitere Pfade: **Voyagers Forest**, **Beaver Pond**, **Kabetogama Lake Overlook** und **Blind Ash Bay Trail**.

Prachtvoller Frauenschuh (oben)
Nashornpelikan (unten)

PRAKTISCHE INFORMATIONEN

ZENTRALE

3131 Highway 53, International Falls, Minn. 56649. Tel. (218) 283-6600; www.nps.gov/voya.

SAISON UND ANREISE

Ganzjährig geöffnet. Anreise im Sommer mit Boot oder zu Fuß, im Winter mit Schneemobil, Schneeschuhen, Langlaufskiern oder Schneekufenflugzeug. Beschränkter Zugang während des Zufrierens (Mitte November bis Mitte Dezember) und Auftauens (April) der Seen. Im Winter verbindet eine 7 Meilen lange Eisstraße das Rainy Lake Visitor Center mit Cranberry Bay.

BESUCHERINFORMATIONEN

Rainy Lake am Hwy. 11 am Nordwestrand des Parks. Tel. (218) 286-5258.
Kabetogama Lake an County Road 123 am Südwestrand des Sees täglich geöffnet von Ende Mai bis Labor Day (30. September). Tel. (218) 875-2111.
Ash River am Südwestufer des Kabetogama Lake, geöffnet von Ende Mai bis Ende September. Tel. (218) 374-3221. Die Öffnungstage telefonisch erfragen.

EINTRITTSGEBÜHREN

Keine.

TIERE

In erschlossenen Gebieten und an den großen Seen, an der Leine gehalten, erlaubt; auch in Zelten und Hausbooten. Verboten auf Wanderwegen, im Landesinneren oder an kleinen Seen.

EINRICHTUNGEN FÜR BEHINDERTE

Kabetogama Lake und Rainy Lake und Ash River Visitor Centers sind für Rollstuhlfahrer zugänglich sowie auch das Kettle Falls Hotel; ebenso geführte Bootstouren und ein Campingplatz. Informationsblatt vorhanden.

AKTIVITÄTEN

Kostenlose naturkundliche Veranstaltungen: Kanufahrten (in Visitor Centers buchen), Kinderprogramm, Filme, Ausstellungen, Winterprogramm. Außerdem: Wandern, parkeigene Kanus und Ruderboote (Boote beim Interior Lakes Program $10 pro Tag), Bootsfahrten, Fischen und Eisfischen (Auskunft über Führer beim Park; Genehmigung erforderlich), Schwimmen, Wasserskilauf, Schneemobilfahren, Skilanglauf, Schneeschuhlaufen.

BESONDERE RATSCHLÄGE

- Sicherheitsregeln für Bootsfahrer: Navigationskarten benutzen, das Wetter beobachten; richtig ausgerüstet sein; Boot nicht überladen.

CAMPING & HAUSBOOTE

Im Hinterland Bootscampingplätze, begrenzt auf 14 Tage. Ganzjährig geöffnet (obwohl meist unzugänglich während Gefrier- und Tauperiode). Kostenlose Genehmigung im Visitor Center. Keine Gebühren. Keine Duschen. Plätze für Zelte und für Hausboote. Im Winter Zugang mit Schneemobil, Langlaufski und Schneeschuhen. Private Campingplätze mit Zelt und Wohnwagenstellen in Parknähe. Eine Broschüre ist verfügbar.

UNTERKUNFT

(wenn nicht anders vermerkt, gelten Preise für 2 Personen im Doppelzimmer zur Hauptsaison)

INNERHALB DES PARKS:
Kettle Falls Hotel (15 Meilen auf dem Wasser von Ash River Trail) 12977 Chippewa Trail, Ray, MN 56669. 12 Hotelzimmer. $70 Doppelzimmer; Lodge und Suiten in der Nähe, einige mit Küchen, $170–$190.
AUSSERHALB DES PARKS:
In International Falls, MN 56649:
Holiday Inn 1500 US 71. Tel. (800) 331-4443 oder (218) 283-8000. 126 Zimmer. $80–$130. Klimaanlage, Pool, Restaurant.
Island View Lodge (auf Rainy Lake) 1817 Hwy. 11E. Tel. (800) 777-7856 oder (218) 286-3511. 9 Zimmer $115; 14 Cabins mit Küchen, $815 pro Woche. Klimaanlage, Restaurant.
In Kabetogama, MN 56669:
Voyageur Park Lodge 10436 Waltz Rd. Tel. (800) 331-5694 oder (218) 875-2131). 11 Cabins mit Küchen (nur im Sommer), $729–$2100 pro Woche.

Weitere Unterkünfte: Kabetogama -Tourism Bureau, Tel. (800) 524-9085; Crane Lake Visitor and Tourism Bureau, Tel. (800) 362-7405; International Falls Area Convention & Visitors Bureau, Tel. (800) 325-5766.

AUSFLÜGE

SUPERIOR NATIONAL FOREST
DULUTH, MINNESOTA

Seetaucher schaukeln auf einem der 1000 Seen der berühmten Boundary Waters Canoe Area Wilderness. (Reiseerlaubnis erforderlich, unbedingt reservieren.) 8900 m². Angebote: Zeltplätze, Gastronomie, Picknickplätze, Wandern, Bootfahren, Bootsrampe, Fischen, Wintersport, Wassersport, Panoramastraßen. Ganzjährig geöffnet; Campingplätze geöffnet von Mai bis Oktober. La Croix Visitor Center, westlich von Cook an US 53, etwa 15 Meilen von Orr, Minn., am südlichen Eingang vom Voyageurs NP. Tel. (218) 626-4300.

CHIPPEWA NATIONAL FOREST
CASS LAKE, MINNESOTA

Dieses Wald- und Seengebiet besitzt wohl die größte Zahl brütender Weißkopf-Seeadler außerhalb Alaskas und bietet Erholungsmöglichkeiten am Wasser. 2670 km². Angebote: Wandern, Bootfahren, Bootsrampe, * Fischen, Moountainbiken, Jagen, Picknickplätze, Panoramastraßen, historische Stätten, Visitor Center mit erläuternden Veranstaltungen im Sommer, Wintersport, Zugang für Behinderte. Ganzjährig geöffnet; Campingplätze im Allgemeinen von Mitte Mai bis Mitte September geöffnet. Auskunft in Cass Lake an MN 371; ca. 80 Meilen vom Voyageurs NP. Tel. (218) 335-8600.

AGASSIZ NATIONAL WILDLIFE REFUGE
MIDDLE RIVER, MINNESOTA

Über 300 Arten von Zug- und Standvögeln teilen sich den Park mit etwa 20 Elchen und zwei ortsfesten Rudel von Grauwölfen – zwei der wenigen Rudel in einem Nationalpark außerhalb Alaskas. 249 km². Angebote: Wandern, Jagen, Tauchen. Mit wenigen Ausnahmen ganzjährig geöffnet Zentrale an der Marshall County Rd. 7; 11 Meilen östlich von Holt, ca. 185 Meilen vom Voyageurs NP. Tel. (218) 449-4115.

DER SÜDWESTEN

COLORADO
KANSAS
AZTEC RUINS NAT. MON.
ROCKY MOUNTAINS
GREAT PLAINS
Sangre de Cristo Mountains
Rio Grande
Cimarron
Canadian
Santa Fe
Albuquerque
Amarillo
EL MALPAIS NAT. MON.
NEW MEXICO
BOSQUE DEL APACHE N.W.R.
LINCOLN NATIONAL FOREST
Pecos
Lubbock
Brazos
WHITE SANDS NAT. MON.
Alamogordo
Carlsbad
Whites City
CARLSBAD CAVERNS N.P.
U.S.
MEXICO
EL PASO
GUADALUPE MTS. N.P.
Salt Flat
Midland
Odessa
Colorado
TEXAS
CHIHUAHUAN DESERT
Van Horn
Fort Stockton
Edwards Plateau
Alpine
Marathon
Presidio
RIO GRANDE NATIONAL WILD AND SCENIC RIVER
BIG BEND N.P.
Nueces
U.S.
MEXICO
N
0 miles 200
0 kilometers 300
Laredo
64
25
40
285
380
27
87
62
180
70
10
20
54
90
385
118
170
35

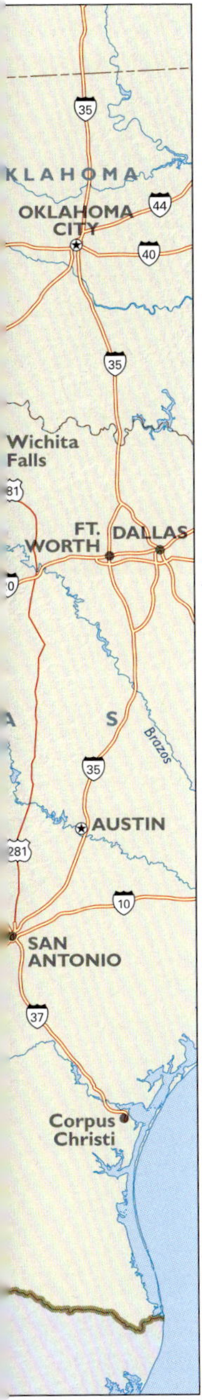

DER SÜDWESTEN

Die Nationalparks des Südwestens, die alle im Bereich der Chihuahua-Wüste liegen, sind von Landschaftsformen, die von unterirdischen Höhlen bis zu zerklüfteten Bergen reichen, geprägt. Die spärliche Vegetation lässt den Blick weit schweifen – ohne dass man die Baumgrenze überschreiten muss.

Wasser ist der Schöpfer dieser Landschaftsformen. Die 50 Meilen langen Guadalupe Mountains sind ein ehemaliges Riff im Meer. Sickerwasser hat im Laufe von Millionen Jahren die kühle, dunkle Welt der Carlsbad Caverns geschaffen. Die Canyons von Big Bend wurden von Flüssen gegraben, und Sturzbäche spülen Gerölle von den hohen Chisos Mountains herunter und formen die Landschaft ständig neu.

Daneben bestimmen Schwankungen des Jahresniederschlages, ob man blühendes Land – mit Texas-Kornblumen, strahlend roten Kaktusblüten und weißen Yuccadolden – vorfindet, oder, was öfter der Fall ist, ausgedörrte Wüste mit Kreosotbusch, Feigendistel und messerscharfen Agaven. Wo Wasser ganzjährig fließt, entstehen Oasen mit Gärten, die vom Gezwitscher der Vögel erfüllt sind.

Die Tierwelt der Parks im Südwesten reicht von bunten Eidechsen und Schlangen über den flüchtigen Puma, Rehwild und Hunderte Arten Vögel bis zu den wildschweinähnlichen »Javelinas« von Big Bend.

Auch der Aufstieg zu den Kiefern-Fichten-Wäldern der kühleren und feuchteren Lagen der Guadalupes und in Big Bend führt in die Vergangenheit. Denn diese Art von Wald bedeckte das Land wohl gegen Ende der letzten Eiszeit, als frühe Völker hier Kamele, Mammuts und die Vierhorn-Antilope jagten.

Zwischen den Nationalparks Carlsbad Caverns und Guadalupe Mountains liegt der Lincoln National Forest; Bestrebungen gehen dahin, die drei Gebiete zu einem einzigen großen Park unter Einschluss der Guadalupe Range zusammenzufassen. Machen Sie Station in Carlsbad, oder näher, White's City, wenn Sie das ganze Gebiet bereisen wollen. Sie brauchen einen Tag für die Fahrt von Guadalupe nach Big Bend.

Eine Agave am South Rim

BIG BEND

TEXAS
GEGRÜNDET 12. JUNI 1944
3242 Quadratkilometer

Auf seinem Wege nach Süden auf der Grenze zwischen Texas und Mexiko schwenkt der Rio Grande plötzlich hufeisenförmig nach Norden aus, bevor er in südlicher Richtung weiterfließt. Die Landschaft in diesem Hufeisen heißt Big Bend und schmiegt sich diesem Flussbogen an. Der Park ist wild und reich an Überraschungen, doch entlegen genug, um nur von Liebhabern aufgesucht zu werden.

Die Vegetation der Chihuahua-Wüste – darunter Büschelgräser, Kreosotbusch, Kakteen und Yucca – bedeckt das Land. Der Rio Grande hingegen ist mit seinen üppigen Talauen und seinen steilen, engen Canyons fast ein Park für sich. Das gilt auch für die Chisos Mountains: Bei bis zu 11 Grad kühleren Temperaturen als unten in der Wüste gedeihen hier Kiefer, Wacholder und Eiche, und man findet Hirsche, Pumas und andere Wildtiere. Ein starker Regen verwandelt sogar die Wüste: In sonst ausgetrockneten Flussbetten sprudelt das Wasser, und Samen, die lange ruhten, lassen allenthalben Windblumen hervorsprießen.

Die Geologie von Big Bend ist komplex. Das Gebiet war vor vielen Millionen Jahren nacheinander von zwei Meeren bedeckt; als diese abflossen, hinterließen sie dicke Schichten Kalkstein und Schiefer. Das heutige Bergland – ausgenommen die Chisos – wurde zusammen mit den Rockies vor 75 Millionen Jahren gehoben. Gleichzeitig brach ein 40 Meilen breiter Graben ein, wobei sich die Steilwände des Santa Elena Canyon im Westen und der Sierra del Carmen im Osten herausbildeten; sie erheben sich 450 m und mehr über dem Talboden. Im Inneren spien Vulkane immer neue Schichten von Asche in die Luft, drang geschmolzenes Gestein durch die Erdkruste nach oben, so dass vor 35 Millionen Jahren die Chisos Mountains entstanden.

Die topografischen Gegensätze haben eine bemerkenswerte Vielfalt an Pflanzen und Tieren zur Folge. So zählt man etwa tausend Pflanzenarten, von denen einige nur hier und sonst nirgends auf der Welt vorkommen. Auch gibt es mehr Vogelarten – über 400 – als in irgendeinem anderen Nationalpark der USA.

Menschen gibt es hier seit mindestens 10 000 Jahren. In historischer Zeit waren es Apachen, spanische Eroberer, Comanchen, US-Soldaten, Bergleute, Rancher und Farmer, mexikanische Revolutionäre und internationale Verbrecher und Banditen.

Anreise

Die US 385 führt von Marathon zum Nordeingang; Texas Hwy. 118 leitet von Alpine südlich zum Westeingang; Ranch Road 170 von Presidio mündet kurz vor dem Westeingang in Hwy. 118. Nächste -Flughäfen: El Paso (325 Meilen) und Midland-Odessa (230 Meilen).

Reisezeit

Ganzjähriger Park, doch Herbst und -Winter sind die besten Jahreszeiten. Die Bergwälder verfärben sich im Herbst; die Winter sind mild. Die Sommertemperaturen können in der Wüste 45 °C erreichen; die Chisos Mountains sind kühler. Wenn genug Regen fällt, blüht die Wüste zwischen März und Mai, dann wieder im August und September. Vögel kann man das ganze Jahr beobachten, am besten im März, April und Mai.

Reisempfehlungen

Sie brauchen Zeit, besonders wenn Sie wandern wollen. Besuchen Sie das **Chisos Mountains Basin** und den **Ross Maxwell Scenic Drive**, der die Natursehenswürdigkeiten des Parks berührt. Im Idealfall widmen Sie beiden Zielen jeweils gut die Hälfte eines Tages.

Falls Zeit bleibt, besuchen Sie **Rio Grande Village** und **Boquillas Canyon Overlook**, um das Gebiet um den Fluss und die Aussicht auf das Bergland der **Sierra del Carmen** zu erleben (besonders schön bei Sonnenuntergang).

Auf dem Hin- oder Rückweg sollten Sie sich die Ausstellung imVisitor Center an der US 385 zwischen **Panther Junction** und **Persimmon Gap** ansehen. Für einen längeren Aufenthalt empfehlen sich weitere Wanderungen oder eine gemächliche Floßfahrt auf dem **Rio Grande** mit Durchquerung eines der drei großen Canyons im Park.

Am Eingang zum Santa Elena Canyon

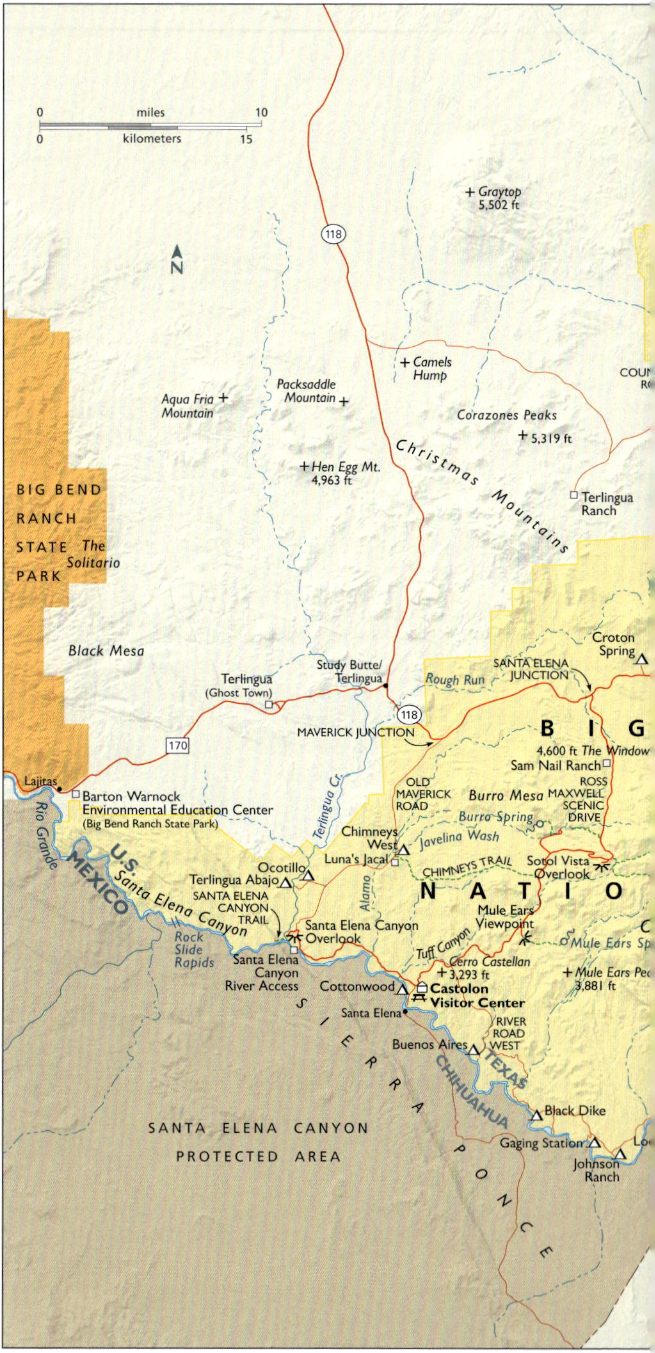
0 miles 10
0 kilometers 15
N
Graytop
5,502 ft
118
Camels Hump
Packsaddle Mountain
Aqua Fria Mountain
Corazones Peaks
5,319 ft
Christmas Mountains
Hen Egg Mt.
4,963 ft
Terlingua Ranch
BIG BEND RANCH STATE PARK
The Solitario
Black Mesa
Croton Spring
Study Butte/ Terlingua
Terlingua (Ghost Town)
SANTA ELENA JUNCTION
Rough Run
118
MAVERICK JUNCTION
BIG
170
4,600 ft The Window
Sam Nail Ranch
Lajitas
Barton Warnock Environmental Education Center
(Big Bend Ranch State Park)
OLD MAVERICK ROAD
Burro Mesa
ROSS MAXWELL SCENIC DRIVE
Burro Spring
Rio Grande
Terlingua Cr.
Chimneys West
Javelina Wash
Luna's Jacal
CHIMNEYS TRAIL
Sotol Vista Overlook
U.S.
MEXICO
Ocotillo
Terlingua Abajo
Alamo
NATIO
SANTA ELENA CANYON TRAIL
Santa Elena Canyon
Mule Ears Viewpoint
Santa Elena Canyon Overlook
Rock Slide Rapids
Tuff Canyon
Mule Ears Sp
Santa Elena Canyon River Access
Cerro Castellan
3,293 ft
Mule Ears Pe
3,881 ft
Cottonwood
Castolon Visitor Center
Santa Elena
SIERRA PONCE
RIVER ROAD WEST
Buenos Aires
TEXAS
CHIHUAHUA
Black Dike
SANTA ELENA CANYON PROTECTED AREA
Gaging Station
Johnson Ranch

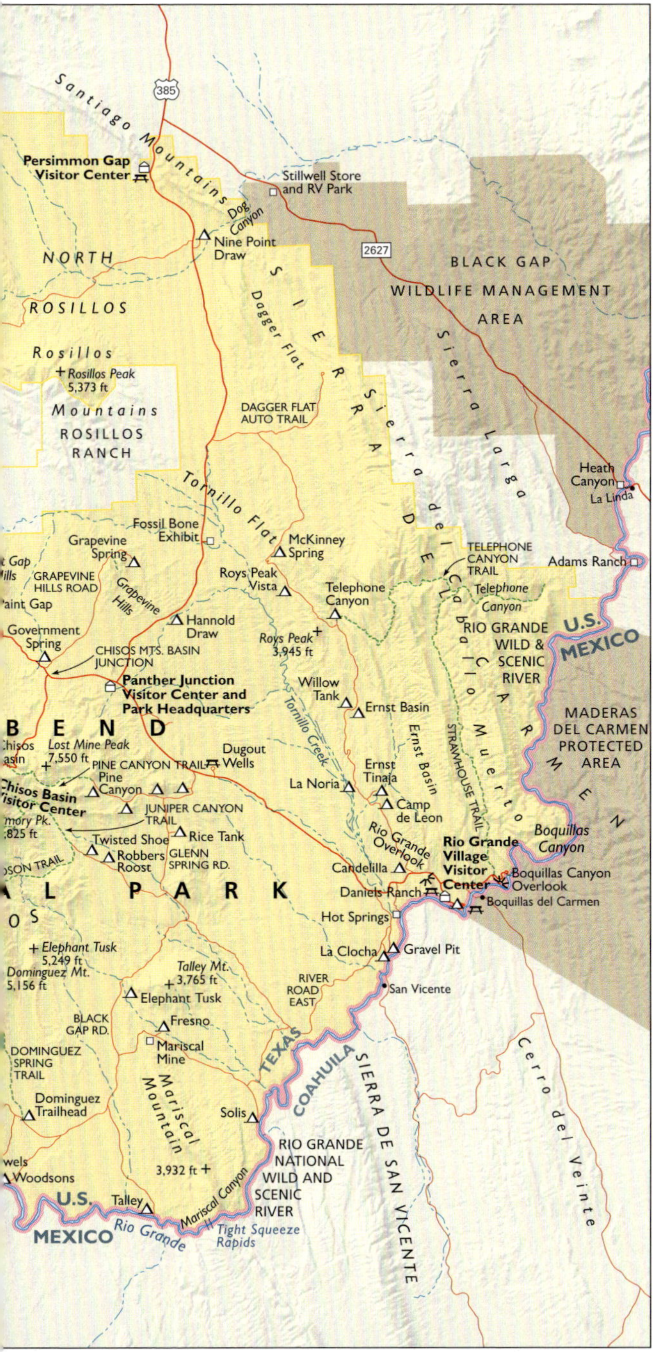

Santiago Mountains
385
Persimmon Gap Visitor Center
Stillwell Store and RV Park
Dog Canyon
Nine Point Draw
2627
NORTH ROSILLOS
Rosillos Mountains
Rosillos Peak 5,373 ft
ROSILLOS RANCH
SIERRA DEL CARMEN
Dagger Flat
DAGGER FLAT AUTO TRAIL
BLACK GAP WILDLIFE MANAGEMENT AREA
Sierra Larga
Sierra del Caballo Muerto
Heath Canyon
La Linda
Tornillo Flat
Fossil Bone Exhibit
McKinney Spring
Grapevine Spring
Grapevine Hills
GRAPEVINE HILLS ROAD
Roys Peak Vista
Telephone Canyon
TELEPHONE CANYON TRAIL
Adams Ranch
Hannold Draw
Roys Peak 3,945 ft
RIO GRANDE WILD & SCENIC RIVER
U.S.
MEXICO
Government Spring
CHISOS MTS. BASIN JUNCTION
Panther Junction Visitor Center and Park Headquarters
Willow Tank
Ernst Basin
Tornillo Creek
MADERAS DEL CARMEN PROTECTED AREA
BIG BEND NATIONAL PARK
Lost Mine Peak 7,550 ft
PINE CANYON TRAIL
Dugout Wells
Pine Canyon
Chisos Basin Visitor Center
JUNIPER CANYON TRAIL
La Noria
Ernst Tinaja
Camp de Leon
STRAWHOUSE TRAIL
Twisted Shoe
Rice Tank
Robbers Roost
GLENN SPRING RD.
Rio Grande Overlook
Rio Grande Village Visitor Center
Boquillas Canyon
Boquillas Canyon Overlook
Candelilla
Daniels Ranch
Boquillas del Carmen
Hot Springs
Elephant Tusk 5,249 ft
Dominguez Mt. 5,156 ft
La Clocha
Gravel Pit
Talley Mt. 3,765 ft
RIVER ROAD EAST
San Vicente
Elephant Tusk
BLACK GAP RD.
Fresno
Mariscal Mine
DOMINGUEZ SPRING TRAIL
TEXAS
COAHUILA
SIERRA DE SAN VICENTE
Cerro del Veinte
Dominguez Trailhead
Mariscal Mountain
Solis
RIO GRANDE NATIONAL WILD AND SCENIC RIVER
3,932 ft
Woodsons
Talley
Mariscal Canyon
Rio Grande
Tight Squeeze Rapids

Eine Opuntie vor den Chisos Mountains

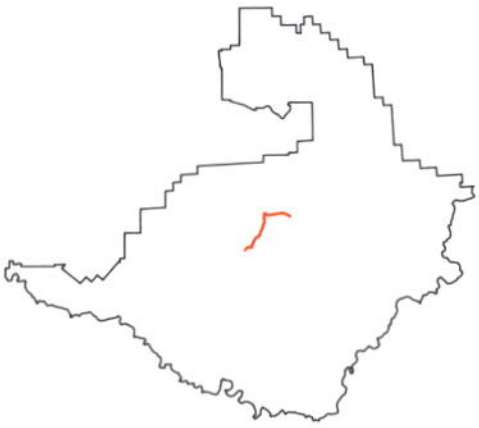

VON PANTHER JUNCTION BIS CHISOS BASIN

eine Fahrt 10 Meilen: mindestens ein halber Tag

Starten Sie beim Visitor Center von **Panther Junction**. Holen Sie sich Karten, Wanderinformationen und Sicherheitstipps: wie man mit Klapperschlangen, Pumas und plötzlichen Überschwemmungen fertig wird. Lassen Sie den 50 m langen Naturlehrpfad am Eingang des Centers, Panther Path, nicht aus: Er bietet Ihnen zusammen mit einem Textblatt eine gute Einführung in die Pflanzenwelt des Parks. Hinter dem Visitor Center erheben sich die **Chisos Mountains**, die südlichste Gebirgskette der kontinentalen USA, und das Ziel Ihrer Fahrt.

Fahren Sie 3 Meilen weit zur **Basin Junction**, dann links. Rechts voraus liegt **Pulliam Bluff**. Wenn Sie genau hinschauen, werden Sie das Profil eines Mannes erkennen. Es ist Alsate, ein großer Apachenhäuptling, dessen Geist in den hohen Chisos Mountains fortlebt und dessen Lagerfeuer man rechts gelegentlich sehen kann. Der zackige Grat links ist **Lost Mine Peak**. Spanische Entdecker, so heißt es, hätten beim Gipfel eine reiche Silbermine gefunden und sie von versklavten Indianern ausbeuten lassen. Die Arbeiter rebellierten, töteten ihre Herren und verschlossen den Eingang der Grube, dass man sie nie wieder finden würde. Weiter voraus taucht der burgähnliche Gipfel der **Casa Grande** – des »großen Hauses« – auf, ein weithin sichtbares Wahrzeichen des Parks.

Durch den **Green Gulch Canyon** klettert die Straße nun höher in die Berge hinauf. Beachten Sie, wie die Vegetation erst von Wüstengestrüpp zu Sotol-Wiesen, dann zu Pinyon-, Wacholder- und Eichenwald übergeht. Die Chisos bilden eine kühlere und feuchtere Insel in der sie umgebenden Wüste. Vor einigen 10 000 Jahren breiteten sich die Pinyon-Wacholder-Wälder bis in die Wüste hinunter aus; die Bäume stiegen in höhere Lagen auf, als sich das Klima am Ende der Eiszeit erwärmte. Nach etwa 5 Meilen erreicht man **Panther Pass** (1759 m), den höchsten Punkt der Straße. Er ist nach dem Puma benannt, der noch immer über diese Höhen streift. Nur wenige Glückliche haben in bisher gesehen.

Ein Gang über den **Lost Mine Trail** würde sich lohnen; es ist ein Weg, auf dem man von einer lehrreichen Broschüre geleitet wird. Der mäßig anstrengende Weg (4⁴/₅ Meilen hin

Kaktusblüten in den hohen Chisos

und zurück) lohnt sich schon wegen des Ausblicks vom Gipfel, einer der großartigsten im Park. Vielleicht genügt Ihnen auch der Gang zum **Juniper Canyon Overlook** (2 Meilen hin und zurück), um einen schönen Blick auf den bewaldeten **Juniper Canyon** im Süden und Pulliam Bluff im Nordwesten zu genießen.

Nach Panther Pass fällt die Straße in Haarnadelkurven zum Becken hin ab, jener 3 Meilen breiten Senke, die Wind und Wasser aus den Bergen herausgeschliffen haben. Hier, westlich der Ranger Station, nehmen einige der schönsten Wanderungen ihren Ausgang. Probieren Sie – wenigstens – den leichten, $^{3}/_{10}$ Meilen kurzen **Window View Trail**. Das Window, das bei Sonnenuntergang besonders fotogen wirkt, ist eine V-förmige Öffnung in den Bergen, durch die das Regen- und Schmelzwasser des Beckens abfließt. Ein schwierigerer Gang führt durch die Wüste und einen schattigen Canyon abwärts zum Window selbst, mit klassischen Ansichten von Casa Grande. Im Sommer sollten Sie solche Wanderungen durch tieferes Terrain eher am frühen Morgen oder am späten Nachmittag unternehmen.

Der buchstäbliche Höhepunkt vieler Reisen zu diesem Nationalpark ist eine Wanderung zum **South Rim** (2220 m), eine mäßig steile 13-Meilen-Tour, die unvergessliche Eindrücke von weiten Teilen des Parks vermittelt. Bei **Boot Canyon**, $4^{1}/_{2}$ Meilen auf dem Wege nach South Rim, gibt es eine Oase mit Ahorn, Douglasien und Arizona-Kiefern. Der grau-gelbe Colima-Waldsänger nistet auf dem Boden des Canyons, seiner einzigen Heimstätte in den USA.

Fragen Sie beim Chisos Basin Visitor Center nach Karten und Tipps für Ihre Wanderung und erkundigen Sie sich nach den Wanderfalken. Einige dieser vom Aussterben bedrohten Vögel nisten in den Chisos.

Mit dem Schlauchboot durch den Santa Elena Canyon am Rio Grande

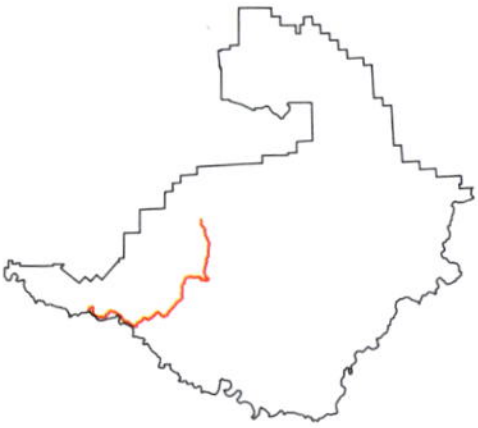

ROSS MAXWELL SCENIC DRIVE: SANTA ELENA

eine Fahrt 30 Meilen; ein halber bis ganzer Tag

Wenn Sie von **Santa Elena Junction** südwärts fahren, sehen Sie **Burro Mesa** zur Rechten – benannt nach den wilden Eseln, die dort einmal grasten – und die Chisos zur Linken. Halten Sie nach 2 Meilen an einer Schautafel und schauen Sie, wie Casa Grande vom Window gerahmt wird. Fahren Sie 1 Meile weiter und gehen Sie zu den Resten von Windmühlen und einem Ranchhaus der alten **Sam Nail Ranch** hinüber. Im Schatten der Pecanobäume und Weiden, die die Nails hier pflanzten, kann man rasten und Vögel beobachten. Nach einer weiteren Meile mit dem Auto sieht man lange, steinerne Wälle in der Landschaft. Es sind Steingänge, die als flüssiges Magma in unterirdische Spalten eingedrungen sind und dann erstarrten. Als die weicheren Deckschichten abgetragen wurden, kamen die Gänge zum Vorschein.

Nächster Halt ist **Blue Creek Ranch**. Noch vor hundert Jahren war Big Bend zum großen Teil mit Gras bewachsen. Die Rancher schickten jedoch Tausende von Rindern, Schafen und Ziegen auf die Weide, was zu Zerstörung der

Grasdecke und Bodenerosion führte. Kreosot, Mesquite und andere Dornensträucher breiteten sich aus. Allmählich kehren aber hier, wie andernorts im Park, die Gräser zurück.

Biegen Sie links in die Seitenstraße zur **Sotol Vista** ein, benannt nach dem oben reichlich wachsenden Rauschopf, jener hellgrünen Pflanze mit ihren sägezahnförmigen Blatträndern. Die Indianer rösteten und aßen das Herz des Sotol, oder sie ließen es zu einem alkoholischen Getränk vergären. Vom Bergkamm schweift der Blick über die benachbarten Berge.

Nach 6½ Meilen auf der Hauptstraße wird am linken Straßenrand erklärt, wie der Vulkanismus diese markante Landschaft formte. Von der nächsten Seitenstraße zur Linken hat man einen prächtigen Blick auf **Mule Ears**: Man weiß sofort, warum sie so heißen. In den 1930er Jahren übten Piloten des Army Air Corps, zwischen den beiden Zacken hindurchzufliegen. Sehen Sie sich nach 4½ Meilen **Tuff Canyon** an, den der **Blue Creek** durch Pakete von Lava, Geröll und Tuff gegraben hat. Rechts kann man in den Canyon hineinschauen. Links führt der Weg ziemlich steil in den Canyon hinunter – 1 Meile hin und zurück.

Sie nähern sich nun **Cerro Castellan**, einem zweiten Charakterberg des Parks, gut 300 m höher als sein Umland. Fahren Sie links nach **Castolon** hinein. Sie befinden sich in einer alten Garnison, die Siedler während des Grenzstreits mit Mexiko 1914–1918 vor Banditen schützen sollte. Das Hauptgebäude, die ehemalige Kaserne, wurde um 1920 in einen Handelsposten umgewandelt. Heute können Sie dort Erfrischungen kaufen und ihr Lunch auspacken. Hinter Castolon folgt die Straße dem Lauf des **Rio Grande**. Sie führt an Lehmhäusern aus der Jahrhundertwende vorbei. Ihre Bewohner bauten auf dem fruchtbaren Talboden einst Nahrungsmittel und Baumwolle an.

Parken Sie 8 Meilen nach Castolon beim **Santa Elena Canyon Overlook**. Mit Abrasionsschutt und Geröllen befrachtet, hat der Rio Grande einen 500 Meter tiefen Canyon gegraben, dessen Wände heute den Rand eines tektonischen Grabens bilden. Fahren Sie bis ans Ende der Straße, ziehen Sie sich ein Paar alte Schuhe an und waten Sie – bei niedrigem Wasserstand – durch den **Terlingua Creek** zum **Santa Elena Canyon Trail**. Der mäßig schwierige, 1 7/10 Meilen lange Weg (hin und zurück) belohnt den Wanderer mit überwältigenden Ansichten des Canyons.

VON PANTHER JUNCTION BIS RIO GRANDE VILLAGE & BOQUILLAS

eine Fahrt 24 Meilen;
ein halber bis ganzer Tag

Bevor Sie zu dieser Tour starten, erkundigen Sie sich im Visitor Center nach dem Zustand der Straße nach

Felsen sind vulkanischen Ursprungs

Cerro Castellan über alter Garnison

Ein Großer Erdkuckuck eilt durch die Wüste

Hot Springs. Die Hauptstraße überwindet in südöstlicher Richtung fast 600 Höhenmeter und führt von Wüstenbüschen hinunter zu den Weiden und Pappeln am Ufer des Rio Grande. Nach etwa 6 1/2 Meilen biegt links eine unbefestigte Straße nach **Dugout Wells** ab, wo einst ein Ranch- und ein Schulhaus standen und wo man heute rasten und Tiere beobachten kann. An der Straße erscheinen nun die Gipfel des **Elephant Tusk** (rechts in der Ferne) und **Chilicotal Mountain** (näher an der Straße). Weiter voraus werden in der Ferne die Umrisse der **Sierra del Carmen** in Mexiko sichtbar. Sie besteht aus denselben Kalk- und Schiefergesteinen wie die Wände des **Santa Elena Canyon**.

Wenn Ihnen eine holprige Fahrt nichts ausmacht, dann nehmen Sie die Abzweigung nach Hot Springs, deren Mineralwasser man jahrhundertelang zu schätzen wusste. Auf dem Weg zu den Quellen sind indianische Felszeichnungen zu besichtigen.

Zurück auf der Hauptstraße, halten Sie als Nächstes am **Rio Grande Overlook**, gehen Sie 50 m weit und genießen Sie einen herrlichen Ausblick auf die Sierra del Carmen, das Flusstal und einen Teil des Dorfes **Boquillas del Carmen** in Mexiko. In einem feuchten Frühjahr blühen hier reichlich Kornblumen. Nach **Boquillas Canyon Overlook** kommen Sie über eine unbefestigte Nebenstraße, die links von der Hauptstraße abzweigt. Nach Ihrer Rückkehr können Sie noch **Rio Grande Village** besuchen, ein hervorragender Platz für Vogelbeobachtung. Und übersehen Sie nicht den Naturpfad, der gegenüber Site 18 am Campingplatz beginnt. Dieser leichte Rundweg von 3/4 Meilen Länge führt durch eine dschungelartige Auenvegetation, bevor er einen Kamm erklimmt, der fantastische Blicke auf den Fluss und die Sierra del Carmen bietet.

VON PANTHER JUNCTION BIS PERSIMMON GAP

eine Fahrt 26 Meilen; 2 Stunden

Die Straße folgt einem alten Pfad, den schon die Comanchen auf ihren Raubzügen nach Mexiko benutzten, später dann Siedler und Bergleute auf der Suche nach Silber und Blei. Die Strecke verläuft durch die ausgetrockneten Bachbette von **Tornillo Creek** und **Tornillo Flat**, ein Gebiet, das sehr stark überweidet wurde und sich am wenigsten erholt hat. Die Berge im Osten sind bekannt als **Dead Horse Mountains** und sind die nördlichsten Ausläufer der Sierra del Carmen. Höhepunkte der Fahrt sind ein Blick in den **Dog Canyon** und eine Ausstellung von fossilen Säugetierknochen, die man im Park gefunden hat. Sie sind 50 Millionen Jahre alt. Holen Sie sich die ausgezeichnete Broschüre, die Sie auf Ihrer Autofahrt führt, und fragen Sie (im Frühjahr) sicherheitshalber nach, ob die Riesen-Palmlilien *(giant dagger yucca)* blühen. Wenn ja: biegen Sie in den **Dagger Flat Auto Trail** ein, um bis zu 30 kg schwere Riesendolden zu sehen, deren Blüten meterhoch emporragen. Wenn keine Blütezeit ist können Sie sich den Umweg ersparen.

PRAKTISCHE INFORMATIONEN

ZENTRALE
Panther Junction Big Bend National Park, Texas 79834. Tel. (432) 477-2251.

SAISON UND ANREISE
Ganzjährig geöffnet. Fragen Sie vor Ort nach dem gegenwärtigen Zustand unbefestigter Straßen.

BESUCHERINFORMATIONEN
Panther Junction Visitor Center und **Chisos Basin** Visitor Center ganzjährig täglich geöffnet., Castollon von November bis April.

EINTRITTSGEBÜHREN
$15 pro Wagen, gültig für 7 Tage.

EINRICHTUNGEN FÜR BEHINDERTE
Die Einrichtungen der Visitor Centers und zwei Naturpfade sind für Rollstuhlfahrer zugänglich.

AKTIVITÄTEN
Kostenlose naturkundliche Veranstaltungen: Naturwanderungen, Rad fahren, Workshops, Abendprogramm, Außerdem: Wandern, Fischen, Flussfahren (Genehmigung), Mountainbiken.

FREIES ZELTEN
Genehmigung erforderlich. Persönlich beim Visitor Center oder beim Ranger innerhalb von 24 Stunden einholen.

CAMPINGPLÄTZE
3 Campingplätze, auf 14 Tage begrenzt. Ganzjährig geöffnet. $10–18 pro Nacht. Von Mitte November bis Mitte April Reservierung: (877) 444-6777; www.reserveusa.com. Zelt und Wohnwagenplätze. Am **Rio Grande Village Trailer Park** sind nur Komplettanschlüsse. 3 Gruppencampingplätze; Reservierung über Zentrale.

UNTERKUNFT
(wenn nicht anders vermerkt, gelten Preise für 2 Personen im Doppelzimmer zur Hauptsaison)

Big Bend Motor Inn (Tex. 118 und Rte. 170) P.O. Box 336, Terlingua, TX 79852. Tel. (800) 848-2363 oder (432) 371-2218. 86 Zimmer, 10 mit Kochnischen, 4 Duplex-Zimmer mit Küchen, $80– $150. Klimaanlage, Restaurant.
Chisos Mountains Lodge Basin Rural Station, Big Bend NP, TX 79834. Tel. (432) 477-2291. 72 Zimmer, inkl. 6 Cottages, $99–$127. Klimaanlage, Restaurant.
Gage Hotel (US 90 und US 385) P.O. Box 46, Marathon, TX 79842. Tel. (800) 884-4243 oder (432) 386-4205. 39 Zimmer. $84–$365. Klimaanlage, Restaurant.
Lajitas Resort (an der 170) Star Rte. 70, Box 400, Lajitas, TX 79852. Tel. (877) 525-4827 oder (432) 424-5000. 92 Zimmer. $190–300. Klimaanlage, Pool, Restaurant.

Eine vollständige Liste mit Unterkünften erhalten Sie beim Alpine Visitor Information Center (432)837-2326.

AUSFLÜGE

RIO GRANDE WILD AND SCENIC RIVER
BIG BEND NATIONAL PARK, TEXAS

Eine Floßfahrt auf dem Rio Grande sollte man nicht verpassen. Leichte Floßstrecken sind der Mariscal und Boquillas Canyon, Santa Elena und die Lower Canyons sind schwieriger. Bootsführerschein ist erforderlich. Hier ist der Start zu den Lower Canyons in Mexiko; die meisten Landestellen liegen auf privatem Land. 196 Wild and Scenic-Meilen. Auskunft über Floßtouren zwischen 1/2 Tag und 1 Woche in Panther Junction. Tel. (432) 477-2251.

Mächtige Stalaktiten hängen in einer der Höhlen von der Decke

CARLSBAD CAVERNS

NEW MEXICO
GEGRÜNDET 14. MAI 1930
189 Quadratkilometer

Die Chihuahua-Wüste mit ihrer Dornenvegetation und ihren Eidechsen lässt kaum ahnen, dass sich unter ihr ein »Grand Canyon mit einem Dach drauf« verbirgt. Am Nordrand dieser großen Wüste breitet sich in der Tat unter den Guadelupes eine der tiefsten, größten und formenreichsten Höhlen aus, die man je entdeckt hat.

Wasser hat diese Unterwelt geformt. Vor etwa 250 Millionen Jahren lag das Gebiet unter einer Meeresbucht. Nahe der Küste entstand ein Kalkriff. Als sich das Meer zurückzog, ragte das Riff Hunderte Meter auf, um später unter Tausenden Meter Erde begraben zu werden. Dann, vor 15 bis 20 Millionen Jahren, hob sich da Land. Schwach saures Grundwasser drang in die Spalten des Kalksteins ein und erweiterte diese allmählich zu einem Netz von Löchern und Kammern. Weitere Millionen Jahre vergingen, bis die »Innenausstattung« der Höhle begann. Kalkbefrachtete Gerinne schufen, Tropfen um Tropfen, eine außerordentliche Vielfalt an glitzernden Tropfsteingebilden.

Einige von ihnen sind heute sechs Stockwerke hoch, andere hauchzarte Miniaturen.

Höhlenwissenschaftler haben bisher über 30 Meilen Durchgänge in der Haupthöhle von Carlsbad erforscht. Für Touristen sind 3 Meilen Höhle zu besichtigen. Slaughter Canyon Cave, gibt den Beherzten Gelegenheit, Höhlenforscher zu spielen – allerdings in Begleitung eines Führers.

Einige Besucher meinen, die größte Sehenswürdigkeit befinde sich gleich am Eingang. Mehr als eine viertel Million Brasilianischer Bulldog-Fledermäuse verbringen den Sommer in der Höhe; bei Sonnenuntergang drängen sie in Schwärmen heraus und empor, um Insekten zu jagen. Diese nächtlichen »Ausflüge« führten zur Entdeckung der Höhle in neuerer Zeit. Um die Jahrhundertwende begann man, Fledermausdung (Guano) abzubauen, um die Zitrushaine Südkaliforniens damit zu düngen. Einer der hier ehemals tätigen Bergleute, James Larkin White, hat die inneren Höhlen als erster erforscht und beschrieben.

Anreise

Der Park liegt nahe an der US 62/180, 20 Meilen südwestlich von Carlsbad und 164 Meilen östlich von El Paso, Texas. Zum Visitor Center fährt man von White's City noch 7 Meilen nach Westen. Zur Slaughter Canyon Cave biegt man 5 Meilen südlich von White's City auf Country Rd. 418 nach Westen ab; bis zum Parkplatz sind es noch 11 Meilen, teils auf unbefestigter Straße. Flughäfen: Carlsbad und El Paso, Texas.

Reisezeit

Ganzjährig. Die Temperatur in der Höhle liegt beständig bei 13° C. Großer Besucherandrang herrscht in der Haupthöhle, besonders im Sommer und an langen Wochenenden. Frühjahr und Herbst, wenn die Wüste blüht, sind die besten Jahreszeiten. Die Fledermäuse fliegen von April (oder Mitte Mai) bis ungefähr Oktober.

Reiseempfehlungen

Ein voller Tag reicht, um die Haupthöhle zu besichtigen, eine Naturwanderung oder Autofahrt zu unternehmen und bei Sonnenuntergang den Fledermäusen zuzuschauen. Für den zweiten (oder einen späteren) Tag könnten Sie – bei sportlicheren Ambitionen – einen Platz für die **Slaughter Canyon Cave-Tour** buchen.

Im Visitor Center wählen Sie entweder die **Natural Entrance Tour** oder die **Big Room Tour** (beide 1,25 Meile lang). Wagen Sie die Natural Entrance Tour, es sei denn, Sie leiden unter Geh-, Atem- oder Herzbeschwerden. Sie beginnt am Natural Entrance und verläuft abwärts oder eben; ein Aufzug befördert Sie auf die Erde zurück. Die **Palace Tour** (siehe »Weitere Wege und Sehenswürdigkeiten«) führt in die beeindruckenden Formen der Scenic Rooms.

Die Big Room Tour führt mit dem Fahrstuhl direkt in den Big Room, wo die wesentlichen Formentypen vertreten sind. Wenn Sie nach der Big Room Tour noch mehr Höhlen sehen wollen, schließen Sie einfach noch die erste Hälfte der Natural Entrance Tour an.

NATURAL ENTRANCE TOUR

1 Meile; ungefähr eine Stunde

Wenn Sie mögen, holen Sie sich beim Visitor Center einen Empfänger für eine Audio-Tour, nehmen den Ausgang zur Rechten des Informationsschalters und gehen zum Natural Entrance vor. Der Eingang entstand,

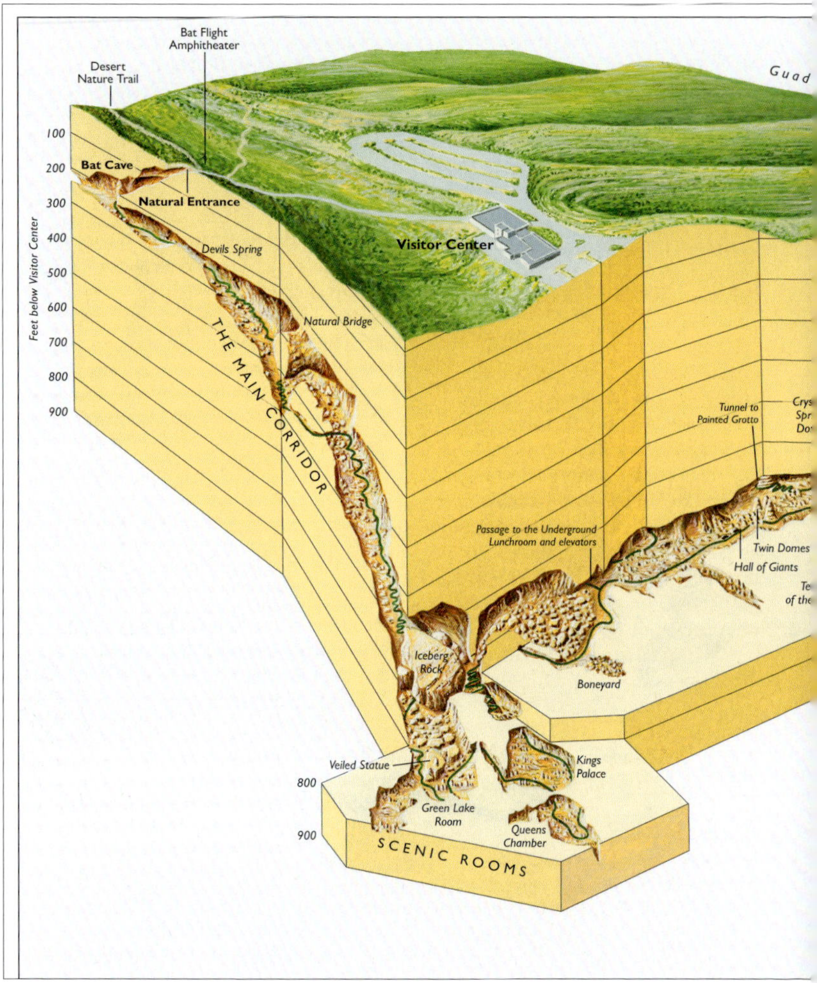

als ein Teil der Höhlendecke vor Tausenden von Jahren einstürzte. In der Höhlenmündung rechts oben an der Wand sieht man 1000 Jahre alte, rot-schwarze Bildzeichen. Die Indianer wussten von den Höhlen und suchten in ihrem Eingang Schutz. Aber ohne zuverlässige Beleuchtung konnten sie kaum über den kleinen, von der Sonne beleuchteten Bezirk hinaus vordringen. Beim Gang durch den **Main Corridor** erhalten Sie einen Eindruck von den gewaltigen Ausmaßen der Höhle; Stellenweise wölbt sich die Decke mehr als 60 m über dem Pfad.

Der Weg führt zunächst an **Devils Spring** vorbei, wo sich die Tropfsteine noch aktiv bilden. Und zwar so: Regen und Schmelzwasser, das

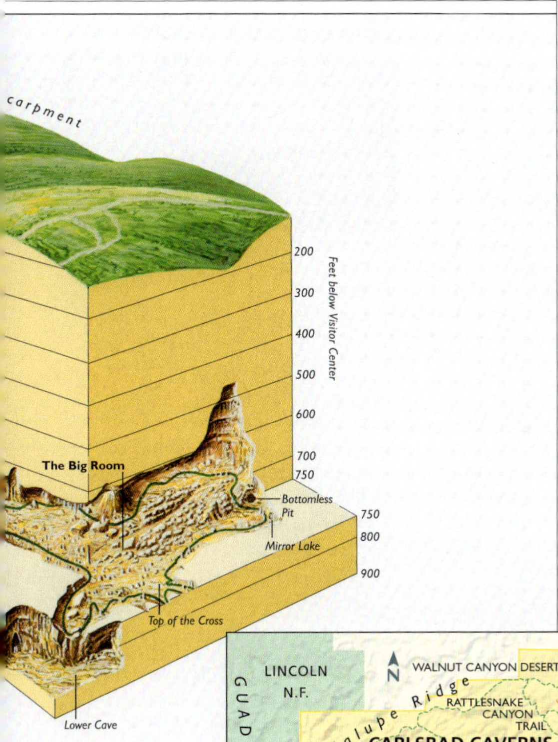

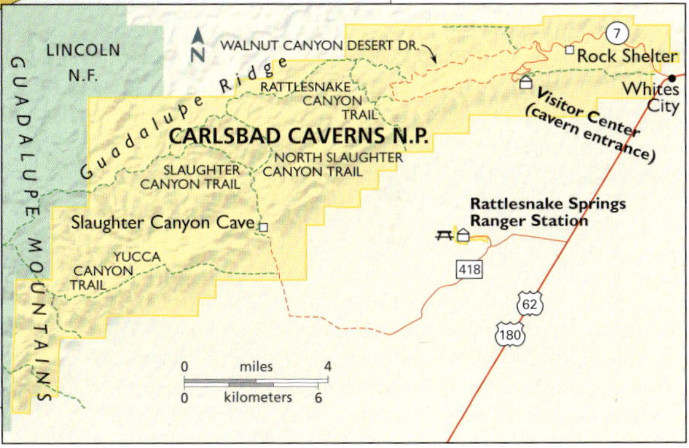

durchs ehemalige Riff sickert, nimmt aufgelöste Kalziumkarbonate aus dem Kalk auf und setzt sie tropfenweise wieder ab. Wenn die Tropfen am Boden verspritzen, entstehen Stalagmiten; wenn sie an der Decke verdunsten, Stalaktiten. Vor 10 000 Jahren herrschte hier ein feuchtes Klima. Jetzt fällt nur noch 350 bis 475 mm Niederschlag pro Jahr auf die Guadelupes, so dass die meisten Gebilde in der Höhle nicht länger wachsen.

Der Weg führt am **Iceberg Rock** vorbei, einem Brocken von 200 000 Tonnen, der irgendwann einmal aus der Decke gebrochen ist. Nachdem Sie auf den Appetite Hill gestiegen sind, laufen Sie am Boneyard spazieren. Der **Boneyard** spiegelt wohl am ehesten den Zustand der Höhle vor 4–6 Millionen Jahren wider, als die Kammern mit Wasser gefüllt waren. Folgen Sie der Beschilderung zum Underground Lunchroom, wo Sie sich stärken können. Die Aufzüge bringen Sie dann wieder zurück zum Visitor Center.

Brasilianische (mexikanische) Bulldog-Fledermäuse verlassen die Höhle

BIG ROOM TOUR

1 Meile; 1 Stunde

Ein 1-Minuten-Trip im Fahrstuhl, und Sie stehen 230 m – ungefähr 75 Stockwerke – tief unter der Erde. (Ganz anders als in den 1920er Jahren: Damals fuhr man mit dem »Kübellift« in die Höhle ein, wurde also in Guanokübeln per Flaschenzug zur Feldermaushöhle hinuntergelassen). Die nächste Stunde werden Sie in dieser riesigen Erdhöhle herumspazieren. Der Big Room wird der größte Saal sein, den die meisten Höhlenbesucher je sehen werden (es sei denn, sie reisen nach Borneo); der Big Room misst 540 m in der Länge und 330 m in der Breite. Vierzehn Fußballplätze hätten darin Platz!

Verweilen Sie, schauen Sie, horchen Sie und lassen Sie Ihrer Fantasie freien Lauf. Was steckt in jenem Gebilde dort? Eine Schichttorte? Chinesische Friese? Versteinerte Bonsai? In den letzten Jahren hat der Park Service die Namen vieler Formationen entfernt, so dass man die Traumgebilde jetzt selbst benennen kann.

Einige der größten Formationen der Höhle sind gleich am Anfang der Tour in der **Hall of Giants** zu besichtigen, manche sechs Stockwerke hoch. (Wegen der ungeheuren Weite des Raumes wirken sie kleiner.) Von einer Ecke des Saales kann man einen Blick in die **Lower Cave** werfen, einen der vielen erforschten Teile, die nicht für die Allgemeinheit zugänglich sind. Bei **Top of the Cross** halten die Ranger in einem »Freilichttheater« Vorträge. Sie können auch ein tolles Pamorama betrachten. Schauen Sie nach oben: Die Decke wölbt sich hier 78 m hoch, die höchste Stelle dieser Tour.

Der Weg führt nun durch einen Abschnitt, der einst von Fledermäusen bewohnt war. Für die sogenannte **Bottomless Pit** wurde eine Tiefe von 42 m ermittelt, sie führt zu keinen anderen Gängen.

Schauen Sie sich den glitzernden **Crystal Spring Dome** genauer an: Es ist der größte aktive Stalagmit in der Höhle. Jedes Tröpfchen Wasser läßt ihn um unendlich kleine Teilchen wachsen. Das im Wasser enthaltene Eisen gibt den Figuren im **Painted Grotto** eine zarte Tönung. Ein paar Minuten später sind Sie dann am Aufzug und kehren wieder an die Oberfläche zurück.

Versäumen Sie im Visitor Center keinesfalls die Ausstellung zu den Höhlen und der Chihuahua-Wüste. Lassen Sie sich auch den Blick vom Parkplatz aus nicht entgehen.

Klettern Sie dann zum **Observation Tower** hinauf. Jetzt stehen Sie auf dem alten Riff und haben eine eindrucksvolle Aussicht über die seewärtige Seite des Riffs und den ehemaligen Meeresboden, heute Delaware Basin genannt. An klaren Tagen reicht der Blick 100 Meilen weit bis nach Texas hinein.

Big Room

WEITERE WEGE UND SEHENSWÜRDIGKEITEN

Der leichte 1/2-Meilen-Rundweg **Desert Nature Trail** passt gut ins Programm vor dem abendlichen Flug der Fledermäuse. Die Tafeln am Wege beschreiben, wie die Indianer buchstäblich jede Pflanze, die sie fanden, zu nutzen wussten. Der Weg beginnt rechts vom Natural Entrance.

Walnut Canyon Desert Drive führt auf andere Weise in die Naturgeschichte dieses Gebietes ein. Sie erhalten eine Broschüre, die Sie auf der 9 1/2 Meilen langen Schleifenstrecke führt; die Schotterstraße zweigt kurz vor dem Visitor Center von der Hauptstraße ab.

Kings Palace Tour: Diese 1 1/2-stündige Tour, geleitet von Park Rangers, führt durch 4 dekorative Höhlen, einschließlich dem Kings Palace, der zu den ornamentreichsten Höhlenräumen der Welt gehört. Die Tour führt in 252 m Tiefe, zum tiefsten Teil des Canyons, der für die Öffentlichkeit zugänglich ist (Achtung: Besucher müssen denselben Weg auch wieder zurückgehen). Mehrere Führungen (ab 4 Jahren) pro Tag, das ganze Jahr über.

Bat Flight: Versäumen Sie nicht diesen Wirbelwind schwärmender Fledermäuse, wenn allabendlich 5000 Tiere pro Minute aus der Höhle stürmen, um an die 3 Tonnen Insekten pro Nacht zu verspeisen. Vom Visitor Center können Sie das Amphiteater zu Fuß erreichen.

Slaughter Canyon Cave: Sie werden schlittern und stolpern, wenn Sie sich beim Licht von Taschenlampen auf die 2-Stunden-Tour durch diese Höhle wagen. In Begleitung von Rangern werden Sie Typen von Tropfsteinbildungen kennenlernen, die es in den erschlossenen Teilen der Haupthöhle nicht gibt. Doch erst müssen Sie einen ausgesprochen steilen Aufstieg von 1/2 Meile vom Parkplatz im **Slaughter Canyon** zum Höhleneingang hinter sich bringen. Sommer täglich, im Winter nur am Wochenende geöffnet.

Weitere Führungen: **Left Hand Tunnel** (ab 6 Jahren), **Spider Cave** (ab 12 Jahren) und **Hall of the White Giant** (ab 12 Jahren). Reservierungen: (877) 444-6777.

PRAKTISCHE INFORMATIONEN

ZENTRALE
3225 National Parks Highway, Carlsbad, New Mexico 88220. Tel. (575) 785-2232. Höhlentouren-Reservierungen: Tel. (877) 444-6777; www.nps.gov/cave.

SAISON UND ANREISE
Ganzjährig geöffnet, außer 25. Dez.

BESUCHERINFORMATIONEN
Visitor Center liegt 7 Meilen von White's City entfernt an der N. Mex. 7; ganzjährig täglich geöffnet. Auskunft über Zentrale.

EINTRITTSGEBÜHREN
Erwachsene $6, Kinder bis 15 Jahren frei. Zusätzliche Touren: **Kings Palace** Erwachsene $8 , Kinder $4 (kein Zutritt für Kinder unter 4). **Slaughter Canyon Cave**: Erwachsene $15 , Kinder $7,50 (kein Zutritt für Kinder unter 6). **Left Hand Tunnel**: Erwachsene $7 , Kinder $3,50 (kein Zutritt für Kinder unter 6). **Lower Cave**, Erwachsene $20 , Kinder $10 (kein Zutritt für Kinder unter 12), **Hall of the White Giant**: Erwachsene $20 , Kinder $10 (kein Zutritt für Kinder unter 12), **Spider Cave**: Erwachsene $20 , Kinder $10 (kein Zutritt für Kinder unter 12) Fledermaus-Flugschau kostenlos.

TIERE
In den Höhlen und auf Wanderwegen verboten. Zwinger am Visitor Center vorhanden ($5 pro Tag).

EINRICHTUNGEN FÜR BEHINDERTE
Visitor Center und Bat Flight Amphitheater sind für Rollstuhlfahrer zugänglich, ebenso ein Teil der Big Room Tour. Picknickplatz und Toiletten bei Rattlesnake Springs ebenfalls zugänglich.

AKTIVITÄTEN
Ranger-Programm: Führung durch Haupthöhle, Höhlenvorträge, Fledermaus-Flugschau abends (Auskunft über die Flugzeiten unter 505-785-3012), Taschenlampen-Tour durch Slaughter Canyon Cave (Anmeldung erforderlich). Außerdem: Desert Nature Trail (self-guided) Walnut Canyon Desert Drive (self-guided), Picknickplätze, Wanderwege.

BESONDERE RATSCHLÄGE
- Tragen Sie in den Höhlen rutschfeste Schuhe mit niedrigen Absätzen; Jacke mitnehmen.
- Heftige Sommergewitter können in tiefer gelegenen Gebieten zu Überschwemmungen, in höher gelegenen zu Blitzschlag führen.
- Auf Wanderungen Vorsicht vor Klapperschlangen.
- Kakteen und andere stachlige Wüstenpflanzen können schmerzhafte Verletzungen verursachen.

FREIES ZELTEN
Genehmigung erforderlich, kostenlos beim Visitor Center zu erhalten.

CAMPINGPLÄTZE
Keine; Camping nur im Hinterland möglich. Gastronomie im Park. Lagerfeuer sind im Park nicht gestattet.

UNTERKUNFT
(wenn nicht anders vermerkt, gelten Preise für 2 Personen im Doppelzimmer zur Hauptsaison)

In Whites City, NM 88268:
Cavern Inn 17 Carlsbad Cavern Hwy., P.O. Box 128. Tel. (800) 228-3767 oder (575) 785-2291. 42 Zimmer. $110. Klimaanlage, Pool, Restaurant.

In Carlsbad, NM 88220:
Best Western Stevens Inn 1829 S. Canal St., P.O. Box 580. Tel. (800) 730-2851 oder (575) 887-2851. 220 Zimmer, 28 mit Kochnischen. $89. Klimaanlage, Pool, Restaurant.
Carlsbad Super 8 3817 National Parks Hwy. Tel. (800) 800-8000 oder (575) 887-8888. 56 Zimmer. $79, mit Frühstück. Klimaanlage, Pool.
Continental Inn 3820 National Parks Hwy. Tel. (505) 887-0341. 60 Zimmer. $60. Klimaanlage, Pool.
Great Western Inn & Suites 3804 National Parks Hwy. Tel. (800) 987-5535 oder (575) 887-5535. 87 Zimmer, 25 mit Kochnischen. $69–$90. Klimaanlage, Pool.
America Best Value Inn 3706 National Parks Hwy. Tel. (575) 887-2861. 123 Zimmer. $70. Klimaanlage, Pool, Restaurant.

Weitere Unterkünfte: P.O. Box 910, Carlsbad, NM 88221, Tel. (505) 887-6516.

AUSFLÜGE

LINCOLN NATIONAL FOREST
ALAMOGORDO, NEW MEXICO

Lincoln umfasst Vegetationszonen von der Wüste bis zu subalpinen Wäldern und enthält noch unerforschte Kalksteinhöhlen. 4467 km². Angebote: 370 Zeltplätze, Bergsteigen, Fischen, Reiten, Jagen, Picknickplätze, Wintersport. Ganzjährig geöffnet; die meisten Campingplätze geöffnet je nach Jahreszeit. Grenzt an die Westseite von Carlsbad Caverns NP an. Auskunft in Carlsbad an der US 285, ca. 20 Meilen vom Park entfernt. Tel. (575) 434-7200.

WHITE SANDS NATIONAL MONUMENT
ALAMOGORDO, NEW MEXICO

Wogender Gipssand in Dünenwellen bis 15 m Höhe bestimmt die Landschaft hier im Tularosa Basin. Verwitterungsschutt setzt sich im Lake Lucero und den Salztonebenen ab; Südwestwinde werfen die Dünen auf. Mit Heart of Sands Loop, 16 Meilen lang. 585 km². Angebote: Einfache Zeltplätze, Gastronomie, Wandern, Picknickplätze. Täglich geöffnet, außer Weihnachten. Visitor Center an US 70, ca. 190 Meilen vom Carlsbad Caverns NP. Tel. (575) 479-6124.

BOSQUE DEL APACHE NATIONAL WILDLIFE REFUGE
SOCORRO, NEW MEXICO

Der Rio Grande zerschneidet diesen Naturpark, wo sorgfältig gehütete Teiche und Sümpfe überwinternden Schneegänsen und anderen Wasservögeln Schutz bieten, ebenso dem Sandhügelkranich und dem Weißkopf-Seeadler. 232 km². Angebote: Wandern, Fischen (während des Sommers), Panoramastraßen. Ganzjährig geöffnet, 1 Stunde vor Sonnenaufgang bis 1 Stunde nach Sonnenuntergang. Visitor Center an N.M. 1, nahe I-25, ca. 270 Meilen vom Carlsbad Caverns NP. Tel. (575) 835-1828.

Die an Fossilien reichen Guadalupe Mountains

GUADALUPE MOUNTAINS

TEXAS
GEGRÜNDET 30. SEPTEMBER 1972
350 Quadratkilometer

In West-Texas, nur etwa 40 Meilen südwestlich von Carlsbad Caverns, liegt eine Perle von einem Park, von dem nur wenige Menschen außerhalb des Staates je gehört haben. Guadalupe Mountains National Park nimmt den südlichsten und höchsten Teil der 50 Meilen langen Kette der Guadalupes ein. Von der Straße aus ähnelt der Gebirgszug einem einzigen Wall quer durch die Wüste. Aber wenn Sie ihn aus der Nähe betrachten, dann werden Sie eine Überraschung erleben: scharf eingeschnittene Canyons, schattige Niederungen, umgeben von Wüstengestrüpp, und viele Wildtiere und Vögel.

Etwa 80 Meilen Wanderwege führen den ambitionierten Wanderer bis zum Guadalupe Peak, dem höchsten Punkt in Texas (2667 m) hinauf, oder sie leiten ihn auf andere, von Nadelwald bestandene Gipfel, wie sie eigentlich für die Rockies – Hunderte von Meilen weiter nördlich – typisch sind. Auch die Entstehungsgeschichte der Bergkette mag überraschen: Die Guadalupe Mountains waren einmal ein Riff, das unter der Wasseroberfläche eines alten Binnenmeeres emporwuchs. Es war das gleiche Meer, das auch die berühmten Wabengänge der Carlsbad Caverns hervorgebracht hat.

Die in den Bergen gefundenen Tonwaren, Körbe und Speerspitzen lassen vermuten, dass die ersten Menschen in den Guadelupes erstmals vor etwa 12 000 Jahren auftraten, als sie Kamele, Mammuts und andere Tiere jagten, die im damals feuchteren Klima der ausgehenden Eiszeit gediehen. Als die Spanier Mitte des 16. Jahrhunderts in den Südwesten vorstießen, lebten Mescalero-Apachen zeitweilig an den Quellen am Fuße der Berge und stiegen auf der Suche nach Nahrung ins Hochland auf. Beide, Indianer wie Europäer, woben Legenden um angebliche Goldschätze in den Bergen.

Als amerikanische Prospektoren, Siedler und Kavallerie nach Westen drangen, zogen sich die Apachen in die hohen Berge zurück und kämpften gegen die Eindringlinge. In den 1880er Jahren waren praktisch alle Indianer tot oder zum Gang ins Reservat gezwungen worden. Landschenkungen von Ranchern gaben den Anstoß zur Gründung des Parks.

Im Jahre 1988 kamen weitere Flächen dazu: 4000 Hektar an der Westgrenze des Parks, darunter 800 Hektar weiße Gipssanddünen und ziegelrote Quarzsanddünen – beides Ablagerungen des alten Meeres.

Anreise

Das Main Visitor Center und das Gros der touristischen Angebote sind im Gebiet um Pine Springs-Frijole konzentriert, unweit der US 62/180, 55 Meilen südwestlich von Carlsbad und 110 Meilen östlich von El Paso. Zum McKittrick Canyon biegt man 7 Meilen nordöstlich vom Main Visitor Center von der US 62/180 ab und fährt noch 4 Meilen bis zum Parkplatz. Zum Dog Canyon wandert man entweder die 12 Meilen vom Pine Springs Campground, oder man fährt auf der 62/180 und etlichen Nebenstrecken von Pine Springs aus etwa 105 Meilen. Flughäfen: Carlsbad und El Paso.

Reisezeit

Ganzjährig, aber Frühjahr und Herbst sind die besten Jahreszeiten. Im Frühling grünt und blüht es – falls es regnet. Von Ende Oktober bis Mitte November verfärbt sich das Laub in Rot, Gelb und Burgunderrot.

Reiseempfehlungen

Für einen Tagesbesuch empfehlen sich das Visitor Center und das Gebiet um **Pine Springs**. An einem zweiten Tag können Sie sich **McKittrick Canyon** vornehmen. Wenn Sie es wilder und einsamer wollen, dann ist **Dog Canyon** der geeignete Platz.

DAS GEBIET VON PINE SPRINGS-FRIJOLE

ein halber bis ganzer Tag

Holen Sie sich Karten und Weginformationen im neuen **Visitor Center**, wo Ihnen auch eine audio-visuelle Einführung in die Ökologie und Geschichte des Parks geboten wird. Füllen Sie Ihre Wasserbehälter auf, bevor Sie starten. Gehen Sie als erstes zu **The Pinery**. Die Steinmauern stammen von 1858 und sind Überreste der Pinery Station der Butterfiled Overland Mail Line – einem Vorläufer des Pony Express. Kaufen Sie sich ein Faltblatt über die abwechslungsreiche Geschichte des Ortes. Fahren Sie dann zur Frijole Ranch, wo die Wanderwege beginnen. Das Ranchhaus aus den 1870er Jahren ist das älteste Gebäude im Park und zeigt Erinnerungsstücke aus der Pionierzeit.

Wandern Sie wenigstens den leichten, 2 1/3 Meilen langen Rundweg zu den **Smith** und **Manzanita Springs**, womit Sie sich die Gegensätze zur Chihuahua-Wüste höchst eindrucksvoll vor Augen führen. Die dornigen Wüstengewächse mögen abweisend wirken, aber die Mescalero-Apachen haben die meisten von ihnen zur Gewinnung von Nahrung oder Fasern

NEW MEXICO
TEXAS
Cutoff Mountain 6,933 ft
BROKEOFF MOUNTAINS
Cutoff Ridge
Crow Flats
GUADALUP
NATIONA
BUTTERFIELD STAGE ROUTE
Gypsum Sand Dunes
Shumard Canyon
Williams Ra
Patterson Hills
Quail Mountain 4,962 ft
Cone Peak 5,017 ft
Salt Basin

LINCOLN NATIONAL FOREST
Dog Canyon Ranger Station
Corral
West Dog Canyon
BUSH MT. TRAIL
TEJAS TRAIL
Upper Dog Canyon
Lost Peak 7,830 ft
McKittrick Ridge
7,716 ft
Wilderness Ridge
PERMIAN REEF GEOLOGY TRAIL
Pratt Cabin
McKittrick Canyon
McKittrick Canyon Visitor Center
Grotto Picnic Area
GUADALUPE MOUNTAINS
South McKittrick Canyon
Blue Ridge
Mescalero
WILDERNESS
Tejas
Frijole Ridge
The Bowl
BEAR CANYON TRAIL
Pine Top
BUSH MT. TRAIL
Pine Spring Canyon
BOWL TR.
Smith Spring
Manzanita Spring
Hunter Pk. 8,368 ft
DEVILS HALL TRAIL
TEJAS TR.
Frijole Ranch History Museum
Guadalupe Peak (highest peak in Texas) 8,749 ft
Pine Springs
Corral
Headquarters Visitor Center
The Pinery Butterfield Stage Station Ruins
Bone Spring
El Capitan 8,085 ft
Glover Canyon
Salt Basin Overlook
Guadalupe Pass 5,420 ft
Guadalupe Canyon
Delaware Mountains
Delaware
Brushy Mesa
Guadalupe Arroyo
137
62 180
54
N
miles
kilometers

(für Stoffe) genutzt. Ernährt haben sie sich vornehmlich von Mescal, dem Herzen der Agave, woher auch der Stammesname rührt. Bei **Manzanita Spring** können Sie, wenn Sie Glück haben, Wildtiere beobachten.

Weiter geht es nach Smith Spring, einem wahrhaftigen Garten voller Frauenhaarfarn, Erdbeerbäumen (die papierdünne Borkenteilchen abwerfen), Eichen und Ahorn. Fahren Sie dann zur Hauptstraße vor und etwa 2 Meilen in west-südwestliche Richtung – mindestens aber bis zum nächsten Parkstreifen –, um **El Capitan** (2464 m), den südlichsten Gipfel der Guadalupes, in seinem schönsten Lichte zu sehen. Der Spätnachmittag bringt dieses Symbol der Region, einst »Leuchtturm« für Konquistadoren, Postwagenfahrer und Siedler, höchst eindrucksvoll zur Geltung.

MCKITTRICK CANYON

Fußwanderung: ein halber bis ganzer Tag

Die Steilwände des **McKittrick Canyon** bergen den einzigen immer fließenden Wasserlauf im Park. Dieser erzeugt eine 2,4 Meilen lange Oase von Eichen und Wacholder, Erdbeerbäumen und Ahorn. Der Canyon selbst ist etwa 5 Meilen lang. Holen Sie sich im **McKittrick Canyon Visitor Center** eine begleitende Broschüre über die Geschichte des Menschen und der Natur in diesem Gebiet. Relativ leicht ist der $2^3/_{10}$ Meilen lange Weg zur **Pratt Cabin** (obwohl der Weg steinig ist und besser mit Wanderstiefeln beschritten wird).

Im McKittrick Canyon sind Millionen Jahre geologischer Geschichte ausgebreitet. Im Zeitalter des Perm vor 250 Millionen Jahren bedeckte ein Binnenmeer Teile von West-Texas und Südost-New Mexico. An seinem Rande entstand ein Riff mit Kalk absondernden Algen, Schwämmen und anderen Meeresorganismen, also setzte sich Kalziumkarbonat ab. Millionen Jahre später änderte sich das Klima, das Meer trocknete aus. Nun ragte das Capitan Reef Hunderte von Metern empor und bildete einen 400 Meilen langen, hufeisenförmigen Bogen. Sedimente und mineralische Salze begruben dann nicht nur das Becken, sondern auch das Riff. Später wurde das Gebiet gehoben, und langsam wurde der Meeresboden wieder freigelegt, über dem das fossile Riff – die Guadalupe Mountains – thronten.

Wenn Sie den McKittrick Canyon betreten, dann nähern Sie sich dem Capitan Reef von der Seeseite her. Die vielerlei Formen und Fossilien des Riffs lernen Sie am besten auf dem **Permian Reef Geology Trail** kennen: Sie erleben die Schichtung des alten Riffes, vom McKittrick Creek in Jahrtausenden freigelegt. Der Pfad – $4^1/_2$ Meilen one way – führt zu einem Wald mit Ponderosa-Kiefern auf den 600 Meter hohen Kamm hinauf.

DOG CANYON

ein halber bis ganzer Tag

Weil er in das Hochland und dessen grandiose Landschaft hineinführt, lohnt sich wohl die dreistündige Fahrt zum **Dog Canyon**. Lassen Sie sich von einem Ranger die Mescal-Röstgruben der Apachen zeigen, noch immer sichtbar unter den hüfthohen Gräsern, Kreosotbüschen und Sukkulenten. Ein beliebter Wanderweg ist der **Bush Mountain Trail**, der über eine Strecke von 3 Meilen durch offenen Pinyon-Wacholder-Wald zu herrlichen Ausblicken auf die Guadalupes und die **Cornudas Mountains** – 55 Meilen westlich – führt. Der **Tejas Trail** bietet ähnliche Ausblicke und führt 4 Meilen weit in einen Wald der gemäßigten Klimazone, bestehend aus Gambel-Eichen, Douglastannen, Nevada-Zirben und Goldkiefern. Die Pflanzengesellschaften dieses Waldes sind ein

PRAKTISCHE INFORMATIONEN

ZENTRALE
HC 60, Box 400, Salt Flat, Texas 79847. Tel. (915) 828-3251; www.nps.gov/gumo

SAISON UND ANREISE
Ganzjährig geöffnet, aber im Winter zeitweise unzugänglich wegen Schneefalls. Auskunft im Park.

BESUCHERINFORMATIONEN
Visitor Center, 0,1 Meile abseits der US 62/180 bei Guadalupe Pass. **McKittrick Canyon Visitor Center**, ab US 62/180 am Ortsrand des Parks, und **Dog Canyon Ranger Station** im Norden sind zeitweise geöffnet. Auskunft bei der Zentrale.

EINTRITTSGEBÜHREN
$5 pro Person (unter 16 Jahre Eintritt frei) für eine Woche.

TIERE
Nicht erlaubt auf Wanderwegen oder in Gebäuden, ansonsten, an der Leine gehalten, erlaubt.

EINRICHTUNGEN FÜR BEHINDERTE
Die Besucherzentren, Toiletten, der Pine Springs Campground und das Amphitheater sind für Rollstuhlfahrer zugänglich.

AKTIVITÄTEN
Wanderungen, Geländeritte (keine Mietpferde), Abend- und Kinderprogramm. Außerdem: Wandern.

BESONDERE RATSCHLÄGE
- Hier gibt es Klapperschlangen – Vorsicht!
- Bringen Sie sich Karten mit, wenn Sie wandern wollen, der Park wird als Naturschutzgebiet verwaltet, deshalb gibt es kaum Wegeschilder.

FREIES ZELTEN
Nur an ausgewiesenen Stellen erlaubt; Genehmigung erforderlich (kostenlos bei den Visitor Centers). Für mitgebrachte Pferde ist eine Backcountry Use-Genehmigung erforderlich, zu erhalten beim Main Visitor Center oder Dog Canyon. Pferde dürfen im Hinterland nicht über Nacht bleiben: sie können auf der Frijole Ranch und Dog Canyon untergebracht werden (Platzreservierung über Tel. 915 828-3251).

CAMPINGPLÄTZE
Zwei Campingplätze, auf 14 Tage begrenzt. Ganzjährig geöffnet, first come, first served. $8 pro Nacht. Keine Duschen. Zelt- und Wohnwagenplätze; keine Anschlüsse. Zwei Gruppencampingplätze; Reservierung erforderlich über Zentrale.

UNTERKUNFT
(wenn nicht anders vermerkt, gelten Preise für 2 Personen im Doppelzimmer zur Hauptsaison)

In Whites City, NM 88268:
Cavern Inn, 17 Carlsbad Cavern Hwy., P.O. Box 128. Tel. (800) 228-3767 oder (575) 785-2291. 42 Zimmer. $110. Klimaanlage, Pool, Restaurant.

In Van Horn, TX 79855:
Knights Inn and Suites 1309 W. Broadway, Box 626. Tel. (800) 621-2478 oder (432) 283-2030. 33 Zimmer. $95. Klimaanlage, Pool.

Siehe auch S. 140.

Relikt der letzten Eiszeit. Wegen der günstigen Wärme-Feuchtigkeits-Relation an diesem hoch gelegenen Standort hat er sich hier gehalten.

WEITERE WANDERUNGEN

Wanderer werden an den folgenden drei Routen Gefallen finden:

Guadalupe Peak: 8,4 Meilen Rundweg. Weil sich Gewitter an heißen Sommernachmittagen schnell zusammenbrauen, ist es ratsam, den Aufstieg vor 8 Uhr morgens und den Abstieg vor 1 Uhr nachmittags zu beginnen. Wenn ein Gewitter aufzieht, sofort absteigen.

The Bowl: ein von einem eiszeitlichen Relikt-Nadelwald üppig bewachsenes Gebiet. Der 8,7 Meilen lange Rundweg umfasst den Tejas, Bowl und Bear Canyon Trail.

Devils Hall: ein steiler, enger Canyon, 4,2 Meilen hin und zurück, meist ebenerdig.

DAS COLORADO-PLATEAU

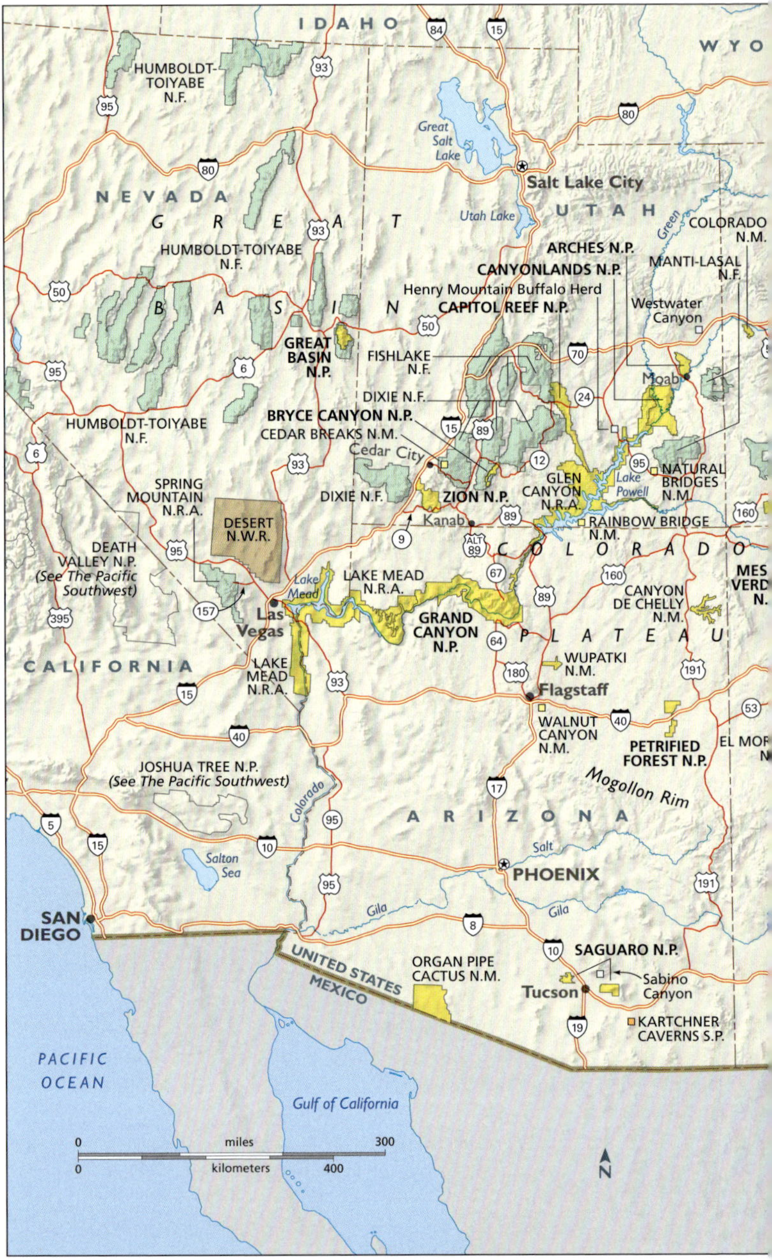
IDAHO
WYO
NEVADA
UTAH
CALIFORNIA
ARIZONA
GREAT BASIN
COLORADO PLATEAU
HUMBOLDT-TOIYABE N.F.
HUMBOLDT-TOIYABE N.F.
HUMBOLDT-TOIYABE N.F.
Great Salt Lake
Salt Lake City
Utah Lake
Green
COLORADO N.M.
ARCHES N.P.
CANYONLANDS N.P.
MANTI-LASAL N.F.
Henry Mountain Buffalo Herd
CAPITOL REEF N.P.
Westwater Canyon
GREAT BASIN N.P.
FISHLAKE N.F.
Moab
DIXIE N.F.
BRYCE CANYON N.P.
CEDAR BREAKS N.M.
Cedar City
SPRING MOUNTAIN N.R.A.
DESERT N.W.R.
DIXIE N.F.
ZION N.P.
GLEN CANYON N.R.A.
Lake Powell
NATURAL BRIDGES N.M.
Kanab
RAINBOW BRIDGE N.M.
DEATH VALLEY N.P.
(See The Pacific Southwest)
Lake Mead
LAKE MEAD N.R.A.
Las Vegas
GRAND CANYON N.P.
CANYON DE CHELLY N.M.
MESA VERDE N.
LAKE MEAD N.R.A.
WUPATKI N.M.
Flagstaff
WALNUT CANYON N.M.
PETRIFIED FOREST N.P.
EL MOR
JOSHUA TREE N.P.
(See The Pacific Southwest)
Mogollon Rim
Colorado
Salton Sea
Salt
PHOENIX
Gila
Gila
SAN DIEGO
SAGUARO N.P.
ORGAN PIPE CACTUS N.M.
Sabino Canyon
Tucson
KARTCHNER CAVERNS S.P.
UNITED STATES
MEXICO
PACIFIC OCEAN
Gulf of California
0 miles 300
0 kilometers 400
N

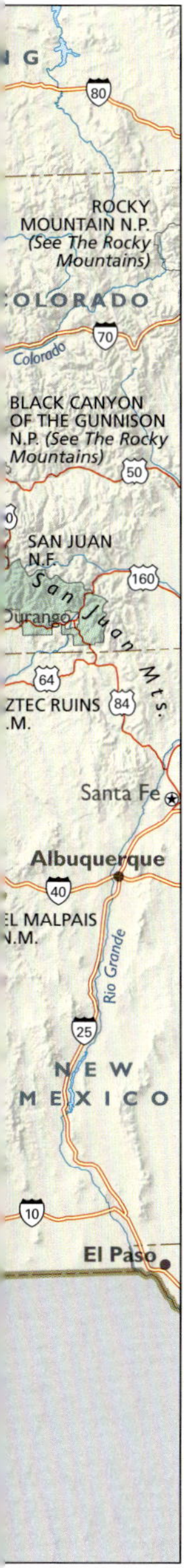

DAS COLORADO-PLATEAU

Theodore Roosevelt nannte den Grand Canyon »die eine große Sehenswürdigkeit..., die jeder Amerikaner gesehen haben sollte«. Grand Canyon ist zwar das berühmte Reiseziel auf dem Colorado-Plateau, aber diese Hochwüste, die vom Colorado River und seinen Nebenflüssen entwässert wird, birgt noch viele weitere Schönheiten. Zahlreiche Schluchten durchschneiden den Fels; Stufenterrassen, Zeugenberge und Felstürme gliedern ihn auf. In dieser Region liegen die Nationalparks am dichtesten, und nicht wenige meinen, das ganze Colorado-Plateau sollte zum Nationalpark erklärt werden.

An den Canyon-Wänden sind fast 2 Milliarden Jahre Erdgeschichte aufgezeichnet; sie erzählen von uralten Meeren und Vulkanen, von Wüsten und Sauriern. Wasser hat die breiten Schluchten von Grand Canyon, Zion und Canyonlands geschaffen. Sandstürme und Frost haben das vielfarbige Gestein von Arches und Bryce Canyon zu imposanten Bögen und Türmen gemeißelt.

Das Plateau ist zwar heute eine der am dünnsten besiedelten Regionen der USA, birgt aber reiche Spuren früher Indianerkulturen. Zu seinen Schätzen gehören die Felsgravuren von Canyonlands und Capitol Reef, die Pueblos und Sonnwendzeichen von Petrified Forest sowie die erstaunlichen Felsenwohnungen von Mesa Verde.

Wegen der großen Höhenunterschiede beherbergen die Parks der Canyons auch vielerlei Pflanzen und Tiere. Die Wüste und Halbwüste des Canyongrundes geht in Pinyon-Wacholder-Gehölze über, dann in Gelbkieferwälder. Fichten-Tannen-Wald bedeckt die höheren Lagen. Im selben Park finden sich Eidechsen und Rehe, Wüstenkaninchen und Dickhornschafe.

Flagstaff, Arizona, ist ein guter Ausgangspunkt für den South Rim des Grand Canyon und für Petrified Forest. Den bewaldeten North Rim des Grand Canyon erreicht man von Kanab, Utah, ebenso wie Bryce, Capitol Reef und Zion. Gleich westlich vom Plateau, und 5 Autostunden von Kanab entfernt, liegen die gletscherzernagten Gipfel von Great Basin. Ausgangspunkt für Arches und Canyonlands ist Moab, Utah.

Der rote Fels von Delicate Arch »brennt« – beim Untergang der Sonne

DARCHES

UTAH
GEGRÜNDET 12. NOVEMBER 1971
308 Quadratkilometer

Der Park besitzt an die 2000 natürliche Steinbögen – die größte Sammlung dieser Art im Land. Doch angesichts der majestätischen Landschaft sind Zahlen nicht entscheidend: Überall erblickt man Felsenbögen, riesige Pilzfelsen, Felstürme, Zinnen und Kuppeln aus glattem Slickrock, die in den Himmel ragen.

Hoch über dem Colorado River bildet der Park einen Teil der weitläufigen Canyonlands von Süd-Utah, entstanden durch Erosion. Vor rund 300 Millionen Jahren bedeckte Wasser dieses Gebiet. Die Meere verschwanden und kamen wieder, insgesamt 29-mal – dabei hinterließen sie eine mehr als 1000 Meter dicke Schicht Salz. Später deckten von Bächen und Flüssen mitgeführte Steine und Sand die Salzschicht zu. Die weniger dichte Salzschicht bahnte sich ihren Weg durch die dicke Steinschicht und bildete Kuppeln und Grate mit Tälern dazwischen.

Die meisten Felsbildungen in Arches sind aus weichem, rotem Sandstein, der vor 150 Millionen Jahren in einer weiten Wüste abgelagert wurde. Als sich darunter Salz löste, brach der Sandstein ein und verwitterte zu einem Labyrinth schmaler, senkrechter Felsgrate *(fins)*. Teile dieser dünnen Mauern brachen schließlich durch, und die merkwürdigen Gebilde entstanden.

Die Landschaft scheint unzerstörbar, ja ewig, doch der Schein trügt. Über 1/2 Million Besucher pro Jahr können sehr wohl das sensible Ökosystem der Hochwüste gefährden. So bereitet die dunkle, aus Sporenpflanzen wie

Algen, Pilzen und Flechten gebildete Bodenkruste, die sich über den Sand des Parks ausbreitet, Sorgen. Fußspuren können sich hier jahrelang halten – das aride Klima konserviert sie. Um keine Schäden anzurichten, sollten Besucher die markierten Wege nicht verlassen.

Anreise

Von Moab sind es 5 Meilen nordwärts auf US 191 bis zum Parkeingang. Die I-70 verlässt man bei Crescent Junction und folgt Utah Hwy. 191 südwärts, 25 Meilen bis zum Eingang. Flughafen: Grand Junction, Colo., ca. 120 Meilen.

Reisezeit

Ganzjährig, doch Frühjahr und Herbst sind die besten Jahreszeiten: gemäßigte Temperaturen sind ideal für Wanderungen in der Hochwüste. Die Sommer sind heiß, die Winter mild. Blumen blühen im April und Mai.

Reiseempfehlungen

Auf dem **Arches Scenic Drive** wenigstens bis **The Windows Section** fahren. Wenn möglich Wolfe Ranch, Fiery Furnace und Devils Garden anschließen. Eventuell Wanderung zu **Delicate Arch** oder auch **Tower Arch**. Im Frühjahr oder Sommer kann man sich – falls schwindelfrei – einer zwei- bis dreistündigen Ranger-Führung durch **Fiery Furnace** anschließen. Das ist zwar anstrengend, doch man wird durch Schatten mitten in der Sommerglut entschädigt. Tickets im Visitor Center *(Sehr begehrt, früh reservieren)*.

ARCHES SCENIC DRIVE

eine Tour 18 Meilen;
ein halber bis ganzer Tag

Die Panoramastraße führt vom Grunde des **Moab Canyon** durchs Herz des Parks zum **Devils Garden**, Nebenstrecken zur **The Windows Section**, **Wolfe Ranch** und **Delicate Arch** zweigen ab. Man kann die schönsten Sehenswürdigkeiten des Parks von vielen Haltepunkten aus in Ruhe betrachten.

Vom Visitor Center steigt die Straße in Kehren an der Wand des Canyons nach oben. Halten Sie nach 2 Meilen am **Park Avenue Viewpoint und Trailhead**, denn hier liegt der Canyon frei zwischen Sandstein-Wolkenkratzern vor Ihnen. Gehen sie bequem 1 Meile zu den **Courthouse Towers** hinunter, wenn Sie den 92-m- Anstieg zurück nicht scheuen (oder Sie lassen sich unten abholen). Hier wird an Felsbeispielen lehrreich demonstriert, wie Steinbögen entstehen und vergehen.

Als Nächstes empfängt Sie die schöne glatte Weite der **Petrified Dunes**. Während Sie an den Buckeln steingewordener Dünen vorbeifahren, tauchen in der Ferne – fast 4000 m hoch – die **La Sal Mountains** auf. Halten Sie am **Balanced Rock**, diesem merkwürdig geformten, 39 m hohen Felsturm, den Sie auf einem kurzen Meilen-Pfad umrunden können. Edward Abbey hat sein klassisches *Desert Solitaire* hier konzipiert. Biegen Sie dann in die Asphaltstraße nach The Windows ein.

Balancierender Fels

Die Straße rechts führt an den Zinnen und Monolithen des **Garden of Eden** vorbei und endet schließlich vor einer Wand aus Sandstein, die von mehreren Bögen durchbrochen ist. Kurze Pfade führen näher an diese kolossalen Torbögen heran. Auf dem $^{3}/_{10}$ Meilen langen Weg zum **South Window**, das sich 35 m weit spannt, bieten sich gute Ausblicke auf **North Window** und **Turret Arch**. Auch der eindrucksvolle **Double Arch** liegt nur einige hundert Meter entfernt.

Von der Hauptstraße biegt eine gepflasterte Straße zur historischen **Wolfe Ranch** ($1^{1}/_{2}$ Meilen) und weiter zum **Delicate Arch Viewpoint** ($1^{1}/_{4}$ Meilen) ab.

Es empfiehlt sich eine Fußwanderung von der **Wolfe Cabin** zu diesem Bogen (wenn Sie 2 Stunden Zeit und die nötige Kondition haben). Dies ist dank der herrlichen Ausblicke eine der schönsten Wanderungen in den Canyonlands.

Der Weg zum Delicate Arch überwindet 150 m Höhenunterschied und führt $1^{1}/_{2}$ Meilen über *Slickrock*, der glatt und gebogen ist wie der Rücken eines Wals. Am Wege wachsen Wacholderbäume aus so schmalen Felsspalten, dass man meint, der Stamm stecke im nackten Fels. Achten Sie auf die Steinhaufen, die den Weg markieren. Der Bogen taucht plötzlich am Rande einer Senke auf und umrahmt im Winter weiß bemützte Berge – ein fantastischer Eindruck am Ende des Weges.

Verzichten Sie auf **Salt Valley Overlook**, aber halten Sie am **Fiery Furnace**, jenen dicht gestaffelten roten »Finnen«, die Feuer zu fangen scheinen, wenn die Sonne im Westen versinkt. Hier steht die Welt auf dem Kopf – bizarre Brocken, Felstürme und 60 m hohe Steinplatten. Leicht kann man sich in diesem Labyrinth tiefer Kerben und schmaler Passagen ohne Ausgang verirren. Deshalb ist es ratsam, sich einer dreistündigen Führung durch

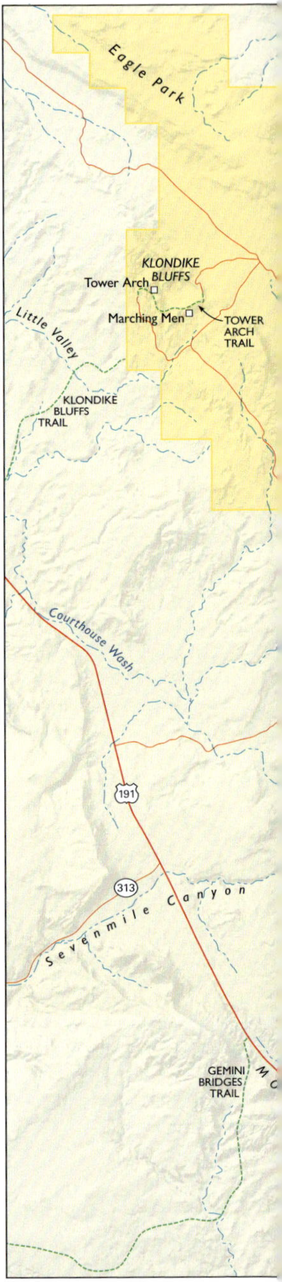

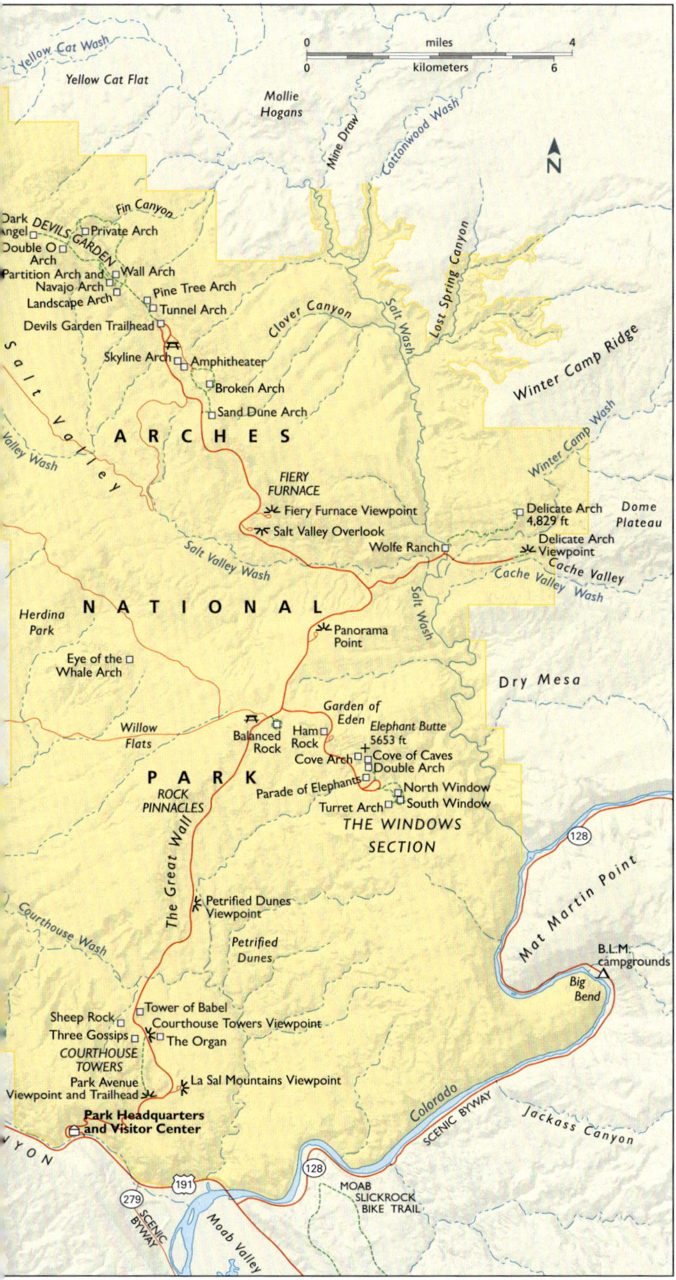

0 miles 4
0 kilometers 6
N
Yellow Cat Wash
Yellow Cat Flat
Mollie Hogans
Mine Draw
Cottonwood Wash
Fin Canyon
Dark Angel
DEVILS GARDEN
Private Arch
Double O Arch
Partition Arch and Navajo Arch
Wall Arch
Landscape Arch
Pine Tree Arch
Tunnel Arch
Devils Garden Trailhead
Clover Canyon
Salt Wash
Lost Spring Canyon
Winter Camp Ridge
Skyline Arch
Amphitheater
Broken Arch
Sand Dune Arch
Salt Valley
Valley Wash
ARCHES
NATIONAL
PARK
Winter Camp Wash
FIERY FURNACE
Fiery Furnace Viewpoint
Salt Valley Overlook
Delicate Arch 4,829 ft
Dome Plateau
Wolfe Ranch
Delicate Arch Viewpoint
Cache Valley
Cache Valley Wash
Salt Valley Wash
Salt Wash
Herdina Park
Panorama Point
Eye of the Whale Arch
Dry Mesa
Willow Flats
Balanced Rock
Garden of Eden
Ham Rock
Elephant Butte 5653 ft
Cove Arch
Cove of Caves
Double Arch
Parade of Elephants
North Window
South Window
Turret Arch
ROCK PINNACLES
THE WINDOWS SECTION
The Great Wall
128
Mat Martin Point
Petrified Dunes Viewpoint
Petrified Dunes
Courthouse Wash
B.L.M. campgrounds
Big Bend
Tower of Babel
Sheep Rock
Courthouse Towers Viewpoint
Three Gossips
The Organ
COURTHOUSE TOWERS
Park Avenue Viewpoint and Trailhead
La Sal Mountains Viewpoint
Park Headquarters and Visitor Center
Colorado
SCENIC BYWAY
Jackass Canyon
YON
128
191
279
SCENIC BYWAY
MOAB SLICKROCK BIKE TRAIL
Moab Valley

Fiery Furnace

einen Ranger anzuschließen (Gebühr, nur im Visitor Center).

Ein kurzer Spaziergang von wenigen hundert Metern führt in den kühlenden Schatten des **Sand Dune Arch**, der von zwei Felsgraten beschirmt wird; **Broken Arch** wäre für einen späteren Besuch gut. Nach kurzer Fahrt rückt **Skyline Arch** ins Blickfeld. Dort brach 1940 eine große Steinmasse aus dem Bogen, wodurch sich die Öffnung um das Doppelte (10 m x 22 m) erweiterte.

Die Straße endet am Devils Garden Campground, vor Devils Garden Trailhead. Der **Devils Garden Trail** führt zu acht der bekanntesten Steinbögen, jeder mit eigenem Profil. Der gesamte Weg ist etwa 7 Meilen lang. Gehen Sie mindestens die knappe Meile bis zum **Landscape Arch** (0,8 Meilen). Hier scheint ein dünnes Felsband, das sich in einem zarten Bogen von 92 m über eine steile Düne spannt, der Schwerkraft zu trotzen. Es ist einer der längsten freischwebenden Naturbögen der Welt. Wenn Sie den Weg am frühen Morgen gehen, achten Sie auf die weißen Blüten der Nachtkerze. Wenn die Sonne steigt, welkt sie, und ihre Blüten färben sich rosa. Ein etwas rauer Pfad führt nach Landscape Arch noch 1 Meile weiter zum **Double O Arch**, wo ein Rundbogen von 20 m Durchmesser über einer kleineren Öffnung schwebt. Noch 1/2 Meile weiter folgt der Felsenturm des **Dark Angel**.

DELICATE ARCH HIKE

3 Meilen Rundweg; wenigstens 2 Stunden

Dieser schöne Weg überwindet auf 1,5 Meilen über glatte Felsen in Form eines Walrückens 170 Höhenmeter. Er endet plötzlich und dramatisch am Delicate Arch.

Sandsteinbogen

Der Naturschriftsteller Edward Abbey schrieb in *Desert Solitaire*: »Wenn Delicate Arch eine Bedeutung besitzt, dann liegt sie in der Macht des Unerwarteten, dass die Sinne überrascht und den Geist aus seinen gebahnten Wegen führt. Sie zwingt unsere Sinne neu zu erwachen für das Wundervolle.«

Die Wanderung beginnt auf dem Gelände von Wolfe Ranch, zu dem ein Corral und eine verwitterte Blockhütte gehören. Überqueren Sie die Brücke über den Salt Wash bis zur Klippe links, an der die Ute-Indianer Felsmalereien hinterlassen haben sollen. Die Ute, die einst von den Osthängen der Rocky Mountains in Colorado bis zu den Canyonlands in Süd-Utah zogen, lagerten hier vielleicht, wohl um mit Wolfe über Vorräte zu verhandeln.

Der Weg ist so angelegt, dass Delicate Arch erst im letzten Moment sichtbar wird. Vom Talgrund aus führt der Weg über Boden, der mit niederen Pflanzen bewachsen ist, bevor er auf flachen Sandsteinplatten weitergeht, wo Steinhügel den Weg säumen. Wacholderbäume wachsen aus so engen Ritzen, dass man meint, sie kämen direkt aus dem Felsen. Auf den letzten 300 m scheint der Weg sich über den Wanderer lustig zu machen. Er steigt an, umfängt eine Sandsteinrippe, führt an einer steilen Wand entlang, die den Blick auf den berühmten Bogen versperrt. Die letzten paar Schritte sind ein wenig halsbrecherisch, doch der fantastische Blick auf Delicate Arch, der sich über glattem Felsen erhebt, lohnt die Mühe.

An seiner höchsten Stelle 15 Meter hoch rahmt Delicate Arch die La Sal Mountains in 35 Meilen Entfernung ein. Im Lauf der Jahre gab man dem berühmten Bogen auch andere Namen: Schoolmarm's Pants, Old Maid's Bloomers und Cowboy Chaps.

Die besten Fotos von Delicate Arch bekommen sie zur Zeit des Sonnenauf- oder -untergangs. Wenn der Vollmond über dem Bogen aufgeht, besitzt das auch einen ganz eigenen Zauber, allerdings kann der Rückweg im Dämmerlicht ein bisschen schwierig sein.

TOWER ARCH TRAIL

2,4 Meilen Rundweg; 2 Stunden

In der entlegenen Gegend der Klondike Bluffs windet sich dieser 1,2 Meilen lange Weg zum Tower Arch durch eine Landschaft bizarrer Felsformationen. Dabei bieten sich herausragende Ausblicke auf Fiery Furnace, La Sal Mountains, Book Cliffs und auf aufragende Felstürme.

Den Beginn des Weges erreichen Sie, wenn Sie auf der Hauptstraße des Parks vom Parkplatz Devils Garden eine Meile nach Süden fahren und dann hinter Skyline Arch nach Westen abbiegen. (Diese Staubpiste kann während oder nach Stürmen unpassierbar sein.) Folgen Sie der Straße 7,7 Meilen durch Salt Valley, bis links die Abzweigung zum Tower Arch Trail kommt.

Steinpyramiden weisen vom Parkplatz über einen steilen Felsgrat den Weg, der dann bis zum Tower Arch durch eine Landschaft führt, in der überall Felsbrocken verstreut liegen. Tower Arch hat seinen Namen von der Felsspitze, die sich direkt daneben erhebt.

PRAKTISCHE INFORMATIONEN

ZENTRALE
P.O. Box 907, Moab, Utah 84532.
Tel. (435) 719-2299; www.nps.org/arch.

SAISON UND ANREISE
Ganzjährig geöffnet. Einige unbefestigte Straßen dürften nach starkem Regen zeitweise unpassierbar sein. Aktuelle Wetter- und Straßeninformationen telefonisch über Zentrale.

BESUCHERINFORMATIONEN
Visitor Center an der US 191 am Parkeingang ganzjährig täglich geöffnet. Besucherauskünfte telefonisch über Zentrale.

EINTRITTSGEBÜHREN
$10 pro Wagen und Tag. Jahresgebühr von $25 auch für Canyonlands, Natural Bridges und Hovenweep gültig.

TIERE
Verboten auf allen Wanderwegen und im Hinterland.

EINRICHTUNGEN FÜR BEHINDERTE
Visitor Center und eine Toilette dort für Rollstuhlfahrer zugänglich. Toiletten und ein Stellplatz im Devils Garden Campground ebenfalls zugänglich. Park Avenue und Delicate Arch Viewpoint sind mit Rollstuhl zu befahren.

AKTIVITÄTEN
Naturkundliche Veranstaltungen: Naturwanderungen und -vorträge, Abendprogramm. Reservierungen für den Furnace Creek Walk müssen persönlich im Visitor Center vorgenommen werden ($8; bis zu 7 Tage im Voraus); nicht für Kinder unter 6 Jahren empfohlen. Außerdem: geologische und historische Ausstellungen, Auto-Touren *(self-guided)*, Wandern, Jeepfahrten, Rundflüge. Auskunft über Vermietungen und Führungen telefonisch bei der Zentrale.

BESONDERE RATSCHLÄGE
• Auf allen Wanderungen Wasser mitführen – mindestens 4 Liter pro Kopf und Tag im Sommer.
• Zum Schutz bedrohter Wüstenböden und Pflanzen: *Wege nicht verlassen.*
• *Slickrock* aus Sandstein ist bröselig und nicht leicht zu besteigen.

FREIES ZELTEN
Genehmigung erforderlich; kostenlos im *Visitor Center* zu erhalten

CAMPINGPLÄTZE
Ein Campingplatz, **Devils Garden**, 18 Meilen vom Parkeingang, auf 7 Tage begrenzt. Ganzjährig geöffnet, Winter *first come, first served*, März bis Oktober im *Visitor Center* anmelden (am besten morgens kommen). $10 pro Nacht. Keine Duschen. Zelt- und Wohnwagenplätze; keine Anschlüsse. Anmeldung erforderlich für die restlichen 27 Plätze (1 für Behinderte zugänglich) sowie für Devils Garden Group Campgrounds. Tel. (435) 719-2299 anrufen oder Website.

UNTERKUNFT
(wenn nicht anders vermerkt, gelten Preise für 2 Personen im Doppelzimmer zur Hauptsaison)

In Moab, UT 84532:
Best Western Green Well Motel 105 S. Main St. Tel. (800) 528-1234 oder (435) 259-6151. 72 Zimmer. $100–$150. Klimaanlage, Pool, Restaurant
Big Horn Lodge 550 S. Main St. Tel. (800) 325-6171 oder (435) 259-6171. 58 Zimmer. $90. Klimaanlage, Pool, Restaurant.
Cedar Breaks Condos Center und 4th E. Tel. (800) 505-5343 oder (435) 259-5125. 6 2-Bett-Zimmer mit Küchen. $125–$150. Klimaanlage.
Pack Creek Ranch (15 Meilen südöstlich von Moab, bei LaSal Mountain Loop Rd.) 1075 S. Hwy 191 Tel. (435) 259-5091. Cabins, Häuser. $105–$300. Ausritte, Massagen. Klimaanlage, Pool.
Ramada Inn–Moab 182 S. Main St. Tel. (800) 272-6232 oder (435) 259-7141. 82 Zimmer. $89–$149. Klimaanlage, Pool, Restaurant.

Weitere Unterkünfte: Moab Area Travel Council Main & Center Streets, Moab UT 84532. Tel. (800) 635-6622 oder (435) 259-8825.

AUSFLÜGE

MANTI-LA SAL NATIONAL FOREST

MOAB, UTAH

Dicht mit Espen, Kiefern, Tannen und Fichten bewaldete Berge und raue, grasbedeckte Hochflächen schaffen hier im Land der roten Felsen eine Welt der Kontraste. Dark Canyon Wilderness Area ist ein Teil davon. 5122 km^2, z.T. in Colorado. Angebote: 136 Zeltplätze, Wandern, Bootfahren, Bootsrampe, Klettern, Radfahren, Fischen, Reiten, Jagen, Picknickplätze, Wintersport. Ganzjährig geöffnet; Campingplätze geöffnet von Ende Mai bis Oktober. Auskunft in Moab an US 191, ca. 5 Meilen südöstlich vom Arches NP. Tel. (435) 637-2817 oder (435) 259-7155.

COLORADO NATIONAL MONUMENT

FRUITA, COLORADO

Der 23 Meilen lange Rim Rock Drive sowie gepflegte Wanderwege bieten Zugang zu Canyons mit jäh abfallenden Wänden und Monolithen aus Sandstein. Es gibt Elch, Dickhornschaf, Fuchs, Präriewolf und Puma. 83 km^2. Angebote: 80 Zeltplätze, Wandern, Klettern, Radfahren, Reiten, Picknickplätze, Panoramastraßen, Wintersport. Zugang für Behinderte. Ganzjährig geöffnet. Am Colo. Hwy. 340, ca. 100 Meilen vom Arches NP. Tel. (970) 858-3617.

Das Amphitheater von Bryce – von Bryce Point aus gesehen

BRYCE CANYON

UTAH

GEGRÜNDET 15. SEPTEMBER 1928

145 Quadratkilometer

Wahrscheinlich sind Kräfte der natürlichen Erosion nirgends greifbarer als in Bryce Canyon. Das Gewirr seiner unwirklichen Türme und Spitzen zieht im Jahr über 1,7 Millionen Besucher an. Viele steigen zu Fuß oder zu Pferd hinab, um sich die kannelierten Wände und gemeißelten Zinnen von Nahem anzusehen.

Der Park nimmt die Randzone des Paunsaugunt-Plateaus ein. Im Westen dehnen sich dicht bewaldete, fast 3000 m hohe Tafelländer; gegen Osten fallen die fein zergliederten Randstufen 600 m tief zum Paria Valley ab. Zahlreiche, nur episodisch fließende Wasserläufe haben sich in das Plateau hineingefressen und dort hufeisenförmige »Freilichttheater« ausgeräumt. Am größten und eindrucksvollsten ist Bryce Amphitheater – mit 15 km^2 Fläche das Kernstück des Parks. Wasser hat die zerrissene Landschaft von Bryce geschaffen, und es schafft sie noch immer. Es sprengt die Felsen, indem es in Spalten gefriert und sich ausdehnt – ein Prozess, der sich 200-mal im Jahr wiederholt. Der Abfluss von heftigen Gewittern im Sommer nagt an den weicheren Kalken und spült durch die Rinnen. In etwa 50 Jahren wird sich der jetzige Rand des Plateaus um weitere 30 cm zurückverlegt haben. Doch es gibt mehr als nur die Erosion.

Frühmorgens kann man gebannt am Rande des »Amphitheaters«

stehen und dem wunderbaren Spiel der Felsen und der Farben zusehen. Warme Gelb- und Orangetöne strahlen von den bunten Wänden wider, während Lichtfetzen die blassen Felstürme ertasten.

Hier waltet ein Geist, der nicht nur mit Gesteinen zu tun hat. Die heimischen Paiute-Indianer erklären ihn so: Einst gab es tierähnliche Geschöpfe, die sich zu Menschen machten. Aber sie waren schlecht, und so verwandelte sie Coyote in Felsen von vielerlei Gestalt. Die verzauberten Geschöpfe drängen sich hier noch immer aneinander, und ihre Gesichter sind bemalt wie vor ihrer Versteinerung.

Anreise

Vom Zion National Park (83 Meilen westlich) auf Utah Hwy. 9 ostwärts, dann über Utah Hwy. 89 nach Norden und Utah Hwy. 12 nach Osten bis Utah Hwy. 63, der zum Parkeingang führt. Vom Capitol Reef National Park (ca. 120 -Meilen) südwestlich über Utah 12 nach Süden zum Utah 63. Flughafen: Salt Lake City, Utah oder Las Vegas, Nevada.

Reisezeit

Ganzjährig geöffneter Park. Wildblumen blühen im Frühjahr und Frühsommer am schönsten; die meisten der 170 Vogelarten des Parks leben hier von Mai bis Oktober. Der Winter dauert von November bis März; Schnee steigert die Farben der Felsen und ermöglicht Skilanglauf.

Reiseempfehlungen

Bei einem 1-Tages-Besuch sollte man **Bryce Amphitheater** besichtigen und bei Sonnenaufgang mit **Bryce Point** anfangen. Wenn man zwischen Panoramastraße und einer Wanderung unterhalb des Rim wählen muss, dann wähle man die Wanderung. Bei einem längeren Aufenthalt empfiehlt sich eine Mondscheinwanderung zwischen Felsen.

BRYCE AMPHITHEATER

8 Meilen; 2 Stunden bis zu einem ganzen Tag

Erleben Sie einen Sonnenaufgang am **Bryce Point**, dem höchsten Aussichtspunkt am Rande des Amphitheaters. Vom Visitor Center fahren Sie etwa 4 Meilen nach Süden und gehen dann zum Aussichtspunkt.

Die Farben beginnen zu glühen, noch ehe die Sonne über dem **Aquarius Plateau** erscheint, dem mit 3000 m höchsten Tafelland Nordamerikas. Zuerst berührt das Licht den Rand des Amphitheaters, dann greift es tiefer ins Becken hinein und setzt die dicht gedrängten Steinsäulen in Brand. Sie können die flachen Höhlen dicht unter dem Rand, **Grottoes** genannt, erkennen. Suchen Sie **Alligator**, einen scharf umrissenen Restberg, der von oben wie ein Reptil aussieht, und **Sinking Ship**, das einem untergehenden Bug ähnelt.

Fahren Sie zum **Inspiration Point** zurück, vorbei an **Paria View**, und gehen Sie den kurzen, aber steilen Weg zum oberen Inspiration Point hinauf. Sie können auch an der unteren Aussichtsstelle bleiben – von beiden sieht man die Felsbildungen des Amphitheaters ganz deutlich. Egal zu welcher Tageszeit, man hat von hier aus immer einen ausgezeichneten Rundblick.

Thor's Hammer bei Sonnenaufgang

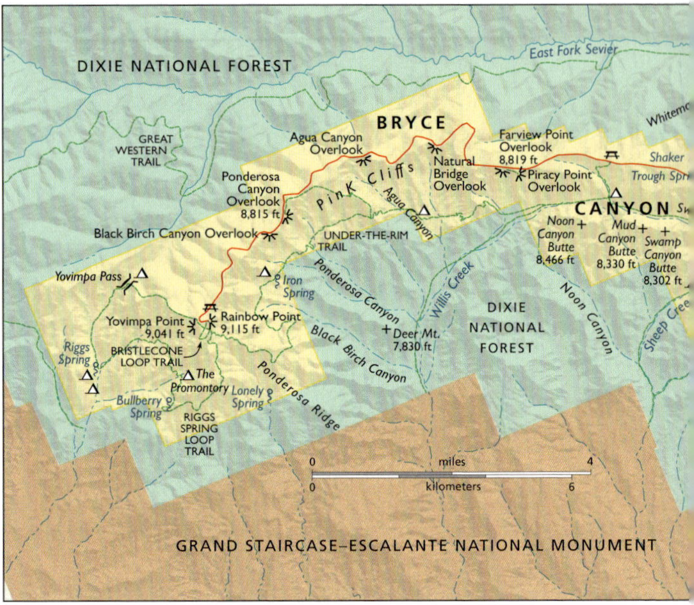

Unten im Tal liegt die kleine Stadt **Tropic**. Hier in der Nähe siedelten 1875 der schottische Einwanderer Ebenezer Bryce und seine Frau Mary. Sie ließen ihre Rinder am **Bryce Canyon** weiden, zogen aber nach 5 Jahren wieder fort und ließen hier kaum mehr als ihren Namen zurück.

Begeben Sie sich nun zum **Sunset Point**. Der Name täuscht, denn der Blick weist nach Osten. Doch ist dies ein hervorragender Aussichtspunkt für den späten Nachmittag, wenn sich Schatten und dunkle Farben im schrägen Licht der Sonne mischen. Links steht **Thor's Hammer**, und rechts liegt die **Silent City** – ein Geflecht von tiefen Schluchten und Mauern mit Türmchen, die an Ruinen einer alten Stadt erinnern.

Der **Navajo Loop Trail** führt – recht anstrengend – auf einer 1,3-Meilen-Schleife zum Canyon hinunter. Zuerst geht es steil in Serpentinen abwärts, dann mündet der Weg in eine enge Schlucht mit steilen Wänden namens **Wall Street** ein. Etliche Douglastannen, bis 700 Jahre alt, wachsen zwischen den turmhohen Felsen.

An der Kreuzung mit dem **Queen's Garden Trail** betreten Sie den leichtesten Wanderweg unter dem *Rim*. Er führt am Boden des Amphitheaters entlang zum **Queen's Garden** und dann bei **Sunrise Point** zum *Rim* hinauf, vorbei an eigentümlichen Felsgebilden und einigen der hier heimischen Borstenzapfenkiefern. Von Sunrise Point bringt Sie der 1/2 Meile lange **Rim Trail** zum Sunset Point zurück.

DIE FAHRT ZUM RAINBOW POINT

17 Meilen; 3 Stunden bis zu einem ganzen Tag

Am Rande des leicht geneigten Plateaus entlang führt eine Panoramastraße 300 m hoch zum **Rainbow Point**, dem südlichsten Punkt des Plateaus, hinauf.

Vom Visitor Center fahren Sie nach Süden bis zur Abzweigung Sunset Point und weiter bis zur Abzweigung Bryce Point. Begeben Sie sich aus dem

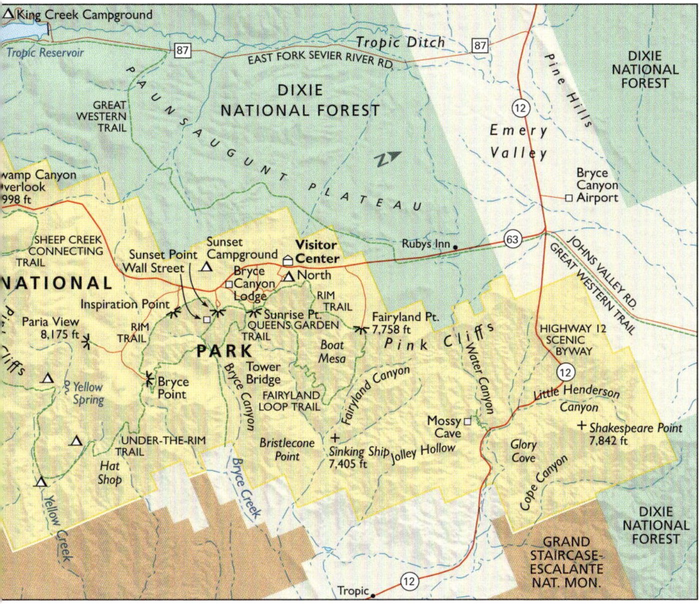

Reich der Ponderosa-Kiefern unter die Douglastannen und Colorado-Fichten der höheren Lagen.

Halten Sie am **Fairview Point** und gönnen Sie sich einen weiten Blick auf die **Table Cliffs** und mehrere breite Terrassen, die im Südosten stufenweise zum **Kaibab Plateau** am North Rim des **Grand Canyon** ansteigen.

Fahren Sie nun südwärts zur **Natural Bridge**, einem Steinbogen von 26 m Länge und 38 m Höhe. Sein helles Rostrot bildet einen schönen Gegensatz zum Grün der Bäume drunten und dem tiefen Blau des Himmels darüber.

Aqua Canyon bietet eine der schönsten Aussichten. Mächtige Einzelfelsen stehen dicht am Plateaurand, etwas weiter liegen die leuchtend bunten **Pink Cliffs**, und am Horizont erscheint die Kuppel des 3000 m hohen **Navajo Mountain**.

Die Straße endet am **Rainbow Point** – ein schöner Platz für ein Picknick unter dichten Tannen am höchsten Punkt des Parks (2784 m). Ein angenehmer Spaziergang auf dem **Bristlecone Loop Trail** (1 Meile) führt zu schönen Ausblicken. Ein Stichpfad führt zum **Yovimpa Point**; die Felsterrassen, die hier in Stufen abfallen, heißen nach ihren Farben – pink (rosa), gray (grau), white (weiß), vermilion (zinnober) und chocolate (braun). Uralte Borstenzapfenkiefern stehen am Rande des Plateaus, die beim Wandern auf dem Bristlecone Loop Trail sehr gut zu sehen sind.

Beim Rückweg, kurz vor Verlassen des Parks führt ein Weg zum Aussichtspark **Fairyland Point**. Nur an

Zu Pferd durch Bryce Canyon

PRAKTISCHE INFORMATIONEN

ZENTRALE
Bryce P.O. Box 640201, UT 84764-0201. Tel. (435) 834-5322; www.nps.gov/brca

SAISON UND ANREISE
Der Park ist ganzjährig geöffnet. Straßen können bei und nach Schneefall gesperrt sein. Einige Nebenstraßen sind im Winter nur für Skilangläufer zugänglich. Auskunft bei der Zentrale.

BESUCHERINFORMATIONEN
Visitor center an der Main Road, 1 Meile vom Parkeingang, ganzjährig geöffnet. Besucherauskünfte bei der Zentrale.

EINTRITTSGEBÜHREN
$ 25 pro Wagen und Woche. Mai bis Ende September Shuttlebusse vom Visitor Center.

EINRICHTUNGEN FÜR BEHINDERTE
Visitor Center teilweise zugänglich für Rollstuhlfahrer; alle Aussichtspunkte und eine 1/2-Meilen-Strecke zwischen Sunset und Sunrise Point ebenfalls zugänglich. Broschüre gratis.

AKTIVITÄTEN
Kostenlose naturkundliche Veranstaltungen: (im Sommer) Naturwanderungen, Vorträge zur Geschichte und Geologie, Abendprogramm, Himmelsbeobachtung, Mondscheinwanderungen. Außerdem: Wandern, Geländeritte (bei Bryce Lodge anfragen oder anrufen: Tel. (435) 679-8665, Skilanglauf, Schneeschuhlaufen.

FREIES ZELTEN
Nur am **Under-the-Rim Trail** und am **Riggs Spring Loop Trail** erlaubt. Genehmigung erforderlich; im Visitor Center erhältlich.

CAMPINGPLÄTZE
Zwei Campingplätze, auf 14 Tage begrenzt. Ein Teil von **North** ganzjährig geöffnet. **Sunset** von Mai bis 30. September geöffnet. Manche Plätze auch von Mitte Mai bis September über NRRS zu buchen. Duschen in der Nähe. Zelt- und Wohnwagenplätze; keine Anschlüsse. **Sunset Gruppencampingplatz** Reservierungen empfohlen. Gastronomie im Park.

UNTERKUNFT
(inder Regel gelten Preise für 2 Personen im Doppelzimmer zur Hauptsaison)

Innerhalb des Parks

Bryce Canyon Lodge (südlich von Utah 12 an Utah 63) Xanterra Parks & Resorts, Bryce Canyon NP, UT 84717. Tel. (888) 297-2757 oder für ein paar Tage (435) 834-3700. Cabins, Zimmer, Suiten. $125–$155. Restaurant. April bis Ende Oktober.

Außerhalb des Parks:
In Bryce, UT 84764:

Best Western Ruby's Inn (1000 S. Hwy 63). Tel. (800) 528-1234 oder (435) 834-5341. 368 Zimmer. $110–$200. Klimaanlage, Pool, Restaurant.
Bryce Canyon Pines Motel (an Utah 12) Tel. (435) 834-5441. 50 Zimmer; 4 Cabins, 1 Kochnische. $85. Pool, Restaurant.
Bryce Canyon Resorts (139 W Utah 12) Tel. (866) 834-0043 oder (435) 834-5351. 6 Cabins, 3 Cottages, 62 Zimmer. $49 Klimaanlage, Pool, Restaurant.

In Panguitch, UT 84759:

Adobe Sands Motel 390 N. Main St., P.O. Box 593. Tel. (435) 676-8874. 21 Zimmer. $59. Klimaanlage. Mai bis Ende Oktober.
New Western Motel 180 E. Center St., P.O. Box 73. Tel. (435) 676-8876. 55 Zimmer. $75. Klimaanlage, Pool.
Color Country Motel 526 N. Main St., P.O. Box 163. Tel. (435) 676-2386. 26 Zimmer. $54–$62. Klimaanlage, Pool.

wenigen Stellen bietet der Park eine so großartige Aussicht. Türmchen und Monolithen erheben sich in nächster Nähe. Einige stehen allein, manche in Gruppen. Ein weiteres Stück weg führt mitten unter sie – ein Eintauchen in die Auswirkungen der Erosion vor dem Verlassen des Parks.

Eine interessante Anmerkung: Akustische Studien haben ergeben, dass die natürliche Stille hier der eines Tonstudios entspricht. Der Park kann sich auch einer besonders hohen Luftqualität rühmen. Die Ranger befürchten, dass es nicht so bleiben wird, wenn angrenzende Gebiete bebaut werden.

AUSFLÜGE

DIXIE NATIONAL FOREST
CEDAR CITY, UTAH

Teile dieses Waldes breiten sich über Südwest-Utah aus; sie bieten ungewöhnliche Felsbildungen, und Abschnitte des historischen Spanish Trail. 7984 km^2. Angebote: 27 Zeltplätze, Wandern, Bootfahren, Mountainbiken, Fischen, Reiten, Jagen, Picknickplätze, Panoramastraßen, Wintersport, Wassersport. Ganzjährig geöffnet; die meisten Campingplätze von Mai bis Oktober geöffnet. Auskunft in Cedar City an I-15, ca. 70 Meilen vom Bryce Canyon NP. Tel. (435) 865-3700.

CEDAR BREAKS NATIONAL MONUMENT
CEDAR CITY, UTAH

In diesem natürlichen »Freilichttheater« finden sich ungewöhnliche Gesteinsformen, die Eisen und Mangan rot, purpur und gelb gefärbt haben. 25 km^2. Angebote: 29 Zeltplätze, Wandern, Picknickplätze, Panoramastraßen, Wintersport, Zugang für Behinderte. Die Einrichtungen und Straßen sind von November bis Mai geschlossen. Visitor Center am Utah 148, ca. 60 Meilen vom Bryce Canyon NP. Tel. (435) 586-9451.

FISHLAKE NATIONAL FOREST
RICHFIELD, UTAH

Fish Lake, in dem es von Forellen wimmelt (darunter 35 Pfund schwere Mackinaws), ist nur eine Attraktion dieser dicht bewaldeten Berg- und Plateauregion. Der Skyline Trail führt an mehr als 3300 m hohen Gipfeln vorbei, und auch ein großes Dorf der Fremont-Kultur ist hier gelegen. 6069 km^2. Angebote: 40 Zeltplätze, Gastronomie, Wandern, Bootfahren, Radfahren, Fischen, Reiten, Jagen, Panoramastraßen. Ganzjährig geöffnet, die meisten Campingplätze von Mai bis Oktober geöffnet. Auskunft in Richfield an der US 89, ca. 80 Meilen vom Bryce Canyon NP. Tel. (435) 896-9233.

Needles bei Sonnenuntergang

CANYONLANDS

UTAH
GEGRÜNDET 12. SEPTEMBER 1964
1365 Quadratkilometer

Vom Plateaurand aus erblickt man nur Teilstücke des Green und Colorado Rivers, die im Herzen von Canyonlands zusammenfließen. Doch überall sieht man die Wirkung des Wassers; verästelte Canyons, senkrechte Wände, Säulen aus Sandstein.

Die beiden Flüsse, die sich hier vereinigen, teilen den Park in drei Bezirke. Das hohe Tafelland, oder Island in the Sky, thront wie ein Vorgebirge 600 m über dem Zusammenfluss. Darunter The Needles, die sich mit rot und weiß gebänderten Zinnen 120 m hoch über Baumwiesen und steilwandigen Tälern erheben. Ein Gewirr von Spalten und Spornen kennzeichnet schließlich The Maze, ein jenseits des Flusses im Westen gelegenes Gebiet von klösterlicher Abgeschiedenheit.

Das Gelände fällt überall in großen Stufen ab. Ebene Felsterrassen enden an der Innenseite abrupt an Felswänden und außen an Steilabstürzen. Es ist eine Landschaft senkrecht stehender Wände, nur von wenigen geteerten Straßen erschlossen.

Schichten von Sandstein unterschiedlicher Härte bilden die sichtbare Oberfläche von Canyonlands. Doch sind es vor allem die unterirdischen Salzlager, die das Land geprägt haben; unter dem gewaltigen Druck des auflagernden Gesteins wölben sie sich auf und bilden Dome, die das Terrain zerklüften. Weil Salzdome leicht zu erschließen und zu versiegeln sind, wird ein solcher derzeit auf seine Eignung als Lager für Nuklearabfälle erforscht.

Der mittlere Jahresniederschlag beträgt 200 mm. Die Bäume, die hier wachsen, müssen anpassungsfähig sein. Wacholder *(juniper)* überlebt Dürrezeiten dadurch, dass er nur wenige Zweige ausbildet und die übrigen absterben lässt. Juniper und Pinyon-Kiefern wurzeln überall, wo sie nur ein bisschen Erde finden, sogar in den Spalten und Löchern des glatten Slickrocks.

Anreise

Island in the Sky District. Von Moab (35 Meilen) über US 191 North zum Utah Hwy. 313, dann weitere 13 Meilen nach Südwesten bis zum Visitor Center.

Needles District. Von Moab (75 Meilen) über US 191 South zum Utah Hwy. 211, dann 34 Meilen nach Westen zum Eingang.

Maze District. Von Green River über I-70 West zum Utah Hwy. 24 South, dann auf einer unbefestigten Straße 46 Meilen zur Hans Flat Ranger Station.

Flughafen: Grand Junction, Colo., ca. 115 Meilen von The Island in the Sky.

Reisezeit

Frühjahr und Herbst sind ideal für Wanderungen. Die Sommer sind heiß, aber trocken. Schnee und Kälte können das Fortkommen im Winter erschweren.

Reiseempfehlungen

Die Abgelegenheit und Unzugänglichkeit großer Teile des Parks machen die Reise zu einem einzigartigen Erlebnis, aber nicht für jeden; es gibt wenige Besuchereinrichtungen und feste Straßen. Wenn Sie einen Tag Zeit haben, besuchen Sie **Island in the Sky**. Für den zweiten Tag empfehlen sich **The Needles** als klassisches Canyongebiet. Ausflüge in **The Maze** erfordern sorgfältige Vorbereitung.

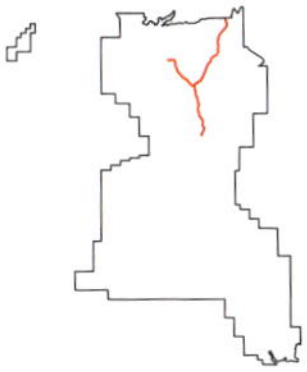

ISLAND IN THE SKY

40 Meilen; ein halber bis ganzer Tag

Bald nach Einfahrt in den Park überquert man **The Neck** – eine Felsbrücke, die nicht viel breiter ist als die Straße selbst und Hochfläche und Canyonland miteinander verbindet.

Um das Netz verästelter Canyons zu überschauen, fahren Sie am besten zum **Grand View Point Overlook** (1859 m). Die Steinsäulen im **Monument Basin** darunter ragen bis 100 m über die Sohle des Canyons auf.

Südlich mündet, in tiefen Schluchten versteckt, der **Green River** in den **Colorado River**. Als John Wesley Powell 1869 den Colorado erforschte, beschrieb er diese merkwürdig geformte Landschaft am Zusammenfluss mit

Büschel von Schlangenwurz am Colorado

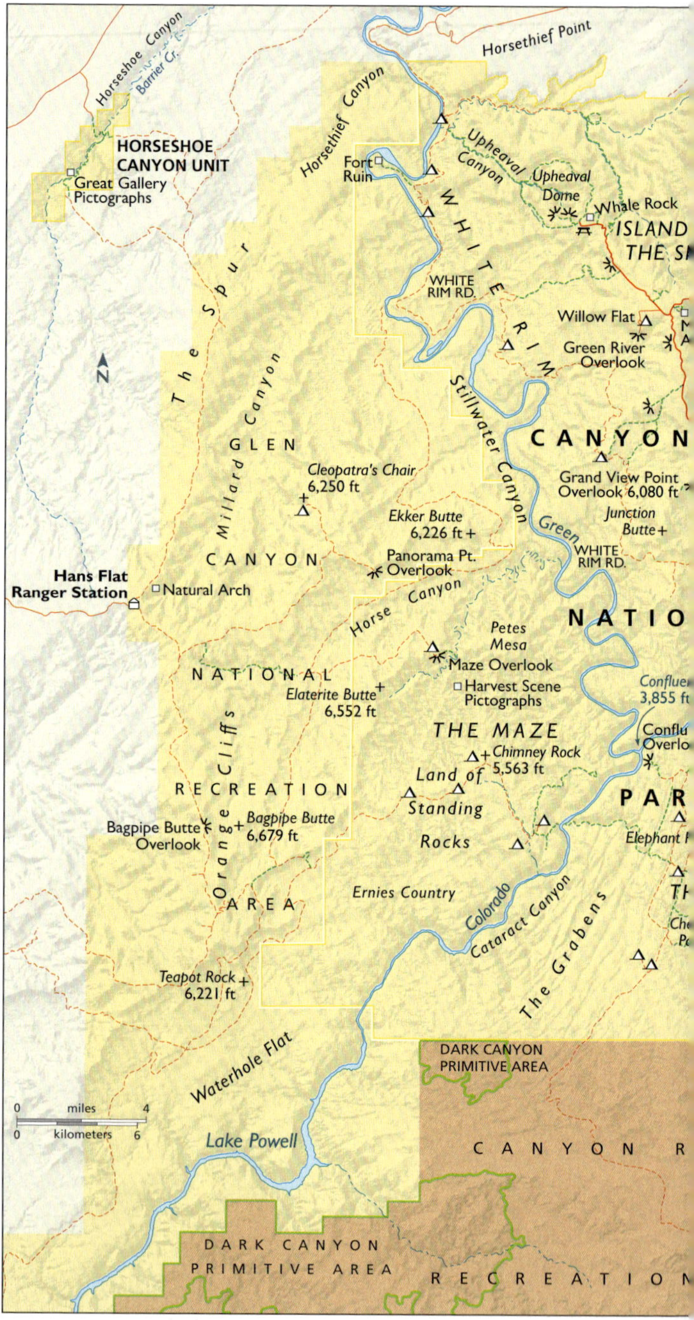

Horseshoe Canyon
Barrier Cr.
Horsethief Point
HORSESHOE CANYON UNIT
Great Gallery Pictographs
Horsethief Canyon
Fort Ruin
Upheaval Canyon
Upheaval Dome
Whale Rock
WHITE RIM
WHITE RIM RD.
Willow Flat
Green River Overlook
The Spur
Millard Canyon
GLEN CANYON NATIONAL RECREATION AREA
Stillwater Canyon
CANYON
Grand View Point Overlook 6,080 ft
Cleopatra's Chair 6,250 ft
Ekker Butte 6,226 ft
Junction Butte
Green
WHITE RIM RD.
Panorama Pt. Overlook
Hans Flat Ranger Station
Natural Arch
Horse Canyon
NATIO
Petes Mesa
Maze Overlook
Harvest Scene Pictographs
Elaterite Butte 6,552 ft
3,855 ft
Orange Cliffs
THE MAZE
Chimney Rock 5,563 ft
Land of Standing Rocks
PAR
Bagpipe Butte Overlook
Bagpipe Butte 6,679 ft
Elephant
Ernies Country
Colorado
Cataract Canyon
The Grabens
Teapot Rock 6,221 ft
Waterhole Flat
DARK CANYON PRIMITIVE AREA
0 miles 4
0 kilometers 6
Lake Powell
CANYON
DARK CANYON PRIMITIVE AREA
RECREATION

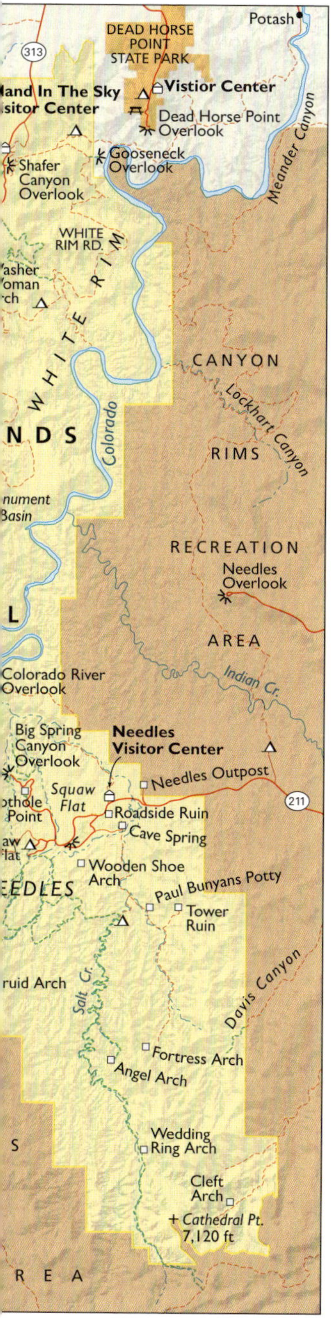

den Worten: »Wohin wir schauten, war eine Wildnis von Fels.«

Lassen Sie **Buck Canyon Overlook** und **Murphy Point** beiseite. Biegen Sie statt dessen zum **Upheaval Dome** ein und folgen Sie der planierten Straße am *Willow Flat Campground* vorbei zum **Green River Overlook.** Vor Ihnen dehnt sich eine weite Canyonlandschaft: unten der ruhig durch den **Stillwater Canyon** fließende Green River, dahinter **The Maze**; und am fernen Horizont die Henry Mountains.

Die Straße zum Upheaval Dome endet an einem schönen Picknickplatz unter Wacholder und Pinyon. Gehen Sie 500 m weiter, und Sie stehen am Rande einer außergewöhnlichen geologischen Erscheinung. Das Gelände fällt zu einem Kilometer breiten Krater hin ab, um den herum gekippte Felsschichten konzentrisch aufragen; ein Felsturm steht in der Mitte. Einige Geologen vermuten, dass hier ein Meteorit eingeschlagen ist.

Eine ungewöhnliche Felszeichnung, »All-American Man« genannt

Vom **Mesa Arch Trailhead** führt ein bequemer ¹/₂-Meilen-Rundweg durch einen Pinyon-Wacholder-Wald zu einem kleinen Steinbogen, der sich aus dem Plateaurand gelöst hat. Der Anblick lohnt den Weg: In der Rundung des Bogens erscheinen der **Washer Woman Arch** und die **La Sal Mountains**, die im Winter schneebedeckt sind.

Halten Sie schließlich am **Shafer Canyon Overlook**. Der kurze **Shafer Trail** führt an einem Felssporn hoch über den Canyons entlang, die sich tief in die Schichtpakete eingegraben haben. Am späten Nachmittag brennen die Felsen hier wie Feuer im Licht der schräg stehenden Sonne.

Felsformation der Needles

THE NEEDLES

18 Meilen; fast ein ganzer Tag

Wenn Sie nicht gerade zelten wollen, reisen Sie wohl am besten aus Moab (1¹/₂ Autostunden) oder Monticello (1 Stunde) an. **The Needles** bilden ein Netz von Canyons, flachsohligen Tälern, Steinbögen und gewaltigen Mauern aus Sandstein, in die Türme und Säulen geschnitten sind. Am nördlichen Horizont erkennt man die Umrisse von **Island in the Sky** und **Junction Butte.**

Utah 211 bringt Sie direkt zum - Needles Visitor Center; von dort führt eine Piste nordwärts zum **Colorado River Overlook** – doch die lässt man lieber aus, wenn das Auto keinen Vierradantrieb besitzt.

Auf der Straße kommt man bis nahe an die **Roadside Ruin**. Ein Naturlehrpfad von ¹/₄ Meile Länge führt zu einem kleinen, gut erhaltenen Kornspeicher, in dem die Indianer vor über 700 Jahren ihren Mais lagerten. Diese frühen Ackerbauern sind mit den Anasazi von Mesa Verde und Chaco Canyon verwandt. Eine Broschüre erklärt, wie sie die Pflanzen, die man am Wegesrande sieht, zu nutzen wussten.

Ihr nächster Halt ist **Pothole Point**, von wo ein Weg von ¹/₃ Meile zu einem wichtigen Wasserspeicher der Region führt. Bei Regen füllen sich solche Senken mit Wasser. Auch wenn sie so ruhig wirken wie der Fels, sind sie doch von Leben erfüllt. Die Eier von - Schnecken, Kiemenfußkrebsen und Haarwürmern überdauern den Sommer im trockenen Schlamm; wenn der Regen kommt, schlüpfen sie in wenigen Tagen aus.

Die Straße endet am **Big Spring Canyon Overlook**, wo Steinsäulen aus dem kahlen Fels ragen. Der 5¹/₂ Meilen lange Confluence Overlook Trail führt – mit Hilfe einer Leiter an der Canyonseite gegenüber – zu einem Punkt 280 m über dem Zusammenfluss der beiden Ströme hinauf. Dies ist ein beliebter Wanderweg, doch der 2¹/₂ Meilen lange **Slickrock Foot Trail**, der kurz vor dem Aussichtspunkt beginnt, ist schöner. Er führt – mäßig anstrengend – über die kahlen *Slickrock*-Kuppen der Cedar-Mesa-Formation.

The Needles – verwitterte Felstürme aus Sandstein

Sie können nun in die unbefestigte Straße zum **Elephant Hill** einbiegen, wo Sie eine berüchtigte Steilstrecke für Geländewagen erwartet. Von hier bieten sich herrliche Ausblicke über **The Needles**. Hohe Felsnadeln, deren rote und weiße Schichten auf einen Wechsel von Fluss-Sedimenten und Sanddünen hinweisen, bilden die Skyline. Und der schattige Platz am Ende der Straße lädt zum Picknick ein.

WANDERUNGEN UND GELÄNDEFAHRTEN

Wenn man Canyonlands wirklich sehen will, dann muss man sich zu Fuß, mit dem Mountainbike oder mit dem Geländewagen fortbewegen.

In The Needles führt der **Chesler Park Trail** fast 3 Meilen weit in eine grasbewachsene Felsmulde, die von bunten Felstürmen umrahmt wird. Beim **Elephant Canyon** zweigt der **Druid Arch Trail** ab, der über weitere $2\,^{2}/_{5}$ Meilen – eine kleine Leiter – zu einem großen Steinbogen führt, der an eine Kultstätte der Megalith-Kultur erinnert.

Elephant Hill Trail – nur für robuste Geländewagen geeignet – führt 9 Meilen weit zum **Confluence Overlook**. Er beginnt mit zünftigen Haarnadelkurven und 40 Prozent Steigung am Elephant Hill und endet mit einem $^{1}/_{2}$-Meilen-Fußweg zum Aussichtspunkt.

Der **White Rim Trail** in Island in the Sky ist eine der beliebtesten Jeep-Routen; er ist von The Neck über den **Shafer Trail** zu erreichen. Der Weg folgt einem breiten Felssims, der stellenweise mondweiß leuchtet. Über eine Strecke von 80 Meilen bleibt er oberhalb der Schlucht und 350 m unter dem Island – und kreuzt dabei die Heimat der Wüsten-Dickhornschafe.

Nordwestlich von The Maze liegt ein getrennter Teil des Parks, die **Horseshoe Canyon Unit**. Auf einem Weg von 3½ Meilen folgt man zunächst einer alten Straße in den Canyon, geht dann den **Barrier Creek** hinauf und gelangt so zu einigen der schönsten prähistorischen Felsmalereien des Kontinents. An der **Great Gallery** starren geisterhafte, in rotem Ocker gemalte Figuren aus hohlen Augen auf den Vorbeimarsch der Jahrhunderte herab. Archäologen attestieren diesen mannshohen Bildern ein Alter von 2000, ja sogar 6000 Jahren.

Zum **Maze Overlook** gelangt man auf einem Pfad von 14 Meilen vom **North Trail Canyon**, den man von der **Hans Flat Ranger Station** (3½ Meilen) erreicht. Diese Teilstrecke kann schon für sich ein Abenteuer sein, doch die Aussicht, die man von den Rändern dieses abgelegenen Zipfels der Canyonlands genießt, lohnt die Mühe. Und die Stille ist so tief, wie der Blick weit ist. Der Weg führt an **Elaterite Butte** vorbei – darunter liegen die Canyons von The Maze.

Sie können die 34 Meilen von **Hans Flat** zum Aussichtspunkt auch mit einem Geländefahrzeug (mit viel Bodenfreiheit) zurücklegen – es ist eine der klassischen Jeep-Strecken des Parks. Der Fahrer sieht allerdings wenig von der Landschaft, und Schnee macht die Strecke unpassierbar.

Blick durch Mesa Arch auf La Sal Mountains

Pothole Point in The Needles

PRAKTISCHE INFORMATIONEN

ZENTRALE
2282 S. West Resource Blvd., Moab, Utah 84532. Tel. (435) 719-2313; www.nps.gov/cany

SAISON UND ANREISE
Park ganzjährig geöffnet. Heftige Regenfälle zwischen Juli und September können unbefestigte Straßen unpassierbar machen.

BESUCHERINFORMATIONEN
In Moab gibt es ein großes Visitor Center (805 N. Main St.; 435-259-8825 oder 800-635-6622). Visitor Centers kurz nach den Einfahrten zu **Island in the Sky** und **The Needles** ganzjährig geöffnet. **Hans Flat Ranger Station** außerhalb des Parks in der Nähe von The Maze; ganzjährig geöffnet. Zentrale 3 Meilen südlich von Moab.

EINTRITTSGEBÜHREN
$10 pro Fahrzeug, gültig für 7 Tage und mehrmaligen Eintritt. Jahresgebühr von $25 auch für Arches National Park, Natural Bridges und Hovenweep gültig.

TIERE
Müssen an der Leine gehalten werden. Auf Wanderwegen, am Flussufer und im Hinterland verboten.

EINRICHTUNGEN FÜR BEHINDERTE
Die Visitor Centers und die Zentrale in Moab sind für Rollstuhlfahrer zugänglich.

AKTIVITÄTEN
Kostenlose naturkundliche Veranstaltungen: Naturwanderung, erläuternde Ausstellungen. Außerdem: Wandern, Bootfahren, Schlauchbootfahren (Genehmigung erforderlich), Radfahren. Liste der Anbieter von Geländefahrzeugen, Mountainbikes, Pferden, Wander- und Flusstouren über Zentrale erhältlich.

BESONDERE RATSCHLÄGE
- Auf Wanderungen immer Wasser mitführen – mindestens 4 Liter pro Kopf und Tag. Trinkwasser gibt es in der Nähe des Squaw Flat Campground und am *Visitor Center*.
- Vorsicht an Felsrändern und auf glattem *Slickrock*-Stein; Stürze enden oft tödlich.
- Betreten Sie keine Kryptogamen-Kruste; das ist ein empfindlicher schwarzer Knirschboden aus lebenden Pflanzen.

FREIES ZELTEN
Genehmigung und Reservierung erforderlich. Gegen Gebühr zu erhalten bei den *Visitor Centers* und *Ranger Stations*. Zeltstellen am White Rim Trail in Island in the Sky stehen Mountainbikern und Campern in Geländefahrzeugen (mit viel Bodenfreiheit) offen; Reservierung unter Tel. (435) 259-4351

CAMPINGPLÄTZE
Zwei Campingplätze, **Squaw Flat** und **Willow Flat**, beide begrenzt auf 14 Tage. Ganzjährig geöffnet von März bis Oktober; *first come, first served*. Gebühren: keine bis $5–$10 pro Nacht. Keine Duschen. Zelt- und Wohnwagenplätze, keine Anschlüsse. Drei Gruppencampingplätze in **The Needles**; Reservierung erforderlich (über Zentrale). Keine Gastronomie im Park.

UNTERKUNFT
(es gelten Preise für 2 Personen im Doppelzimmer zur Hauptsaison)

In Moab, UT 84532:
Best Western Green Well Motel 105 S. Main St. Tel. (800) 528-1234 oder (435) 259-6151. 72 Zimmer. $100–$150. Klimaanlage, Pool, Restaurant.
Big Horn Lodge 550 S. Main St. Tel. (800) 325-6171 oder (435) 259-6171. 90 Zimmer. $90. Klimaanlage, Pool, Restaurant.
Cedar Breaks Condos Center and 4th E. Tel. (800) 505-5343 oder (435) 259-5125. 62 Zimmer, alle mit Küchen. $125–$150. Klimaanlage.
Pack Creek Ranch (15 Meilen südlich von Moab, an der La Sal Mountain Loop Rd.) 1075 S. Hwy 191. Tel. (435) 259-5091. Cabins, Häuser. $105–$300. Kostenlose Massage, Klimaanlage, Pool.
Ramada Inn–Moab 182 S. Main St. Tel. (800) 272-6232 oder (435) 259-7141. 82 Zimmer. $89–$149. Klimaanlage, Pool, Restaurant.

In Monticello, UT 84535:
Best Western Wayside Inn 197 E. Central Hwy. 491. 666. Tel. (800) 633-9700 oder (435) 587-2261. 38 Zimmer. $78. Klimaanlage, Pool.
Monticello Inn 164 E. Central Hwy. 491. 666. Tel. (800) 657-6622 oder (435) 587-2274. 26 Zimmer. $55–$90. Klimaanlage.

Weitere Unterkünfte: Utah's Canyonlands Region, Moab Area Travel Council, Main & Center Streets, Moab, UT 84532. Tel. (800) 635-6622 oder (435) 259-8825.

AUSFLÜGE

WESTWATER CANYON
MOAB, UTAH

Die Namen der Stromschnellen an dieser 17-Meilen-Wildwasserstrecke des Colorado Rivers sprechen Bände: Funnel Falls, Skull, Sock-it-to-Me, Last Chance. Nur erfahrene Bootssportler sollten sich ihnen stellen; Genehmigung *(Gebühr)* und Reservierung erforderlich. Es gibt Felsbögen, Bergbauruinen und viele Vogelarten. Angebote: einfaches Camping, Wandern, Bootfahren, Bootsrampe, Fischen, einfache Zeltplätze für 1 Nacht, Schwimmen. Ganzjährig geöffnet. Auskunft in Westwater, ca. 80 Meilen nordöstlich vom Canyonlands NP. Tel (435) 259-7012.

HENRY MOUNTAINS BUFFALO HERD
HANKSVILLE, UTAH

Eigentlich sind sie Tiere der Ebenen, doch die etwa 520 Kopf starke Bisonherde wandert im Sommer zu Höhen bis 3300 Meter hinauf. 600 km². Angebote: drei Campingplätze, viele einfache Zeltplätze. Ganzjährig geöffnet. Informationen: Mo–Fr bei Hanksville BLM, nahe Utah 24, 110 Meilen westlich vom Canyonslands Tel. (435) 542-3461.

NATURAL BRIDGES NATIONAL MONUMENT
LAKE POWELL, UTAH

An drei Naturbrücken zeigen sich drei Entwicklungsstadien: Jugend, Reife und Alter. Die drei Brücken tragen Hopi-Namen: Sipapu, Kachina und Owachomo – nachdem sie erst 1883 von Goldschürfern entdeckt wurden. Es gibt Ruinen der Anasazi und Felsenmalerei zu besichtigen. 30 km². Angebote: 13 Campingplätze (meist schnell voll), einfache Zeltplätze, Picknickplatz, Panoramastraße, Wanderwege im Winter oft unpassierbar; Zeltplätze ganzjährig geöffnet. Visitor Center am Utah Hwy. 275, 4 Meilen von der US 95 entfernt, ca. 95 Meilen vom Canyonlands NP. Tel. (435) 692-1234.

GLEN CANYON NATIONAL RECREATION AREA
PAGE, ARIZONA

Das Herzstück der Glen Canyon NRA ist Lake Powell, 186 Meilen aufgestauter Colorado, hinter einem der höchsten Dämme der Welt. Der See, die Wüste und die Canyons in der Umgebung sind ein Paradies für Bootssportler, Angler, Wanderer und Camper. Es werden Barsch, Wels und Zander gefangen, außerdem Forellen unterhalb des Dammes. Kostenlose Dammbesichtigung. 4925 km^2, hauptsächlich in Utah. Angebote: Zelt- und Wohnwagenplätze, 5 Sporthäfen, Unterkunft, Gastronomie, Bootfahren (Vermietung möglich), Bootsrampe, Fischen, Wandern, Picknickplätze, Wassersport, Zugang für Behinderte. Ganzjährig geöffnet, ebenso die Campingplätze. Grenzt an den Canyonlands NP und das Grand Staircase-Escalante NM. Tel. (928) 608-6404.

RAINBOW BRIDGE NATIONAL MONUMENT
PAGE, ARIZONA

Für die Navajos ist die 90 m hohe Naturbrücke aus rosa Sandstein ein heiliger »Regenbogen aus Stein«. Man erreicht sie zu Fuß oder Pferde auf rauen Wegen quer durch das Navajo-Indianerreservat (Genehmigung erforderlich) – eine anstrengende, nur für Geübte geeignete Tour. Die meisten Besucher der größten Naturbrücke der Welt kommen mit dem Boot vom Lake Powell aus der Glen Canyon NRA (siehe oben), von den Bootshäfen Halls Crossing, Bullfrog oder Wahweap. 65 Hektar. Angebote: Bootsanlegestelle, Toiletten. Kein Wasser. Wanderwege ab Arizona Hwy. 98, ca. 135 Meilen vom Canyonlands NP. Tel. (928) 608-6404.

Gehobene und exponierte Schichten an der Westflanke der Waterpocket Fold

CAPITOL REEF

UTAH
GEGRÜNDET 18. DEZEMBER 1971
978 Quadratkilometer

Was Capitol Reef geografisch zusammenhält, ist die Waterpocket Fold. Auf hundert Meilen Breite steigen ihre parallel laufenden Kämme auf wie Riesenwellen, die auf die Küste zulaufen. Die freiliegenden Ränder sind zu Kuppeln aus nacktem Fels, zu Steilklippen und einem Netz verschlungener Canyons verwittert.

Geologen ist die Faltung als eine der größten und markantesten monoklinen Falten in Nordamerika bekannt, Reisende schätzen sie wegen ihrer wilden Schönheit. Trotz seiner Abgelegenheit lockt der Park 750000 Besucher im Jahr an.

Capitol Reef ist nach den senkrechten Felswänden benannt, die den frühen Pionieren den Weg versperrten: Sie fühlten sich an ein Riff im Ozean erinnert. Obwohl heute eine Staatsstraße das »Riff« durchquert, ist im Inneren des Parks das Fortkommen noch immer beschwerlich.

Der Südteil des Faltenkammes bietet im Lower Muley Twist Canyon und den Halls Creek Narrows gute Möglichkeiten zum Rucksackwandern und Zelten. An der Nordgrenze des Parks liegt Cathedral Valley, eine Stätte der Ruhe und Einsamkeit, wo schroffe Felsklötze steil aufragen.

Der Mittelteil ist am bekanntesten. Hier kontrastiert die raue Schönheit der turmhohen Felsen mit der grünen

Oase, die Mormonen im 19. Jahrhundert beim Dorfe Fruita am Fremont River schufen. Ihre Gräben bewässern noch immer Obstbäume auf Feldern, die von Fremont-Indianern vor 700 Jahren verlassen wurden. Jetzt erfreuen sich Maultierhirsche an Luzerne und Gras, und Parkbesucher ernten die Äpfel, Pfirsiche, Birnen, Kirschen und Aprikosen.

Das eindrucksvollste Andenken an die Fremont-Kultur bilden die schönen Felsmalereien. Tiergestalten, die Dickhornschafen ähneln, sind auf den Bildern häufig zu sehen. Das letzte heimische Wüsten-Dickhornschaf wurde hier 1948 gesichtet; man macht die Jagd sowie Krankheiten, die vom Hausschaf übertragen wurden, für sein Verschwinden verantwortlich. Der Park-Service hat Wüsten-Dickhornschafe 1984, 1996 und 1997 wieder angesiedelt, und der Versuch scheint erfolgreich zu verlaufen.

Anreise

Von Green River (ca. 85 Meilen) über I-70 zum Utah Hwy. 24 und Osteingang. Eine landschaftlich schönere Anreise führt vom Bryce Canyon National Park über Utah Hwy. 12 und Boulder Mountain zum Utah Hwy. 24 und Westeingang. Flughafen: Salt Lake City.

Reisezeit

Ganzjährig. Frühjahr und Herbst sind mild und ideal zum Wandern. Die Winter sind kalt, aber kurz. Einfache Straßen können bei Frühjahrstauwetter, Regenfällen und Schnee unpassierbar werden.

Reiseempfehlungen

Für einen 1-Tages-Besuch empfiehlt sich eine Fahrt auf Utah Hwy. 24 am **Fremont River** und **Scenic Drive Park**. Das Gebiet bietet gute Wandermöglichkeiten auf 40 Meilen erschlossener Wege. Am zweiten Tag kommen eine Fahrt auf der **Burr Trail Loop** und eine Wanderung zum **Strike Valley Overlook** in Frage. Bei einem längeren Aufenthalt kann man die **Cathedral Valley Loop** umfahren oder einen der Canyons der **Waterpocket Fold** durchwandern. Achtung auf Straße, Weg und Wetter!

FREMONT RIVER & SCENIC DRIVE

35 Meilen; ein halber bis ganzer Tag

Wenn Sie von Westen kommen und auf Utah Hwy. 24 ostwärts fahren, stoßen Sie auf die zerklüftete westliche Wand der **Waterpocket Fold**, eine gewaltige Felsfront, die sich in nord-südlicher Richtung erstreckt. Nach ein paar Meilen folgt die Straße dem Tal, das sich der rasch fließende **Fremont River** durch die Felsen gebahnt hat.

Auf einer unbefestigten Stichstraße gelangen Sie zum **Goosenecks Overlook**. Ein kurzer, leichter Pfad führt zum Aussichtspunkt über den tiefen Mäandern des **Sulphur Creeks** hinauf. Ein weiterer Spaziergang führt zum **Sunset Point**, von wo sich das eigentliche **Capitol Reef** gut überschauen lässt.

Der imposante Chimney Rock

Die Abzweigung **Chimney Rock** kommt für den 3¹/₂ Meilen langen Rundweg zum Chimney Rock in Betracht. Hier können Sie die interessante Gesteinsschichtung des Capitol Reef wunderbar aus der Nähe betrachten. Zuerst geht es steil nach oben zum Rand hoch über dem Chimney Rock, einer Spitze der Moenkopi Formation, die durch eine Haube aus Shinarump-Stein geschützt ist. Der Weg führt zurück durch graugrüne und braune Steine der Chinle Formation, die bekannt ist für ihre versteinerten Holzstücke.

Besuchen Sie das Visitor Center bei **Fruita**, einer ehemaligen, in den 1880er Jahren gegründete Mormonensiedlung, die heute zum Park gehört. Und versäumen Sie nicht die 10 Minuten dauernde Dia-Schau.

Der **Scenic Drive** (25 Meilen hin und zurück) führt Sie nun auf gepflastertem Weg am rauen Rand des Capitol Reef entlang. Die Straße folgt einem hundert Jahre alten Fuhrweg, dem **Blue Dugway**. Die alte Straße wurde von Indianern, Gesetzesbrechern, Landstreichern und einmal sogar – einem frühen Siedler zufolge – vom Teufel selbst benutzt: Er habe ihn verjagt, indem er ihm das *Book of Mormon* vor die Nase hielt.

Nehmen Sie die kurze, staubige Nebenstraße zum **Grand Wash**, und achten Sie auf die **Cassidy Arch** hoch oben in der Felswand: Der Name erinnert an den Gesetzlosen Butch Cassidy, der sich im Canyon versteckt haben soll. Vom Parkplatz führt ein enger 2¹/₄-Meilen-Pfad den Grand Wash hinunter zum Fremont River. Ein anderer Weg führt über 1³/₄ Meilen zum Cassidy Arch hinauf. Der Scenic Drive endet mit einer 2 Meilen langen, staubigen, kurvigen Sackgasse in der **Capitol Gorge**; das war bis zum Jahre 1962 die Hauptstrecke durch Capitol Reef. Weiter canyonabwärts kann man die Auswaschungen im Fels betrachten, nach denen »Waterpocket« Fold benannt ist.

Die Obstbäume von Fruita am Fremont River

Fahren Sie nach Fruita zurück, wie Sie gekommen sind, und wenden Sie sich auf Utah Hwy. 24 ostwärts, an gepflegten Obstgärten vorbei. Halten Sie bei der **Petroglyphs** an: Fremont-Indianer haben hier große, menschliche Gestalten mit Kopfschmuck in den Fels geritzt. Da man die Kunstwerke nur aus der Ferne betrachten kann, ist ein Fernglas hilfreich.

Woher die indianischen Ackerbauern um 600 n. Chr. kamen und warum sie 6 Jahrhunderte später wieder verschwanden, ist nicht geklärt. Die frühen Siedler fanden hier Reste von Bewässerungsgräben, Kornspeichern und Erdwohnungen vor. Eine ungewöhnliche Entdeckung war ein Ziegel aus Zucker, Gras-Samen und zermahlenen Grashüpfern – offenbar eine Notverpflegung.

Fahren Sie weiter zur **Hickman Bridge**; ein Naturlehrpfad führt 1 Meile zu einem 38 m hohen Felsbogen hinauf. Wenn Sie sportlicher wandern wollen, dann nehmen Sie den 2¹/₄ Meilen langen Rim Overlook Trail, oben am Felsrand entlang. Er endet an einer Steilwand, die 300 m zum Fremont River abfällt – ein schöner Aussichtspunkt, um die grüne Insel Fruita inmitten aufgestellter Schichtrippen zu überschauen.

Black Mt.
6,938 ft
miles 0 10
kilometers 0 15
Gypsum Sinkhole
Cathedral Valley
MIDDLE DESERT
Temple of the Sun
Temple of the Moon
Upper South Desert Overlook
Polk Cr.
SOUTH DESERT
Deep Cr.
Factory Butte 6,321 ft
CAINEVILLE WASH ROAD
Caineville Wash
Lower South Desert Overlook
FISHLAKE NATIONAL FOREST
North Caineville Mesa
Chimney Rock
CAPITOL
Waterpocket
Twin Rocks
Sulphur Cr.
24
Caineville
Fremont
Petroglyphs
Hickman Bridge
Visitor Center
Torrey
Goosenecks Overlook
Fruita
South Caineville Mesa
Fremont
Behunin Cabin
CAPITOL
Sandy Cr.
12
Grover
Notom
SCENIC DRIVE
Capitol Gorge
NOTOM-BULLFROG ROAD
Sweetwater Cr.
Miners Mt.
Singletree
REEF
DIXIE
REEF
Fold
Larb Hollow Overlook
Pleasant Cr.
HENRY
Pleasant Creek
Oak Creek
Oak Cr.
NATIONAL
Steep Creek Overlook
Dry Bench
McMillan Springs
Homestead Overlook
NOTOM-BULLFROG ROAD
MOUNTAINS
Cedar Mesa
Circle Cliffs
FOREST
NATIONAL
Tarantula Mesa
ANASAZI STATE PARK
BURR TRAIL RD.
Waterpocket
Strike Valley
Boulder
Steep Cr.
Strike Valley Overlook
Muley
Burr Trail Switchbacks
Muley Cr.
Twist Canyon
The Post
Fold
Lower Muley Twist Trailhead
Calf Creek
Deer Cr.
Wagon Box Mesa
GRAND STAIRCASE-ESCALANTE NATIONAL MONUMENT
PARK
Escalante
Muley Tanks
Halls Creek Overlook
Big Thomson Mesa
BURR TRAIL ROAD
Brimhall Bridge
4,800 ft
N
Silver Falls Cr.
Circle Cliffs
Halls Cr.
Hall Mesa
Harris Wash
Escalante
GLEN CANYON NATIONAL RECREATION AREA

Nächster Haltepunkt ist **Behunin Cabin**. Dieses 1-Zimmer-Steinhaus hat einmal eine 10-köpfige Familie beherbergt. Die Eltern und die zwei jüngsten Kinder schliefen drinnen, die übrigen draußen in einer nahen Felsnische.

BURR TRAIL LOOP

125 Meilen; mindestens ein ganzer Tag

Die Fahrt beginnt am *Visitor Center* und führt über Utah Hwy. 24 ostwärts zur **Notom-Bullfrog Road**. Die schlichte Straße führt südwärts an der Hebungszone entlang, wo der Fels sich im Winkel von 70° himmelwärts geschoben hat. Die Straße durchquert eine Anzahl trockener Flussbetten, die als Canyons aus der Ostflanke der Faltung austreten.

An der Kreuzung **Burr Trail Road** ist zu entscheiden, ob man zum *Visitor Center* zurückkehrt (½ Tag) oder die ganze Schleife fahren will (1 Tag). Fährt man weiter, dann geht es in westlicher Richtung einige spitze Kehren zum Hochrand des Bergzuges hinauf. Der Blick auf die **Henry Mountains** im Osten und den **Burr Canyon** direkt zu Füßen ist atemberaubend.

Eine der schönsten Aussichten im Park bietet der **Strike Valley Overlook** im **Upper Muley Twist Canyon**. Viele Besucher wandern die 2½ Meilen vom Wanderparkplatz aus; der Weg führt durch einen herrlichen Canyon mit doppelten Bögen und einem Felsfenster am oberen Rand. Man kann den Canyon dann noch 6½ Meilen weiter hinaufgehen, vorbei an weiteren großen Steinbögen.

Wer die Einsamkeit sucht, kann sich mit dem Rucksack in den **Lower Muley Twist Canyon** und eine Wildnis nackter Felsen begeben. Weil die Biegungen im Canyon so eng sind, mussten sich die Maultiere früher krumm machen – behaupteten die Fuhrleute –, um überhaupt durchzukommen (Freies Zelten mit Genehmigung).

Die Burr Trail Road führt aus dem Park heraus und nach Westen zur Stadt Boulder. Biegen Sie nordwärts in Utah Hwy. 12 ein, der **Boulder Mountain** und einem Hochgebirgswald durchquert. Sie erreichen Utah Hwy. 24 etwa 10 Meilen westlich des *Visitor Centers*.

CATHEDRAL VALLEY LOOP

70 Meilen; ein halber bis ganzer Tag

Für diese Fahrt auf Nebenstrecken ist ein Geländefahrzeug oder Wagen mit viel Bodenfreiheit nötig; erkundigen Sie sich vor der Abfahrt nach den Straßenverhältnissen. Folgen Sie Utah Hwy. 24 ab *Visitor Center* 11 Meilen weit nach Osten bis zu einer markierten Kreuzung, und überqueren Sie hier den Fremont River an einer Furt. Wenn der Fluss zu hoch (oder Ihr Fahrzeug zu niedrig) ist, nehmen Sie

Farben des Herbstes

Frühlingsvegetation bei Freemont River

PRAKTISCHE INFORMATIONEN

ZENTRALE
HC 70 Box 15, Torrey, Utah 84775.
Tel. (435) 425-3791; www.npa.gov/care

SAISON UND ANREISE
Ganzjährig geöffneter Park. Die meisten Straßen sind nicht befestigt und, außer dem Scenic Drive, bei Regenfällen und im Winter möglicherweise gesperrt. Fahrten auf unbefestigten Straßen, auch die Cathedral Valley Loop, sollte man nur mit geländegängigen Fahrzeugen unternehmen. Auskunft über aktuelle Wetter- und Straßenverhältnisse über Zentrale oder beim *Visitor Center*.

BESUCHERINFORMATIONEN
Visitor Center am Utah Hwy. 24 im Norden des Parks ganzjährig geöffnet. Besucherauskunft telefonisch bei der Zentrale.

EINTRITTSGEBÜHREN
$5 pro Wagen und Woche

TIERE
An der Leine gehalten erlaubt, außer auf Wanderwegen und im Hinterland.

EINRICHTUNGEN FÜR BEHINDERTE
Visitor Center, Toiletten und der Petroglyphs Trail sind für Rollstuhlfahrer zugänglich.

AKTIVITÄTEN
Kostenlose naturkundliche Veranstaltungen: Naturwanderungen, Abendprogramm. Außerdem: erläuternde Ausstellungen, Autotouren, Wandern, Obsternte, Vogelbeobachtung. Auskunft über geführte Reitausflüge, Jeep-Touren und andere Freizeitaktivitäten: Wayne County Travel Council. Tel. (800) 858-7951.

BESONDERE RATSCHLÄGE
- Immer Wasser mitführen, auch auf kurzen Wanderungen. Das Wasser im Park, mit Ausnahme des Leitungswassers, ist meist nicht trinkbar.
- Vorsicht vor plötzlichen Überschwemmungen zwischen Juli und September.
- Informieren Sie jemanden über Ihre geplante Route, wenn Sie im Gelände wandern wollen.

FREIES ZELTEN
Genehmigung erforderlich. Kostenlos im *Visitor Center* oder bei den Park Rangers zu erhalten.

CAMPINGPLÄTZE
Drei Campingplätze, alle begrenzt auf 14 Tage. Ganzjährig geöffnet, *first come, first served*. Gebühren: keine bis $10 pro Nacht. Keine Duschen. Zeltplätze in **Cathedral Valley** und **Cedar Mesa**. Zelt- und Wohnwagenplätze in Fruita; keine Anschlüsse.

UNTERKUNFT
(wenn nicht anders vermerkt, gelten Preise für 2 Personen im Doppelzimmer zur Hauptsaison)

In Bicknell, UT 84715:
Aquarius Inn 240 W. Main St. Tel. (435) 425-3835. 29 Zimmer, 2 mit Kochnischen. $52–$56. Klimaanlage, RV-Park, Restaurant.
Sunglow Motel 63 E. Main St., P.O. Box 68. Tel. (435) 425-3821. 15 Zimmer, die meisten mit Klimaanlage. $48. Restaurant.

In Torrey, UT 84775:
Capitol Reef Inn 360 W. Main St., P.O. Box 100. Tel. (435) 425-3271. 10 Zimmer. $53. Restaurant. Ostern bis Ende Oktober.
Wonderland Inn 375 E. Hwy 24. Tel. (800) 458-0216 oder (435) 425-3775. 50 Zimmer. $68-$95. Klimaanlage, Pool, Restaurant.

Weitere Unterkünfte: Parkzentrale, brieflich, telefonisch oder auf der Website.

einfach die Strecke über Caineville nach Cathedral Valley.

Die Strecke führt durch die bunten Badlands der **Bentonite Hills** nach Norden, über ein Plateau, **The Hartnet**, und zu einer 120 m hohen Stufe, von wo man South Desert überschaut. Jenseits des Plateaus bietet das **Upper Cathedral Valley** einen überwältigenden Eindruck.

Wie mächtige, verwitterte Zähne ragen Felstürme und Monolithen aus Entrada-Sandstein vom Talboden 150 m hoch auf. Die Straße windet sich nun, dem Lauf des Tales folgend, südostwärts an jenen merkwürdigen Gebilden vorbei, die man **Walls of Jericho**, **Gypsum Sinkhole** und **Temples of the Sun** und **Moon** getauft hat. Sie endet am Utah Hwy. 24 nahe Caineville.

Isis Temple von Hopi Point am West Rim aus gesehen

GRAND CANYON

ARIZONA
GEGRÜNDET 26. FEBRUAR 1919
4925 Quadratkilometer

Man nähert sich dem Grand Canyon von Süden über ein sanft ansteigendes Plateau, das nicht ahnen lässt, was einen erwartet: Auf einmal öffnet sich eine ungeheure Schlucht – 1 Meile tief und 18 Meilen breit. Die Dimensionen sind so gewaltig, dass man auch vom günstigsten Aussichtspunkt nur einen Bruchteil der 277 Meilen des Canyons sehen kann.

Fast 5 Millionen Menschen kommen jährlich, 90 Prozent schauen sich die gähnende Schlucht des Colorados zuerst vom South Rim an. Die Plattformen der bekannten Aussichtsstellen sind glatt poliert – so viele Füße haben sich vorsichtig zum Canyonrand getastet. Doch es gibt noch viel mehr Wildnis auf den fast 5000 km^2 des Parks. Sie können dem Gedränge entgehen, wenn Sie auf einem der vielen Pfade wandern oder zu den kühlen, immergrünen Wäldern des North Rim reisen, wo es weniger Leute und mehr Ruhe gibt.

Meist ist die Sicht hier außergewöhnlich gut, und der Blick reicht oft 90 bis 110 Meilen weit. Doch wird der Blick zunehmend durch Luftverschmutzung getrübt. Dunsttage, an denen die Sicht bis auf 40 Meilen absinkt, sind häufiger geworden. Trübungen durch Waldbrände und Pollenflug hat es immer gegeben, doch gehen die Veränderungen der jüngsten Zeit auf Ursachen außerhalb des Parks zurück. Hier spielen die Kupferhütten und der Verkehr – bis hin zum Raum Los Angeles – eine Rolle.

Kaum vorstellbar, dass man den Canyon betrachtet, ohne Interesse an Geologie zu gewinnen. Unten liegen Steine, die 1,8 Milliarden Jahre alt sind. Der Prozess, wie der Fluss den Canyon geschaffen hat, ist nicht eindeutig geklärt, doch sind sich die Geologen einig, dass die Tieferlegung in den letzten 5 Millionen Jahren erfolgte.

Anreise

South Rim: Von Flagstaff, Ariz. (ca. 80 Meilen) über US 180, an den San Francisco Peaks vorbei, zum Eingang South Rim; oder auf US 89 nach Cameron, dann über Ariz. Hwy. 64 zum Eingang Desert View.

North Rim: Über Ariz. 67 von Jacob Lake durch den Kaibab National Forest zum Eingang North Rim. Die beiden Plateauränder (rims) liegen 10 Meilen Luftlinie auseinander, doch 215 Meilen mit dem Auto – eine Fahrt von 5 Stunden. Flughäfen: Grand Canyon bei South Rim; Flagstaff; Las Vegas, Phönix.

Reisezeit

South Rim ist ganzährig geöffnet; North Rim ist wegen Schneeverwehungen von Mitte Oktober bis Mitte Mai gesperrt. Arizona 67 ist bei hohem Schnee gesperrt. Für Wanderungen und Maultierritte zum inneren Canyon, wo die Temperaturen 48° C erreichen, sind Frühjahr und Herbst die besten Jahreszeiten. Zum South Rim reisen Sie am besten in der Wochenmitte und früh am Tage, um Staus zu vermeiden.

Reiseempfehlungen

Bei einem 1-Tages-Besuch zum **South Rim** empfiehlt sich die **Hermit Road** mit klassischen Aussichten über den Hauptcanyon. Im Sommer ist der Drive für den privaten Autoverkehr gesperrt, es stehen Busse zur Verfügung. Für den zweiten Tag ist eine Fahrt auf dem **Desert View Drive**, mit großartigen Ausblicken auf den **Colorado River** und seinen östlichen Canyon, zu empfehlen. Bei einem längeren Aufenthalt bietet die **Cape Royal Road** am **North Rim** die schönsten Rundblicke. Ferner bieten sich an: Wanderungen im Gelände; ein Maultierritt auf dem **Bright Angel Trail**, eine einwöchige Flussfahrt durch den Canyon.

SOUTH RIM: HERMIT ROAD

7 Meilen; mindestens ein halber Tag; März bis November für Autos gesperrt

Gönnen Sie sich als erstes den klassischen Blick vom **Canyon View Information Center** bei Mather Point mitten ins Herz des Grand Canyon. Hohe, einzeln stehende Zeugenberge, »Tempel« genannt, krönen schmale Felskämme, die vom fernen **North Rim** herüberreichen. Tief unten markiert eine grüne Insel aus Fremont-Pappeln **Phantom Ranch**, eine Herberge und einen Campingplatz, die nur zu Fuß oder mit dem Maultier zu erreichen sind. Im Museum bei **Yavapai Point** kann man etwas über die erdgeschichtliche Entwicklung des Canyon lernen. Und wenn schlechtes Wetter aufzieht, kann man sich in den verglasten Aussichtsraum zurückziehen und zusehen.

Im Sommer genießt man die **Hermit Road** vom Bus aus. Pendelbusse verkehren kostenlos den ganzen Sommer über, die Abfahrt ist gleich am Besucherzentrum. Der Drive folgt dem Canyonrand auf 7 Meilen und endet an einem Souvenirladen, dem **Hermits Rest**. Die Strecke bietet einzigartige Ausblicke über den **Colorado River** und das Labyrinth seiner Seiten-

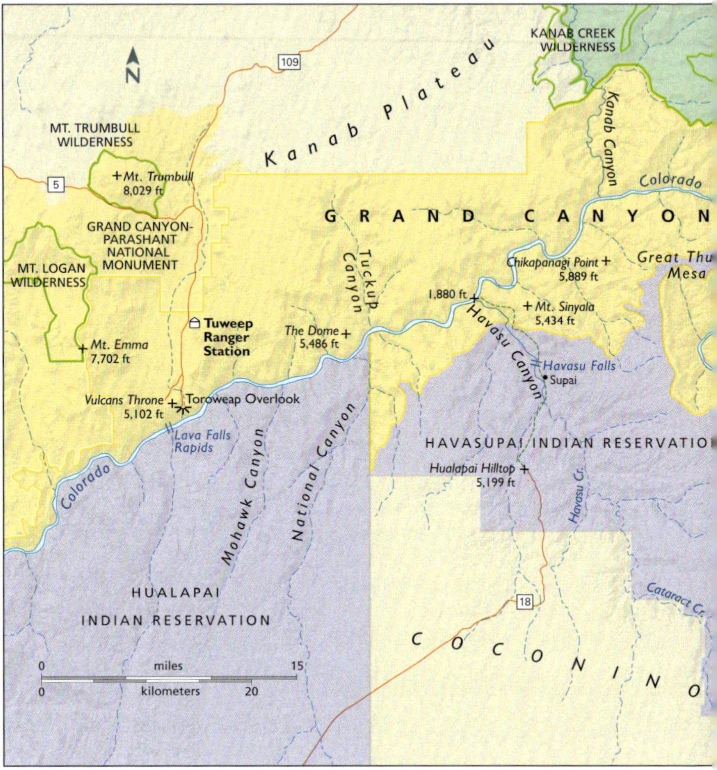

canyons sowie die breiten Felsterrassen unter dem Rim. Erster Stopp ist **Trailview Overlook.**

Hier bekommt man einen Eindruck von der Größe des Canyons. Wie sich das historische **El Tovar Hotel** und die **Bright Angel Lodge** doch klein und unbedeutend an den Rand des Abgrunds klammern! Kolonnen von Maultieren und Fußwanderern ziehen den **Bright Angel Trail** hinunter, der sich auf 8 Meilen 1340 m tief zum Fluss hinunterwindet.

Versäumen Sie aber nicht **Hopi Point**, der weit in die Schlucht hinein vorspringt. Wo der Blick 45 Meilen weit nach Osten und ebenso weit nach Westen schweift, ist der richtige Ort, um einen Sonnenauf- oder -untergang zu erleben. Finden Sie – fern der Menge – Ihren eigenen Standort am *Rim*. Auf der Canyonseite gegenüber ragen die fein geschnittenen Felswände des **Isis-Temple** und des baumgekrönten Shiva Temple, des »großartigsten aller Zeugenberge«, auf.

Fahren Sie dann am **Mohave Point** und – haarsträubend dicht – an **The Abyss** vorbei, wo es 900 m fast senkrecht zu einer Felsterrasse hinuntergeht. Von hier ab folgt die Straße dem *Rim* zum **Pima Point** hinaus, wo man weit unten sieht, wie sich der Colorado durch seine steile Schlucht windet. An ruhigen Tagen kann man das ferne Dröhnen der **Granite Rapid** – 1 Meile flussab – hören. Was von hier oben wie ein Bach aussieht, ist in Wirklichkeit ein 100 m breiter Strom, der zusammen mit seinen Nebenflüssen 8 Prozent der kontinentalen USA entwässert.

Die Straße endet bei **Hermits Rest**, einem Gebäude aus Kalkstein, das aussieht, als hätten es die Erdmännchen hier an den Rand des Canyons gestellt. Wer mag, kann (ein Stück) den steilen **Hermit Trail** nach **Dripping Springs** hinunterwandern – eine Tour von 6 Meilen und 6 Stunden hin und zurück. Dort hat der Einsiedler Louis Boucher in einem Wassertrog Goldfische gezüchtet.

Außerdem ein guter Ort, um einige der 355 Vogelarten des Grand Canyon zu beobachten. Für Tageswanderungen braucht man keine Genehmigung, aber es schadet nie, sich bei einem Ranger Rat zu holen.

Der weithin ebene **Rim Trail** bleibt 13 Meilen zwischen **Pipe Creek Vista** und Hermits Rest dicht am Rande des Canyon – etwa parallel zum West Rim Drive. Der Abschnitt zwischen Yavapai Point und **Maricopa Point** ist geteert, der Rest nicht. Man kann kurze Fußwanderungen mit Etappen im Pendelbus kombinieren – der Bus hält an den wichtigsten Aussichtspunkten.

SOUTH RIM: DESERT VIEW DRIVE

23 Meilen; ein halber bis ganzer Tag

Der **Desert View Drive** (Ariz. Hwy. 64) beginnt unmittelbar südlich von Mather Point. Der *Drive* führt bis **Desert View** 23 Meilen weit am Rim entlang und bietet fantastische Fernblicke über den Hauptcanyon. Im Sommer kann es auf den Parkplätzen bei den großen Aussichtspunkten eng werden, deshalb ist die Strecke teilweise nur für Shuttlebusse zugänglich (ab Canyon View Information Center).

Am **Yaki Point** kann man auf die dunkel schimmernde **Granite Gorge**, den innersten Canyon, hinunterschauen. Die imposante Pyramide des **Vishnu Temple** (2259 m) beherrscht den Osten. Dass man die Hauptsehenswürdigkeiten des Parks nach Weltgottheiten benennt, geht auf Clarence Dutton und seine 1882 veröffentlichte klassische Studie über die Geologie des Grand Canyon zurück.

Vielleicht wandern Sie ein Stück auf dem **South Kaibab Trail**, der sich auf der Westseite von Yaki Point in Serpentinen abwärts schlängelt. Der Weg führt letztlich am Fluss am Grunde des Canyon, aber schon die Teilstrecke bis **Cedar Ridge** (3 Meilen, 2½ Stunden hin und zurück) ist sehr anstrengend. Sie sind zwar bis dorthin 340 Höhenmeter abgestiegen, doch scheint der Canyon keine Spur näher gerückt. Fossile Farne sind linker Hand von Cedar Ridge im Gestein zu beschauen.

Es folgt ein Wald von hohen Ponderosa-Kiefern. Biegen Sie zum **Grandview Point** hin ab, der vielleicht die schönste Aussicht am South Rim bietet. Von hier geht der 3 Meilen lange **Grandview Trail** steil zur **Horseshoe Mesa** hinunter, wo man in der Last Chance Mine einst nach Kupfererz grub. Der Bergmann John Hance, der für seine Schlagfertigkeit bekannt war, hat hier um 1880 die ersten Touristen in den Canyon geführt. Auf einer solchen Tour erläuterte ihm eine in Botanik beschlagene Dame, wie die Bäume atmen. »Wissen Sie«, sagte Hance, »jetzt wird mir was klar. Ich hab doch immer unter so einem großen Mesquite-Baum übernachtet, aber der hat jede Nacht so geschnarcht, dass ich nicht einschlafen konnte.«

Halten Sie weiter östlich am **Moran Point**. Sie schauen hier auf die **Hance Rapids** hinunter. Sie gehören mit einem Gefälle von 10 m – über Felsen – zu den größten Stromschnellen und schwierigsten Wildwasserstrecken am Colorado. Wenn Sie jetzt eine Abwechslung brauchen, dann besuchen Sie mal das kleine **Tusayan Museum**. Es zeigt schöne Artefakte aus amerikanischen Indianerkulturen; nebenan gibt es – *self-guided* – Ausgrabungen eines Anasazi-Pueblo aus dem Jahre 1185 n. Chr. zu besichtigen.

Am **Lipan Point**, mit der schönsten Aussicht auf den östlichen Canyon, brauchen Sie Zeit. An der Stelle, wo sich der Colorado durchs **Kaibab Plateau** gesägt und den Grand Canyon am tiefsten ausgefräst hat, macht der Fluss einen großen Bogen nach Westen. Er fließt in einer S-Kurve um das **Unkar Delta** herum, wo vorzeitliche Menschen Ackerbau betrieben haben.

Lassen Sie **Navajo Point** aus und fahren Sie weiter nach **Desert View**. Wenn Sie schon hier sind, sollten Sie die Treppe zum 1932 erbauten, 20 m hohen **Watchtower** hinaufklettern. An den Innenwänden des Turmes hat der Indianerkünstler Fred Kabotie Fresken zu Mythen der Hopi geschaffen.

NORTH RIM: CAPE ROYAL ROAD

23 Meilen; ein halber bis ganzer Tag

North Rim liegt im Schnitt 300 m höher als South Rim. Seine alpine Vegetation und seine landschaftlichen Reize ziehen viele Reisende an – doch nicht die Mengen, die zum South Rim strömen. Im Mittelpunkt steht die alte **Grand Canyon Lodge**, in den 1920er Jahren am Rande des Canyon erbaut, abgebrannt und 1932 wiederaufgebaut. Von ihrem *Sun Room* aus werden Sie den prächtigen Blick auf den **Bright Angel Canyon** genießen, der sich 11 Meilen tief ins Plateau zurückschneidet und vom Deva, Brahma und Zoroaster Temple bewacht wird.

Holen Sie sich am Parkplatz oder in der Lodge ein Wegeblatt, und folgen Sie einem der befestigten Wege zum **Bright Angel Point**, der den Nebencanyon **The Transept** vom **Roaring Springs Canyon** abtrennt. Hören Sie das Rauschen der Quellen, die 900 m tiefer aus einer Höhle hervorstürzen. Ein schöner Ort, um den Sonnenaufgang oder Sonnenuntergang zu beobachten! Zum Spazierengehen empfiehlt sich der fast ebene Transept Trail, der auf 1 1/2 Meilen dem Canyonrand folgt. Oder man steigt ein Stück den **North Kaibab Trail** hinunter: Auf 1 Meile Weg kommt man 200 m tief – und die 1 Meile zurück spürt man wie 3.

Von der Lodge geht es 3 Meilen nordwärts zur **Cape Royal Road**, einer der landschaftlich schönsten Strecken im Park. Sie führt durch Wälder von Fichten, Tannen, Robinien und Ponderosa-Kiefern, in die Bestände von Zitterpappeln eingestreut sind, vorbei an Wiesen voller blauer Lupinen und roten Günsels. Oft springt langohriges Maultierwild über die Straße, und auch das scheue, weißschwänzige Kaibab-Eichhörnchen, das nur in den Wäldern am North Rim auf dem Kaibab-Plateau vorkommt, könnte gelegentlich Ihren Weg kreuzen.

Point Imperial, über eine 3 Meilen lange Nebenstraße zu erreichen, ist mit 2683 m der höchste Aussichtspunkt auf beiden *Rims* und ein fabelhafter Platz für einen Sonnenaufgang. Von hier aus schaut man, inmitten hoher Nadelbäume, bis zu den Hochplateaus des Navajo-Indianerreservats hinüber. Spuren der Brände aus dem Jahr 2000 sind noch deutlich zu erkennen. Auf der Hauptstrecke durchqueren Sie das bewaldete **Walhalla Plateau**, und an der **Vista Encantadora** bieten sich herrliche Ausblicke auf den Nordostteil des Canyons und die geschnitzten Zinnen von **Brady** und **Tritle Peak**.

Die Straße endet am Parkplatz von Cape Royal. Ein geteerter, 1/2 Meile langer Naturlehrpfad führt auf dem Sporn an **Angel's Window** vorbei, einem Fenster im Fels, das durch den Stein gewittert ist. *Achten Sie auf Ihre Kinder!* Vorn am Aussichtspunkt sind es **Wotan's Throne** und Vishnu Temple, die den Vordergrund beherrschen, während die **Palisades of the Desert** sich jenseits des Canyon erheben.

Der ungewöhnlich freie Blick hier vermittelt einen Eindruck von der fremdartigen und grandiosen Schönheit des Grand Canyon.

MAULTIERRITTE, FLUSSFAHRTEN & FLÜGE

Wenn Sie den äußerst anstrengenden Fußmarsch zur Sohle des Canyons scheuen (Bright Angel Trail: 8 Meilen; auf dem steileren South Kaibab Trail:

Espen am North Rim im Herbstkleid

Wanderer auf einer Brücke am North Kaibab Trail

6 1/2 Meilen), dann ist ein Maultierritt zu erwägen. (Obwohl es auch Maultierritte in sich haben, besonders wenn man nicht schwindelfrei ist.) Man startet vom South Rim zu Tagestouren oder Touren mit Übernachtung auf der **Phantom Ranch**, wo die Gäste in schlichten Hütten oder Schlafsälen untergebracht werden. Die Ranch liegt am Grunde des inneren Canyons nahe der Einmündung des **Bright Angel Creek**. Das klare Wasser des Creeks bietet hervorragende Forellenfischgründe. Die Ranch ist die einzige Übernachtungsmöglichkeit im Canyon (oder man zeltet) und ein guter Ausgangspunkt für Wanderungen in den Bright Angel Canyon. Vorbestellung – bei Maultiertouren 6 Monate und länger im Voraus – ist nötig.

Für viele ist eine Bootsfahrt den Grand Canyon hinunter das Erlebnis ihres Lebens. Lange, ruhige Strecken werden von mehr als 150 Stromschnellen unterbrochen – zwei davon mit dem höchsten Schwierigkeitsgrad. Bei den meisten Touren werden an interessanten Stellen – Wasserfällen, indianischen Ruinen oder Nebencanyons – Tageswanderungen zwischengeschaltet. Die Touren dauern normalerweise 1 bis 2 Wochen, einige Veranstalter bieten auch Teiltouren an (Informationen auf der Website des Parks).

Veranstalter von Hubschrauber- und Aussichtsflügen sind am Grand Canyon Airport und in Tusayan vertreten. Flüge unter den Rim sind heute nicht mehr erlaubt, und die Nutzung des Luftraums über dem Canyon wird aus Sicherheits- und Lärmschutzgründen regelmäßig streng kontrolliert.

DIE ENTSTEHUNG DES GRAND CANYON

Was als zeitlos erscheint, ist in Wirklichkeit stetem Wandel unterworfen: Die bunten Schichten des Grand Canyon bergen 2 Milliarden Jahre Erdgeschichte in sich. Die Gesteine haben sich – viele hundert Meter mächtig – aus ehemaligen Sedimenten gebildet. Vor etwa 1,8 Milliarden Jahren wurden sie von tektonischen Urgewalten zu 8 bis 10 km hohen Bergketten aufgefaltet. (1)

Unter großer Hitze und Druck wurde das Gestein zu metamorphem Schiefer verwandelt; flüssiges Magma quoll aus dem Erdinneren auf, drang zwischen den Schichten ein und erstarrte zu Adern von rosa Granit. Im Laufe von Jahrmillionen wurde das Gebirge durch Wind und Wasser zu einer Ebene abgetragen; diese versank unter einem Urmeer. Wieder schwebten Sinkstoffe zum Meeresboden und verbuken zu Stein; Magma stieg weiterhin aus der Tiefe auf. (2)

Vor etwa 1 Milliarde Jahren bebte die Erde erneut, zerbrach ihre Kruste, und die mächtigen Bruchschollen wurden zu einem zweiten Gebirge aufgeworfen. (3) Regen, Frost und Wind trugen auch dieses Gebirge ab.

Die Formationen, die heute im Grand Canyon austreten (blaue Schichten, 4), wurden größtenteils in den letzten 600 Millionen Jahren abgelagert. Zeitweise war die Region überflutet, primitive Schalentiere wurden am Meeresgrund zu Schieferton. Zu anderen Zeiten wurde das Gebiet wieder gehoben. Was heute zuoberst liegt – gut 2400 m über dem Meeresspiegel –, ist eine 100 m mächtige Schicht aus cremefarbenem Kalkstein, gebildet aus den Überresten unzähliger Korallen, Schwämme und anderer Meerestiere.

In neuer geologischer Zeit (seit etwa 6 Millionen Jahren) begann der junge Colorado River – der möglicherweise später vom Ur-Hualapi-River von Westen her angezapft wurde –, sich in die oberen Schichten einzuschneiden. Indem sich der Fluss Zentimeter um Zentimeter tiefer bohrte, traf er schließlich 1200 m unter dem Rim auf den Schiefer, in den er sich ebenfalls eintiefte. (5) Noch immer arbeitet das Wasser an der Erweiterung und Vertiefung des Canyon.

PRAKTISCHE INFORMATIONEN

ZENTRALE

P.O. Box 129, Grand Canyon, Arizona 86023. Tel. (520) 638-7888; www.nps.gw/grca.

SAISON UND ANREISE

South Rim ganzjährig geöffnet. North Rim für Fahrzeuge von Mitte November bis Mitte Mai gesperrt. Wetter- und Straßenauskünfte über Tel. (928) 638-7888.

BESUCHERINFORMATIONEN

Canyon View Information Plaza am Grand Canyon Village ganzjährig geöffnet. **North Rim Contact Station**; geöffnet von Mitte Oktober bis Mitte Mai bis Ende Oktober. Tel. (928) 638-7864.

EINTRITTSGEBÜHREN

$25 pro Wagen und Woche; ansonsten $12 pro Person.

TIERE

Auf Wanderwegen entlang der Canyonränder, an der Leine gehalten, erlaubt. Zwinger erhältlich; Tel. (928) 638-0534.

EINRICHTUNGEN FÜR BEHINDERTE

Visitor Center für Rollstuhlfahrer zugänglich. Broschüren gratis. Hermit Road für Fahrzeuge mit behinderten Personen geöffnet, Genehmigung erforderlich. Tel. (928) 638-0591.

AKTIVITÄTEN

Kostenlose naturkundliche Veranstaltungen: Naturwanderungen tagsüber und abends, Dia-Schauen, Vorträge, Kulturprogramm, Lagerfeuerprogramm. Außerdem: Pferde- und Maultierritte in den Canyon, Wandern, Radfahren, Fischen, Fahrten auf dem Fluss, Skilanglauf. Besucherangebote auf Band über Tel. (928) 638-7888. Auskunft über Touren schriftlich von der Zentrale. Außerdem: Grand-Canyon-Film im IMAX-Kino, 1 Meile südlich vom South Rim Entrance an der Ariz. 64. Tel. (928) 638-2468.

BESONDERE RATSCHLÄGE

- Am Plateaurand ist äußerste Vorsicht geboten; Geländer sind nicht durchgehend vorhanden.
- Wegen der Höhenlage, Hitze, Trockenheit und der steilen Wege ist es wichtig Wasser mitzuführen, salzige Snacks zu verzehren, nicht in der größten Hitze zu wandern und oft zu rasten.

FREIES ZELTEN

$10 Gebühr plus $5 pro Person und Nacht. Genehmigung erforderlich; Backcountry Office, P.O. Box 129, Grand Canyon, Ariz. 86023. Auskunft: Tel. (938) 638-7875.

CAMPINGPLÄTZE

Vier Campingplätze, alle begrenzt auf 7 Tage. **Mather** ganzjährig geöffnet; Reservierung empfohlen März bis November (siehe S. 11). Ansonsten first come, first served. **Desert View** *(first come, first served)* und **North Rim** (Reservierung empfohlen) geöffnet Mitte Mai bis Mitte Oktober. **Trailer Village** ganzjährig geöffnet; Reservierung, Tel. (303) 297-2757 empfohlen. $24 pro Nacht. Duschen in **North Rim** und **Mather**. Zelt- und Wohnwagenplätze an allen Campingplätzen, Anschlüsse nur in **Trailer Village**. Zwei Gruppencampingplätze; Reservierung erforderlich. Gastronomie im Park.

UNTERKUNFT

(es gelten Preise für 2 Personen im Doppelzimmer zur Hauptsaison)
Reservierungen 6 bis 9 Monate im Voraus.

INNERHALB DES PARK (am South Rim):
Die Anwesen in South Rim und an der Phantom Ranch werden von Xanterra Parks & Reorts, Tel (888)297-2757, www.xanrterra.com verwaltet.

Bright Angel Lodge & Cabins 89 Zimmer, einige mit gemeinsamen Bädern. Cabins $106–$166; Zimmer $76–$317. Restaurant.

El Tovar Hotel 78 Zimmer. $166–$406. Klimaanlage, Restaurant.

Kachina Lodge 49 Zimmer. $166–$172.

Maswik Lodge 278 Zimmer. Cabins $86 (Juni–Aug.); Zimmer $86–$162. Restaurant.

Thunderbird Lodge 55 Zimmer. $162–$172.

Yavapai Lodge 358 Zimmer. $102–$146. Restaurant. März bis Oktober.

Am North Rim:

Grand Canyon Lodge Forever Resorts, Tel. (877) 386-4383, www.foreverresorts.com. 209 Zimmer. $107– $156. Restaurant. Mitte Mai bis Mitte Oktober.

Im Canyon:

Phantom Ranch (nicht mit dem Auto zugänglich) $36 pro Nacht. Cabin $91 pro Nacht. Maultierritt $420, inkl. Unterkunft und Verpflegung. Klimaanlage, Restaurant, Gemeinschaftsduschen.

AUSFLÜGE

LAKE MEAD NATIONAL RECREATION AREA

BOULDER CITY, NEVADA

Lake Mead, der vom Hoover Dam aufgestaute Colorado, ist Herzstück dieses Erholungsgebietes, der ersten *Recreation Area* des Landes (1936). Über 2000 Dickhornschafe bevölkern die Wüstencanyons und Plateaus im Umkreis des Sees. 6075 km², zum Teil in Arizona. Angebote: 1021 Zeltplätze, 191 Zimmer, Gastronomie, Bootfahren, Fischen, Wandern, Fahrradfahren, Wanderungen mit Führung, Picknickplätze, Wassersport, Zugang für Behinderte. Ganzjährig geöffnet. An der Kreuzung von US 93 und Lakeshore Dr., ca. 280 Meilen vom Eingang South Rim. Tel. (702) 293-8990.

WUPATKI NATIONAL MONUMENT

FLAGSTAFF, ARIZONA

Vor etwa 900 Jahren kamen Menschen in dieses Gebiet, um den frischen Vulkanboden zu beackern. Sie blieben kaum länger als ein Jahrhundert, doch haben sie ein Pueblo mit 100 Räumen und ein Freilichttheater hinterlassen. 143 km². Angebote: Wandern, Picknickplätze, Panoramastraßen. Ganzjährig geöffnet. Nahe US 89, ca. 65 Meilen südöstlich vom Grand Canyon NP. Tel. (928) 679-2365.

CANYON DE CHELLY NATIONAL MONUMENT

CHINLE, ARIZONA

Die roten Canyons, Felstürme und Tafelberge sind staunenswert. Das gilt genauso für die Kulturzeugnisse: Erdwohnungen der alten Basketmaker-Kultur, Reste von Anasazi-Wohnstätten in den 300 m hohen Klippen und viele Spuren der Navajos von einst und jetzt. Park Ranger und Navajo-Führer bieten Touren in die Canyons an (nur die Ruine des »White House« darf ohne Führer besichtigt werden). 339 km². Angebote: 93 Zeltplätze, Gastronomie, Wandern, Reiten, Jeep-Touren, Panoramastraßen, Zugang für Behinderte. Ganzjährig geöffnet. Nahe I-191, 230 Meilen östlich Grand Canyon NP. Tel. (520) 674-5500.

Felsblöcke bei Wheeler Peak

GREAT BASIN

NEVADA
GEGRÜNDET 27. OKTOBER 1986
312 Quadratkilometer

Eine Meile hoch über dem Wüstenboden erhebt sich eine eiszeitlich geprägte Landschaft gletscherzernagter Gipfel. Benannt ist der Park nach jenem weiten, abflusslosen Gebiet, das große Teile Nevadas und West-Utah einnimmt. Der Entdecker John C. Fremont bezeichnete es als »Großes Becken«, doch es umfasst tatsächlich nicht nur ein, sondern mindestens 90 Becken oder Täler.

Die Straße windet sich den Wheeler Peak hinauf. Wo sie in etwa 3000 m Höhe endet, beginnen Wanderwege, die zum 3982 m hohen Gipfel – und dem einzigen Gletscher der Region bei einem Wäldchen Borstenzapfenkiefern – hinaufführen. Great Basin ist ein junger Park, aber er besitzt einige der ältesten Bäume der Welt.

Die Kiefern bilden die Nachhut eines pleistozänen Waldes, der einst weite Teile der Region bedeckte. Die Bäume, die es nur noch in einzelnen Beständen gibt, sind zum Teil 3000 Jahre alt – damals regierte Tut-ench-Amun in Ägypten.

An der Flanke des Berges liegen in 2040 m Höhe die Lehman Caves, mit einem 1½ Meilen langen Netz unterirdischer Gänge. Die Höhlen entstanden bei höheren Wasserständen im feuchteren Klima der Eiszeit. Die Ranger führen zu Sintertapeten, Stalaktiten und zartweißen Kristallen.

Seit die Höhle und die umliegenden Berge 1986 zum Nationalpark erklärt wurden, hat sich die Besucherzahl fast verdoppelt (auf über 80000). Außerdem gibt es noch 65 Meilen Wanderwege im Park, die zu Gletschermoränen und Hoch-gebirgsseen führen und einen Blick auf die Landschaft gestatten.

Anreise

Von Las Vegas (ca. 300 Meilen) über I-15 zur US 93, dann US 50 zum Nevada Hwy. 487. Von Baker auf Nevada Hwy. 488 zum Parkeingang. Von Salt Lake City, Utah, (ca. 250 Meilen) über I-15 zur US 50, dann auf Nevada 487 nach Baker und auf Nevada 488 zum Parkeingang. Flughafen: Ely (67 Meilen).

Reisezeit

Ganzjährig geöffneter Park, aber die oberen 8 Meilen des Wheeler Peak Scenic Drive (ab Upper Lehmann Campground) sind von November bis Mai gesperrt (bei Schnee länger). Im Sommer, der besten Reisezeit, herrschen milde Temperaturen. September und Oktober bringen kühleres Wetter und weniger Besucher. Wanderer müssen jederzeit mit Gewittern rechnen und mit entsprechender Kleidung ausgestattet sein. Kerzenscheintouren durch Lehman Caves werden nur im Sommer angeboten. Der Blick vom Gipfel ist frühmorgens am schönsten. Im Winter: Skilanglauf.

Reiseempfehlungen

Für den 1-Tages-Besuch empfiehlt sich zunächst eine Fahrt auf dem **Wheeler Peak Scenic Drive** in die großartige Hochgebirgslandschaft. Auf dem Rückweg lohnt die geheimnisvolle Unterwelt von **Lehman Caves**. Vergessen Sie nicht, dass die Bergwelt empfindlich ist. In diesen Höhen wachsen Pflanzen nur langsam und kämpfen ums Überleben. Bleiben Sie auf Wegen und Pfaden, um nicht unabsichtlich Zerstörung anzurichten.

WHEELER PEAK SCENIC DRIVE

12 Meilen;
1½ Stunden bis zu einem Tag

Diese Asphaltstraße führt vom *Visitor Center* steil zum Wheeler Peak Campground in 3000 m Höhe hinauf (Für Fahrzeuge von mehr als 7 m Länge nicht empfohlen). Wer Bergfahrten nicht gewohnt ist, wird die Fahrt so atemberaubend wie die Aussicht finden. Die Straße steigt sehr rasch vom Pinyon-Wacholder-Waldland mit seinen dürrebeständigen Arten zu hoch gelegenen Engelmanns-Fichten-, Nevada-Zirben- und Espenwäldern auf. Achtung: Für über 7 m lange Fahrzeuge nicht geeignet.

Starten Sie am *Visitor Center*. Von der ersten Parkstelle geht ein kurzer Weg zum historischen **Osceola Ditch** ab, der einst Wasser für den Goldbergbau heranführte. Übergehen Sie **Mather Overlook**, aber achten Sie auf den alten Bestand an Bergmahagoni, diese wachsen normalerweise in buschiger Form, hier erreichen sie Baumgröße. Halten Sie am **Peak Overlook**, und genießen Sie die wunderbare

Uralte Borstenkiefer am Mt. Washington

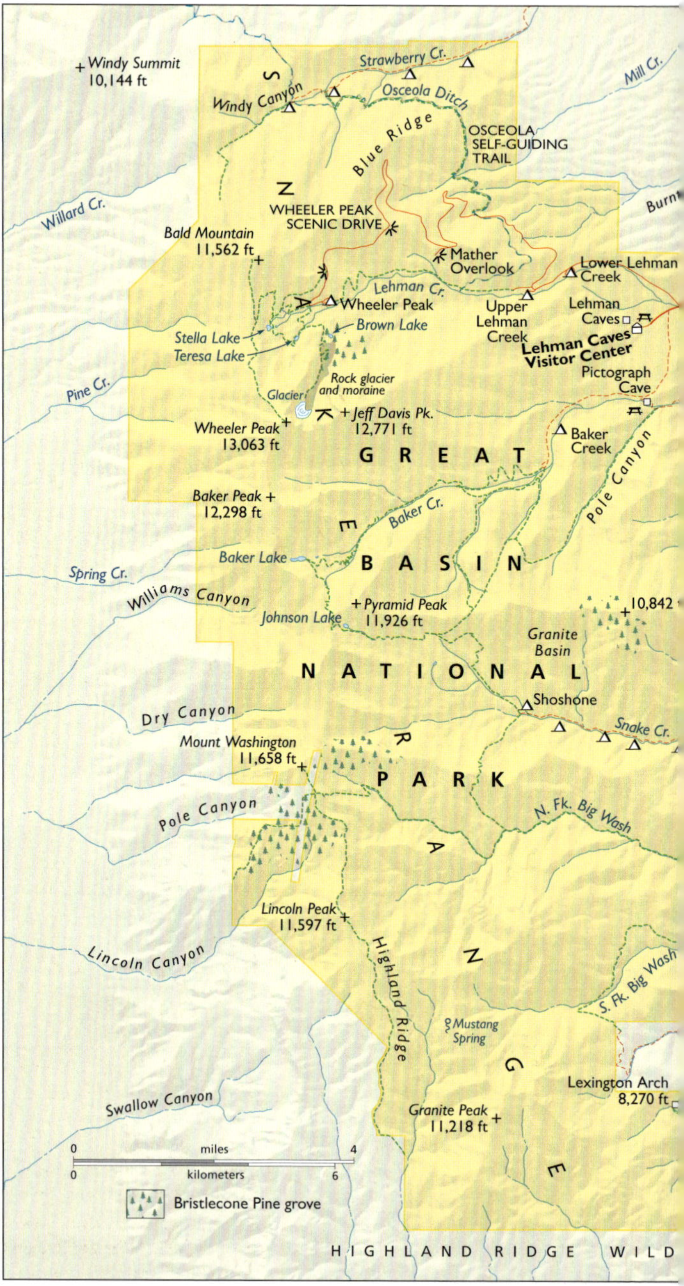
Windy Summit 10,144 ft
Strawberry Cr.
Mill Cr.
Windy Canyon
Osceola Ditch
S
Blue Ridge
OSCEOLA SELF-GUIDING TRAIL
N
Willard Cr.
WHEELER PEAK SCENIC DRIVE
Burnt
Bald Mountain 11,562 ft
Mather Overlook
Lower Lehman Creek
Lehman Cr.
A
Wheeler Peak
Upper Lehman Creek
Lehman Caves
Stella Lake
Brown Lake
Teresa Lake
Lehman Caves Visitor Center
Pictograph Cave
Pine Cr.
Rock glacier and moraine
Glacier
K
Jeff Davis Pk. 12,771 ft
Wheeler Peak 13,063 ft
Baker Creek
G R E A T
Pole Canyon
Baker Peak 12,298 ft
E
Baker Cr.
Baker Lake
B A S I N
Spring Cr.
Williams Canyon
Pyramid Peak 11,926 ft
10,842
Johnson Lake
Granite Basin
N A T I O N A L
Shoshone
Dry Canyon
Snake Cr.
Mount Washington 11,658 ft
R
P A R K
Pole Canyon
N. Fk. Big Wash
A
Lincoln Peak 11,597 ft
Highland Ridge
Lincoln Canyon
N
S. Fk. Big Wash
Mustang Spring
G
Lexington Arch 8,270 ft
Swallow Canyon
Granite Peak 11,218 ft
0 miles 4
0 kilometers 6
E
Bristlecone Pine grove
HIGHLAND RIDGE WILD

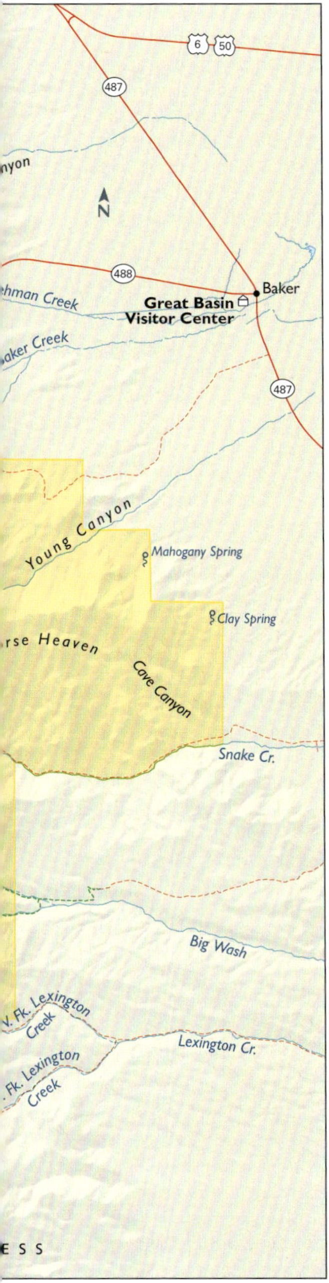

Parrys-Primel beim Hochgebirgssee Stella *(oben)*
Blaue Akelei am Baker Lake Trail *(unten)*

Aussicht auf **Wheeler Peak** rechts und **Jeff Davis Peak** links. Die Nordseite des Wheeler fällt 550 m zum Gletscher hin ab. Oft bedeckt feiner Schnee die schroffen Wände aus grauem Quarzit.

Die Straße endet am *Wheeler Peak Campground*, wo Sie unter einigen schönen Wanderungen wählen können. Einer der beliebtesten Wege führt auf dem **Alpine Lakes Loop Trail** zum **Stella** und **Teresa Lake**. Sie erleben eine erregende Hochgebirgslandschaft – kahler Zackengrat über dem glatten Spiegel des Sees.

Wenn Sie fit genug sind, dann folgen Sie dem **Wheeler Summit Trail** hoch zum Grat; von dort überschauen Sie nicht nur den Park, sondern auch eine schier endlose Folge an Ranges des Great Basin. Der Pfad zweigt beim Stella Lake vom Alpine Lakes Loop Trail ab und überwindet weitere 900 Höhenmeter bis zum Gipfel. Haben Sie die Baumgrenze hinter sich gelassen, dann achten Sie auf robuste Alpenblumen, wie Primeln und Phlox. Und seien Sie auf raues Wetter gefasst. Eine knappe Eintragung im Gipfelbuch lautete: »Der Wind hat keine Gefangenen gemacht.«

Der 4,5-Meilen lange **Bristlecone/Ice Field Trail** ist ebenso eindrucksvoll; er zweigt beim Teresa Lake ab und führt zum **Wheeler Cirque**, einem von Gletschern geschaffenene Kar inmitten steiler Felswände. Gegenüber liegt der Gletscher, der einzige permanente im Great Basin und einer der südlichst gelegenen der USA.

Versäumen Sie nicht die **Bristlecone Forest Loop**: Dieser Naturlehrpfad führt zu uralten Bäumen mit gewundenen Stämmen, gegerbt und geschliffen von treibendem Schnee und Eis. Hier in der Nähe stand ein Baum namens »Prometheus«, der fast 5000 Jahre alt war, als er 1964, kurz vor Einrichtung des Parks im Rahmen einer Klimastudie gefällt wurde.

Auch wenn die meisten Äste absterben, kann eine Borstenzapfenkiefer bei wenig Feuchtigkeit überleben. Der Baum hält an seinen Nadeln 20 bis 30 Jahre fest und stellt eine ständige Fotosynthese sicher, auch unter kritischen Umweltbedingungen.

LEHMAN CAVES

6/10 Meilen; 1 1/2 Stunden

In den unterirdischen Kammern sind feingliedrige Gebilde zu besichtigen. Die ersten Gruppen hat Absalom Lehman 1885 hier durchgeführt, einer, der es vom Bergmann bis zum Rancher gebracht hatte. Wie er die Höhle entdeckt hat, darüber sind im Laufe der Jahre Dutzende von Legenden gesponnen worden. Eine geht so: Er ritt über sein Land, als er plötzlich in den Eingang stürzte. Also warf er sein Lasso um einen Baum und hielt sich daran fest, bis er vier Tage später gerettet wurde. Das Problem war nur, seine Beine so um sein Pferd zu schlingen, dass es nicht in den Abgrund fiel.

Tickets für die Touren müssen bis zu 30 Tage im Voraus gekauft werden (im Visitor Center oder Tel. 775-234-7331). Es gibt zwei Touren: 90 ($10) oder 60 ($8) Minuten, Letztere führt nur zum Gothic Palace.

Die Attraktion von **Lehman Caves** sind nicht großartige Hallen oder tiefe Abgründe, sondern es ist die Schönheit der Tropfsteingebilde – schon der erste Saal, der **Gothic Palace**, macht das deutlich. Der Raum ist so mit Säulen, »Wandbehängen« und Stalaktiten gefüllt, dass die ersten Entdecker zu Vorschlaghammern griffen, um sich einen Weg zu bahnen. Wegen der geringen Größe der Höhle können Sie es sich erlauben, die bizarren Heliktiten und zierlichen Sprudelsteinkristalle gründlich zu betrachten.

Der Steg führt an schönen Exemplaren der seltenen Höhlenschilde vorbei. Diese großen Scheiben wachsen aus Ritzen an der Decke hervor, wo Sickerwasser die Mineralien in flachen, runden Formen ablagert. Weiter innen liegen zwei der schönsten Räume der Höhle: der **Lake Room** mit seinen Sinterbecken und Strohhalmen und der **Grand Palace** mit seiner Innenausstattung aus Schilden, massiven Säulen und Vorhängen.

Nur wenige Lebewesen finden sich hier, darunter Taschenratten, Höhlengrillen und der seltene Afterskorpion – ein Gliedertier mit skorpionähnlichen Zangen. Fledermäuse meiden die Höhle – ihnen ist der senkrechte Höhleneingang zu steil.

Im Sommer hat man die Möglichkeit zu Kerzenscheintouren.

Stalaktiten und Stalagmiten im Gothic Palace von Lehman Caves *(oben)*; Borstenkiefer – poliert vom Wind, Sand und Eis der Jahrhunderte *(Mitte)*; Junge Borstenzapfen mit Nadeln *(unten links)*; Von Kräutern bewachsene Hänge im Spring Valley *(unten rechts)*

PRAKTISCHE INFORMATIONEN

ZENTRALE
100 Great Basin National Park, Baker, Nevada 89311. Tel. (775) 234-7331.

SAISON UND ANREISE
Ganzjährig geöffneter Park. Schnee kann Wanderwege in hohen Lagen bis Ende Juni oder Juli blockieren. Manche Straßen im Park sind nur mit Vierradantrieb zu befahren. Aktuellen Wege- und Straßenzustand telefonisch bei der Zentrale oder bei einem Ranger erfragen.

BESUCHERINFORMATIONEN
Lehman Caves Visitor Center bei der Parkzentrale; **Great Basin Visitor Center** in Baker, NV. Ganzjährig geöffnet. Auskünfte telefonisch über Zentrale.

EINTRITTSGEBÜHREN
Keine für den Park. Gebühren für Höhlentouren.

TIERE
An der Leine gehalten erlaubt, außer im *Visitor Center*, in den Höhlen, im Hinterland und auf Wanderwegen.

EINRICHTUNGEN FÜR BEHINDERTE
Visitor Center und die erste Kammer in Lehman Caves für Rollstuhlfahrer zugänglich; ebenso einige Zeltplätze.

AKTIVITÄTEN
Kostenlose Naturwanderungen und Vorträge, Ausstellungen, Filme, Lagerfeuerprogramm. Außerdem: Höhlentouren, Panoramastraße zum Wheeler Park, Wandern, Fischen (Genehmigung erforderlich), Klettern, Skilanglauf.

BESONDERE RATSCHLÄGE
• Die Höhenlage des Parks kann Höhenkrankheit auslösen. Vorsicht bei Herz- oder Atembeschwerden.
• Immer Trinkwasser mitführen; nie damit rechnen, unterwegs welches zu finden.
• Vorsicht vor Klapperschlangen.
• Sommergewitter sind häufig; holen Sie vor Abmarsch Wetterauskünfte ein.

FREIES ZELTEN
Für das Hinterland können Genehmigungen erforderlich sein; rechtzeitig anmelden.

CAMPINGPLÄTZE
Vier Campingplätze, alle begrenzt auf 14 Tage, alle *first come, first served*. **Baker Creek** und **Upper Lehman Creek** von Mitte Mai bis Oktober geöffnet. **Wheeler Peak** vom 15. Juni bis Ende September geöffnet. **Lower Lehman Creek** ganzjährig geöffnet. Schneestürme können zur Schließung von Campingplätzen führen. Keine Duschen. Zelt- und Wohnwagenplätze; keine Anschlüsse. Gastronomie im Park. Wasser ganzjährig am *Visitor Center*.

UNTERKUNFT
(es gelten in der Regel Preise für 2 Personen im Doppelzimmer zur Hauptsaison)

In Baker, NV 89311:
The Border Inn (an US 50) P.O. Box 30. Tel. (775) 234-7300. 28 Zimmer. \$42–\$49. Klimaanlage, Restaurant, RV-Park.
Silver Jack Motel (an Main St.) P.O. Box 166. Tel. (775) 234-7323. 10 Zimmer. \$55–\$75. Klimaanlage.

In Ely, NV 89301:
Bristlecone Motel 700 Ave. I. Tel. (800) 497-7404 oder (775) 289-8838. 31 Zimmer. \$53–\$75. Klimaanlage.
Fireside Inn Motel (2 Meilen nördlich von Ely) H 33, Box 33400. Tel. (800) 732-0288 oder (775) 289-3765. 14 Zimmer. \$45. Klimaanlage.
Historic Hotel Nevada and Gaming Hall 501 Aultman St. Tel. (775) 289-6665. 60 Zimmer. \$58–\$68. Klimaanlage, Restaurant.
Jailhouse Motel and Casino 5th and High Sts. Tel. (800) 841-5430 oder (775) 289-3033. 61 Zimmer. \$30–\$85. Klimaanlage, Restaurant.
Ramada Inn und Copper Queen Casino 805 Great Basin Blvd. Tel. (800) 851-9526 oder (775) 289-4884. 65 Zimmer. \$87–\$119. Klimaanlage, Pool, Restaurant.

Weitere Unterkünfte: White Pine -Chamber of Commerce. Tel. (775) 289-8877.

AUSFLÜGE

HUMBOLDT-TOIYABE NATIONAL FORESTS
ELKO, NEVADA

Obwohl einige Attraktionen jetzt zum Great Basin National Park gehören, bietet das riesige Waldgebiet reichlich Erholungsmöglichkeiten. Es umfasst den gletschergeformten Lamoille Canyon, alte Bergbaustädte und Jarbidge Wilderness, ein kaum überlaufenes Naturschutzgebiet. 25490 km². Angebote: 1000 Zeltplätze, Wandern, Bootfahren, Bootsrampe, Fischen, Reiten, Jagen, Picknickplätze, Panoramastraßen, Wintersport, Wassersport, Zugang für Behinderte. Ganzjährig geöffnet; die meisten Campingplätze von Ende Mai bis Ende September geöffnet. Tel. (775) 355-5301.

DESERT NATIONAL WILDLIFE REFUGE
LAS VEGAS, NEVADA

Wilde Tiere, nicht wilde Nächte sind das Programm dieses Wildparks, der nur einen Würfelwurf weit vom Mekka des Glücksspiels entfernt liegt. Dickhornschafe, Maultierhirsche, Kojoten und über 260 Vogelarten leben in diesem größten Wildpark der 50 Staaten beisammen. 6500 km². Angebote: einfaches Zelten, Wandern, Jagen, Panoramastraßen (Fahrzeug mit viel Bodenfreiheit erforderlich). Ganzjährig geöffnet. Informationskiosk am Eingang *Corn Creek Field Station*, nahe US 95. Tel. (702) 879-6110.

SPRING MOUNTAIN NATIONAL RECREATION AREA
LAS VEGAS, NEVADA

Es ist für viele erstaunlich, dass es einen Wald in unmittelbarer Nähe von Las Vegas gibt: Die Spring Mountains erheben sich bis zu 3600 m hoch über der rauen Wüste im südlichen Nevada. Hier findet man Coloradofichten, steile Kalksteinfelsen und eine interessante Tierwelt. Etwa 1300 km². Angebote: Camping, Picknickplätze, Panoramastraßen, Wandern und Tierbeobachtungen. US 95 bis zur Ausfahrt Kyle Canyon (Nev. Hwy. 157). Etwa 250 Meilen vom Great Basin NP. Tel. (702) 515-5400.

Winter am Cliff Palace, einer Ruine der Anasazi aus dem 13. Jahrhundert

MESA VERDE

COLORADO
GEGRÜNDET 29. JUNI 1906
211 Quadratkilometer

Mesa Verde, das sind uralte, mehrstöckige Wohnbauten, die Nischen im Fels ausfüllen – 600 m über dem Montezuma Valley. Die erstaunlich gut erhaltenen Felsenwohnungen *(cliff dwellings)* liegen in Sandsteincanyons, die die Mesa in schmale, nach Süden ausgreifende Tafeln gliedern. Die über 4800 archäologischen Stätten umfassen 600 Felsenwohnungen, die zwischen 550 und 1300 n. Chr. datiert werden.

Die Funde reichen von Erdwohnungen und mehrstöckigen Gebäuden auf der Mesa bis hin zu Höhlendörfern in den Felsen. Sie geben Kunde von dramatischen Veränderungen im Leben eines Volkes, das die Archäologen »Anasazi« – ein Navajo-Wort für »die Alten« – nennen. Etwa 40 Pueblos und *Cliff Dwellings* sind von Straßen und Aussichtspunkten des Parks aus zu sehen, viele sind zu besichtigen.

Etwa ab 750 n. Chr. begannen die Anasazi, ihre Wohnungen auf der Mesa zu Pueblos, d. h. kleinen Dörfern zusammenzulegen. Um 1200 zogen sie in die Nischen im Fels. Die mächtigen Felsüberhänge haben die späteren Dörfer so gut geschützt, dass sie heute wie unberührt vom Gang der Geschichte erscheinen.

Auf der Suche nach ihren verirrten Rindern stießen zwei Cowboys im Jahre 1888 an den Rand eines steilwandigen Canyons. Durch die Schneeflocken hindurch erblickten sie auf der anderen Seite die Umrisse von Mauern und Türmen.

Die Romanautorin Willa Cather hat die Szene beschrieben: »Der rieselnde

Schnee, der auf die Pinyons niederfiel, verlieh dem Ort eine gewisse Feierlichkeit. Es war wie eine Skulptur, ... festgehalten ... wie eine Fliege in Bernstein.«

Voller Eifer stiegen die Cowboys hinunter und durchforschten das verzweigte Netz von Räumen, das sie »Cliff Palace« tauften. Im Inneren fanden sie Steinwerkzeuge und Keramik in Räumen, die sieben Jahrhunderte lang unbewohnt gewesen waren.

Warum die Anasazi ihre Wohnstätten verließen, weiß man nicht. Früher glaubte man an Krieg, doch die Ausgrabungen erbrachten keine Beweise. Heute meinen die Archäologen, die Anasazi seien möglicherweise Opfer ihres eigenen Erfolges geworden. Ihr Trockenfeldbau war so ertragreich, dass die Bevölkerung der Mesa Verde anschwoll, vielleicht bis auf 5000 Personen. Der Wald schwand, das Wild wurde weniger, die Böden erschöpften sich. Zu Jahren der Dürre und Missernten mögen noch Fehden zwischen den Dörfern hinzugekommen sein. Am Ende des 13. Jahrhunderts hatten die Anasazi das Plateau für immer verlassen.

Anreise

Von Cortez 8 Meilen auf US Hwy. 160 East bis zum Parkeingang, dann 14 Meilen auf der Parkstraße bis *Far View Visitor Center*, dann noch 5½ Meilen bis *Chapin Mesa* (einschl. Museum und *Cliff Dwellings*). Wohnwagenanhänger sind über Morefield Village hinaus nicht zugelassen. Flughäfen: Cortez und Durango.

Reisezeit

Ganzjährig. Wetherill Mesa, *Far View Visitor Center*, Cliff Palace Loop, *Balcony House* und viele Einrichtungen sind im Winter geschlossen. Wildblumen blühen von April bis September. Im Winter sind einige Teile der Ruins Road zum Skilanglauf freigegeben.

Reiseempfehlungen

Bei einem 1-Tages-Besuch: Früh starten und sich im **Far View Visitor Center**, geöffnet von Mitte April bis Mitte Oktober, Tickets kaufen. Dann im **Chapin Mesa Museum** einen Überblick verschaffen und das **Spruce Tree House** besuchen. Danach Fahrt auf der **Cliff Palace Loop**; am Nachmittag auf der **Mesa Top Loop Road**. Festes Schuhwerk ist geboten, die Klettereien in den Felsenwohnungen sind anstrengend. Ferngläser wären hilfreich. Haben Sie mehr Zeit, dann besuchen Sie die stillere **Wetherill Mesa**.

CHAPIN MESA MUSEUM & SPRUCE TREE HOUSE

2 Stunden bis zu einem halben Tag

Bevor Sie zu den Ruinen hinuntergehen, besuchen Sie **Chapin Mesa Museum**; es liegt nahe der *Park Headquarters*. Dort bekommen Sie Führungsmaterial zu den wichtigsten Ruinenstätten und können hervorragende Schaubilder (Dioramen) zur wechselvollen Geschichte der Anasazi betrachten. Eine Auswahl von Artefakten aus dem Südwesten sowie indianisches Kunsthandwerk werden ebenfalls gezeigt.

Beachten Sie die Sammlung von Tonwaren aus **Mesa Verde**. Die Gefäße, die mit geometrischen, schwarzen Mustern auf weißem Grund verziert sind, stellen die höchste künstlerische Ausdrucksform der Anasazi dar. Die Frauen des Dorfes haben sie hergestellt.

Natürlich sind es die berühmten Felsenwohnungen, die die größte Aufmerksamkeit erregen, doch spiegeln sie nur die Endphase einer Entwicklung wider. Nicht in der Baukunst, sondern in der Korbmacherei und Weberei haben sich die Anasazi am meisten bewährt. Im Museum gibt es

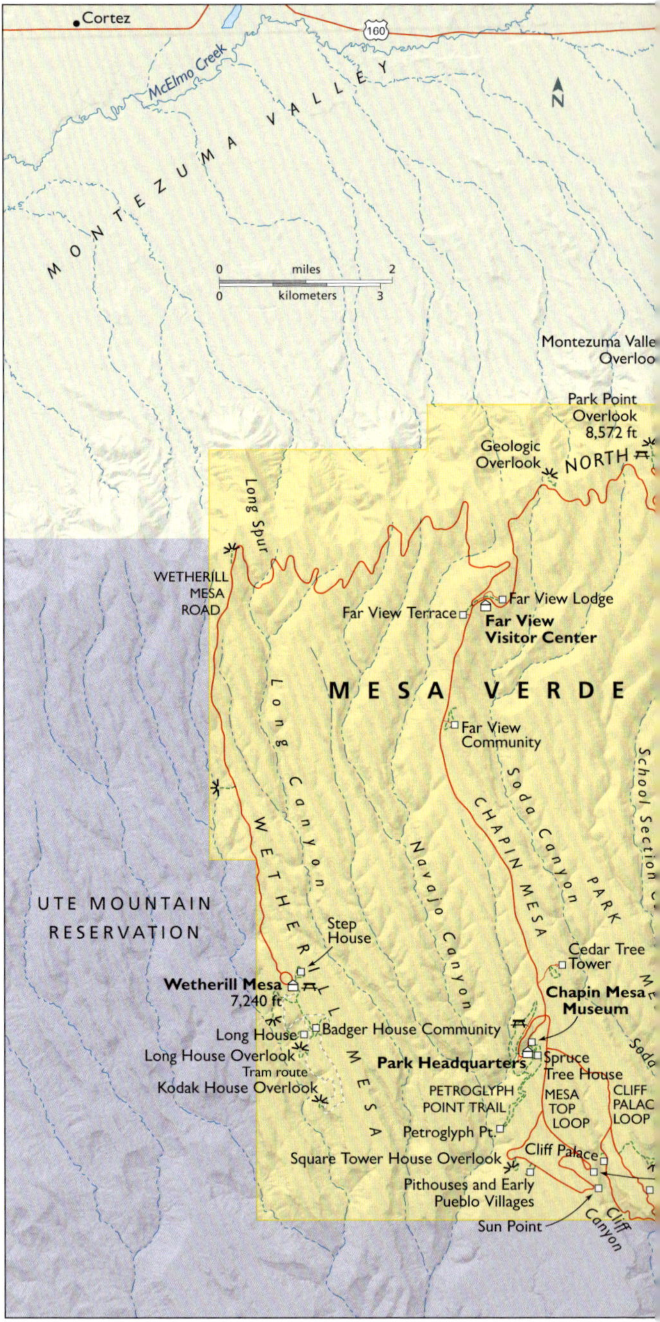
Cortez
160
McElmo Creek
MONTEZUMA VALLEY
N
0 miles 2
0 kilometers 3
Montezuma Valle
Overloo
Park Point
Overlook
8,572 ft
Geologic
Overlook
NORTH
Long Spur
WETHERILL
MESA
ROAD
Far View Lodge
Far View Terrace
Far View
Visitor Center
MESA VERDE
Long Canyon
Far View
Community
School Section
Soda Canyon
CHAPIN MESA
Navajo Canyon
WETHERILL MESA
PARK
UTE MOUNTAIN
RESERVATION
Step
House
Cedar Tree
Tower
Wetherill Mesa
7,240 ft
Chapin Mesa
Museum
Badger House Community
Long House
Long House Overlook
Tram route
Kodak House Overlook
Park Headquarters
Spruce
Tree House
PETROGLYPH
POINT TRAIL
MESA
TOP
LOOP
CLIFF
PALAC
LOOP
Petroglyph Pt.
Cliff Palace
Square Tower House Overlook
Pithouses and Early
Pueblo Villages
Sun Point
Cliff
Canyon
Soda

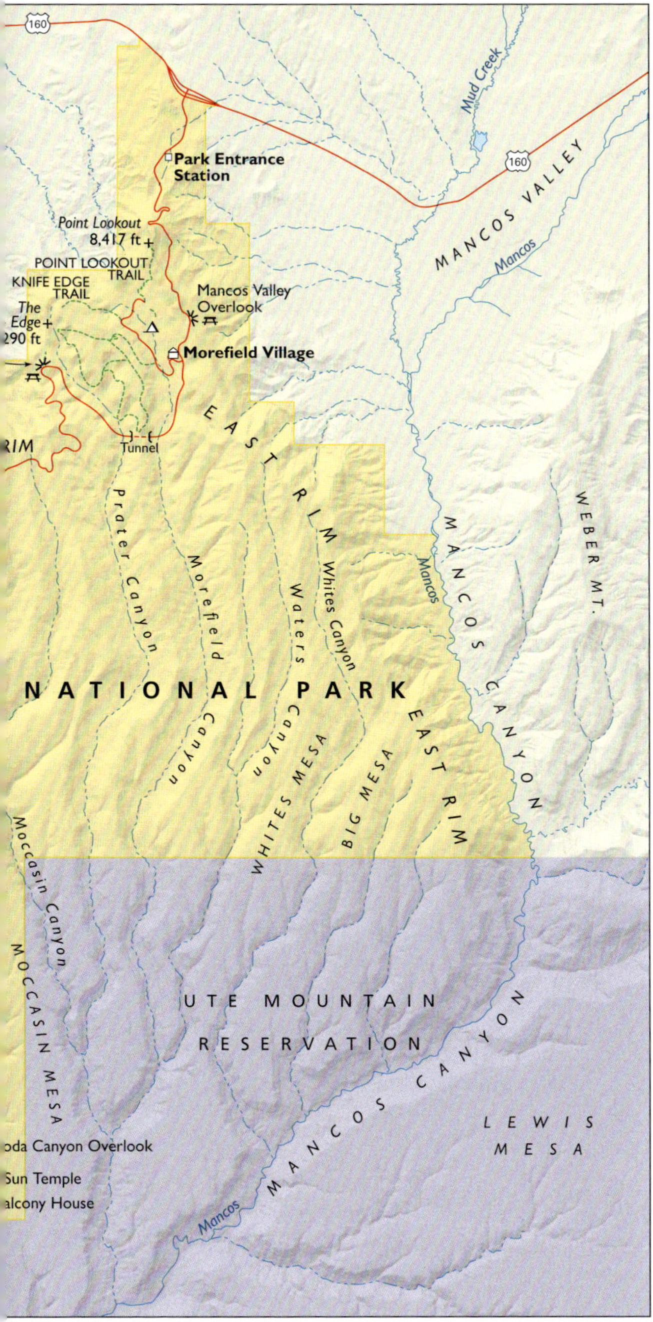
160
Mud Creek
160
Park Entrance Station
MANCOS VALLEY
Point Lookout 8,417 ft
POINT LOOKOUT TRAIL
KNIFE EDGE TRAIL
The Edge
290 ft
Mancos Valley Overlook
Mancos
Morefield Village
RIM
Tunnel
EAST RIM
Prater Canyon
Morefield Canyon
Waters Canyon
Whites Canyon
Mancos
MANCOS CANYON
WEBER MT.
NATIONAL PARK
WHITES MESA
BIG MESA
EAST RIM
Moccasin Canyon
MOCCASIN MESA
UTE MOUNTAIN RESERVATION
MANCOS CANYON
LEWIS MESA
oda Canyon Overlook
Sun Temple
alcony House
Mancos

schöne Proben, darunter eine lange Schärpe aus geflochtenem Hundehaar, heute noch so fest und biegsam wie vor 1500 Jahren, als sie getragen wurde.

Ein Teil der interessanten Sammlung ist den Menschen selber gewidmet. Zum Beispiel sieht man ein Paar sorgsam gepolsterter Krücken, die so klein sind, dass sie wohl für ein verkrüppeltes Kind gedacht waren.

Nehmen Sie – im Sommer – ein Leitblatt über das **Spruce Tree House** zur Hand und gehen Sie 1/4 Meile zur besterhaltenen Ruine des Parks. Dort können Sie die erstaunlichen Bautechniken und die Steinmetzkunst der Anasazi bewundern. Die Ranger geben gerne Auskunft (von Mitte November bis Anfang März bieten sie auch Führungen). Der Weg führt durch den Canyon, der dicht mit einer heimischen Eichenart bestanden ist. Benannt ist die Stätte nach der hohen Douglas-Tanne, an der sich die Entdecker hinuntergehangelt haben sollen.

Das Gebäude, eingebettet in eine 60 m breite Nische, hat 60 bis 100 Personen Platz geboten. Drei ihrer acht *Kivas* – unterirdische Zeremonienräume – sind mit rekonstruierten Dächern versehen; man kann über eine Leiter durch das Rauchloch einer *Kiva* in die dunkle Kammer hinuntersteigen.

Eine schöne Entspannung bietet der 2 4/5 Meilen lange Naturlehrpfad **Petroglyph Point Trail**, der vom Spruce Tree House Trail abzweigt. Melden Sie sich im Ranger-Büro am Museum und lassen Sie sich ein Führungsbüchlein geben. Sie werden nicht nur die Pflanzen kennen lernen – und wie sie früher genutzt wurden –, sondern auch große Felsmalereien bewundern können.

CHAPIN MESA

12 Meilen; ein halber Tag

Zwei 6 Meilen lange Schleifen, einbahnig zu befahren, erschließen die dichten Pinyon-Wacholder-Waldungen der **Chapin Mesa**. Nehmen Sie sich zunächst die Cliff Palace Loop vor und fahren Sie zum Parkplatz Cliff Palace. Ein kurzer Fußweg – und das größte Cliff Dwelling Nordamerikas liegt vor Ihnen. Der kurze Weg von 3/4 Meile führt zu einer Ruine mit den 150 Räumen hinunter, in der einst über 100 Indianer lebten. Ein Ranger führt zum Aussichtspunkt und hinunter in die Felsenwohnung (Ticket erforderlich).

Die Anasazi bauten ihre Häuser in natürlichen, vom Wasser geschaffenen Felsnischen. Regenwasser rinnt durch den Sandstein, trifft auf die Sperrschichten des Tonschiefers und wird seitlich zur Canyonwand abgeleitet. Dort tritt es in Quellen aus, die allmählich das hangende Gestein abtragen: Es entstehen Felsnischen, die wie Augenhöhlen aussehen.

Weiter geht es zum **Balcony House**. Dieses Wohnhaus mit seinen 40 Räumen ist eine der großen Sehenswürdigkeiten im Park. *Meiden Sie den Ort, wenn Sie unter Höhen- oder Höhlenangst leiden!*

Ranger führen die Wagemutigen in Gruppen (Tickets notwendig) über eine 10 m hohe Leiter auf einen Felssims in guter Verteidigungslage hinauf – und zu einem Rundblick über **Soda Canyon**. Man verlässt Balcony House durch einen Tunnel. Im Winter kann man Balcony House nur aus der Ferne betrachten, und zwar vom Endpunkt des **Soda Canyon Overlook Trail**.

Fahren Sie zur Kreuzung mit **Mesa Top Loop Road** und biegen Sie nach links ein. Am **Square Tower House** geht es 150 m zu einem Aussichtspunkt mit Blick auf die höchste Ruine im Park, die vier Stock hohen Reste einer größeren Anlage. Das Haus selbst ist nicht zugänglich.

Nach kurzer Fahrt geht es zu den **Pithouses** und den **Early Pueblo Villages**. Die fast quadratischen, in den Boden versenkten Erdwohnungen – die ersten Dauerwohnstätten in Mesa Verde –

waren die Vorläufer der *Kivas*. Auf der Weiterfahrt stößt man auf die freigelegten Reste von drei Dörfern. Sie wurden zwischen 900 und 1075 n. Chr. an derselben Stelle errichtet und zeigen den Fortschritt der Bautechnik der Anasazi, von Balken mit Lehmziegeln zu vermauerten Steinen.

Begeben Sie sich nun zum **Sun Point Overlook**, wo Sie, zwischen **Fewkes Canyon** und **Cliff Canyon**, eine ganze Reihe von Felsenwohnungen überschauen können: fern im Nordosten Cliff Palace, im Osten **Sunset House**, geduckt auf einen hohen Felsriegel; und – genau gegenüber – **Mummy House**, das nach der natürlich entstandenen Mumie eines Kindes benannt ist, die man dort gefunden hat.

Weiter geht es, am **Oak Tree House** und **Fire Temple** vorbei, zum **Sun Temple**. Von geschickten Maurern gebaut – die Steine sind geformt und »gehämmert« –, lässt dieses Gebäude die Archäologen rätseln. Es war nie bewohnt, vielleicht war es ein religiöses Zentrum. Der Canyonrand am Parkplatz bietet einen klassischen Blick auf Cliff Palace.

WETHERILL MESA

12 Meilen; ein halber Tag oder mehr

Wetherill Mesa Road – die nur im Sommer befahrbar ist – beginnt westlich vom **Far View Visitor Center**, wo man Eintrittskarten erhält. Die steile Strecke führt zu Ruinen, die erst 1972, nach gründlichen archäologischen Studien unter der Ägide der National Geographic Society und des National Park Service, für die Allgemeinheit freigegeben wurden. Parken Sie am Kiosk und begeben Sie sich auf den ½ Meile langen Lehrpfad zum **Step House** mit seinem Treppenaufgang. Hier sind sowohl Erdwohnungen als auch ein mehrstöckiger Pueblo in derselben Felsnische errichtet worden.

Von der Parkzone bringt Sie eine Kleinbahn an den **Long House Trail** heran. In Gruppen werden Sie zum zweitgrößten Wohnbau des Parks hinuntergeführt: 150 Räume mit 21 Kivas – das sind ungewöhnlich viele. Fahren Sie weiter zur **Badger House Community**. Der ½ Meile lange Lehrpfad zeigt anhand der freigelegten Erdwohnungen den Unterschied zwischen dem Leben auf und unter der Mesa.

Cliff Palace, das größte der Klippenbauwerke

PRAKTISCHE INFORMATIONEN

ZENTRALE

Mesa Verde National Park, Colorado 81330. Tel. (970) 529-4465; www.nps.gov/meve

SAISON UND ANREISE

Park ganzjährig geöffnet, aber die meisten Einrichtungen und Dienste sind nur von Mitte Mai bis Mitte Oktober verfügbar. **Spruce Tree House** ganzjährig geöffnet; **Cliff Palace** Anfang April bis Anfang November; **Balcony House** Anfang Mai bis September; Ruinen der **Wetherill Mesa** nur im Sommer. Im Winter können Schnee und Eis zur Sperrung der Mesa Top Road führen. Wetter- und Straßenauskünfte über Tel. (970) 529-4461 oder 4475.

BESUCHERINFORMATIONEN

Far View Visitor Center im Nordwestteil des Parks täglich von Mitte April bis Mitte Oktober geöffnet. **Chapin Mesa Museum** am Südende des Parks, 20 Meilen vom Eingang, ganzjährig täglich geöffnet. Auskunft über Tel. (970) 529-4475.

EINTRITTSGEBÜHREN

$15 pro Wagen und Woche und am Member sowie Labor Day, sonst $10. Für Cliff Palace, Balcony House und Long House werden Eintrittskarten benötigt; erhältlich beim Far View Visitor Center.

TIERE

An der Leine gehalten erlaubt. In Gebäuden, an Sehenswürdigkeiten oder auf Wanderwegen verboten.

EINRICHTUNGEN FÜR BEHINDERTE

Visitor Center, Museum, Aussichtspunkte, einige Zeltplätze und die meisten Toiletten sind für Rollstuhlfahrer zugänglich. Besichtigung der Ruinen ist nicht möglich, doch die wichtigsten *Cliff Dwellings* sind von den Straßen der Mesa und von den Aussichtspunkten zu betrachten. Broschüre gratis.

AKTIVITÄTEN

Kostenlose naturkundliche Veranstaltungen: archäologische Wanderungen, Führungen durch *Cliff Palace* und *Balcony House* (Frühjahr bis Herbst), *Spruce Tree House* (Herbst bis Frühjahr) und *Long House* (nur im Sommer), abends Lagerfeuerprogramm. Außerdem: Ausstellungen am Wegesrand, archäologisches Museum, Lehrpfade; begrenzte Wandermöglichkeiten (bei 2 Wegen Meldung erforderlich), Skilanglauf, Schneeschuhlaufen.

BESONDERE RATSCHLÄGE

- Besichtigungen der Cliff Dwellings sind anstrengend. Festes Schuhwerk ist erforderlich. Vorsicht bei Herz- und Atembeschwerden.
- Achten Sie auf Felsenpfaden und am Canyonrand auf Ihre Kinder.

FREIES ZELTEN

Im Park nicht erlaubt.

CAMPINGPLÄTZE

Ein Campingplatz, **Morefield**, begrenzt auf 14 Tage. Mitte April bis Mitte Oktober geöffnet. $20–$25 pro Nacht. Duschen 1 Meile entfernt. Zelt- und Wohnwagenplätze; 14 Anschlüsse. **Morefield Group Campgrounds**, *first come, first served*. Gastronomie im Park (Mitte April bis Mitte Oktober).

UNTERKUNFT

(wenn nicht anders vermerkt, gelten Preise für 2 Personen im Doppelzimmer zur Hauptsaison)

INNERHALB DES PARKS:

Far View Lodge Mesa Verde Co., P.O. Box 277, Mancos, CO 81328. Tel. (800) 449-2288. 150 Zimmer. $111–$125. Restaurant. Mitte April bis Oktober.

AUSSERHALB DES PARKS:

In Cortez, CO 81321:

Mesa Verde Inn 640 S. Broadway. Tel. (800) 972-6232 oder (970) 565-3773. 85 Zimmer. $88. Klimaanlage, Pool, Restaurant.

Best Western Turquoise Inn and Suites 535 E. Main St. Tel. (800) 547-3376 oder (970) 565-3778. 77 Zimmer. $89–$134. Klimaanlage, Pool.

In Durango, CO 81301:

Strater Hotel 699 Main Ave. Tel. (800) 247-4431 oder (970) 247-4431. 93 Zimmer. $139–$205. Klimaanlage, Restaurant.

In Mancos, CO 81328:

Mesa Verde Motel 191 Railroad Ave., P.O. Box 552. Tel. (800) 825-6372 oder (970) 533-7741. 16 Zimmer. $85. Klimaanlage.

Weiter Unterkünfte: Cortez Chamber of Commerce. Tel. (970) 565-3414; Durango Chamber of Commerce. Tel. (800) 525-8855.

AUSFLÜGE

SAN JUAN NATIONAL FOREST
DURANGO, COLORADO

Die Vegetation der rauen San Juan Mountains reicht von Hochgebirgswäldern bis zur Sagebrush-Pinyon-Wüste hinunter. Es gibt Seen und eine Ausgrabungsstätte. 8092 km². Angebote: 36 Zeltplätze, Wandern, Bootfahren, Bootsrampen, Klettern, Radfahren, Fischen, Reiten, Lama-Touren, Jagen, Wintersport, Wassersport, eingeschränkter Zugang für Behinderte. Ganzjährig geöffnet; die meisten Campingplätze von Mai bis November. Auskunft nahe Durango am Hwy 160, etwa 50 Meilen östlich vom Mesa Verde NP. Tel. (970) 247-4874.

AZTEC RUINS NATIONAL MONUMENT
AZTEC, NEW MEXICO

In Aztec bauten die Anasazi zwei Jahrhunderte lang eine sorgfältig geplante große Siedlung. Heute liegt hier die einzige rekonstruierte große Kiva im Südwesten. 129 Hektar. Angebote: Ausstellungen, Wanderwege, Picknickplätze. Ganzjährig geöffnet. Nahe US 516, dann Ruins Road. Tel. (505) 334-6174.

HOVENWEEP NATIONAL MONUMENT
CORTEZ, COLORADO

Hovenweep – ein Begriff der Ute-Indianer mit der Bedeutung »verlassenes Tal« – besteht aus sechs Wohnstätten der Anasazi: zwei in Utah und vier in Colorado. Es gibt Pueblos aus Stein sowie quadratische, runde und D-förmige Türme. Square Tower Group – auf halber Strecke zwischen Cortez, Colorado, und Blending, Utah, gelegen – ist am besten erhalten und zugänglich. 317 Hektar. Ganzjährig geöffnet. Angebote: 30 Zeltplätze, erläuternde Ausstellungen, Wandern, Picknickplätze. Zentrale: Square Towers Group, nahe Utah Hwy. 262, ca. 55 Meilen vom Mesa Verde NP. Tel. (970) 562-4282.

Baumstämme aus Stein, Reste urzeitlicher Nadelbäume in Blue Mesa

PETRIFIED FOREST

ARIZONA
GEGRÜNDET 9. DEZEMBER 1962
379 Quadratkilometer

Diese sonnenüberflutete Ecke der Painted Desert lockt übers Jahr mehr als 600 000 Besucher an. Die meisten kommen, um sich das strahlend bunte Holz fossiler Baumstämme anzusehen. Andere nehmen etwas mehr mit nach Hause: Sie haben einen Blick in eine 200 Millionen Jahren alte Welt getan, die sich radikal vom heutigen Grasland unterscheidet.

Wo heute Raben über einer kargen Landschaft kreisen, segelten einst Flugechsen über Flüssen dahin, die mit Schuppenpanzer-Fischen und Riesenamphibien bevölkert waren. In der Nähe grasten die ersten Herden von Dinosauriern. Bis heute sind mehr als 150 Arten fossiler Pflanzen und Tiere im Petrified Forest bestimmt worden, das ist eine sehr erhebliche Zahl.

Der Park besteht aus zwei Teilen. Im Süden finden sich große Mengen versteinerten Holzes, im Norden liegen die buntfarbenen Badlands der Painted Desert. Mächtige, fossile Baumstämme, viele in klaftergroße Stücke zerbrochen, liegen überall verstreut.

Der Quarz, der vor 200 Millionen Jahren die Holzfasern ersetzt hat, ist wie Achat getönt. Viele Besucher können nicht widerstehen und nehmen sich Steine mit – trotz strenger Bestimmungen und hoher Bußgelder. Um ihre Verluste zu überprüfen, legten Ranger an einem vielbegangenen Wegstück probeweise Steine aus: In weniger als 1 Woche war alles verschwunden.

Das Problem ist nicht neu. Militärische Vermessungstrupps, die hier in den 1850ern tätig waren, füllten sich die Satteltaschen mit versteinertem Holz. Als sich die Kunde von den sonderbaren Lagerstätten verbreitete, wurden fossile Stämme in Wagenladungen fortgeschafft, um Tischplatten, Lampen und Kaminsimse daraus zu machen. In den 1890er Jahren begannen Gemmensammler auf der Jagd nach Amethyst und Quarzkristallen damit, die Stämme zu sprengen. Um weitere Zerstörungen zu verhindern, wurde das Gebiet 1906 zum Nationalmonument und gut ein halbes Jahrhundert später zum Nationalpark erklärt.

Anreise

Über I-40, Ausfahrt Holbrook, dann ca. 20 Meilen auf US 180 zum Südeingang des Parks. Von dort durch den Park, und am Nordeingang zur I-40 zurück. Flughafen: Flagstaff.

Reisezeit

Ganzjährig. Sommerwolken und -gewitter steigern den Reiz der Landschaft. Viele Besucher kommen im Herbst, bei milderen Temperaturen. Der Winter auf dem Colorado Plateau ist kalt, Schnee fällt bisweilen in der Hochwüste; milde Nachmittagstemperaturen. Im Frühjahr blüht die Wüste. Bisweilen wehen heftige Winde.

Reiseempfehlungen

Petrified Forest besucht man am besten zu Fuß. Nehmen Sie sich Zeit für die Baumfossilien wie auch die *Badlands* der **Painted Desert**. Ein 1/2-Tages-Besuch ermöglicht eine Fahrt auf der **Park Road** vom **Rainbow Forest Museum** bis **Pintado Point**. Bei längerem Aufenthalt empfehlen sich Wanderungen zum **Agate House**, in die *Badlands* der **Blue Mesa** oder der **Pertified Forest National Wilderness Area**.

PARK ROAD

27 Meilen; ein halber bis ganzer Tag

Eine Panoramastraße verbindet den Süd- mit dem Nordeingang, sie führt durch grasbestandene Hochwüste, die von plötzlichen Steilstufen und kahlen, blass gebänderten Hügeln unterbrochen wird. Beginnen Sie mit dem **Rainbow Forest Museum** am Südeingang. (Oder, wenn Sie von Norden kommen, mit **Painted Desert Visitor Center**, und machen Sie die Tour umgekehrt). Beachten Sie unbedingt die Darstellungen der prähistorischen Landschaft, den Abdruck eines Phytosaurierskeletts und andere Fossilienfunde.

Das Museum liegt im **Rainbow Forest**, einem der vier als »Forests« bezeichneten Hauptfundgebiete für die steinernen Stämme. Hier liegt auch der Giant Logs Trail (1/2 Meile) mit **Old Faithful**, bei 3 m Durchmesser der dickste der fossilen Stämme. Vom Museum aus führt ein Weg von 1/2 Meile, der **Long Logs Loop**, zur größten Ansammlung versteinerten Holzes im Park. Hier, in Long Logs, finden sich bis 50 m lange Stämme, viele wild durcheinandergeworfen, sowie Querprofile fossiler Stämme in schönen Farben.

Das fossile Holz im Park stammt zu 99 Prozent von hohen Koniferen *(Araucarioxylon)*, die heutigen Zimmertannen gleichen. Diese vorzeitlichen Bäume wuchsen vor 200 Millionen Jahren an Wasserläufen, wo sie durch periodische Überschwemmungen entwurzelt,

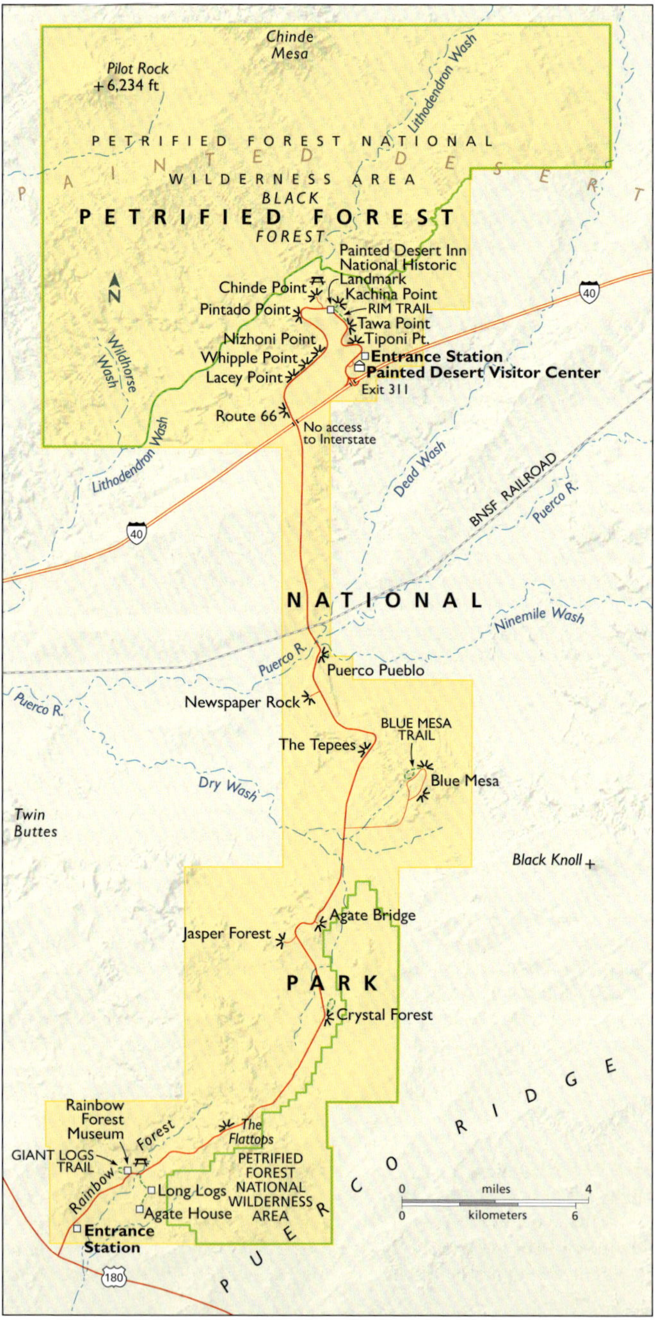
Chinde Mesa
Pilot Rock
+6,234 ft
Lithodendron Wash
PETRIFIED FOREST NATIONAL
WILDERNESS AREA
PAINTED DESERT
BLACK FOREST
PETRIFIED FOREST
NATIONAL
PARK
N
Painted Desert Inn National Historic Landmark
Chinde Point
Kachina Point
Pintado Point
RIM TRAIL
Tawa Point
Nizhoni Point
Tiponi Pt.
Whipple Point
Entrance Station
Lacey Point
Painted Desert Visitor Center
Exit 311
Wildhorse Wash
Route 66
No access to Interstate
40
Lithodendron Wash
Dead Wash
BNSF RAILROAD
Puerco R.
Ninemile Wash
Puerco R.
Puerco Pueblo
Puerco R.
Newspaper Rock
BLUE MESA TRAIL
The Tepees
Blue Mesa
Dry Wash
Twin Buttes
Black Knoll +
Agate Bridge
Jasper Forest
Crystal Forest
PUERCO RIDGE
Rainbow Forest Museum
Rainbow Forest
The Flattops
GIANT LOGS TRAIL
PETRIFIED FOREST NATIONAL WILDERNESS AREA
Long Logs
Agate House
Entrance Station
180
0 miles 4
0 kilometers 6

fortgerissen und glatt geschliffen wurden. Sie verhakten sich zu Baumsperren und wurden schnell von Schlick und Asche begraben. Mineralhaltiges Wasser drang ins Holz ein und ersetzte organisches Gewebe durch bunte Quarze.

Gehen Sie als nächstes, wenn es die Zeit erlaubt, den geteerten Weg zum **Agate House** (Rundweg von 1 Meile). In den 1930er Jahren wurden zwei Räume in diesem 800 Jahre alten Anasazi-Pueblo wiederhergestellt. Das Besondere an diesem Bauwerk sind die in vielen Farben schillernden Wände aus versteinertem Holz.

Lassen Sie die drei Abzweigungen nach **Crystal Forest**, **Jasper Forest**, und **Agate Bridge** aus und fahren Sie die 3 Meilen lange Nebenstrecke zur **Blue Mesa** hinauf. In einer Schleife durchqueren Sie die eigentümlichen *Badlands*, die sich hier in blauen, purpur- und cremefarbenen Schichtungen präsentieren, die – je nach Wetter oder Tageszeit – die Farbe wechseln.

Der Blue Mesa Trail windet sich 1 Meile weit und 45 Minuten lang durch die *Badlands*; er ist asphaltiert und, mit Ausnahme eines Steilstücks, fast eben. Wenn Sie nicht die ganze Strecke laufen wollen, dann genießen Sie wenigsten den Rundblick über die tief zerschnittene Hochfläche.

Auf der Hauptstraße kommen Sie dann zu **The Tepees**, einem Gebiet kahler Kegel, die aus blauem und rotem Schlammton herauspräpariert sind. Hier in der Nähe haben Paläontologen im Rahmen eines Forschungsprojekts Hunderte von fossilen Metoposauriern ausgegraben, das sind große, salamanderähnliche Amphibien.

Die mehr als 600 Felsmalereien am **Newspaper Rock** muss man vom Aussichtspunkt darüber betrachten. Nehmen Sie sich daher lieber die **Pueblo Indian Ruin** vor, eine der größten prähistorischen Stätten im Park. Hier sind nicht nur die Reste eines Anasazi-Dorfes, das um 1380 verlassen wurde, zu besichtigen, sondern auch schöne Tierbilder und geometrische Figuren, die in den Fels graviert wurden.

Eine in Stein gemeißelte Spirale scheint hier von den Indianern als Sonnenkalender benutzt worden zu sein. Um den 22. Juni herum, wenn die Tage am längsten sind, führen Ranger am frühen Morgen Gäste hierher, um zu zeigen, wie ein Sonnenstrahl genau in die Mitte des uralten Symboles trifft.

Man überquert den episodisch fließenden **Puerco River** – es gibt keine perennierenden Flüsse im Petrified Forest – und bald darauf die I-40. Vom Rande einer Landstufe vulkanischen Ursprungs kann man einen besonders farbigen und sehenswerten Teil der **Painted Desert** überblicken.

Halten Sie am **Lacey Point**, dem ersten von neun Aussichtspunkten. Hier sind die nackten Hänge im Chinle in den Farben eines Navajo-Teppichs getönt. Sie kommen besonders schön zur Geltung, wenn die Sonnenstrahlen nach einem Gewitterregen auf das nasse Gestein fallen.

Erleben Sie den weiten Rundblick vom **Pintado Point**, dem höchsten Punkt am *Rim* über der Painted Desert. Zu Füßen liegt **Lithodendron Wash** und im Nordosten **Black Forest** mit seinem dunklen versteinerten Holz. In der Ferne schimmern die dunklen Umrisse von **Pilot Rock**, dem höchsten Berg im Park (1900 m).

Möchten Sie wandern, dann streifen Sie durch die raue Schönheit der **Petrified Forest National Wilderness Area**. Der Weg beginnt am **Kachina Point** beim alten **Painted Desert Inn**

PRAKTISCHE INFORMATIONEN

ZENTRALE
P.O. Box 2217, Arizona 86028. Tel. (928) 524-6228; www.nps.gov/pefo

SAISON UND ANREISE
Ganzjährig geöffnet; verlängerte Öffnungszeiten von Mai bis September. Die Parkstraße kann im Winter bei Schnee und Eis zeitweilig gesperrt sein.

BESUCHERINFORMATIONEN
Painted Desert Visitor Center am Nordeingang, nahe I-40, und **Rainbow Forest Museum** beim Südeingang, nahe US 180. Archäologische Ausstellung: **Painted Desert Inn National Historic Landmark**, 2 Meilen vom Nordeingang.

EINTRITTSGEBÜHREN
$10 pro Wagen, gültig für 7 Tage.

TIERE
Tiere an der Leine erlaubt. Außer in öffentlichen Gebäuden, im Hinterland und auf dem Giant Logs Trail. Pferde sind im gesamten Parkgebiet erlaubt; bis zu 6 Pferde sind in Gruppen zugelassen, dürfen aber nicht weiden. Kein Wasser vorhanden.

EINRICHTUNGEN FÜR BEHINDERTE
Visitor Centers, Museum und Toiletten sind für Rollstuhlfahrer zugänglich.

AKTIVITÄTEN
Kostenlose naturkundliche Veranstaltungen das ganze Jahr über: Naturvorträge, Kino. Außerdem: erläuternde Ausstellungen, Auto-Touren *(self-guided)*, Wandern, Reiten (keine Vermietung).

BESONDERE RATSCHLÄGE
- Bleiben Sie auf den Wegen, um Schäden an der sensiblen Umwelt der Wüste zu vermeiden, hüten Sie sich vor Verletzungen durch scharfkantige Fossilien.
- Nehmen Sie nichts mit – außer Erinnerungen, nicht einmal winzige Stücke versteinerten Holzes; aus Stücken werden schnell Tonnen.
- Nähern Sie sich keinen Wildtieren; die Tiere des Parks können gefährliche Krankheitserreger übertragen.

FREIES ZELTEN
In der Wilderness Area erlaubt. Genehmigung erforderlich; kostenlos in den *Visitor Centers* oder im Museum zu erhalten – bis 1 Stunde vor Schließung des Parks.

CAMPINGPLÄTZE
Keine im Park, aber Versorgung mit Lebensmitteln möglich.

UNTERKUNFT
(wenn nicht anders vermerkt, gelten Preise für 2 Personen im Doppelzimmer zur Hauptsaison)

In Holbrook, AZ 86025:
American Best Inn 2211 E. Navajo Blvd. Tel. (800) 551-1923 oder (928) 524-2654. 39 Zimmer. $56. Klimaanlage.
Best Western Adobe Inn 615 W. Hopi Dr. Tel. (928) 524-3948. 54 Zimmer. $79–$89. Klimaanlage, Pool.
Holbrook Comfort Inn 2602 E. Navajo Blvd. Tel. (800) 228-5150 oder (928) 524-6131. 61 Zimmer. $85. Klimaanlage, Pool.

Weitere Unterkünfte: Holbrook Chamber of Commerce, 100 E. Arizona St., Holbrook, AZ 86025. Tel. (928) 524-6558.

(nationale historische Stätte und Museum, täglich geöffnet). Sind Sie einmal unter dem *Rim*, dann verliert sich der Pfad, und Sie müssen sich ihren Weg suchen. Schauen Sie nach dem dunkel versteinerten Holz des Black Forest, nach aufrechten Baumstümpfen und **Onyx Bridge**. Die Brücke zu finden kann zum Abenteuer werden, denn man hat keine festen Orientierungspunkte.

Die Panoramastraße endet am *Painted Desert Visitor Center*, der Parkzentrale am Nordeingang.

AUSFLÜGE

EL MORRO NATIONAL MONUMENT
RAMAH, NEW MEXICO

Juan de Oñate ritzte 1605 seinen Namen in einen Sandsteinfelsen; auch andere Wüstenreisende fügten den Gravuren präkolumbianischer Indianer Inschriften hinzu. Zwei Ruinen der Anasazi befinden sich auf dem Plateau. 518 Hektar. Angebote: 9 Zeltplätze (Mai bis Mitte Oktober), Wandern, Picknickplätze, Zugang für Behinderte. Ganzjährig geöffnet, doch wird Mesa Top Trail bei starkem Schneefall gesperrt. Am N.M. Hwy. 53, nahe I-40, ca. 125 Meilen vom Petrified Forest NP. Tel. (505) 783-4226.

EL MALPAIS NATIONAL MONUMENT AND NATIONAL CONSERVATION AREA
GRANTS, NEW MEXICO

El Malpais – »Badlands« auf spanisch – ist ein Nationalmonument und Schutzgebiet auf den Lavaflächen West-New Mexicos. Es gibt Lavakegel, ein 17 Meilen langes Netz von Lavaröhren und Eishöhlen, ferner Anasazi-Ruinen und den größten freistehenden Felsbogen des Staates New Mexico, außerdem zwei Naturschutzgebiete. 1522 km^2. Angebote: einfaches Camping, Wandern, Radfahren, Reiten, Panoramastraßen. Ganzjährig geöffnet. Auskunft: N. Mex. 53 (23 Meilen südlich von Grants), ca. 140 Meilen östlich vom Petrified Forest NP. Tel. (505) 783-4774.

WALNUT CANYON NATIONAL MONUMENT
FLAGSTAFF, ARIZONA

Vor mehr als 800 Jahren lebten hier Indianer, heute bekannt als Sinagua, in Höhlen und Felswohnungen am Rande von Flagstaff. Der Name Sinagua kommt aus dem Spanischen und bedeutet »ohne Wasser«. Er steht als Zeichen der Anerkennung für die bemerkenswerte Fähigkeit dieser Indianer, in einer trockenen Region überleben zu können. Die Felswohnungen sind auf Wanderwegen erreichbar. 14 km^2. Angebote: Visitor Center und Picknickplätze. Täglich geöffnet. An der I-40 gelegen, östlich von Flagstaff. Etwa 107 Meilen westlich des Petrified Forest NP. Tel. (520) 526-3367.

Imposanter Saguaro in der Dämmerung vor den Wolken eines Sommersturms

SAGUARO

ARIZONA
GEGRÜNDET 14. OKTOBER 1994
370 km²

Als Symbol des amerikanischen Südwestens und als der größte Kaktus des amerikanischen Nordens, gibt Saguaro mit seinen nach oben stehenden Armen eine wahrhaft königliche Gestalt ab. Wohl deshalb bekam der kräftige Riese mit den feigenähnlichen Früchten an den Spitzen seiner Arme, den Beinamen »Herrscher der Wüste«.

Carnegiea gigantea (Saguaro) ist das Markenzeichen der Wüste Sonoras, deren Becken und Berge sich über eine Fläche von 310 000 km² im Nordwesten von Mexiko, dem südlichen Arizona und dem Südosten Kaliforniens ziehen. Der Saguaro National Park besteht aus zwei Teilen. Der westlich gelegene Tucson Mountain District umfasst etwa 97 km² des heißeren, trockeneren und weniger bewachsenen »niedrigen« Sonora-Ökosystems, das unter 900 m liegt. Dreißig Meilen weiter östlich, auf der gegenüberliegenden Seite des rasch wachsenden Stadtgebietes von Tucson, befindet sich der 271 km² große Rincon Mountain District, der höher gelegen ist und mit einem etwas kühleren, feuchteren »Hochwüsten-Klima« aufwartet. Der größte Teil ist nur zu Fuß oder auf dem Rücken eines Pferdes erreichbar. Hier wandelt sich die Landschaft der Saguaro-Wälder in nahezu unberührte Eichen- und Kiefernwälder. Wanderer entdecken in höher gelegenen Gebieten die Douglas-Tanne, die Ponderosa-Kiefer und pure Stille.

Die extremen Temperaturunterschiede der Sonora-Wüste, die anhaltende Trockenheit, häufige Gewitter, heulende Winde und natürliche »Feinde« stellen das Überleben des Saguaro-Kaktus seit jeher auf eine harte Bewährungsprobe. Obwohl der Kaktus jährlich Zehntausende stecknadelgroßer Samenkörner produziert – während seines gesamten Lebens, das zwei Jahrhunderte dauern kann, einige 40 Millionen – schaffen es nur einige wenige überhaupt zu keimen.

Obwohl der Saguaro der Mittelpunkt des Parkes ist, fasziniert nach einem feuchten Winter die Vielfalt an Wildblumen. Das leuchtende Gold des Stachelmohns erscheint zuerst, doch bald folgen Bartfäden, Lupinen, Wüstenringelblumen und viele andere mit Rot, Lila, Blau und Gelb. Auch viele Bäume, Büsche und Kakteen blühen, darunter Kreosot-Büsche, Ocotillo-Sträucher und verschiedene Opuntien. Der Saguaro blüht im Frühsommer.

Anreise

Saguaro West: Von Tucson aus Speedway Boulevard in westliche Richtung auf die Gates Pass Road. (Wagen mit Anhänger dürfen diesen Pass nicht befahren, RVs sind nicht gerne gesehen; in diesem Fall nehmen sie den Ariz. Hwy. 86 in westliche Richtung von Tucson nach Kenney.) An der Kinney Road rechts abbiegen.
Saguaro East: Auf dem Broadway Boulevard in östliche Richtung vom Zentrum Tucsons bis zum Old Spanish Trail.

Reisezeit

Ganzjährig. Von Oktober bis Ende April erreichen die Temperaturen tagsüber bis zu 25°C und können nachts unter den Gefrierpunkt fallen; von Mai bis September liegen die Höchsttemperaturen bei über 37°C. Die Monate Juli bis September zeichnen sich durch kurze, aber heftige Gewitterstürme aus. Die Saguaros blühen nachts von Ende April bis Ende Juni.

Reiseempfehlungen

Bei einem Tagesausflug sehen Sie sich das **Arizona-Sonora Desert Museum** an, bevor Sie nach **Saguaro West** fahren; legen Sie dann am *Red Hills Visitor Center* eine Pause ein. Fahren Sie entlang der Panoramastraße **Bajada Scenic Loop Drive**, stoppen Sie zwischendurch und erkunden Sie den **Desert Discovery Nature Trail**. Auf dem Rückweg nach Tucson vorbei am **Saguaros Rincon Mountain District**. Nehmen Sie den Cactus Forest Drive und laufen Sie entlang des **Desert Ecology Trail**. Am **Mica View Picnic Area** genießen Sie einen herrlichen Ausblick.

SAGUARO WEST: TUCSON MOUNTAIN DISTRICT

Ungefähr 25 Meilen; ein halber Tag

Die Fahrt Richtung Westen durch den **Tucson Mountain County Park** führt Sie zu einem ausgezeichneten, zooähnlichen Wüstenmuseum, dem **Arizona-Sonora Desert Museum** (2021 N. Kinney Rd., 520-883-1380, Eintritt), dessen 5 ha die gesamte Wüstenregion und die meisten Tiere und Pflanzen Sonoras widerspiegelt. Es ist wirklich sehenswert.

Fahren Sie weiter auf der Kinney Road zum **Red Hills Visitor Center** mit seinem Panoramablick. Hier können Sie einen Diavortrag besuchen, der Ihnen einen Vorgeschmack auf die Sehenswürdigkeiten in diesem und im östlichen Teil des Parks gibt. Erkunden Sie den **Cactus Garden Trail**. Dies ist ein gepflasterter Weg inmitten einer Vielzahl unterschiedlicher Kakteen. Saguaros gedeihen auf rauen, absorbierenden Böden von *bajadas*, lang gezogenen Wüstengebirgszügen aus erodierten Felsen, Kies, Sand und Ton. Auf diesen Böden können die weit reichenden flachen Wurzeln des reifen Kaktus bis zu 750 Liter Wasser nach schweren Regenfällen aufnehmen und bis zu einem Jahr speichern. Der 9 Meilen lange **Bajada Loop Drive**, der

0 miles 4
0 kilometers 6
Safford Peak 3,563 ft
AVRA VALLEY
PICTURE ROCKS RD.
SANDARIO ROAD
WADE RD.
INA ROAD
Santa Cruz
SILVERBELL RD.
10
N
Cam-Boh
GOLDEN GATE ROAD
SAGUARO WILDERNESS AREA
SAGUARO NATIONAL PARK (WEST)
CAMINO DEL CERRO
MANVILLE RD.
Signal Hill
Ez-Kim-In-Zin
VALLEY VIEW OVERLOOK TRAIL
SENDERO ESPERANZA TRAIL
HOHOKAM ROAD
Wasson Peak 4,687 ft
DESERT DISCOVERY NATURE TRAIL
TUCSON MTS.
Mam-A-Gah
Red Hills Visitor Center
DESERT STATION UNIVERSITY OF ARIZONA
KINNEY RD.
Arizona-Sonora Desert Museum
TUCSON MOUNTAIN COUNTY PARK
TOHONO O'ODHAM RESERVATION
10
77
0 miles 12
0 kilometers 16
N
SAGUARO N.P. (WEST)
Tucson
SAGUARO N.P. (EAST)
86
Tucson Intl. Airport
19
10
N
CORONADO N.F.
SPEEDWAY BLVD.
BROADWAY BLVD.
FREEMAN RD.
DOUGLAS SPRING TRAIL
Douglas Spring
NORTH SLOPE TRAIL
ITALIAN SPRING TRAIL
Mica Mt. 8,666 ft
Mica View
Desert Ecology Trail
Cow Head Saddle
Manning Camp
Spud Rock
SAGUARO NATIONAL PARK (EAST)
CACTUS FOREST DRIVE
Tanque Verde Ridge
Tanque Verde Pk. 7,049 ft
Grass Shack
Visitor Center
TANQUE VERDE RIDGE TRAIL
Juniper Basin
Javelina
HEARTBREAK RIDGE TRAIL
CORONADO NATIONAL FOREST
RINCON MOUNTAINS
Happy Valley Saddle
Madrona Area
0 miles 4
0 kilometers 6
SAGUARO WILDERNESS AREA
RINCON CREEK TRAIL
RINCON PEAK TRAIL
OLD SPANISH TRAIL
Rincon Creek
Rincon Valley
Rincon Peak 8,482 ft

am *Visitor Center* beginnt, erkundet eine dieser Lebenszonen. Auf diesem Pfad, nach ungefähr einer Meile in westlicher Richtung, sehen Sie links den **Desert Discovery Nature Trail**, einen 1/2 Meile langen Weg durch eine Bajada am Fuß der Tucson-Berge. Fahren Sie auf der richtigen Seite in die **Hohokam Road.** (Ein Teil dieser Rundstrecke ist Einbahnstraße; ab dort ist dann alles Einbahnstraße.)

Etwa 1 1/2 Meilen nach der Abzweigung schlängelt sich der **Valley View Overlook Trail** etwa 1/2 Meile nach oben.

Von dort aus genießt man eine herrliche Aussicht auf wilde Kakteenlandschaften. Die **Golden Gate Road** endet nach etwa einer weiteren Meile an einem netten Picknickplatz in der Nähe des **Sendero Esperanza Trails**, einer mäßig anstrengenden beliebten Halbtages-Wanderung in das bergige Hinterland. Dann geht es denselben Weg zurück auf der Golden Gate Road vorbei an der Hohokam Road zur **Signal Hill Picnic Area**, wo Felsen mit Jahrhunderte alten Hohokam-Felszeichnungen zu bestaunen sind. Fahren Sie weiter vorbei an Pyramiden-Pappeln und *palo verde*. Die Tour endet an der **Sandario Road**, einer Alternativstrecke zurück nach Tucson über Picture Rocks, Wade und Ina Roads nach I-10.

SAGUARO EAST: RINCON MOUNTAIN DISTRICT

Ungefähr 25 Meilen; ein halber Tag

Durch die höhere Lage unterscheidet sich die Sonora-Wüste bedeutend von dem flachen Gebiet von Saguaro West. Das ständige, nach Osten führende Gefälle neigt sich herab in die Wildnis der **Rincon Mountains**, die von Eichen, Kiefern und Tannenwäldern durchzogen sind. Das Gelände ist nur zu Fuß oder auf dem Rücken eines Pferdes erreichbar. Steuern Sie zuerst den **Rincon Mountain Visitor Center** an der Parkzentrale an. Wenn Sie vorhaben, ins Hinterland zu wandern, nehmen Sie sich dorthin Wanderführer und Karten mit, und holen Sie Genehmigungen ein. Wenn Sie nur begrenzt Zeit haben, nehmen Sie den Führer über den **Cactus Forest Drive** und fahren Sie die 8 Meilen lange Rundstrecke, an der zahlreiche Saguaros zu sehen sind, die über 150 Jahre alt sind. Ungefähr

Blühende Opuntie *(oben)*
Eule in einem Kaktus *(unten)*

PRAKTISCHE INFORMATIONEN

ZENTRALE
3693 S. Old Spanish Trail, Tucson, Ariz. 85730. Informationen unter Tel. (520) 733-5158 (Saguaro West) oder (520) 733-5153 (Saguaro East); www.nps.gov/sagu

SAISON
Park ganzjährig geöffnet.

BESUCHERINFORMATIONEN
Red Hills Visitor Center (Saguaro West) an der Kinney Road. **Rincon Mountain Visitor Center (Saguaro East)** (Parkzentrale) am Old Spanish Trail; täglich geöffnet.

EINTRITTSGEBÜHREN
$10 pro Auto.

TIERE
Auf Wanderpfaden, im Hinterland oder in Gebäuden nicht erlaubt; ansonsten an der Leine erlaubt.

EINRICHTUNGEN FÜR BEHINDERTE
Visitor Centers, Naturpfade sind für Rollstuhlfahrer geeignet.

AKTIVITÄTEN
Geführte Wanderungen, Nachtwanderungen, Panoramastraßen, Vogel- und Tierbeobachtungen, Picknick, Fahrradfahren, Wanderungen ins Hinterland. Reiten erlaubt auf einigen Wegen.

BESONDERE RATSCHLÄGE
- Bei Gewittern meiden Sie offene und niedrig liegende Gebiete. Bleiben Sie auf den Wegen. Verlassene Minenschächte in Saguaro West können Gefahren darstellen.
- Tragen Sie nachts Taschenlampen bei sich, um Begegnungen mit Klapperschlangen, Skorpionen und Echsen zu vermeiden.
- Auf den Picknickplätzen und auf den meisten Wegen gibt es kein Wasser. Nehmen Sie mindestens 4 Liter Wasser pro Tag mit.

FREIES ZELTEN
Auf bestimmten Plätzen im Hinterland erlaubt. Genehmigungen müssen im Voraus beim *Visitor Center* eingeholt werden.

CAMPING
Sechs Campingplätze im Hinterland in **Saguaro East** sind auf Wegen erreichbar, 6 Meilen von der Straße. $6 Gebühr. Campingplatz in **Tucson Mountain County** Park nahe Saguaro West.

UNTERKUNFT
(wenn nicht anders vermerkt, gelten Preise für 2 Personen im Doppelzimmer zur Hauptsaison)

In Tucson, AZ:

Arizona Inn 2200 E. Elm St., 85719. Tel. (800) 933-1093 oder (520) 325-1541. 95 Zimmer. $269–$349. Klimaanlage, Pool, Restaurant.

Best Western 1015 N. Stone Ave., 85705. Tel. (800) 528-1234 oder (520) 622-8871. 79 Zimmer. $79-$109. Klimaanlage, Pool, Restaurant.

Tucson East Hilton 7600 E. Broadway, 85710. Tel. (800) 445-8667 oder (520) 721-5600. 233 Zimmer. $159-$299. Klimaanlage, Pool, Restaurant.

Weitere Unterkünfte: Tucson -Metropolitan Chamber of Commerce. Tel. (520) 792-2250.

2 Meilen weiter, halten Sie links Ausschau nach einem Kiesweg, der zu einem herrlichen Ausblickspunkt an der **Mica View Picnic Area** führt. Ungefähr eine Meile weiter, veranschaulicht der 1/2 Meile lange Desert Ecology Trail die äußerst wichtige Rolle des Wassers in Wüsten-Ökosystemen. Doch stärker als alle Informationen prägt sich auf diesem Weg die Stille der Wüste ein.

Beim Südende der Straße durch den Cactus Forest, sollten Sie einen Spaziergang auf dem **Tanque Verde Ridge Trail** machen, der vom Javelina Picknickplatz erst nach Süden und dann nach Osten führt. Auf der 3 Meilen langen bergauf führenden Strecke sehen Sie Wüste mit Kakteen, Grasland und Eichen und Wacholder. Im Osten liegt Rincon Peak, im Westen Tucson.

AUSFLÜGE

SABINO CANYON
TUCSON, ARIZONA

Sabino Canyon liegt nur wenige Minuten vom Saguaro NP in den östlichen Ausläufern der Santa Catalina Mountains und unterscheidet sich doch total in Klima, Vegetation und Tierwelt. Er lockt mit hohen Klippen, Wasserfällen, saisonalen Badeteichen und einem üppig bewachsenen Uferstreifen. Ein kleiner Zug (Gebühr) fährt zum oberen Teil des Canyon, zu den Picknickplätzen und den Wanderwegen. An der Sabino Canyon Rd., 15 Meilen nordwestlich vom Saguaro NP. Tel. (520) 749-2961 (Informationen zum Zug).

KARTCHNER CAVERNS STATE PARK
BENSON, ARIZONA

Die Kartchner Caverns wurden 1974 entdeckt und 1999 der Öffentlichkeit zugänglich gemacht. Der State Park zeigt eine außergewöhnliche Vielfalt an farbenprächtigen Höhlen. Die Formationen, von den zartesten Gebilden bis zu den größten Säulen Arizonas, verdeutlichen die wichtige Rolle des Wassers bei der Höhlenbildung. Wandern, Panoramastraßen, Höhlenführungen (telefonisch reservieren), Museum, Amphitheater. 62 Campingplätze, Zugang für Behinderte. Visitor Center an der Ariz. 90, 45 Meilen südöstlich vom Saguaro NP. Tel. (520) 586-2283.

ORGAN PIPE CACTUS NATIONAL MONUMENT
AJO, ARIZONA

Organ Pipe NM liegt an einer Straße zur mexikanischen Grenze und wurde 1976 zur UNESCO-Biosphäre erklärt. Im geschützten Gebiet der Sonora Wüste herrschen nahezu ideale Bedingungen. Hier gedeihen unter anderem 20 Kakteenarten. Die beste Reisezeit ist während der farbenprächtigen Frühjahrsblüte. 1338 qkm. Wandern, Panoramastraßen. 212 Campingplätze. 150 Meilen südwestlich vom Saguaro NP. Tel. (520) 387-6849.

Morgen beim Court of the Patriarchs

ZION

UTAH

GEGRÜNDET 19. NOVEMBER 1919

593 Quadratkilometer

Auf seinem Weg von den Hochplateaus Utahs zur Wüste hinunter sägt sich der Virgin River durch eine Schlucht, die so tief und eng ist, dass die Sonne kaum je den Boden erreicht. Wo der Canyon sich verbreitert, beginnt der Fluss einen Spießrutenlauf um hohe Palisadenwände, die von glatten Gipfeln und Trockentälern gekrönt sind.

Steilklippen, die 1000 m tief abfallen, mächtige Pfeiler, tiefe Nischen – die Ausmaße sind gewaltig. Den Mormonenpionieren im 19. Jahrhundert galten diese gehauenen Felsen als die »natürlichen Tempel Gottes«. Und so nannten sie den Canyon nach der Himmelsstadt: Little Zion.

Fließendes Wasser hat im Laufe der Zeiten die roten und weißen Bänke des Navajo-Sandsteins durchschnitten und die Steilwände von Zion herausgearbeitet. Das Canyon-Gebiet war vor Millionen Jahren nichts weiter als eine große Wüste. Der Wind häufte langsam Düne um Düne aufeinander, bis der Sand eine Tiefe von 600 m erreicht hatte. Heute kann man die Spuren dieser Stürme an reizvollen Kreuzschichtungen an den Felswänden ablesen.

Anders als beim Grand Canyon, wo man von oben in die Schlucht hineinschaut, steht man im Zion Canyon gewöhnlich unten und schaut hinauf. Flussseitig wachsen am Grunde des Canyons Fremont-Pappeln, Eschen-Ahorn und Weiden; etwas abseits stehen dornige Kakteen und Mesquite-Bäume. Die Vegetation ändert sich rasch mit der Höhe: Auf den Hochflächen stehen Douglas-Tannen und Colorado-Fichten.

Die vertikale Topografie des Ortes zwängt die meisten der 2 Millionen Besucher pro Jahr zwischen die Wände des Canyons. Seitens des Parks erwägt man wegen der Staus in Spitzenzeiten Pendelbusse oder Trams einzuführen. Doch ist auch die Einsamkeit nie fern.

Es ist eine Landschaft der fernen Terrassen und engen Schluchten. Ein paar der Canyons sind so gut verborgen, dass die frühen Landvermesser sie übersahen. Über 100 Meilen Wanderpfade führen durchs Gelände, während geteerte Wege zu gepflegten Spaziergängen einladen.

Anreise

Von Cedar City: zum Eingang Kolob Canyon ca. 18 Meilen auf I-15 bis *Exit 40*; zum Zion Canyon auf I-15 zum Hwy. 127, dann auf Hwy. 9 zum Südeingang (ca. 60 Meilen). Von Kanab: auf US 89 zum Utah Hwy. 9 (an der Abzweigung Mt. Carmel) und zum Osteingang. Von Las Vegas: I-15 und Utah 9. Flughäfen: Las Vegas und St. George.

Reisezeit

Ganzjährig geöffneter Park, doch sind März und Oktober bevorzugt. Milde Frühlings- und Herbsttemperaturen bieten ideale Wanderbedingungen.

Reiseempfehlungen

Für einen 1-Tages-Besuch ist die Fahrt auf dem **Zion-Mt. Carmel Highway** und **Zion Canyon Scenic Drive** zu empfehlen (kostenloser Shuttle-Service nur von Ende März bis November). Bei einem längeren Aufenthalt kann man mit Spaziergängen im Zion Canyon beginnen und mit einer Tour durch die **Kolob Canyons** fortfahren.

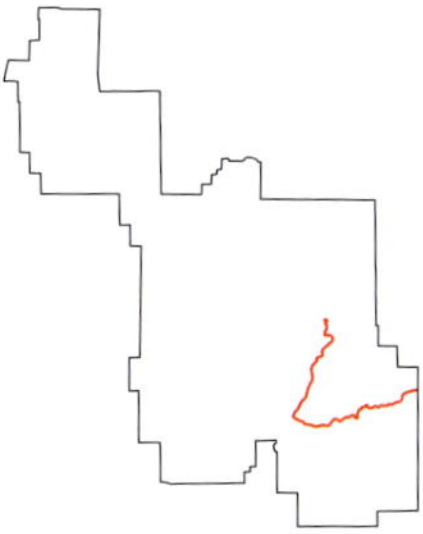

ZION-MT. CARMEL HIGHWAY & ZION CANYON SCENIC DRIVE

18 Meilen; ein halber bis ganzer Tag

Der **Zion-Mt. Carmel Highway** (Utah 9) führt zwischen dem Hochplateau des **East Entrance** und dem Wüstenboden des **South Entrance** fast 600 Höhenmeter abwärts. Wählen Sie es dramatisch – kommen Sie von Osten durch einen Tunnel in der Canyonwand, 255 m über dem Boden.

Halten Sie kurz nach der Einfahrt an der **Checkerboard Mesa**. Hier sehen Sie verwitterte Sandsteinbänke, die vertikal zerklüftet sind. Kurvenreich geht die Fahrt am Trockenbett eines Baches entlang.

Vom **Canyon Overlook** aus können Sie den nahen Canyon in seiner

Pinyon-Kiefer vor der Checkerboard Mesa

Isaac, einer der Three Patriarchs, im Winter

vollen Wucht erleben. Sie gehen ein Stück weit (1 Meile hin und zurück) hoch über den engen Windungen des **Pine Creeks**, und Sie haben **The West Temple** und die **Towers of the Virgin** eindrucksvoll vor sich.

Dann verschwindet die Straße im engen **Zion-Mt. Carmel Tunnel**: $1\frac{1}{10}$ Meilen später kommt sie unter blauem Himmel wieder zum Vorschein. Der Tunnel wurde 1930 vollendet; er hat eine halbe Million Dollar und zwei Menschenleben gekostet.

Die Straße führt in Spitzkehren die Flanke des **Pine Creek Canyon** hinunter, vorbei am 120 m hohen **Great Arch**. Die Geologen nennen ihn einen »blinden Bogen«, weil er in die Felswand zurückversetzt ist.

Sie erreichen **Zion Canyon** an der Stelle, wo der Pine Creek in die **North Fork** des **Virgin River** einmündet. Der Canyon ist durchschnittlich eine halbe Meile breit, seine Wände sind 600 bis 900 m hoch. Biegen Sie nordwärts in den $6\frac{6}{10}$ Meilen langen **Zion Canyon Scenic Drive** ein, der den Windungen des Flusses folgt. Halten Sie am **Court of the Patriarchs**. Ein kurzer Pfad führt hinauf zu einem Blick auf die **Three Patriarchs**, aus

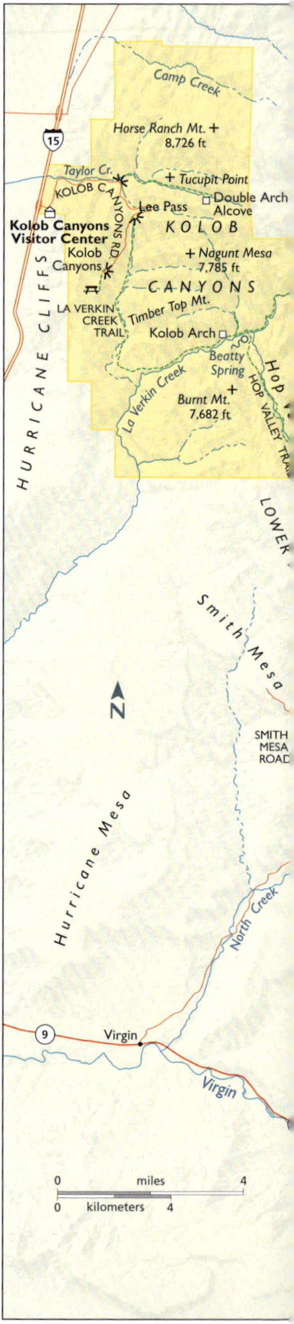

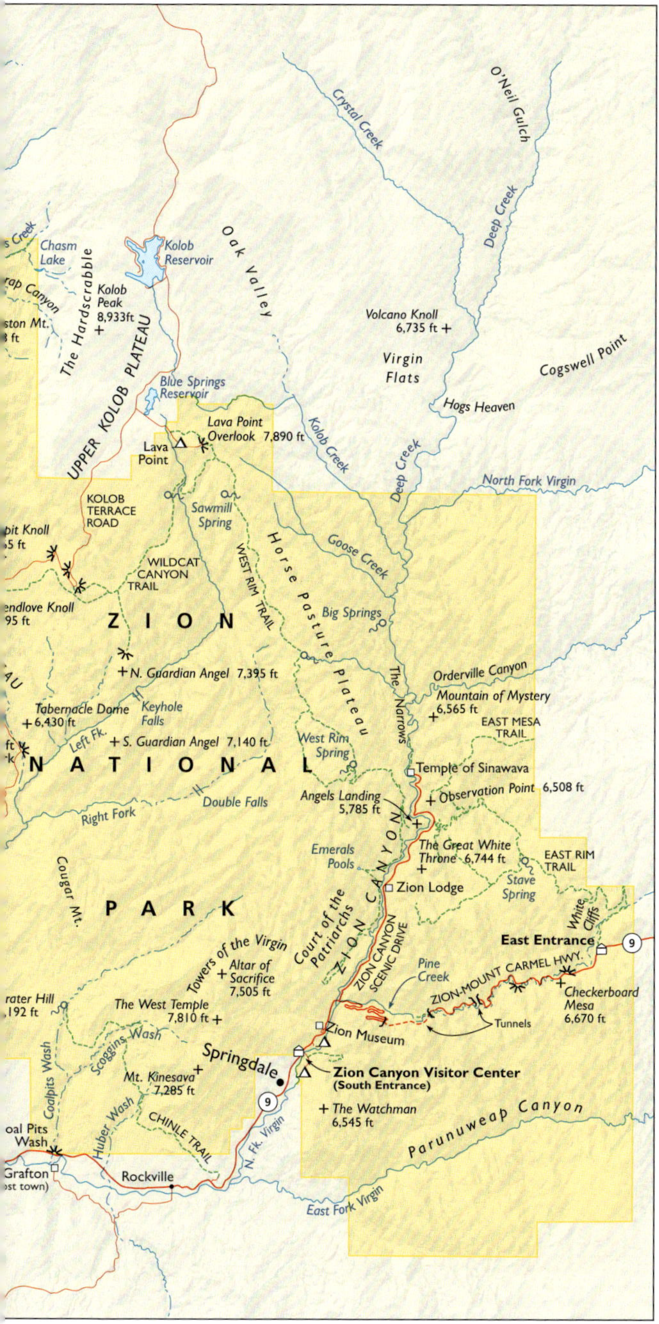
Crystal Creek
O'Neil Gulch
Deep Creek
Oak Valley
Kolob Reservoir
Chasm Lake
The Hardscrabble
Kolob Peak 8,933ft
UPPER KOLOB PLATEAU
Volcano Knoll 6,735 ft
Virgin Flats
Cogswell Point
Hogs Heaven
Blue Springs Reservoir
Lava Point Overlook 7,890 ft
Lava Point
Kolob Creek
Deep Creek
North Fork Virgin
KOLOB TERRACE ROAD
Sawmill Spring
WEST RIM TRAIL
Horse Pasture Plateau
Goose Creek
WILDCAT CANYON TRAIL
Big Springs
ZION NATIONAL PARK
N. Guardian Angel 7,395 ft
Orderville Canyon
The Narrows
Mountain of Mystery 6,565 ft
Tabernacle Dome 6,430 ft
Keyhole Falls
EAST MESA TRAIL
Left Fk.
S. Guardian Angel 7,140 ft
West Rim Spring
Temple of Sinawava
Observation Point 6,508 ft
Angels Landing 5,785 ft
Double Falls
Right Fork
Emerals Pools
ZION CANYON
The Great White Throne 6,744 ft
EAST RIM TRAIL
Cougar Mt.
Zion Lodge
Stave Spring
White Cliffs
Court of the Patriarchs
ZION CANYON SCENIC DRIVE
East Entrance
9
Towers of the Virgin
Altar of Sacrifice 7,505 ft
Pine Creek
ZION-MOUNT CARMEL HWY.
Checkerboard Mesa 6,670 ft
The West Temple 7,810 ft
Tunnels
Zion Museum
Scoggins Wash
Springdale
Zion Canyon Visitor Center (South Entrance)
Coalpits Wash
Mt. Kinesava 7,285 ft
The Watchman 6,545 ft
Parunuweap Canyon
Huber Wash
CHINLE TRAIL
N. Fk. Virgin
Rockville
Grafton
East Fork Virgin

ZION

The Narrows *(oben links)*; Virgin River *(oben rechts)*; Left Fork North Creek *(Mitte)*; Puma *(unten links)*; eine Baumfroschart *(unten rechts)*.

Navajo-Sandstein gemeißelt von Wind und Wasser.

Weiter geht die Fahrt zu den **Emerald Pools**. Ein beliebter (und geteerter) Spazierweg führt zu einigen natürlichen Becken im Fels, die von kleinen Wasserfällen gespeist werden. Das zuunterst liegende dieser Becken ist eine kleine, in die Felswand geschmiegte Oase, die von dem hier heimischen Berg-Zuckerahorn beschirmt wird.

Fahren Sie an der **Zion Lodge** vorbei zum Picknickplatz Grotto, wo man sehr schön rasten kann. Von hier gehen der **Angels Landing** und der **West Rim Trail** ab.

Am Haltepunkte **Weeping Rock** beginnt ein Naturlehrpfad (½ Meile hin und zurück), der hinter einen Wasservorhang führt, welcher von der Decke einer Felsnische herabfällt. Es ist Wasser, das durch den Sandstein gesickert ist, bis es auf Tonschiefer traf und bei Weeping Rock an die Oberfläche geleitet wurde – Jahrtausende nachdem es als Regen auf den Hochplateaus niederging. Von hier gehen der anspruchsvolle, nicht jedem zu empfehlende **East Rim Trail** und ein Seitenweg ab, der zum **Hidden Canyon** hinaufführt.

Kurz nach Weeping Rock bietet sich eine herrliche Aussicht auf **The Great White Throne**, der 750 m über dem Talboden aufragt. Die Panoramastraße endet, wo sich der Canyon verengt, nämlich am **Temple of Sinawava**, der nach dem in Gestalt eines Kojoten auftretenden Geist der Paiute-Indianer benannt ist.

Achten Sie hier und an anderen Stellen im Park auch auf die kleinen Geschöpfe Sinawavas: Baumfrösche, Taschenratten und östliche Zaunleguane. Außerdem gibt es über 270 Vogelarten, darunter Erdkuckuck, besser bekannt als *roadrunner*, Gambel-Wachtel und die im Fluge das Wasser streifende Wasseramsel.

KOLOB CANYONS ROAD

5½ Meilen;
1 Stunde bis ½ Tag oder mehr

Einer der sehenswertesten und zugleich zugänglichsten Teile des Parks wird wenig besucht. Die **Hurricane Cliffs** an der Westgrenze des Parks schirmen die Türme des Kolob gegen die I-15 ab. Fahren Sie auf der **Kolob Canyon Road** am **Kolob Canyons Visitor Center** vorbei und in den **Taylor Creek Canyon** hinein. Hier lässt die schroffe Stirn des **Tucupit Points** schon ahnen, was kommen wird.

Folgen Sie dem Lauf der schönen **South Fork** vom **Taylor Creek**. Auf dem Weg zum **Lee Pass** folgt eine herrliche Aussicht auf die andere. Der Pass ist Ausgangspunkt für Wanderungen in die geheimen Canyons des **La Verkin Creek**. Die 14-Meilen-Tour (hin und zurück) zum **Kolob Arch**, die meist als Rucksacktour mit Übernachtung (Genehmigung erforderlich) gegangen wird, nimmt hier ihren Ausgang. Kolob Arch selbst ist mit 95 m Länge einer der größten frei stehenden Naturbögen der Welt.

Genießen Sie am Ende der Straße die großartige Aussicht auf die **Finger Canyons**. Senkrechte Wände blassroten Sandsteins ragen über 600 m hoch in den blauen Himmel. Schmale Canyons graben sich tief in den **Timber Top Mountain** hinein; sie verbinden **Shuntavi Butte** mit **Nagunt Mesa**.

WEITERE WANDERUNGEN

Die Felslandschaft von Zion wirkt am stärksten von Standorten hoch über dem Fluss. Die Wanderwege des Parks bieten hier viele Möglichkeiten – vom halbstündigen Spaziergang zur mehrtägigen Rucksacktour.

Am beliebtesten ist der 2 Meilen (hin und zurück) lange Schlenderpfad **Riverside Walk**; der gepflegte Weg kann von Spaziergängern und Rollstuhlfahrern (mit Unterstützung) bewältigt werden. Vom Endpunkt des Zion Canyon Scenic Drive am Temple of Sinawava führt er durch hängende Gärten aus Frauenhaarfarn und Goldakelei zu schattigen Pappel- und Eschenwäldern. Er endet, wo die North Fork aus einer engen Talschlucht hervorstürzt.

Hier bilden plötzlich auftretende Überschwemmungen eine echte Gefahr; im Inneren der **Narrows** ist die Schlucht 600 m hoch, örtlich aber nur 6 m breit. In den 1960er Jahren wurden hier 26 Wanderer von einer Flutwelle überrascht, fünf ertranken. Die Ranger sperren The Narrows für Wanderer, wenn Überschwemmungen zu erwarten sind.

Auf halber Höhe zwischen Fluss und Canyonrand gelegen, bietet **Angels Landing** einen der besten Rundblicke im Park. Der Weg führt 2 1/2 Meilen steil hinauf; streckenweise ist er geradezu in den Felsgrat geschnitten, der Angels Landing mit der Westwand des Canyons verbindet. Senkrechte Felsstürze von 450 m Tiefe umgeben den Bergsporn an drei Seiten – ein einzigartiger Ort, um den ganzen Canyon zu überschauen. *Nichts für Leute mit Höhenangst!*

Auch für den **Observation Point Trail** (8 Meilen hin und zurück) sollte man schwindelfrei sein. Es ist eine der besten Routen bis ganz zum Canyonrand hinauf. Der teilweise anstrengende Pfad durchquert ein wunderbares Engtal und steigt durch glatten Fels auf. Wo er zum Haupt-Canyon zurückschwenkt, ist er direkt in die Felswand gelegt – die Aussicht ist atemberaubend.

Oben auf der Hochfläche durchquert der Pfad ein Sandgebiet mit Pinyon-Wacholder-Beständen, bevor sich am **Observation Point** schöne Aussichten über die Länge des Haupt-Canyons bieten. Hier können Sie dem Flüstern des Windes lauschen.

Blick vom Observation Point auf Virgin River Valley

PRAKTISCHE INFORMATIONEN

ZENTRALE
Springdale, Utah 84767. Tel. (435) 772-3256; www.nps.gov/zion

SAISON UND ANREISE
Ganzjährig geöffneter Park. Kolob Canyon Road und die Hauptstraßen im Zion Canyon werden im Winter schneefrei gehalten. Unbefestigte Straßen sind bei Nässe unpassierbar. Lava Point ist im Winter und frühen Frühjahr wegen Schnees gesperrt. Wetterauskünfte telefonisch bei der Zentrale. Pendelbus in Springdale auf dem Zion Canyon Scenic Drive (April bis Oktober).

BESUCHERINFORMATIONEN
Zion Canyon Visitor Center, nahe South Entrance am Hwy. 9, und **Kolob Canyons Visitor Center**, in der Nordwestecke des Parks nahe I-15, beide ganzjährig täglich geöffnet.

EINTRITTSGEBÜHREN
$25 pro Wagen und Woche. $15 Gebühren, um übergroße Fahrzeuge durch den Tunnel am *East Entrance* zu schleusen.

TIERE
Im Hinterland, in öffentlichen Gebäuden und auf Wanderwegen verboten; ansonsten, an der Leine gehalten, erlaubt.

EINRICHTUNGEN FÜR BEHINDERTE
Visitor Centers, Museum und Shuttlebusse sind für Rollstuhlfahrer zugänglich, ebenso einige Toiletten und Wanderwege. Informationsblatt gratis.

AKTIVITÄTEN
Kostenlose naturkundliche Veranstaltungen: Naturwanderungen und -vorträge, Abend- und Kinderprogramm, *Zion Human History Museum*. Außerdem: Wandern, Reiten (Anfragen an Zion Lodge oder Tel. 435-679-8665), Klettern, Radfahren (Räder durch den Tunnel transportieren lassen – Auskunft am Parkeingang oder *Visitor Center*), Skilanglauf (beschränkt möglich).

BESONDERE RATSCHLÄGE
• Die Sommertemperaturen im Park können 40 °C überschreiten. Immer Leitungs- oder behandeltes Wasser auf Wanderungen mitführen – im Sommer mindestens 4 Liter pro Kopf und Tag.
• Vorsicht vor Klapperschlangen!

FREIES ZELTEN
Genehmigung erforderlich; $10 (1–2 Personen), $15 (3–6 Personen), $20 (7–12 Personen); in *Visitor Centers* zu erhalten.

CAMPINGPLÄTZE
Drei Campingplätze, begrenzt auf 14 Tage. **Watchman** ganzjährig geöffnet; **South** von Mai bis September; **Lava Point** von Mai bis Oktober, je nach Wetter. Watchman nach Reservierung über NRRS (s. S. 11). Gebühren: $16 pro Nacht, Watchman für Wohnmobile $18. Duschen in der Nähe, doch außerhalb des Parks. Zelt- u. Wohnwagenplätze; keine Anschlüsse.

UNTERKUNFT
(wenn nicht anders vermerkt, gelten Preise für 2 Personen im Doppelzimmer zur Hauptsaison)

INNERHALB DES PARKS:
Zion Lodge (bei Utah 9) Xanterra Parks & Resorts, Springdale, UT 84767. Tel. (303) 297-2757. 121 Zimmer, mit Klimaanlage; 40 Cabins. $107. Restaurant.

AUSSERHALB DES PARKS:
In Springdale, UT 84767:
Bumbleberry Inn 97 Bumbleberry Ln., P.O. Box 346. Tel. (800) 828-1534 oder (435) 772-3224. 48 Zimmer. $88–$110. Klimaanlage, Pool, Restaurant.
Canyon Ranch Motel 668 Zion Park Blvd., P.O. Box 175. Tel. (435) 772-3357. 22 Zimmer, 4 mit Kochnischen. $94–$99. Klimaanlage, Pool.
Cliffrose Lodge & Gardens 281 Zion Park Blvd., P.O. Box 510. Tel. (800) 243-8824 oder (435) 772-3234. 39 Zimmer. $149. Klimaanlage, Pool.
Driftwood Lodge 1515 Zion Park Blvd., P.O. Box 98. Tel. (888) 801-8811 oder (435) 772-3262. 42 Zimmer. $72–$119. Klimaanlage, Pool, Restaurant.
Flanigan's Inn and Spa 450 Zion Park Blvd., P.O. Box 100. Tel. (800) 765-7787 oder (435) 772-3244. 35 Zimmer. $119–$159. Klimaanlage, Pool, Restaurant.
O'Toole's Under the Eaves Guest House 980 Zion Park Blvd. Tel. (435) 772-3457. 6 Zimmer, 4 mit Bad. $80–$175. Klimaanlage.
In Kanab, UT 84741:
Parry Lodge 89 E. Center St. Tel. (800) 748-4104 oder (435) 644-2601. 89 Zimmer. $73. Klimaanlage, Pool, Restaurant.
Shilo Inn 296 W. 100 North. Tel. (800) 222-2244 oder (435) 644-2562. 117 Zimmer. $70–$150. Klimaanlage, Pool.

Weitere Unterkünfte über Kane County Travel: Tel. (800) 733-5263 oder (435) 644-5033.

DER PAZIFISCHE SÜDWESTEN

Reno
Carson City
Lake Tahoe
Sacramento
Walker Lake
Lee Vining
Mono Lake
NEVADA
STANISLAUS N.F.
YOSEMITE N.P.
INYO N.F.
SAN FRANCISCO
DEVILS POSTPILE NAT. MON.
SAN JOSE
Merced
SIERRA N.F.
KINGS CANYON N.P.
DEATH VALLEY N.P.
Monterey
Fresno
SEQUOIA N.P.
Visalia
PINNACLES NAT. MON.
LOS PADRES NATIONAL FOREST
SEQUOIA N.F.
SIERRA NEVADA
San Luis Obispo
CALIFORNIA
MOJAVE DESERT
Baker
Barstow
PACIFIC OCEAN
LOS PADRES N.F.
Santa Barbara
Ventura
San Bernardino
LOS ANGELES
CHANNEL ISLANDS N.P.
SANTA MONICA MOUNTAINS N.R.A.
NATIONAL PARK OF AMERICAN SAMOA
(4,500 miles southwest of Los Angeles, Map on page 233)
SAN DIEGO
U.S.
MEXICO
PRINCIPAL HAWAI'IAN ISLANDS
O'AHU
Honolulu
Moloka'i
Kahului
IAO VALLEY S.P.
WAIANAPANAPA S.P.
Hāna
Lāna'i
HALEAKALĀ N.P.
Kaho'olawe
MAUI
PACIFIC OCEAN
HAWAI'I
'AKAKA FALLS S.P.
MAUNA KEA OBSERVATORY
Hilo
Kailua Kona
HAWAI'I VOLCANOES N.P.
0 miles 100
0 kilometers 150

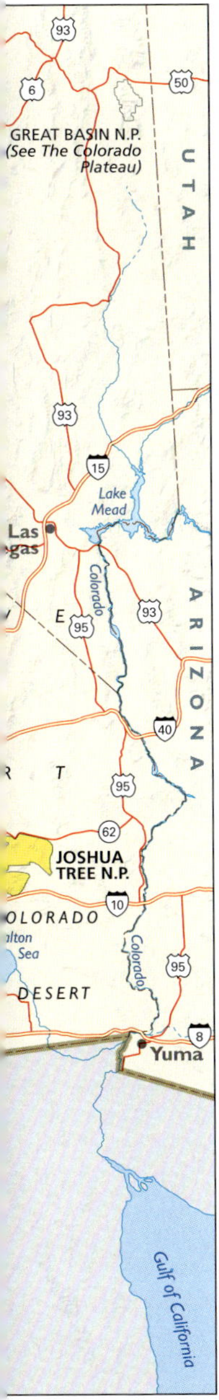

DER PAZIFISCHE SÜDWESTEN

Die Besucher dieser Parks können wählen, ob sie auf einer tropischen Insel im Pazifik sonnenbaden oder in Kalifornien auf einen schneebedeckten Berg steigen wollen. Auf Hawaii wechseln sie an einem einzigen Tage von tropischer zu subalpiner Vegetation; sie begegnen Pflanzen und Tieren, die nur hier vorkommen, und sie können bei der Schöpfung der Erde zusehen.

Die Inseln mit Ausnahme von Channel Islands sind Vulkane; sie sind Mikrokosmen der Evolution und Schaukästen der Wirkung des Menschen auf die Natur. In den Nationalparks Hawaii Volcanoes und Haleakala versucht man Schäden wiedergutzumachen, die über Jahrhunderte an heimischen Pflanzen angerichtet wurden. Etwa 2300 Meilen südlich von Hawaii sind im American Samao National Park Reste tropischen Regenwaldes und Korallenriffe erhalten, daneben Überreste einer 3000-jährigen Kultur. Vor der kalifornischen Küste finden auf den Channel Islands Seehunde, Seelöwen und Seevögel und etwa 70 endemische Pflanzen Schutz.

Auf dem kalifornischen Festland finden sich in Sequoia & Kings Canyon und Yosemite National Park vielfältige Pflanzen- und Tiergesellschaften der Sierra Nevada aufgehoben. Auf dem gletschergeschliffenen Granit der Berge – die Höhen über 3600 m erreichen – tummeln sich Murmeltiere und Pfeifhasen; und in tiefen, U-förmigen Tälern, die vom Rauschen der Wasserfälle widerhallen, grasen Maultierhirsche. Im Süden liegt der Joshua Tree National Park, der die einmalige Mojave Wüste, Heimat der Riesen-Baumyucca, beherbergt; während das 120 Meilen lange, durch Erosion geformte Becken, der Death Valley National Park – heißester Fleck Amerikas –, über 900 verschiedene Pflanzenarten sowie Luchse und Dickhornschafe beheimatet.

Yosemite und Sequoia & Kings Canyon liegen etwa 4 Autostunden voneinander entfernt. Von Sequoia erreicht man in 6 Autostunden Death Valley und weitere $3\frac{1}{2}$ Stunden führen zum Joshua Tree. Von dort bis zu den Channel Islands muss man 3 Stunden rechnen + 30 Minuten für die Überfahrt. Der Flug zu einer der Hawaii-Inseln dauert von Kalifornien aus mindestens $5\frac{1}{2}$ Stunden. Reisende nach American Samoa, dem jüngsten Nationalpark, brauchen ab Westküste 11 Flugstunden und einen Zwischenstopp in Honolulu.

Blick von Asaga Strait auf Ofu Island

AMERICAN SAMOA

AMERICAN SAMOA
GEGRÜNDET 1993
Etwa 42 Qadratkilometer
(32 Quadratkilometer an Land,
10 Quadratkilometer Wasser)

Auf diesen Inseln leben seit 3000 Jahren Angehörige der ältesten Kultur Polynesiens im Einklang mit ihrer Umwelt. Die ist ihnen teuer, und sie verwalten sie gemeinsam. Der Name der Inseln spiegelt ihre Haltung: Samoa heißt »heilige Erde«.

Amerikanisch-Samoa ist Territorium der USA, es liegt etwa 3700 km südwestlich von Hawaii und umfaßt fünf Vulkaninseln und zwei Korallen-Atolle. Im Jahre 1988 willigten samoanische Stammeshäuptlinge darin ein, Teile ihres Landes als Nationalpark zu verpachten. 1993 wurde ein Pachtvertrag für 50 Jahre geschlossen. Teile von drei Inseln mit Regenwald, Strand und Korallenriff sind darin enthalten. Samoaner sind an der Verwaltung des Parks beteiligt, und in ihren Dörfern gibt es einige Gästeunterkünfte.

Der Park enthält Hunderte von Pflanzenarten, die fünf verschiedenen Regenwaldgesellschaften angehören: Tiefland, Hügelzone, Küste, Gebirge und Wolken. Es ist der einzige Regenwald dieses Typs – ähnlich denen in Afrika und Asien – auf amerikanischem Boden. Was die Tiere betrifft, so können die Besucher zahllose tropische Vögel und den bedrohten Flughund bewundern – eine Fledermaus mit der Flügelspannweite eines Adlers.

Auf **Tutuila**, der größten Insel von Amerikanisch-Samoa, ragen hohe Vulkanberge über den blauen Wassern des Hafens von **Pago Pago** auf. Es gibt kaum ebenes Gelände, nur bei den Siedlungen und an der Panoramastraße, die den Hafen mit der zauberhaften Südküste verbindet. Auf dem Dach dieser zergliederten Landschaft, mit einem Steilabfall zum Meer hin, liegt im Norden der Insel der Park; er umfasst etwa 1080 ha Land und 180 ha Wasser. Auf Ta'u, der östlichsten Insel, kommen 2100 ha Land hinzu sowie 120 ha vor der Küste. Auf der Vulkaninsel Ofu liegen weitere 100 ha Land, Strand und Wasser, darunter der schönste Strand Samoas und eines der gesündesten Korallenriffe im Pazifik.

Anreise

Von Honolulu gehen zweimal pro Woche Flüge nach Pago Pago. Flugdauer 5½ Stunden. Flüge von Kalifornien dauern ca. 14 Stunden, mit drei bis vierstündigem Aufenthalt in Honolulu. Vom Flughafen nimmt man ein Taxi oder einen Mietwagen zum Rainmaker Hotel, Pago Airport Inn, Tradewinds oder Motu-o-Fiafiaga Motel. Von diesen Unterkünften erreichen Sie das Visitor Center des Parks per Bus oder Auto, oder in 25 Minuten zu Fuß. Unterkünfte sind auch in Ta'u, Ofu und Olosega erhältlich. Ta'u und Ofu liegen je eine halbe Flugstunde von Pago Pago entfernt. Auf Ofu beginnt der Park gleich am Flugplatz, auf Ta'u ist eine Autofahrt von 40 Minuten zu bewältigen.

Reisezeit

Jederzeit. Die Inseln liegen auf 14° südlicher Breite, was ihnen ein ganzjährig feuchtheißes Klima beschert. Im Winter (Juni bis September) nimmt die Hitze ein wenig ab.

Reiseempfehlungen

Nehmen Sie vor Ihrem Besuch mit der Parkzentrale Kontakt auf. Auskunft bei: National Park of American Samoa, Pago Pago, American Samoa 96799. Tel. (011) 633-7082; www.nps.gov/npsa. Auskunft erteilt auch das Visitor Center an der Pago Plaza am Hafen von Pago Pago.

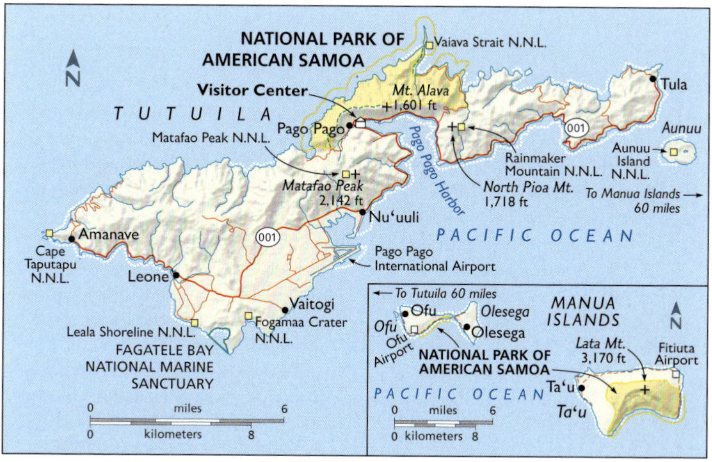

Sonnenaufgang über Anacapa Island

CHANNEL ISLANDS

CALIFORNIA
GEGRÜNDET 5. MÄRZ 1980
1006 Quadratkilometer

Vor der kalifornischen Küste aufgereiht liegen fünf Inseln: Sie und ein umgebendes Meeresschutzgebiet von 4300 km^2 bilden den Channel Islands National Park und das Channel Islands National Marine Sanctuary, in denen sich eine erstaunliche Vielzahl von Lebewesen aufgehoben findet.

Zwei der Inseln dieses ungewöhnlichen Parks, Anacapa und Santa Barbara, waren früher als »Nationalmonument« definiert; sie dienten Seevögeln, Seehunden, Seelöwen und anderen bedrohten Meerestieren als Brut- und Wohnplätze. Nun hat der Nationalpark für sie und drei weitere Inseln die Schutzfunktion übernommen.

Derzeit läuft im Park ein ökologisches Langzeitprogramm, das wohl als das beste im Parksystem gelten kann. Das Meeresschutzgebiet, ebenfalls 1980 geschaffen, umfasst eine Zone von 6 Seemeilen um jede Insel. Darin enthalten sind unterseeische Wälder von Riesentang, in dem sich fast tausend Fisch- und Pflanzenarten finden. Park und Sanctuary bewahren die Region auch vor einer anderen Sorte Inseln – den schwimmenden Bohrtürmen des Santa Barbara Channels.

Etwa 70 Pflanzenarten wachsen nur auf den Channel Islands, einige davon nur auf einer Insel. Auch die einzige Kolonie südlich von Alaska, wo Bärenrobben ihre Jungen aufziehen, ist hier beheimatet. Um die heimischen Tierarten zu fördern, hat die Leitung des Parks eingeschleppte Arten, wie Hausratten, Wildesel, Kaninchen und verwilderte Hauskatzen, eliminiert.

Auf jeder Insel gibt es einen fest stationierten Ranger. Fürs Zelten braucht man eine Genehmigung, auf manchen Inseln auch für die Landung mit Booten. Fischen und Tauchen sind streng geregelt; Flugzeuge werden ferngehalten.

Bis zum Beginn des 19. Jahrhunderts lebten auf den Channel Islands die Chumash-Indianer. Diese paddelten in Plankenkanus zwischen den Inseln hin und her; zum Kalfatern benutzten sie Teer aus Sickeröl. Teer aus Sickerölquellen taucht noch immer an den Stränden des Festlandes auf: Es erinnert Spaziergänger daran, warum am Horizont die Bohrtürme stehen.

Anreise

Nehmen Sie in Ventura *Exit Victoria Avenue*, wenn Sie auf US 101 nach Norden, und *Exit Seaward Avenue*, wenn Sie nach Süden unterwegs sind. Folgen Sie den Hinweisschildern zum Hafen und zum *Visitor Center* am Spinnaker Drive; die Fahrpläne für die Boote erhalten Sie im Büro der Island Packers. Flughäfen: Camarillo, Oxnard, Santa Barbara und Los Angeles International.

Reisezeit

Ganzjährig. Im Frühjahr und Sommer fahren die Schiffe am häufigsten. Eine Überfahrt ist jedoch zu jeder Jahreszeit möglich. Die Wale kommen Ende Dezember bis März und Juli bis August.

Reiseempfehlungen

Der Besuch im *Visitor Center* am Festland schafft erste Einblicke in das Wesen dieses Parks. Es wird z. B. ein Gezeitentümpel voller Tiere gezeigt. Für einen 1-Tages-Besuch empfiehlt sich die nächstgelegene Insel, **Anacapa**. Alles Notwendige müssen Sie mitnehmen, also Lebensmittel, Wasser und warme Kleidung. Fahrten zu anderen Inseln muss man im Voraus planen (siehe Praktische Informationen). Für die Inseln gilt: *Handle with care* – damit die kostbaren Pflanzen und Tiere keinen Schaden leiden.

ANACAPA ISLAND

14 Meilen von Ventura; ein ganzer Tag

Bevor Sie auf das Boot der Island Packers gehen, um nach Anacapa zu fahren, nehmen Sie sich Zeit, um sich im **Visitor Center** in Ventura zu informieren. Zu seinen Attraktionen gehören eine Ausstellung zum Leben im Meer, ein Garten mit heimischen Pflanzen und Arbeiten der Chumash. Während des Sommers gehen Taucher mit Kameras und Mikrofonen in der Landebucht auf East Anacapa ins Wasser, um den Besuchern an Land und im Visitor Center einen Eindruck von der Unterwasserwelt zu geben.

Während das Schiff der Island Packers den **Santa Barbara Channel** durchmisst, flitzen Fliegende Fische durch die Wellen, schweben Pelikane darüber hinweg, Ölbohrtürme stehen auf schwarzen Stelzen. Grauwale auf Winterreise gleiten – wenn man Glück hat – vorüber. Seehunde tauchen auf und wieder unter; sie sind in diesen Gewässern das ganze Jahr zu finden.

Weibchen des Nördlichen Seeelefanten

In der Nähe der Landebucht von Anacapa passiert das Schiff **Arch Rock**; es kommt dabei der Steilküste so nahe, dass man die hier beheimateten kalifornischen Seelöwen sehen kann. Am Ende der 1½-stündigen Fahrt bringt Sie ein Beiboot zum Bootssteg.

Den Naturlehrpfad (1½ Meilen) können Sie nun auf eigene Faust beschreiten oder sich einem Ranger anschließen, der Wissenswertes über die Insel zu berichten weiß: Jene schlicht graue Pflanze ist ein Sonnenblumenbaum, der sich im Spätwinter und Frühling zu goldener Pracht entfaltet. Diese zerriebenen Muschelschalen, auf denen Sie gehen, sind Küchenabfälle der Chumash. Der Pfad verläuft hart am Abgrund, 45 m über dem Meer. Vorsicht vor bröckelnden Rändern: *Don't risk your life for a view!*

Mit dem Gebäude, das wie eine spanische Missionskirche aussieht, hat es eine besondere Bewandtnis. Es schützt zwei hölzerne Wassertanks vor Vandalen; früher schossen sie auf die Behälter, heute hält sie die »Kirche« davon ab. Die wenigen Gebäude hier stammen aus der Zeit, als der Leuchtturm noch bemannt war (heute blinkt er automatisch). Das Schiff holt Sie nach 3 bis 4 Stunden wieder ab.

Anacapa besteht aus drei kleinen Inseln. Ihr Besuch führt Sie nur nach **East Anacapa**. Sporttaucher, die sich an strenge Naturschutzbestimmungen zu

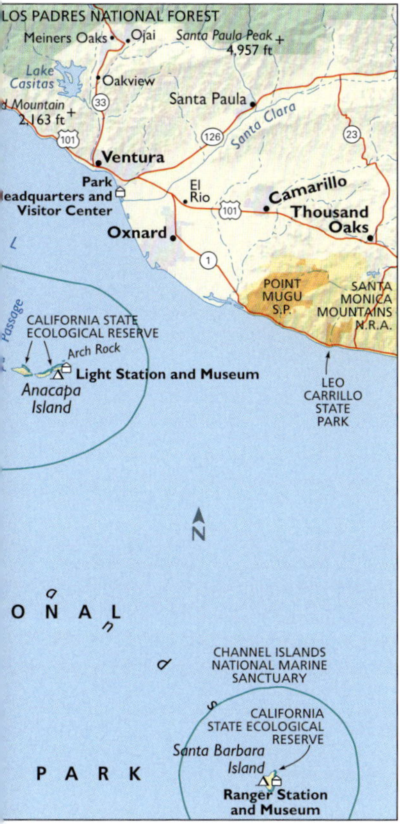

halten haben, wählen **Middle Anacapa** als Ziel. Von hier starten sie zu den Tangwäldern oder dem Wrack der 1853 gesunkenen S. S. Winfiled Scott; Sie dürfen nicht tauchen. **West Anacapa** ist von Januar bis Oktober als Brutkolonie des Braunpelikans gesperrt.

DIE ÜBRIGEN INSELN

Wenn Sie eine der anderen Inseln besuchen wollen, dann seien hier die wichtigsten Hinweise gegeben:

Santa Cruz (21 Meilen von Ventura; 243 km^2) ist die größte Insel. Die *Nature Conservancy* verwaltet den Westen der Insel; sie beschränkt die Zahl der Besucher. Seitens des Parks wird mit privaten Besitzern über den Erwerb des Ostteils verhandelt. Insel-Eiche, der katzengroße Insel-Fuchs und der Buschblauhäher gehören zu den spezifischen Arten dieser Insel.

Auf **Santa Rosa** (45 Meilen von Ventura; 215 km^2) haben möglicherweise schon vor 13 000 Jahren Menschen gelebt. Seit Mitte des 19. Jahrhunderts weideten hier Rinder; die Insel gehört aber nun zum Nationalpark, und die landwirtschaftliche Nutzung wurde im Jahr 1997 beendet. In einem Süßwasser-Sumpfgebiet leben Wasservögel. Es gibt über 195 Vogel- und 500 Pflanzenarten auf der Insel.

San Miguel (63 Meilen von Ventura; 38 km^2), die westlichste Insel, ist Heimat von fünf Robbenarten; mehr als 30 000 Tiere kann man an Point Bennett (16 Meilen Rundwanderung) manchmal zählen. Auf einem Plateau steht ein merkwürdiger *Caliche*-»Wald«. Caliche – das ist eine Art kalkhaltiger Sand – hat die Vegetation hier mit einer Kruste überzogen, so dass sie abstarb und verrottete und nur ein hohler, verkalkter Abguss zurückblieb. Die Insel gehört der U.S. Navy und diente als Bombenabwurf- und Raketentestgelände. Heute wird sie vom *Park Service* verwaltet; Besucher sind ausschließlich auf die Strände und den Campingplatz verwiesen.

Santa Barbara (52 Meilen von Ventura; 260 ha) war einst Schafweide und hat heute $5^{1}/_{2}$ Meilen Naturwanderwege zu bieten. Im Frühjahr halten sich an den Steilhängen der Insel in Erdhöhlen die merkwürdigen Xantus-Alken auf – die größte brütende Kolonie der Welt. Ist ein Küken 2 Tage alt, dann wartet es die Nacht ab, lässt sich zum Meer hinunterpurzeln und trifft dort seine Eltern. Im Frühjahr und Sommer kann man gewöhnlich Pelikane und Seelöwen sehen, aber rechnen Sie nicht mit der felsbewohnenden Nachtechse: Sie dürfen keinen Stein umdrehen!

PRAKTISCHE INFORMATIONEN

ZENTRALE

1901 Spinnaker Drive, Ventura, Calif. 93001. Tel. (805) 658-5730; www.nps.gov/chis

ANREISE & BOOTSAUSKÜNFTE

Park ganzjährig geöffnet. Die Zufahrt zu den Inseln ist wetterbedingt und nicht zu berechnen. Auskünfte bei der Zentrale.
Anacapa, Santa Rosa, San Miguel und Santa Barbara: Island Packers (siehe unten) und Truth Aquatics sind für Bootsfahrten konzessioniert. Besucher mit eigenen Booten müssen abgesperrte und eingeschränkt zugängliche Zonen beachten.
Santa Cruz: Island Packers und Truth Aquatics bieten Tagesausflüge zum Ostteil an. Landegenehmigungen sind für Gebiete von Nature Conservancy nötig; Tel. (805) 642-0345-510 oder www.nature.org
Boote von Ventura aus: Islands Packers, 1691 Spinnaker Dr., Ste. 105 B, Ventura, CA 93001. Tel. (805) 642-1393; www.islandpackers.com. Für Wochenendfahrten 3 bis 5 Tage vorher reservieren.
Boote von Santa Barbara aus: Truth Aquatics, 301 Cabrillo Blvd., Santa Barbara, CA 93101. Tel. (805) 963-3564; www.truthaquatics.com.
Mit dem Flugzeug: Channel Island Aviation, 305 Durley Ave., Camarillo, CA 93010. Tel. (805) 987-1301, www.flcia.com

BESUCHERINFORMATIONEN

Lagomarsino Visitor Center, 1901 Spinnaker Dr.; **Santa Barbara Visitor Center**, 113 Harbor Way, 4. Stock, Tel. (805) 884-1475; **East Anacapa Visitor Center**. Alle ganzjährig geöffnet.

EINTRITTSGEBÜHREN

Keine. Doch sind Schiffspassagen zu den Inseln gebührenpflichtig; Auskunft über Zentrale, Island Packers oder Truth Acquatics.

TIERE

Auf Inseln und der Parkzentrale nicht erlaubt.

EINRICHTUNG FÜR BEHINDERTE

Visitor Center in Ventura, Toiletten, Theater, Ausstellungen und Beobachtungsturm sind für Rollstuhlfahrer zugänglich, die Schiffe und Inseln sind es nicht.

AKTIVITÄTEN

Santa Barbara Channel: Wal-Beobachtung von Ende Dezember bis März und von Juni bis September.
Anacapa: kostenlose naturkundliche Führungen; außerdem Wild- und Vogelbeobachtung, Gezeitenbecken, Schwimmen und Schnorcheln, Sport- und Schwimmtauchen, Fischen (Genehmigung erforderlich, bestimmte Gebiete gesperrt), Camping.
Santa Barbara: geführte Naturwanderungen. Meerestiere- und Vogelbeobachtung, Gezeitenbecken, Camping.
Santa Rosa: geführte Naturwanderung, Camping, Naturbeobachtung, Gezeitenbecken.
San Miguel: kostenlose, geführte Naturwanderung zum *Caliche*-Wald, außerdem Camping, Seehund- und Seelöwenbeobachtung, Gezeitenbecken.
Santa Cruz: Meerestiere- und Vogelbeobachtung.

BESONDERE RATSCHLÄGE

- Beim Wandern auf den Inseln: Wege nicht verlassen und Steilrand meiden.
- Alle Vögel, Tiere, Gezeitenbecken, Muscheln, Pflanzen und Steine stehen unter Schutz; nichts mitnehmen außer Fotos.
- Meiden Sie Cabins oder Campingplätze, wo Baue und Fäkalien einen Hinweis auf die Anwesenheit der Hirschmaus geben. Sie ist Überträgerin einer gefährlichen Lungenkrankheit.
- Fischen ist verboten.
- Die Fahrt mit dem Kayak vom Festland zu den Inseln (12 Meilen) sollten nur gut trainierte Kayakfahrer mit der entsprechenden Ausrüstung wagen.

FREIES ZELTEN

Alle 5 Inseln verfügen über Campingplätze auf 14 Tage begrenzt; ganzjährig geöffnet; Reservierung und Genehmigung erforderlich über NRRS (s. S. 11). $ 10 Keine Duschen. Nur Zeltplätze. Trinkwasser in Scorpion auf Santa Cruz und Bechers Bay auf Santa Rosa; keine Verpflegung auf den Inseln. Gruppencamping möglich.

UNTERKUNFT

(wenn nicht anders vermerkt, gelten Preise für 2 Personen im Doppelzimmer zur Hauptsaison)

In Ventura, CA 93001:
Bella Maggiore Inn 67 S. California St. Tel. (800) 523-8479 oder (805) 652-0277. 28 Zimmer. $85–$180. Restaurant.

Country Inn and Suites 298 S. Chestnut St. Tel. (800) 456-4000 oder (805) 653-1434. 120 Zimmer. $169. Klimaanlage, Pool.
Four Point Sheraton 1050 Schooner Dr. Tel. (800) 229-5732 oder (805) 658-1212. 106 Zimmer. $129–$350. Pool, Restaurant.
Inn on the Beach 1175 S. Seaward Ave. Tel. (805) 652-2000. 24 Zimmer. $129–$195.
Pierpont Inn 500 San Jon Rd. Tel. (805) 653-6144 oder (800) 285-4667. 77 Zimmer. $159–$379, Pool, Restaurant.

Weitere Unterkünfte: Ventura Visitor & Convention Bureau. Tel. (805) 648-2075.

AUSFLÜGE

SANTA MONICA MOUNTAINS NATIONAL RECREATION AREA

THOUSAND OAKS, CALIFORNIA

Das besondere Mittelmeerklima Südkaliforniens bringt vielfältige Lebensräume hervor: von *Chaparral* (immergrünes Gebüsch) über Eichenwald, felsigen Canyons und Sumpf bis zu Sandstränden. Mit Regierungs- und privaten Mitteln werden die Natur- und Kulturdenkmäler erhalten wie: Paramount Ranch (ein Hollywood-Drehort), Mulholland Drive, Malibu Beach, Cold Creek, Canyon Preserve und Will Rogers State Historic Park. 623 km². Angebote: über 300 Zeltplätze, Wandern, Fahrradfahren, Fischen, Wassersport. Ganzjährig geöffnet, *dawn to dusk* (manche Parkplätze 8 Uhr bis Sonnenuntergang). Auskunft bei NRA Headquarters in Thousand Oaks, ca. 30 Meilen westlich von Los Angeles. Tel. (805) 370-2301.

LOS PADRES NATIONAL FOREST

SANTA BARBARA, CALIFORNIA

Dieser facettenreiche Wald erstreckt sich über ein weit reichendes Gebiet der kalifornischen Küste und seiner Gebirgszüge. Chaparral, hohe Berge und Wüsten-Ökosysteme aller Art finden Sie in unmittelbarer Nähe von Ventura. Die Panoramastraße The Jacinto Reyes Scenic Byway (Calif. Hwy. 33) schlängelt sich durch den Wald nördlich von Ojai. 6885 km². Angebote: Camping, freies Zelten, Wandern. Ganzjährig geöffnet. Informationen bei der Ojai Rangerstation, etwa 30 Meilen vom Channel Islands NP. Tel. (805) 646-4348.

Aufgewehte Sanddünen

DEATH VALLEY

CALIFORNIA & NEVADA
GEGRÜNDET 31. OKTOBER 1994
13756 Quadratkilometer

Als größter Nationalpark südlich von Alaska ist Death Valley bekannt für seine Extreme: Der Park ist der heißeste und trockenste Ort Nordamerikas (mit weniger als 50 mm Niederschlag pro Jahr und Höchsttemperaturen von 57°C) und das niedrigst gelegene Gebiet des ganzen Kontinents – 90 m unter dem Meeresspiegel. Trotz dieser Extreme kommen jedes Jahr fast 1 Million Besucher ins Tal des Todes.

Trotz seines abschreckenden Namens werden Sie von der Schönheit dieses weit reichenden Tals begeistert sein. Hier findet man durch Erosion geformte Felsen, farbenprächtige Canyons, funkelnde Sanddünen, grüne Oasen und einen 518 km^2 großen Salzsee, der von hoch emporragenden Bergen umgeben ist. Nach Regenfällen im Frühjahr entsteht eine blühende Wüste: Wildblumen und mehr als 1000 verschiedene Pflanzenarten erwachen zum Leben. Indianer, zuletzt die Shoshonen fanden Möglichkeiten, sich an die heute hier herrschenden Wüstenbedingungen anzupassen. Felsenmalereien und andere Funde zeugen von menschlichem Leben seit mindestens 9000 Jahren.

Von 1883 bis 1889 wurde weißer Borax abgebaut und in Eisenbahnwagen abtransportiert. Dadurch war die wundervolle Landschaft, die pure

Stille und die kristallklare Luft des Death Valleys bald in aller Munde.

Kurz nach Einbruch der Dunkelheit geben sich Kojoten, Luchse, Füchse, Vögel, Nagetiere und Reptilien ein Stelldichein. Weiter oben, im steilen Gebirge, findet man wilde Dickhornschafe auf Nahrungssuche zwischen Joshua Trees, Wacholder und Kiefern. Falken schweben am blauen, meist wolkenfreien Himmel.

Anreise

In der Nähe des Parks befinden sich weder ein Flughafen noch Transitstraßen oder Eisenbahnverbindungen. Die meisten Besucher kommen mit dem Auto von Los Angeles (Kalifornien) oder von Las Vegas (Nevada) in den Park. Von Los Angeles führt die schönste Panoramastraße durch die östliche Mojave-Wüste über I-15 durch Barstow. Bei Baker führt die Straße Richtung Norden auf die Calif. 127 bis Shoshone, dort führt die Calif. 178 in westlicher und nördlicher Richtung entlang des Tals bis zu Furnace Creek.

Von Las Vegas kommend, nehmen Sie die Nev. 160 in westliche Richtung, 42 Meilen nach **Old Spanish Trail** (Tecopa Rd.), fahren durch Tecopa auf die Calif. 127 weiter in nördliche Richtung nach Shoshone und nehmen die Calif. 178 nach **Furnace Creek**. Um der Geisterstadt Rhyolite, einer ehemaligen Goldgräberstadt, einen Besuch abzustatten, nehmen sie die US 95 nach Beatty und dann die Nev. 374, die in die Calif. 190 mündet und den Park im Westen erreicht.

Reisezeit

Ganzjährig geöffneter Park. Von November bis Ende Februar betragen die durchschnittlichen Temperaturen zwischen 4°C und 24°C. Von Mai bis Ende September liegen die durchschnittlichen Höchsttemperaturen zwischen 38°C und 47°C. Tiefsttemperaturen in der Nacht können über 38°C hinausgehen.

Reiseempfehlungen

Bedingt durch die eher abgeschiedene Lage und die Größe des Parks ist ein Auto unbedingt erforderlich. Wenn Sie über Nacht bleiben, können Sie sich die wunderschönen Sonnenauf- und -untergänge ansehen, ebenso wie das **Death Valley Museum** und das **Furnace Creek Visitor Center**. Planen Sie ebenfalls einen Besuch bei den **Harmony Borax Works** in der Nähe des Campingplatzes von Furnace Creek ein, wandern Sie entlang des 1 Meile langen **Golden Canyon Interpretive Trail** und fahren Sie zum **Zabriskie Point**, um einen herrlichen Ausblick auf das gesamte Tal zu genießen. Ein weiterer Tag lädt dazu ein, die nördliche Region des Parks näher zu erforschen, wie zum Beispiel **Scotty's Castle**, Wohnsitz eines Millionärs zu Beginn des Jahrhunderts, und den in der Nähe gelegenen Vulkan Ubehebe Crater. Wenn Sie ein erfahrener Wanderer sind, können Sie die anstrengende Tageswanderung von **Wildrose Canyon** bis auf den höchsten Berg von Death Valley, **Telescope Peak**, (3368 m) unternehmen.

VON OSTEN KOMMEND: VON SHOSHONE NACH FURNACE CREEK

130 Meilen (incl. Abstechern); ein oder zwei Tage

Von der Bergarbeiterstadt Shoshone fahren Sie in westliche Richtung auf der Calif. 178 durch die Amargosa Range, deren vielfältige dunkle Farben den hohen Mineralgehalt im Gestein widerspiegeln. Wenn Sie den 1010 m hohen **Salsberry Pass** erreicht haben, fahren Sie an den Black Mountains vorbei auf den 393 m hohen Jubilee Pass, an dem Wildblumen im Frühjahr in voller Blüte stehen. Wenn Sie die Ruinen des Goldbergwerks **Ashford Mill** und den Salzsee von

Death Valley – die Überreste eines Salzsees, der vor mehr als 20 000 Jahren existierte – erreichen, befinden Sie sich auf Höhe des Meeresspiegels. Von hier bis zu Furnace Creek fahren Sie unterhalb des Meeresspiegels. Über die ausgeschilderte Straße erreichen Sie 27 Meilen weiter nördlich **Badwater Basin**, mit 86 m unter Normalnull die tiefste Stelle Nordamerikas. Hinter der Amargosa-Bergkette blitzt die aufgehende Sonne hervor.

Fahren Sie weiter in nördliche Richtung bis zur Abzweigung **Natural Bridge**, ein Bogen aus Kalkstein, der sich über einen farbenprächtigen Canyon spannt. Der $^{1}/_{4}$ Meile lange Weg zur Brücke führt vorbei an anderen beeindruckenden Gebilden. Etwa 1$^{1}/_{2}$ Meilen nördlich führt eine $^{1}/_{2}$ Meile lange Straße nach **Devil's Golf Course**, einer Ebene voller Salz- und Gesteinsverwerfungen. Beim Gehen knirscht die Salzkruste wie verharschter Schnee.

Nach weiteren 5 Meilen Richtung Norden erreichen Sie den 7 Meilen langen Rundweg **Artists Drive**, der durch die Artists Palette führt. Mineralien im Gestein bewirken Verfärbungen in Grün-, Rot- und Ockertönen. Ungefähr 4 Meilen nördlich liegt der anstrengende, 1 Meile lange **Golden Canyon Interpretive Trail**. Dieser ist besonders reizvoll am späten Nachmittag, wenn die Sonne das Gestein leuchtend gelb und rot färbt.

Auf der Calif. 178 in nördliche Richtung kommen Sie zum Knotenpunkt an der Calif. 190. Am **Furnace Creek Visitor Center** können Sie eine Pause einlegen oder tanken. Oder Sie fahren rechts auf die Calif. 190 zum nahe gelegenen, berühmten **Zabriskie Point**, um Sonnenaufgänge zu beobachten. Fahren Sie etwa eine Meile lang auf dem **Twenty Mule Team Canyon** entlang, einem Sandweg entlang verlassener Minengebäude. Zurück auf dem High-

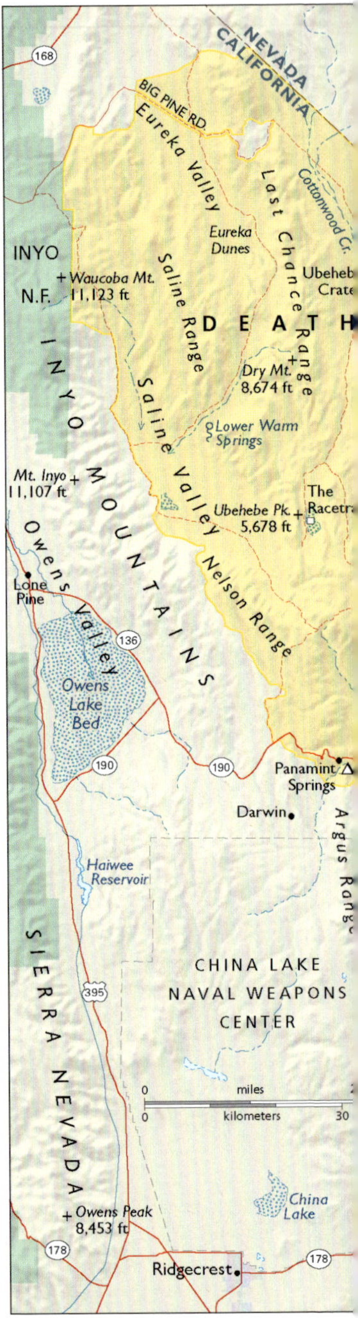

NELLIS AIR FORCE RANGE
Scottys Junction
95
267
Scottys Castle Visitor Center and Museum
NEVADA TEST SITE
Grapevine
Grapevine Peak
8,738 ft
Mesquite Spring
Grapevine
Death Valley Wash
Klare Spring
Rhyolite
Beatty
Beatty Information Center
374
Daylight Pass 4,316 ft
AMARGOSA DESERT
Amargosa
Funeral Mountains
NEVADA
CALIFORNIA
Amargosa Valley (Lathrop Wells)
373
DEVILS HOLE (DEATH VALLEY N.P.)
DEATH VALLEY NATIONAL PARK
AMARGOSA RANGE
Historic Stovepipe Well
Stovepipe Wells
190
SALT CREEK INTERPRETIVE TRAIL
Harmony Borax Works
Emigrant
Emigrant Canyon
Furnace Creek Visitor Center
GOLDEN CANYON INTERPRETIVE TRAIL
Zabriskie Point
20 Mule Team Canyon
ASH MEADOWS N.W.R.
127
PANAMINT RANGE
Artists Palette
Lowest point on the continent -282 ft
ARTISTS DRIVE
Devils Golf Course
Natural Bridge
Death Valley Junction
Wildrose
Badwater Basin
Badwater
Thorndike
Mahogany Flat
Dantes View 5,475 ft
Eagle Mt. 3,806 ft
Telescope Peak 11,049 ft
Greenwater Range
Funeral Peak 6,384 ft
SEA LEVEL
Mormon Point
Porter Peak 9,101 ft
178
Shoshone
Jubilee Pass 1,290 ft
Salsbery Pass 3,315 ft
Ashford Mill (ruins)
Jubilee Mt. 2,527 ft
Ibex Pass 2,090 ft
OLD SPANISH TRAIL
Owlshead Mountains
Lost Lake
Owl Lake
CHINA LAKE NAVAL WEAPONS CENTER
FORT IRWIN
Panamint Valley
ake Hill
,030 ft
ona
earles Lake

Salzkristalle am Devil's Golf Course

way biegen Sie rechts ab und fahren auf der 13 Meilen langen Straße bis zu **Dantes View**, 1669 m über dem Meeresspiegel. Von dort genießt man den Ausblick auf Badwater und den Salzsee bis hin zur **Panamint Range** und dem 3368 m hohen **Telescope Peak**.

Zur Besichtigung des **Furnace Creek** fahren Sie 24 Meilen zurück zum *Furnace Creek Visitor Center*, in dem sich Ausstellungen und eine Buchhandlung befinden. Fragen Sie nach geführten Wanderungen und Abendprogrammen (von Oktober bis April) und besuchen Sie das **Death Valley Museum**. Die Quelle an der **Furnace Creek Ranch** (Privatbesitz) bringt mehr als 2300 Liter pro Minute hervor und bewässert Pappeln, Palmen, Mahagonibäume und Tamarisken.

VON FURNACE CREEK BIS SCOTTY'S CASTLE

90 Meilen (einschließlich Ausflüge); ein halber Tag

Etwa eine Meilen nördlich vom *Furnace Creek Visitor Center* können Sie zu Fuß den ¹/₄ Meile langen, geteerten **Harmony Borax Works Interpretive Trail** entlangwandern bis zu den Ruinen der wichtigsten Borax-Abbau-Anlage.

Fahren Sie weiter auf der Calif. 190 an der Abzweigung nach Beatty vorbei auf der 1 Meile langen Straße zum **Salt Creek Interpretive Trail**. In einem sumpfigen Teich leben winzige Fischlein (»pup fish«), die von Vorfahren abstammen, die vor mindestens 12 000 Jahren in dem ehemaligen Fluss des Beckens lebten.

Wie auch die Oase an Scotty's Castle, ist dieses Gebiet ein ausgezeichneter Ort, um Vögel zu beobachten. Hier findet man viele der 250 Arten die im Death Valley leben, so etwa Kanadagänse, Wanderfalken und Adler.

Auf einer Fläche von 36 km² dehnen sich die Sanddünen aus. Bei Sonnenaufgang sowie bei Sonnenuntergang schimmert der feine Quarzsand rötlich. Durch die Dünen führt kein Pfad. Man kann sie auf unbefestigter Straße in der Nähe der Stovepipe Wells Village erreichen. Fahren Sie weitere 30 Meilen bis zum **Grapevine Canyon** und **Scotty's Castle**, einem in mediterranem Stil erbauten Kleinod aus dem Jahre 1922. Täglich werden hier Touren durch das Anwesen geführt. Seien Sie auf längere Wartezeiten von bis zu 2 Stunden im Frühling gefasst. Nützen Sie die Zeit, um sich im Castle Restaurant zu stärken oder gehen Sie den **Windy Point Trail** hinauf.

PRAKTISCHE INFORMATIONEN

ZENTRALE
Visitor Center, CA 190, P.O. Box 579, Death Valley, CA 92328. Tel. (760) 786-3200. www.nps.gov/deva

SAISON UND ANREISE
Park ganzjährig geöffnet.

BESUCHERINFORMATIONEN
Furnace Creek Visitor Center in Furnace Creek, ab Calif. 190; **Scottys Castle Visitor Center and Museum** ab Nev. 276 am Nordende des Parks; **Beatty Information Center** in Beatty, Nevada.

EINTRITTSGEBÜHREN
$20 pro Wagen, gültig für eine Woche.

TIERE
Müssen immer angeleint werden. Auf Wanderwegen oder im Hinterland nicht erlaubt.

EINRICHTUNGEN FÜR BEHINDERTE
Visitor Center sowie Scotty's Castle, Furnace Creek, Texas Spring und Sunset Campingplätze sind für Rollstuhlfahrer geeignet. Infoblatt erhältlich.

AKTIVITÄTEN
Kostenlose Führungen durch Ranger und naturkundliche Veranstaltungen von Oktober bis April: Naturwanderungen und -vorträge, Abendprogramm, Kinderprogramm. Ebenfalls Wandern, Naturpfade, geschichtliche Touren, Fahrradfahren, Vogelbeobachtung, Reiten.

BESONDERE RATSCHLÄGE
- Die Hitze im Death Valley kann jede Notsituation zur lebensbedrohlichen Situation werden lassen. Im Death Valley Guide, der an Kiosken, in Ranger Stations und im *Visitor Center* erhältlich ist, finden Sie nützliche Informationen, wie man sich in der Wüste verhält.
- Trinken Sie viel Wasser; etwa 4 Liter pro Person. Falls Sie Wanderungen unternehmen, sollten Sie 8 Liter trinken. Kühlerwasser ist in Tanks an den Hauptdurchgangsstraßen erhältlich.
- Hüte und Sonnenbrillen sind unbedingt notwendig.
- Regenfälle in der Wüste sind zwar kurz, können aber Überschwemmungen verursachen. Fahren Sie niemals durch ausgewaschene Gebiete, auch nicht in einem Wagen mit Allradantrieb.
- Verlassene Minenschächte stellen eine Gefahr dar. Betreten Sie niemals einen verlassenen Tunnel.

FREIES ZELTEN
Das Campen im Hinterland ist in Gebieten erlaubt, die mindestens 1 Meile von den Hauptstraßen entfernt liegen und 1/4 Meile von Wasserquellen. Eine Genehmigung ist nicht erforderlich, aber Sie sollten sich am *Visitor Center* anmelden.

CAMPINGPLÄTZE
Neun Campingplätze, 30-Tage-Limit. **Furnace Creek, Mesquite Spring, Emigrant, Stovepipe Wells** und **Wildrose** sind ganzjährig geöffnet; **Texas Spring** und **Sunset**, von Oktober bis April; **Thorndike** und **Mahogany Flat** von März bis Oktober. Reservierungen werden nur für Furnace Creek entgegengenommen(siehe NRRS S. 11); alle anderen Plätze: *first come, first served*. Gebühren: $12 bis 14 bei Furnace Creek; $12 bei Sunset, Stovepipe Wells, Mesquite Spring, $14 bei Texas Spring; kostenlos bei Thorndike, Emigrant, Mahogany Flat und Wildrose.

UNTERKUNFT
(wenn nicht anders vermerkt, gelten Preise für 2 Personen im Doppelzimmer zur Hauptsaison)

INNERHALB DES PARKS:
Furnace Creek Inn Furnace Creek ab Calif. 190. Tel. (800) 236-7916. 66 Zimmer. $320–$425. Geöffnet von Oktber bis Anfang Mai Pool, Restaurant.
Furnace Creek Ranch Furnace Creek ab Calif. 190. P.O. Box 1, Death Valley 92328. Tel. (760) 786-2345. 244 Zimmer. $141–$191. Pool, Restaurant.
Stovepipe Wells Village Motel Stovepipe Wells Village, P.O. Box 187, Death Valley 92328. Tel. (760) 786-2387. 83 Zimmer. $83–$103. 23 Wohnwagenplätze mit Anschlüssen, $20. Klimaanlage, Pool, Restaurant.

Weitere Unterkünfte: Death Valley Chamber of Commerce, P.O. Box 157, Shoshone, CA 92384, Tel. (760) 852-4524 oder Beatty Chamber of Commerce, 119 E. Main St. Beatty, NV, Tel. (775) 553-2424.

Vulkanische Asche auf den Hängen

HALEAKALĀ

MAUI, HAWAII
GEGRÜNDET 1. AUGUST 1916
138 Quadratkilometer

Haleakala, ein riesenhafter, erloschener Vulkan, ragt wie eine Festung im Osten der Insel Maui empor. In dem ungeheuren Becken am Gipfel des Berges soll – so die Legende – der Halbgott Maui die Sonne eingefangen haben und erst dann wieder freigelassen haben, als sie versprochen hatte, künftig langsamer übers Himmelszelt zu wandern. Haleakala heißt »Haus der Sonne«.

Der Park ist ein *International Biosphere Reserve* der UN und umfasst die äußerst gegensätzlichen Welten von Gebirge und Küste. Die Straße zum Gipfel des Haleakala steigt über eine Strecke von 38 Meilen von quasi Seehöhe bis auf 3000 m an – eine der steilsten Autostraßen der Welt. Man durchquert dabei mehrere Klima- und Vegetationszonen, vom feuchttropischen Tiefland zur subalpinen Wüste. Auffällige Pflanzen- und Tierarten sind in den Bergen zu finden. Die große Gipfelmulde des Haleakala, fälschlich als »Krater« bezeichnet, ist in Wirklichkeit eine Erosionsform am Scheitel zweier Täler. Die 50 km^2 große Schüssel, die eine Tiefe von 816 m erreicht, ist die Hauptattraktion des Parks.

Vom Ostrande des Vulkans zieht sich das große Regenwaldtal des Kipahulu Valleys 1000 m tief zur Küste hinunter. Das Obere Kipahulu ist geschützte Fauna (kein Zugang), zu der die seltensten Vögel, Pflanzen und wirbellosen Tiere der Welt gehören. Einige Insektenarten sind allein hier entstanden und geblieben und sind sonst nirgendwo zu finden.

Man erreicht Kipahulu über den langen, kurvenreichen Hana Highway. Satte Farben beherrschen die Küste: azurblaues Meer, schwarzer Fels, silbrige Wasserfälle, grüner Wald und grüne Wiesen. Schon in früher polynesischer Zeit – vor über 1200 Jahren – wurde hier Ackerbau getrieben. Mark Twain, der Hawaii 1866 bereiste, mag an Kipahulu gedacht haben, als er schrieb: »Die lauen Lüfte wehen, das Meer blitzt in der Sonne, der Atem der Brandung klingt in meinen Ohren; ich sehe die bekränzten Klippen, die hüpfenden Wasserfälle und die gefiederten Palmen, wie sie am Strande dösen.«

Anreise

Direktflüge verbinden das Festland oder andere Hawaii-Inseln mit Kahului in der Mitte Mauis. Zum Gipfel von Haleakala folgt man nacheinander Hawaii Hwy. 36, 37, 377 und 378. Die 38 Meilen lange Strecke ist gut beschildert; die letzten Orte, wo man Lebensmittel und Benzin kaufen kann, sind Pukalani und Makawao. Dann geht es auf Meilen von Serpentinen durch die Berge zum nordwestlichen Parkeingang – eine Fahrt von bis zu 2 Stunden.

Für die 62-Meilen-Strecke nach Kipahulu sollte man bis 3½ Stunden rechnen. Fahren Sie auf Hwy. 36 von Kahului um den Nordostteil der Insel herum bis zur Stadt Hana. Die Straße nach Hana (später Hwy. 360) führt eng und kurvenreich an einer 300 m hohen Steilküste entlang, in tiefe Schluchten hinein und an vielen Wasserfällen vorbei. Die Becken bei den Kaskaden laden zum erfrischenden Bad ein; allerdings sind nur wenige problemlos zugänglich. Etwa 7 Meilen nach Hana (Hwy. 31), gleich nach 'Ohe'o Stream, wird man zu den Parkplätzen gewiesen.

Reisezeit

Ganzjährig geöffneter Park. Der Winter ist regenreich, doch sind die monatlichen Temperaturschwankungen gering. Besuchen Sie den Gipfel wegen des Andrangs möglichst nach 15 Uhr: Auch die Sonnenuntergänge können schön sein. Für Kipahulu empfiehlt sich eine frühe Ankunft oder Zelten.

Das Wetter in der Höhe ist sehr wechselhaft; es kann im Tagesverlauf von großer Hitze zu Regen, Sturm und Kälte umschlagen. Die Temperatur kann im Vulkan auf Null absinken, Schnee ist selten. Das küstennahe Kipahulu ist immer warm, aber auch immer regenreich.

Reiseempfehlungen

Es ist nicht zu empfehlen den Gipfel des **Haleakala** und die Küste des **Kipahulu** an einem Tag zu besuchen. Um die Atmosphäre dieses einzigartigen, vom Meer umspülten Vulkans tiefer zu erleben, brauchen Sie einen Tag für den Berg – und eine Wanderung durch die Mondlandschaft des Vulkans – und einen zweiten für die Küste. Bus-Touren starten von den meisten Inselhotels zu zauberhaften Sonnenaufgängen am Gipfel. Man kann auch den Sonnenuntergang besichtigen und anschließend die Sterne beobachten. Hosmer Grove bietet diese Tour von Mai bis September an.

Vielleicht interessiert Sie die geführte Wanderung von **Hosmer Grove** zum **Waikamoi Preserve** der *Nature Conservancy*. Dort können Sie die hübschen Kleidervögel – eine in Hawaii heimische Familie – aus der Nähe ansehen. Reservierung erforderlich, Termine telefonisch erfragen (siehe Praktische Informationen).

Lohnenswerte und interessante Rundflüge über Maui gibt es ab Kahului, doch die müssen sich an große Höhen halten.

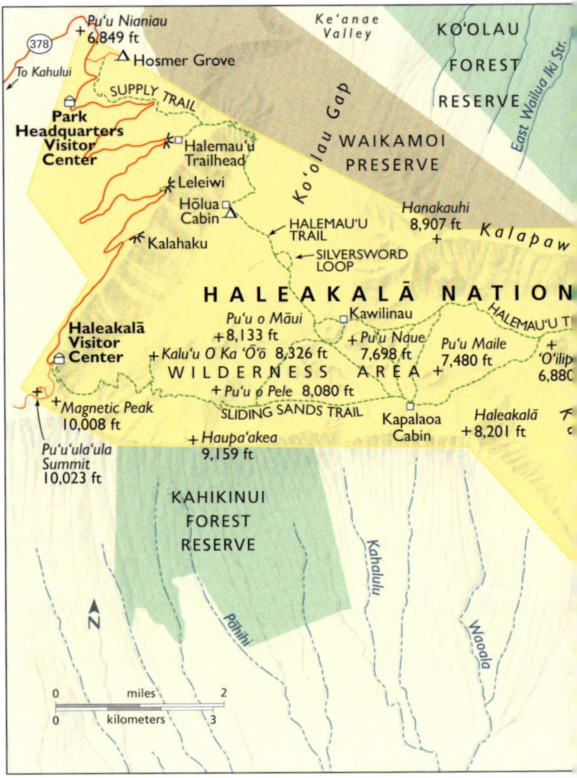

HOSMER GROVE BIS ZUM GIPFEL

11 Meilen, mindestens ein halber Tag

Kurz nach dem Parkeingang geht es ab zum **Hosmer Grove**, einem kühlen und schattigen Platz für Picknicks und Camping. Einige Bäume im Wäldchen werden Ihnen bekannt vorkommen: einige Kiefernarten und Eukalyptus. Um 1910 pflanzte der Förster Ralph Hosmer hier Bäume aus der ganzen Welt an, um ihre Eignung als Schutz- und Nutzwald zu testen. Sie können hier einem ½-Meile-Rundweg oder einem richtigen Naturlehrpfad folgen. Bald nach dem Hosmer-Abzweig erreichen Sie *Park Headquarters Visitor Center*. Hier, auf über 2000 m Höhe, finden Sie nun die heimische Vegetation Hawaiis vor. Schon am Gebäude finden sich angepflanzte Haleakala-Geranien und Silberschwert: Beide Pflanzen sind Endemiten, d. h. sie kommen nur am Vulkan Haleakala vor.

Es geht weiter bergauf durch subalpine Heide in sanften, erdigen Farben. Im Frühling sprenkelt *mamane*, die vorherrschende Strauchart, die Hänge mit Tupfern von gelben Blüten. Vielleicht sehen sie sogar die berühmten bunt gefiederten Kleider-

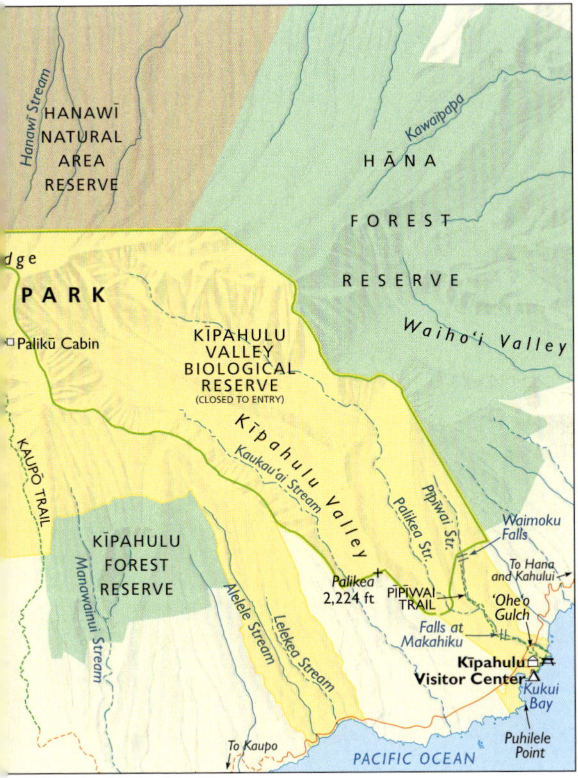

vögel, Nachkommen der wohl ersten Landvögel auf Hawaii. Aus diesen Vorfahren haben sich mindestens 47 Arten entwickelt, mehr als die Hälfte von ihnen sind ausgestorben. Andere Arten haben sich vor veränderten Umweltbedingungen im Tiefland auf den Berg zurückgezogen.

Wer den Vulkan durchwandern will, startet normalerweise am **Halemauu Trailhead**, 3 Meilen oberhalb *Headquarters*. Der Weg führt durch Hügelland zum Vulkanrand und windet sich dann in spitzen Kehren 300 m tief an der steilen Nordwestwand des Vulkans zur **Holua Cabin** mit Campingplatz hinunter (4 Meilen ab *Trailhead*). Hier am **Koolau Gap**, einem breiten, feuchten, zum Meer hinunterführenden Canyon, ist der Vulkanrand unterbrochen. In diesem Teil des Vulkans leben die Pflanzen von der Nässe, die Wolken in langen Wellen in den *Gap* hineintragen, und so findet man hier lederartige Farne (*'ama'u*) und andere außergewöhnliche Arten.

Nach 3 Meilen kommen Sie zum *Visitor Center*, wo Sie sich den von Rangern begleiteten Wanderungen durch den Park anschließen können (Termine telefonisch erfragen).

Der höchste Punkt – **Puu Ulaula** oder »roter Hügel« – wird von einem

Ausstellungspavillon gekrönt; hier halten Fachleute des Parks mehrmals am Tage naturkundliche Vorträge. Aus 3055 m Höhe bietet Puu Ulaula einen überwältigenden Rundblick: Oft sieht man die Riesenvulkane von Big Island, die Nachbarinseln **Lanai** und **Molokai** und manchmal, weit im Nordwesten, Oahu. In der Nähe liegt Haleakala Observatories, ein Komplex von Beobachtungsstationen und Laboratorien, die nicht zum Park gehören und für die Allgemeinheit gesperrt sind.

Am eindringlichsten erlebt man den Park auf einer Mehrtageswanderung, mit Übernachtung in einer Cabin oder auf dem Campingplatz im Vulkan. (Cabins weit im Voraus buchen! – siehe **Praktische Informationen**.) Beliebt ist die Tour auf dem **Sliding Sands Trail** zur **Kapalaoa Cabin** (5½ Meilen vom *Visitor Center*). Weil der Rückweg über lockere Asche bergauf sehr mühsam ist, gehen viele über den Halemauu Trail zurück, eine 8-Meilen-Wanderung vom Cabin zur Straße. Sie werden für diesen Fall eine Abholung organisieren müssen, oder aber Sie lassen Ihr Auto gleich am Halemauu Trailhead stehen und trampen zum Sliding Sands Trailhead. Eine anspruchsvolle Tageswanderung führt auf dem Sliding Sands Trail vom *Visitor Center* zum **Kalua o Ka Oo** hinunter, dem ersten großen Aschenkegel im Krater (5 Meilen hin und zurück).

KIPAHULU: POOLS OF OHE'O

mindestens ein halber Tag

In diesem Teil des Parks am **Pipiwai Stream** wandern Besucher durch üppigen Regenwald und zu Plätzen mit atemberaubender Aussicht aufs Meer. Doch Hauptanziehung des Gebietes ist die Vergangenheit Hawaiis. Man weiß aus archäologischen Funden, dass das untere Kipahulu Valley einst von Hawaiianern dicht besiedelt war, bereits vor der Begegnung mit Europäern und später von denjenigen, die als Viehzüchter und Zuckerrohrfarmer von 1880 bis 1925 arbeiteten. Achten Sie auf die Reste steingefasster Gärten, auf Taro, der wild weiterwächst, und ehemalige Tempel- und Wohnstätten. Bringen Sie diesen Stätten den erforderlichen Respekt entgegen und bleiben Sie auf den Wegen. Melden Sie es den Rangers, wenn jemand das kulturelle Erbe beschädigt.

Camping ist auf dem **Kipahulu Campground**, Wiesen am Meer südlich des Stream, erlaubt. Bringen Sie Ihr Trinkwasser mit oder kochen Sie das Wasser aus dem Bach ab. Es ist keine Genehmigung nötig, doch sind nicht mehr als 3 Übernachtungen pro Monat erlaubt.

Eine der denkwürdigsten kürzeren Wanderungen (2–3 Stunden) auf den Inseln führt über den **Pipiwai Trail**. Jeder, der gesund ist, kann sie bewältigen, doch man kommt durch feuchte Stellen und braucht daher festes Schuhwerk. (Bei hohem Wasserstand sollte man nicht wandern). Der Weg beginnt etwa 200 m südlich von der 'Ohe'o-Brücke. Durch sanft welliges Weideland steigt der Weg etwa ½ Meile zum Blick auf die 56 m hohen Fälle in Makahiku an.

Nach einer weiteren ½ Meile kommt Wald, und der Weg quert den Bach an einer flachen Furt in der Nähe hübscher Doppelfälle. Nach einer weiteren Meile durch üppigen Wald, wo bis 15 m hohe Bambusstämme an windigen Tagen knacken und knarren wie zu einer geheimnisvollen Musik, lockt das Ziel der Wanderung: **Waimoku Falls**, 100 m über dem Walde mitten in einer Dschungellichtung, durch die kühle Schwaden ziehen. Mango, Guave und Bergapfel kann man fast das

Ohe'o Gulch

Blühendes Silberschwert *(oben)*;
Iiwi, ein winziger, seltener Kleidervogel *(unten)*.

ganze Jahr über als köstliche natürliche Erfrischung genießen.

In diesem Teil des Parks sind Schwimmen und Wandern ein Hauptvergnügen. Die meisten Leute suchen sich die großen Becken an den Wasserfällen flussabwärts der Straßenbrücke in Ohe'o Gulch zum Baden aus; weniger besuchte Plätze warten flussauf. Einige der Becken sind tief, doch droht Gefahr von schlüpfrigen oder verborgenen Felsen. (Das Springen von den Felsen ist nicht erlaubt.) Starke Regenfälle in den Bergen können plötzliche Flutwellen auslösen, Verhältnisse im Visitor Center abklären. Es besteht kein Zugang zum Meer.

PRAKTISCHE INFORMATIONEN

ZENTRALE
P.O. Box 369, Makawao, Maui, Hawaii 96768. Tel. (808) 572-4400; www.nps.gov/hale

SAISON UND ANREISE
Park ist ganzjährig geöffnet. Wetterauskünfte über Tel. (808) 877-5111.

BESUCHERINFORMATIONEN
Haleakala Visitor Center in Gipfelnähe, 11 Meilen vom Parkeingang, ganzjährig täglich geöffnet, Tel. (808) 248-7375. Auskunft auch bei **Park Headquarters Visitor Center**, 1 Meile vom Parkeingang, Tel. (808) 248-7375.

EINTRITTSGEBÜHREN
$10 pro Wagen und Woche, mehrmalige Eintritte. $25 für einen Jahrespass, der für alle Nationalparks in ganz Hawaii gültig ist.

TIERE
Nur auf Drive-in-Campingplätzen, an der Leine gehalten, erlaubt; auf Wanderwegen verboten.

EINRICHTUNGEN FÜR BEHINDERTE
Alle *Visitor Center* und *Park Headquarters* für Rollstuhlfahrer zugänglich. Gratis-Broschüre über Besuch auf Maui bei: Disability and Communication Access Board, 919 Ala Moana Blvd., Rm. 101, Honolulu, Hawaii 96814. Tel. (808) 586-8121; www.hawaii.gov/health/dcab

AKTIVITÄTEN
Kostenlose naturkundliche Veranstaltungen: Naturspaziergänge und -wanderungen, Vorträge. Außerdem: Wandern, Reiten, Schwimmen in den Pools von 'Ohe'o.

BESONDERE RATSCHLÄGE
- Die Luft auf dem Gipfel ist dünn – also Vorsicht bei Wanderungen.
- Das Wetter ist unberechenbar; Hitze kann schnell in Regen und Kälte umschlagen.
- Das Wasser in den Pools von 'Ohe'o besitzt oft starke Unterströmungen und Felsen unter der Oberfläche, außerdem kann es zu plötzlichen Flutwellen kommen.

ÜBERNACHTEN AUF DEM GIPFEL
Zelten ist nur auf den Zeltplätzen **Holua** und **Paliku** erlaubt; Genehmigung (kostenlos) zu erhalten bei *Headquarters* am Tage der Wanderung, *first come, first served*; begrenzt auf 2 Nächte pro Campingplatz, insgesamt 3 Nächte pro Monat.
Cabins: Drei kleine, einfache Cabins in **Holua, Kapalaoa** und **Paliku** bieten 12 Bettstellen, Mindestkomfort; nur zu Fuß zu erreichen. Buchungen müssen vor dem Monatsersten 3 Monate vor Reise vorliegen; Ausweichtermine angeben: Verteilung nach dem Los, Begrenzung wie für Camping (siehe oben); $75, höchstens 12 Personen. Anmeldung über Zentrale. Auskunft (auf Band) über Cabins und Campingplätze: Tel. (808) 572-4400.

CAMPINGPLÄTZE
Zwei Auto-Campingplätze, beide auf 3 Tage begrenzt. **Hosmer Grove** und **Kipahulu** (kein Wasser) ganzjährig geöffnet, *first come, first served*. Keine Gebühren. Keine Duschen. Zelt- und Wohnwagenplätze; keine Anschlüsse.

UNTERKUNFT
(wenn nicht anders vermerkt, gelten Preise für 2 Personen im Doppelzimmer zur Hauptsaison)

In Hāna, HI 96713:
Aloha Cottages 83 Keawa Pl., P.O. Box 205. Tel. (808) 248-8420. 5 kleine Cottages, alle mit Küchen, in Wohngebieten von Hana. $65–$95.
Hana Kai Maui Resort Condominiums 1533 Uakea Rd., P.O. Box 38. Tel. (800) 346-2772 oder (808) 248-7506. 17 Zimmer, Kochnischen. $185–$360.
Hotel Hana Maui P.O. Box 9. Tel. (800) 321-4262 oder (808) 248-8211. 66 Zimmer. $395. Restaurant.
Josie's Hana Hideaway P.O. Box 265. Tel. (808) 248-7727. 14 Cottages, alle mit Küchen, in Hana. $145–$195.

In Kahului, HI 96732:
Maui Beach Hotel 170 Kaahumanu Ave. Tel. (888) 649-3222 oder (808) 877-0051. 147 Zimmer. $110–$275. Klimaanlage, Pool, Restaurant.

Maui Seaside Hotel 100 W. Kaahumanu Ave. Tel. (800) 367-7000 oder (808) 877-3311. 186 Zimmer, 10 mit Kochnischen. $140. Klimaanlage, Pool, Restaurant.

In Kula, HI 96790:
Kula Lodge Rte. 377, 15200 Haleakala Hwy. Tel. (800) 233-1535 oder (808) 878-1535. 5 Zimmer. $125-205. Restaurant.

AUSFLÜGE

WAIANAPANAPA STATE PARK
HĀNA, MAUI, HAWAI'I

Flache, vulkanische Klippen und heimischer Pandanus-Wald säumen die Küsten dieses abgelegenen, rauen Parks. Hier können die Gäste in der Brandung fischen, eine Höhle erforschen, eine riesige Kolonie von Seevögeln beobachten und auf dem uralten Küstenpfad, der nach Hana führt, wandern. 49 Hektar. Angebote: 1 Campingplatz (Genehmigung erforderlich), 12 Cabins, Wandern, Fischen, Picknickplätze, Schwimmen. Ganzjährig geöffnet. Nahe Hana Hwy. (Hwy. 360), ca. 80 Meilen vom Haleakala NP. Tel.(808) 984-8109.

IAO VALLEY STATE PARK
WAILUKU, MAUI, HAWAI'I

Samtene, moosbewachsene Felsen umrahmen das saftig grüne Iao Valley und seinen Mittelpunkt, Iao Needle, einen 675 m hohen Basaltturm, der Einheimischen auf Maui heilig ist. Die Gewalt fließenden Wassers hat die »Nadel« aus einem natürlichen Altar in einer alten, vulkanischen Caldera gelöst; heute bildet das Wasser Becken – zur Erfrischung der Gäste. 2 1/2 Hektar. Angebote: Beobachtungspavillon mit einheimischer und exotischer Flora. Ganzjährig geöffnet, 7 bis 19 Uhr. An der Iao Valley Road, nahe Hwy. 32, ca. 40 Meilen vom Haleakala NP. Tel. (808) 984-8109.

Dampf steigt aus dem Mauna Loa auf

HAWAII VOLCANOES

HAWAII
GEGRÜNDET 1. AUGUST 1916
879 Quadratkilometer

Der Hawaii Volcanoes-Nationalpark auf Big Island von Hawaii bietet den Gästen zwei der aktivsten Vulkane der Welt: Kilauea und Mauna Loa.

Über 1200 m hoch und immer noch nicht ausgewachsen, ragt der Kilauea aus der Südostflanke des älteren und viel größeren Mauna Loa, des »langen Berges«, hervor. Der Mauna Loa erhebt sich 4100 m über dem Meeresspiegel; mit einem Teil, der 5400 m tief unter dem Wasser liegt, überragt er den Mt. Everest. Dank seiner flachen Hänge ist der Mauna Loa mit einem Volumen von Zehntausenden Kubikkilometern der massigste Berg der Erde.

Der Park reicht von der Küste bis zum Gipfel des Mauna Loa hinauf. Wo die Straße endet, beginnt die Wildnis, erwarten den kühnen Rucksackwanderer frostige Nächte und raue Lavapfade inmitten vulkanischer Wunder: nackte, alptraumhaft verzerrte Lava, Aschenkegel und klaffende Schlünde. Der Kilauea hat dagegen eine größere Vielfalt der Landschaft und der Kultur.

An den Hängen des Kilauea – was »ausgebreitet, viel speiend« bedeutet – grenzen bewachsene Flächen an frische, kahle Lavaströme. Wie in einem Lehrbuch über den ökologischen Wandel sind hier alle Stadien der Wiederbewaldung dargestellt –

von den ersten Flechten und Farnen bis zum dichten Wald. An der heißen und trockenen Südwestflanke wird das Nebeneinander von Lava und Pflanzenwuchs von der schwarzen Marslandschaft der Wüste Kau abgelöst. An der Küste haben die Brecher schartige Klippen herausgebildet; bei neuen Ausbrüchen schießen frische Lavaströme zischend und dampfend ins Meer.

Die geologische Dynamik ist das große Thema dieses Parks, doch sind die biologischen Vorgänge kaum weniger interessant. Tausende von einmaligen Arten haben sich in der Abgelegenheit der Hawaii-Inseln entwickelt. Auch der Mensch hat reichlich Spuren hinterlassen, steuerten die polynesischen Pioniere ihre großen Doppelrumpf-Kanus doch schon vor 1500 Jahren nach Hawaii.

Die UN hat den Park als *International Biosphere Reserve* und Stätte des Welterbes herausgestellt. Viele der faszinierenden heimischen Pflanzen und Tiere sind aber von nichtheimischen Arten wie wuchernden Unkräutern und wilden Ziegen und Schweinen bedroht.

Anreise

Per Flug zur Hawaii-Insel, auch Big Island genannt. Der Flughafen Kona wird sowohl vom Festland als auch von anderen Hawaii-Inseln angeflogen; nach Hilo gehen nur Binnenflüge. Von Kona geht die Fahrt auf Hwy. 11 südlich um die Insel herum, vorbei an Kealakekua Bay, wo Captain Cook den Tod fand, und Ka Lae oder South Point, dem südlichsten Punkt der Vereinigten Staaten. Nach einer Fahrt von 95 Meilen auf guten Straßen ist der Gipfel des Kilauea erreicht.

Von Hilo führt Hwy. 11 dreißig Meilen weit an kleinen Siedlungen, Macadamia-Plantagen, verlassenen Zuckerrohrfeldern und Regenwald vorbei zum Park hinauf.

Reisezeit

Ganzjährig geöffneter Park. Im September und Oktober ist es am trockensten. An der Küste ist es warm und windig, auf dem Kilauea kühl und feucht, auf dem Mauna Loa herrschen in über 3000 m Nachtfrost und vereinzelt Schneefall. Beste Besuchszeiten in diesem Park sind, wegen des Andrangs, vor 11 und nach 15 Uhr.

Reiseempfehlungen

In einer intensiven 1-Tages-Tour können die Hauptsehenswürdigkeiten am Gipfel des **Kilauea**, via **Crater Rim Drive**, und an der Küstenregion, via **Chain of Craters Road**, enthalten sein. Reguläre Bus-Touren gehen täglich von vielen Hotels in Hilo und Kona ab. Wer sich für Botanik und Vogelkunde interessiert, den wird **Mauna Loa Strip Road** (ab Hwy. 11) locken; sie führt durch Gebirgswald zum **Mauna Loa Trailhead** auf 2000 m Höhe hinauf: Der 1 Meile lange Lehrpfad am **Kipuka Puaulu** bietet dem interessierten Beobachter reichlich heimische Pflanzen und Vögel.

Eruption des Kilauea mit Lavastrom

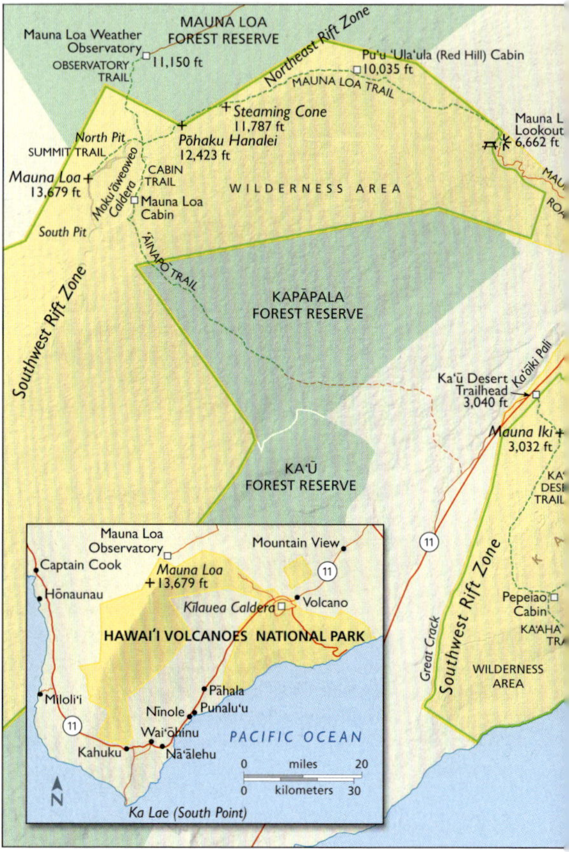

KILAUEA-GIPFEL: CRATER RIM DRIVE

11 Meilen Ringstraße; etwa ein halber Tag, Straßensperrungen vorher erfragen

Fangen Sie mit dem **Kilauea Visitor Center** an und lassen Sie sich keinesfalls den Film über die jüngsten Vulkanausbrüche entgehen. Zum rustikalen **Volcano House** und zur **Volcano Art Center Gallery** ist es nicht weit. Von der Rückseite des Hotels können Sie einen ersten Blick auf die **Kilauea Caldera** werfen, jene große Kratermulde am Gipfel des Vulkans.

Fahren Sie vom *Visitor Center* im Uhrzeigersinn auf den **Crater Rim Drive**. Zunächst geht es durch Regenwald, wobei die heimischen Baumfarne am Straßenrand ziemlich »prähistorisch« wirken. Erster Aussichtspunkt ist der Riesenkrater **Kilauea Iki** (»kleiner Kilauea«) östlich der Haupt-Caldera. Dieser brach 1959 in einer 600 m hohen Lavafontäne aus – sogar für hawaiianische Vulkane ein Rekord.

Gehen Sie eine kleine Schleife (15 Minuten, leicht) vom üppigen Dschungel zur **Thurston Lava Tube**. Diese Lavaröhre entstand, als die

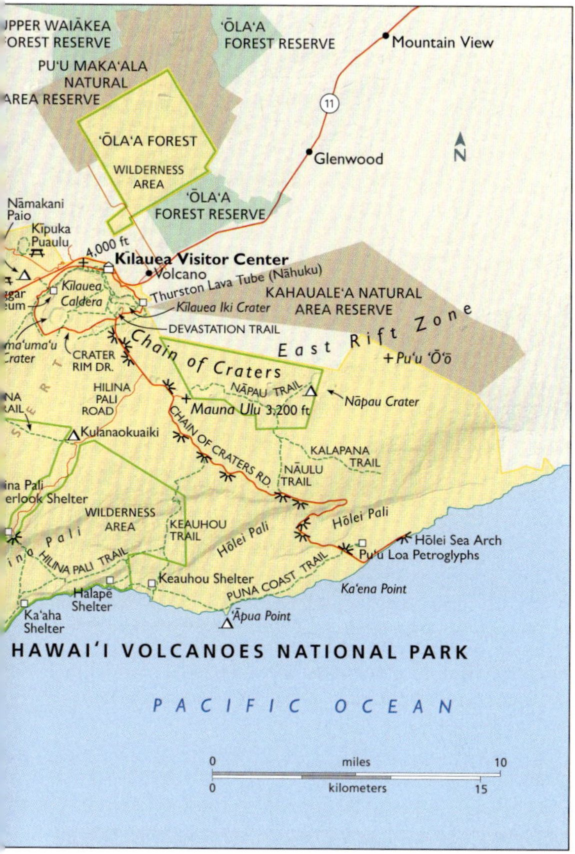

Hülle eines Lavastromes zu einer Kruste erstarrte, das flüssige Innere aber noch herausfloss.

Vom Parkplatz gehen Wege ab, die zum Kilauea Iki hinunter- oder an seinem Rande entlangführen. Sie können hier eine Rundwanderung machen oder die 2 bis 3 Meilen zum Volcano House zurückgehen – auf jeden Fall werden sich Ihnen aufregende Blicke auf die Kilauea Caldera, senkrechte Lavaklippen und grünenden Regenwald bieten.

Als Alternative können Sie auf dem beliebten 4-Meilen **Kilauea Iki Trail** entlang wandern, und einen Krater, der das letzte Mal 1959 ausbrauch, durchqueren. Während der zweistündigen Wanderung geht es 130 Höhenmeter abwärts vorbei an Regenwäldern und dampfenden Lavaströmen.

Folgen Sie Crater Rim Drive und schauen Sie den weißgeschwänzten Tropikvögeln zu, anmutigen Seevögeln mit langen Schwanzfedern. Diese ätherisch wirkenden Geschöpfe nisten auf Felsvorsprüngen und schweben oft über der Kilauea Caldera. Vielleicht entdecken Sie sogar eine Hawaiigans, die nur auf Hawaii vorkommt und vermutlich von verirrten Kanadagänsen abstammt. **Devastation Trail** ist ein kurzer (1/2 Meile), aber unvergesslich bleibender Weg durch die Überreste eines Waldes, der 1959 durch Aschenregen zerstört wurde. Der Wald beginnt sich zu erholen.

Während die Straße am Südwestabfall der Kilauea Caldera hinunterführt, wird die Landschaft immer trockener. Im Regenschatten des Gipfels gelegen, empfängt **Kau Desert** nur halb so viel Niederschlag wie *Kilauea Visitor Center*. Dafür muss sie dem Ansturm von Winden standhalten, die vulkanische Dämpfe und natürlichen sauren Regen heranbringen, die die Pflanzen verkümmern lassen.

Die Straße steigt wieder an, und es erscheint der Aussichtspunkt **Halemaumau Crater**. Ein kurzer Weg führt zur Feuergrube, wo sich die Vulkangöttin Pele angeblich gerne aufhält. Viele Hawaiianer verehren sie weiterhin, das ganze Jahr über singen und tanzen sie am Rande des Kraters.

Das **Hawaiian Volcano Observatory** des US Geological Survey und das kleine, hervorragende **Jaggar Museum** zur Vulkankunde sind die nächsten Ziele. Aber zunächst passieren Sie Fumarolen oder Rauchschlote. Sie haben die **Sulphur Banks** geschaffen, kristalline Sinter aus reinem Schwefel.

Jetzt haben Sie die Wahl zwischen einer Kurzwanderung zurück zum *Visitor Center* oder einer 1,2-Meilen-Wanderung am Rande der Caldera entlang mit zahlreichen schönen Aussichten.

CHAIN OF CRATERS ROAD

18 Meilen einfach; etwa 3 Stunden

Vom *Kilauea Visitor Center* am Gipfel folgen Sie Crater Rim Drive im Uhrzeigersinn bis zu einer markierten Abzweigung zur **Chain of Craters Road**. Auf etwa 4 Meilen in Richtung Küste führt die Strecke an der vulkanisch aktiven *East Rift Zone* des Kilauea entlang. An verschiedenen Punkten gibt es eindrucksvolle Krater zu besichtigen. Wandern Sie, wenn Sie Zeit haben, auf dem **Napau Trail**

Glühende Lava in der Nacht

zum Aussichtspunkt auf dem Puu Huluhulu (»struppiger Hügel«) hinauf (etwas über 1 Meile). Von dort bietet sich eine prächtige Aussicht auf die East Rift Zone und **Mauna Ulu**, die breite, dampfende Hügelkuppel direkt im Süden. Dampf quillt auch aus dem Puu Oo, weit im Osten – ein Zeichen für die vulkanische Tätigkeit des Kilauea.

Der nun folgende Straßenabschnitt war in den 1970erJahren von mehreren großen Lavaströmen des Mauna Ulu verschüttet. Wo Sie aussteigen, stehen Sie auf einem der jüngsten Böden der Erde. Bei dieser Lava handelt es sich großenteils um *pa hoehoe*, ursprünglich dünnflüssige Lava, die zu relativ glatten Hügeln mit Wirbeln und Strängen darin erstarrte. Sie unterscheidet sich von *aa*, einer dickeren und zähflüssigeren Lava, die zu chaotischen Haufen grober Klumpen und kantiger Blöcke erstarrt ist.

Es wird trockener, und der Wald erscheint in verschiedenen Stadien der Erholung. Schwefeldämpfe treten an aktiven Vulkanschlünden der Bruchzone im Osten aus und treiben die Hügel hinunter.

Von den Halteplätzen schaut man weit über die Wüste Kau und auf schaumgekrönte Wellen hinunter, die gegen die schwarze Küste anbranden. Etwa 21 Meilen vor der Küste entsteht ein riesiger Unterwasservulkan. Loihi, so heißt er, wird in etwa 10 000 Jahren die Wasseroberfläche durchstoßen.

Ein Steilabfall von etwa 250 m markiert **Holei Pali**, der durch vertikalen Bruch entstanden ist; der mächtige Küstenschelf bewegt sich langsam und stetig vom Hochland fort und versinkt im Meer. Im Tiefland erwarten Sie die **Puu Loa Petroglyphs**, mehr als 15 000 Jahre alte hawaiianische Felsgravuren; ein kurzer Fußmarsch führt hin.

Am Devastation Trail *(oben)*;
Wellen erstarrter Lava *(unten)*

Hawaiianer haben dieses trockene felsige Gebiet seit Jahrhunderten bewohnt. Die Küstenstraße führt an mehreren früheren Siedlungen vorbei.

Seit 1986 bedeckt ein nahezu ständig fließender Lavastrom des Puu mehrere Meilen der Straße, den Picknickplatz von Kamoamoa und umgibt das **Wahaula Visitor Center**. Park Ranger markieren einen Pfad zu einem Aussichtspunkt in der Nähe der Lavaströme.

Beachten Sie die Warnschilder und befolgen Sie die Anweisungen des jeweiligen Park Rangers.

PRAKTISCHE INFORMATIONEN

ZENTRALE
Hawaii Volcanoes National Park, Hawaii 96718. Tel. (808) 985-6000; www.nps.gov/havo

SAISON UND ANREISE
Ganzjährig geöffneter Park. Chain of Craters Rd. ist am östlichen Ende gesperrt; sie wurde durch Lavastrom zerstört. Nachrichten über Eruptionen: Tel. (808) 985-6000.

BESUCHERINFORMATIONEN
Kīlauea Visitor Center, nahe Hwy. 11 am Crater Rim Drive, 1/4 Meile vom Parkeingang, und das Thomas A. Jaggar Museum, am Crater Rim Drive, 3 Meilen vom Parkeingang – beide ganzjährig geöffnet.

EINTRITTSGEBÜHREN
$10 pro Wagen und Woche.

TIERE
Auf Wanderwegen sowie im Hinterland nicht erlaubt, ansonsten, an der Leine gehalten, erlaubt.

EINRICHTUNGEN FÜR BEHINDERTE
Visitor Center, Jaggar Museum, Volcano House Hotel und Volcano Art Center Gallery sind für Rollstuhlfahrer zugänglich. Ein Wanderweg und viele Aussichtspunkte am Crater Rim Drive sind ebenfalls – mit Hilfe – zugänglich. Gratis-Broschüre über Big Island, Disability and Communications Access Board, 919 Ala Moana Blvd., Ren. 101, Honolulu, Hawaii 96814. Tel. (808) 586-8121.

AKTIVITÄTEN
Kostenlose naturkundliche Veranstaltungen: Naturwanderungen und -vorträge, Dia-Vorträge, Film, Museum/Ausstellung über Vulkanismus. Außerdem: Wandern, Fischen im Gelände (genehmigungsfrei), Kunstzentrum mit Galerie, Workshops, Seminare.

BESONDERE RATSCHLÄGE
- Vorsicht vor starker Sonneneinstrahlung und schädlichen Schwefeldämpfen, die Herz- und Atembeschwerden verschlimmern können.
- Bleiben Sie auf markierten Wegen; unter der Pflanzendecke können sich Spalten verbergen.
- Vorsicht vor Küstenabbrüchen: Nicht über die Absperrungen hinausgehen.
- Starke Winde und eine unberechenbare Brandung machen das Schwimmen an der Küste gefährlich.
- Betreten Sie keine gesperrten Gebiete.

FREIES ZELTEN
Meldung im *Visitor Center* erforderlich. Keine Kosten.

CAMPINGPLÄTZE
Zwei Campingplätze. **Kalanaokuaiki** und **Namakanipaio**, begrenzt auf 7 Tage. Ganzjährig geöffnet, first come, first served. Keine Gebühren. Keine Duschen. Nur Zeltplätze. 2 Patrol Cabins am **Mauna Loa Trail**, eine bei **Kipuka Pepeiao** sind kostenlos benutzbar, *first come, first served*. Meldung im *Kilanea Visitor Center* erforderlich. Verpflegung im Park.

UNTERKUNFT
(wenn nicht anders vermerkt, gelten Preise für 2 Personen im Doppelzimmer zur Hauptsaison)

INNERHALB DES PARKS:
Leitung: Volcano House, P.O. Box 53, Hawaii Volcanoes NP, HI 96718. Tel. (808) 967-7321.
Volcano House Crater Rim Dr. 42 Zimmer. $100-$230. Restaurant.
Namakani Paio Cabins (an Hawaii 11) 10 Cabins mit zentralem Bad. $55.

AUSSERHALB DES PARKS:
In Hilo, HI 96720:
Country Club Hawaii Condo Hotel 121 Banyan Dr. Tel. (808) 935-7171. 148 Zimmer, 20 mit Kochnischen. $79–$94. Klimaanlage, Restaurant.
Dolphin Bay Hotel 333 Iliahi St. Tel. (866) 935-1466 oder (808) 935-1466. 18 Zimmer mit Kochnischen. $99–$159.
Hawaii Naniloa Resorts 93 Banyan Dr. Tel. (800) 367-5360 oder (808) 969-3333. 325 Zimmer. $100–$140. Klimaanlage, Pool, Restaurant.
In Kailua-Kona, HI 96740:
King Kamehameha Kona Beach Hotel 75-5660 Palani Rd. Tel. (800) 367-2111 oder (808) 329-2911. 440 Zimmer. $150–$250. Klimaanlage, Pool, Restaurant.
In Pahala, HI 96777:
Colony One at Sea Mountain, Punaluu (am Hawaii 11) P.O. Box 70. Tel. (800) 488-8301 oder (808) 928-8301. 28 Condominiums. $95–$170. Pool, Tennis, Golf.

AUSFLÜGE

MAUNA KEA OBSERVATORY

HILO, HAWAI'I

Mauna Kea, die höchste Berginsel der Welt, ist auch der bedeutendste Astronomie-Standort der Erde. Klare, trockene Luft und eine Höhe von 4205 m über NN bieten ideale Beobachtungsbedingungen: Zehn Länder haben auf dem Gipfel dieses Vulkans Teleskope installiert. Mauna Kea Support Services unterhalten ein Visitor Center auf 2760 m Höhe; hier werden astronomische Ausstellungen und Sternenschau (donnerstag- bis sonntagabends) mit mehreren Teleskopen, das größte mit 28 cm, geboten. Samstags und sonntags Gipfeltouren (ab 16 Jahre; keine Schwangeren und keine Personen mit Herz- oder Atembeschwerden). Die Teilnehmer müssen eigene Geländefahrzeuge mitbringen. Ganzjährig geöffnet. Nähe Hawaii Hwy. 200 (Saddle Road), 34 Meilen von Hilo. Tel. (808) 961-2180.

'AKAKA FALLS STATE PARK

HONOMU, HAWAI'I

Die Legende von der Entstehung der Fälle hat einen modernen Klang: Der Gott Akaka wurde von seiner Frau, die unerwartet nach Hause kam, beim Ehebruch erwischt. Er floh über den Canyon, rutschte aus und stürzte die 125 m hohen Akaka Falls hinunter. Ein gepflegter Pfad mit Erläuterungen führt den Besucher durch dichten Dschungel voll bunter, duftender Blüten zu Aussichtspunkten über dem 30 m hohen Kahuna-Wasserfall. 26 Hektar. Keine Einrichtungen außer Wanderwege und Toiletten. Am Hawaii Hwy. 220, ca. 15 Meilen nördlich von Hilo. Tel. (808) 974-6200.

In den Himmel ragende Joshua Trees bei Sonnenuntergang

JOSHUA TREE

CALIFORNIA
GEGRÜNDET 31. OKTOBER 1994
3210 km²

Zwei verschiedene Wüstensysteme, Mojave und Colorado, grenzen an den Joshua Tree National Park und teilen den südlichst gelegenen Nationalpark Kaliforniens in zwei grundverschiedene Ökosysteme ein. Der Grund dafür ist die unterschiedliche geografische Lage.

Colorado, der westliche Teil der riesigen Sonora-Wüste, liegt unterhalb 1000 m im östlichen Teil des Parks, in dem die Temperaturen normalerweise höher sind. Der Nordteil des Parks gehört zur hoch gelegenen Mojave-Wüste und ist landschaftlich interessanter als der Südteil. Dieser gehört zur Colorado-Wüste, liegt tiefer und hat nicht die charakteristischen Joshua Trees. Colorado beginnt im Zentrum des Parks, und erstreckt sich im Osten entlang trockener Flussbette, in denen Kreosotbüsche wachsen. Teilweise geziert von blühenden Octillo- und Cholla-Kakteen, verläuft die Wüste durch das ausgetrocknete Pinto Basin in die Wildnis der Eagle- und Coxcom-Berge. Viele der jährlich 1,2 Millionen Besucher des Parks sind von dem abrupten Übergang zwischen den Ökosystemen Colorados und Mojaves überrascht. Überhalb 1000 m beginnt die Mojave-Wüste im westlichen Teil des Parks, in dem riesige, ausladende Yuccabäume auf Sandböden gedeihen. Diese Bäume zählen zu den faszinierendsten und außergewöhnlichsten geologischen Phänomenen der Wüstenregionen Kaliforniens. Die Entstehungsgeschichte von Joshua Tree begann nach der letzten Eiszeit mit dem Ansiedeln der Pintos, die wohl zu den frühesten Kulturen des amerikanischen Südwestens gehörten. Sie lebten im Pinto Basin, das damals ein feuchtes Klima hatte und durch das vor 5000–7000 Jahren ein Fluss strömte.

Indianische Nomadenstämme lebten je nach Jahreszeit in der Region, wenn ihnen die Erntezeit Pinyonnüsse, Eicheln und Kaktusfrüchte bot. Felsbrocken, die ausgehöhlt dazu verwendet wurden, Samenkörner zu pulverisieren, findet man im gesamten Gebiet des Wonderland of Rocks, südlich des Indian Cove Campingplatzes. Es sind noch einige Ruinen von Goldminen zu sehen, die gegen Ende des 19. Jahrhunderts aufgegeben wurden; einige unter ihnen sind auf Wanderwegen oder auf unbefestigten Straßen erreichbar, die nur für Fahrzeuge mit Allradantrieb und Mountainbikes geeignet sind.

Anreise

Die Parkeingänge im Westen und im Norden sind bei den Orten Joshua Tree und Twentynine Palms. Von Los Angeles nehmen Sie die I-10 in östlicher Richtung auf die Calif. 62 (Twentynine Palms Highway) nach Twentynine Palms (ca. 140 Meilen). Der südliche Eingang liegt bei Cottonwood Spring, ca. 25 Meilen östlich von Indio, ab I-10.

Reisezeit

Ganzjährig geöffneter Park. Im Frühling sind die Temperaturen am angenehmsten. Die durchschnittlichen Höchsttemperaturen liegen bei 30 °C, die tiefsten Werte bei 10 °C. Im Winter herrschen kühlere Temperaturen, etwa um 15 °C; und nachts kann die Temperatur unter 0 °C fallen. Während des Sommers ist es heiß, die durchschnittlichen Tagestemperaturen liegen über 37 °C, und die Bodentemperaturen erreichen über 80 °C. Die Mojave-Wüste im Westen des Parks ist durchschnittlich 6 °C kühler als die Colorado-Wüste. Im Winter sind die höheren Gebiete der Mojave-Wüste schneebedeckt. Die Blütezeiten im Frühjahr richten sich nach dem Verlauf des Winters und den Temperaturen. Die Blüte beginnt normalerweise im Februar in niedrig gelegenen Gebieten und ist im gesamten Park während der Monate März und April zu bewundern; Kakteen können bis in den Juni hinein blühen. (Fragen Sie bei der Park-Zentrale nach). Die aktuellsten Informationen über die Wildblumen erhalten sie auf Band über die Telefonnummer (818) 768-3533.

Reiseempfehlungen

Die Hauptattraktionen des Parks – Wälder mit weit ausladenden Yuccabäumen, die als Joshua Trees bekannt sind, gewaltige Felsformationen, Cholla- und Octillo-Kakteen und Fächerpalmen-Oasen – können Sie an einem halben Tag erleben. Der Ausflug beinhaltet sowohl die hohen als auch die niedrigen Wüstenzonen. Geteerte Panoramastraßen führen zu Aussichtspunkten, allen Campingplätzen und Ausgangsorten für Wanderungen. Erläuternde Ausstellungen entlang der Straßen verfügen über Parkbuchten und Parkplätze und geben Ihnen die Möglichkeit, einen näheren Einblick in die komplexe Wüstenökologie, die Tierwelt und auch die Menschheitsgeschichte zu nehmen. Wenn Sie vorhaben, mit dem Mountainbike auf Tour zu gehen, vermeiden Sie es, auf den Hauptverkehrsstraßen zu fahren, da diese eng sind und keinen Seitenstreifen haben. Es ist weitaus ruhiger und sicherer, auf den unbefestigten Straßen im Hinterland des Parks zu fahren. Viele dieser Straßen liegen im **Queen Valley** und stammen aus dem 19. Jahrhundert, dem Zeitalter der

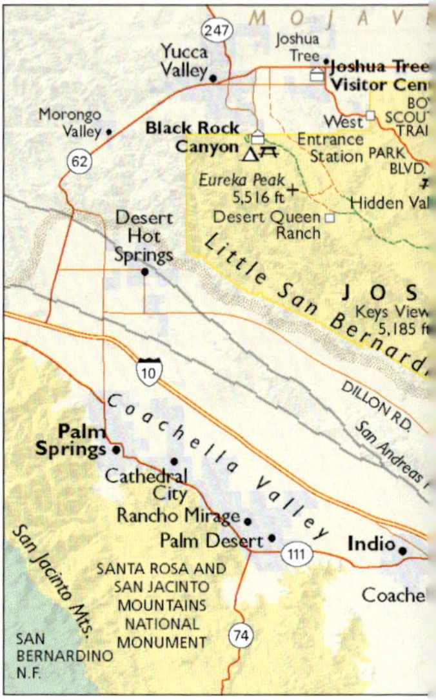

Goldgräberei. Holen Sie sich von der Parkzentrale verlässliche Informationen über ihre Tour.

Wenn Sie einen halben Tag zur Verfügung haben, beginnen Sie an der nördlichen Grenze des Parks. Fahren Sie auf der Schleife **Park Boulevard Loop** entweder von dem Ort Joshua Tree durch den westlichen Parkeingang oder von Twentynine Pines durch den nördlichen Parkeingang. Wenn die Luft klar ist, machen Sie den 20-minütigen Abstecher auf den 1580 m hohen Keys View, von dem man einen herrlichen Ausblick auf das trockene Wüstenbecken hat, das sich im Süden bis nach Mexiko dehnt. Wenn Sie Ihre Tour bei Joshua Tree beginnen, fahren Sie zum Park Boulevard zurück und dann in östliche Richtung über den **Sheep Pass** nach **Jumbo Rocks**, biegen rechts (in südliche Richtung) auf die Pinto Basin Road ab und genießen dabei die schöne Aussicht auf die Wüstenregion von Colorado. Versäumen Sie es nicht, entlang der erläuterten Naturpfade zu wandern, durch den **Cholla Cactus Garden** und den **Ocotillo Patch**. Kehren Sie zurück nach Twentynine Palms und zum **Oasis Visitor Center**, das über einen kleinen Kaktusgarten sowie über interessante Schaubilder der Wüstenökologie verfügt. In unmittelbarer Nähe befindet sich die historische **Oasis of Mara** (eine von fünf Oasen innerhalb des Parks), die einst Indianern Wasser, Schatten und Nahrung bot. Wenn Sie von Twentynine und dem *Oasis Visitor Center* aus beginnen, fahren Sie in südliche Richtung auf dem Ocotillo Patch weiter, zum Park Boulevard zurück und dann in westliche Richtung nach Joshua Tree.

PARK BOULEVARD

64 Meilen (einschließlich Abstecher)
ein halber bis ganzer Tag

Eine Panoramastraße, die die beiden Eingänge im Norden und im Westen verbindet, führt entlang des niedrig gelegenen trockenen Colorado-Ökosystems hinauf in die Wälder der Joshua Trees und zu den gigantischen Felsblöcken. Beginnen Sie ihre Tour am **Oasis Visitor Center** in Twentynine Palms oder am **Joshua Tree Visitor Center** in der Stadt Joshua Tree, die 5 Meilen westlich vom Eingang liegt. Wenn Sie vom Süden kommen, starten Sie am **Cottonwood Visitor Center** und fahren die Pinto Basin Road entlang vorbei am Ocotillo Patch und dem Cholla Cactus Garden zum *Oasis Visitor Center*. Alle drei *Visitor Center* geben Ihnen einen Eindruck vom Überleben der Tiere und Pflanzen in der sengenden Hitze und Trockenheit dieser Region und zeigen die Geschichte der geologischen Beschaffenheit der Wüste. Das Oasis Visitor Center grenzt an die Oasis of Mara, ein Ansammlung von Fächerpalmen, Frémont-Pappeln und anderen Pflanzen. Wandern Sie entlang des 1/2-Meilen-Wegs zu diesem grünen Fleck der Wüste, an dem früher einmal Indianer ihr Lager aufgeschlagen haben und der später Goldsuchern das Überleben ermöglichte. An einem

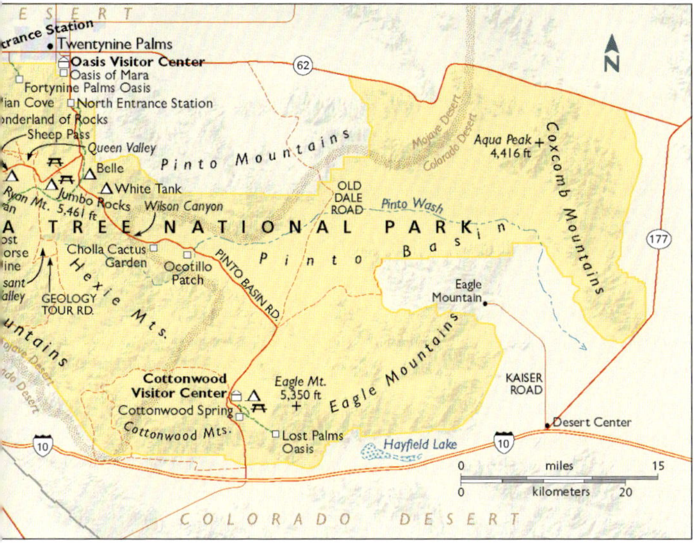

schattigen Plätzchen können Sie sich kurz ausruhen und das Vogelgezwitscher genießen. (Vogelbeobacher könnten eventuell noch einen Besuch bei **Cottonwood Springs** machen, eine Oase, die viele verschiedene Vogelarten beherbergt und die sich etwa 1 Meile vom *Cottonwood Visitor Center* entfernt am Südeingang befindet.)

Wenn Sie einen ganzen Tag zur Verfügung haben, nehmen Sie sich die Zeit, um einen kurzen Spaziergang entlang der Naturpfade zu machen, die Ihnen eine genaue Beobachtung der Fauna und Flora ermöglichen. (In den Park-Broschüren sind die Highlights des Parks herausgestellt.) Beginnen Sie ihre Tour möglichst frühmorgens: Wenn das Sonnenlicht auf den Granit-Monolithen tanzt, kommen deren Konturen und Farben erst richtig zur Geltung – besonders bei Sonnenauf- und -untergang, wenn die Felsen in warmen Rosa- und Gelbtönen leuchten.

Erkundigen Sie sich im *Visitor Center* nach Vorträgen am Lagerfeuer, Wanderungen und Touren an den Wochenenden, oder schauen Sie auf das schwarze Brett am Campingplatz.

Fahren Sie von Twentynine Palms in südliche Richtung weiter auf den Park Boulevard zum nördlichen Eingang. Die Straße führt vorbei an den **Pinto Mountains**, die sich im Osten befinden. Nach etwa 5 Meilen kommt eine Abzweigung. Biegen Sie links auf die Pinto Basin Road ein. Sie erreichen als Nächstes den **Wilson Canyon** und die Übergangszone der Wüstensysteme von Mojave und Colorado. Das **Pinto Basin**, das sich im Osten befindet, ist ein ehemaliges ausgetrocknetes Flussbett und eine typische Wüstenlandschaft, die von Kreosotbüschen dominiert wird. Spazieren Sie durch den **Cholla Cactus Garden**, einen malerischen Ort etwa 6,5 Meilen südlich der Abzweigung mit einem *self-guided* Wanderpfad. Der krumm gewachsene Kaktus schaut zwar harmlos aus, ist aber voller kleiner Stacheln. Er ist auch unter dem Namen »springender« Kaktus bekannt, da seine spitzen Stacheln abfallen und an unschuldigen Besuchern hängen bleiben.

Fahren Sie etwa 2 Meilen weiter in südöstliche Richtung auf dem **Ocotillo**

Klapperschlange am Rand des Weges

Patch, auf dem Hunderte von großen Wüstenpflanzen dahinzuschmachten scheinen und deren graue Stacheln in den Himmel zeigen. Nach Regenfällen im März und April sind an ihren Spitzen blutrote Blüten zu sehen, Nektar-Tankstellen für die Kolibris, die von Mexiko nach Norden ziehen.

Fahren Sie in nordwestliche Richtung zurück zum White Tank Campingplatz und dem **Arch Rock Nature Trail**. Der leichte, $^1/_3$ Meile lange Weg nach **Arch Rock** bietet interessante Informationen über die Geschichte der Geologie und der steinernen Bögen.

An der Abzweigung gelangen Sie links auf den Park Boulevard und fahren in die Mojave-Wüste. In westlicher Richtung sehen Sie riesige Granitformationen, die aus der Hochebene ragen. Vor mehr als 800 Millionen Jahren entstand der **Jumbo Rock**, der ein Beweis für die dauernde seismische Aktivität dieser Region ist. Hier können Besucher die Monolithen-Kletterer beobachten. Joshua Tree National Park stellt das am besten zugängliche und zugleich herausforderndste Klettergebiet Amerikas dar. Richtlinien zur Sicherheit und zum Schutz der Felsoberflächen sind überall im Park zu finden. Zuschauer tummeln sich auf Parkplätzen, um die Kletterer zu beobachten, die an nahezu unmöglichen Stellen den Fels erobern. Halten Sie nach dem **Skull Rock** Ausschau, wenn Sie in westliche Richtung zum **Hidden Valley** weiterfahren. Dies ist ein wunderschöner Garten mit großen, übereinander liegenden Felsblöcken, die an Tiere, menschliche Gesichter und abstrakte Formen erinnern.

Als beliebter Ort zum Picknicken und Campen ist dieser Teil von Joshua Tree dicht besiedelt mit Yuccabäumen, die dem Park seinen Namen gaben. Den Namen bekamen die Bäume von den Mormonen, ehemaligen Siedlern, die in den nach oben gerichteten Ästen das Bild des flehenden Joshua sahen. Der *Yucca brevifolia* kann bis zu 15 m hoch und bis zu 200 Jahre alt werden. Mehr als 25 verschiedene Vogelarten nisten hier zwischen den kurzen und spitzen Blättern.

Der $1^1/_2$-Meilen lange **Hidden Valley Trail** führt auf einem Rundweg durch ein Gewirr an Felsen zu einem »versteckten« Ort, von dem erzählt wird, dass Viehdiebe dort Rinder und Schafe versteckten. Im nördlichen Teil dieses Rundweges muss man über Felsblöcke klettern. Wenn Sie noch keine Pause einlegen wollen, dann fahren Sie auf der 6 Meilen langen Panoramastrecke zum Aussichtspunkt **Keys View**. Fast 1 Meile hoch (1580 m), stellt der Gipfel den Hauptaussichtspunkt des Parks für Autofahrer dar. An klaren Tagen jedoch bietet sich Ihnen ein hervorragendes Panorama über das Coachella Valley, die Salton Sea – und die imposanten Sonora-Berge in Mexiko.

Der Park Boulevard führt weiter in Richtung Nordwesten durch den Joshua Tree-Wald bis hin zum Westeingang und dem Ort Joshua Tree.

PRAKTISCHE INFORMATIONEN

ZENTRALE
74485 National Park Drive, Twentynine Palms, California 92277. Tel. (760) 367-5500; www.nps.gov/jotr

SAISON UND ANREISE
Park ganzjährig geöffnet.

BESUCHERINFORMATIONEN
Oasis Visitor Center, an der Calif. 62 in der Nähe des Nordeingangs. **Joshua Tree Visitor Center** in der Stadt Joshua Tree, 5 Meilen vom westlichen Eingang. **Cottonwood Visitor Center**, ab I-10 am Südeingang.

EINTRITTSGEBÜHREN
$15 pro Wagen, gültig für 7 Tage in Folge; $30 für Jahrespass.

TIERE
Müssen immer angeleint werden. Auf Wanderwegen oder im Hinterland (mehr als 100 m von der Straße entfernt) nicht erlaubt.

EINRICHTUNGEN FÜR BEHINDERTE
Die Schaubilder, der Garten und die Buchhandlung des *Oasis Visitor Center* sind für Rollstuhlfahrer geeignet, ebenso die ¼ und ½ Meile langen Rundwege zur angrenzenden Oasis of Mara. Die Aussichtspunkte für Rollstuhlfahrer am Keys View sind direkt unterhalb des Gipfels. Der Cap Rock-Naturpfad (½ Meile) und Bajada Nature Trail (¼ Meile) ist gleichfalls zugänglich. Offiziell sind die Campingplätze nicht für Rollstuhlfahrer geeignet, Campingplätze Belle und White Tank mit Rollstuhlfahrer-WC.

AKTIVITÄTEN
Das ganze Jahr über kostenlose Führungen – einschließlich Touren zur Keys Ranch. Außerdem: erläuternde Ausstellungen, *self-guided* Wanderwege durch den Cactus Trail, Fahrradfahren (nur auf gekennzeichneten Wegen), Wandern, Klettern, Reiten auf genehmigten Wegen, Vogelbeobachtung. Geländefahrten mit dem Auto oder Fahrrad verboten.

BESONDERE RATSCHLÄGE
• Nehmen Sie immer ausreichend Wasser mit, selbst auf kurzen Wanderungen. Innerhalb des Parks gibt es kein Trinkwasser, nur an der Oasis of Mara, am Black Rock und auf dem Cottonwood Campingplatz und an der Indian Cove Ranger Station. Es wird empfohlen: 4 Liter pro Person und Tag, 8 Liter bei Wanderungen.•
• Lagerfeuer sind im Hinterland gänzlich untersagt. Ansonsten bringen Sie ihr eigenes Brennholz mit, da die Holzsuche in der Natur verboten ist.
• Kletterer sollten sich über die Bestimmungen informieren, von Felskunst sind 15 m Abstand zu halten.
• Seien Sie an ehemaligen Minen extrem vorsichtig. Betreten Sie niemals verlassene Tunnel oder Schächte.
• Wanderer sollten einen Kompass, GPS und eine topografische Karte bei sich tragen. Befestigte Wege können beeinträchtigt sein.

FREIES ZELTEN
Anmeldung an einer der 12 Tafeln im Hinterland erforderlich. Erkundigen Sie sich bei den Rangern an den Parkeingängen nach den momentanen Bedingungen und Vorschriften. Für Pferde ist eine Genehmigung erforderlich. Tel. (760) 367-5545.

CAMPINGPLÄTZE
Neun Campingplätze, 14-Tage-Limit von September bis Ende Mai und 30-Tage-Limit von Juni bis Ende August. Ganzjährig geöffnet:Reservierung über NRRS (siehe S. 11). Gebühren für Einzelpersonen und Gruppen bis zu 6 Leuten: bis zu $10. Gruppencampingplätze – für 20 bis 70 Leute – sind bei **Cottonwood, Indian Cove** und **Sheep Pass** nur durch Reservierung erhältlich (siehe S. 11). Gebühren von $10 bis $15. Pferde sind erlaubt am Black Rock.

UNTERKUNFT
(in der Regel gelten die Preise für 2 Personen im Doppelzimmer zur Hauptsaison)

In Twentynine Palms, CA 92277:
Best Western Gardens Motel 71487 Twentynine Palms Hwy. Tel. (800) 528-1234 oder (760) 367-9141. 84 Zimmer, 12 mit Kochnischen. $109. Klimaanlage, Pool.
Motel 6 72562 Twentynine Palms Hwy. Tel. (800) 466-8356 oder (760) 367-2833. 124 Zimmer. $46. Klimaanlage, Pool.
In Indio, CA 92201:
Quality Inn 43-505 Monroe St. Tel. (760) 347-4044. 62 Zimmer. $80–$350. Klimaanlage, Pool.
Indio Travelodge 80-651 Hwy. 111. Tel. (800) 578-787 oder (760) 342-0882. 52 Zimmer. $69–$95. Klimaanlage, Restaurant.
In Yucca Valley, CA 92284:
Oasis of Eden Inn & Suites 56377 Twentynine Palms Hwy. Tel. (800) 606-6686 oder (760) 365-6321. 40 Zimmer. $70–$199. Klimaanlage, Pool.
Yucca Inn 7500 Camino del Cielo. Tel. (760) 365-3311. 70 Zimmer. $79. Klimaanlage, Pool.

Mosaik aus Kiefern, Sequoias und Moosen

SEQUOIA & KINGS CANYON

CALIFORNIA
SEQUOIA
GEGRÜNDET 25. SEPTEMBER 1890;
KINGS CANYON
GEGRÜNDET 4. MÄRZ 1940
3495 Quadratkilometer

Bei Sequoia waren es die hohen Bäume, bei Kings Canyon die tiefen Canyons, die den Ausschlag für die Gründung des Parks gaben; 1943 wurden sie zu einem Nationalpark vereinigt. Das Ergebnis war ein Superpark, 66 Meilen lang und bis zu 36 Meilen breit.

Im Gelände gibt es Stellen, die weiter von jeder Straße entfernt liegen als sonst ein Ort in den 48 Staaten. Aber die große Attraktion des Parks ist der Riesenwald von Mammutbäumen – und der ist leicht zu erreichen.

Relativ wenige Gäste wandern auf den 800 Meilen Wanderwegen im Park, und doch sind es genug, um den Verantwortlichen Sorgen zu machen. Zum Schutze der Natur beschränken sie die Zahl der Besucher.

Mt. Whitney, mit 4418 m der höchste Berg der USA südlich von Alaska, liegt am Rande. Wanderer, die von Osten kommen, erreichen ihn in 1 bis 2 Tagen. Von Westen erstreckt sich der Anmarsch zu den schneeverwehten Höhen über 70 Meilen und 8 Tage.

Oft sind Rauchsäulen zu sehen, es sind »Feuer nach Vorschrift«, die dazu dienen, die Mammutbäume von Unterholz zu befreien. Früher, als man jeden Brand bekämpfte, sammelte sich

Buschwerk zu Brandherden an, die auch Mammutbäumen gefährlich werden konnten. (Durch die Brände entsteht ein Boden in dem Samen keimen können.) Deren Stämme halten das Feuer nämlich aus, doch wenn die Flammen ihre Kronen erreichen, müssen sie sterben.

Anreise

Von Visalia (ca. 35 Meilen westlich) auf Calif. Hwy. 198 zum *Ash Mountain Entrance* (Sequoia). Von Fresno auf Calif. Hwy. 180 zum *Big Stump Entrance* (Kings Canyon). Die einzige Zufahrt ins Innere ist die Verlängerung von Calif. Hwy. 180 über Cedar Grove, eine Sackgasse, die nur im Sommer passierbar ist. Flughafen: Fresno.

Reisezeit

Für die Mammutbäume: Frühjahr bis Herbst. Generals Highway, der Sequoia und Kings Canyon verbindet, ist ganzjährig befahrbar, außer bei Schneeverwehungen. Von Dezember bis April sind Abfahrts- und Skilanglauf sowie Schneeschuhlaufen bei Giant Forest möglich, ferner Skilanglauf und Schneeschuhlaufen bei Grant Grove.

Reiseempfehlungen

Dieser riesige Doppelpark muss einen Tagesbesucher überfordern. Um seine raue Schönheit zu erfahren, muss man wandern. Es gibt keine Straße, die den Park von Osten nach Westen durchquert. Wer mit dem Auto nur für einen Tag hereinkommt, kann Mammutbäume im **Giant Forest**, am **Generals Highway** und bei **Grant Grove** besichtigten. Ein geruhsamer Gang unter Mammutbäumen ist mehr als eine Fahrt zu ausgewählten Bäumen, wo ständig die Fotoapparate klicken.

Bleiben Sie lang genug, um beide Parks zu erkunden. Es lockt das schöne Tal **Cedar Grove. Crystal Cave** und **Moro Rock** verdienen einen Tag. Wandern Sie im Gebiet von **Mineral King**.

GIANT FOREST & GRANT GROVE

48 Meilen, ein ganzer Tag

Fahren Sie vom **Ash Mountain Entrance** 17 Meilen auf dem **Generals Highway** zum **Giant Forest**, wo es den größten Baum der Welt zu sehen gibt: **General Sherman Tree.** Etwa 6 Meilen nach Ash Mountain Entrance können Sie bei **Hospital Rock** eine Indianer-Ausstellung besichtigen. Indianer haben hier von vorgeschichtlicher Zeit bis etwa 1870 gelebt, als viele an Krankheiten des weißen Mannes starben. Sie bereiteten Mehl aus Eicheln, dem wichtigsten Grundnahrungsmittel der kalifornischen Indianer.

Zum Zermahlen der Eicheln dienten ihnen Mulden in den Steinen am Fluss – ein paar von diesen natürlichen Mörsern sind in der Ausstellung zu sehen.

Die **Four Guardsmen**, eine Vierergruppe von Mammutbäumen, stehen am **Giant Forest Village** Wache. Der General Sherman Tree ist Ausgangspunkt für verschiedene Wanderwege. Der Baum selbst ist zwischen 2300 und 2700 Jahre alt und 83,8 m hoch, er hat einen Umfang von 31,3 m und ein Volumen von 1487 m³. (In Brettern ausgedrückt, könnte man damit eine Strecke von 190 Kilometern mit Planken von 2,5 cm x 30 cm Stärke belegen.) Bis zum ersten großen Ast hätte ein 13-stöckiges Gebäude Platz.

Der bequeme **Congress Trail** ist 2 Meilen lang und nimmt 1 bis 2 Stunden in Anspruch; er beginnt am Fuße des Baumriesen. Der Lehrweg führt zu jungen Mammutbäumen, die erst etwa 140 Jahre alt sind; zu Bäumen, die zwar vom Feuer gesengt, aber nicht vernichtet wurden, weil eine ziemlich dicke, harzarme Borke sie schützte; und zu gefallenen Riesen, die nur sehr langsam verrotten, weil das in ihnen enthaltene Tannin das Faulen zunächst verhindert.

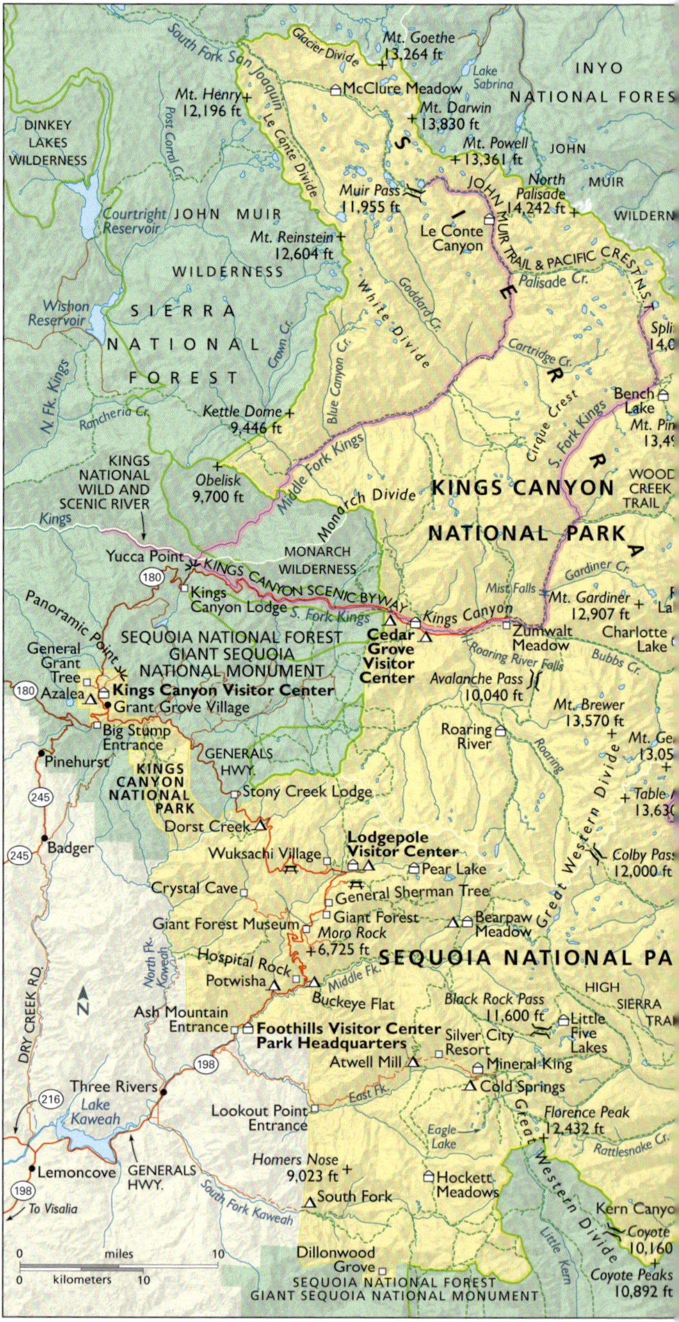

South Fork San Joaquin
Glacier Divide
Mt. Goethe 13,264 ft
McClure Meadow
Lake Sabrina
INYO
Mt. Henry 12,196 ft
Le Conte Divide
Post Corral Cr.
Mt. Darwin 13,830 ft
DINKEY LAKES WILDERNESS
Mt. Powell 13,361 ft
JOHN
MUIR
North Palisade 14,242 ft
Muir Pass 11,955 ft
Courtright Reservoir
JOHN MUIR
Le Conte Canyon
JOHN MUIR TRAIL & PACIFIC CREST N.S.T.
Mt. Reinstein 12,604 ft
WILDERNESS
Palisade Cr.
White Divide
Goddard Cr.
Wishon Reservoir
SIERRA NATIONAL FOREST
Crown Cr.
Blue Canyon Cr.
Cartridge Cr.
N. Fk. Kings
Rancheria Cr.
Kettle Dome 9,446 ft
Bench Lake
Cirque Crest
S. Fork Kings
Middle Fork Kings
KINGS NATIONAL WILD AND SCENIC RIVER
Obelisk 9,700 ft
Monarch Divide
KINGS CANYON NATIONAL PARK
WOOD CREEK TRAIL
Kings
Yucca Point
MONARCH WILDERNESS
180
KINGS CANYON SCENIC BYWAY
Kings Canyon Lodge
Gardiner Cr.
Mist Falls
Mt. Gardiner 12,907 ft
Panoramic Point
S. Fork Kings
Kings Canyon
SEQUOIA NATIONAL FOREST GIANT SEQUOIA NATIONAL MONUMENT
Cedar Grove Visitor Center
Zumwalt Meadow
Charlotte Lake
Roaring River Falls
Bubbs Cr.
General Grant Tree
Azalea
Kings Canyon Visitor Center
Grant Grove Village
Avalanche Pass 10,040 ft
Mt. Brewer 13,570 ft
Big Stump Entrance
Roaring River
Roaring
Pinehurst
GENERALS HWY.
KINGS CANYON NATIONAL PARK
245
Stony Creek Lodge
Great Western Divide
Dorst Creek
Badger
Lodgepole Visitor Center
Wuksachi Village
Colby Pass 12,000 ft
Pear Lake
Crystal Cave
General Sherman Tree
Giant Forest
Bearpaw Meadow
Giant Forest Museum
Moro Rock 6,725 ft
SEQUOIA NATIONAL PARK
Hospital Rock
Potwisha
Middle Fk.
North Fk. Kaweah
Buckeye Flat
HIGH SIERRA TRAIL
DRY CREEK RD.
N
Black Rock Pass 11,600 ft
Little Five Lakes
Ash Mountain Entrance
Foothills Visitor Center Park Headquarters
Silver City Resort
Atwell Mill
Mineral King
198
Cold Springs
Three Rivers
East Fk.
216
Lake Kaweah
Lookout Point Entrance
Florence Peak 12,432 ft
Eagle Lake
Rattlesnake Cr.
Homers Nose 9,023 ft
Hockett Meadows
Lemoncove
GENERALS HWY.
South Fork
To Visalia
South Fork Kaweah
Little Kern
Coyote 10,160
Dillonwood Grove
Coyote Peaks 10,892 ft
0 miles 10
0 kilometers 10
SEQUOIA NATIONAL FOREST GIANT SEQUOIA NATIONAL MONUMENT

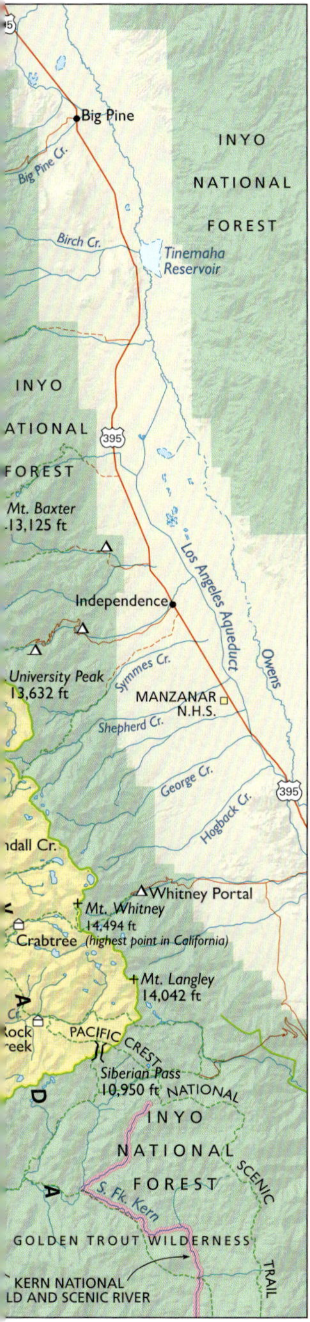

Die 30-Meilen-Fahrt nach **Grant Grove** (Kings Canyon NP) führt zunächst zum Generals Highway zurück. Dann geht es in nordwestlicher Richtung durch den Sequoia National Forest zum Calif. Hwy. 180.

Gleich nach der Abzweigung zum *Kings Canyon Visitor Center* biegt die Straße zum General Grant Tree Trail ab, eine Schleife von 1/2 Meile, die zum **General Grant Tree** (Höhe 81,5 m, Umfang am Boden 32,8 m) führt. Der Name des Baumes reflektiert den alten Namen des Parks, der 1890 zum Schutze von Grant Grove geschaffen wurde. Seitdem **Kings Canyon** 1940 Nationalpark ist, sind die Mammutbäume auf seinem Gebiet vor Holzfällern sicher. (Um die Bedeutung der Baumriesen für die Ökologie besser zu verstehen, besuchen Sie das **Giant Forest Museum** in einem Gebäude, das 1928 von Gilbert Stanley Underwood geschaffen wurde.)

Viele der Riesen, die so gerettet wurden, stehen am Wege. **Centennial Stump** allerdings erinnert an die Jahre der Zerstörung: Der Baum wurde 1875 für die Hundertjahr-Feier in Philadelphia gefällt. Der **Big Stump Trail**, ein Rundweg von 1 Meile im Süden des Grant Grove, führt die einstige Herrschaft der Holzwirtschaft vor Augen.

Beim *Visitor Center* führt eine steile und enge 2 1/2-Meilen-Straße nach Osten zum **Panoramic Point** (keine Anhänger oder großen Fahrzeuge erlaubt). Vom Parkplatz geht ein 1/4-Meile-Weg zum 2300 m hohen Kamm hinauf. Eine Tafel nennt die Gipfel.

CEDAR GROVE

36 Meilen; ein ganzer Tag

Fahren Sie nach Grant Grove und folgen Sie Hwy. 180 auf 30 Meilen durch den Sequoia National Forest. Die Straße zwängt sich in den Canyon der **South Fork** des **Kings River** hinein.

Halten Sie am Yucca Point und sehen Sie den wilden Fluss, von senkrechten Felswänden umrahmt, in der Sonne glitzern. Bei **Cedar Grove**, einem tief eingeschnittenen Tal, endet die Straße. Flüsse haben die Hohlform gegraben, Gletscher haben sie vertieft und ihr die U-Gestalt gegeben.

Fluss-Zeder, Gelbkiefer, Färbereiche, Immergrüne Eiche, Weißtanne und Kalifornische Zuckerkiefer wachsen in den Niederungen des Tales. In den 1870er Jahren zog das Gebiet sowohl Viehzüchter als auch Gold- und Silbersucher an. Und auch John Muir, der hier 1873 forschte, ist das gut erhaltene Hochtal aufgefallen.

Bei **Cedar Grove Village** sollten Sie parken und ein Stückchen spazieren gehen oder wandern, um einen Eindruck von diesem verborgenen Tal zu gewinnen. Der leichte River Trail (1/4 Meile) führt von der South Fork des Kings River zu den **Roaring River Falls**. Vom Parkplatz aus gehen Sie ein Stück an den Biegungen des Flusses entlang, überqueren eine Hängebrücke bis **Zumwalt Meadow Trail**, einem Rundweg von einer Meile.

CRYSTAL CAVE

18 Meilen; Höhlen-Touren von Mitte Mai bis Oktober; ein halber Tag

Vom Giant Forest Village geht es auf dem Generals Highway südwärts, dann rechts in den Fahrweg nach **Crystal Cave** hinein (nur im Sommer, aber nicht mit Anhänger oder großem Fahrzeug zu befahren). Für die kurvigen 9 Meilen braucht man etwa eine staubreiche Stunde. Dann führt ein schmaler, geteerter Fußweg zum Eingang hinunter. *Besorgen Sie sich eine Eintrittskarte im Voraus in Foothills oder Lodgepole Visitor Centers.*

Die Führungen dauern 45 Minuten und finden zwischen 10 und 15 Uhr statt. Sie lernen eine Höhle kennen, die ihren Namen einem ungewöhnlichen geologischen Phänomen verdankt. Die Höhle ist aus Marmor, der vom Wasser allmählich gelöst und wieder abgesetzt wurde: als glitzernde Stalaktiten, Stalagmiten und Säulen.

MORO ROCK

4 3/5 Meilen hin und zurück; ein halber Tag

Zwar können Sie zum riesigen Granitklotz des **Moro Rock** auch fahren, und zwar 2 Meilen auf der **Moro-Rock-Crescent Meadow Road** ab Giant Forest, doch haben Sie mehr davon, wenn Sie wandern. So oder so – peilen Sie den Sonnenuntergang an, denn dann ist die Aussicht hinreißend. Der **Moro Rock Trail** (2 Meilen) beginnt am Giant Forest Museum. Ein Abstecher von 1,3 Meilen führt zum Hanging Rock, einem Aussichtspunkt über die Sierra Nevada.

Der Hauptweg führt an den Fuß von Moro Rock heran. Hier beginnt der Aufstieg über eine steinerne Treppe mit 400 Stufen – und einigen höchst willkommenen Rastplätzen. Man überwindet 90 Höhenmeter und steht dann 1200 m über dem Boden des Canyons (2050 m). Und nun können Sie auf die Wipfel der Mammutbäume herunterschauen. An klaren Tagen sind sogar die Coast Ranges, 100 Meilen westlich, zu erkennen. Doch Mt. Whitney werden Sie nicht sehen können. Die Große Westliche Wasserscheide verstellt den Blick.

Nun können Sie über den Moro Rock Trail oder den 2 1/3 Meilen langen **Soldiers Trail** zum Village zurückgehen; dieser wurde nach den Reitern der US-Kavallerie benannt.

MINERAL KING

50 Meilen hin und zurück; mindestens ein Tag

Drei Meilen nördlich von Three Rivers außerhalb dem Ash Mountain Entrance

Evolution Lake

weist ein Schild den Weg nach **Mineral King**, der letzten großen Landerwerbung des Parks aus dem Jahre 1978. Prospektoren der 1870er Jahre hatten das Gebiet so genannt, obwohl es ihnen kaum mehr als Enttäuschungen einbrachte. Auch die Träume von einem Skigebiet scheiterten: diesmal am Widerstand der Öffentlichkeit.

Verlassen Sie also Calif. 198 und beginnen Sie eine Fahrt von 25 Meilen auf enger, steiler, kurvenreicher Straße. Damit Sie die Strecke am selben Tag nicht zweimal fahren müssen, sollten Sie (mindestens) eine Übernachtung einplanen. Mineral King ist ein Wanderparadies, und die Straße ist der Schlüssel zur Einsamkeit dieses Paradieses. Wie sagte ein Wanderer schmunzelnd? »Ja, es ist eine fürchterliche Straße, und wir hoffen, dass es so bleibt.«

Halten Sie an der **Mineral King Ranger Station** (nur Sommer) und fragen Sie, ob eine Wanderung mit dem Ranger angesetzt ist. Wenn nicht, besorgen Sie sich eine Wanderkarte, stellen Sie den Wagen ordnungsgemäß ab und suchen Sie sich einen Wanderweg aus. Alle Wege fangen hier oben bei 2134 m an und führen steil bergauf. Wenn Sie nicht akklimatisiert sind, droht Ihnen Höhenkrankheit.

Eine schöne Wanderung ist der **Eagle Lake Trail**, der am Parkplatz für Eagle-Mosquito beginnt. Der Weg beginnt sanft, wird aber steil, wo **Spring Creek** aus dem Fels hervorsprudelt. Jede Kehre bietet neue, überraschende Aussichten. Schauen Sie nach den Murmeltieren, wie sie sich aufrichten und Ihren Blick erwidern, und den winzigen *pikas*, die pfeifen und emsig herumhuschen (und manchmal Leitungen und Drähte in Autos anknabbern). Nach 2 Meilen Anstieg erreichen Sie **Eagle Sink Holes**, wo der Bach ebenso plötzlich verschwindet, wie er gekommen war. Jetzt haben Sie die Wahl, ob Sie umkehren oder noch 1½ Meilen zum Bergsee **Eagle Lake** hinaufsteigen.

PRAKTISCHE INFORMATIONEN

ZENTRALE

Ash Mountain, 47050 General Hwy., Three Rivers, California 93271. Tel. (559) 565-3341; www.nps.gov.seki

SAISON UND ANREISE

Park ganzjährig geöffnet. Straße nach Mineral King und Moro Rock (Sequoia) und Cedar Grove (Kings Canyon) im Winter gesperrt; Generals Highway von Lodgepole nach Grant Grove ist nach Schneefall und Einbruch der Dunkelheit im Winter gesperrt. Aktuelle Wetter- und Straßenauskünfte über Tel. (559) 565-3341.

BESUCHERINFORMATIONEN

Sequoia: Lodgepole Visitor Center und **Giant Forest Museum**, in Giant Forest; Ash Mountain an der Einfahrt der Calif. 198 in den Park mit dem **Foothills Visitor Center**; **Mineral King Ranger Station** im Süden des Parks. Foothills ganzjährig täglich geöffnet; die übrigen nur im Winter mit verkürzten Öffnungszeiten. **Kings Canyon Visitor Center** ganzjährig täglich geöffnet; **Cedar Grove Visitor Center** im Sommer täglich geöffnet; beide am Hwy. 180. Besucherauskünfte über Tel. (559) 565-3341.

EINTRITTSGEBÜHREN

$10 pro Fahrzeug und Woche, mehrmaliger Eintritt. $5 pro Kopf im Bus, zu Fuß, Fahrrad oder Motorrad.

EINRICHTUNGEN FÜR BEHINDERTE

Visitor Centers sind für Rollstuhlfahrer zugänglich, ebenso einige Wege in Grant Grove und Giant Forest.

AKTIVITÄTEN

Kostenlose naturkundliche Veranstaltungen: Naturwanderungen und -vorträge, Fotospaziergänge, Nachthimmelbeobachtung, Kinderprogramm, Abendprogramm, Schneeschuhwanderungen. Außerdem: Führungen durch Crystal Cave (nur im Sommer, Gebühr), Naturzentrum, Fischen (Genehmigung erforderlich), Radfahren, Ausritte, Gepäcktouren, Skilanglauf.

FREIES ZELTEN

Genehmigung (kostenpflichtig) erforderlich. Reservierung für bestimmte Ziele und Zeiten muss per Post oder Fax (559) 565-4239 erfolgen. Weitere Auskünfte: Tel. (559) 565-3766.

CAMPINGPLÄTZE

Sequoia: 7 Campingplätze. Begrenzt auf 14 Tage. Mitte Juni bis Mitte September. **Lodgepole Potwisha** und **South Fork** ganzjährig geöffnet; die übrigen Frühjahr bis Herbst, je nach Wetter. *First come, first served*, außer Lodgepole und **Dorst Creek** (hierfür Mitte Mai bis Mitte Oktober Reservierung über den NRRS (siehe S. 11) nötig. Gebühren: $12–$20 pro Nacht. Duschen bei **Lodgepole** nur im Sommer. Wohnwagenplätze bei **Dorst Creek**, **Lodgepole** und **Potwisha**; keine Anschlüsse. Verpflegung im Park.

Kings Canyon: 7 Campingplätze, begrenzt auf 14 Tage. **Azalea** ganzjährig geöffnet, die übrigen Ende April bis Mitte September. Duschen in der Nähe. Zelt- und Wohnwagenplätze, Gebühren $18 pro Nacht; keine Anschlüsse. Reservierung benötigt für Gruppencampingplätze; schreiben Sie an Sunset/Canyon View Group Sites, Box 926, Kings Canyon NP, Calif. 93633 oder rufen Sie Tel. (559) 565-4335 an. Verpflegung im Park.

UNTERKUNFT

(wenn nicht anders vermerkt, gelten Preise für 2 Personen im Doppelzimmer zur Hauptsaison)

INNERHALB DES PARKS:
Tel. (888) 252-5757:

Bearpaw High Sierra 6 Cabins, zentrale Duschen. $350, inkl. Mahlzeiten. Mitte Juni bis Mitte September.

Wuksachi Lodge 102 Zimmer. $168–$194. Restaurant.

Für die folgenden Lodges im Kings Canyon NP/Squoia NF: Tel. (559) 335-5500:

Cedar Grove Lodge 21 Zimmer. $119–$135. Klimaanlage, Restaurant. Mai bis Ende Oktober.

Grant Grove Lodge 36 Lodge-Zimmer, $170–$ 180; 9 Cabins mit Bad, $129–$140; 27 rustikale Cabins, $129–$140; 15 Zelt-Cabins, $62–$77. Restaurant.

Stoney Creek Lodge 11 Zimmer. $160–$180. Restaurant. Mitte Mai bis Mitte Oktober.

AUSSERHALB DES PARKS:
In Three Rivers, CA 93271:

Best Western Holiday Lodge 40105 Sierra Dr. Tel. (559) 561-4119. 54 Zimmer. $129.

Lazy J Ranch Motel 39625 Sierra Dr. Tel. (888) 315-2378 oder (559) 561-4449. 18 Zimmer, 7 mit Kochnischen. $115–$145. Klimaanlage, Pool.

The River Inn 45176 Sierra Dr. Tel. (800) 793-7309 oder (559)561-4367. 15 Zimmer. $89–$349. Klimaanlage.

AUSFLÜGE

SEQUOIA NATIONAL FOREST
PORTERVILLE, CALIFORNIA

Es gibt 38 Waldungen mit Riesen-Mammutbäumen – mit dem größten Baum von allen National Forests. Vier Abschnitte von *Wild and Scenic Rivers* und fünf *Wilderness Areas* bieten vielerlei Abwechslung. Teile des Geländes sind Nationalpark. 4597 km². Angebote: 2000 Zeltplätze, Wandern, Bootfahren, Rafting, Klettern, Radfahren, Fischen, Reiten, Jagen, Panoramastraßen, Wintersport, Zugang für Behinderte. Ganzjährig geöffnet. Grenzt an Sequoia & Kings Canyon NP. Tel. (559) 784-1500.

PINNACLES NATIONAL MONUMENT
PAICINES, CALIFORNIA

Unvermittelt ragen die Gipfel und Grate der *Pinnacles-Formation* über sanftem Hügelland auf; es sind die Reste eines Vulkanberges, der 200 Meilen weiter südlich entstand. Wanderwege – leicht bis sehr schwierig – führen von Chaparral-bedeckten Hängen über Höhlen zu hohen Gipfeln hinauf. 105 km². Angebote: 18 Zeltplätze, Klettern, Picknickplätze, Zugang für Behinderte. *Visitor Center* am Osteingang nahe Calif. Hwy. 25, ca. 130 Meilen westlich von Sequoia & Kings Canyon NP. Tel. (831) 389-4485.

INYO NATIONAL FOREST
BISHOP, CALIFORNIA

Inyo teilt sich den Mt. Whitney, den mit 4418 m höchsten Berg der Sierra Nevada, mit dem Sequoia NP; ferner gibt es hier den merkwürdigen Salzsee Mono Lake und uralte Borstenzapfenkiefern. 8093 km². Angebote: 73 Zeltplätze, Wandern, Bootfahren, Klettern, Radfahren, Fischen, Reiten, Jagen, Picknickplätze, Panoramastraßen, Wintersport, Wassersport, Zugang für Behinderte. Ganzjährig geöffnet, die meisten Zeltplätze von Mai bis Oktober geöffnet. Visitor Center in Mommoth Lakes am Calif. Hwy. 203. Tel. (760) 873-2400.

Winterliches Yosemite Valley; links: El Capitan

YOSEMITE

CALIFORNIA
GEGRÜNDET 1. OKTOBER 1890
3026 Quadratkilometer

Zwei Wanderer sitzen auf einer Wiese im Hochgebirge, dicht an einem glasklaren Bergsee, und schauen einem Pfeifhasen zu, wie er Grashalme für sein Nest tief in einem Steinhaufen erntet. Sie gehen weiter, und so weit das Auge reicht ist kein Mensch in Sicht. Und der Blick reicht weit an diesem herrlichen Sommertag in Kalifornien.

Über die belebte Promenade im Tal schlendern Familien, schlecken Eis, weichen den Radfahrern aus. Sie besteigen Busse und steigen aus, oder sie jagen nach Souvenirs. Jugendliche treiben sich bei der Pizzeria herum. Bergsteiger mit Seilen über den Schultern tauschen in der Straßenbar Geschichten aus. An diesem Sommertag sind 14 000 Menschen im Valley Village versammelt.

Die Einsamkeit des Hochgebirges und die Massen im Tal – beides gehört zum Yosemite Valley-Nationalpark. »Kein Tempel von Menschenhand kann sich mit Yosemite messen«, schrieb der Naturforscher John Muir. Jährlich suchen über 3,3 Millionen den »Tempel« auf, 90% bleiben im Tal. Das Tal, ein Canyon von einer Meile Breite und 7 Meilen Länge, vom Fluss geschaffen und von Gletschern ausgehobelt, umrahmt von massigen Bergkuppeln und hohen Zinnen, dieses Tal nimmt etwa 1% der Fläche des Parks ein. Im Sommer kommt es zu Autostaus und Luftverschmutzung.

Im Hinterland des Tales wird auf 800 Meilen markierter Wanderwege für den Wanderer alles geboten, von kleinen Spritztouren bis zu aufreibenden Härtetests in der felsigen Einöde der Sierra Nevada. Auch der Normaltourist kann von dieser Einsamkeit kosten, ohne dass er den Rucksack packen müsste.

Der Park, der etwa so groß ist, wie der Staat Rhode Island, ist eine »Stätte des Welterbes« der UN. In den fünf Vegetationszonen (von insgesamt sieben des Kontinents) gedeihen die Maultierhirsche und Backenhörnchen des Tales und die Murmeltiere und Pfeifhasen der Höhen; Buschkaninchen und Chaparral der Halbwüste; Hartriegel und verschiedene Singvögel der mittelhohen Wälder; Rot-Tannen und Jeffrey-Kiefern der Wälder um 1500 m; Zwergweiden und Matten von Blumen der majestätischen Hochgebirgszone von Yosemite.

Anreise

Von Merced (ca. 70 Meilen) auf Calif. Hwy. 140 zum *Arch Rock Entrance*. Ab Merced verkehrt auch der regionale Bus zum Yosemite (www.yarts.com oder 877-989-2787). Ebenfalls von Westen auf Calif. Hwy. 120 zum *Big Oak Flat Entrance*. Von Süden, über Fresno, auf Calif. Hwy. 41 zum Südeingang. Von Nordosten, über Lee Vining, auf Calif. 120 zur *Tioga Pass Entrance* (von Mitte November bis Ende Mai gesperrt). Züge halten in Merced; Auskunft über Busverbindungen nach Yosemite bei Amtrak. Flughäfen: Fresno und Merced.

Reisezeit

Ganzjährig geöffneter Park. Meiden Sie die Feiertagswochenenden. Rechnen Sie mit überfüllten Campingplätzen von Juni bis August und starkem Andrang im Spätfrühling und Frühherbst. Übernachtungen rechtzeitig vorbestellen. Ski und andere Wintersportarten sind in der Badger Pass Ski Area von Thanksgiving bis Mitte April möglich.

Reiseempfehlungen

Jemand fragte einen Ranger, was er tun würde, wenn er nur einen Tag Zeit hätte. »Weinen«, sagte dieser. Wenn Sie den riesigen Park wirklich an einem Tag »schaffen« wollen, dann beginnen Sie mit **Yosemite Valley**. Doch selbst ein voll gestopfter Tag erlaubt kaum mehr als eine Rundfahrt durchs Tal und einen flüchtigen Blick auf Höhepunkte wie **Glacier Point** oder die Mammutbäume von **Mariposa Grove**. Alternativ oder als Programm für einen zweiten Tag kommt eine Fahrt auf der **Tioga Road** (im Winter geschlossen) in die High Sierra in Frage.

YOSEMITE VALLEY

12 Meilen; mindestens ein halber bis ganzer Tag

Machen Sie den Verkehr auf den dicht befahrenen Einbahnstrecken im Tal nicht noch dichter. Nehmen Sie den Pendelbus und fahren Sie – gratis – im großen Bogen durch den Ostteil des Tales. (Siehe **Kartenausschnitt**) Sie können das Tal auch zu Fuß oder mit einem gemieteten Fahrrad erkunden. Oder Sie gehen auf eine zweistündige, geführte Tram-Tour. (Die offenen Trams verkehren auch nachts, wenn Mondschein das Tal in gespenstisches Licht taucht.)

Wenn Sie den Pendelbus benutzen, steigen Sie beim **Valley Visitor Center** im **Yosemite Valley** aus. Hier erhalten Sie eine kurze Einführung in Geschichte, Größe und Geologie des Parks. Wollen Sie ruhig spazierengehen, dann ist **Cook's Meadow** südlich vom *Visitor Center* das Richtige. Der Weg beginnt im Westen der Mall, wo Sie auch eine Begleitbroschüre finden. Hirsch und Mensch begegnen sich hier bisweilen – doch halten Sie Abstand.

Besuchen Sie das nahe **Indian Village of Ahwahnee**, wo Ausstellun-

STANISLAUS NATIONAL FOREST
EMIGRANT WILDERNESS
HUMBOLDT-TOIYA
HOOVER WILDERNESS
Emigrant Lake
Bond Pass 9,700 ft
Dorothy Lake
Mary Lake
Buckeye Pass 9,572 ft
Peeler
Styx Pass 7,660 ft
Haystack Peak 10,003 ft
Tilden Lake
Falls Cr.
Rock Is. 10,160
Richardson Peak 9,877 ft
PACIFIC CREST
Kerrick Canyon
W. Fork Cherry Cr.
Cherry Cr.
Kibbie Lake
Kendrick Cr.
Frog Cr.
Jack Main Canyon
Piute Mountain 10,541 ft
NATIONAL
Piute Cr.
Benson 10,100
Tiltill Mt. 8,988 ft
Benson Lake
Cherry Lake
Lake Vernon
Lake Eleanor
Laurel Lake
Rancheria Cr.
Pleasant Valley
Volunteer 10,481 ft
Tiltill Cr.
Tiltill Valley
Wapama Falls
Pettit Peak 10,788 ft
Rancheria Falls
Rancheria Mt.
Virginia La
O'Shaughnessy Dam
Hetch Hetchy
Hetch Hetchy Reservoir
Miguel Meadow
Grand Canyon of the Tuolumne River
Waterw Falls
Poopenaut Valley
Smith Peak 7,751 ft
TOULUMNE NATIONAL WILD & SCENIC RIVER
YOSEMITE
Tuolumne
Morrison Cr.
Tuolumne Peak 10,845 ft
Hetch Hetchy Entrance
Mather
Bald Mountain 7,261 ft
White Wolf
Lukens Lake
Yosemite Cr.
May Lake
Mt. Hoffmann 10,850 ft
TIOGA RD.
Aspen Valley
Yosemite Creek
Olmsted Pt.
Tena Lake
120
Big Oak Flat Entrance Information Station
Porcupine Flat
NATIONAL
Sunri
S. Fk. Tuolumne
Hodgdon Meadow
Tenaya Cr.
Clouds Re 9,926ft
BIG OAK FLAT ROAD
Tuolumne Grove
Tamarack Cr.
Cascade Cr.
Yosemite Falls
Yosemite Village
Half Dome 8,842 ft
Merced Grove
Crane Flat
El Capitan 7,569 ft
Merced
Little Yosemite Valley
Tamarack Flat
Tunnel View
Yosemite Valley
Glacier Point 7,214 ft
STANISLAUS NATIONAL FOREST
Moss Cr.
Bridalveil Falls
EL PORTAL RD.
Mount 11,5
PARK
Mt. Starr King 9,092 ft
Arch Rock Entrance
Grouse Cr.
GLACIER POINT ROAD
Summit Meadow
Mono Meadow
140
El Portal
Bridalveil Creek
Yosemite West
Badger Pass Ski Area
Illilouette Cr.
MERCED NATIONAL WILD & SCENIC RIVER
WAWONA RD.
Ostrander Ski Hut
South Fork Merced
Westfall Meadows
Ostrander Lake
Horse Ridge
Merced Pass 9,300 ft
Chilnualna Cr.
Alder Cr.
Buena Vista Crest
Buena Vista Pk. 9,709 ft
Moraine Mountain 9,776 ft
SIERRA NATIONAL FOREST
Turner Ridge
Crescent Lake
Pioneer Yosemite History Center
Wawona Dome 6,897 ft
Wawona Information Station
Wawona
Chiquito Pass 8,060 ft
0 miles 10
0 kilometers 15
41
South Entrance
Mariposa Grove
SIERRA

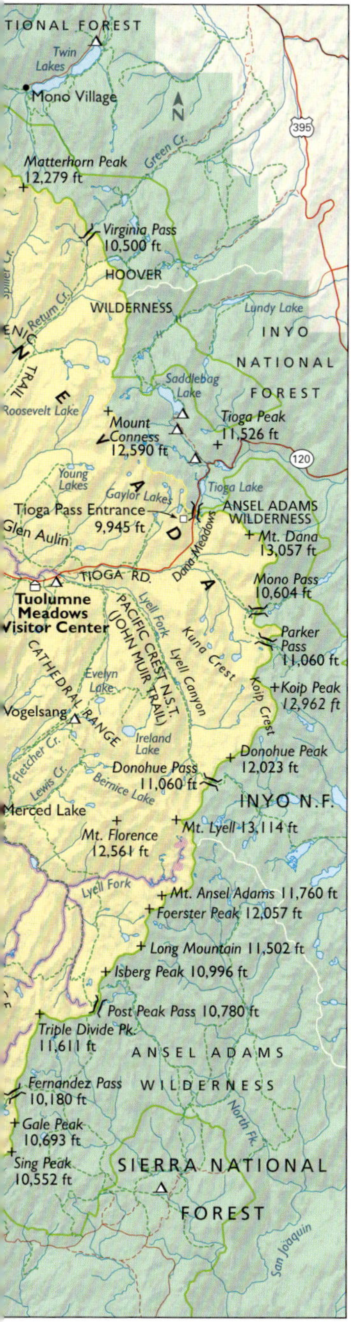

gen und Häuser aus Baumrinde an frühere Bewohner des Tals erinnern. Im **Indian Cultural Museum** können Sie Körbe und andere Kunstgegenstände der Yosemite-Indianer bewundern. In der geschäftigen Einkaufszone des Village finden Sie alles, was in anderen Ferienorten auch angeboten wird. Doch wenn Sie den Park sehen wollen, dann machen Sie's hier lieber kurz.

Nehmen Sie den Bus zur Haltestelle **Yosemite Falls**. Der obere und untere Fall zusammen gelten als höchster Wasserfall Nordamerikas (740 m) und als zweithöchster der Welt. Ein $^1/_4$-Meilen-Weg führt zum Fuße des **Lower Yosemite Fall**. (Wenn Sie einen weiteren Tag Zeit haben, dann könnten Sie jetzt mühsame 3,6 Meilen weit zum **Upper Yosemite Fall** hinaufklettern, wo Sie allerdings mit einem herrlichen Talblick belohnt werden. Der Weg beginnt gegenüber der Bushaltestelle 7).

Der Pendelbus bringt Sie derweil zum **Happy Isles Nature Center**. Nachdem Sie eine Weile zwischen den beiden Flussinseln herumspaziert sind, kommt der $1^1/_2$-Meilen-Anstieg zum 95 m hohen Vernal Fall (mäßig schwierig) in Frage. Auch den 178 m hohen **Nevada Fall** kann man vom Weg aus sehen. Der klobige **Half Dome** – ein gespaltener, von Gletschern zerfurchter, 1459 m hoher Granitblock – beherrscht diesen Teil des Tales.

Eine sanfte Wanderung führt von der nächsten Haltestelle zum lieblichen **Mirror Lake**. Auf einem Rundweg von 3 Meilen geht man auf einem ansteigenden Weg um ihn herum. Im Frühjahr und Frühsommer spiegeln sich die Berge in seinem Wasser, im Sommer trocknet er meist aus.

Auf dem Rückweg zum Yosemite Village kommen Sie an den gletschergeschliffenen Granitschalen der **Royal**

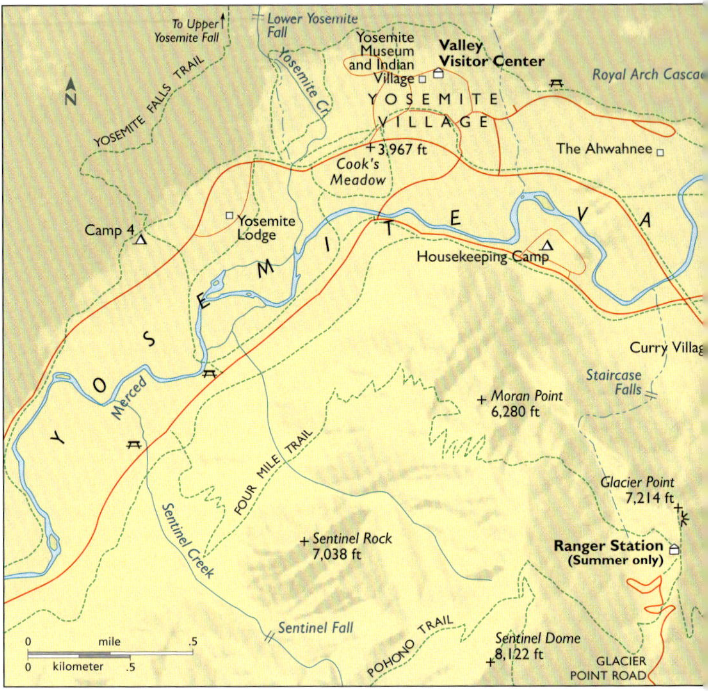

Arches vorbei. Und jetzt kommt das ganze Übernachtungsangebot von Yosemite auf Sie zu: Zelte, Wohnwagen und Bungalows bis hin zu Blockhütten, Ferienhotels und einem Luxushotel von 1927, dem Ahwahnee.

GLACIER POINT & MARIPOSA GROVE

52 Meilen einfach; ein halber bis ganzer Tag

Verlassen Sie das Tal über Calif. 41 (Wawona Road) in Richtung **Wawona Tunnel**. Halten Sie am Osteingang des Tunnels und gehen Sie zum **Tunnel View Overlook** hinüber. Die »meistfotografierte Ansicht der Welt« breitet sich vor Ihnen aus. El Capitan, Half Dome, Sentinel Rock und **Cathedral Rocks** bilden eine Kulisse aus Granit, und der 190 m hohe **Bridalveil Fall** ähnelt spätnachmittags einem Spinnennetz glänzender Regenbogen.

An der 1000 m hohen Wand des **El Capitan** werden Sie winzige Punkte entdecken: Es sind Kletterer. Da ihr Aufstieg oft Tage dauert, übernachten sie, an Gurten hängend, in der Wand. (Von hier aus können Sie den Bus zu Mariposa Grove nehmen – die Straße ist im Winter geschlossen und im Sommer sind die Parkplätze knapp.)

Etwa 7 Meilen hinter dem Tunnel beginnt links die **Glacier Point Road** (im Winter ab Skigebiet gesperrt). Die Straße führt über 16 Meilen durch Tannen-Kiefern-Wälder aufwärts und endet an einem Parkplatz. Gehen Sie 100 Meter, und Sie stehen am ersten Aussichtspunkt am Glacier Point. Dieser ragt 980 m über dem Talboden auf – eine eindrucksvolle Riesenbühne für ein landschaftliches Licht- und Schattenspiel. Unten

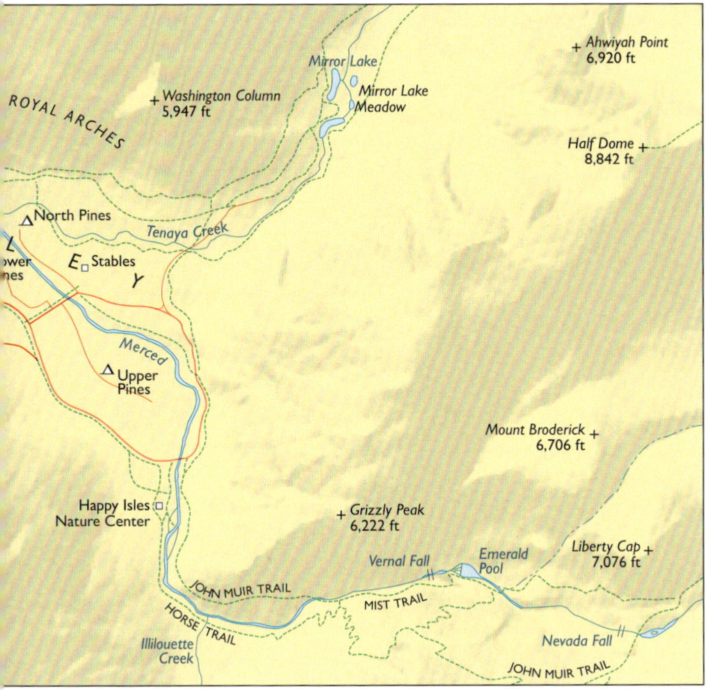

schimmert Mirror Lake; drüben thront Half Dome; Vernal und Nevada Fall flattern wie weiße Troddeln in der Ferne.

Eine anstrengende Wanderung bringt Sie in 3 oder 4 Stunden über den **Four Mile Trail** zu atemberaubenden Aussichten vom Glacier Point. Dafür müssen Sie den Bus an der Yosemite Lodge verlassen, dahinter zum Southside Drive gehen und von dort eine Viertelmeile westlich bis zum Meilenstein V18).

Kehren Sie auf Calif. 41 zurück und fahren Sie 13 Meilen südwärts nach **Wawona** – mit Hotel, Golfplatz und anderen Einrichtungen. Halten Sie am **Pioneer Yosemite History Center**, wo man (im Sommer) in originalgetreu hergestellte Gebäude treten und mit Darstellern in historischen Kostümen über Vergangenes reden kann. Da gibt es zum Beispiel einen Kavallerie-Soldaten, einen Siedler aus dem 19. Jahrhundert und einen Bergbewohner. Aus den Gesprächen mit den Spielern erfährt man auch einiges zur neuen Geschichte von Yosemite. Diese begann 1851 mit der Verfolgung von Indianern, denen man Überfälle auf benachbarte Handelsposten zur Last legte, durch Angehörige des Mariposa-

Cathedral Peak, nahe Tuolumne Meadows

Bataillons. Einige Indianer hätten »Yohamite« gebrüllt, was soviel hieß wie, »es sind Killer unter ihnen«. Die Weißen hielten das für den Namen des Stammes, und so tauften sie dann auch – leicht abgewandelt – das Tal.

Die Kunde vom strahlend schönen Yosemite Valley verbreitete sich schnell, und 1855 kamen die ersten Touristen. Ihnen folgten Siedler und Hotelbesitzer. Dann kamen auch die ersten Naturschützer, die nicht nur für die Erhaltung des Tales, sondern auch um die Rettung eines Bestandes von Riesen-Mammutbäumen kämpften.

Am 30. Juni 1864 unterzeichnete Präsident Lincoln ein Gesetz, das Tal und Grove dem Staate Kalifornien zuschrieb. Nie zuvor hatte es eine Landschenkung für einen Naturpark gegeben. Später, 1890, wurde Yosemite Nationalpark, auch wenn Kalifornien das Land erst 1906 offiziell an den Bund zurückgab. Weitere Gebiete kamen 1913 hinzu – dem Jahr, als Automobile erstmals den Park befahren durften.

Auf Calif. 41 geht es weiter südwärts und dann, kurz hinter dem **South Entrance**, zu einem weiteren Schatz des Parks, dem **Mariposa Grove** (Shuttle-Bus von Wawona aus empfohlen). Von Anfang Mai bis Ende Oktober kann man hier an geführten Tram-Touren zu den Riesen-Mammutbäumen teilnehmen ($11 Erwachsene, $5,50 Kinder). Oder man wandert einfach unter den Bäumen umher – und das geht zu jeder Jahreszeit.

Der berühmteste unter den 200 Riesen-Mammutbäumen im *Grove* ist der **Grizzly Giant**, den man auf 1500 Jahre schätzt – eine der ältesten lebenden *Sequoia gigantea* überhaupt. Ein Weg führt am **Fallen Monarch** vorbei; an seinen flachen Wurzeln wird klar, warum ein Sturm diese Riesen bisweilen umstürzt.

Ein anderer gefallener Fürst, der **Wawona Tunnel Tree**, erinnert an eine vergangene Epoche. Der Baum wurde 1881 stehend ausgehöhlt, um eine Durchfahrt für Pferdewagen zu schaffen. Auch Generationen von Autofahrern schätzten ihn als Foto-Objekt. Der Baum stürzte 1969. Dass man sich dagegen entschied, einen neuen Baum auszuhöhlen, markiert den Beginn einer ökologisch aufgeklärteren Epoche.

TIOGA ROAD & TUOLUMNE MEADOWS

124 Meilen hin und zurück; mindestens ein ganzer Tag

Folgen Sie **Big Oak Flat Road** (Calif. 120), einer ehemaligen Bergbaustraße, über 9 Meilen nach Westen aus dem Tal heraus zur 1860 m hohen **Crane Flat** (ein örtlicher Ausdruck für »Wiese«); biegen Sie dann rechts in die **Tioga Road** ein und fahren Sie in eine Gebirgswelt hinauf, voller schneebedeckter Gipfel, kristallener Seen, windzerzauster Wiesen – aber mit wenigen Leuten. Überall gibt es prächtige Aussichten zu genießen, kann man sich an Lehrtafeln über die geologischen Hintergründe dieser Pracht informieren. Teilen Sie Zeit und Benzin gut ein: Die nächste Tankstelle liegt beim **Tuolumne Meadows Visitor Center**, 40 Meilen von Yosemite Valley entfernt.

Unweit des *Visitor Centers* breiten sich die **Tuolumne Meadows** aus. Vor Millionen Jahren lagen sie unter einer 600 m dicken Eisschicht begraben, jetzt sind sie im Frühling und Sommer von Wildblumen überzogen – darunter Götterblumen, Kastillea, Gaukler- und Sumpfdotterblumen. Wanderwege von unterschiedlichem Schwierigkeitsgrad zweigen hier und an anderen Punkten der Straße ab. Einige führen zu den 5 kommerziell geführten *High Sierra Camps*, die mit Duschen und Speisesälen ausgestattet sind. Die Camps liegen 8 bis 10 Meilen – also eine zünftige Tageswanderung – auseinander.

Einer der Wege hier, nördlich der Wiesen, gehört zum **Pacific Crest National Scenic Trail**. Er führt zum steilen Grand Canyon des Tuolumne River.

Die Straße steigt an der Ostgrenze des Parks zum 3031 m hohen **Tioga Pass** an. Hier beginnt eine 1/2-Tages-Wanderung ins Hochgebirge, die den Genuss landschaftlicher Schönheit mit dem Erleben von Geschichte verbindet.

Der 2 1/2-Meilen-Weg führt steil von 3031 auf etwa 3200 m aufwärts und dann zum **Middle Gaylor Lake** hinunter, einer in Wiesen gefassten Perle, wo sich Murmeltiere und Backenhörnchen tummeln.

Maultierhirschkuh im Yosemite Valley *(oben links)*; Schwarzkopf-Häher *(oben rechts)*; Indian Paintbrush oder Castilleja bei Tuolumne Meadows *(unten)*

PRAKTISCHE INFORMATIONEN

ZENTRALE

P.O. Box 577, Yosemite National Park, Calif. 95389. Tel. (209) 372-0200; www.nps.gov/yose

SAISON UND ANREISE

Ganzjährig geöffnet. Tioga Road (Hwy. 120 East) und Glacier Point Road wegen Schnee von ca. Mitte November bis Ende Mai gesperrt; Auskunft (auf Band) über Straßenverhältnisse: Tel. (209) 372-0200. Im Winter Informationen über Skigebiet von Badger Pass: Tel. (209) 372-1000. Kostenloser Pendelbus im Yosemite Valley ganzjährig, in Wawona und Tuolumne Meadows nur im Sommer.

BESUCHERINFORMATIONEN

Yosemite Valley Visitor Center ganzjährig geöffnet. **Tuolumne Meadows Visitor Center** nahe Tioga Pass Entrance nur im Sommer geöffnet. Informationen auch bei **Happy Isles Nature Center** (Valley) und **Big Oak Flat Entrance** (Hwy. 120, Westrand des Parks); beide Frühjahr bis Herbst geöffnet, und an der Wawona Information Station, Sommer bis Herbst.

EINTRITTSGEBÜHREN

$20 pro Wagen und Woche.

TIERE

In Gebäuden, im Hinterland, am Wasser und auf Wanderwegen nicht erlaubt. Zwinger vorhanden.

EINRICHTUNGEN FÜR BEHINDERTE

Visitor Centers, die Natur- und Kunstzentren, sowie einige Wanderwege sind für Rollstuhlfahrer zugänglich. Broschüre gratis.

AKTIVITÄTEN

Kostenlose naturkundliche Veranstaltungen: Tages- und Abendspaziergänge und Vorträge, Kinder- und Abendprogramm, *Living History Tours*. Außerdem: Auto-Touren mit Tonband, Bus- und Tram-Touren, Film, Theater, Konzerte, Kunst- und Fotounterricht, Museum, Reiten (Tel. 209-372-8348), Klettern, Fischen, Schwimmen, Schlittschuhlaufen, Abfahrts- und Skilanglauf.

FREIES ZELTEN

Genehmigung ($5) erforderlich, bis 24 Stunden vor Aufbruch bei *Wilderness Permit Station* beantragen. Reservierungen schriftlich möglich. Weitere Informationen unter Tel. (209) 372-0200.

CAMPINGPLÄTZE

13 Campingplätze, im Sommer begrenzt auf 7–14 Tage; sonst 30-Tage-Limit. 4 ganzjährig geöffnet; sonst Mitte Frühjahr bis Mitte Herbst. Reservierung – außer für Camp 4 – (siehe S. 11) nötig, für Yosemite Valley ganzjährig, für **Hodgdon Meadows**, Frühjahr bis Herbst, für **Crane Flat** und einen Teil von **Tuolumne Meadows** im Sommer. $10–$20 pro Nacht. Meist mit Wohnwagenplätzen; 4 Gruppencampingplätze; Reservierung über NRRS erforderlich.

UNTERKUNFT

(wenn nicht anders vermerkt, gelten Preise für 2 Personen im Doppelzimmer zur Hauptsaison)

INNERHALB DES PARKS:
DNC Parks & Resort at Yosemite, Inc., 6671 N. Palm Ave., Fresno, CA 93704. Reservierungen: Tel. (801) 559-4949 oder http://yosemitepark.com

The Ahwahnee (Yosemite Valley) 123 Zimmer. $439–$1015. Klimaanlage, Pool, Restaurant.

Curry Village (Yosemite Valley) 180 Cabins; 427 Zelt-Cabins. $85–$147. Pool, Restaurant.

High Sierra Camps 5 Plätze mit 204 Zelt-Cabins. Nur zu Fuß erreichbar. $136 pro Person mit Frühstück und Abendessen. Ende Juni bis Labor Day. September bis Ende November schriftlich reservieren.

Tuolumne Meadows Lodge (in 2668 Meter Höhe bei Tuolumne Meadows) 69 Zelt-Cabins, zentrale Duschen. $78. Restaurant. Geöffnet: Mitte Juni–Mitte September.

Wawona Hotel (Calif. 41, 41 Meilen südlich des Yosemite-Tals). Tel. (209) 375-6556. 104 Zimmer, 50 mit Bad. $128–$195. Pool, Restaurant.

White Wolf Lodge (Tioga Rd.) 14 Cabins, Bäder; 24 Zelt-Cabins, zentrales Bad. $73–$96. Restaurant. Nur im Sommer.

Yosemite Lodge (Yosemite Valley) 245 Zimmer. $185. Pool, Restaurant.

AUSFLÜGE

STANISLAUS NATIONAL FOREST

SONORA, CALIFORNIA

Dieser Wald der High Sierra bietet viel, von rasantem Rafting auf dem Tuolumne River über Reiten bis zu Forellenangeln am waldigen Alpine Lake. Umfasst Teile von drei *Wilderness Areas*. 3637 km². Angebote: 1450 Zeltplätze, Wandern, Bootfahren, Bootsrampe, Fischen, Reiten, Jagen, Pisten für Geländefahrzeuge, Panoramastraßen, Wintersport, Wassersport. Ganzjährig geöffnet; Gelände Juni bis Oktober. Die meisten Zeltplätze von Mai bis Oktober geöffnet. Grenzt im Norden und Westen an den Yosemite NP. Auskunft: Tel. (559) 962-7825.

DEVILS POSTPILE NATIONAL MONUMENT

MAMMOTH LAKES, CALIFORNIA

Dieses Naturdenkmal liegt mitten im Inyo National Forest. Es hat eine Sammlung 18 m hoher Basaltsäulen vulkanischen Ursprungs aufzuweisen, die von Gletschern geschrammt wurden. Bei Rainbow Falls schießt das Wasser 30 m tief einen Felsen hinunter. 323 Hektar. Angebote: 21 Zeltplätze (Juli bis Oktober), Wandern, Fischen, Pendelbus. Mitte Juni bis Oktober geöffnet. Nahe Calif. Hwy. 203, ca. 40 Meilen vom Yosemite NP. Tel. (760) 934-2289. (Zugang durch Inyo NF. Eintrittsgebühr).

SIERRA NATIONAL FOREST

MARIPOSA, CALIFORNIA

Ähnlich Stanislaus National Forest im Norden bietet Sierra Natur und Luxus. Er umfasst Teile von fünf *Wilderness Areas*, eine Strecke Wildwasser am Kings River, Riesen-Mammutbäume und 11 große Stauseen. 5275 km². Angebote: 1500 Zeltplätze, Gastronomie, Wandern, Bootfahren, Bootsrampe, Radfahren, Fischen, Reiten, Picknickplätze, Wassersport, Wintersport, Zugang für Behinderte. Ganzjährig geöffnet; Gelände z.T. im Winter gesperrt. Die meisten Zeltplätze von Mai bis Oktober geöffnet. Grenzt an Yosemite NP. Info: 1600 Toll House Road, Clous. Tel. (559) 297-0706.

DIE ROCKY MOUNTAINS

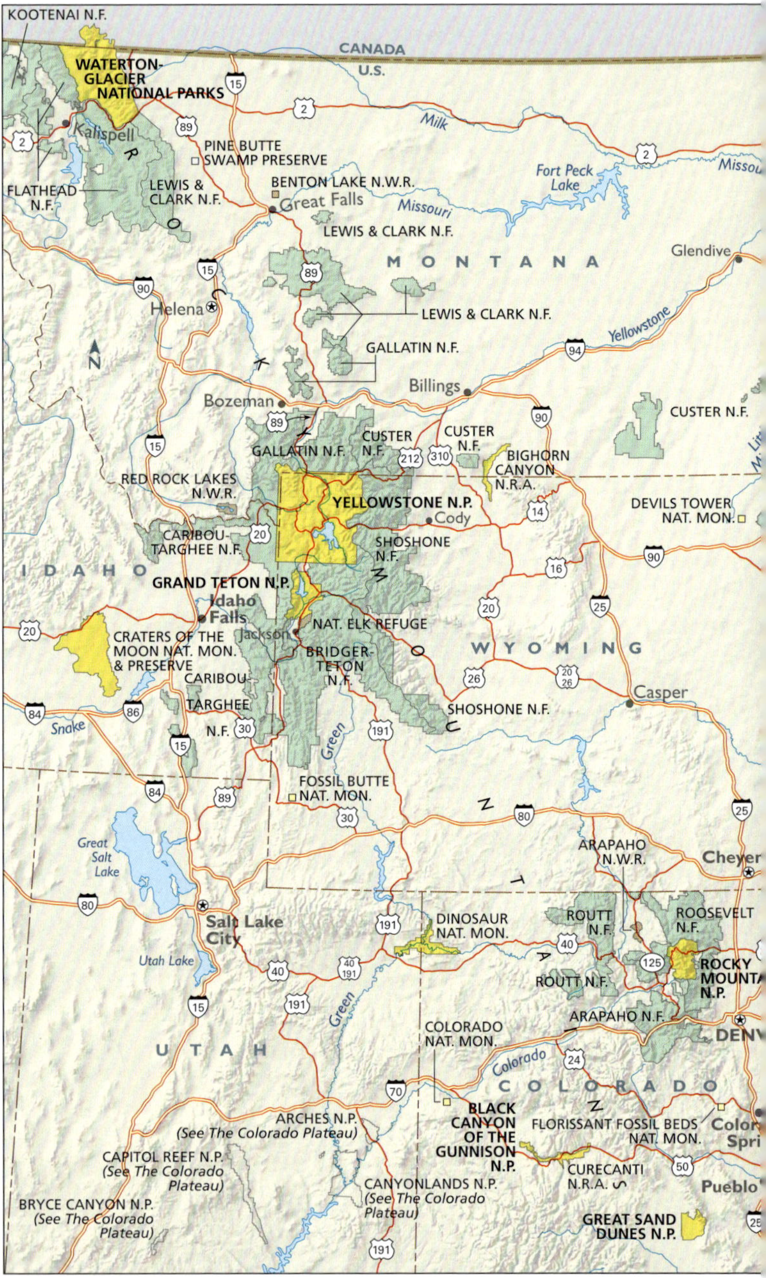

KOOTENAI N.F.
CANADA
U.S.
WATERTON-GLACIER NATIONAL PARKS
Kalispell
PINE BUTTE SWAMP PRESERVE
FLATHEAD N.F.
LEWIS & CLARK N.F.
BENTON LAKE N.W.R.
Great Falls
Milk
Missouri
Fort Peck Lake
LEWIS & CLARK N.F.
MONTANA
Glendive
Helena
LEWIS & CLARK N.F.
GALLATIN N.F.
Yellowstone
Billings
Bozeman
CUSTER N.F.
GALLATIN N.F.
CUSTER N.F.
CUSTER N.F.
BIGHORN CANYON N.R.A.
RED ROCK LAKES N.W.R.
YELLOWSTONE N.P.
Cody
DEVILS TOWER NAT. MON.
CARIBOU-TARGHEE N.F.
SHOSHONE N.F.
IDAHO
GRAND TETON N.P.
Idaho Falls
NAT. ELK REFUGE
Jackson
CRATERS OF THE MOON NAT. MON. & PRESERVE
BRIDGER-TETON N.F.
WYOMING
CARIBOU-TARGHEE N.F.
Casper
SHOSHONE N.F.
Snake
Green
FOSSIL BUTTE NAT. MON.
ROCKY MOUNTAINS
Great Salt Lake
ARAPAHO N.W.R.
Cheyenne
Salt Lake City
DINOSAUR NAT. MON.
ROUTT N.F.
ROOSEVELT N.F.
Utah Lake
ROUTT N.F.
ROCKY MOUNTAIN N.P.
ARAPAHO N.F.
Green
COLORADO NAT. MON.
DENVER
UTAH
Colorado
COLORADO
BLACK CANYON OF THE GUNNISON N.P.
FLORISSANT FOSSIL BEDS NAT. MON.
Colorado Springs
ARCHES N.P. (See The Colorado Plateau)
CAPITOL REEF N.P. (See The Colorado Plateau)
CURECANTI N.R.A.
Pueblo
CANYONLANDS N.P. (See The Colorado Plateau)
BRYCE CANYON N.P. (See The Colorado Plateau)
GREAT SAND DUNES N.P.
N

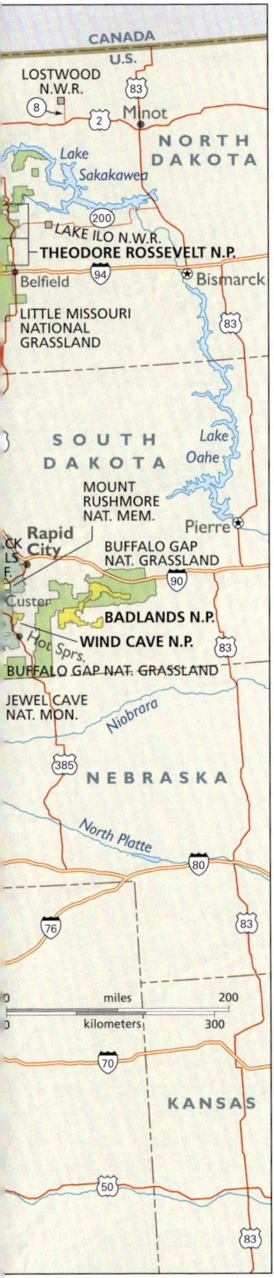

DIE ROCKY MOUNTAINS

Schroffe Grate mit blitzenden Gletschern, Wiesen voller Wildblumen, blaue Seen – diese Bilder der Rocky Mountains veranschaulichen, was viele von einem Nationalpark erwarten. Der ausgedehnte Höhenzug stellt den nördlichen Fortsatz oder Beginn der amerikanischen Kordille dar, einer Gebirgskette, die von Alaska bis Feuerland reicht und im Westen das Rückgrat beider Amerika bildet. Die eigentlichen Rockies werden in verschiedene Teilgebirge gegliedert.

Allerdings hat die Region mehr als Gebirge zu bieten, wurden doch bei ihrer Auffaltung noch andere Landschaften geschaffen. So wurden vor etwa 70 Millionen Jahren zusammen mit den Rockies die Black Hills von South Dakota gehoben; bei der Aufwölbung bildeten sich Spalten. Saures Grundwasser weitete diese aus – und es entstanden die vielen Höhlengänge von Wind Cave. Die Flüsse der jungen Rockies lagerten auch die farbenprächigen Sedimente ab, aus denen später die Hügel und Täler des Badlands und Theodore Roosevelt National Park geschnitten wurden. Im Süden trug der Wind die Gipfel ab und schuf Dünen im Great Sand Dunes National Park and Preserve, und das Wasser formt noch heute die Schlucht im Black Canyon des Gunnison National Park. Parks und Wälder der Rockies spiegeln den Geist der amerikanischen Westgrenze wider, nicht nur mit rauer Landschaft, sondern auch mit dem vielen Wild. Yellowstone und Waterton-Glacier sind zwei der letzten Fluchtburgen des Grizzlybären. In manchen Parks sind Wapitis, Dickhornschafe, Maultierhirsche und die Reste der großen Büffelherden zu besichtigen, die einmal die Great Plains erdonnern ließen. Die Parks der Rockies führen modellhaft vor, wie sich die Natur selber hilft. So ist in Yellowstone ein natürlicher Erholungsprozess nach den Bränden von 1988 zu beobachten. Weniger ermutigend sind die Bautätigkeit und die geplanten Öl- und Gasbohrungen vor den Toren einiger Parks. Solche Vorhaben können den Lebensraum der weiträumig ziehenden Tiere einschränken und sie so gefährden.

Die Rocky-Mountain-Region lädt ihre Gäste ein, das Hochgebirge an der Kontinentalen Wasserscheide zu erleben, neben Geysiren, Prärien, Höhlen und Badlands – und sie lädt ein zu langen Autofahrten, es sind 520 Meilen.

Von der Erosion geschaffene Felsformationen am Cedar Pass in der Morgendämmerung

BADLANDS

SOUTH DAKOTA
GEGRÜNDET 10. NOVEMBER 1978
989 Quadratkilometer

Man nennt sie: »Der Wall«. Er zieht sich wie eine mächtige, natürliche Sperrmauer 100 Meilen weit über die trockenen Ebenen South Dakotas hin, eine Mauer, die vom Wasser in bizarre Spitzen und verschlungene Gräben zerlegt wurde. Wer ein paar Meilen weiter nördlich durch die höhere Prärie reist, muss nichts davon bemerken. Wer die niedere Prärie im Süden durchquert, kann sie nicht übersehen; sie ragt wie die Umrisse einer Stadt in Trümmern – versteinert.

Man muss sie nicht unbedingt als schön empfinden, die Badlands, die zum großen Teil im Badlands-Nationalpark aufgehoben sind, aber ihre Theatralik kann man nicht übersehen. Man hat sie mit einer riesenhaften Bühnenkulisse verglichen: farbenprächtig, bühnenwirksam und ein wenig unwirklich. Wasser, Hauptakteur auf dieser Bühne, hat ½ Million Jahre am Fels herumgeschnitzt, und mancherorts hobelt es auch weiterhin 2 oder 3 Zentimeter pro Jahr herunter. Doch sind noch andere Darsteller beteiligt. Urtümliche Tiere wie Brontotherien waren hier in vergangenen Epochen, etwa im Tertiär, verbreitet; ihre fossilen Knochen sind in Mengen zu finden. Heute ist der Wall der Badlands Rückzugsgebiet für Bison, Gabelantilope und Dickhornschaf – abgesehen von den 1,2 Millionen Menschen, die den Park jährlich besuchen.

Seit 1939 ist das Gebiet Nationalmonument; 1976 wurde der Stronghold District im Süden dem Park einverleibt, wodurch ein weiterer dramatischer Akzent gesetzt wurde. Dieses weite Gelände gehört den Oglala Sioux, und eine ihrer heiligsten Stätten liegt nun im Schutze des Parks. Am Stronghold Table fand 1890 nämlich der letzte »Ghost Dance« statt, nur wenige Tage vor dem Massaker bei Wounded Knee (25 Meilen weiter südlich), bei dem 150 Sioux ums Leben kamen.

Anreise

Der Park liegt 3 Meilen südlich der I-90, am S. Dak. Hwy. 240, 75 Meilen östlich von Rapid City und nur 27 Meilen westlich von Kadoka. Flughafen: Rapid City.

Reisezeit

Ganzjährig geöffneter Park, Sommer ist die beliebteste Reisezeit, obwohl die Temperaturen am Tage 38 °C überschreiten können. Frühjahr und Herbst sind meist angenehm. Im Winter kann es bitter kalt werden, doch kommen Schneeverwehungen wegen des ariden Klimas selten vor.

Reiseempfehlungen

Die 32 Meilen lange **Badlands Loop** bietet für einen 1-Tages-Besuch klassische Badlands in der North Unit (man kann die Fahrt auch verkürzen; siehe unten). Es gibt interessante Naturlehrpfade. Am zweiten Tag könnte man sich – mit einem gewissen Pioniergeist ausgestattet – dem wilden **South Unit** widmen. Zuvor Straßenzustand erfragen.

BADLANDS LOOP ROAD – NORTH UNIT

32 oder 89 Meilen; ein halber oder ganzer Tag

Sie kommen am **Northeast Entrance** auf Hwy. 240 in den Park hinein und halten am **Big Badlands Overlook**, um einen ersten Blick auf The Wall zu werfen. Vor Ihnen breiten sich die Steilhänge der Badlands in ihrer typischen Schichtung aus; unter ihnen schlängelt sich der von Pappeln *(cottonwoods)* gesäumte **White River** durch die Prärie.

Halten Sie als nächstes am **Windows Overlook**, dem Ausgangspunkt für drei kurze Naturlehrpfade – **Door**, **Window** und **Notch Trail**. Für den Door Trail gibt es einen beschreibenden Text. Trotz der drei Namen geht es hier nicht um Architektur, sondern um Vorstöße direkt ins Herz der Badlands. Der Door Trail (0,4 Meilen hin und zurück; streckenweise geteert) führt durch eine enge Öffnung im »Wall« in ein Gewirr von kahlen, ausgewaschenen Hängen, die an eine Mondlandschaft erinnern. Der Window Trail (0,1 Meile hin und zurück; geteert) endet an einem natürlichen Fenster, von dem man auf einen tief eingeschnittenen Canyon hinunterschaut. Und der raue Notch Trail (1 1/2 Meilen hin und zurück; sehr uneben) führt eine wackelige Leiter hinauf und an einem Graben entlang zu einem Einschnitt im »Wall«. Von hier schweift der Blick weit über die Prärie, die Badlands, den White River und das Indianerreservat von Pine Ridge unten in der Ebene.

Eine kurze Autofahrt bringt Sie zum **Cliff Shelf Nature Trail**. Dieser sehr steile, aber geteerte Rundweg von 1/2 Meile führt in ein faszinierendes Klein-Ökotop der Badlands hinein. Hier ist vor langen Jahren nämlich ein Riesenfelsblock aus der Wand gebrochen, wodurch diese ziemlich ebene Platte entstand. Das Gestein wurde durch den Sturz so zerbröselt und verdichtet, dass es nun Feuchtigkeit halten konnte. Pflanzen fassten Fuß, und es entstand eine Oase im kahlen Fels. In der Dämmerung äsen hier Maultierhirsche.

Am kürzlich renovierten **Ben Reifel Visitor Center** erhält man mit Videos und anderen Exponaten eine Einfüh-

rung in Geschichte und Geologie des Parks. Von hier führt die Straße zunächst ein Stück zur unteren Prärie hinunter und erklimmt dann, stetig und staunenswert, die Mauer der Badlands. Der **Fossil Exhibit Trail** (1/4 Meile, geteert) führt durch fossilienreiches Gebiet.

Bei Meile 17 stehen entlang des **Prairie Winds Trail** (45 m, gepflastert) Nachbildungen von heimischen Präriepflanzen. Die Straße verläuft 15 Meilen weit eben, nur von einigen Aussichtspunkten unterbrochen; jeder zeigt die messerscharfen Grate, gewundenen Canyons und Hügel aus einer etwas anderen Perspektive. Besonders sehenswert sind die **Seabed Jungle** und **Pinnacle Overlooks**. Letzterer bietet einen Blick auf die Badlands Wilderness Area mit ihren Dickhornschafen (über eine steile Treppe zugänglich). Sie können hier den Park verlassen und beim Städtchen Wall auf die *Interstate* einschwenken. Sonst biegen Sie am besten links in die unbefestigte Straße zur **Sage Creek Unit** der **Badland Wilderness** ein (nur

bei trockenem Wetter). Das Gebiet ist wildreich; es gibt Bisons und Gabelböcke, und man passiert eine »Stadt«, die von den immer unterhaltsamen Präriehunden bewohnt wird. Vom einfachen Campingplatz, ca. 1 Meile von der Straße an der Westgrenze des Parks gelegen, starten Wanderwege.

Nach der Abzweigung zum Campingplatz verlässt die Straße den Park. Um die Schleife zu vollenden, fahren Sie weiter auf County Road 590 und biegen links in Hwy. 44 ein. Wenn Sie nach Rapid City wollen, fahren Sie rechts; die Strecke führt durch das schöne Grasland des **Cheyenne River Valleys**, mit Aussicht auf die Black Hills. Sie führt auch durch Scenic, von wo Sie direkt in den **South Unit** fahren können.

SOUTH UNIT DRIVE

etwa 45 Meilen; mindestens ein halber Tag

Da die South Unit fast völlig unerschlossen ist, bedeutet eine Autofahrt viel Vor und Zurück, holprige Wege und eine ziemliche Strapaze fürs Fahrzeug.

Bisons in der offenen Prärie

Sie sollten mit einem Ranger sprechen, bevor Sie losfahren.

Fangen Sie mit dem Örtchen Scenic an, mit seinem Autofriedhof und ziemlich altertümlichen »Saloon«, und fahren Sie 4 Meilen auf County Road 589 nach Süden. Die Abzweigung nach **Sheep Mountain Table** ist beschildert. Folgen Sie der Straße erst durch die Niederung und dann eine schier unüberwindlich scheinende Felswand hinauf, auf eine grasbewachsene Ebene, die mit Yuccas bestanden ist. Wenn Sie zum Wacholderwäldchen am Endpunkt der Straßen vorgehen, gelangen Sie zu einem Felssporn: Sie finden sich von einer erstaunlichen Vielfalt von Türmen und Zinnen umgeben – wohl die beste Aussicht im Park.

Nach weiteren 16 Meilen auf der gepflasterten Straße erreichen Sie das **White River Visitor Center** (im Sommer geöffnet). Es wird vom Stamm der Oglala betrieben und zeigt eine Ausstellung und ein Video zur Kultur der Indianer. Außerdem bietet es Tipps für Sehenswertes.

Die Fahrt zum **Stronghold Table** wird entweder eine Enttäuschung oder der Höhepunkt der Reise – je nach Einstellung. Um dorthin zu kommen, muss man auf äußerst rauen Wegen einsame Grasgebiete durchqueren, wo Sie sich höchstwahrscheinlich verirren (topografische Karte empfohlen). Außerdem sind viele Gattertore zu öffnen und wieder zu schließen. Der Lohn für die Mühe? Keine besondere Aussicht – aber Sie befinden sich an dem Punkt, wo eine Gruppe Sioux im Dezember 1890 zum letzten Mal ihren »Ghost Dance« tanzte. Bei diesen leidenschaftlichen Ritualen fielen Teilnehmer in Trance, »starben« und erblickten ein zukünftiges Paradies. In dieser Vision war der weiße Mann aus dem Lande verjagt, die Büffel, Hirsche und Gabelböcke aber waren zurückgekehrt. Bedenken Sie, dass Sie an geheiligtem Ort stehen.

PRAKTISCHE INFORMATIONEN

ZENTRALE
Interior, South Dakota 57750. Tel. (605) 433-5361.

SAISON UND ANREISE
Park ist ganzjährig geöffnet. Bei Schnee können die Straßen zeitweise blockiert sein. Auskunft über aktuelle Straßen- und Wetterverhältnisse und Zugänglichkeit des *South Unit* über Zentrale.

BESUCHERINFORMATIONEN
Ben Reifel Visitor Center in der *North Unit* ganzjährig täglich geöffnet, außer Thanksgiving, Weihnachten und Neujahr. **White River Visitor Center** in der *South Unit* nur im Sommer geöffnet.

EINTRITTSGEBÜHREN
$15 pro Wagen.

TIERE
An der Leine gehalten, erlaubt, außer in der Sage Creek Unit der Badlands Wilderness.

EINRICHTUNGEN FÜR BEHINDERTE
Visitor Centers und einige Wanderwege sind für Rollstuhlfahrer zugänglich. Gratis-Broschüre erhältlich.

AKTIVITÄTEN
Kostenlose naturkundliche Veranstaltungen: Naturspaziergänge und -wanderungen, Abendprogramm, Nachtwanderungen, Fossilien-Vorführungen. Außerdem: erläuternde Ausstellungen und audiovisuelle Darbietungen, Wandern, Tierbeobachtung.

BESONDERE RATSCHLÄGE
- Beim Wandern Vorsicht vor Prärie-Klapperschlangen und Kakteen.
- Bisons sind unberechenbar und möglicherweise gefährlich: Halten Sie Abstand.
- Mit plötzlichem Wetterumschwung und heftigen Gewittern ist im Sommer zu rechnen. Vor Wanderung bei Zentrale oder *Visitor Centers* nach Wetteraussichten erkundigen.

FREIES ZELTEN
Keine Genehmigung erforderlich, Ratschläge beim Ranger.

CAMPINGPLÄTZE
Zwei Campingplätze, beide auf 14 Tage begrenzt. **Cedar Pass** und **Sage Creek** manchmal überfüllt und ganzjährig geöffnet, *first come, first served.* (Bei starkem Schneefall im Winter geschlossen.) Gebühren für Cedar Pass $10 pro Nacht; Sage Creek ist das ganze Jahr über kostenlos, kein Wasser. Keine Duschen. Zelt- und Wohnwagenplätze; keine Anschlüsse. **Cedar Pass Group** Campground: Voranmeldung erforderlich Memorial Day bis Labor Day; Zeltplätze $2,50 pro Kopf, $25 Minimum; über Zentrale. Verpflegung im Park in der Saison.

UNTERKUNFT
(wenn nicht anders vermerkt, gelten Preise für 2 Personen im Doppelzimmer zur Hauptsaison)

INNERHALB DES PARKS:

Cedar Pass Lodge (an S. Dak. 240 Nähe Visitor Center) P.O. Box 5, Interior, SD 57750. Tel. (605) 433-5460. 22 Cabins. $75–$105. Klimaanlage, Restaurant. Offen Mitte April bis Mitte Oktober.

AUSSERHALB DES PARKS:

In Interior, SD 57750:

Badlands Inn (1/2 Meile vom Parkeingang) P.O. Box 103. Tel. (605) 433-5401. 24 Zimmer. $70. Klimaanlage, Pool. Mitte Mai bis Labor Day.

In Wall, SD 57790:

America's Best Value Inn South Blvd., P.O. Box 424. Tel. (605) 279-2127. 47 Zimmer. $120. Klimaanlage, Pool.
Best Western Plains Motel (1 1/2 Blocks von der I-90) 712 Glenn St., P.O. Box 393. Tel. (800) 528-1234 oder (605) 279-2145. 74 Zimmer. $95–$125. Klimaanlage, Pool. März bis Ende November.
Sunshine Inn 608 Main St. Tel. (800) 782-2613 oder (605) 279-2179. 26 Zimmer. $58–$63. Klimaanlage.
Motel 6 Tenth Ave., P.O. Box 76. Tel. (605) 279-2133. 41 Zimmer. $66. Klimaanlage, Pool.
Walls EconoLodge 804 Glenn St., P.O. Box 426. Tel. (oder (605) 279-2121. 49 Zimmer. $100. Klimaanlage, Pool. Mai bis Ende Oktober.

Weitere Unterkünfte: Wall Chamber of Commerce, P.O. Box 527, Wall, SD 57790. Tel. (605) 279-2665.

Espen über dem Gunnison River am Oak Flat Trail

BLACK CANYON OF THE GUNNISON

COLORADO
GEGRÜNDET 21. OKTOBER 1999
122 Quadratkilometer

Über 800 m ragen die Steilwände aus dunkelgrauem Stein zu beiden Seiten des reißenden Gunnison River empor. Der Canyon, einer der eindrucksvollsten des Landes, ist an einigen Stellen tiefer als breit und so schmal, dass die Sonne nur um die Mittagszeit bis zu seinem Fuß vordringt. Der Nationalpark umfasst den 14 Meilen langen, tiefsten und aufregendsten Abschnitt der Schlucht, der gut 75 Meilen oberhalb des Zusammenflusses von Gunnison und Colorado River liegt.

Im Laufe von Jahrmillionen hat der Fluss zwei parallele Mauern aus hartem Gneis und Schiefer von der Länge Manhattans gemeißelt, beide mehr als doppelt so hoch wie das Empire State Building. Mit einer Geschwindigkeit von 2,5 cm pro Jahrhundert arbeitete sich das Wasser während der gesamten Geschichte der Menschheit gerade einmal um 1,50 m vorwärts. Zwei Millionen Jahre steter Tropfen waren nötig, um den Stein so auszuhöhlen, wie wir ihn heute sehen.

Das metamorphe Gestein am Fuß des Canyons ist beinahe zwei Milliarden Jahre alt. Es stammt aus dem Präkambrium, dem frühesten geologischen Zeitalter. Hier und da durchziehen rosarote Adern von Ganggestein die Felswände und verleihen ihnen etwas Farbe.

Indianer und weiße Abenteurer mieden den Canyon bis ins 19. Jahrhundert hinein. Dann versuchten fünf Männer, den Fluss in hölzernen Booten hinunterzufahren. Sie wollten herausfinden, ob er sich zur Bewässerung des Uncompahgre-Tals eignete. Als nach einem Monat ihre Boote zerbrochen und ihre Vorräte aufgebraucht waren, gaben sie ihr Vorhaben auf. Im darauf folgenden Jahr fuhren jedoch zwei Männer den Fluss in nur zehn Tagen auf Luftmatratzen aus Gummi hinunter. Heute verlangsamen drei stromaufwärts angelegte Staudämme den Lauf des Gunnison, doch rauscht der Fluss immer noch mit hoher Geschwindigkeit durch die Schlucht.

Auf einer Fahrt oder Wanderung am Rand der Schlucht entlang können Sie an vielen Stellen hinunterschauen und die Steilfelsen und aufgetürmten Steine bewundern. Raben, Steinadler und Wanderfalken lassen sich von aufsteigenden Luftsäulen tragen. Oben wächst ein dichter Wald aus Gambeleichen und Felsenbirnen. Er bietet Maultierhirschen und Schwarzbären Schutz. Tiefer im schattigen Canyon gedeihen Douglastannen, am Flussufer finden Cottonwood und Holunder Halt.

Knorriger Wacholderstamm

Anreise

Der South Rim (Südrand) liegt 15 Meilen nordöstlich von Montrose. Sie erreichen ihn über die US 50 und die Colo. 347. Mit dem Auto fahren Sie vom South Rim zum North Rim (Nordrand) 80 Meilen über die US 50W und die Colo. 92. Biegen Sie von der Colo. 92 auf die 15 Meilen lange North Rim Road ab, die auf der ersten Hälfte asphaltiert ist. Flughäfen: Montrose und Gunnison.

Reisezeit

Hauptreisezeit ist der Sommer. Wenn Sie mittags über sonnige Wege spazieren, müssen Sie jedoch unbedingt genügend zu trinken mitnehmen. Besser eignen sich schöne Tage im Spätfrühjahr und Frühherbst für ausgedehnte Wanderungen. Da der Rand der Schlucht 2400 m über dem Meeresspiegel liegt, kann der Winter hier bereits im November beginnen und bis April dauern. Bei Schnee ist der Zugang zum North Rim gesperrt, die South Rim Road bleibt ganzjährig bis zum zweiten Aussichtspunkt geöffnet.

Reiseempfehlungen

Sie sollten einen ganzen Tag für den 7 Meilen langen (einfache Strecke) **South Rim** einplanen, wenn Sie auch das rund 5 Meilen lange Wegenetz erkunden wollen. Am Nachmittag oder einem weiteren Tag können Sie hinunter zum Fuß der Schlucht klettern. Wenn Sie genügend Zeit mitbringen, lohnt sich die Fahrt zum **North Rim** und über den fünf Meilen langen Schotterweg.

SOUTH RIM

Rim Drive, ca. 7 Meilen pro Strecke; 2 bis 3 Stunden

Mit einem Dutzend Aussichtspunkten und mehreren kurzen Wanderwegen bietet diese reizvolle Route viele interessante Blicke auf Canyon und Fluss. Am ersten Aussichtspunkt, dem **Tomichi Point**, beginnt der eine Meile lange **Rim Rock Trail**, der in Nordsüdrichtung vom Campingplatz zum Besucherzentrum führt. Von diesem Pfad aus schauen sie immer wieder auf die Schwindel erregenden Steilfelsen im östlichen Abschnitt des Canyons und den reißenden Fluss in ihrer Mitte. Der Weg führt durch Gebüsch und Wald mit Gambeleichen und Bartfaden, *Pinus edulis* und Wacholder. Achten Sie auf das Rufen der Diademhäher, und halten Sie Ausschau nach Spuren von Elchen, Rotluchsen, Pumas und anderen Schluchtbewohnern.

Folgen Sie dem **Uplands Trail** jenseits der Straße auf einer Strecke von 2 Meilen. Setzen Sie ihren Weg durch den Eichenwald fort, und gehen Sie am Besucherzentrum vorbei zurück zum Rim Rock Trail. Im **Besucherzentrum** können Sie sich vorab über die Geologie, Geschichte, Flora und Fauna der Region informieren.

Direkt am Besucherzentrum beginn der rund 2 Meilen lange **Oak Flat Trail**, der etwas unterhalb des Randes der Schlucht entlangführt. Gehen Sie Richtung Westen, wenden Sie sich am Wegweiser zum Fluss nach rechts, und spazieren Sie durch einen Espenhain. An der nächsten Kreuzung müssen Sie links abbiegen. Der Pfad windet sich durch ein Eichengehölz zu einem Felsvorsprung mit schöner Aussicht und kehrt dann durch einen Wald mit Espen und Douglastannen zurück zum Ausgangspunkt.

Einer der kürzesten Wege zum Fluss ist die **Gunnison Route**, die vom Oak Flat Trail abzweigt. Von dort sind es nur rund 1500 m bis zum Wasser, allerdings ist der Weg selbst für geübte Wanderer anstrengend und nimmt mindestens eine Stunde in

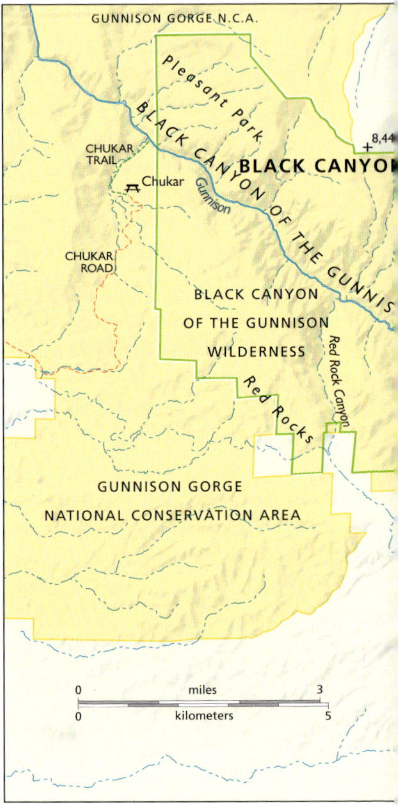

Anspruch. Der Weg führt an Entwässerungsgräben entlang, die schließlich 550 m über einem Hang mit Geröll und großen Steinblöcken enden. Unterwegs besteht an einigen Stellen erhöhte Verletzungsgefahr. Damit sie nicht ausrutschen, wurde dort eine 24 m lange Kette gespannt. Auf der übrigen Strecke sind Sie auf sich selbst angewiesen.

Kehren Sie zur Straße zurück, und fahren Sie weiter nach Nordwesten. Vom passend benannten **Pulpit Rock** haben sie einen tollen Ausblick auf den Fluss, der sich seinen Weg durch den Canyon bahnt. Wenn Sie zum **Chasm View** gehen, sind Sie nur noch 340 m weit vom North Rim am gegenüberliegenden Ufer entfernt.

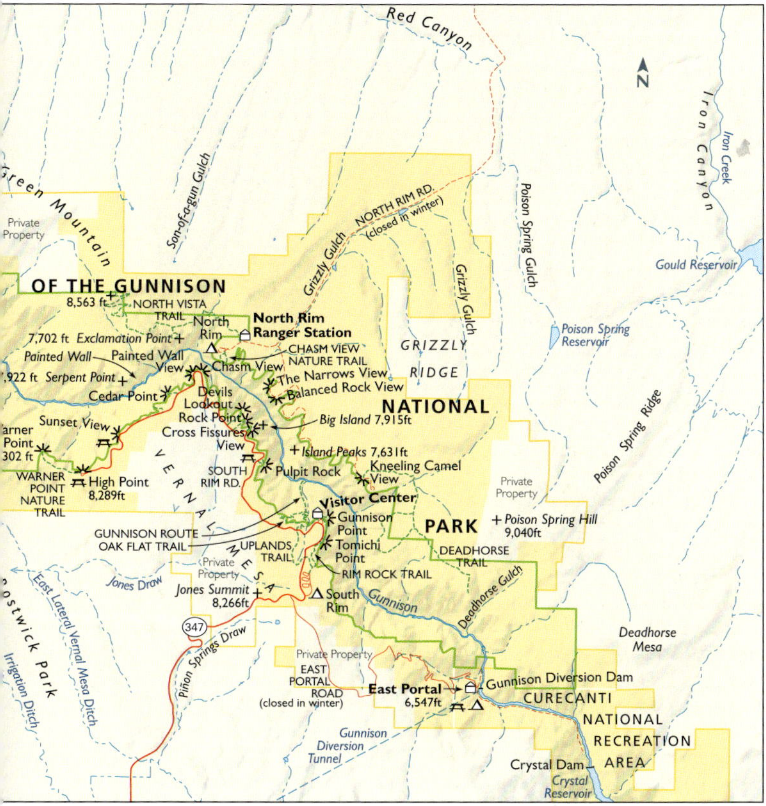

An dieser Stelle ist die Schlucht mit 548 m tiefer als breit. Dieses Verhältnis wurde durch die Fließgeschwindigkeit und das hohe Wasservolumen erzeugt. Die Straße windet sich jetzt nach Südwesten. Von mehreren Stellen aus können Sie die **Painted Wall** betrachten, eine 685 m hohe Steilwand mit rosafarbenem und weißem Ganggestein. Dabei handelte es sich ursprünglich um flüssiges Magma, das in Felsspalten drang, dort abkühlte und sich verfestigte. Vom **Cedar Point Nature Trail**, einem bequemen, 1/2 Meile langen Spazierweg, können Sie die Painted Wall, den Fluss und Steininseln besonders gut sehen.

Fahren Sie weiter zum **High Point**, dem Endpunkt der Straße und mit 2500 m über dem Meeresspiegel einem der höchstgelegenen Punkte der Schlucht. Von hier aus schauen Sie über 800 m tief hinunter auf den Fluss. Ein 1 1/2 Meilen langer Rundweg führt zum **Warner Point**, der fantastische Blicke auf den nördlichen Abschnitt des Canyons eröffnet. Nach Süden hin schließen sich die grünen Felder des Uncompahgre Valley an, die der Gunnison River im Canyon bewässert. Dahinter erheben sich die San Juan Mountains. Der Pfad schlängelt sich durch *Pinus edulis*, Wacholderbüsche, Bergmahagoni und weiß blühende Felsenbirnen. Auch *Fendlera rupicola*, Wyethia, Lupinen und *Ipomopsis aggregata* wachsen hier in großer Zahl.

Felsen aus dem Präkambrium am Gunnison River im Black Canyon

NORTH RIM

Rim Drive (nicht asphaltiert), 5 Meilen (einfache Strecke); 2 bis 3 Stunden

Zwischen den beiden Seiten des Canyons liegen nur knapp 400 m, doch um vom Südrand der Schlucht zum Nordrand zu gelangen, müssen sie stolze 80 Meilen fahren, davon einen guten Teil auf der ungepflasterten North Rim Road. Sie erreichen den North Rim auch von Osten her, dann sind es aber sogar 90 Meilen auf der US 50 und der Colo. 92. Am North Rim dehnt sich eine abgeschiedene, eindrucksvolle Wildnis aus.

Ganz gleich, von welcher Seite Sie kommen – Sie müssen in jedem Fall von der Colo. 92 auf die North Rim Road abbiegen und ihr bis zum Ende folgen. Biegen Sie rechts ab, und fahren Sie zur Ranger-Station, wo einer der schönsten Wanderwege des Parks beginnt. Der **North Vista Trail** schlängelt sich gut 1½ Meilen durch den Buschwald und seine direkte Umgebung. Machen Sie einen Abstecher zum **Exclamation Point**, um einen Blick in die Tiefen des Canyons zu riskieren. Kehren Sie um, oder setzen Sie ihren Weg weitere 2 Meilen bis zum Ende des Pfades am Green Mountain fort. Auf diesem schwierigen Abschnitt steigt er von 2680 auf 2979 m Höhe an. Der beeindruckende Rundblick zeigt im Westen das Uncompahgre Plateau, im Norden die Grand Mesa, im Osten die West Elk Mountains und im Süden die San Juan Mountains.

Kehren Sie zurück zur Ranger-Station, und fahren Sie mit dem Auto eine Meile nach Süden. Wandern Sie hier über den **Chasm View Nature Trail**, der sich durch einen Kiefer-Wacholder-Wald windet. Die südlichen 4 Meilen der Route führen im Zickzackkurs am Rand der Schlucht entlang. Am **Balanced Rock View** und am **Kneeling Camel View** in der Nähe des Endpunktes führen steile, unmarkierte Wege hinunter zum Fluss.

PRAKTISCHE INFORMATIONEN

ZENTRALE

102 Elk Creek, Gunnison, Colorado 81230, Tel. (970) 641-2337; www.nps.gov/blca.

SAISON UND ANREISE

South Rim: täglich, im Winter beschränkter Zugang; North Rim Road und Ranger Station im Winter gesperrt.

BESUCHERINFORMATIONEN

Visitor Center täglich außer in den Winterferien. **North Rim Ranger Station**: nur im Sommer geöffnet.

EINTRITTSGEBÜHREN

$15 pro Fahrzeug und Woche; Jahreskarte $30.

TIERE

Im Park sind Tiere an der Leine zu führen; auf Wanderwegen nicht erlaubt.

EINRICHTUNGEN FÜR BEHINDERTE

South Rim: *Visitor Center*, sanitäre Einrichtungen, 2 Campingplätze; Tomichi Point, Chasm View und Sunset View zugänglich. **North Rim:** Aussichtspunkt Balanced Rock.

AKTIVITÄTEN

Ausstellungen, Panoramafahrten, Wandern, Angeln, Kajakfahrten, Klettern, Wintersport. Die Parkverwaltung besitzt eine Liste von Anbietern.

BESONDERE RATSCHLÄGE

- Für alle inneren Canyonrouten benötigen Sie einen Passierschein, den Sie im *Visitor Center* oder der *North Rim Ranger Station* erhalten.

FREIES ZELTEN

Im offenen Gelände nur mit Genehmigung, Lagerfeuer verboten.

CAMPINGPLÄTZE

South Rim: 102 Plätze; **North Rim:** 13 Plätze. Campingplätze mit Autostellplatz $12–$18 pro Nacht. Reservierung nirgendwo möglich. Toilettenhäuschen, eingeschränkter Wasserverbrauch, keine Stromanschlüsse.

Informationen über Unterkünfte erhalten Sie über Montrose Visitors & Convention Bureau, Tel. (800) 873-0244 oder (970) 252-0505 und die Gunnison County Chamber of Commerce, Tel. (800) 274-7580 oder (970) 641-1501.

Besucher im Black Canyon

Der Snake River auf seinem Weg durch Jackson Hole; dahinter die Tetons

GRAND TETON

WYOMING
GEGRÜNDET 26. FEBRUAR 1929
1255 Quadratkilometer

Die Gipfel der Teton Range, die 2100 m hoch über dem Talboden aufragen, sind eine der interessantesten geologischen Erscheinungen der Rockies. Ohne Fußhügelzone erheben sie sich von Nadelwald an steilen Hängen über blumige Almwiesen und bläulich weiße Gletscher hinauf zu Spitzen aus nacktem Granit. Die Grand, Middle und South Tetons bilden den Kern des Gebirges, doch ihre Nachbarn Mt. Owen, Teewinot Mountain und Mt. Moran sind nicht weniger bemerkenswert.

Eine Kette von Seen, die von Gebirgsbächen gespeist werden, kuscheln sich perlengleich an den steilen Fuß der Berge. Vor ihnen breitet sich Jackson Hole, ein breites, von *Sagebrush* bedecktes und mit bewaldeten Hügeln und Espenhainen durchsetztes Tal, das beste Lebensbedinungen für Gabelböcke, Maultierhirsch, Wapiti-Hirsch und andere Tiere bietet. Der Snake River, der aus der *Teton Wilderness* kommt, »schlängelt« sich auf seinem Wege nach Idaho geruhsam an den Tetons vorbei. Wo sich der Fluss auffächert, liegen Feuchtgebiete, die Elch, Hirsch, Maultierhirsch, Biber, Trompeterschwan, Sandhügelkranich, Kanadagans und Enten jeder Art Unterschlupf gewähren.

Die Tetons sind Bruchschollenberge. Vor etwa 5 Millionen Jahren begannen zwei Krustenblöcke, sich entlang einer Bruchlinie gegeneinander zu verschieben, wobei die eine nach unten gedrückt, die andere nach oben gekippt wurde. Die Vertikalverschiebung misst – bislang – 9000 m, was zum großen Teil auf eine Absenkung von Jackson Hole zurückgeht.

Bevor die Europäer kamen, sammelten und jagten Indianer verschiedener Stämme in diesem Gebiet. Früh im 19. Jahrhundert kamen Bergpioniere; sie gaben dem flachen, bergumrahmten Tal den Namen »Jackson's Hole« – nach dem Trapper Davey Jackson (das apostrophierte »s« ist inzwischen verschwunden). Die ersten Siedler waren Rancher und Farmer. Einige ihrer Bauten sind heute historische Stätten, obwohl in der Nachbarschaft weiterhin Weidewirtschaft betrieben wird. Bei Gründung des Parks gehörten nur die Berge dazu; ein Teil des Tales kam 1950 hinzu.

Heute umfasst der Park die Teton Range und einen Großteil von Jackson Hole. Die Straßen des Parks, die alle im Tal liegen, bieten einen ständig wechselnden Anblick der Tetons. Das muss wohl der Grund dafür sein, dass die meisten Besucher sich kaum je von der Straße entfernen. Aber auch bei Wanderern sind die Tetons beliebt; Wanderwege führen auf die Berge hinauf – und drüber hinweg. Man kann auch im Tal bleiben und bequem um Seen und Sümpfe herumwandern und dabei Elch, Wapiti, Maultierhirsch und viele Arten von Vögeln beobachten.

Anreise

Von Jackson auf US 26/89/191 nordwärts, am National Elk Refuge vorbei, zum *Moose Visitor Center and Entrance Station* bei Moose. Von Dubois auf US 26/287 nach Moran Junction, wo man nach Westen zur *Buffalo Entrance Station* abbiegt. Vom Yellowstone NP führt die Straße vom Südausgang direkt zum Park. Der Flugplatz Jackson Hole liegt im Park – zum Ärger der Naturfreunde.

Reisezeit

Immer ist was los in den Tetons. Die meisten Besucher kommen im Juli und August, wenn der Schnee in den Höhen geschmolzen ist und es warm und sonnig wird. Im September und Oktober sind die Tage mild, die Nächte frisch, der Park ist nicht zu voll, und die Tiere sind noch da. Wapiti-Hirsche sieht man jetzt besser als im Sommer.

Im Winter sind Schneeschuhlaufen und Skilanglauf beliebte Sportarten. Die Hauptstraße des Parks, US 26/89/191, bleibt ganzjährig geöffnet, aber die Teton Park Road (die »innere Straße«) wird von Cottonwood Creek ab nordwärts von Ende Oktober bis Anfang Mai schneebedingt gesperrt. Die Straße zwischen Moose und Wilson ist ebenfalls geschlossen. *Teton Village*, ganz im Süden des Parks gelegen, bietet auf Grund seiner geografischen Lage hervorragende Bedingungen für alpinen Skilauf.

Reiseempfehlungen

Bei einem 1-Tages-Besuch kann man auf der **Teton Park Road** zwischen **Moose Junction** und **Jenny Lake** wunderbare Aussichten auf die Tetons genießen und kurze oder längere Wanderungen unternehmen. Für den zweiten Tag empfiehlt sich ein Ausflug nach Norden zum **Signal Mountain** und **Jackson Lake**. Bei einem längeren Aufenthalt kommen eine Floßfahrt auf dem **Snake River**, ein paar erstklassige Tageswanderungen, ferner Kanufahren, Bergsteigen oder ein Natur-Seminar in Frage.

JOHN D. ROCKEFELLER, JR., MEMORIAL PARKWAY
To Yellowstone National Park
CARIBOU-
TARGHEE
NATIONAL
FOREST
JEDEDIAH SMITH
WILDERNESS
Survey Peak 9,277 ft
Berry Creek
Owl Creek
Snake
89
191
287
Lizard Creek
Arizona Cr.
Contant Cr.
North Bitch Creek
South Bitch Creek
Moose Cr.
Moose Basin
Webb Canyon
Arizona I.
JACKSON LAKE 6,772 ft
Colter Canyon
Moose Mountain 10,054 ft
Ranger Peak 11,355 ft
Leeks Marina
Waterfalls Canyon
Colter Bay Visitor Center
Colter Village
Eagles Rest Peak 11,258 ft
Rolling Thunder Mt. 10,908 ft
GRAND TETON
NATIONAL
PARK
TETON RANGE
South Badger Creek
North Leigh Creek
Bivouac Peak 10,825 ft
Moran Canyon
Moran Bay
Elk I.
Jackson Lake
Triple Glaciers
Signal Mt.
Mount Moran 12,605 ft
Falling Ice Glacier
Spalding Bay
Mt. Woodring 11,590 ft
Leigh Lake
Mount Moran Turnout
TETON PARK RD
South Leigh Cr.
Paintbrush Canyon
Grand Targhee Resort Ski Area
L. Solitude
String L.
Cathedral Group Turnout
Mount St. John 11,430 ft
Inspiration Point
Shuttle boat
Jenny Lake
Teton Cr.
Teton
Cascade Canyon
Mount Owen 12,928 ft
Teewinot Mt. 12,325 ft
Jenny Lake Visitor Center
Lost Cre
Teton Glacier
Grand Teton 13,770 ft
Lupine Meadows Trailhead
Middle Teton 12,804 ft
Amphitheater Lake
South Teton 12,514 ft
Teton Glacier Turnout
Bradley L.
Antelope Flats
Nez Perce 11,901 ft
Taggart L.
JACKSON HOLE
Darby Cr.
Taggart Lake Trailhead
Glacier View
TETON CREST TRAIL
Buck Mt. 11,938 ft
Windy Point Turnout
Death Canyon
Death Canyon Trailhead
Moose Visitor Center
Menor-Noble Historic District
Moose
Rimrock L.
Blacktail Butte 7,688 ft
Open Canyon
Phelps Lake
Fox Creek
Mount Hunt 10,783 ft
26
Granite Canyon
Gros Ventre
Granite Canyon Trailhead
SMITH
Moose L.
Jackson Hole Ski Area
Jackson Hole Airport
Teton Village
Gros Ventre
NATIONAL ELK REFUGE
WILDERNESS
Moose Cr.
BRIDGER-TETON NATIONAL FOREST
MOOSE-WILSON ROAD
Park Entrance
Flat Creek

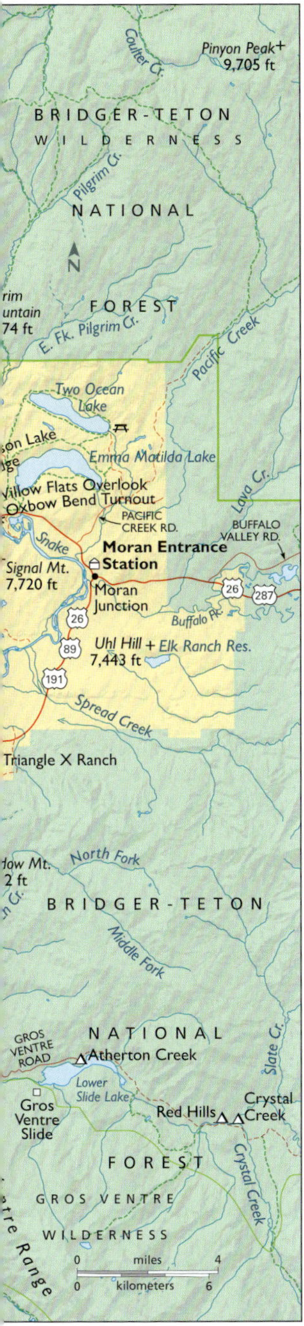

TETON PARK ROAD & JENNY LAKE LOOP

17 Meilen; mindestens ein halber Tag

Von **Moose Junction** geht die Fahrt über den **Snake River** zum **Moose Visitor Center**, dem ein kleines Ausstellungsgelände zugehört. Die erste Abzweigung danach führt rechts zum **Menor Noble Historic District**, einer Pionierfarm. Doch lassen Sie das für später, denn es locken die Berge. **Teton Park Road** steigt vom Fluss zu einer mit Sagebrush bedeckten Ebene an, hinter der sich das Panorama der Tetons ausbreitet. Auf der ganzen Fahrt kann man die Berge aus verschiedenen Blickwinkeln sehen, und jede Aussicht bringt neue Erlebnisse.

Wenn Sie vom **Taggart Lake**-Parkplatz auf die Berge hinüberschauen, erblicken Sie Spuren des Waldbrandes von 1985. Von einem bequemen Weg aus können Sie den Gang der Neubewaldung aus der Nähe betrachten – ein Hoffnungsschimmer für Yellowstone, wo im Sommer 1988 Flächenbrände wüteten.

Halten Sie am **Teton Glacier Tournout**, wenn Sie die Gletscher in Großaufnahme sehen wollen. Der Grand Teton ist mit 4197 m der höchste Berg der Kette.

Eine beliebte Kletterroute führt über den Südkamm links; aber es ist so, wie es aussieht – es führt kein

Die Teton Mountains hinter einer Scheune

Wildblumen und Blick auf Targhee National Forest

leichter Weg zum Gipfel. Links vom Grand erhebt sich der **Middle** und **South Teton**. Die Felsspitze, die dem South Teton über die Schulter schaut (doch eigentlich vor ihm liegt), ist **Nez Perce**. Rechts vom Grand erhebt sich der scharfzackige Mt. Owen, im Vordergrund sieht man die schroffen Zinnen des Teewinot Mountain. Beachten Sie die steile, vom Gletscher eingekerbte Schlucht, die geraden Weges vom Grand Teton herunterkommt. An ihrem Scheitelpunkt unter der fast senkrecht aufragenden Nordwand des Berges liegt der **Teton Glacier**. In einer fernen Eiszeit haben die Gletscher Jackson Hole 1000 m dick bedeckt und die Canyons und die Gipfel der **Teton Range** geschnitten. Die heutigen Gletscher in der Höhe haben sich in jüngerer Zeit gebildet.

Wenn Sie einmal den Blick von den Bergen wenden, dann können Sie vielleicht – besonders im Herbst – auf den Sagebrush-Ebenen beiderseits der Straße Gabelantilopen, Wapiti- und Maultierhirsche oder Kojoten sehen. Im Südosten von Jackson Hole liegt die **Gros Ventre Range**, wo Herden von Wapitis und Maultierhirschen die dicht bewaldeten Schluchten durchstreifen und Dickhornschafe auf den hohen Gipfeln stehen.

Weiter nördlich zweigt eine Nebenstraße nach **Lupine Meadows** ab. Von hier können Sie auf einem sehr schönen, aber anstrengenden Weg fast 1000 m aufwärts zum **Amphitheater Lake** an der Baumgrenze wandern. Lupine Meadows selbst ist ein guter Platz für abendliche Wildbeobachtungen.

Es folgt **South Jenny Lake Area**, doch wenn Sie nicht gerade um den See herumwandern oder mit dem Boot zum **Cascade Canyon** übersetzen wollen, fahren Sie daran vorbei. Vier Meilen voraus liegt **Jenny Lake Scenic Drive**; von dort führt eine schmale Strecke ins landschaftliche Herz der

Tetons hinein. Diese Straße biegt im spitzen Winkel nach Südwesten ab und bietet herrliche Blicke auf die mittleren Gipfel. Am **Cathedral Group Turnout** können Sie alles so richtig auf sich wirken lassen.

Man sieht von hier aus die Nordwand des Grand, flankiert von Teewinot (links) und Owen (rechts). Nach Norden zu folgen der tief eingeschnittene Cascade Canyon (eine der schönsten Wanderrouten im Park), **Mt. Saint John, Mt. Woodring** und der wuchtige, abgeflachte **Mt. Moran**. Am Moran sticht der **Falling Ice Glacier** hervor. Beachten Sie den markanten schwarzen Streifen oberhalb des Gletschers. Dieser **Black Dike** war einst flüssiges Magma, das in eine Spalte des älteren, granitähnlichen Gneises eindrang, bevor sich die Tetons hoben. Dieser Felsgang wurde durch Verwitterung des Gneises freigelegt und ragt nun nahe des Gipfels aus der Felswand. Ein ähnlicher Gang existiert am Middle Teton (von hier nicht zu sehen) und am Grand Teton.

Bald zweigt ein Sträßchen zum winzigen **String Lake** ab. Am Ende dieser Nebenstraße führt ein ebener Uferweg an lichtem Wald entlang zum glitzernden **Leigh Lake**. Dieser ist nach einem Bergbewohner namens Richard »Beaver Dick« Leigh benannt, der ein solcher Könner war, dass er »Biber fing, wo es gar keine gab«. Am See gibt es Sandstrände, herrliche Aussichten auf Mt. Moran und – manchmal im Sommer – auch Wasser, das warm genug ist, um darin zu baden.

Ein Stück weiter erreicht die Straße **Jenny Lake**. Es wird sofort klar, warum sich hier im Sommer die Fahrzeuge drängen – so großartig ist die Landschaft. Doch wer die Einsamkeit in all dieser Pracht sucht, kann sie auch hier finden. Parken Sie den Wagen und gehen Sie zum See hinunter, sofort fällt der Stress des Motorzeitalters von Ihnen ab. Vielleicht wollen Sie auch das Boot besteigen, das alle halbe Stunde vom Südufer des Sees ablegt. In der Nähe des Parkplatzes liegt das **Jenny Lake Visitor Center** samt Zeltplatz, Toiletten, **Ranger Station** und einem Geschäft.

Das Ausflugsboot bringt Sie zum **Cascade Canyon Trail** hinüber. Ein ¹/₂ Meilen-Spaziergang führt zu einem der schönsten Flecken des Parks: **Hidden Falls**. Eine halbe Meile steilen Wegs weiter kann man vom treffend benannten **Inspiration Point** auf den See hinunterschauen. Der Weg nach Inspiration Point ist nicht sehr steil, aber der Blick wird immer schöner. Vielleicht möchten Sie am Südufer des Sees zur *Ranger Station* zurückwandern – ein bequemer Weg von knapp 3 Meilen.

JACKSON LAKE

etwa 30 Meilen; mindestens ein halber Tag

Die Fahrt beginnt an der Kreuzung des North Jenny Lake Scenic Drive mit der Teton Park Road. Fahren Sie durch *Sagebrush* und *Lodgepole*-Wälder 2 1/2 Meilen nordwärts zum **Mt. Moran Turnout**. Moran ist mit seinen 3842 m um 300 m niedriger als Grand, aber man vermutet es nicht, wenn man hochschaut. Oben liegt eine Schicht Sandstein der Formation, die auch 7000 m unter Ihrem Standort begraben liegt: 13 Millionen Jahre Krustenbewegungen haben die Schichten etwa 10 000 m voneinander getrennt.

Nördlich von Mt. Moran beherrschen **Bironac Peak**, **Rolling Thunder Mountain** und **Eagles Rest Peak** diesen abgelegenen Winkel des Parks, der durch **Jackson Lake** von allen Straßenverbindungen abgeschnitten ist. Der natürliche See wurde vor Gründung des Parks durch Anlage eines Staudamms erweitert.

Spätnachmittag am Jackson Lake (oben); Mount Moran spiegelt sich in Catholic Bay (Mitte links); brünftiger Elchbulle (Mitte rechts); Klettern am Blacktail Butte, östlich von Moose (unten links); Hidden Falls (unten rechts)

Bevor Sie nun an den See kommen, sollten Sie rechter Hand zum **Signal Mountain** abbiegen. Die Straße (für Anhänger und Wohnwagen gesperrt) schlängelt sich einen Hügel hinauf, von dem man, weil er frei im Gelände steht, das ganze Tal überschauen kann. Nirgendwo sonst tritt die geologische Beschaffenheit der Tetons so klar vor Augen: der abrupte Übergang vom Tal zum Berg, der »Schlangenlauf« des Snake River durch eiszeitliche Alluvionen von Schutt und Lehm und die Bergzüge im Osten. Am Signal Mountain versteht man, warum früher Trapper solche Täler in den Bergen als »Holes« (Löcher) bezeichneten.

Sie kommen am *Signal Mountain Campground* an der Teton Park Road vorbei und überqueren den Snake River am Jackson Lake Damm. Eine Meile weiter mündet die Straße in die US 89/191/287. Falls Sie nach Yellowstone weiterfahren wollen, lohnt sich ein kurzer Abstecher (ca. 1 Meile) nach **Oxbow Bend**, von wo man die Tetons mit Mt. Moran in voller Schönheit erblicken kann. Und Wild gibt es hier jede Menge.

Halten Sie weiter nördlich am **Willow Flats Overlook**, wo bei den Weiden möglicherweise Elche stehen. Wenn sie dort nicht stehen sollten, dann schauen Sie vielleicht in den Wiesen nach ihnen, die sich gleich nördlich der Brücke über den **Pilgrim Creek** anschließen.

Ein paar Minuten später ist im *Colter Bay Visitor Center* ein ausgezeichnetes **Indian Arts Museum** zu besichtigen. Daneben können Sie sich auf dem **Colter Bay Nature Trail** (3 Meilen, leicht) die Beine vertreten; eine Wegbeschreibung gibt es am Weganfang oder beim *Visitor Center.*

Nördlich von Colter Bay verläuft die Hauptstraße dicht am See entlang. Kurz vor Lizard Creek Campground können Sie einen letzten Blick auf die Tetons und Jackson Lake werfen, bevor ein dichter Kiefernwald Sie aufnimmt. Nach 10 Meilen auf dem John D. Rockefeller, Jr., Memorial Parkway stehen Sie am Südeingang des Yellowstone-Parks.

WEITERE WANDERUNGEN & AKTIVITÄTEN

Grand Teton verfügt über gut 200 Meilen unterhaltener Wanderwege.

Cascade Canyon ist der beliebteste. Sie starten am Jenny Lake und wandern entweder am Seeufer entlang oder lassen sich nach Hidden Falls und Inspiration Point übersetzen. Viel weiter ist der Weg zum **Lake Solitude** – 7 Meilen mit dem Boot, und 9 1/2 Meilen, wenn Sie die ganze Strecke zu Fuß gehen –, doch es lohnt sich, wenigstens einen Teil der Strecke durch den Canyon zu gehen. (Fragen Sie, wann das letzte Schiff zurück zum Parkplatz fährt; die zusätzlichen 2 1/2 Meilen können nach einer langen Wanderung zur Ewigkeit werden.)

Vom Parkplatz Lupine Meadows führt der **Amphitheater Lake Trail** auf eine Höhe von 2950 m hinauf – eine anstrengende Tour von 9 Meilen hin und zurück. Belohnt wird der Wanderer allerdings mit einem überwältigenden Blick auf Jackson Hole. Der kleine See schmiegt sich an schroffe Berge, planen Sie mindestens 6 Stunden ein.

Vom **Death Canyon Trailhead**, den man von der **Moose-Wilson Road** erreicht, steigt man zu einer hübschen Aussicht auf **Phelps Lake** hoch. Dann führt der Weg weiter aufwärts zum **Teton Crest Trail**, einer Wanderroute, die das Gebirge überquert und im **Paintbrush Canyon** am String Lake endet – eine Strecke von etwa 40 Meilen und 3 Tagen.

Sie können auf dem Snake River Schlauchboot fahren . Die Bedingungen nennt das *Visitor Center.*

PRAKTISCHE INFORMATIONEN

ZENTRALE

Post Office Drawer 170, Moose, Wyoming 83012. Tel. (307) 739-3300; www.nps.gov/grte.

SAISON UND ANREISE

Hauptstraße durch den Park (US 26/89/191) ganzjährig geöffnet. Nebenstraßen von November bis Mai wegen Schnee gesperrt. Auskunft über Straßenverhältnisse im Winter bei der Zentrale.

BESUCHERINFORMATIONEN

Craig Thomas Discover & Visitor Center am Südende des Parks ganzjährig täglich geöffnet. *Colter Bay Visitor Center* am Jackson Lake Mitte Mai bis September geöffnet und *Jenny Lake Visitor Center* im Juni geöffnet außer Labor Day. Tel. (307) 739-3399.

EINTRITTSGEBÜHREN

$25 pro Wagen; gültig 1 Woche für Grand Teton und Yellowstone. $50 Jahresgebühr.

TIERE

An der Leine gehalten erlaubt, außer an Wegen, bei geführten Veranstaltungen, im Hinterland und im *Visitor Center*; auf Booten auf dem Snake River und anderen außer Jackson Lake, verboten.

EINRICHTUNGEN FÜR BEHINDERTE

Visitor Center, Indian Arts Museum, einige Toiletten, einige Wege, Menor-Noble Historic District und einige Ranger-Veranstaltungen sind für Rollstuhlfahrer zugänglich.

AKTIVITÄTEN

Kostenlose naturkundliche Veranstaltungen: Tages- und Dämmerungswanderungen, verschiedene Dia-Vorträge, buntes Lagerfeuerprogramm, Kinderprogramm und Geschicklichkeitstraining, Wildbeobachtung, Schneeschuhwanderungen. Außerdem: Bootsfahrt, naturkundliche Seminare, Bootfahren (Erlaubnis erforderlich), Rafting, Klettern, Radfahren, Reiten (Ställe im Park), Fischen (Erlaubnis erforderlich), Schneeschuhlaufen, Skilanglauf, Hundeschlittenfahren, Schneemobilfahren. Liste der Veranstalter im Park.

FREIES ZELTEN

Genehmigung erforderlich. Kostenlos zu erhalten bei *Visitor Centers* und *Jenny Lake Ranger Station*. Zu einem Drittel können Genehmigungen vorbestellt werden ($25), der Rest *fist come, first served.* Reservierungen zwischen Januar und Mitte Mai unter www.NPS.gov/grte, Fax: (307) 739-3438 oder an den Grand Tenton National Park, Backcounty Permits, P.O. Box 170, Moose, WY 83012

CAMPINGPLÄTZE

Sieben Campingplätze, **Jenny Lake** auf 7 Tage begrenzt, die übrigen 14-Tage-Limit. Ende Mai bis Oktober geöffnet, außer **Lizard Creek**, Mitte Juni bis Anfang September. $17 pro Nacht. Reservierung erforderlich für **Colter Bay** und **Colter Bay RV Park** ($22 pro Nacht).

UNTERKUNFT

INNERHALB DES PARKS:

Zuständig für die folgenden drei Lodges und Cabins: Grand Teton Lodge Co., P.O. Box 250, Moran, WY 83013. Tel. (800) 628-9988 oder (307) 543-2811.

Colter Bay Village and Marina 166 Cabins. $89–$179. Restaurant. Mitte Mai bis Ende September.

Jackson Lake Lodge (1 Meile nördlich von Jackson Lake Jct.) 385 Zimmer. $199–$650. Restaurant, Pool. Ende Mai bis Anfang Oktober.

Jenny Lake Lodge 37 Cabins. $450–$785, inkl. 2 Mahlzeiten. Restaurant. Anfang Juni bis Anfang Oktober.

Signal Mountain Lodge P.O. Box 50, Moran, WY 83013. Tel. (800) 672-6012 oder (307) 543-2831. 79 Zimmer. $124–$302. Restaurant. ca. 1.5.–15.10..

Triangle X Ranch Moose, WY 83012. Tel. (307) 733-2183. 22 Cabins. $1500–$1850 pro Person und Woche, alles inklusive. Ende Mai bis Oktober.

AUSSERHALB DES PARKS:

Lost Creek Ranch (8 Meilen nördlich von Moose) P.O. Box 95, Moose, WY 83012. Tel. (307) 733-3435. 13 Cabins. $6500–$15000 pro Person und Woche, alles inklusive. Juni bis November.

Weitere Unterkünfte: Jackson Hole Chamber of Commerce. P.O. Box 550, Jackson Hole, WY 83001. Tel. (307) 733-3316. Ganzjährig geöffnet.

AUSFLÜGE

NATIONAL ELK REFUGE
JACKSON, WYOMING

Im Winter können die Besucher auf Pferdeschlitten ins geschützte Winterweidegebiet eines 7500 Kopf starken Wapiti-Rudels fahren. 100 km^2. Viele Tiere kommen vom Yellowstone NP und vom Grand Tenton NP herüber. Angebote: Wandern, Fischen (August bis Oktober), Panoramastraßen, *Visitor Center* im Winter. Ganzjährig geöffnet, *dawn to dusk*. Grenzt an Südteil des Grand Teton NP. Tel. (307) 733-9212.

BRIDGER-TETON NATIONAL FOREST
JACKSON, WYOMING

Das riesige Waldgebiet umfasst verschiedene Landschaftstypen: das wildreiche Jackson Hole; die Gletscher und Seen der Wind River Range; Two Ocean Creek an der kontinentalen Wasserscheide. 13756 km^2. Angebote: 40 Zeltplätze, Wandern, Bootfahren, Bootsrampe, Fischen, Reiten, Jagen, Wassersport, Wintersport. Ganzjährig geöffnet; Zeltplätze Frühjahr bis Herbst. Grenzt an den Ostteil des Grand Teton NP. Tel. (307) 739-5500.

CARIBOU-TARGHEE NATIONAL FOREST
IDAHO FALLS, IDAHO

Hier an der Westflanke der Tetons breitet sich ein Lodgepole-Tannen-Wald aus, mit vielen Flüssen, Bächen und Seen. 6650 km^2, z.T. in Wyoming. Angebote: 899 Zeltplätze, Verpflegung, Wandern, Bootfahren, Bootsrampe, Fischen, Reiten, Jagen, Picknickplätze, Wintersport, Wassersport. Ganzjährig geöffnet; 32 Zeltplätze Ende Mai bis September. Grenzt an Grand Teton und Yellowstone NP. Tel. (208) 624-3151.

Sanddünen bei Sonnenuntergang mit den Sangre de Cristo Mountains im Hintergrund

GREAT SAND DUNES

COLORADO
GEGRÜNDET 13. SEPTEMBER 2004
433 Quadratkilometer

In vielen amerikanischen Nationalparks kommen die Besucher aus dem Staunen nicht heraus – das gilt auch für die Great Sand Dunes. Während man am Grand Canyon fasziniert in die Weite und Tiefe blickt oder beim Crater Lake mit einer tollen Aussicht für einen mühevollen Aufstieg belohnt wird, festigt sich der Eindruck der außerirdisch wirkenden Landschaft der großen Sanddünen jedoch nur langsam.

Beim Näherkommen tauchen die Dünen in einiger Entfernung auf, doch zunächst wirken sie nicht übermäßig groß, weil dahinter die 4500 m hohen Gipfel der Sangre de Cristo Mountains aufragen. Erst wenn man direkt am Fuß der Dünen steht, erfasst man ihre Dimensionen: sie sind bis zu 260 m hoch und dehnen sich kilometerweit aus – ein Meer aus Sand von atemberaubender heller Schönheit.

Die Dünen bedecken einen Teil des San-Luis-Tals im Süden von Colorado, eine breite Ebene zwischen den San Juan Mountains im Westen und den Sangre de Cristos im Osten. Versäumen Sie im Visitor Center keinesfalls die Ausstellung zu den Höhlen und der Chihuahua-Wüste. Lassen Sie sich auch den Blick vom Parkplatz aus nicht entgehen. Starke Südwestwinde wehten die Sand- und Staubpartikel zu den Sangre de Cristos, an deren Ausläufern sie sich heute auftürmen. Auf diese Weise sind die höchsten Dünen Nordamerikas entstanden, die sich über ein mehr als 77 Quadratkilometer großes Gebiet ausdehnen. Erwachsene wandern über die Dünen und bewundern ihre Schönheit; Kinder rollen sich die Steilhänge hinunter und genießen einen Riesensandkasten.

Oft bläst ein kräftiger Wind mit bis zu 60 Stundenkilometern. Er formt die Kämme der hohen Dünen beständig neu und lässt die kleineren in wenigen Tagen um einen ganzen Meter »wandern«. Die Dünen sind erstaunlich formbeständig; diese Tatsache schreiben die Geologen Winden aus entgegengesetzten Richtungen zu. Die vorherrschenden Südwestwinde treiben den Dünensand in Richtung Nordosten auf die Berge zu, während die gelegentlichen starken Nordostwinde ihn wieder in Richtung Süden blasen. Diese Vor- und Zurückbewegung baut die Dünen vertikal auf und trägt zu ihrer Festigkeit bei.

Weil die Dünen ihre Form nur behalten, wenn genügend Wasser vorhanden ist, stehen dem Gebiet einige Veränderungen bevor. Dank gemeinsamer Anstrengungen von privaten Umweltschutzorganisationen und der Regierung konnte der Ankauf von Privatgrund, der zum Schutz des Parks nötig war, am 13. September 2004 abgeschlossen werden. Der neue Park umfasst das ursprüngliche National Monument, die Region Baca Ranch westlich davon und die Berge im Osten, die im Augenblick noch von der US-Forstbehörde verwaltet werden. Sie stehen allerdings bereits seit dem Jahr 2000 unter Schutz, um die kleinen Flüsse zu bewahren. Die offizielle Bezeichnung lautet Great Sand Dunes National Park and Preserve. Besucher werden dann zu vielen unterschiedlichen Lebensräumen Zugang haben, von den Dünen über Landstriche mit *Pinus edulis*, Cottonwood-Pappeln und Espen am Fuß der Berge bis hin zu höheren Lagen mit Fichten, Tannen und Hochlandvegetation auf den Gipfeln der Sangre des Cristos, die allein sieben mehr als 3900 m hohe Berge umfassen. Die Region ist aufgrund ihrer Geologie, der Flora und Fauna besonders faszinierend und auch unter den Nationalparks einzigartig. Die Fahrt durch den Süden von Colorado lohnt sich also in jedem Fall, selbst wenn Sie nur dieses eine Ziel ansteuern.

Anreise

Fahren Sie von Osten oder Norden auf der US 160 (westlich von Walsenburg) 59 Meilen bis zur Colo. 150 und dann 16 Meilen nach Norden. Von Süden oder Westen kommend, nehmen Sie die US 285 nach Alamosa, fahren dann weitere 14 Meilen ostwärts zur Colo 150 und anschließend nach Norden zu den Dünen und zum Schutzgebiet. Flughafen: Colorado Springs.

Reisezeit

Ganzjährig. Im Frühjahr und Herbst sind die Temperaturen am angenehmsten. Die Sanddünen werden im Sommer sehr heiß, doch am Morgen und Abend kann man sie bequem überqueren. Im Sommer ist es im Park am vollsten. Im Winter sind Ausflüge ins Hochgebirge wegen des Schnees nur begrenzt möglich, die Dünen können Sie aber immer besichtigen.

Reiseempfehlungen

Halten Sie am *Visitor Center* (zurzeit am Parkplatz bei den Dünen), und informieren Sie sich über den Lebensraum Düne. Hier erhalten Sie auch das Programm der Führungen (nur im Sommer). Von dort weiter zum Parkplatz. Dann können Sie in die Dünen hineinspazieren und so hoch und weit klettern, wie Ihre Zeit und Energie es erlauben. Die **High Dune** ist ein beliebtes, nicht übermäßig anstrengendes Ziel.

Kinder und Erwachsene planschen gern im **Medano Creek**, der am Fuß der Dünen fließt, wenn bei der Schneeschmelze genügend Wasser anfällt. Der **Montville Nature Trail** und der **Mosca Pass Trail** bieten zusätzliche Möglichkeiten zur Erkundung.

Wenn Sie über einen Wagen mit Allradantrieb verfügen und sehr vorsichtig fahren, können Sie die **Medano Pass Primitive Road** benutzen, die in den Sangre de Cristo Mountains rund 11 Meilen weit ins Schutzgebiet hineinführt. Sie passieren verschiedene Lebensräume, von den Ausläufern der Berge bis hin zum Nadelwald am 3042 m hohen Pass. An dieser Straße können Sie Touren buchen, fragen Sie bei den Rangers.

THE DUNES & MEDANO CREEK

kurze Wanderungen, ein Vor- oder Nachmittag

Das 20-minütige Video im Besucherzentrum vermittelt einen guten Eindruck von der Geologie und Geschichte des Parks. Im Sommer bieten Parkmitarbeiter hier und an anderen Stellen verschiedene Aktivitäten an. Häufig gibt es auch ein Kinderprogramm.

Beginnen Sie Ihren Erkundungsgang am Parkplatz der **Dünen**. Sie wirken wie gelbbraune Miniaturausgaben der mächtigen Sangre des Cristos, die im Hintergrund emporragen. Nehmen Sie sich zunächst Zeit für den **Medano Creek**. Dieser kleine Fluss verläuft am Rand der Dünen. Die Feuchtigkeit, die er ihnen zuführt, ist für diesen Lebensraum von entscheidender Bedeutung. Kinder können hier Sandbur-

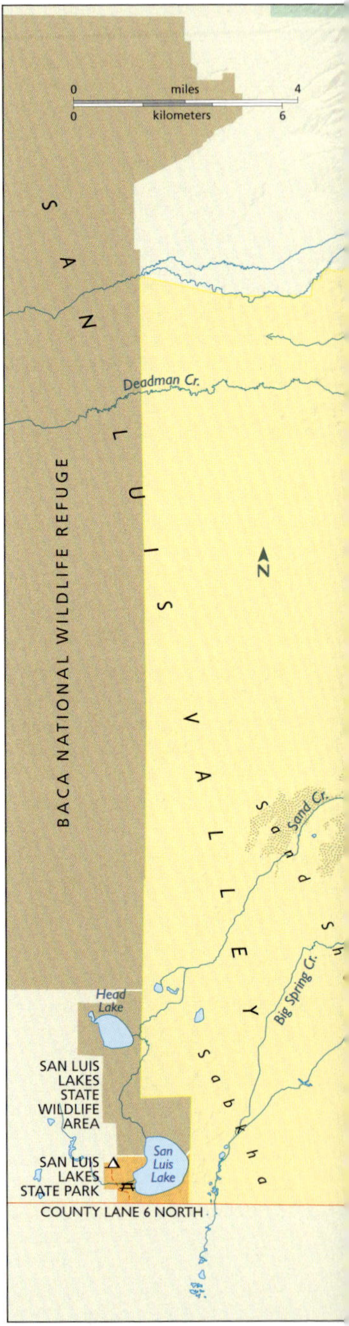

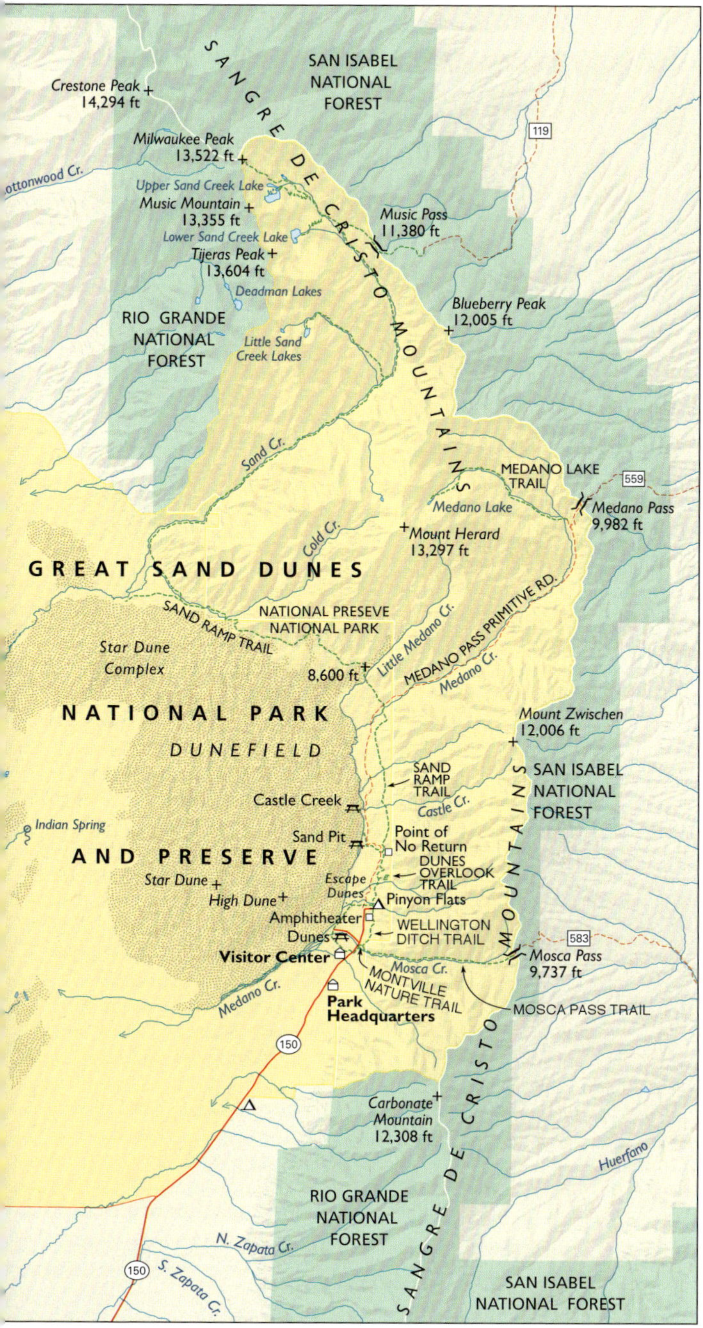

GREAT SAND DUNES

Bienenfreund am Rand der Dünen (oben)
Herrlicher Blick von einer hohen Düne aus (unten)

gen bauen oder barfuß durch das Flussbett laufen.

Der Medano Creek führt in der Regel nur im Frühjahr während der Schneeschmelze Wasser.

Wandern Sie nun in die Dünen hinein. Sie werden schnell feststellen, wie anstrengend es ist, sich durch den Sand fortzubewegen. Arbeiten Sie sich langsam seitwärts zum Dünenkamm vor. Wenn Sie gern barfuß gehen, sollten Sie bedenken, dass sich der Sand im Sommer stark erhitzt. Tragen Sie lieber gutes Schuhwerk und einen Sonnenhut, und cremen Sie sich mit Sonneschutzmittel ein. Nehmen Sie auf längere Touren unbedingt genügend Wasser mit. In den Dünen leben übrigens weder Schlangen noch Skorpione.

Sie können in jede beliebige Richtung gehen, sollten sich aber ihren Ausgangspunkt merken. Die meisten Besucher orientieren sich an den immer deutlich sichtbaren Gipfeln der Sangre de Cristos, doch für ausgedehnte Wanderungen ist ein Kompass immer hilfreich. Beliebt ist die eine Meile lange Strecke zur **High Dune**, die sich 225 m über den Talboden des San Luis Valley erhebt. Von oben blicken Sie weit über die Dünen und das Tal bis zu den Bergen. Eine weitere Meile in westlicher Richtung ist die **Star Dune** entfernt, die ebenfalls eine schöne Aussicht bietet. Während die meisten Dünen in eine Richtung laufen, haben so genannte Sterndünen (*star dunes*) mehrere Arme.

Fotografieren können Sie in den Dünen am besten am Morgen und Spätnachmittag, wenn die Sonne tief steht und lange Schatten die Umrisse und Kämme deutlich hervorheben.

Besonders aufregend sind Nachtwanderungen durch die Dünen. Bei Mondschein wirkt die stille, einsame Landschaft regelrecht verwunschen.

Baca Ranch

ÖSTLICH DER DÜNEN

ein Tag oder länger

Die Dünenlandschaft ist faszinierend und wunderschön, auf die Dauer aber etwas eintönig, zumal hier nur sehr wenige Tiere und Pflanzen leben. Die Ausläufer und Gipfel der Sangre de Cristos, die heute zum größten Teil zur **Great Sand Dunes National Preserve** gehören, bieten dagegen wesentlich mehr Abwechslung. Sie können in dem Schutzgebiet wandern oder mit einem geeigneten Fahrzeug bei Wacholderbüschen und Kiefern starten und an von Espen und Cottonwood gesäumten Flussufern entlang bis zu höher gelegenen Wäldern mit Ponderosakiefern, Tannen und Fichten fahren. Auf den höchsten Gipfeln wächst oberhalb der Baumgrenze alpine Vegetation mit Gräsern, niedrigen Büschen, Wildblumen und Bodenkriechern.

Östlich der Hauptstraße und nördlich des Besucherzentrums liegt ein Parkplatz, an dem drei Wanderwege beginnen. Der leichteste, der nur ½ Meile lange **Montville Nature Trail**, schlängelt sich am Fuß der Berge entlang. Hier bekommen Sie mit etwas Glück Maultierhirsche, Backenhörnchen, Audubonkaninchen oder Kojoten zu Gesicht. Die auffälligen Elstern mit den langen Schwänzen haben gelernt, um Futter zu betteln, doch sollten Sie grundsätzlich keine Tiere füttern. Hübsche Gambelmeisen flitzen von Baum zu Baum. Der **Wellington Ditch Trail** zweigt vom Montville Trail ab und folgt einem alten Bewässerungskanal etwa eine Meile nach Norden bis zum NPS-Campingplatz.

Am Ausgangspunkt des Montville Trail fängt auch der **Mosca Pass Trail** an. Sie wandern zunächst über eine alte Zollstraße hinauf zum Mosca Creek, einem Zufluss des Medano, und überqueren dabei die Parkgrenze zum Dünenschutzgebiet. Der Weg führt durch Cootonwood und Espen, steigt zu einem Wald mit Engelmannfichten und anderen subalpinen Bäumen an und erreicht nach 3 ½ Meilen schließlich den fast 3386 m hohen Mosca Pass. Insgesamt gilt es einen Höhenunterschied von knapp 520 m zu überwinden. Dafür erhalten Sie einen guten Überblick darüber, wie sich die Lebensräume in höheren Gebirgslagen verändern.

Wenn Sie über einen Wagen mit Allradantrieb verfügen, bietet sich die **Medano Pass Primitive Road** an. Sie verläuft an der Ostgrenze des Dünenparks und biegt dann in das Schutzgebiet ab, wo sie nach rund 11 Meilen den 3042 m hohen Medano Pass erreicht. Auf dieser Route können Sie die höheren Lagen der Sangre de Cristos bequem erkunden, doch sollten Sie einige kleinere Hürden einkalkulieren. Die Strecke führt über mehrere Meilen durch weichen Sand und empfiehlt sich daher nicht für kleinere, niedrige Geländewagen ohne Breitreifen. Selbst größere Fahrzeuge müssen eventuell den Reifendruck verringern, um den Sand ohne Schwierigkeiten zu passieren (am Amphitheater können Sie die Luft wieder nachfüllen). Auch überquert die Straße mehrere Bäche, die im Frühjahr manchmal anschwellen. Im Winter ist die Route ohnehin gesperrt.

Wenn Sie keinen geeigneten Wagen besitzen, können Sie zwischen Mai und September an einer begleiteten, kommentierten Tour über die Medano Pass Primitive Road teilnehmen. Sie dauert zwei Stunden, führt nicht in das Schutzgebiet hinein, bietet aber Zugang zu Stellen, die Besucher sonst nur selten entdecken.

Mosca Pass Trail oder Medano Pass Road – beide lohnen wegen der herrlichen Landschaft und der naturgeschichtlichen Erfahrungen unbedingt einen Ausflug. Die Wanderung vom Tal in den üppig grünen Bergwald ähnelt einer Reise von den Wüsten im Südwesten bis nach Kanada. Ökologen begeistern sich für die unterschiedlichen Lebensräume der Region, die sich in verschiedenen Höhenlagen wie ein Band um das Gebirge ziehen und zahlreiche Tier- und Pflanzenarten beherbergen. Nacktschnabelhäher und Maultierhirsche sind z.B. in einem kargen Gebiet mit verstreuten Wacholderbüschen und Kiefern zu Hause, während Grauhäher und Dickhornschafe hoch oben in den Bergen leben.

Einer der beliebtesten Wanderwege des Reservates beginnt an der Medano Pass Road, etwa 1/2 Meile westlich des Passes. Der **Medano Lake Trail** steigt innerhalb von vier Meilen um 660 m an und erreicht dann einen See, der sich in reizvoller Lage unter dem 4052 m hohen Mount Herard ausdehnt. Der Pfad führt durch Espenhaine, die sich im Herbst leuchtend gelb färben. Auf dem letzten Stück ist der Weg sehr uneben. Wenn Sie über die Sanddünen schauen möchten, müssen Sie sich noch etwas länger anstrengen und auf den Grat über dem See klettern. Zum Lohn lernen Sie eine wunderschöne Landschaft mit Blumenwiesen, dichten Tannengehölzen und vom Wind zerzausten Bäumen an der Baumgrenze kennen. Im Herbst hören Sie hier das Röhren der Elche und den rauen Schrei der Tannenhäher.

Besucher am Medano Creek

PRAKTISCHE INFORMATIONEN

ZENTRALE
11500 Hwy. 150; Mosca, Colorado 81146, Tel. (719) 378-6300; www.nps.gov/grsa.

SAISON UND ANREISE
Park: ganzjährig. Im Sommer kann sich der Sand bis auf 60 °C erhitzen.

BESUCHERINFORMATIONEN
Das neue vergrößerte Visitor Center an der Colo. 150 ist ganzjährig geöffnet und zeigt auch Ausstellungen. Tel. (719) 378-2312-6399.

EINTRITTSGEBÜHREN
$3 pro Person und Woche; Jahreskarte $15.

TIERE
An der Leine zugelassen, außer in Wilderness Areas und Campingplätzen im Hinterland. Achtung: Im Park jagen Pumas, Kojoten und Füchse. Pferde sind im Dünenbereich verboten.

EINRICHTUNGEN FÜR BEHINDERTE
Für Rollstuhlfahrer sind die Dünen ungeeignet. Das *Besucherzentrum* verleiht sandtaugliche Rollstühle. Zugänglich sind der *Pinyon-Campingplatz* und der Campingplatz *Sawmill Cayon Backcountry* an der Medano Pass Primitive Road. Die Parkmitarbeiter helfen bei Fragen gern weiter.

AKTIVITÄTEN
Sie können durch die Dünen wandern, fotografieren, Tiere beobachten, mit Schneeschuhen oder Langlaufskiern wandern, die Natur erkunden, klettern, Vögel beobachten. Im Sommer werden Sandburgen- und Drachenfeste organisiert. Geländewagentouren: Infos über Campingplatz *Great Sand Dunes Oasis*, Tel. (719) 378-2222.

FREIES ZELTEN
Für freies Zelten benötigen Sie eine Genehmigung. Campen ohne Zelt und Lagerfeuer ist erlaubt. Im größten Teil des Parks und des Schutzgebietes dürfen Sie Pferde oder Packtiere mitführen, wenn Sie zelten. Gruppen: max. 6 Personen und Tiere im Dünenpark und 25 im Schutzgebiet. Besprechen Sie Sonderregelungen mit dem Personal im Park.

CAMPINGPLÄTZE
Pinyon Flats Campground, 88 Plätze, ganzjährig geöffnet, keine Reservierung. $14 pro Nacht.
Außerhalb des Dünenparks: *San Luis Lakes State Park* (13 Meilen auf der Six Mile Ln.) mit 51 Plätzen mit Blick auf die Sangre de Cristos und die Great Sand Dunes, Tel. (719) 378-2020. $18 pro Nacht und $ 6 am Tag.
Great Sand Dunes Lodge and Campground 7900 Hwy. 150 N. Mosca, CO. Tel. (719) 378-2900 (Reservierung für Wohnmobile und Cabins) 130 Zeltplätze. $18, first come, first served und 20 RV-Plätze ($28), 4 Camping-Cabins $40.

BESONDERE HINWEISE
- Bringen Sie gutes Schuhwerk mit, der Sand kann sehr heiß werden.
- Nehmen Sie genügend Wasser mit, ganz gleich, wie lange Sie wandern.
- Achten Sie auf Sonnenschutz, und tragen Sie einen Hut.

UNTERKUNFT
(wenn nicht anders vermerkt, gelten Preise für 2 Personen im Doppelzimmer zur Hauptsaison)

AUSSERHALB DES PARKS:
Great Sand Dunes Lodge 7900 Hwy. 150 N. Mosca, CO 81146. Tel. (719) 378-2900 (Lodge). 12 Zimmer $95–125. Pool.

Weitere Unterkünfte: Alamosa Chamber of Commerce, Tel. (719) 589-3681 oder Custer Chamber of Commerce, Tel. (719) 783-9163.

Espen in ihren prächtigen Herbstfarben

ROCKY MOUNTAIN

COLORADO
GEGRÜNDET 26. JANUAR 1915
1075 Quadratkilometer

Nirgendwo sonst in den Vereinigten Staaten kann man so viel Hochgebirge auf so bequeme Weise besichtigen. Nur 2 Autostunden von Denver entfernt führt Trail Ridge Road den Touristen auf 10 Meilen über einen 3300 m hohen Kamm – und mitten ins Herz des Rocky Mountain National Park. Auf dieser Strecke blickt man über winzige Tundrenblumen hinweg auf mächtige Berggipfel – viele von ihnen um 4000 m hoch. In Gebirgsseen spiegelt sich ihre Größe.

Diese Berge bilden schon mindestens die dritte Gebirgsgeneration im behandelten Raum. Die erste thronte wohl vor 135 Millionen Jahren – als die Dinosaurier regierten – als Inselkette über einem flachen Meer. Eine zweite Kette erhob sich vor 75 Millionen Jahren aus einem späteren Meer. Im Laufe der Erdzeitalter wurden diese Berge zu einem Hügelland abgetragen, das wiederum, wenn auch uneinheitlich, gehoben wurde: Gewisse Teile tauchten an Bruchlinien ab, was zu der auffälligen Topografie der heutigen Landschaft beitrug.

Gesteine, die so alt sind wie die am Grunde des Grand Canyons (fast 2 Milliarden Jahre), bilden die Gipfelflur der Rockies. Während der letzten Million Jahre räumten die Gletscher, Felsbrocken mit sich schleifend, tiefe

Trogtäler aus. Später gab die Verwitterung den schrofferen Gipfeln ihr heutiges Gesicht.

Obwohl der Park nur etwa ein Achtel der Größe von Yellowstone aufweist, zählt Rocky Mountain doch genauso viele Besucher – 3 Millionen (oder mehr) im Jahr. Der zu große Andrang macht den Parkverantwortlichen und Naturschützern Sorge; sie weisen auf bedrängte Tiere, zertretene Pflanzen und ausgewaschene Wege hin. Eigentumswohnungen entstehen am Rande des Parks und schränken den Lebensraum des Rotwilds und anderer Wildtiere ein; der Park droht zu einer Insel der Natur zu werden.

Anreise

Auf I-25 von Denver (ca. 77 Meilen) nordwärts oder von Cheyenne, Wyoming (ca. 90 Meilen), südwärts, dann bei Loveland auf US 34 westwärts. Von Westen erreicht man US 34 bei Granby. Flughäfen: Denver, Colorado oder Cheyenne.

Reisezeit

Meiden Sie die Zeit von Mitte Juni bis Mitte August, wenn ca. die Hälfte der Jahresbesucher kommen. Trail Ridge Road ist von Ende Mai bis Mitte Oktober zugänglich, die Wanderwege ab Anfang Juli. Im Mai blühen die Blumen der subalpinen Zone, etwas später die der Tundra, Juni, Juli die subalpinen Wildblumen. September ist der schönste Monat: Wapiti-Hirsche kommen herunter, und man hört ihr Röhren. Die Tundra färbt sich rot, die Espen später golden. Der Winter macht Skilanglauf und Schneeschuhlaufen möglich.

Reiseempfehlungen

Bei einem eintätigen Blitzbesuch vom Osteingang her bietet **Trail Ridge Road** bis **Farview Curve** die klassischen Ansichten von Bergen, Tälern und Tundra; für die zweite Tageshälfte empfehlen sich die schönen Seen an der **Bear Lake Road**. Die erste Tour wird zur Rundfahrt, wenn man die unbefestigte, einbahnige **Old Fall River Road** nach Westen und Trail Ridge Road nach Osten fährt. Old Fall River Road führt tief ins Waldgebirge hinein, doch ist die Strecke gewöhnlich bis Anfang Juli unpassierbar.

Haben Sie mehr Zeit, dann fahren Sie zunächst bis **Grand Lake** im Westen und eventuell am folgenden Tag nach **Bear Lake**. Aber: *Meiden Sie im Sommer zur Mittagszeit die baumlosen Höhen, da dann häufig Gewitter auftreten.*

TRAIL RIDGE ROAD BIS GRAND LAKE, ÜBER FARVIEW CURVE

50 Meilen; mindestens ein ganzer Tag

Trail Ridge Road (US 34) folgt einem 10 000 Jahre alten Pfad; vorgeschichtliche Völker jagten einst, wo Sie jetzt fahren. Die Straße steigt zu einem Land auf, das an die arktischen Weiten Sibiriens, Alaskas oder Nordkanadas erinnert. Nehmen Sie sich warme Kleidung und einen Sonnenschutz mit. Wenn Sie von Estes Park auf US 36 in den Park einfahren, holen Sie sich im *Visitor Center* Material, vor allem ein Blatt über die Trail Ridge Road und einen Wetterbericht. (Kommen Sie auf US 34 von Westen, dann beginnen Sie am *Visitor Center* von Grand Lake und fahren die umgekehrte Tour.) Nach Einfahrt in den Park geht es geradewegs auf US 36 durch offenen *Ponderosa*-Kiefernwald den **Deer Mountain** hinauf.

Bei **Deer Ridge Junction** können Sie sich für Trail Ridge Road (geradeaus) oder – im Sommer – für einen Bogen durch **Horseshoe Park** (rechts) entscheiden; dieser führt Sie an den

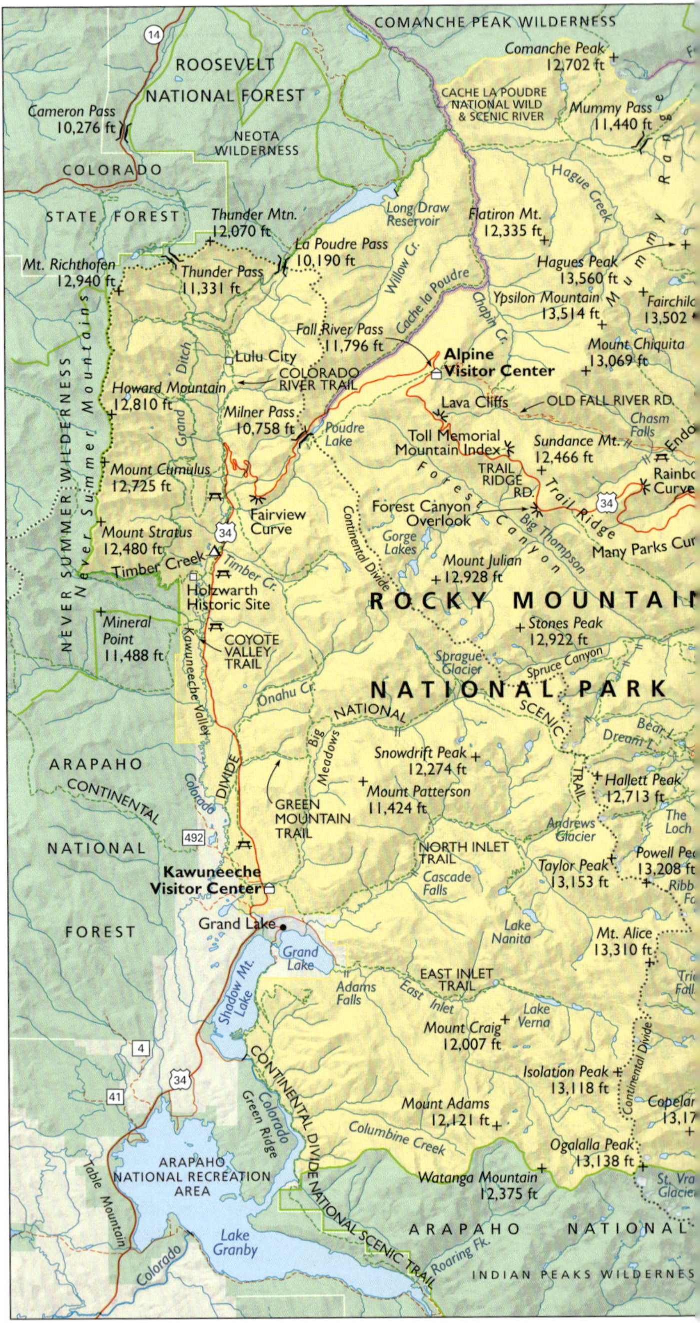
COMANCHE PEAK WILDERNESS
Comanche Peak 12,702 ft
ROOSEVELT NATIONAL FOREST
Cameron Pass 10,276 ft
CACHE LA POUDRE NATIONAL WILD & SCENIC RIVER
Mummy Pass 11,440 ft
NEOTA WILDERNESS
COLORADO STATE FOREST
Thunder Mtn. 12,070 ft
Long Draw Reservoir
Flatiron Mt. 12,335 ft
Hague Creek
La Poudre Pass 10,190 ft
Mt. Richthofen 12,940 ft
Thunder Pass 11,331 ft
Willow Cr.
Cache la Poudre
Hagues Peak 13,560 ft
Mummy Range
Ypsilon Mountain 13,514 ft
Fairchild 13,502
Chapin Cr.
NEVER SUMMER WILDERNESS
Never Summer Mountains
Fall River Pass 11,796 ft
Alpine Visitor Center
Mount Chiquita 13,069 ft
Lulu City
COLORADO RIVER TRAIL
Ditch
Grand
Howard Mountain 12,810 ft
Milner Pass 10,758 ft
Poudre Lake
Lava Cliffs
OLD FALL RIVER RD.
Chasm Falls
Toll Memorial Mountain Index
Sundance Mt. 12,466 ft
Endo
TRAIL RIDGE RD.
Rainbo Curve
Mount Cumulus 12,725 ft
Fairview Curve
Forest Canyon
Trail Ridge
34
Forest Canyon Overlook
Continental Divide
Gorge Lakes
Big Thompson
Many Parks Cur
Mount Stratus 12,480 ft
Timber Creek
Timber Cr.
Mount Julian 12,928 ft
Holzwarth Historic Site
ROCKY MOUNTAIN NATIONAL PARK
Mineral Point 11,488 ft
Kawuneeche Valley
COYOTE VALLEY TRAIL
Stones Peak 12,922 ft
Sprague Glacier
Spruce Canyon
Onahu Cr.
NATIONAL SCENIC TRAIL
Bear L.
Dream L.
Big Meadows
Snowdrift Peak 12,274 ft
Hallett Peak 12,713 ft
ARAPAHO CONTINENTAL DIVIDE NATIONAL FOREST
Colorado
Mount Patterson 11,424 ft
GREEN MOUNTAIN TRAIL
The Loch
Andrews Glacier
492
NORTH INLET TRAIL
Powell Pe 13,208 ft
Taylor Peak 13,153 ft
Cascade Falls
Kawuneeche Visitor Center
Ribb Fa
Grand Lake
Lake Nanita
Mt. Alice 13,310 ft
Grand Lake
EAST INLET TRAIL
Shadow Mt. Lake
Adams Falls
East Inlet
Lake Verna
Mount Craig 12,007 ft
Tri Fall
4
34
Isolation Peak 13,118 ft
41
CONTINENTAL DIVIDE NATIONAL SCENIC TRAIL
Colorado
Green Ridge
Mount Adams 12,121 ft
Copelar 13,17
Columbine Creek
Ogalalla Peak 13,138 ft
ARAPAHO NATIONAL RECREATION AREA
Table Mountain
Watanga Mountain 12,375 ft
St. Vra Glacie
Lake Granby
ARAPAHO NATIONAL
Colorado
Roaring Fk.
INDIAN PEAKS WILDERNES

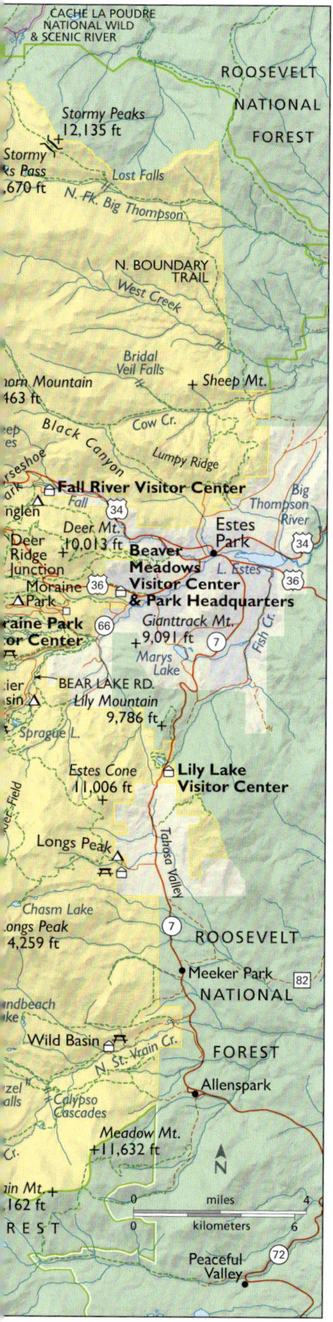

Kastillea und Giftlilien

Sheep Lakes und möglicherweise auch an Dickhornschafen vorbei, die hier bisweilen eine natürliche Salzlecke aufsuchen. (Im Herbst sollte man Horseshoe Park frühmorgens oder abends besuchen; die Brunftschreie der Wapiti-Hirsche hört man bald nach Sonnenuntergang.) Sie können nun über **Old Fall River Road** zum **Fall River Pass** weiterfahren (siehe dort) oder nach Deer Ridge Junction und zur US 34 – Trail Ridge Road – zurückkehren.

Halten Sie nach knapp 2 Meilen an einem unmarkierten Parkstreifen rechts. Unter Weiden und Erlen haben Biber hier den **Hidden Valley Creek** aufgestaut und Teiche angelegt. Nehmen Sie sich ein paar Minuten für den Plankenweg: Vielleicht zeigt sich Ihnen im klaren Wasser der Teiche die Purpurforelle, ein heimischer Fisch, der gerade wieder angesiedelt wird.

Trail Ridge Road tritt alsbald in die subalpine Zone ein, in der Fichten-Tannen-Wälder vorherrschen. Halten Sie gleich hinter **Many Parks Curve** rechts und gehen Sie zum Aussichtspunkt zurück. Die »Parks« in den Rockies sind Bergwiesen. Die Gletscher der Eiszeit haben bei ihrem Abschmelzen oft Seen zurückgelassen, eingefasst von den ehemaligen

Seitenmoränen der Gletscher. Die Seen verlandeten mit der Zeit zu flachen Wiesen.

Noch knapp 6 Meilen, und die Straße überschreitet die Baumgrenze, wo strenge Wintertemperaturen und Windgeschwindigkeiten von fast 150 km/h die Bäume zu Büschen verkümmern lassen. Noch höher folgt die Tundra. Nur 5 Minuten dauert der Gang zu großartigen Aussichten auf **Forest Canyon**, ein U-förmiges Gletschertal in 750 m Tiefe. *Bleiben Sie auf dem Weg* – beschädigte Tundra-Pflanzen sind sehr empfindlich und brauchen Jahrzehnte, um sich zu erholen.

Es geht jetzt an runden Berggipfeln vorbei – Resten einer Rumpffläche, die durch Abtragung eines Urgebirges entstanden war. Die Fläche wurde fast unversehrt gehoben und auch von den Gletschern der Eiszeit nicht berührt. Halten Sie nach 2 Meilen bei **Rock Cut** (3691 m) und gönnen Sie sich den relativ leichten Naturlehrpfad (1 Meile hin und zurück). Wenn Sie wegen der Höhe von Schwindel oder Übelkeit befallen werden, *gehen Sie langsam.* Der Pfad führt zum **Toll Memorial Mountain Index** hinauf, einer Bergbestimmungstafel auf einem Steinhaufen. Der Blick schweift über Berge, Tundra und bizarre Felsen – ein grandioser Anblick. Tafeln führen ein in Geologie, Tierwelt und Pflanzenreich dieser Region. Etwa 4 Meilen von hier, am Fall River Pass, erwartet Sie im **Alpine Visitor Center** mehr über die alpine Welt – und im Snack Shop gibt es Erfrischungen.

Nach ca. 4 Meilen kreuzt Trail Ridge Road am **Milner Pass** die kontinentale Wasserscheide. Wasser, welches von hier nach Osten abfließt, findet seinen Weg zum Atlantik; wenn es nach Westen fließt, sucht es den Pazifik. Von **Farview Curve** (2 Meilen weiter) öffnet sich ein unvergesslicher Blick auf die **Never Summer Mountains** und das von Gletschern geschürfte **Kawuneeche Valley**. Durch dieses Tal fließt der junge **Colorado River**, der nur 5 Meilen weiter nördlich entspringt. Im Westteil der Never Summer Range kann man auf halber Höhe einen waagerechten Schnitt bemerken. Es ist der 14 Meilen lange **Grand Ditch**, der zwischen 1890 und 1932 erbaut wurde, um Wasser von der ständig feuchten Westflanke der Kontinentalscheide zu den trockeneren Great Plains im Osten abzuleiten.

Fahren Sie, wenn Sie Zeit haben, noch die restlichen 14 Meilen der Trail Ridge Road zu den Biberteichen, Weidenbäumen und Nadelwäldern der Talaue hinunter. Vielleicht erblicken Sie Elche – seit 1978 wieder eingeführt, nachdem die Siedler sie ausgerottet hatten. Auch die Wölfe, Grizzlybären und Büffel der Region fielen den Jägern zum Opfer.

Im späten 19. Jahrhundert lockte die Kunde von Silber und Gold Hunderte von Bergleuten ins Tal. Doch erwiesen sich ihre *Claims* als wertlos, und die Boomtowns verschwanden so schnell, wie sie gekommen waren. Vom **Colorado River Trailhead**, etwa 4 Meilen nach Farview Curve, bringt Sie eine 2 Meilen lange Wanderung zu den verfallenen Blockhütten des Bergmanns Joe Shipler aus den 1870er Jahren. Nach weiteren 1,7 Meilen kommen Sie nach Lulu City, einem geschäftigen Bergbau-Camp von einst. Ob Sie hingehen oder nicht, am *Trailhead* oder im *Visitor Center* gibt es eine spannende Lektüre über die Geschichte von Mensch und Natur in diesem Raum.

Nach 2 Meilen Fahrt bietet sich ein Spaziergang (H Meile) durch wogendes Gras über den Colorado River zur **Holzworth Trout Lodge** an, einer Dude Ranch der 1920er Jahre. Es hatte sich nämlich herumgesprochen, dass das wahre Gold aus den Taschen der Touristen zu heben ist. Bei Grand Lake verlässt die Straße den Park.

Sonnenaufgang über Sprague Lake

OLD FALL RIVER ROAD BIS FALL RIVER PASS

92/5 Meilen; ein knapper halber Tag

Old Fall River Road ermöglicht Ihnen eine gemächliche (25 km/h) Fahrt auf unbefestigten Straßen durch Nadelwald und Tundra. Sie ist außerdem als geführte Autotour (keine Wohnwagen) ausgelegt; das Material können Sie am Streckenanfang – 4 Meilen nach **Fall River Entrance Station** – kaufen. Unterwegs werden Sie auf Spuren alter Gletscher sowie neuer Felsstürze und Lawinen treffen.

Sie können die Tour an der *Entrance Station* an US 34 oder an der Abzweigung kurz vor Sheep Lakes beginnen (Sheeep Lakes und Horseshoe Park: siehe **Trail Ridge Road**). Biegen Sie in Richtung **Endovalley** ein. Die Straße quert ein mächtiges Blockmeer, das die Fluten des Lawn Lake 1982 hier abgelagert haben. An jenem Julimorgen brach ein Damm – noch vor Gründung des Parks gebaut – und verwandelte den **Roaring River** in einen Mahlstrom, der Bäume ausriss und Schlamm und Gesteinsbrocken bis auf die Hauptstraße von Estes Park schwemmte.

Parken Sie am Schwemmfächer und schlendern Sie ein Stück auf einem bequemen Gehweg über die Trümmer; die Geröllschicht ist stellenweise 13 m dick. Schauen Sie, wie sich die Natur wieder erholt: Junge Espen und Dutzende von Weidenarten und Gräsern siedeln sich an, ebenso eine bunte Vogelwelt und andere Tiere. Folgen Sie dem Weg, nicht der Straße, um zum Wagen zurückzugehen.

Bemerken Sie die Narben an den Espen? Rotwild und andere Tiere nagen die Rinde ab, was dazu führt, dass der Baum vom schwarzen Schwamm befallen wird; sind sie zu sehr beschädigt, so sterben die Espen ab. Studien haben ergeben, dass das Wapiti-Rudel im Estes Valley größer, ortsfester und konzentrierter ist als unter natürlichen Bedingungen. Diese geringere Mobilität hat zu einer Einschränkung des Lebensraums für vielerlei Pflanzen und Tiere geführt.

Setzen Sie Ihre Fahrt in Endovalley auf der einspurigen Old Fall River Road fort, und lassen Sie sich von der Broschüre leiten. Am Fall River Pass treffen Sie auf Trail Ridge Road.

BEAR LAKE ROAD

10 Meilen; mindestens ein halber Tag

Gleich hinter **Beaver Meadows Entrance Station** zweigt **Bear Lake Road** von US 36 ab; beliebt ist die Strecke vor allem wegen ihrer Wanderwege, Wildblumen und dem Herbstlaub. Besuchen

Biber beim Dammbau: Er schafft sich Teich und Haus

Sie zunächst **Moraine Park Visitor Center**, unweit der Siedlerstelle des Pioniers und Zimmerwirts Abner Sprague. Kaufen Sie sich ein Führungsblatt für den Naturlehrpfad (leicht), der vor dem Gebäude beginnt. Und schnuppern Sie am Wege einmal an der Rinde der *Ponderosa*-Kiefer – sie duftet köstlich nach Vanille.

Die Straße ist bis zum Bear Lake offen. Die Parkplätze am Bear Lake und Glacier Gorge füllen sich rasch. Im Sommer verkehrt täglich viele Male ein Shuttle-Bus. Sein Fahrplan ist der Parkzeitung zu entnehmen.

Fahren Sie mit durch die Drehkiefer- und Espenbestände (die im Herbst in vielen Farben leuchten). Am **Sprague Lake** liegt einer der für Rollstühle zugänglichen Wege, in seinem Verlauf wird der Wald dünner und bietet Blicke auf Flattop und Hallett. Kaufen Sie am Bear Lake einen erläuternden Text zum ½-Meilen-Lehrpfad **Bear Lake Nature Walk**. Der beliebteste Wanderweg auf dieser Tour führt zum **Dream Lake** hinauf, über dem die Charakterköpfe von **Hallett Peak** und **Flattop Mountain** thronen.

Ein weniger belebter Weg führt zu einem ebenso spektakulären See; er beginnt am Glacier Gorge Trailhead, etwa ¾ Meile die Straße zurück. Der **Loch Trail** führt an den **Albert Falls** vorbei und erreicht das Ufer von **The Loch** nach nicht allzu steilen 3,1 Meilen.

WEITERE WANDERUNGEN

Das ausgezeichnete Wegenetz des Parks von mehr als 350 Meilen Länge bietet ein Spektrum von Möglichkeiten, einige seien hier beschrieben.

Sprague Lake: Dieser nicht weit von Bear Lake Road gelegene Fischteich wurde von Abner Sprague angelegt. Hier kann man auf einem Naturlehrpfad von ½ Meile (*self-guided*) im Bogen dahinschlendern – über sich die hohen Gipfel der kontinentalen Wasserscheide.

Wild Basin: In dieser weniger besuchten Ecke des Parks, 14 Meilen südlich von Estes Park am Colo. Hwy. 7, kann man schöne Tageswanderungen unternehmen.

So gelangt man durch Fichten-Tannen-Nadelmischwald, am **North Saint Vrain Creek** und seinen Nebenbächen entlang, nach **Calypso Cascades** (ca. 2 Meilen) oder **Ouzel Falls** (ca. 3 Meilen).

Longs Peak, Chasm Lake: Bis zu 800 Leute sollen Longs Peak, den höchsten Berg im Park, an einem einzigen Sommertag bestiegen haben. Diese 7½-Meilen-Bergtour (hin), die man vor Tagesanbruch antritt, will sorgfältig geplant sein – sprechen Sie mit einem Ranger über Gewittergefahren und Kletterpassagen. Manche halten den Aufstieg zum Chasm Lake (4½ Meilen) für die schönste Wanderroute im Park. Beide Wege beginnen bei der **Longs Peak Ranger Station**. Nur begrenzte Parkmöglichkeiten.

Cub Lake: Wenig begangen ist der **Cub Lake Trail** (4 ½ Meilen hin und zurück; leicht); seine Attraktionen sind die Vögel, die Wildblumen und die gelben Seerosen, die im Sommer auf dem Cub Lake schwimmen. Der Weg beginnt an einer Nebenstraße von Bear Lake Road bei **Moraine Park**.

Green Mountain Trail nach **Big Meadows:** Dieser leichte, wenig begangene Weg (3⅙ Meilen hin und zurück) führt durch wechselnde Landschaften. Er beginnt 3 Meilen nördlich von **Grand Lake Entrance**.

PRAKTISCHE INFORMATIONEN

ZENTRALE
1000 Hwy., Estes Park, Colorado 80517. Tel (970) 586-1206; www.nps.gov/romo.

SAISON UND ANREISE
Der Park ist ganzjährig geöffnet. Trail Ridge Road ist Mitte Oktober bis Ende Mai gesperrt, je nach Schneelage, Old Fall River Road ist von Oktober bis Anfang Juli gesperrt. Im Sommer kostenloser Pendelbusverkehr auf Bear Lake Road.

BESUCHERINFORMATIONEN
Headquarters Visitor Center an Hwy. 36 am Osteingang des Parks und *Kawuneeche Visitor Center* an Hwy. 34 – beide ganzjährig geöffnet. *Alpine Visitor Center* von Juni bis Mitte Oktober geöffnet. *Moraine Park Museum Visitor Center* von Mai bis Oktober geöffnet. Auskunft über Tel. (970) 586-1206.

EINTRITTSGEBÜHREN
$20 pro Wagen; $35 Jahresgebühr.

TIERE
Im Hinterland und auf Wanderwegen nicht erlaubt. Sie müssen immer an der Leine und überwacht sein. Auf Park-, Campingplätzen und Picknickplätzen erlaubt. Tiere dürfen nicht allein im Auto gelassen werden.

EINRICHTUNGEN FÜR BEHINDERTE
Visitor Centers und Museum für Rollstuhlfahrer zugänglich, ebenso die Amphitheater an den Campingplätzen (aber nicht alle Toiletten). Außerdem Naturlehrpfade bei Lily Lake, Bear Lake und Sprague Lake und der Coyote Valley Trail. *Handicamp* am Sprague Lake ermöglicht Camping im Gelände – Tel. (970) 586-1242.

AKTIVITÄTEN
Kostenlose naturkundliche Veranstaltungen (meist nur im Sommer): Natur- und historische Spaziergänge, Wanderungen, Dia-Vorträge, Kunstprogramm, Schneeschuhwanderungen. Außerdem: Wandern, Reitausflüge, Radfahren, Fischen und Eisfischen, Bergsteigen und Klettern, Abfahrts- und Skilanglauf, Schneeschuhlaufen.

FREIES ZELTEN
Genehmigung erforderlich, kostenlos zu erhalten per Post oder persönlich von der Zentrale oder im Kawuneeche Visitor Center, Tel. (970) 586-1242. Genehmigungen zum Zelten im Hinterland während des Sommers sind gebührenpflichtig.

CAMPINGPLÄTZE
Fünf Campingplätze. 7-Tage-Limit Juni bis September, andere Zeiten: weitere Tage möglich. **Glacier Basin** und **Moraine Park**: Reservierung empfohlen über NRRS (siehe S. 11). **Longs Peak** und **Timber Creek** ganzjährig geöffnet, *first come, first served*. Gebühren $20 pro Nacht im Sommer und $14 im Winter; im Winter kein Wasser vorhanden. Keine Duschen. Wohnwagenplätze, außer **Longs Peak**; keine Anschlüsse. Reservierung für **Glacier Basin Group Campground** erforderlich. Cafeteria im Trail Rdige Store (nur im Sommer).

UNTERKUNFT
(wenn nicht anders vermerkt, gelten Preise für 2 Personen im Doppelzimmer zur Hauptsaison)

In Estes Park, CO 80517:
Aspen Lodge Ranch Resort 6120 Hwy. 7, Longs Peak Rte. Tel. (800) 332-6867 oder (970) 586-8133. 56 Zimmer. $549 pro Person, alles inklusive. Mindestens 3 Tage. April bis Dezember. Pool.
Romantic RiverSong Bed & Breakfast Inn P.O. Box 1910. Tel. (970) 586-4666. 10 Zimmer. $165–$350, mit Frühstück.
The Stanley Hotel 333 Wonderview Ave. Tel. (970) 586-3371. 140 Zimmer. $109–$700. Pool, Restaurant.
Winding River Ranch 5770 Hwy. 7. Tel. (970) 586-4212. 28 Zimmer. $1400–$1600 pro Person und Woche, Mahlzeiten inkl. Pool. Juni bis September.
In Grand Lake, CO 80447:
Bighorn Lodge 613 Grand Ave. Tel. (800) 341-8000 oder (970) 627-8101. 20 Zimmer. $85–$150.
Black Bear Lodge 12255 Hwy. 34. Tel. (970) 627-3654. 17 Zimmer, 9 mit Kochnischen. $96–$135. Pool.
Western Riviera Motel 419 Garfield. Tel. (970) 627-3580. 16 Zimmer, 23 Cabins, 3-Zimmer-Haus. $115–$275.

Weitere Unterkünfte: Chambers of Commerce of Estes Park, Tel. (800) 378-3708 und Grand Lake, Tel. (970) 627-3372.

AUSFLÜGE

ROOSEVELT NATIONAL FOREST
FORT COLLINS, COLORADO

Dieser Hochgebirgswald der Front Range hat scharfe Grate mit Canyons und Sätteln und klaren Bergseen. Umfasst sechs *Wilderness Areas.* 2630 km². Angebote: 800 Zeltplätze, Wandern, Bootfahren, Bootsrampe, Fahrradfahren, Fischen, Reiten, Panoramastraßen, Wassersport, Wintersport. Drei Campingplätze ganzjährig geöffnet, die übrigen Mai bis September. Gemeinsame Verwaltung mit Arapaho NF. Grenzt an Ostteil des Rocky Mountain NP. Auskunft in Fort Collins, nahe I-25, ca. 45 Meilen von Rocky Mountain NP. Tel. (970) 295-6700.

ROUTT NATIONAL FOREST
STEAMBOAT SPRINGS, COLORADO

Hoch gelegenes Grasland, Wälder und schroffe Gipfel entlang der kontinentalen Wasserscheide. Umfasst Wasserfälle und Teile von sieben *Wilderness Areas.* 4552 km². Angebote: 450 Zeltplätze, Wandern, Bootfahren, Bootsrampe, Fischen, Reiten, Picknickplätze, Wintersport, Wassersport, Zugang für Behinderte. Ganzjährig geöffnet, die meisten Zeltplätze Juni bis September. Auskunft in Steamboat Springs, nahe US 40, ca. 75 Meilen vom Rocky Mountain NP. Tel. (970) 870-2299.

ARAPAHO NATIONAL WILDLIFE REFUGE
WALDEN, COLORADO

Arapaho liegt in einem Gletscherbecken inmitten von Bergen; es bietet auf sorgsam unterhaltenen, bewässerten Wiesen Nistplätze für Wasservögel wie Wildenten, etwa Spießenten. Nachtreiher brüten am Illinois River, Steppenhühner überwintern im höheren Hügelland. Geboten wird eine geführte Autotour von 6 Meilen Länge (nicht im Winter). 100 km². Angebote: Fischen, Jagen, Panoramastraßen. Ganzjährig geöffnet, *dawn to dusk.* Zentrale: Am Colo. Hwy. 125 südlich von Walden, etwa 60 Meilen vom Rocky Mountain NP. Tel. (970) 723-8202.

AUSFLÜGE

ARAPAHO NATIONAL FOREST
FORT COLLINS, COLORADO

Die höchste US-Asphaltstraße überwindet die Hänge dieses Wald- und Skigebietes. 5 *Wilderness Areas.* 2906 km^2. Angebote: 633 Zeltplätze, Wandern, Bootfahren, Bootsrampe, Klettern, Radfahren, Fischen, Reiten, Jagen, Picknickplätze, Panoramastraßen, Wintersport, Wassersport, Zugang für Behinderte. Ganzjährig geöffnet, die meisten Zeltplätze Juni bis September. *Visitor Center* in Idaho Springs an der I-70, ca. 50 Meilen vom Rocky Mountain NP. Tel. (970) 295-6700.

FLORISSANT FOSSIL BEDS NATIONAL MONUMENT
FLORISSANT, COLORADO

Hier in der Nähe brach vor ca. 34 Millionen Jahren ein Vulkan aus, der alles, was am ehemaligen Lake Florissant lebte, unter seiner Asche begrub. Über 1000 Arten fossiler Insekten, 140 Pflanzen sind fossil erhalten. 24 km^2. Angebote: Wandern, Reiten, Picknickplätze, Zugang für Behinderte. Ganzjährig geöffnet, 9 bis 17 Uhr. *Visitor Center* an Teller County Road 1, nahe US 24, ca. 150 Meilen vom Rocky Mountain NP. Tel. (719) 748-3253.

DINOSAUR NATIONAL MONUMENT
DINOSAUR, COLORADO

Apatosaurus, Diplodocus, Stegosaurus, Allosaurus – diese Giganten der Jurazeit hielten sich hier auf. Ihre Knochen liegen heute frei an einer Fossilienwand im Dinosaur Quarry-Gebäude. Es gibt Felsmalereien und -gravuren der Fremont-Kultur zu besichtigen. 853 km^2, z.T. in Utah. Angebote: 134 Zeltplätze, Bootfahren, Rafting auf dem Green und Yampa River, Schwimmen, Fischen, Picknickplätze, Zugang für Behinderte. Ganzjährig geöffnet; die meisten Zeltplätze Mai bis Oktober. Dinosaur Quarry an Utah 149, nahe US 40, ca. 220 Meilen vom Rocky Mountain NP. Tel. (435) 781-7700.

Bisons in einem Bach des Parks

THEODORE ROOSEVELT

NORTH DAKOTA
GEGRÜNDET 10. NOVEMBER 1978
285 Quadratkilometer

Theodore Roosevelt NP ist insofern einmalig unter den Landschaftsparks, als er nicht nur eine ungewöhnliche Landschaft schützt, sondern auch das Andenken eines ungewöhnlichen Präsidenten bewahrt, der die Nationalparks besonders förderte.

Roosevelt, der später 5 Nationalparks und den US Forest Service mitbegründen sollte, kam erstmals 1883 als junger Mann in die Badlands von North Dakota, um dort sein Glück zu machen. Als Rancher war ihm dieses aber nicht beschieden, und doch kehrte er in den folgenden 13 Jahren viele Male wieder und wurde zu einem überzeugten Naturschützer. Die rauen Badlands lehrten ihn die Natur respektieren und beeinflussten seine Persönlichkeitsentwicklung. »Ohne meine Erfahrungen in North Dakota«, sagte er später einmal, »wäre ich nicht Präsident geworden«.

Die Geschichte der *Badlands* von North Dakota reicht aber viel weiter zurück – genauer: bis 65 Millionen Jahre vor Roosevelt. Damals lagerten nämlich die Flüsse, die von den jungen Rockies herunterkamen, jene Sedimentpakete ab, in die der Little Missouri River und seine Nebenflüsse sich später einschneiden sollten. Die Folgen dieses fortdauernden Prozesses der Sedimentation und Erosion sind dramatisch: von tiefen Runsen durchzogene Steilhänge;

tiefe, sich windende Spülrinnen und kuppelförmige Hügel, deren bunt gestreifte Schichten sich über Meilen hinziehen.

Diese strenge Landschaft bietet einer erstaunlich großen Zahl von Tieren Heimat. Bison, Gabelbock, Wapiti-, Weißwedel- und Maultierhirsch sowie wilde Mustangs und – vereinzelt – Puma bewohnen die drei Teile des Parks – ganz zu schweigen von den vielen kleineren Säugetieren, Amphibien und Reptilien. Nach einem feuchten Frühjahr sind Flussauen und Prärie bunt mit Blumen überzogen. Aber vielleicht ist das Fehlen einer weiteren Art, nämlich des Menschen, der größte Vorzug dieses Parks. Dank der Abgelegenheit kann man die große Einsamkeit der Badlands auch heute noch intensiv erleben.

Anreise

South Unit: Von Bismarck, 130 Meilen östlich, über I-94 West durch die Prärie zum Eingang bei Medora. Von Süden auf US 85 nordwärts bis Belfield, dann 17 Meilen auf I-94 nach Medora. **North Unit:** Von Belfield auf US 85 nach Norden zum Eingang North Unit. Flughäfen: Dickinson und Bismarck, North Dakota und Billings, Montana (280 Meilen).

Reisezeit

Obwohl ganzjährig geöffnet, können Straßen im Winter gesperrt sein, und das Besucherangebot von Oktober bis Mai ist sehr stark eingeschränkt. Der Sommer mit seinen langen Tagen ist im allgemeinen die beliebteste Reisezeit. Spätfrühling und Frühherbst sind jedoch die besten Zeiten für alle Wildblumenfreunde.

Reiseempfehlungen

Wenn Sie nur einen Tag Zeit haben, wählen Sie **Scenic Loop Drive** in der **South Unit**; widmen Sie sich den Naturlehrpfaden und längeren Wanderungen. Am zweiten Tag kann eine Fahrt auf dem Scenic Drive durch die **North Unit** (70 Meilen entfernt) folgen. Bleiben Sie länger, dann bieten sich ein Besuch auf Roosevelts **Elkhorn Ranch** oder ein geführter Reitausflug ab **Peaceful Valley Ranch** (South Unit) an.

SOUTH UNIT: SCENIC LOOP DRIVE

36 Meilen; ein halber bis ganzer Tag

Starten Sie am *Visitor Center* bei **Medora**, wo Sie die **Maltese Cross Cabin** besichtigen können, die umgesiedelte Befehlszentrale von Roosevelts erster Ranch, ausgestattet mit zeitgenössischen Möbeln und Rancherzubehör. Fahren Sie dann den ausgewaschenen Steilhang zum **Medora Overlook** hinauf: Sie haben einen schönen Blick auf die raue Kleinstadt, Sinnbild des Wilden Westens zu Roosevelts Zeiten.

Besuchen Sie die Präriehund-Kolonie an der Straße: Wie die bellen

Cabin auf Roosevelts Maltese Cross Ranch

und sich gegenseitig warnen, wenn Sie näher kommen! Etwas voraus liegt **Skyline Vista**. Sie befinden sich hier hoch auf einem Plateau und schauen auf die zerrissenen *Badlands* hinunter. Eigentlich sind Sie nicht so sehr »oben«, sondern die *Badlands* liegen »unten«. Denn das Plateau ist nur der Rest der ursprünglichen Prärie, bevor die Erosion sie so tiefgreifend zerschnitt.

Dann fällt die Straße ab zum **River Woodland Overlook**. Hinter den Pappeln links zeigt sich einer der Verursacher der ganzen Bescherung ringsum – der **Little Missouri River**. Beachten Sie, wie in diesem trockenen Klima die Vegetation streng nach dem Wasserangebot ausgerichtet ist. Hohe Pappeln stehen am Fluss; dunkelgrüner Wacholder wächst an feuchteren Nordhängen und Stellen, wo wasserführende Schichten austreten. An den trockenen Südhängen, wo die Sonne das Regenwasser schnell verdunsten lässt, gedeihen fast nur Gräser. Biegen Sie an der Gabelung rechts in den **Scenic Loop Drive** ein. Bis zum **Scoria Point** sind Sie schon tief in den klassischen *Badlands*. Das ziegelartige Material, das Sie umgibt und in kräftigsten *Badlands*-Farben leuchtet, entstand durch den Brand einer Schicht schwarzer Braunkohle. Die darüber liegenden grauen Tone vermischten sich und zementierten zu dem rötlichen Stoff, der hier – fälschlich – als »scoria« (Schlacke) bezeichnet wird.

Die nächsten 6 Meilen führen zu zwei erläuterten Naturwanderwegen, die sich sehr lohnen. **Der Ridgeline Nature Trail** ist zwar nur 1/2 Meile lang, stellenweise aber sehr steil. Die Broschüre, die man am Anfang des Weges erhält, beschreibt das komplexe Zusammenspiel von Wind, Feuer, Wasser und Pflanzen in dieser rauen Umwelt. Bei Meile 15,6 zweigt eine kurze, unbefestigte Nebenstraße

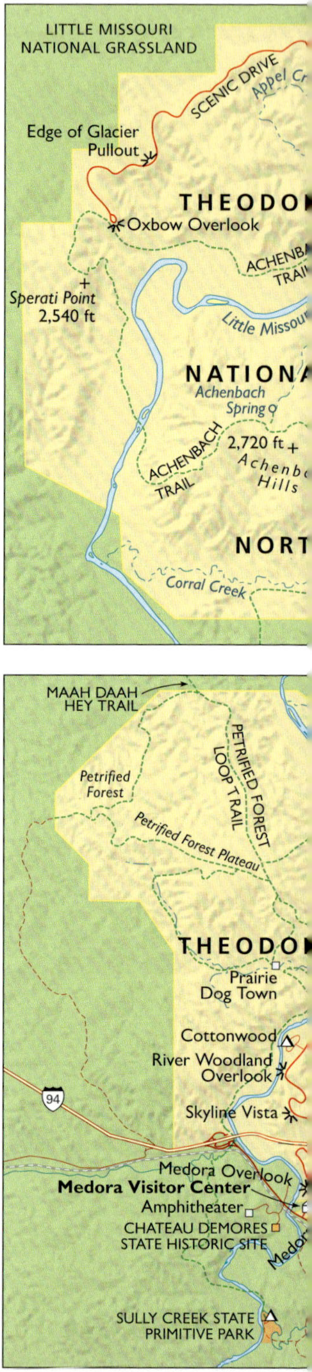

Squaw Creek
and Grass Pullout
Bentonitic Clay Overlook
CAPROCK COULEE TRAIL
BUCKHORN TRAIL
Prairie Dog Town
CAPROCK COULEE TRAIL
River Bend Overlook
Caprock Coulee Pullout
OOSEVELT
Long X Trail Pullout
Prairie Dog Town
North Unit Visitor Center
85
N
Cannonball Concretions Pullout
Slump Block Pullout
Juniper
BUCKHORN TRAIL
CCC Campground
LITTLE MO TRAIL
Longhorn Pullout
RK
85
Little Missouri
LITTLE MISSOURI NATIONAL GRASSLAND
IT
0 miles 2
0 kilometers 3
MAAH DAAH HEY TRAIL

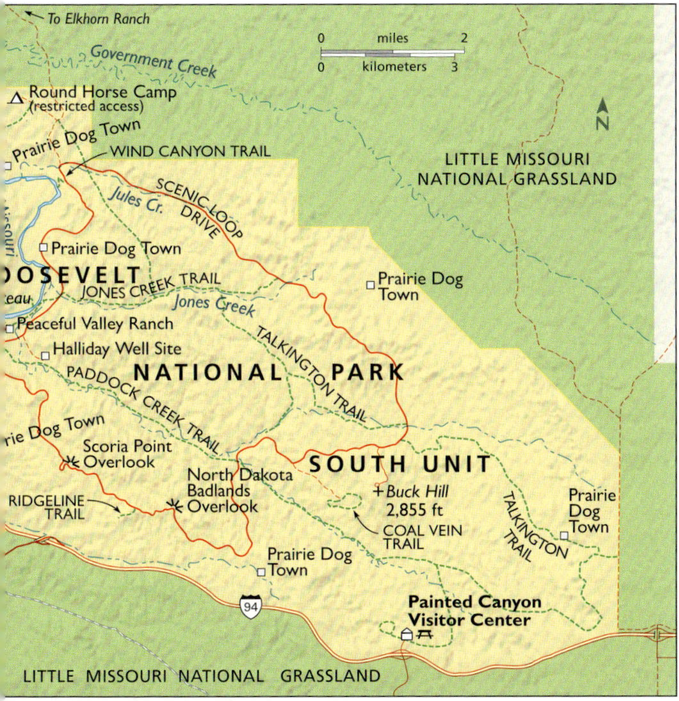

To Elkhorn Ranch
Government Creek
0 miles 2
0 kilometers 3
Round Horse Camp (restricted access)
N
Prairie Dog Town
WIND CANYON TRAIL
LITTLE MISSOURI NATIONAL GRASSLAND
SCENIC LOOP DRIVE
Jules Cr.
Prairie Dog Town
OOSEVELT
JONES CREEK TRAIL
Prairie Dog Town
Jones Creek
Peaceful Valley Ranch
TALKINGTON TRAIL
Halliday Well Site
NATIONAL PARK
PADDOCK CREEK TRAIL
Prairie Dog Town
Scoria Point Overlook
SOUTH UNIT
North Dakota Badlands Overlook
Buck Hill 2,855 ft
Prairie Dog Town
RIDGELINE TRAIL
COAL VEIN TRAIL
TALKINGTON TRAIL
Prairie Dog Town
94
Painted Canyon Visitor Center
LITTLE MISSOURI NATIONAL GRASSLAND

Gebilde aus Caprock: Säule mit Deckschicht *(oben)*; Präriehund beäugt eine Klapperschlange; Büffelkälbchen

zum **Coal Vein Trail** ab. Dieser Weg ist zwar etwas länger, aber weniger anstrengend. Zu besichtigen gibt es die vielfältigen Auswirkungen des Brandes eines Braunkohlenflözes zwischen 1951 und 1977. Zwischen den beiden Lehrpfaden lädt **North Dakota Badlands Overlook** zu einer ungewöhnlich schönen Aussicht auf die Umgebung.

Eineinhalb Meilen nach dem Abzweig Coal Vein geht eine kurze Straße nach **Buck Hill** ab. Laufen Sie die 100 Meter zum Gipfel, und genießen Sie einen Rundblick von 360° über den Ostteil des Parks und mehr. Jene Ölpumpen am Horizont machen bewusst, dass sich die *Badlands* selbst zwar Hunderte von Meilen weit erstrecken, nicht aber der Park.

Der Streckenabschnitt zwischen Buck Hill und **Wind Canyon** bietet mehrere Gelegenheiten zu längeren Wanderungen. Der **Talkington Trail** führt nach Osten wie nach Westen, aber der **Jones Creek Trail** bei Meile 21 ist besser. Er folgt auf 3½ Meilen einem tief eingeschnittenen Bachbett und endet am **Loop Drive**. Es gibt hier viel Wild. Da dies kein Rundweg ist, werden Sie rechtzeitig umkehren oder eine Abholung am anderen Ende arrangieren müssen.

Weiter zum **Wind Canyon Trail**. Der kurze, aber steile Pfad hat zweierlei zu bieten: einen wirklich fabelhaften Blick auf die lang gezogene Schleife des Little Missouri River und eine eindrucksvolle Kostprobe davon, was der Wind in dieser Landschaft bewirkt. Der vorherrschende Wind bläst nämlich Sand, den er im Flussbett oder anderswo aufgewirbelt hat, gegen die nordwestexponierte Canyonwand zu Ihrer Linken. Er schleift dabei den Fels wie mit einem Sandstrahlgebläse zu wundersamen, glatt polierten Formen.

Noch eine »Stadt« von Präriehunden, dann liegt **Peaceful Valley Ranch** rechts vor Ihnen. Die alten Gebäude haben über die Jahre schon in verschiedenen Funktionen gedient, etwa als Ranch oder auch als *Headquarters* für den Park.

Heute befindet sich hier ein die Hauptverwaltung eines konzessionierten Reiterhofs; wagen Sie einen Ritt (Mai bis Oktober), bevor Sie sich zum *Visitor Center* zurückbegeben.

NORTH UNIT: SCENIC DRIVE

28 Meilen hin und zurück; ein halber bis ganzer Tag

Für viele naturliebende Besucher ist die **North Unit** noch anziehender als die South Unit. Tatsächlich erscheinen die Canyons hier tiefer, die Flussauen üppiger, die blauen, schwarzen, roten und beigefarbenen Streifen an jedem Hügel kräftiger. Da sie 52 Meilen nördlich der I-94 liegt, ist sie auch weniger besucht. Ein Ranger sagte, dass es Zeiten außerhalb der Saison gibt, in denen man fast allein ist in der North Unit.

Fahren Sie zum *Visitor Center* über den **Scenic Drive** westwärts in den Park hinein. Am **Longhorn Pullout** erwartet Sie eine Herde Longhorn-Rinder, die hier gehalten werden, um an den historischen Long-X Trail zu erinnern; über diese Strecke wurden nämlich die Longhorns von Texas bis zur Long-X Ranch nördlich des Parks getrieben. Die **Buckhorn Trail Loop**, ein eine Schleife bildender Rundwanderweg von 11 Meilen, folgt ein Stück weit dieser »Viehtreiber-Fernstraße« des Alten Westens.

Halten Sie am **Slump Block Pullout**, wenn Sie die Entstehung der *Badlands* »live« erleben wollen. Der kleine Hügel rechts gehörte einmal zum höheren Abhang dahinter – bis nachgebende Schichten im Untergrund den Block abrutschen ließen. Wenn Sie die schräg stehenden Schichten im Rutschblock zu den horizontalen im Anstehenden zurückverlängern, dann wissen Sie, wo er einmal hingehörte.

Am **Cannonball Concretions Pullout** sind Sandsteinkugeln zu besichtigen, die durch die Kräfte der Verwitterung herausgelöst und durch Mineralien im Grundwasser verbacken wurden. Gegenüber liegt **Litte Mo Nature Trail**. Dieser ½ Meile lange, leichte Lehrpfad in Form eines Bandes führt durch typischen Auenwald. Eine Anleitung (am Anfang des Weges zu erhalten) hilft Ihnen, viele der heimischen Pflanzen zu bestimmen, die von den Indianern der Plains als Medizin, Nahrung und Rohstoffe verwendet wurden. Vielleicht begegnen Sie auch Bibern und Weißwedelhirschen.

Vom **Caprock Coulee Pullout** aus können Sie einem Naturlehrpfad folgen, der auf 1 Meile (leicht) durch einen trockenen Canyon (*Coulee*) zu einer Gruppe von Sockelsteinen (*Caprocks*) hinaufführt. Die härteren Deckgesteine bewahren die unteren Schichten vor Abtragung; während ringsum die Sedimente verschwinden, bleiben die pilzförmigen Gebilde zurück. Am Ende des Lehrpfades lockt **Upper Caprock Coulee Trail**, ein Rundweg von 4 Meilen, der einiges Klettern erfordert, aber auch gute Chancen birgt, Wildtiere zu beobachten.

Dann steigt die Straße zur Höhe der ursprünglichen Prärie an. Oben bietet **River Bend Overlook** einen atemberaubenden Blick auf das tief unten liegende Little Missouri Valley mit *Badlands* zu beiden Seiten. Vom **Bentonitic Clay Overlook** aus, der etwas später folgt, ist die Aussicht vielleicht weniger dramatisch, aber um so lehrreicher. Die blaue Bentonit-Schicht, die man weithin sieht, besteht aus vulkanischer Asche, die sehr viel Wasser aufnehmen kann und im feuchten Zustand zu fließen beginnt. Die Plastizität dieser Schicht ist eine der Ursachen für die Bildung der Badlands.

Die Straße verläuft nun am Rande eines grasbewachsenen Plateaus. Hier gibt es jede Menge Büffel, vielleicht müssen Sie sogar halten, wenn eine Herde die Straße überquert. Am **Man and Grass Pullout** liegen die weiten Grasflächen vor Ihnen, die den Viehtrieb über den Long-X Trail lohnten. Die Straße endet am **Oxbow Overlook** mit einem Augenschmaus: Wenn Sie genug *Badlands* gesehen haben, können Sie auf demselben Wege zurückkehren.

PRAKTISCHE INFORMATIONEN

ZENTRALE

P.O. Box 7, Medora, North Dakota 58645. Tel. (701) 623-4466; www.nps.gov/thro.

SAISON UND ANREISE

Park ist ganzjährig geöffnet, doch wird der Zugang im Winter durch Schnee behindert. *South Unit:* Straße von *Medora Visitor Center* durch Wind Canyon zur Nordgrenze wird geräumt, nicht aber *Scenic Loop Drive. North Unit:* Straße vom Eingang bis *Caprock Coulee Trailhead* wird geräumt. Wetter- und Straßenauskünfte telefonisch über Zentrale.

BESUCHERINFORMATIONEN

Medora Visitor Center und *Maltese Cross Cabin* am Eingang South Unit ganzjährig täglich geöffnet, außer Thanksgiving, Weihnachten und Neujahr. *Painted Canyon Visitor Center* im Südostteil der South Unit nahe I-94 April bis Mitte November geöffnet. *North Unit Visitor Center* Mai bis September täglich geöffnet, kürzere Öffnungszeiten im Winter. Besucherauskünfte über Zentrale.

EINTRITTSGEBÜHREN

$5 pro Fahrzeug und Tag, maximal $10 pro Fahrzeug und Woche; $20 Jahreskarte.

TIERE

Tiere sind, an der Leine gehalten, erlaubt, außer auf Wanderwegen und in Gebäuden. Pferde sind auf Camping- und Picknickplätzen und Lehrpfaden verboten.

EINRICHTUNGEN FÜR BEHINDERTE

Visitor Centers, einige Wege, Toiletten und Campingplätze für Rollstuhlfahrer zugänglich.

AKTIVITÄTEN

Kostenlose Naturwanderungen und -vorträge, Führungen durch Roosevelts *Maltese Cross Cabin* (Mitte Juni bis Mitte September), abends Lagerfeuer. Außerdem: Wandern, Reiten (*Peaceful Valley Ranch* in South Unit; Tel. (701- 623-4568), Ausstellungen, Autotouren, Fischen (Erlaubnis nötig), Kanu- und Floßfahrten.

BESONDERE RATSCHLÄGE

• Vorsicht vor Bisons; wenn man sie reizt, können sie angreifen.
• Präriehunde auf keinen Fall füttern; sie beißen und übertragen Krankheiten.
• Seien Sie auf extreme Temperaturschwankungen und Gewitter gefasst.

FREIES ZELTEN

Vorherige Genehmigung erforderlich; diese sind kostenlos in den Visitor Centers zu erhalten.

CAMPINGPLÄTZE

Zwei Campingplätze, beide begrenzt auf 15 Tage in Folge, 30 Tage im ganzen Jahr. **Cottonwood** und **Juniper** ganzjährig geöffnet, *first come, first served*. Gebühren: $10 pro Nacht. Keine Duschen. Zelt- und Wohnwagenplätze; keine Anschlüsse. 3 Gruppencampingplätze, **Cottonwood**, **Juniper** und **Roundup** (für Reiter). Reservierung.

UNTERKUNFT

(wenn nicht anders vermerkt, gelten Preise für 2 Personen im Doppelzimmer zur Hauptsaison)

AUSSERHALB DES PARKS:

In Dickinson, ND 58601:

Comfort Inn 493 Elk Dr. Tel. (800) 228-5150 oder (701) 264-7300. 115 Zimmer. $100. Klimaanlage, Pool.
Days Inn 532 15th St. W. Tel. (800) 422-0949 oder (701) 227-1853. 149 Zimmer. $99. Klimaanlage, Pool, Restaurant.
Oasis Motel 1000 W. Villerd St. Tel. (701) 225-6703. 35 Zimmer, 6 mit Kochnischen. $53. Klimaanlage.

In Medora, ND 58645:

Badlands Motel 501 Pacific Ave. Tel. (800) 633-6721 oder (701) 623-4444. 114 Zimmer. $119–$129. Klimaanlage, Pool. Mitte April bis Oktober.
The Bunkhouse 1 Main St. Tel., P.O. Box 198. Tel. (800) 633-6721 oder (701) 623-4444. 141 Zimmer. $79–$129. Klimaanlage, Pool. Juni bis Labor Day.
Rough Riders Hotel 301 3rd Ave. Tel. (800) 633-6721 oder (701) 623-4444. 9 Zimmer. $129–$149. Klimaanlage, Restaurant. April bis Labor Day.

In Watford City, ND 58854:

Roosevelt Inn 600 2nd Ave. S.W., P.O. Box 1003. Tel. (800) 887-9170 oder (701) 842-3686. 42 Zimmer. $65. Klimaanlage, Pool.

AUSFLÜGE

LITTLE MISSOURI NATIONAL GRASSLAND
DICKINSON & WATFORD CITY, NORTH DAKOTA

Dickhornschafe, Wapiti, Gabelbock, Adler, Präriefalke und Waldhuhn sind hier zu Hause. 4450 km². Angebote: 5 Campingplätze, Wandern, Reiten, Jagen. Ganzjährig geöffnet; Campingplätze Ende Mai bis Labor Day. Auskunft in Dickinson, nahe I-94. Tel. (701) 2255151 oder (701) 250-4443.

LAKE ILO NATIONAL WILDLIFE REFUGE
DUNN CENTER, NORTH DAKOTA

Wasservögel nisten in den Grasgebieten um den 5 km² großen Lake Ilo, der viel Platz am Wasser bietet. 16 km². Angebote: Bootfahren, Fischen, Picknickplätze, Naturpfade, archöologische Ausstellungen, Panoramastraßen. Ganzjährig geöffnet, *dawn to dusk*. Am N. Dak. Hwy. 200, ca. 50 Meilen östlich vom Theodore Roosevelt NP, North Unit. Tel. (701) 548-8110.

LOSTWOOD NATIONAL WILDLIFE REFUGE
KENMARE, NORTH DAKOTA

Enten, Sumpfvögel, Waldhühner, Falken, Bairdammern und Präriepieper bewohnen die Prärie, die mit flachen Seen gesprenkelt ist und Vogelbeobachter anzieht. 109 km². Angebote: Wandern, Jagen, Panoramastraßen. Mai bis September geöffnet, *dawn to dusk*. Nahe N. Dak. Hwy. 8, ca. 135 Meilen nordöstlich vom Theodore Roosevelt NP, North Unit. Tel. (701) 848-2722.

Prince of Wales Hotel in Waterton Lakes

WATERTON-GLACIER

ALBERTA (KANADA) UND MONTANA
GEGRÜNDET 18. JUNI 1932
Waterton Lakes: 524 Quadratkilometer
Glacier: 4102 Quadratkilometer

Waterton-Glacier International Peace Park ist mit einer Landschaft gesegnet, von welcher der Naturforscher John Muir gesagt hat, dass man hier seine Sorgen »besser vergessen kann als sonstwo auf dem Kontinent«. Ihre in vielen Tönungen schillernden Berge, an denen die Gletscher von einst Wände und Zacken herausgefeilt haben, steigen abrupt über sanftwelligen Ebenen auf. Ungefähr 762 Seen, Dutzende von Gletschern und zahllose Wasserfälle erglänzen zwischen schroffem Fels und bewaldeten Tälern. Eine Panoramastraße quert den Park, und es gibt viele Wanderwege.

Im Jahre 1932 erklärten Kanada und die USA den Waterton Lakes National Park (gegründet 1895) und den anschließenden Glacier National Park (gegründet 1910) zum ersten Internationalen Friedenspark der Welt. Werden auch beide Teile getrennt verwaltet, so wirken sie doch in wichtigen Bereichen zusammen. Die unerhörten landschaftlichen Gegensätze in Waterton-Glacier haben eine große Vielfalt von Pflanzen und Tieren hervorgebracht. Die über 2000 Pflanzenarten bieten 60 Arten von heimischen Säugetieren und über 260 Vogelarten Nahrung und Unterschlupf. Vor kurzem hat auch der Grauwolf in Waterton-Glacier wieder Fuß gefasst.

Nun allerdings ist der Lebensraum der Tiere – darunter Wapiti, Dickhornschaf und Grizzlybär – durch den Bergbau sowie Öl-, Gas-, Holzverarbeitungs und Wohnbauprojekte am Rande des Parks bedroht. Die Parkverantwortlichen und Umweltgruppen arbeiten mit dem US Forest Service, der kanadischen Regierung, den Blackfoot-Indianern und privaten Gesellschaften zusammen, um gefährdete Lebensräume zu retten.

Die geschützten Täler und reichlich Nahrung lockten Menschen seit über 10 000 Jahren in dieses Gebiet. Die alten Völker jagten Büffel in den Ebenen, fischten in den Seen und wanderten über die Pässe. Im 18. und einem großen Teil des 19. Jahrhunderts waren die Blackfoot-Indianer Herren des Landes.

Anreise

West Glacier und East Glacier Park erreicht man über US 2 (ca. 35 Meilen von Kalispell, Mont.). US 89 führt nach Many Glacier und St. Mary im Osten, US 89 und Mont. Hwy. 17 (Chief Mountain International Highway) sind die kürzeste Verbindung zwischen Glacier und Waterton Lakes. Anreise von Kanada über Alberta Hwy. 2, 5 oder 6. Amtrak-Züge aus Chicago oder Seattle halten ganzjährig in West Glacier (Belton) und East Glacier Park; man kann mit Bussen in den Park weiterreisen. Flughäfen: Kalispell und Lethbridge, Alberta.

Reisezeit

Sommer. Die Going-to-the-Sun Road wird in Teilstrecken ausgebessert, das kann vor und nach der Hauptsaison zu Schließungen führen. (Vom 15. Juni bis zum 15. September werden die Störungen auf maximal 30 Minuten bei der Fahrt zum Logan Pass betragen. Ansonsten ist die Going-to-the-Sun Road Mitte Juni bis Mitte September befahrbar, Chief Mountain International Hwy. Mitte Mai bis Mitte September. Wanderwege in Talnähe sind ab ca. Mitte Juni schneefrei, solche in höheren Lagen bleiben mitunter bis Mitte Juli eingeschneit. Skilanglauf ist vielerorts im Park Ende Dezember bis April möglich.

Reiseempfehlungen

Am ersten Tag **Going-to-the-Sun Road**, eine der großartigsten Autostraßen der Welt. Am zweiten Tag **Chief Mountain International Highway** nach Waterton Lakes mit dem Gegensatz von Gebirge und Prärie. In Waterton anschließend **Akamina-Parkway** und **Red Rock Canyon Parkway**. Mindestens ein weiterer Tag für **Many Glacier**. Bei einem längeren Besuch empfehlen sich **Two Medicine**, mit Bootsfahrt und Wanderung zu einem einzigartigen See, und die Weiterfahrt zum Walton Goat **Lick Overlook**. Wenn Sie rechtzeitig gebucht haben, dann wandern oder reiten Sie zu einem der beiden Chalets, die von der Great Northern Railway Anfang dieses Jahrhunderts gebaut wurden.

GOING-TO-THE-SUN ROAD

50 Meilen; ein ganzer Tag

Fangen Sie in **Apgar** im Westen von Glacier an und holen Sie sich im Information Center Anregungen über Wanderwege und Ratschläge, wie man Bären aus dem Wege geht. **Lake McDonald** können Sie gleich von einem erstklassigen Aussichtspunkt aus betrachten: Das Bett dieses 144 m tiefen und größten Sees im Park hat ein 600 m mächtiger Gletscher ausgeschürft. Die Kutenai-Indianer, die an seinem Ufer Zeremonien veranstalteten, nannten ihn den »See der Heiligen Tänze«.

ALBERTA
B.C.
Sage Creek
South Kootenay Pass
WATERTON
Red Rock Canyon
RED ROCK PKWY.
Bison Paddock
Park Entrance
Lower Waterton L.
Mt. Blackiston 9,581 ft
LAKES
Crandell Mt.
Golf Course
Visitor Reception Centre
NATIONAL
BLOOD INDIAN RESERVE
Upper Rowe Lake
AKAMINA PKWY.
Waterton Park
AKAMINA-KISHINENA PROVINCIAL PARK
Cameron Lake
PARK
Belly River
BRITISH COLUMBIA
MONTANA
Upper Waterton Lake
Customs
Kintla Lake
Kintla Peak 10,101 ft
Agassiz Glacier
Goat Haunt
Kintla Lake
Mount Cleveland 10,466 ft
Gable Mt. 9,262 ft
North Fork Flathead
LIVINGSTON RANGE
CONTINENTAL DIVIDE NATIONAL SCENIC TRAIL
Continental Divide
Bowman Lake
Quartz Lake
Bowman Lake
Many Glacier
Swiftcurrent
Iceberg L.
Josephine L.
GLACIER
Granite Park Chalet
486
FLATHEAD NATIONAL FOREST
Polebridge
Polebridge
INSIDE NORTH FORK ROAD
Logging Lake
Garden Wall
Longfellow Pk. 8,904 ft
NATIONAL
Quartz Creek
Logan Pass Visitor Center 6,646 ft
OUTSIDE NORTH FORK ROAD
Logging Creek
GOING-TO-THE-SUN ROAD
Avalanche Creek
Hidden L.
Camas Creek Entrance
McDonald Falls
Avalanche L.
0 miles 10
0 kilometers 15
Sperry Glacier
PA
Lake McDonald
Sprague Creek
Big Creek Outdoor Education Center
Big Creek
Sperry Chalet
Mt. Jackson 10,052 ft
Apgar Mts.
Fish Creek
Lake McDonald
Apgar Visitor Center
West Entrance
Park Headquarters
Loneman Mountain 7,181 ft
Whitefish Range
West Glacier
Whitefish Lake
486
FLATHEAD NATIONAL FOREST
WHITEFISH LAKE STATE PARK
FLATHEAD NATIONAL WILD & SCENIC RIVER
2
Middle Fork Flathead
Teakettle Mt. 5,936 ft
Whitefish
Coram
93
Columbia Falls
Hungry Horse
40
S. Fk. Flathead
Flathead Range
93
2
206
Swan Range
Great Northern Mountain 8,705 ft
Glacier Park International Airport
Flathead
Hungry Horse Reservoir
35

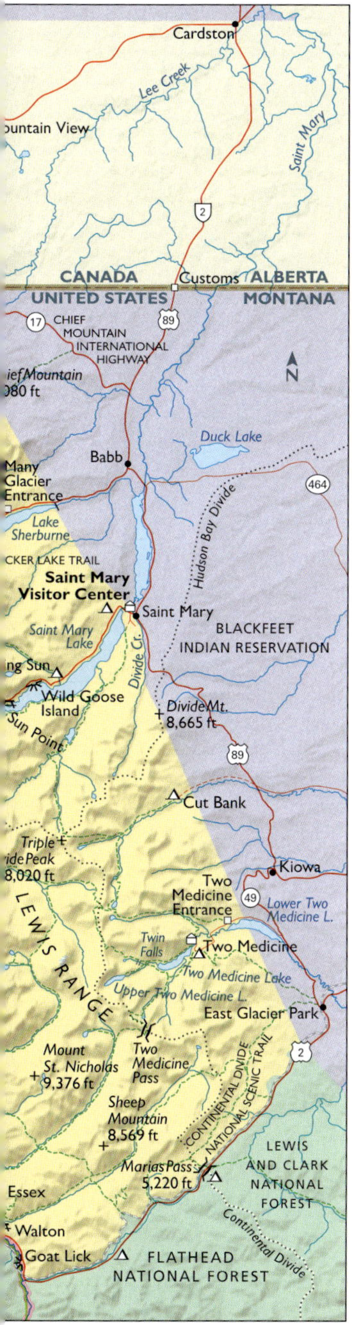

Biegen Sie von der Schleife von Apgar in **Going-to-the-Sun Road** ein. Halten Sie nach etwa 10 Meilen bei McDonald Falls zur Linken. Schlendern Sie zum Aussichtspunkt hinunter und beachten Sie die Schichtung im Gestein. Die Berge von Waterton-Glacier bestehen zum großen Teil aus Sedimenten, die sich über fast 1 Milliarde Jahre als Schlamm und Sand in einem vorzeitlichen Meere abgesetzt haben. Der einstige Meeresboden wurde dann zu Gebirgen gehoben, geschoben und gefaltet. Bei **McDonald Falls** sind einige der ältesten Gesteine im Park freigelegt.

Parken Sie nun am Campingplatz beim **Avalanche Creek** und gehen Sie den **Trail of the Cedars**. Dieser leichte, 3/4 Meilen lange erläuterte Naturpfad, der auch für Rollstuhlfahrer zugänglich ist, macht Sie näher mit dem Lebensbaum-Hemlocktannen-Wald bekannt, durch den Sie fuhren. Neben Ihnen stürzt der Avalanche Creek durch scharf geschnittene Schluchten aus auffallend rotem Stein, entstanden während einer Rückzugsphase des Meeres. In Verbindung mit Sauerstoff bildete sich nämlich aus eisenhaltigen Mineralien im Schlamm Hämatit, was dem Fels die hellrote Farbe gibt. Dehnen Sie Ihre Wanderung bei Bedarf auf **Avalanche Lake Trail** aus, der zum Gletschersee **Avalanche Lake** hinaufführt. Der sanft ansteigende Weg (4 Meilen hin und zurück) bietet schöne Ausblicke.

Nach 2 Meilen Autofahrt liegt **Garden Wall** direkt vor Ihnen, und damit die Kontinentale Wasserscheide. Westlich strömen die Flüsse zum Pazifik, östlich zum Nordpolarmeer oder Atlantik. Entstanden ist der Grat, weil zwei Gletscher von zwei Seiten am Berg nagten. Beim Aussichtspunkt **Bird Woman Falls** (12 Meilen vom Campingplatz Avalanche Creek) zeigt ein Modell, wie auch

Wandergruppe am Grinnell-Gletscher

dieses eindrucksvolle Trogtal von Gletschern geschaffen wurde. Der Name »Glacier« National Park deutet es an: Gletscher – die mächtigen Ströme aus Eis in den Eiszeiten der letzten 2 Millionen Jahre – haben diese Landschaft geformt.

Am **Logan Pass**, hoch oben auf der »Great Divide«, scharen sich die Gipfel so, dass man sie berühren möchte. Gehen Sie, vorbei am *Visitor Center*, zum **Hidden Lake Overlook Nature Trail** hinauf, und kaufen oder leihen Sie sich oben eine Wegbeschreibung. Die 3 Meilen (hin und zurück) auf gepflegten Wegen führen an Blumenwiesen vorbei, die von Bergriesen umrahmt werden. Am Ziel erwartet Sie ein atemberaubender Blick auf **Hidden Lake**. Schauen Sie aus nach grasenden Bergziegen, nach Murmeltieren, die sich sonnen, und Steinadlern, die nach Nagern spähen. *Bleiben Sie auf dem Weg:* Die Pflanzen sind sehr empfindlich.

Steuern Sie als nächstes auf **Going-to-the-Sun Mountain** zu, den mit 2939 m höchsten Berg in diesem Teil des Parks. Der Name stammt wohl aus den Mythen der Blackfoot-Indianer. Demnach ist Napi, der Schöpfer, auf die Erde gekommen, um den Blackfoot zu helfen, und über diesen Berg wieder zur Sonne zurückgekehrt.

Etwa 4 1/2 Meilen nach Logan Pass liegt **Jackson Glacier** vor Ihnen, einer der wenigen Gletscher, die von der Straße zu sehen sind. Der Abzweig nach **Going-to-the-Sun Point** (oder **Sun Point**) führt zu Picknickbänken, einem schönen Blick auf **St. Mary Lake** und einem Naturlehrpfad, der in die Ökologie der trockeneren Ostseite des Parks einführt. Nach 1,5 Meilen lohnt **Wild Goose Island Overlook**, nach weiteren 3 Meilen der Blick über **Triple Divide Peak**. Am **Divide Creek**, der Grenze zum Blackfoot-Reservat, endet die Straße, »die zur Sonne führt«.

CHIEF MOUNTAIN INTERNATIONAL HIGHWAY BIS WATERTON LAKES

75 Meilen; mindestens ein ganzer Tag

Chief Mountain International Highway beginnt nördlich von Babb nahe US

89. **Chief Mountain** (2763 m), ein einsamer, Ehrfurcht gebietender Berggipfel, beherrscht den Horizont zur Linken. Wenn Blackfoot-Indianer geistlichen Rat suchen, binden sie noch immer bunte Tücher als traditionelle Opfergaben an die Bäume zu Füßen des Berges.

Chief Mountain bildet auch den östlichsten Ausläufer des »Lewis Overthrust«, eines tragenden geologischen Elementes. In einer Ausstellung ca. 10 Meilen hinter der Zollstation wird diese Faltenüberschiebung erläutert. Nach weiteren 1 ½ Meilen gibt es eine fabelhafte Aussicht auf **Waterton Valley** zu genießen; außerdem sind die einzelnen Berge kenntlich gemacht.

Folgen Sie den Schildern zum Waterton Lakes National Park. Das *Main Visitor Center* liegt ca. 4 Meilen hinter dem Parkeingang kurz vor der Stadt rechts. Zur Linken: **Prince of Wales Hotel**, mit einem erstklassigen Blick auf **Upper Waterton Lake** von der Halle aus. Der steile, aber lohnende **Bears Hump Trail** (2 Meilen hin und zurück) führt zu einem eindrucksvollen Rundblick aus größerer Höhe; der Weg beginnt am *Visitor Center*.

Waterton Park Townsite ist ein Dorf mit etwa 100 ständigen Bewohnern, wimmelt aber im Sommer von Imbissstätten und Geschenkläden. Vom Hwy. 5 führt Mount View Road hinunter. Am Seeufer, nahe dem Endpunkt der Straße, erläutert der Peace Park Exhibit Pavillon die Geschichte des Parks.

Zur Fortsetzung der Tour biegen Sie rechts in **Akamina Parkway** ein; dieser folgt dem **Cameron Valley** auf 10 Meilen bis zum **Cameron Lake**. Am See selbst, in einem großen, gletschergeformten Becken gelegen, können Sie ein Boot mieten, Forellen angeln oder auf dem **Cameron Lakeshore Trail** (2 Meilen hin und zurück) durch einen Wald von Engelmann-Fichten und subalpinen Tannen schlendern. *Gehen Sie nicht über das Wegende hinaus* – wegen der Grizzlys.

Vom Alberta Hwy. 5 geht der 10 Meilen lange **Red Rock Parkway** ab. Er führt durch Prärie, die von Mai bis Anfang Juli von Blumen übersät ist. 3 Meilen weiter gibt es beim Crandell Mountain Campground eine Ausstellung über die frühe Indianerkultur. Am **Red Rock Canyon** haben die Archäologen ein 8400 Jahre altes Camp entdeckt, folgen Sie dem **Red Rock Canyon Loop Trail** (½ Meile).

MANY GLACIER & SWIFTCURRENT VALLEY

13 Meilen von Babb; mindestens ein halber Tag

Many Glacier ist nicht nur ein Wanderparadies, sondern auch reich an Wild – besonders Dickhornschafen. Links entlang der Straße erstreckt sich Lake Sherburne. In diesem Stausee ist die alte *Boomtown Altyn*, eine Blüte des Bergbaufiebers um die Jahrhundertwende, zum großen Teil versunken.

Am Ende des Sees erscheint links **Many Glacier Hotel,** 1915 erbaut von der Great Northern Railway, um den Tourismus an ihrer Strecke anzukurbeln. Auch ein gutes Dutzend Zeltlager und Chalets im Inneren von Waterton-Glacier wurden von der Gesellschaft gebaut. Damals ging die Anreise vom Bahnhof zu den Hotels und Chalets noch mit Pferden vor sich.

Parken Sie am Hotel, und suchen Sie den **Swiftcurrent Lake Nature Trail** (2 ½ Meilen, leicht).

Der Lehrpfad führt um den See herum und vermittelt einiges über die Pflanzen, Tiere, Berge und Gletscher der Region. Sie gehen durch 400-jährigen Fichten-Tannen-Wald und 60-jährige Drehkiefernbestände, die nach dem großen Waldbrand von 1936 angepflanzt wurden.

Ein gemütlicher Boots- und Wanderausflug (2 1/2 Meilen) durch hohen Wald führt zum **Swiftcurrent** und **Josephine Lake**. Wenn Sie Lust auf Größeres verspüren, dann bietet sich die naturkundlich geführte Wanderung(8 Meilen hin und zurück) und Bootsfahrt (Gebühr) zum **Grinnell Glacier** an einem der größten und zugleich zugänglichsten Gletscher im Park. Die Termine finden Sie in der Parkzeitung.

WEITERE SEHENSWÜRDIGKEITEN & WANDERWEGE

Holen Sie sich vor dem Aufbruch im *Visitor Center* oder bei der *Ranger Station* Karten und Fahrpläne – und erkundigen Sie sich, welche Wege wegen der Bären gesperrt sind.

Fahren Sie nach **Two Medicine** im Südosten des Parks nahe Mont. Hwy. 49, und lassen Sie sich am **Two Medicine Lake** übersetzen. Wandern Sie durch Heidelbeerwiesen an **Twin Falls** vorbei nach **Upper Two Medicine**, umgeben von bunten Felsen (4 1/2 Meilen hin und zurück). Oder fahren Sie auf Mont. 49 und US 2 in südlicher Richtung zum **Walton Goat Lick Overlook**. Hier lockt eine natürliche Salzlecke die Bergziegen an.

Ab dem Logan Pass können Sie vom **Highline Trail** herrliche Rundblicke genießen. Dieser Weg führt über die hochliegenden Gebiete der Glaciers bis nach Waterton (43,6 Meilen). Er folgt den Hängen der Garden Wall, eines messerscharfen Grates zwischen McDonald Valley und dem Gebiet von Many Glacier. Am Weg liegt eines der beiden Chalets von Great Northern **Granite Park Chalet** (7,6 Meilen einfacher Weg) – das andere, **Sperry**, wurde vor kurzem restauriert. Man erreicht es zu Pferd oder zu Fuß vom Jackson Glacier Overlook.

Ein Teil des Weges ist aus der Felswand gehauen, also wahrlich nichts für Zaghafte.

Von Many Glacier führt **Iceberg Lake Trail** (10 Meilen hin und zurück) durch ein blumenreiches Panorama zu einem türkisfarbenen See, auf dem Eisberge schwimmen. **Cracker Lake Trail** (12,2 Meilen hin und zurück) führt durch **Canyon Creek** zum Gletschersee; in der Nähe die Reste der **Cracker Mine**.

Ab Akamina Parkway kann man eine mäßig schwierige Wanderung zu den **Rowe Meadow Lakes** (6 1/2 Meilen hin und zurück) unternehmen, wo im Frühsommer die Blumen prächtig blühen. Nach einer weiteren knappen Meile durch alpinen Lärchenwald sind Sie am **Upper Rowe Lake**.

Und Samstag morgens geht es auf der **International Peace Park Hike** von Waterton Townsite ca. 8 1/2 Meilen nach **Goat Haunt,** USA; zurück fährt man per Boot.

Radfahrer auf der Going-to-the-Sun Road

PRAKTISCHE INFORMATIONEN

ZENTRALE

Waterton: Box 200 Waterton Park, Alberta, ABTOK 2MO, Canada. Tel. (403) 859-2224. Glacier: West Glacier, Montana 59936. Tel. (406) 888-7800; www.nps.gov/glac.

SAISON UND ANREISE

Die Parks sind ganzjährig geöffnet; im Winter bei Schnee beschränkter Zugang.

BESUCHERINFORMATIONEN

Waterton: Waterton Visitor Center in Waterton Townsite; Tel. (403) 859-2224; Mitte Mai bis September. *Glacier Apgar Visitor Center* nahe Westeingang Mai bis Mitte Septemper geöffnet; Tel. (406) 888-7800. *Logan Pass Visitor Center* Mitte Juni bis Oktober geöffnet. St. Mary *Visitor Center* am Osteingang Mitte Mai bis Mitte Oktober.

EINTRITTSGEBÜHREN

Waterton: Can. $8 pro Erwachsenem/$4 pro Kind. Glacier: $25 pro Wagen, gültig für 7 Tage. $35 Jahresgebühr.

EINRICHTUNGEN FÜR BEHINDERTE

Waterton: International Peace Park Pavillon, Heritage Centre und Ausstellungsgebäude am Cameron Lake, einige Campingplätze und Lake Linnec Trail für Rollstuhlfahrer zugänglich. *Glacier:* Die meisten Einrichtungen und Ausstellungen in *Visitor Centers* sind zugänglich, ebenso Trail of the Cedars, Running Eagle Falls Trail, Oberlin Bend Trail und Apgar Nature Trail.

AKTIVITÄTEN

Waterton: Kostenlose Veranstaltungen: Theateraufführungen, geführte Spaziergänge und Wanderungen. Außerdem: Schwimmen, Fischen (Erlaubnis erforderlich), Bootfahren, Naturseminare, Reiten, Golf, Skilanglauf. *Glacier:* Naturkundliche Veranstaltungen, Dia-Vorträge, Lagerfeuer, Film, Wandern, Reiten, Bootfahren, Fischen, Going-to-the Sun Stuttle (Juli & August).

FREIES ZELTEN

Genehmigung erforderlich; erkundigen Sie sich rechtzeitig wegen Reservierungen und Gebühren. Waterton Tel. (403) 859-5133, Glacier Tel. (406) 888-7859.

CHALETS

Granite Park Chalet ($66 plus $10 für Bettwäsche) und **Sperry Chalet** ($155 pro Zimmer plus $100 pro Person, inkl. Mahlzeiten) bis Mitte Oktober bieten Übernachtungen an. Tel. (888) 345-2649.

CAMPINGPLÄTZE

Waterton: Drei Campingplätze. Mitte Mai bis Anfang September geöffnet (**Townsite** bis Mitte Oktober). Townsite zu reservieren, andere *First come, first served*. Gebühren: Can. $13–$33 pro Nacht. Zelt- und Wohnwagenplätze. Für **Belly River Group Campgrounds** Reservierung erforderlich (über Zentrale).

Glacier: 13 Campingplätze, Juli/August auf 7 Tage begrenzt, sonst 14-Tage-Limit. **Apgar** und **St. Mary** ganzjährig geöffnet, die übrigen Ende Frühjahr bis Mitte Herbst. Gebühren: $10–$23 pro Nacht. **Apgar** Gruppencampingplatz *first come, first served*. **Fish Creek** und **St. Mary**: Reservierung bei NRRS. Gastronomie.

UNTERKUNFT

(in der Regel gelten die Preise für 2 Personen im Doppelzimmer zur Hauptsaison)

IM WATERTON, Alberta ToK 2Mo:

Aspen Village Inn P.O. Box 100. Tel. (403) 859-2255. 50 Zimmer. Can.-$154–232.

Bayshore Inn 111 Waterton Ave. Sommer Tel. (403) 859-2211; Winter Tel. (403) 238-4847. 70 Zimmer. Can.-$199. Restaurant. April bis Oktober

Crandell Mt. Lodge 1 Waterton Park. Tel. (403) 859-2288. 17 Zimmer. Can.-$129–$159.

Prince of Wales Hotel (in Waterton Townsite) Reservierung: Glacier Park, Inc. (siehe unten) Tel. (406) 892-2525. 86 Zimmer. Can.-$256–$800. Restaurant.

IN GLACIER:

Juni bis Mitte September. Glacier Park, Inc., P.O. Box 2025, 774 Railroad St., Columbia Falls, MT 59912. Tel. (406) 892-2525.

Glacier Park Lodge 161 Zimmer. $140–$500. Restaurant.

Lake McDonald Lodge 100 Zimmer. $114–$160. Restaurant.

Many Glacier Hotel 214 Zimmer. $135–$255. Restaurant.

Rising Sun Motor Inn 72 Zimmer. $107–$124. Restaurant.

Swiftcurrent Motor Inn 88 Zimmer. Cabins $43–$73; Zimmer $55–$124.

The Village Inn 36 Zimmer. $120–$185.

AUSFLÜGE

FLATHEAD NATIONAL FOREST
KALISPELL, MONTANA

Hier gibt es reichlich Erholung an Bergen, Seen, Wild and Scenic Rivers und auf 2000 Meilen Wanderwegen. Hat Anteil an drei Wilderness Areas, darunter Bob Marshall. 9307 km². Angebote: 400 Zeltplätze, Wandern, Bootfahren, Bootsrampe, Klettern, Fischen, Reiten, Jagen, Picknickplätze, Panoramastraßen, Wintersport, Wassersport. Ganzjährig geöffnet, Zeltplätze Juni bis Mitte September. *Visitor Center* – nahe US 2 bei Hungry Horse Dam, ca. 7 Meilen vom NP – nur im Sommer. Tel. (406) 758-5208.

LEWIS & CLARK NATIONAL FOREST
GREAT FALLS, MONTANA

Dieses Waldgebiet besteht aus zwei Teilen, die durch Ebenen getrennt sind. Jefferson besitzt sanfte Gipfel, wellige Hügel und weite Plateaus. Viele Dickhornschafe. 7284 km². Angebote: 337 Zeltplätze, fünf Winter-Cabins (Voranmeldung nötig), Wandern, Bootfahren, Bootsrampe, Klettern, Fischen, Reiten, Jagen, Wintersport, Wassersport; Zugang für Behinderte. Ganzjährig geöffnet, Zeltplätze Spätfrühjahr bis Herbst. Liegt südlich vom Waterton-Glacier NP. Auskunft: 1101 15th St. North, Great Falls. Tel. (406) 791-7700.

KOOTENAI NATIONAL FOREST
LIBBY, MONTANA

Lebensbaumwald, und 90 Meilen langer Lake Koocanusa nebst Bächen und Stauseen bietet er Erholungsmöglichkeiten. Mit Cabinet Mountains Wilderness. 9100 km². Angebote: 509 Zeltplätze, Wandern, Bootfahren, Klettern, Radfahren, Fischen, Picknickplätze, Panoramastraßen, Wintersport. Ganzjährig geöffnet, die meisten Zeltplätze Spätfrühjahr bis Herbst. Auskunft in Libby an US 2, 100 Meilen vom Waterton-Glacier NP. Tel. (406) 293-6211.

PINE BUTTE SWAMP PRESERVE
CHOTEAU, MONTANA

Pine Butte ist ein 150 m hoher Felsvorsprung, der ein Wildschutzgebiet der *Nature Conservancy* überragt, das vor allem den Grizzly schützen soll, aber auch andere Tierarten wie Luchs, Puma, Sandhügelkranich, Steinadler, Mink und Dickhornschaf. Interessant die fossilen Eier vom Entenschnabelsaurier am Egg Mountain; paläontologische Führungen im Sommer täglich. 73 km², am Teton River. Angebote: Wandern, Klettern und Reitangebot mit naturkundlichen Führungen (Mai bis Ende Oktober). Preserve ganzjährig geöffnet; Zugang mit Genehmigung. Nahe US 89, ca. 60 Meilen südöstlich vom Watergate-Glacier NP. Tel. (406) 466-5526.

BENTON LAKE NATIONAL WILDLIFE REFUGE
BLACK EAGLE, MONTANA

Über 200 Vogelarten finden Nahrung, Schutz und sorgsam behütete Nistplätze in diesem weiten Prärie-Sumpfgebiet (ein ehemaliger Gletschersee) inmitten von Weizenfeldern und Weidegebieten in Montana. Spießente, Schnatterente, Löffelente, Amerikanische Krickente, Stockente, Kleine Bergente und Kanadagans gehören zu den hier brütenden Arten. 50 km². Angebote: Jagen, Autotour *(self-guided)*. Ganzjährig geöffnet, *dawn to dusk*. Zentrale nahe US 87, ca. 100 Meilen vom Waterton-Glacier NP. Tel. (406) 727-7400.

Bison Flats mit den hohen Halmen seiner Prärie

WIND CAVE

SOUTH DAKOTA
GEGRÜNDET 9. JANUAR 1903
115 Quadratkilometer

Allzu viele Besucher verlassen Wind Cave National Park und haben nur seinen halben Zauber kennen gelernt. Und sie kennen ausgerechnet die Hälfte, die man nicht sieht.

Über dem sehenswerten, unterirdischen Labyrinth, nach dem der Park benannt ist, findet sich ein bemerkenswertes Ökosystem, angesiedelt an der Grenze zwischen der Mischgras-Prärie der westlichen Great Plains und den Ponderosa-Kiefernwäldern der Black Hills. Damit beherbergt der Park zahlreiche Tier- und Pflanzenarten, die aus deutlich verschiedenen Naturräumen stammen: Päriefalken und Wiesenstärlinge aus den Grasgebieten neben Zwergkleibern und wilden Truthühnern aus den Wäldern.

Die Tiere sind sicher eine der Hauptattraktionen hier. Und weil der Park klein ist und die Zahl der Bisons groß, sind die Aussichten günstig, dem Bison – oder so genannten Amerikanischen Büffel – hier zu begegnen – ja, oft kann man den großen und bekanntermaßen unberechenbaren Tieren kaum ausweichen. Die Bisons im Park stammen von 14 Tieren ab, die 1913 von der New York Zoological Society in diesem Gebiet ausgewildert wurden.

Auch Gabelbock, Maultierhirsch und Präriehund sind in großer Zahl vorhanden – und zu beobachten, weil der Park zu 60 Prozent aus offenem Grasland besteht. Wapiti-Hirsche leben am Rande der Wälder, man wird sie kaum zu Gesicht bekommen, doch im Herbst hört man nicht selten ihr unheimliches Röhren.

Im Untergrund liegt Wind Cave. Eine Entdeckung der Höhle wurde 1881 erstmals schriftlich festgehalten, als zwei Brüder namens Bingham ein lautes Pfeifen aus dem einzigen natürlichen Zugang der Höhle hörten. Heute gehört sie mit über 130 erforschten Meilen zu den längsten Höhlen der Welt. Weil sie relativ trocken ist, enthält sie nur wenig Stalaktiten und Stalagmiten, wie man sie aus anderen Höhlen kennt. Dafür gibt es hier manch ungewöhnliche mineralische Bildung, darunter wohl die schönsten Steinwaben der Welt, das sind Gebilde aus Kalkspat, die an unregelmäßige Honigwaben erinnern. Eine weitere Besonderheit der Höhle ist der starke Wind, der abwechselnd in die Höhle hinein- und aus ihr herausbläst, zum Ausgleich von Luftdruckunterschieden zwischen innen und außen.

Anreise

Eine landschaftlich schöne Strecke führt von Rapid City (74 Meilen) über US 16 zur US 16A South, mit Umweg über S. Dak. Hwy. 87 South und Mount Rushomre. Auf dieser Route (für Wohnwagen und Anhänger gesperrt) kommt man über Needles Highway und durch Custer State Park zum Nordeingang des Parks.

Schneller fährt man von Rapid City über S. Dak. Hwy. 79 South nach Hot Springs, dann über US 385 North zum Südeingang. Von Westen reist man über US 16 East bis Custer, dann auf 385 South. Flughafen: Rapid City.

Reisezeit

Ganzjährig geöffneter Park. Zwar sind Höhle und *Visitor Center* täglich (außer Thanksgiving, Weihnachten und Neujahr) geöffnet, doch werden außerhalb der Saison (Ende September bis Juni) bedeutend weniger Höhlentouren angeboten. Spätfrühlich und Frühsommer sind die besten Zeiten für Blumenfreunde. Montag, Dienstag und Mittwoch sind sommers die besonders besuchsstarken Tage. Der Campingplatz ist jedoch kaum je voll.

Reiseempfehlungen

Für einen 1-Tages-Besuch empfiehlt sich vormittags eine kurze Einführungstour durch **Wind Cave** und nachmittags eine Fahrt auf dem **Scenic Drive** durch Prärien und Wälder. Für den zweiten Tag bietet sich eine längere **Candlelight** oder **Caving Tour** an.

Personen mit gesundheitlichen Problemen sollten sich an die kürzeren, leichteren Touren halten, doch auch hier muss man ca. 150 Stufen (rauf und runter) in Kauf nehmen. (Neigen Sie zu Klaustrophobie, so sollten Sie einen Höhlenbesuch nochmals überdenken.) Tragen Sie feste Schuhe und, auch an heißen Sommertagen, warme Kleidung: Die Höhlentemperatur liegt konstant bei 11,7 °C. Eine Vorabreservierung ist empfehlenswert. Für die Candlelight Tour muss man mindestens 8 Jahre alt sein.

WIND CAVE: FÜHRUNGEN

1 Stunde bis zu einem halben Tag

Alle Führungen beginnen im *Visitor Center,* wo Schaubilder wichtige Hintergrundinformationen vermitteln. Eine kurze Video-Vorführung stellt dar, wie sich die Höhle vor 60 Millionen Jahren zu entwickeln begann. Dieselben tektonischen Bewegungen, die zur Hebung der Black Hills führten, ließen in den Kalksteinschichten unter dem Park Spalten entstehen, in die Wasser eindrang und im Laufe von Jahrmillionen allmählich den Stein löste; so bildete sich ein Geflecht von Gängen

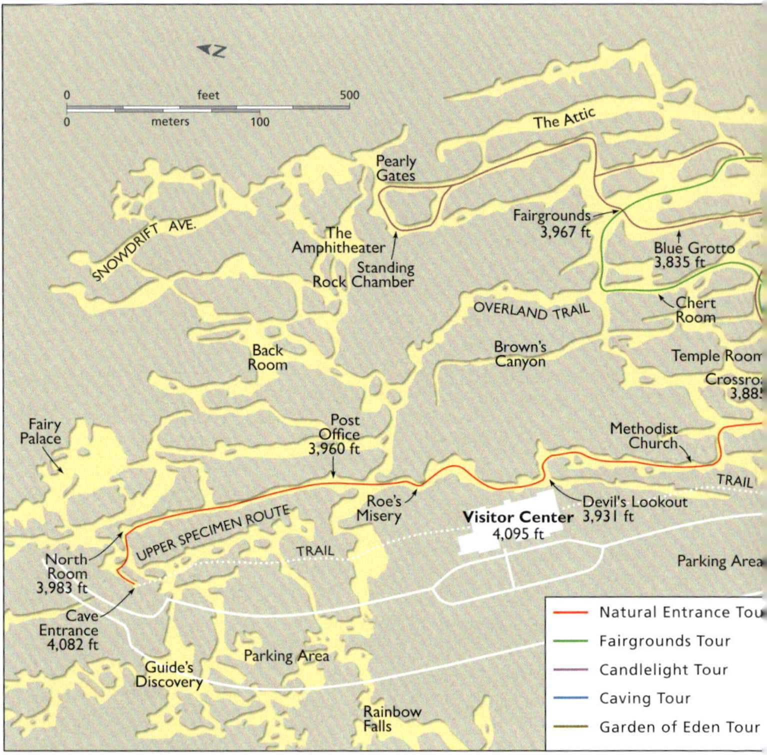

Die Steinwaben der Höhle bestehen aus Calcit

und Tunneln. Die meisten Erstbesucher werden sich wohl für die **Natural Entrance Tour** (1 Stunde) oder die Fairgrounds Tour (1 1/4 Stunden) entscheiden. Beide führen in die Welt unter Tage ein, indem sie Grundlegendes über Höhlen und Höhlengebilde vermitteln. Man durchläuft so fantasievoll benannte Stationen wie **Post Office** (wegen des Wabenwerks an den Wänden), **Devil's Lookout** und **Bachelor's Quarters**.

Die **Garden of Eden Tour** dauert 60 Minuten und ist für Personen geeignet, die es eilig haben oder sich nicht anstrengen wollen (oder dürfen).

Sind Sie Historisch interessiert, dann wählen Sie die **Candlelight Tour** (nur im Sommer). Die 2-stündige

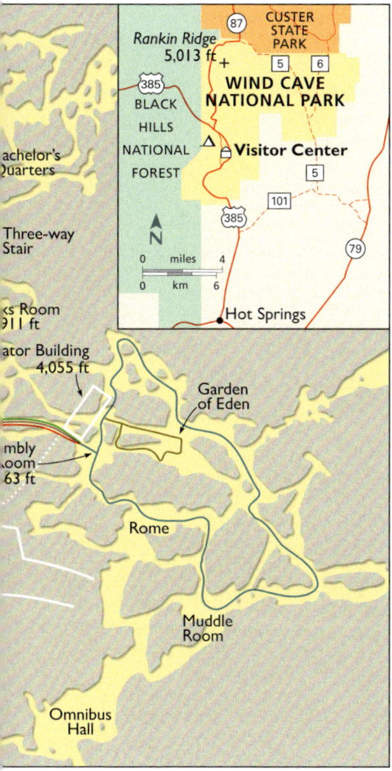

Führung findet im Lichte von Kerzenlaternen statt. Sie erinnert an die 1890er Jahre, als **Wind Cave** der Wind Cave Improvement Company gehörte und die Führungen nach der Zahl der Kerzen bemessen wurden, die man verbrauchte. Es geht an Blue Grotto vorbei, zu den **Pearly Gates** hinauf und weiter; Thema ist die Atmosphäre der Höhle und ihre Entdeckungsgeschichte.

Wer ein starkes Interesse an Höhlen hat und sich körperlich fit fühlt, für den ist die **Wild Caving Tour** (4 Stunden), die eine richtige Höhlenexpedition simuliert, das Richtige. Ranger führen die Teilnehmer in die fernsten, unheimlichsten Winkel der Höhle. Man kriecht und zwängt sich durch schmale Durchlässe und macht sich von oben bis unten dreckig (Kleider zum Wechseln mitnehmen). Thema ist Höhlentourismus und seine Auswirkungen auf die Höhlenumwelt.

SCENIC DRIVE

13 Meilen; mindestens ein halber Tag

Mit US 385 erreichen Sie die Südgrenze des Parks, 11 Meilen nördlich von Hot Springs. Vom **Where the Wind Blows Pullout** können Sie die Prärie erstmals sehen, wie sie war, bevor sie durch weiße Siedler so tief greifend verändert wurde. Bisons und Gabelböcke grasen Seite an Seite auf flachen Hängen. Am **Bringing Back the Bison Pullout** blicken Sie auf eine breite, staubige Büffelsuhle hinunter.

Fahren Sie vom *Visitor Center* zum Campingplatz. auf dem **Elk Mountain Nature Trail** (1 Meile, leicht) gelangen Sie ins Übergangsgebiet zwischen Prärie und Kiefernwald, wo Gräser und Bäume um die Vorherrschaft kämpfen. Eine Wegbeschreibung erklärt die wichtigsten Pflanzen, darunter Feigendistel und Yucca.

Fahren Sie zur Kreuzung mit Route 87 und biegen Sie nach rechts. Am **Life in the Prairie Dog Pullout** können Sie studieren, wie diese einst zahlreichen Nagetiere sich vor ihren vielen natürlichen Feinden schützen. Mit einem ausgeklügelten Wacht- und Alarmsystem warnen sie einander vor nahender Gefahr. Wenn Sie näher kommen, löst das sicher ein kakophones Gebell aus. Bleiben Sie im Auto, dann kriegen Sie mehr zu sehen: Autos stören die Präriehunde nicht. Abends und morgens kann man in Nähe der Kolonie Kojoten Patrouille gehen sehen.

Die Straße steigt nun aus der Prärie zu den höher gelegenen Gelbkiefernwäldern auf, die auch weite Flächen der nahe gelegenen Black

PRAKTISCHE INFORMATIONEN

ZENTRALE
Hot Springs, South Dakota 57747. Tel. (605) 745-4600; www.nps.gov/wica.

SAISON UND ANREISE
Der Park ist ganzjährig geöffnet.

BESUCHERINFORMATIONEN
Visitor Center liegt 11 Meilen von Hot Springs an US 385, ganzjährig – wie die Höhle – geöffnet. Mehrere Führungen täglich von Memorial Day bis Labor Day.

EINTRITTSGEBÜHREN
Keine. Preise für Höhlenbesichtigung: Garden of Eden $7, Natural Entrance Cave $9, Fairgrounds Cave $9, Historic Candlelight Cave $9, Wind Cave $23, Kinder zwischen 6 und 16 Jahren von $3,50–4,50.

EINRICHTUNGEN FÜR BEHINDERTE
Visitor Center und eine Höhlentour sind für Rollstuhlfahrer zugänglich.

AKTIVITÄTEN
Naturkundliche Veranstaltungen: diverse Höhlentouren, Naturwanderungen, Vorträge am Lagerfeuer. Außerdem: Ausstellungen, Panoramastraßen, Wandern, Radfahren, Tierbeobachtungen.

FREIES ZELTEN
Genehmigung erforderlich, kostenlos im *Visitor Center* zu erhalten.

CAMPINGPLÄTZE
Ein Campingplatz, auf 14 Tage begrenzt. Geöffnet Mitte Mai bis Mitte September. $12 pro Nacht, 15. Mai bis 15. September, sonst $6. Zelt- und Wohnwagenplätze.

UNTERKUNFT
(wenn nicht anders vermerkt, gelten Preise für 2 Personen im Doppelzimmer zur Hauptsaison)

In Custer, SD 57730:
Bavarian Inn Motel P.O. Box 152. Tel. (800) 657-4312 oder (605) 673-2802. 64 Zimmer, 1 Condo. $99. Pool, Restaurant.
Dakota Cowboy Inn 208 W. Mt. Rushmore Rd. Tel. (605) 673-4659. 48 Zimmer. $98. Pool, Restaurant. Mai bis Anfang Oktober.

In Hot Springs, SD 57747:
America's Best Value Inn by the River 602 W. River St. Tel. (888) 605-4292 oder (605) 745-4292. 31 Zimmer $110, 3 Cabins $135. Klimaanlage, Pool.
Historic Braun Hotel 902 N. River St. Tel. (605) 745-3187. 11 Zimmer. $100. Klimaanlage, Restaurant

Weitere Unterkünfte: HC 83 Box 70, Custer State Park, SD 57730. Tel. (800) 710-2267 oder (605) 255-4515.

Hills einnehmen. Halten Sie am **Exposing the Past Pullout**, und genießen Sie die Aussicht. An anderen Punkten ist zu sehen, wie die zahlreichen verschiedenen Pflanzen und Tiere sich an dieser dynamischen Nahtstelle zwischen Prärie und Wald arrangieren.

Wenden Sie sich am **Rankin Ridge Pullout** nach rechts, und fahren Sie 1/2 Meile zum Rankin Ridge Trail vor. Auf diesem Rundweg (1 Meile) gelangen Sie durch Kiefernwald zu einem Feuerwachtturm hinauf. Im Sommer können Sie ihn ein Stück weit erklimmen: Es erwarten Sie dort ein prächtiger Rundblick und vielleicht ein Schwatz mit dem wachhabenden Ranger.

Beschließen Sie die Tour mit der Fahrt zum Nordeingang des Parks. Wenn Sie ein geländegängiges Fahrzeug besitzen, dann möchten Sie vielleicht eine Schleife fahren, die mit der unbefestigten Route NPS-5 rechts beginnt und sich auf Route NPS-6 und 7-11 Road (County Road 101) fortsetzt. Die Straßen führen durch Büffel- und Gabelbockland. Route 7-11 Road rechts bringt Sie zur US 385 im Süden des Parks zurück.

AUSFLÜGE

BUFFALO GAP NATIONAL GRASSLAND
WALL, SOUTH DAKOTA

Diese Mischgras-Prärie mit Badlands, in die Präriehundkolonien eingestreut sind, ist ideal für Hobbygeologen; sogar derFairburn-Achat, Stein des Staates S. Dakota, ist zu finden. 2395 km². Angebote: Wandern, Fischen, Reiten, Picknickplätze. Ganzjährig geöffnet. Auskunft in Wall, nahe I-90, ca. 75 Meilen vom Wind Cave NP. Umschließt Badlands NP. Tel. (605) 279-2125.

MOUNT RUSHMORE NATIONAL MEMORIAL
KEYSTONE, SOUTH DAKOTA

Die kolossalen Köpfe von Washington, Jefferson, Theodore Roosevelt und Lincoln schauen auf Black Hills NF hinaus. Von Juni bis September ist die Bildhauer-Werkstatt geöffnet, eine abendliche Show endet mit Beleuchtung des Denkmals (Mitte Mai bis Anfang Oktober). 421 Hektar. Angebote: Gastronomie, Zugang für Behinderte. An S. Dak. 244, ca. 25 Meilen nördlich vom Wind Cave NP. Tel. (605) 574-2523.

JEWEL CAVE NATIONAL MONUMENT
CUSTER, SOUTH DAKOTA

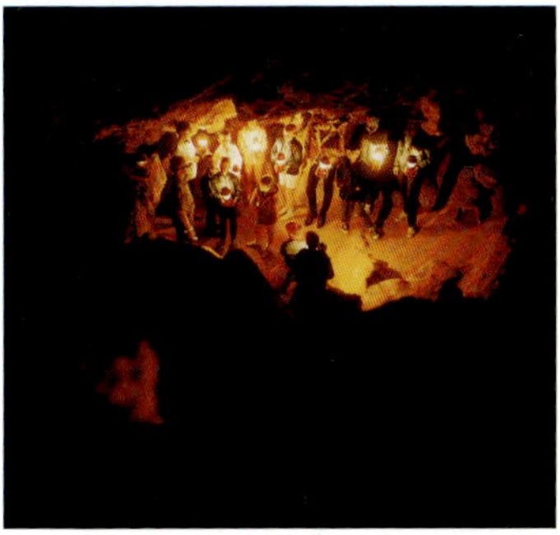

Glitzernde Kalkspatkristalle – das sind die »Juwelen« dieser 142 Meilen langen Höhle. Es werden zahlreiche Touren angeboten. 516 Hektar. Angebote: Wandern, Picknickplätze. Ganzjährig geöffnet. Im Black Hills NP, an US 16, ca. 35 Meilen vom NP. Tel. (605) 673-2288.

Travertin-Terrassen mit heißen Quellen

YELLOWSTONE

WYOMING, IDAHO, & MONTANA

GEGRÜNDET 1. MÄRZ 1872

8991 Quadratkilometer

Yellowstone erscheint den Geologen wie ein rauchendes Gewehr, das uns daran erinnert, wie gewalttätig die Erde sein kann. Ein Ereignis überschattet alle anderen: Vor etwa 600 000 Jahren explodierte eine ganze Landschaft in der Mitte des heutigen Parks. Binnen Minuten war das Land verwüstet. Ströme rasch fließender Aschen bedeckten Tausende Quadratkilometer. In der Mitte blieb nur eine schwelende Caldera übrig, der Einsturzkrater von 50 x 75 km Grundfläche. Heute lassen zahllose kochend heiße Quellen ahnen, dass durchaus weitere Eruptionen folgen können.

Doch Yellowstone ist mehr als nur heiße Erde und stiebender Dampf. An der Kontinentalen Wasserscheide gelegen, ist Yellowstone großenteils ein hohes Plateau, von Bergen umringt und mehreren Flüssen entwässert. Der Park umfasst somit raue Berge, Gebirgsseen, tiefe Canyons und weiträumige Wälder.

Die Gründung von Yellowstone im Jahre 1872 als erster Nationalpark der Welt verdanken wir dem Weitblick von Menschen, die unser Bedürfnis nach Schönheit und Trost durch die Natur vorausgesehen haben.

Damals war Yellowstone vor allem wegen seiner Geysire und heißen Quellen interessant. Die urwüchsige

Landschaft, die Büffel, Hirsche und Bären nahm man hin, denn Amerika war noch immer Pionierland und hatte viele reizvolle Landschaften und wilde Tiere zu bieten. Doch als der Westen besiedelt war, wuchs die Bedeutung von Yellowstone als Wildreservat. Die Liste der Tierarten im Park ist ein Kompendium der Fauna der Rocky Mountains: Wapiti, Bison, Maultierhirsch, Dickhornschaf, Grizzly und Schwarzbär, Elch, Gabelbock, Kojote, Puma, Biber, Trompeterschwan, Steinadler, Fischadler, Nashornpelikan und andere sind zu nennen.

Im Sommer 1988 brannten große Teile des Parks, was die Landschaft mancherorts drastisch veränderte. Doch keines der wesentlichen Merkmale wurde zerstört, die Geysire, Wasserfälle und Herden von Wild sind noch da. Viele Gebiete waren überhaupt nicht davon betroffen, und die es waren, werden sich im Laufe der Zeit erholen, und Pflanzen und Tierwelt werden davon profitieren. Verbrannte und unversehrte Areale liegen dicht beieinander, so dass faszinierende Einsichten in Ursachen und Wirkungen von Waldbränden in der Natur winken. Yellowstone hat schon schlimmere Naturereignisse erlebt und wird sie wieder erleben.

Weit größeren Kummer als das Feuer bereiten den Umweltschützern das Anwachsen der Besucherzahlen, der Rückgang der Grizzlys sowie Projekte zur Gewinnung von geothermischer Energie, Öl und Gas im Umkreis des Parks. Ein Zusammenwirken mit den sechs benachbarten National Forests, die zum erweiterten Ökosystem von Yellowstone gehören, ist geboten, wenn die Tierwelt und die geothermischen Besonderheiten erhalten bleiben sollen.

Anreise

Es gibt 5 Eingänge. Von Westen: West Yellowstone (Montana); von Norden und Nordosten: Gardiner und Cooke City (Montana); von Osten: US 14/16/20 von Cody (Wyoming); von Süden: Flagg Ranch (Wyoming) aus Richtung Grand Teton NP und Jackson (64 Meilen). Flughafen: West Yellowstone (nur Sommer), Bozeman und Billings (Montana); Cody und Jackson (Wyoming).

Reisezeit

Über die Hälfte der 3 Millionen Besucher pro Jahr kommt im Juli/August, doch bis Anfang Oktober ist das Wetter schön, Gäste knapp und das Wild reichlich. Im Mai/Juni gibt es Tierbabys, doch drohen Kälte, Regen oder Schnee. Von November bis Anfang Mai sind die meisten Parkstraßen gesperrt.

In der Wintersaison (Mitte Dezember bis Mitte März) ist Yellowstone ein Märchen aus Dampf und Eis; das Angebot ist beschränkt, aber ausreichend. Nur die Strecke zwischen Nord- und Nordosteingang bleibt offen, aber Schneemobile sind auf ungeräumten Straßen erlaubt.

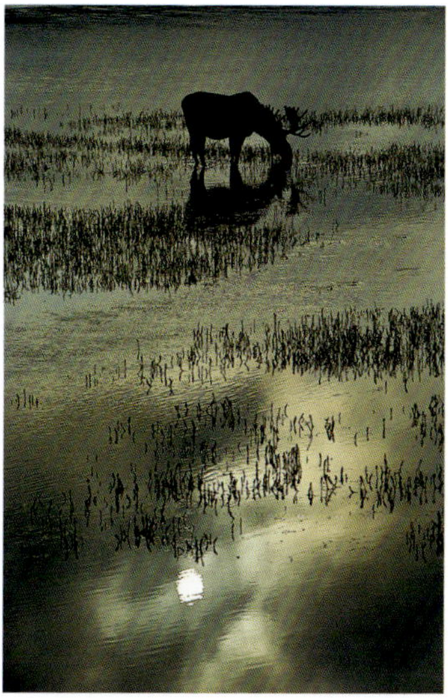
Elchbulle watet im Yellowstone

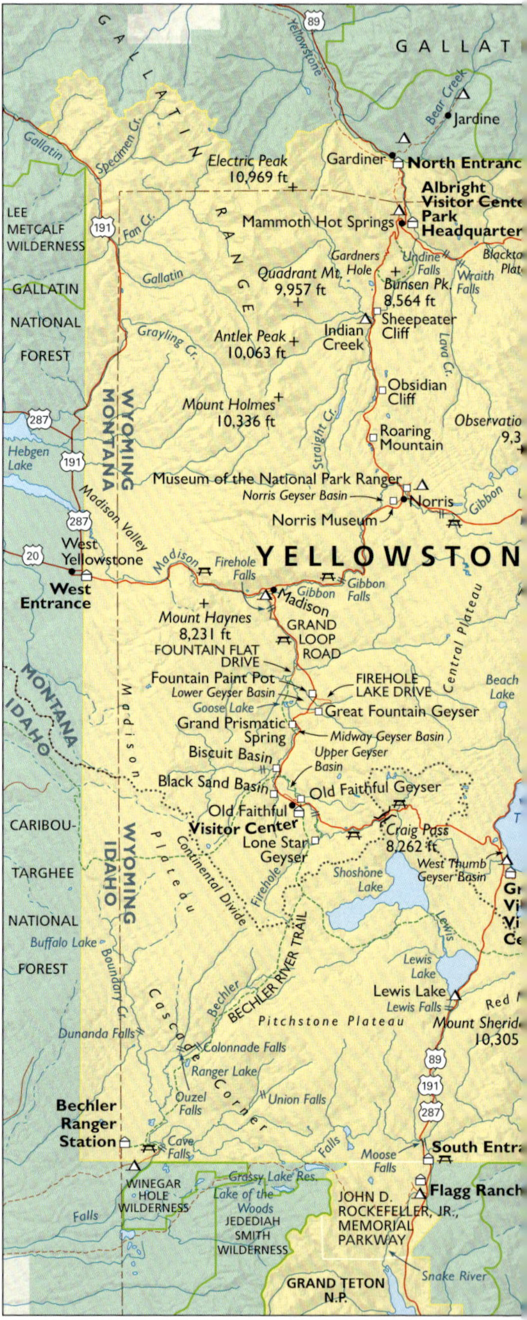
GALLATIN RANGE
GALLAT
Yellowstone
Bear Creek
Jardine
Gallatin
Specimen Cr.
Electric Peak
10,969 ft
Gardiner
North Entranc
Albright
Visitor Cente
Park
Headquarter
Mammoth Hot Springs
LEE
METCALF
WILDERNESS
GALLATIN
NATIONAL
FOREST
Fan Cr.
Gallatin
Gardners
Hole
Undine
Falls
Quadrant Mt.
9,957 ft
Bunsen Pk.
8,564 ft
Wraith
Falls
Sheepeater
Cliff
Indian
Creek
Grayling Cr.
Antler Peak
10,063 ft
Lava Cr.
Obsidian
Cliff
Mount Holmes
10,336 ft
Observatio
Roaring
Mountain
Hebgen
Lake
WYOMING
MONTANA
Straight Cr.
Museum of the National Park Ranger
Norris Geyser Basin
Norris
Gibbon
Norris Museum
Madison Valley
West
Yellowstone
Madison
Firehole
Falls
YELLOWSTON
West
Entrance
Gibbon
Gibbon
Falls
Madison
Mount Haynes
8,231 ft
GRAND
LOOP
ROAD
FOUNTAIN FLAT
DRIVE
Central Plateau
Fountain Paint Pot
Lower Geyser Basin
FIREHOLE
LAKE DRIVE
Beach
Lake
Goose Lake
Great Fountain Geyser
MONTANA
IDAHO
Madison
Grand Prismatic
Spring
Midway Geyser Basin
Biscuit Basin
Upper Geyser
Basin
Black Sand Basin
Old Faithful Geyser
Old Faithful
Visitor Center
CARIBOU-
TARGHEE
NATIONAL
FOREST
Plateau
Continental Divide
Lone Star
Geyser
Craig Pass
8,262 ft
West Thumb
Geyser Basin
WYOMING
IDAHO
Firehole
Shoshone
Lake
Buffalo Lake
Lewis
Lewis
Lake
Boundary Cr.
Cascade Corner
Bechler
BECHLER RIVER TRAIL
Lewis Lake
Lewis Falls
Pitchstone Plateau
Mount Sherid
10,305
Dunanda Falls
Colonnade Falls
Ranger Lake
Ouzel
Falls
Union Falls
Bechler
Ranger
Station
Cave
Falls
Falls
Moose
Falls
South Entra
WINEGAR
HOLE
WILDERNESS
Grassy Lake Res.
Lake of the
Woods
JEDEDIAH
SMITH
WILDERNESS
Flagg Ranch
JOHN D.
ROCKEFELLER, JR.,
MEMORIAL
PARKWAY
Falls
Snake River
GRAND TETON
N.P.
89
191
287
20

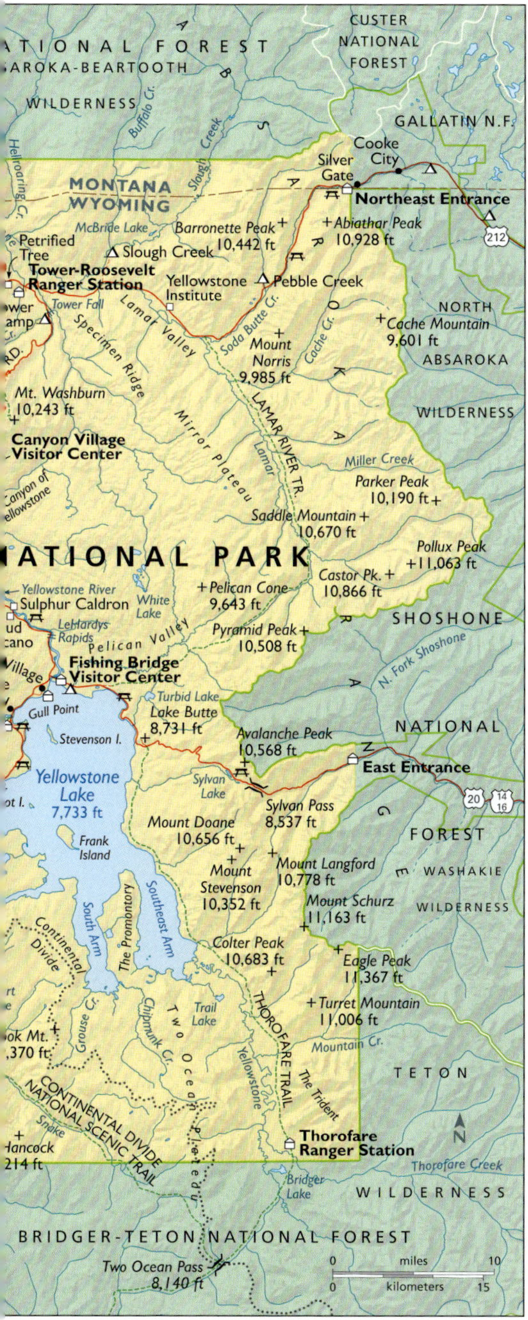
CUSTER NATIONAL FOREST
GALLATIN N.F.
ABSAROKA-BEARTOOTH WILDERNESS
MONTANA
WYOMING
Cooke City
Silver Gate
Northeast Entrance
Barronette Peak 10,442 ft
Abiathar Peak 10,928 ft
McBride Lake
Petrified Tree
Slough Creek
Tower-Roosevelt Ranger Station
Yellowstone Institute
Pebble Creek
Tower Fall
Lamar Valley
Specimen Ridge
Soda Butte Cr.
Mount Norris 9,985 ft
Cache Cr.
Cache Mountain 9,601 ft
NORTH ABSAROKA WILDERNESS
Mt. Washburn 10,243 ft
Canyon Village Visitor Center
Mirror Plateau
LAMAR RIVER TR.
Miller Creek
Parker Peak 10,190 ft
Saddle Mountain 10,670 ft
Pollux Peak 11,063 ft
Castor Pk. 10,866 ft
NATIONAL PARK
Yellowstone River
Sulphur Caldron
White Lake
Pelican Cone 9,643 ft
LeHardys Rapids
Pelican Valley
Pyramid Peak 10,508 ft
SHOSHONE NATIONAL FOREST
N. Fork Shoshone
Fishing Bridge Visitor Center
Turbid Lake
Gull Point
Lake Butte 8,731 ft
Stevenson I.
Avalanche Peak 10,568 ft
East Entrance
Yellowstone Lake 7,733 ft
Sylvan Lake
Sylvan Pass 8,537 ft
Mount Doane 10,656 ft
Frank Island
Mount Stevenson 10,352 ft
Mount Langford 10,778 ft
WASHAKIE WILDERNESS
Mount Schurz 11,163 ft
South Arm
The Promontory
Southeast Arm
Continental Divide
Colter Peak 10,683 ft
Eagle Peak 11,367 ft
Turret Mountain 11,006 ft
Trail Lake
Chipmunk Cr.
Grouse Cr.
Two Ocean Plateau
THOROFARE TRAIL
Yellowstone
The Trident
Mountain Cr.
TETON WILDERNESS
CONTINENTAL DIVIDE NATIONAL SCENIC TRAIL
Snake
Thorofare Ranger Station
Thorofare Creek
Bridger Lake
BRIDGER-TETON NATIONAL FOREST
Two Ocean Pass 8,140 ft
212
20
14
16
N
0 miles 10
0 kilometers 15

YELLOWSTONE

Beheizte Schneekutschen laden zu Rundfahrten ein und bringen Langläufer zu 50 Meilen gespurter Loipen.

Reiseempfehlungen

Die 142 Meilen lange **Grand Loop Road** beschreibt eine »8« und besitzt Querverbindungen zu den fünf Eingängen. Früher nahmen sich die Reisenden eine Woche für die Schleife – immer noch ein guter Gedanke. Beginnen Sie jedenfalls mit den Geysiren und **Mammoth Hot Springs,** wegen der Tiere und geothermischen Erscheinungen. Am zweiten Tag locken **Grand Canyon of the Yellowstone**, **Hayden Valley** und **Yellowstone Lake**, bei einem längeren Aufenthalt die **Northern Range.** Oder Sie nehmen überhaupt Abschied vom Auto: auf einem Ausflugs- oder Angelboot auf Yellowstone Lake; zu Fuß oder zu Pferd im Gelände oder auf einem Lehrpfad durch die Natur.

Für die Wildbeobachtung ist die Morgen- oder Abenddämmerung am besten geeignet.

Schlammtopf nahe Grand Canyon

DIE BECKEN DER GEYSIRE: OLD FAITHFUL BIS MAMMOTH

51 Meilen; ein ganzer Tag

Stellen Sie Ihr Auto am Parkplatz von **Old Faithful** ab und fragen Sie im *Visitor Center* nach den »Terminen« der großen Geysire. Kaufen Sie eine Karte vom **Upper Geyser Basin** (auch im Handel erhältlich) und warten Sie auf einer Bank am *Visitor Center* auf den Ausbruch von Old Faithful (der zwar »getreu« ist, sich aber trotzdem an keinen festen Zeitplan hält, immerhin schießt er täglich in die Höhe). Sie können auch um ihn herumwandern, während Sie warten, denn der Gehweg bietet von fast allen Punkten gute Sicht. Und Sie stellen fest, dass Old Faithful nicht der Einzige ist: Im 1 Meile langen Upper Geyser Basin befindet sich die größte Konzentration von heißen Quellen und Geysiren der Welt.

Setzen Sie mindestens 2 Stunden an, um mehr davon zu sehen. Das geht nur zu Fuß, aber die Wege sind eben, und es gibt Abwechslung genug. Nehmen Sie am besten den Weg von Old Faithful über **Firehole River** zum **Geyser Hill**; gehen Sie der Karte oder der Nase nach (da können Sie nicht irren). Den Fluss können Sie an verschiedenen Stellen überqueren – und auf dem anderen Ufer zurückkehren. Sie werden Dutzende von bunten, kochenden Quellen und zarte Gebilde aus Geiserit passieren, einem Silikat-Sinter, den das heiße Wasser abscheidet. Sie haben gute

Morning Glory Pool – benannt nach dem Blütenkelch einer Blume

Chancen, den Ausbruch von Geysiren aus der Nähe zu erleben. Auch Hirsch und Bison dürften Sie begegnen. Am Ende des Beckens liegt **Morning Glory Pool**, der so heißt, weil er der Blume dieses Namens, einer Trichterwinde, ähnelt.

Fahren Sie dann in Richtung Norden. Halten Sie kurz am B**lack Sand Basin**, aber lassen Sie **Biscuit Basin** aus. Die Straße folgt dem Firehole River einige Meilen bis zum **Midway Geyser Basin**; hier führt ein Plankenweg (20 Minuten) am Riesenkrater des **Excelsior Geyser** vorbei. 1985 brach dieser zwei Tage lang aus. Heute ist der Geysir ein kochendes Riesenfass, das 15000 Liter siedenden Wassers pro Minute produziert. Weiter geht es auf Planken zu den bunten und feingliedrigen Terrassen von **Grand Prismatic Spring**, der mit 110 m Durchmesser größten und schönsten heißen Quelle im Park. Die Färbung stammt von den Algen und Archeabakterien, die je nach Wassertemperatur anders zusammengesetzt sind.

Nach 2 Meilen zweigt rechts der einspurige **Firehole Lake Drive** zum **Great Fountain Geyser** ab. Die Tafel zeigt an, wann mit einem Ausbruch zu rechnen ist. Mit etwas Geduld – Great Fountain geht alle 11 Stunden los – werden Sie ein großartiges Schauspiel erleben. Etwas weiter liegt **White Dome Geyser**. Er hat einen beachtlichen Kegel, sprüht aber nur schwach. Vielleicht war er mal kräftiger, in Yellowstone ist eben alles im Wandel.

Im Kessel des **Fountain Paint Pot** blubbert und spuckt rot-rosafarbener, heißer Schlamm, dass es eine Freude ist. Wenn das Verhältnis von Säure, Feuchtigkeit und Tonbestandteilen stimmt, kann jede Thermalquelle zum Schlammtopf werden; allerdings bewirkt eine stete Wasserzufuhr bei den meisten Quellen, dass sie klar bleiben.

Lassen Sie Ihren Blick nun, wenn Sie weiterfahren, über Wiesen und Wälder schweifen. Vielleicht sehen Sie Bisons bei **Fountain Flat** oder purpurfarbenen Gefransten Enzian, die Blume des Parks. **Fountain Flat Drive** endet am **Goose Lake**, einem stillen Picknickplatz. Der Firehole River fließt, von heißen Quellen und Geysiren gewärmt, durch Wiesen entlang der Hauptstraße, bis er über einen Wasserfall in einen Canyon stürzt; Sie können ihn besichtigen, wenn Sie kurz vor **Madison Junction** links in den **Firehole Canyon Drive** abbiegen.

Fahren Sie bei Madison Junction in Richtung Norris weiter (links geht es zum **West Entrance**). Hier haben 1988 ganze Flächen gebrannt. Die Spuren des Feuers, die spitzen Stümpfe verkohlter *Lodgepole-Kiefern*, werden lange sichtbar bleiben. Doch schon wachsen neue Drehkiefern unter den toten Bäumen hervor; die Hitze des Feuers hat die Zapfen am Waldboden gesprengt und die Samen freigesetzt. Und weil sich das Feuer wahllos ausbreitete, liegen unbeschädigte Areale neben verbrannten, so dass sich auch hier Samen für nachwachsende Bäume finden. Die Straße folgt zunächst dem **Gibbon River** bis **Gibbon Falls**, dann **Gibbon Canyon**, und führt dann an weiten Wiesen vorbei, wo oft Hirsche stehen, nach Norris.

Norris Geyser Basin besitzt den heißesten Boden im Park und den größten Geysir der Welt – **Steamboat**. Doch dieser sprüht nur selten und unregelmäßig, oft ist er auf Jahre hinaus ruhig; die beiden letzten Male waren am 2. Oktober 1992 und am 23. Mai 2005. Dagegen sprüht **Echinus** ein paar mal pro Tag.

Zu den Höhepunkten der weiteren Fahrt nach Norden gehören die dampfenden Fumarolen des **Roaring Mountain** – die aber eher schnarchen als brüllen – und **Obsidian Cliff**, ein Felssockel, aus dem jenes schwarze vulkanische Glas stammt, das die Indianer der ganzen Region als Pfeilspitzen schätzten. Die Straße durchquert **Gardners Hole**, mit hübscher Aussicht auf die **Gallatin Range** im Westen, und führt durch **Golden Gate** – Felswände mit hellgelbem Flechtenwuchs – nach Mammoth hinunter.

Bei **Mammoth Hot Springs** gibt es Dutzende farbenfroher, dampfender Terrassen zu besichtigen. Diese bestehen aus Travertin, einem Kalktuff, der

Die Minerva-Terrassen bei Mammoth Hot Springs

vom heißen Wasser aus Kalk gelöst und an die Oberfläche gespült wird. Sie sind anders geformt als die kieselerdigen Geiserit-Sinter, die sonst im Park vorherrschen.

In Mammoth liegen die Zentrale und das größte *Visitor Center* des Parks. Fünf Meilen den **Gardner River Canyon** abwärts, und man ist am **North Entrance**.

Waldbrand am Storm Creek, 1988 *(oben)*
Fumarolen Im Norris Geyser Basin *(unten)*

YELLOWSTONE LAKE & RIVER: CANYON BIS WEST THUMB

37 Meilen; mindestens ein halber Tag

Vom **Canyon Visitor Center** gelangt man über **Canyon Rim Drive** (einbahnig) zu Aussichtspunkten, die großartige Ausblicke auf den Canyon und die 94 m hohen **Lower Falls** des **Yellowstone River** erlauben; die Fälle sind damit fast doppelt so hoch wie Niagara. Das helle Gelb bis Rot an den Canyonwänden entsteht durch thermale und chemische Reaktionen auf grauem oder braunem Rhyolith.

Gehen Sie den Klippenrandweg von **Inspiration Point** bis **Grandview Point**, um den Canyon in seiner ganzen Pracht zu erleben. Der **Brink of the Lower Falls Trail** führt steil durch den Wald hinunter. So mühsam der Wiederaufstieg ist, es ist ein großes Erlebnis, neben dem grünen Fluss zu stehen und ihn ins Leere stürzen zu sehen.

Fahren Sie auf der Hauptstraße in Richtung Süden. Die **Upper Falls** sind mit 33 m Fallhöhe fast so eindrucksvoll wie Lower Falls – und leichter zu erreichen. Ein kurzer Pfad führt zum Upper Falls View. Nach 1/2 Meile biegt eine Nebenstraße zum **Artist Point** ab; von dort kann man den Canyon am besten überschauen.

Oberhalb fließt der Yellowstone sanft zwischen den strauchbedeckten Hängen des **Hayden Valley**. Fahren Sie langsam, und halten Sie häufig – dies ist ein Platz für Tiere. Weiße Nashornpelikane und Trompeterschwäne teilen sich den Fluss mit Kanadagänsen, Möwen und Enten. Bisons zeigen sich fast ganzjährig, doch – *halten Sie Abstand*. Suchen Sie die Wiesen am anderen Ufer mit dem Fernglas nach Grizzlybären ab; die könnten hier nach Wurzeln oder Nagern graben. Grizzlys sieht man häufiger im Freien als ihre kleineren und scheueren Verwandten, die Schwarzbären.

Die treffend benannten **Mud Volcano** und **Black Dragon's Caldron** sind weniger schön als interessant. Hier fliegen manchmal fußballgroße Schlammklumpen durch die Luft. Im Yellowstone River kann man bis zum See hinauf bestens Forellen angeln, wobei man die Fische fängt und wieder freilässt. Bei **Le Hardy Rapids** sieht man Purpurforellen springen, wenn sie im Juni zu ihren Laichplätzen ziehen. An der **Fishing Bridge** (Angeln verboten) verlässt der Fluss den See. Zwei Meilen weiter östlich, auf den sanften Wiesen des seenahen **Pelican Valley**, gibt es Elche und große, weiße Nashornpelikane.

Folgen Sie nun dem Seeufer des **Yellowstone Lake** auf 21 Meilen. Es ist der größte unter den über 2000 m hoch gelegenen Seen Nordamerikas. Die **Absaroka Range**, die sich jenseits der blauen Fluten abzeichnet, ist nach den Absaroka-Indianern benannt. Ihre Vulkangipfel bilden die Ostgrenze des Parks. Während Bisons gern bei **Bridge Bay** grasen, bevorzugen Elche die Teiche an der **Gull Point Road**. Am **Gull Point** lässt sich schön Picknick machen.

Die Bucht von **West Thumb**, fast ein See für sich, ist eine mit Wasser gefüllte Caldera, die durch eine Explosion vor etwa 168000–17500 Jahren entstand; sie ist damit die kleinere Schwester der großen Caldera von Yellowstone. Ein Plankenweg führt zu den reizvoll gelegenen thermischen Sehenswürdigkeiten des **West Thumb Geyser Basin**.

NORTHERN RANGE

Zwischen Mammoth Hot Springs und Cooke City ist Yellowstone wärmer und trockener als in seinen zentralen Teilen. Hier, zwischen *sagebrush* und grasbewachsenen Tälern, liegt die **Northern Range**, die Winterweide für große Wildtiere.

Die Straße von Mammoth (ganzjährig offen) verläuft hoch über dem Yellowstone River, kreuzt ihn bei **Tower-Roosevelt** und folgt **Lamar River** und **Soda Butte Creek** zum **Northeast Entrance**, dem grandiosen, aber wenig benutzten Eingangstor zum Park. Ein paar Meilen hinter Tower erhebt sich mit **Specimen Ridge** der größte fossile Wald der Welt. Über 100 Pflanzenarten, darunter *Redwoods*, lagern in Schichten vulkanischer Asche, die aus Eruptionen vor 50 Millionen Jahren stammen.

WANDERN, FISCHEN & BOOTFAHREN

Über tausend Meilen Wanderwege führen zu unberührten Tälern, Berggipfeln, Seen oder geothermischen Becken. Ob Sie eine einwöchige Reiterexkursion machen oder ein paar Stunden wandern – auch ein kurzer Gang kann Sie der Straße und der Menge entrücken. Jedes *Visitor Center* gibt Auskunft über das Netz der Wanderwege.

Man kann in Yellowstone bestens Forellen angeln, besonders mit Fliege. Eine Erlaubnis erhalten Sie in *Visitor Centers* und *Ranger Stations*. Die Bestimmungen sind verwickelt, also lesen Sie gründlich.

Auch die Angelläden in den umliegenden Ortschaften bieten ihre Dienste an.

Motorbootfahren ist auf Yellowstone und **Lewis Lake** erlaubt; Ausflugsschiffe verkehren von **Bridge Bay Marina** zu Besichtigungs- und Angelfahrten.

Andere Seen sind nur mit handgetriebenen Booten zu befahren. Sämtliche Flüsse und Bäche sind für jede Art Boote gesperrt, um das Wild nicht zu stören.

Eine Ausnahme bildet die Passage zwischen Lewis und **Shoshone Lake**: Hier darf man paddeln.

Weidende Bisons am Firehole River *(oben)*; auf Forellenfang am Slough Creek *(Mitte)*; Wapiti-Hirsche zur herbstlichen Brunftzeit *(unten links)*; Zapfen setzen nach dem Brand Samen frei *(unten rechts)*

PRAKTISCHE INFORMATIONEN

ZENTRALE

P.O. Box 168, Yellowstone National Park, Wyoming 82190. Tel. (307) 344-7381; www.nps.gov/yell.

SAISON UND ANREISE

Park ist ganzjährig geöffnet. Straße von North Entrance bis Northeast Entrance ganzjährig frei, die meisten anderen Parkstraßen November bis April für Autos gesperrt. Aktuelle Wetter- und Straßenverhältnisse über Zentrale.

BESUCHERINFORMATIONEN

Mammoth Hot Springs Visitor Center ganzjährig täglich geöffnet. *Old Faithful Visitor Center* Mai bis Oktober und Mitte Dezember bis Mitte März geöffnet, je nach Wetter. Canyon Visitor Center in Parkmitte und Fishing Bridge und Grant Village Visitor Center am Yellowstone Lake Mai bis September geöffnet (verkürzte Öffnungszeiten im September).

EINTRITTSGEBÜHREN

$20 pro Motorfahrzeug und Woche, gültig für mehrmaligen Eintritt in Yellowstone und Grand Teton. $40 Jahreskarte.

EINRICHTUNGEN FÜR BEHINDERTE

Visitor Centers, Ausstellungen die Campingplätze bei Madison, Bridge Bay, Grant, Leuis Lake und Fishing Bridge, die meisten Toiletten, Amphitheater, viele Veranstaltungen der Ranger, Spazierwege und Ausstellungen sind für Rollstuhlfahrer zugänglich. Broschüre vorhanden.

AKTIVITÄTEN

Kostenlose naturkundliche Veranstaltungen: Natur- und Abendprogramm. Außerdem: Wandern, Bootfahren, Fischen (Erlaubnis nötig), Reiten (Ställe in Roosevelt, Canyon und Mammoth), Radfahren, Kutschfahrten, Kurse in Naturgeschichte und Fotografie, Fotografiekurse, Kunstausstellungen, Kinderprogramm, Bus- und Bootsausflüge, Schneebus-Touren, Skilanglauf u. a. Wintersport.

FREIES ZELTEN

Genehmigung erforderlich. Kostenlos in *Visitor Centers* und *Ranger Stations* zu erhalten; nicht länger als 48 Stunden vor Antritt persönlich beantragen. Vorabreservierung $15.

CAMPINGPLÄTZE

Zwölf Campingplätze, begrenzt auf 14 Tage (außer Fishing Bridge RV Park), Mai bis Oktober; sonst 30-Tage-Limit. **Mammoth** ganzjährig geöffnet; die übrigen Ende Frühjahr bis Mitte Herbst. Reservierung für **Fishing Bridge RV Park, Madison Grant Village, Canyon Village** und **Bridge Bay** über Xanterra Parks & Resorts, P.O. Box 165, Yellowstone NP, Wyoming 82190, Tel. (307) 344-7311. Alle übrigen: *first come, first served.* Gebühren: $12–$18,50 pro Nacht; **Fishing Bridge RV Park** $36. Duschen bei einigen, Zelt- und Wohnwagenplätze bei den meisten Campingplätzen; **Fishing Bridge RV Park** nur Wohnwagenplätze, $29. Anschlüsse nur bei Fishing Bridge RV Park. Gruppencampingplätze vorhanden, Reservierung.

UNTERKUNFT

(wenn nicht anders vermerkt, gelten Preise für 2 Personen im Doppelzimmer zur Hauptsaison)

INNERHALB DES PARKS:
Zuständig: Xanterra Parks & Resorts, Yellowstone NP, P.O. Box 165, WY 82190. Tel. (866) 43-7375 oder (307) 344-7311.
Canyon Lodge 527 Cabins $70–$149, 81 Zimmer. $164. Restaurant.
Grant Village 300 Zimmer. $38–$143. Restaurant. Mai bis Ende September.
Lake Lodge & Cabins 186 Zimmer. $66–$138. Restaurant. Juni bis September.
Lake Yellowstone Hotel & Cabins 194 Zimmer, 102 Cabins. $128–$216. Restaurant. Mitte Mai bis Anfang Oktober.
Mammoth Hot Springs Hotel & Cabins 97 Zimmer, 116 Cabins. $75–$211. Restaurant. Mai bis Oktober und Ende Dezember bis Anfang März.
Old Faithful Inn 327 Zimmer. $93–$228. Restaurant. Anfang Mai bis Ende Oktober.
Old Faithful Lodge & Cabins 97 Cabins. $65–$107. Mitte Mai bis Anfang Oktober.
Old Faithful Snow Lodge & Cabins 100 Zimmer, 34 Cabins. $94–$191. Restaurant. Mitte Mai bis Ende Oktober und Mitte Dezember bis Mitte März.
Roosevelt Lodge & Cabins 80 Cabins. $64–$107. Restaurant. Mitte Juni bis Anfang September.

Siehe auch S. 310.

AUSFLÜGE

SHOSHONE NATIONAL FOREST
CODY, WYOMING

Roosevelt nannte *North Fork* in diesem Wald »die landschaftlich reizvollsten 52 Meilen der USA«. Im Windschatten der Absaroka und Beartooth Range leben hier Wapiti-Hirsche neben Dickhornschafen, Grizzlybären, Elchen und Hirschen. Umfasst fünf *Wilderness Areas.* 9850 km². Angebote: 374 Zeltplätze, Verpflegung, Wandern, Wildwasserrafting, Bootfahren, Bootsrampe, Fischen, Reiten, Jagen, Picknickplätze, Wintersport. Zeltplätze Juni bis September. Grenzt an Ostteil von Yellowstone NP. Tel. (307) 527-6241.

RED ROCK LAKES NATIONAL WILDLIFE REFUGE
LAKEVIEW, MONTANA

Hier finden in Wiesen, Seen und Sümpfen Trompeterschwäne und Sandhügelkraniche eine Heimat. An Großsäugetieren gibt es Elch, Maultierhirsch, Gabelbock und Kojote. 182 km². Angebote: 10 Zeltplätze, Wandern, Kanufahren, Fischen, Jagen, Panoramastraßen. Straßen im Winter bei Schnee gesperrt. Nahe Hwy. 20/191, ca. 45 Meilen vom Yellowstone NP. Tel. (406) 276-3536.

BIGHORN CANYON NATIONAL RECREATION AREA
FORT SMITH, MONTANA

Erholung am Wasser ist das Thema dieses 71 Meilen langen Stausees hinter Yellowtail Dam am Bighorn River. Ferner gibt es an steilen Canyonwänden freigelegte Fossilien, Wildtiere aus sechs Klimabereichen sowie historische und archäologische Stätten. Liegt im Reservat der Crow-Indianer. 487 km². Angebote: 125 Zeltplätze, Wandern, Bootfahren, Bootsrampen, Radfahren, Fischen (und Eisfischen), Jagen, Picknickplätze, Panoramastraßen, Wassersport, Zugang für Behinderte. *Visitor Center* in Lovell an US 14 A, ca. 100 Meilen vom Yellowstone NP. Tel. (307) 548-2251.

DER PAZIFISCHE NORDWESTEN

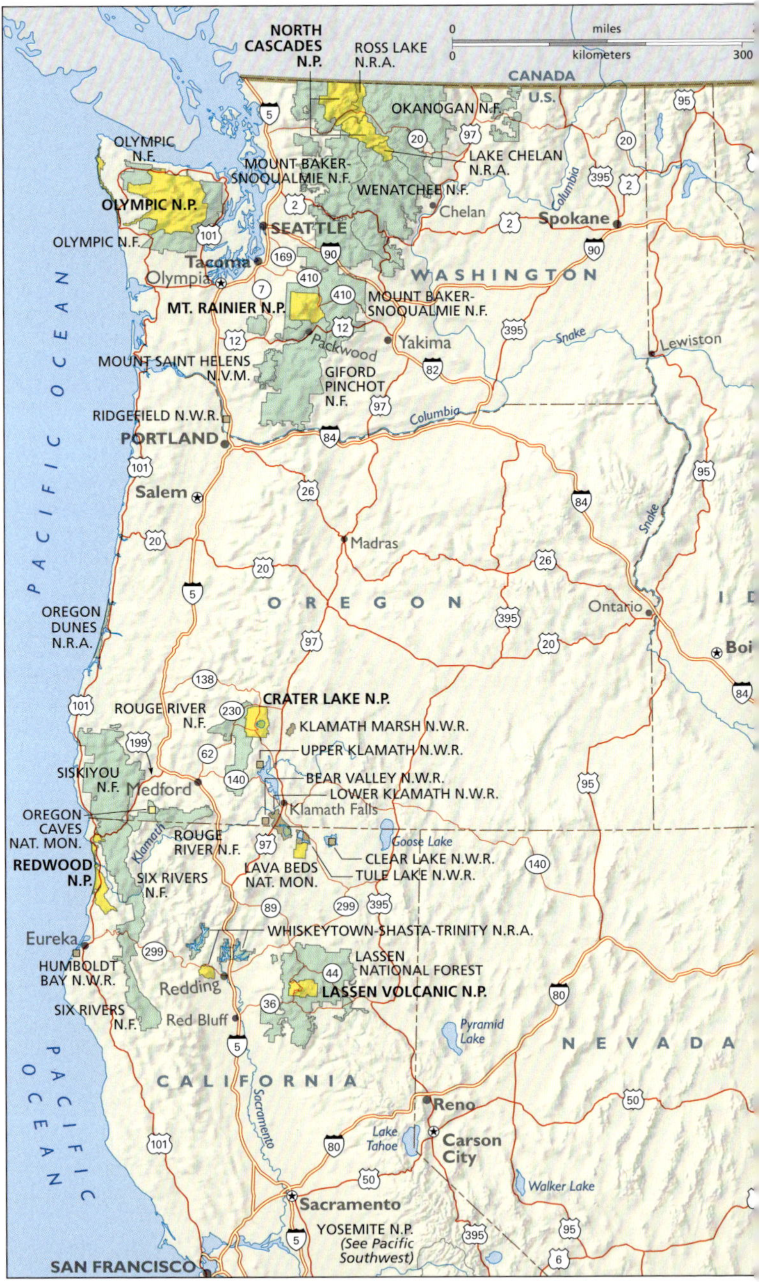
NORTH CASCADES N.P.
ROSS LAKE N.R.A.
0 miles
0 kilometers 300
CANADA
U.S.
OKANOGAN N.F.
OLYMPIC N.F.
LAKE CHELAN N.R.A.
MOUNT BAKER-SNOQUALMIE N.F.
WENATCHEE N.F.
OLYMPIC N.P.
Chelan
Spokane
SEATTLE
OLYMPIC N.F.
Tacoma
Olympia
WASHINGTON
MOUNT BAKER-SNOQUALMIE N.F.
MT. RAINIER N.P.
Yakima
Packwood
Snake
Lewiston
MOUNT SAINT HELENS N.V.M.
GIFORD PINCHOT N.F.
RIDGEFIELD N.W.R.
Columbia
PORTLAND
Salem
Madras
PACIFIC OCEAN
OREGON
Ontario
Boi
OREGON DUNES N.R.A.
CRATER LAKE N.P.
ROUGE RIVER N.F.
KLAMATH MARSH N.W.R.
UPPER KLAMATH N.W.R.
SISKIYOU N.F.
Medford
BEAR VALLEY N.W.R.
LOWER KLAMATH N.W.R.
Klamath Falls
OREGON CAVES NAT. MON.
Klamath
ROUGE RIVER N.F.
Goose Lake
REDWOOD N.P.
CLEAR LAKE N.W.R.
LAVA BEDS NAT. MON.
TULE LAKE N.W.R.
SIX RIVERS N.F.
WHISKEYTOWN-SHASTA-TRINITY N.R.A.
Eureka
HUMBOLDT BAY N.W.R.
LASSEN NATIONAL FOREST
Redding
LASSEN VOLCANIC N.P.
SIX RIVERS N.F.
Red Bluff
Pyramid Lake
NEVADA
PACIFIC OCEAN
CALIFORNIA
Sacramento
Reno
Lake Tahoe
Carson City
Walker Lake
Sacramento
YOSEMITE N.P. (See Pacific Southwest)
SAN FRANCISCO

DER PAZIFISCHE NORDWESTEN

Um die Jahrhundertwende drang die Holzindustrie von der Ostküste nach Westen vor und fällte – Meile um Meile – die Urwälder des Kontinents. Heute liegen fast alle übrig gebliebenen großen Altwälder der USA im pazifischen Nordwesten und in Alaska.

In Mt. Rainier, Olympic und North Cascades können die Gäste durch kirchenhohe Wälder aus Douglasien, Westlichem Lebensbaum und anderen Koniferen wandern. Unter den Redwoods im Redwood National Park gibt es Bäume, die ihr zweites Jahrtausend erleben – die höchsten der Welt. In Olympic stehen Feuchtwälder der gemäßigten Zone, die sonst nur noch am Mt. Rainier gedeihen. Leider wird dieses Gefüge zunehmend durch Holzeinschlag auf Privatland, in Staatsparks und Nationalwäldern bedroht.

Auch die Vulkane des Nordwestens sind wohlbekannt; viele von ihnen gehören zum »Pazifischen Feuerring«, jener erdumspannenden Schwächezone der Erdkruste, an der drei Viertel der tätigen Vulkane der Erde aufgereiht liegen. In Lassen Volcanic National Park können Touristen die Spuren der Erdgewalten an geborstenen Bergen und kochenden Schlammtöpfen ablesen. Am Crater Lake können Sie ahnen, welche Kräfte hier wirken mussten, um aus einem Berggipfel einen 6 Meilen breiten See zu machen – der zudem noch der tiefste des Landes ist. Sie dürfen staunen über die Majestät des wolkenverhangenen Mt. Rainier, der auf einem Sockel alter Lava heranwuchs und mehr Gletscher auf seinen Schultern trägt als sonst ein Berg südlich von Alaska.

Die drei nördlichsten Nationalparks dieser Region liegen kaum einen halben Tag mit dem Auto von Seattle entfernt. Für die drei brauchen Sie mindestens eine Woche Zeit – und mehr, wenn Sie die Naturlandschaften im Umkreis besuchen wollen. Für die weiter südlich gelegenen Parks ist je ein Tag nötig, nur ist die Fahrt vom einen zum anderen zeitraubend. Der herrliche, aber kurvenreiche Calif. Hwy. 299, der Lassen Volcanic und Redwood verbindet, kann im Frühjahr unterspült sein; informieren Sie sich daher, bevor Sie fahren.

Wizard Island, ein Vulkankegel im Crater Lake

CRATER LAKE

OREGON
GEGRÜNDET 22. MAI 1902
742 Quadratkilometer

Kaum jemand wird den ersten Anblick von Crater Lake an einem klaren Sommertag vergessen – 54 km² Wasser, so tiefblau wie Tinte, von einem 600 m hohen Felsring umgeben. Nach der Legende war der *bluebird* grau, bis er ins Wasser von Crater Lake eintauchte.

Die stille »Perle des Kaskadengebirges« liegt in einem ruhenden Vulkan namens Mt. Mazama, zum selben Strang gehörig wie Mt. St. Helens. Mt. Mazamas schleuderte bei seinem letzten Ausbruch um 5700 v. Chr. vulkanische Asche kilometerhoch in den Himmel und stieß so viel Bimsstein und Asche aus, dass der Gipfel in sich zusammenbrach und nur eine schwelende Caldera übrig blieb.

Über die Jahrhunderte sammelte sich in dieser Caldera Regen- und Schmelzwasser zu einem See von über 580 m Tiefe, dem tiefsten See der USA. Wildblumen, neben Hemlocktannen, Tannen und Kiefern, ergriffen wieder von den lavabedeckten Flächen Besitz; Schwarzbär und Rotluchs, Hirsch und Murmeltier, Adler und Falke kehrten zurück.

Noch ist das Ökosystem von Crater Lake nicht restlos erklärt. Mit einem bemannten Unterseeboot haben Wissenschaftler 1988 und 1989 Spuren hydrothermischer Vorgänge am Seeboden entdeckt, die den Charakter des Sees sicher mit prägen.

Crater Lake ist für Tageswanderungen ideal – 90 Meilen Wanderwege stehen zur Verfügung. Und weil die Luft so rein ist, kann man von vielen Punkten des Weges fast 200 km weit blicken. An Bäumen überwiegen nahe dem Rande der Caldera Berg-Hemlocktannen und Shasta-Rottannen. Am Grat selbst künden knorrige weißstämmige Zirbelkiefern von strengen langen Wintern. Gelbkiefern, die höchsten Bäume im Park, und Drehkiefern nehmen die unteren Lagen des Kraterrandes ein.

Anreise

Von Westen (Medford, ca. 85 Meilen) oder Süden (Klamath Falls, ca. 66 Meilen) erreichen Sie den Park auf Ore. Hwy. 62, von Norden auf Ore. Hwy. 138. -Flughäfen: Medford und Klamath Falls.

Reisezeit

Der See ist am schönsten im Sommer. Ore. Hwy. 62 und die Zufahrt nach Rim Village sind auch im Winter passierbar, und Skilanglauf wird immer beliebter. Die Ringstraße um den See ist gewöhnlich ab Oktober wegen Schnee gesperrt, in manchen Jahren ist sie erst ab Ende Juli wieder voll befahrbar. Die Hauptblütezeit der Wildblumen liegt Ende Juli/Anfang August.

Reiseempfehlungen

Widmen Sie **Rim Drive** (33 Meilen) und seinen vielen Aussichtspunkten und Wanderwegen mindestens ½ Tag. Für den zweiten Tag kommen ein Abstieg zum Ufer und ein Bootsausflug (2 Stunden) mit Tonbandführung zur **Wizard Island** in Betracht; vielleicht erklimmen Sie den Gipfel und nehmen ein späteres Boot zurück.

RIM DRIVE & GODFREY GLEN TRAIL

33–38 Meilen; ein halber bis ganzer Tag

Rim Drive umrundet **Crater Lake** und bietet über 25 Aussichtspunkte und manchen schönen Picknickplatz (Anhänger sind nur im Westteil, zwischen *Park Headquarters* und North Junction, zugelassen). Parken Sie als erstes in **Rim Village** und schlendern Sie zum **Sinnott Memorial Overlook** hinüber, einem erstklassigen Aussichtspunkt direkt über dem See. Das frische Blau von Crater Lake bedeutet Reinheit und Tiefe. Der See enthält kaum Mineralien und Verunreinigungen. Seine einzigen Fischarten – Regenbogenforelle und Kokanee-Lachs – wurden eingesetzt. Wenn Sonnenlicht in diesen tiefen, reinen See eindringt, absorbieren die Wassermoleküle alle Farben des Spektrums außer Blau; dies streut an die Oberfläche zurück. Forscher haben kürzlich Grünalgen in einer Rekordtiefe von 140 m gefunden, was bedeutet, dass Licht hier tiefer dringt als in irgendeinem anderen Gewässer der Welt.

Merken Sie sich den Kilometerstand Ihres Autos bei der Abfahrt vom Parkplatz Rim Village. Fahren Sie in westlicher Richtung (oder Uhrzeigersinn) um den See – und fahren Sie vorsichtig: Die Straßen sind eng und haben scharfe Kurven, achten Sie auf Radfahrer und Fußgänger. Der erste Halt auf dem Rim Drive (Meile 1,3) gilt **Discovery Point**; hier hat eine Gruppe von Prospektoren auf der Suche nach Gold am 12. Juni 1853 den See entdeckt und ihn »Deep Blue Lake« genannt. Die Indianer, denen der See heilig war, haben ihn keinem Fremden verraten. **Hillman Peak** – weit links am *Rim* – ist einer aus der Gruppe von Vulkanen, die Mt. Mazama bildeten, sein Alter wird auf 70 000 Jahre geschätzt. Er zerfiel in zwei Hälften, als der Gipfel einstürzte. Mit gut 600 Metern Höhe über dem Wasser ist er der höchste Punkt am *Rim*.

Der Aussichtspunkt bei Meile 4 bietet einen guten Blick auf **Wizard Island**, so benannt, weil sie dem Spitzhut eines Zauberers ähnelt. Die Insel,

To Medford
230
UMPQUA N.F.
138
North Entrance Station
Desert Ridge
Gaywas Peak 6,781 ft
Rogue
Boundary Springs
miles
0
4
kilometers
0
6
Crescent Ridge
Bald Crater 6,478 ft
Desert Cone 6,672 ft
PUMICE DESERT
PACIFIC CREST N.S.T.
ROGUE RIVER NATIONAL FOREST
Oasis Butte
CRATER LAKE NATIONA
Grouse Hill 7,412
Red Cone Spring
Sphagnum Bog
Crater Creek
CLEETWOOD TRAIL
RIM DRIVE
Llao Rock 8,049 ft
Steel Bay
North Junction
Merriam Point
Llao Bay
Hillman Peak 8,151 ft
Devils Backbone
Crater Lake
Average surface elevatio
6,173 ft
The Watchman 8,013 ft
Bybee Creek
Wizard Island
Lightning Spring
RIM DRIVE
Discovery Point
Rim Village Visitor Center (summer only)
Castle Creek
To Medford
Cafeteria and Gift Shop
Sinnott Overlook
62
Sun Notch
Steel Information Center
Park Headquarters
CASTLE CREST WILDFLOWER TRAIL
Dutton Ridge
Vidae Falls
Union Creek
Thousand Springs
Castle Point 6,276 ft
Annie Spring
Annie Spring Entrance Station
GODFREY GLEN TRAIL
Duwee Falls
Mazama Village
ANNIE CREEK CANYON TRAIL
Arant Point 6,800 ft
Crater 7,263
ROGUE RIVER NATIONAL FOREST
Union Peak 7,709 ft
62
PUMICE FLAT
Scoria Cone 6,648 ft
Baldtop 6,200 ft
Annie Cre
Red Blanket Creek
Stuart Falls
Goose Nest 7,249 ft
PACIFIC CREST N.S.T.
SKY LAKES WILDERNESS
WINEMA NATIONAL FOREST
Goose Egg 7,124 ft
Jerry Mountain

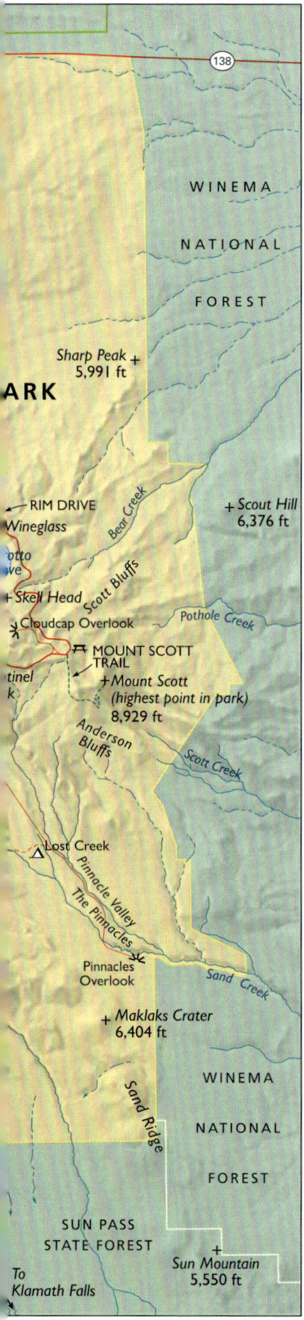

die über 200 m aus dem Wasser ragt, ist ein klassischer Aschenkegel, aufgebaut aus rotglühender Asche vom Grunde der Caldera, die lange nach Einsturz des Mt. Mazama ausgestoßen wurden. In einer Indianerlegende wird die Insel als Kopf von Llao, dem Herren der Unterwelt, bezeichnet. Der Herr der oberirdischen Welt, Skell, tötete und verstümmelte Llao in der letzten, im wörtlichen Sinne welterschütternden Schlacht auf dem Gipfel des Berges. Wenn das Wetter mitspielt und Sie den mäßig steilen Anstieg ($^{4}/_{5}$ Meilen) zum Wachtturm auf **The Watchman** (2446 m) nicht scheuen, dann wird sich Ihnen ein einzigartiger Rundblick bieten.

Am **Mt. Thielsen Overview** links führt die Straße vom See weg. Auf einer Tafel sind die wichtigsten Kennpunkte der Landschaft dargestellt. Wenn die Straße sich bei North Junction (Meile 6,1) gabelt, bleiben Sie rechts auf Rim Drive. Geradeaus geht es zum **North Entrance**.

Steel Bay (Meile 8,8) erinnert an William Gladstone Steel, der sein Vermögen und seine Karriere drangab, um Crater Lake zum Nationalpark zu machen. Steel wurde als Schüler auf den See aufmerksam, als er die Zeitung las, in die sein Schulbrot eingewickelt war. Nach 17-jährigen Bemühungen, die in einem persönlichen Appell an Präsident Theodore Roosevelt gipfelten, wurde Crater Lake 1902 zum sechsten Nationalpark. Der rastlose Steel besetzte den See mit Fischen und förderte den Bau des Rim Drive und der Crater Lake Lodge.

Sechs Meilen weiter liegt **Skell Head**, ein weiterer Aussichtspunkt, von dem man den ganzen See überschauen kann. Bei der Weiterfahrt nach Cloudcap zeigt sich **Mt. Scott**, der höchste Berg im Park und möglicherweise älteste Kegel des Mt. Mazama. Biegen Sie in die kurze Stichstraße (Meile 17,4) nach **Cloudcap** zum höchsten

Aussichtspunkt (2460 m) am Rim Drive ein. Im Südwesten erscheint **Phantom Ship**, eine Insel aus erosionsfestem Tiefengestein, das man auf etwa 400 000 Jahre datiert. Klein im Vergleich zu den Felsen ringsum, ragt die Insel etwa 50 m aus dem Wasser.

Auf dem Rim Drive geht es weiter nach **Kerr Notch** (Meile 23,2): Phantom Ship ist nun näher gerückt; bei einer bestimmten Beleuchtung scheint es abwechselnd zu verschwinden und wiederaufzutauchen. Kerr Notch ist eines jener U-förmigen Täler, die vom Gletscher ausgehobelt wurden, bevor Mt. Mazama explodierte. Von hier führt eine Straße zu **The Pinnacles**, Türmen aus gehärteter vulkanischer Asche. Rim Drive schwenkt kurz hinter Kerr Notch rechts ab.

Bei Meile 31,2 können Sie sich auf **Castle Crest Wildflower Trail** die Beine vertreten. Dieser duftige 1/2-Meilen-Rundweg führt von einem Wald von Berg-Hemlocktannen und Rottannen auf ein Meer von Wiesenblumen hinaus, viele davon mit Namen bestimmt. *Vorsicht – der feuchte Fels kann durchaus rutschig sein.*

Von hier können Sie zum Rim Village zurückfahren oder links in Richtung Ore. Hwy. 62 zum **Godfrey Glen Trail** abbiegen. Der Naturlehrpfad beginnt nach 2 1/3 Meilen links; er beschreibt eine Schleife von 1 Meile, die auf einem 75 m dicken Strom aus Asche und Bimsstein durch Wald führt. Die geriffelten Wände der Schluchten sind aus dem gleichen Stoff, doch wurden sie durch heiße Gase, die aus dem Erdinneren aufstiegen, gehärtet. So konnten sie den Bächen widerstehen, die die Täler ausräumten.

Rabbitbrush (Hasenpinsel) bei Cleetwood Cove

BOOTSAUSFLUG & WANDERUNGEN

Der 1 Meile lange **Cleetwood Trail**, der an der Nordseite des Sees beginnt, führt steil zum Ufer und zur Bootsanlegestelle hinunter. Der Anstieg zurück ist anstrengend. Sie brauchen feste Schuhe. Vom Boot aus sehen Sie den See aus einer anderen Perspektive: Sie erblicken Wasserfälle und geologische Strukturen, die vom *Rim* aus nicht sichtbar sind; ein Ranger erklärt den See und seine Umgebung.

Das Boot fährt stündlich zwischen 9 und 16 Uhr (Juli bis Mitte September, wetterabhängig). Der steile **Wizard Island Summit Trail** (9/10 Meilen hin) windet sich vom Anlegesteg der Insel durch Berg-Hemlocktannen, Shasta-Tannen und Wiesenblumen zum Krater hinauf. Oben erwartet Sie ein herrlicher Blick auf blasse, krumm gebogene Zirbelkiefern vor blauem Wasser und in einen tiefen Krater.

Ein weiterer schöner Ausflug führt über den **Annie Creek Canyon Trail**, einen Rundweg mit Erläuterungen von 1 7/10 Meilen; der Lehrpfad windet sich an Beeten von Wildblumen vorbei zum Grunde eines Canyons hinunter und wieder herauf. Er beginnt hinter dem Amphitheater bei Mazama Campground. **Mt. Scott Trail** ist für viele der interessanteste Wanderweg im Park. Er geht kurz nach Meile 17 links vom Rim Drive ab und führt über eine Strecke von 2 1/2 Meilen zum höchsten Punkt des Parks hinauf.

PRAKTISCHE INFORMATIONEN

ZENTRALE
P.O. Box 7, Crater Lake, Oregon 97604. Tel. (541) 594-3000. www.nps.gov/erla

SAISON UND ANREISE
Südeingang ganzjährig geöffnet; Nordeingang Mitte Juni bis Mitte Oktober, je nach Schneelage. Ostteil des Rim Drive (Cleetwood Cove bis zur Parkzentrale) u.U. bis Ende Juli wegen Schnee gesperrt. Wetter- und Straßeninformationen unter Tel. (541) 594-3000.

BESUCHERINFORMATIONEN
Rim Village Visitor Center am Rim mit Blick auf See, 7 Meilen von Oreg. Hwy. 62. Anfang Juni bis Mitte–Oktober täglich geöffnet; übrige Zeit geschlossen. **Steel Center** nahe Headquarters ganzjährig geöffnet.

EINTRITTSGEBÜHREN
$10 pro Auto und Woche; $20 Jahresgebühr.

TIERE
Müssen immer angeleint werden und sind auf Wanderungen verboten.

EINRICHTUNGEN FÜR BEHINDERTE
Die meisten Aussichtspunkte sind für Rollstuhlfahrer zugänglich; ebenso *Visitor Center, Rim Center, Mazama Campground* und die Cafeteria mit Souvenirs in Rim Village und an der *Crater Lake Lodge*.

AKTIVITÄTEN
Kostenlose naturkundliche Veranstaltungen: Naturwanderungen, Kinderprogramm, Lagerfeuerprogramm. Die 2-stündigen, vom Ranger geführten Bootsfahrten kosten $26,50 für Erwachsene und $16 für Kinder. Außerdem: Wandern, Radfahren, Fischen (mit Lizenz), Schneeschuhlaufen, Skilanglauf.

BESONDERE RATSCHLÄGE
• Klettern an der Innenseite des Kraters ist nur auf Cleetwood Trail erlaubt. Vulkangesteine und -böden sind gefährlich, sie geben beim Klettern keinen Halt.

FREIES ZELTEN
Genehmigung erforderlich, kostenlos zu erhalten im *Steel Center*,bei der Rangerstation ibei der Parkverwaltung und im Sommer beim Rim Village Visitor Center.

CAMPINGPLÄTZE
Zwei Campingplätze, beide auf 14 Tage begrenzt. **Lost Creek** Mitte Juli bis Ende September, **Mazama** Ende Juni bis Mitte Oktober geöffnet. Reservierungen für die Hälfte der Plätze in Mazama erforderlich, die übrigen *first come, first served*. Gebühren: $10–$18 pro Nacht. Duschen und Speisen in Mazama Village. Zelt- und Wohnwagenplätze in **Mazama**; einige Anschlüsse. Bei **Lost Creek** nur Zeltplätze. Gastronomie in Rim Village.

UNTERKUNFT
(wenn nicht anders vermerkt, gelten Preise für 2 Personen im Doppelzimmer zur Hauptsaison)

INNERHALB DES PARKS:
Rim Village/Crater Lake Lodge 1211 Ave. C, White City, oder 97503. Tel. (888) 774-2728. 71 Zimmer. $141–$265. Restaurant. Ende Mai bis Mitte Oktober.
The Cabins at Mazama Village (888) 774-2728. 40 Zimmer. $120. Anfang Juni bis Mitte Oktober.

AUSSERHALB DES PARKS:
In Chiloquin, OR 97624:
Melita's Motel 39500 Hwy. 97. Tel. (541) 783-2401. 14 Zimmer. $60–$70. 20 Anschlüsse für Wohnmobile. $27,50. Klimaanlage, Restaurant.
Williamson River Resort 31900 Modoc Pt. Rd. Tel. (541) 783-2071. 7 cabins. $100, 12 Rv-Plätze $21.
Rapids Motel 33551 Hwy. 97 N. Tel. (541) 783-2271. 10 Zimmer. $47–$52. Restaurant.

In Diamond Lake, OR 97731:
Diamond Lake Resort 350 Resort Dr. Tel. (541) 793-3333. 92 Zimmer, 42 mit Kochnischen. Zimmer $89; Cabins $189; Studios $99.

In Prospect, OR 97536:
Union Creek Resort 56484 Hwy. 62. Tel. (541) 560-3565. 18 Cabins, 13 mit Kochnischen; 9 Zimmer mit gemeinsamen Bädern. Cabins $80–$225; Zimmer $53–$58. Restaurant.

Weitere Unterkünfte über die Parkverwaltung oder bei Travel Klamath, 507 Main St., Klamath Falls, OR. (800) 445-6728 oder (541) 882-1501. Oder www.travelklamath.com

EXCURSIONS

ROGUE RIVER NATIONAL FOREST

MEDFORD, OREGON

Zucker-Kiefern und Douglasien umhüllen die Hänge der westlichen Cascades, wo der Rogue River aus unterirdischen Lavaröhren austritt. Der Wald umfasst Teile von sechs *Wilderness Areas*, zahlreiche Seen und einen Abschnitt des *Pacific Crest Trail*. 7284 km², z. T. in Kalifornien. 815 Zeltplätze, Verpflegung, Wandern, Bootfahren, Bootsrampe, Fischen, Reiten, Jagen, Picknickplätze, Panoramastraßen, Winter- und Wassersport. Ganzjährig geöffnet; die meisten Zeltplätze Mai bis September. Besteht aus zwei Teilen; der eine grenzt östlich an Crater Lake NP, mit Eingang Prospect an Ore. Hwy. 62; den anderen erreicht man über I-5 südlich Ashland, ca. 85 Meilen vom Park. Tel. (541) 858-220.

OREGON CAVES NATIONAL MONUMENT

CAVE JUNCTION, OREGON

Hier gibt es die »Marmorhallen von Oregon« – Kammern und Korridore, die vom Grundwasser gelöst wurden. 194 Hektar. National Historic Landmark Herrenhaus (23 Zimmer, Mai bis Oktober), Verpflegung, Wandern, Picknickplätze. Mitte März bis Ende November geöffnet. Von Cave Junction auf Oregon 46 ostwärts, ca. 20 Meilen von Cave Junction und ca. 150 Meilen vom Crater Lake NP. Tel. (541) 592-2100.

LAVA BEDS NATIONAL MONUMENT

TULELAKE, CALIFORNIA

Myriaden von Lavaröhrenhöhlen und Aschenkegel kennzeichnen dieses rauhe Gelände, wo prähistorische Indianer Zeichnungen in weichen Fels ritzten. 188 km². 41 Zeltplätze, Wandern, Touren im Sommer, Picknickplätze. Ganzjährig geöffnet. *Headquarters* 30 Meilen südlich Tulelake (26 Meilen von Calif. Hwys. 139), ca. 120 Meilen südlich vom Crater Lake NP. Tel. (530) 667-8100.

OREGON DUNES NATIONAL RECREATION AREA
REEDSPORT, OREGON

Mächtige Dünen dehnen sich über 47 Meilen an der Pazifikküste aus und laden zu Erkundungen ein. Das halbe Areal für Geländefahrzeuge zugelassen. Zu den 426 Arten Wildtieren gehören Schwarzbär, Maultierhirsch und Pfeifschwan. 130 km².
13 Campingplätze, 13 Wanderwege, Bootfahren, Fischen, Reiten, Picknickplätze, Schwimmen, Zugang für Behinderte. Ganzjährig geöffnet. Headquarters in Reedsport an US 101, ca. 200 Meilen westlich vom Crater Lake NP. Tel. (541) 271-3611.

KLAMATH BASIN NATIONAL WILDLIFE REFUGES
TULELAKE, CALIFORNIA

Diese sechs Wildschutzgebiete schützen verschiedenartige Lebensräume – Sumpf, offenes Wasser, Wiese, Ackerland, Nadelwald, Sagebrush und Wacholder im Hochland sowie felsige Hänge. Neben vielen Wasservögeln überwintern hier auch große Populationen von Weißkopf-Seeadlern. Wandern, Bootfahren, Fischen, Jagen, Ganzjährig geöffnet, *dawn to dusk*, außer Bear Valley und Clear Lake. In Oregon: Klamath Marsh, 165 km², Upper Klamath, 60 km², Bear Valley, 17 km², Lower Klamath, 209 km² (z.T. in Calif.). In Calif.: Tule Lake, 158 km², Clear Lake, 97 km². Visitor Center bei Tulelake, nahe Calif. 139, ca. 100 Meilen vom Crater Lake NP. Tel. (530) 667-2231.

Dersch Meadows, Lassen Volcanic National Park

LASSEN VOLCANIC

CALIFORNIA
GEGRÜNDET 9. AUGUST 1916
430 Quadratkilometer

Am 14. Juni 1914 bestiegen drei Männer Lassen Peak, um herauszubekommen, warum ein scheinbar toter Vulkan 16 Tage zurvor zu grollen begonnen hatte. Als sie in den neu entstandenen Krater hineinblickten, spürten sie die Erde beben. Sie wandten sich um und rannten den steilen Abhang hinunter – und der Vulkan brach aus. Steine flogen durch die von Asche erfüllte Luft; ein Mann wurde getroffen und brach bewusstlos zusammen. Sie schienen verloren. Aber der Ausbruch endete genauso plötzlich, wie er begonnen hatte. Alle drei überlebten.

Von Mai 1914 bis Anfang 1915 spie Lassen in über 150 Eruptionen Rauch und Asche. Im Mai 1915 explodierte der Gipfel. Aus dem 1914 entstandenen Krater brach Lava hervor, und eine 6 Meter hohe Flutwelle aus Schlamm, Asche und Schmelzwasser ergoss sich talwärts und knickte die Bäume. Drei Tage später schossen massenhaft Asche und Gas aus dem Vulkan und rissen eine Schneise der Zerstörung in den Hang – 1 Meile breit und 3 Meilen lang. Über alledem stieg eine Rauch- und Aschenwolke fast 10 000 m in den Himmel.

Bis zum Juni 1917 gab es weitere Eruptionen mit Dampf, Asche und tuffähnlichem Material, dann wurde der Vulkan wieder ruhig mit gelegentlichen Dampfwolken. Seit 1921 blieb Lassen Peak in dieser Phase. Doch er gilt noch immer als aktiver Vulkan, inmitten einer breiten vulkanischen Zone gelegen, die ihre Visitenkarte zeigt: geborstene Berge, verwüstete Landschaft, brodelnde Schlammkessel. Bis zum Ausbruch des Mt. St. Helens 1980 war die Explosion des Lassen die letzte in den »unteren« 48 Staaten. Jetzt studieren Ökologen die Landschaft, um daraus Rückschlüsse auf die zu erwartende Entwicklung des verwüsteten Landes um St. Helens zu ziehen.

Anreise

Von Redding (ca. 45 Meilen) über Calif. Hwy. 44 East und Calif. 89 South zum Manzanita Lake Entrance; von Red Bluff auf Calif. Hwy. 36 East nach Mineral, dann nordwärts auf Calif. Hwy. 89 zum Southwest Entrance. Die anderen drei Eingänge – Warner Valley, Butte Lake und Juniper Lake – erreicht man auf unbefestigten Straßen. Flughäfen: Redding und Chico, Calif.; Reno, Nevada.

Reisezeit

Die vulkanischen Teile sind vom Frühjahr bis Herbst zugänglich. Ein Großteil der Hauptstraße ist im Winter gesperrt; kleinere Abschnitte am Süd- und Nordrand frei für Schneeschuhwandern und Skilanglauf.

Reiseempfehlungen

Für einen 1-Tages-Besuch bietet sich Main Park Road an, die mit Calif. Hwy. 89 verbunden ist. Die Straße schlängelt sich durch den Westteil des Parks zwischen Southwest und Manzanita Lake Entrance und berührt die großen vulkanischen Sehenswürdigkeiten. Entdecken Sie dabei Bumpass Hell. Bei einem längeren Aufenthalt besteigen Sie das vulkanische Paradestück Cinder Cone oder – wenn Sie fit genug sind – Lassen Peak selbst.

LASSEN PARK ROAD & BUMPASS HELL TRAIL

30 Meilen; ein halber bis ganzer Tag

Wenn Sie über **Southwest Entrance** einreisen, kommen Sie über steile Windungen, zunächst nach **Sulphur Works**. Dort wandern Sie durch Schwefelschwaden, hin zu fauchenden Fumarolen und Löchern voll glucksenden, spritzenden Schlammes, der von Mineralien pastellfarben getönt ist. Hier schlug einst das Herz des Mt. Tehama, jenes Vulkans, aus dem Lassen hervorgegangen ist. Die Berge ringsum sind Reste des Kraters von Tehama, die vor 600 000 bis 200 000 Jahren aus Lava entstanden. Auf diese Weise wuchs Schicht um Schicht ein Lavaberg zu 3500 m Höhe und 18 km Breite an.

Die wiederholten Ausbrüche des Brokeoff, heiße Quellen und das Wetter schwächten die Struktur des Vulkans, der zusammenbrach und eine Caldera zurückließ. So wurden die letzten Spuren des mächtigen alten Vulkans ausgelöscht. Lassen Peak, vor wenigstens 27000 Jahren entstanden, tauchte an der Basis des alten Brokeoff-Vulkans auf.

Bei **Bumpass Heel** fällt ein großer »Balancierstein« am Rande des Parkplatzes auf – ein eiszeitlicher Findling, den ein Gletscher hier abgelegt hat. Für den eher leichten, 3 Meilen langen **Bumpass Hell Trail** benötigt man etwa 3 Stunden. Der Ort ist nach K.V. Bumpass benannt, einem Führer und Förderer der Region, der um 1860 mit einem Bein durch die Kruste eines kochenden Schlammtopfes brach und sich dabei schwer verbrannte.

Der Weg führt zu einem Plankensteg mit Geländer, Schwefeldämpfe driften drüber hin; Sie erleben kochende Schlammtöpfe, donnernde Fumarolen und zischend heiße Quellen. In siedenden Quellbecken schwimmen goldene Flocken: Es sind

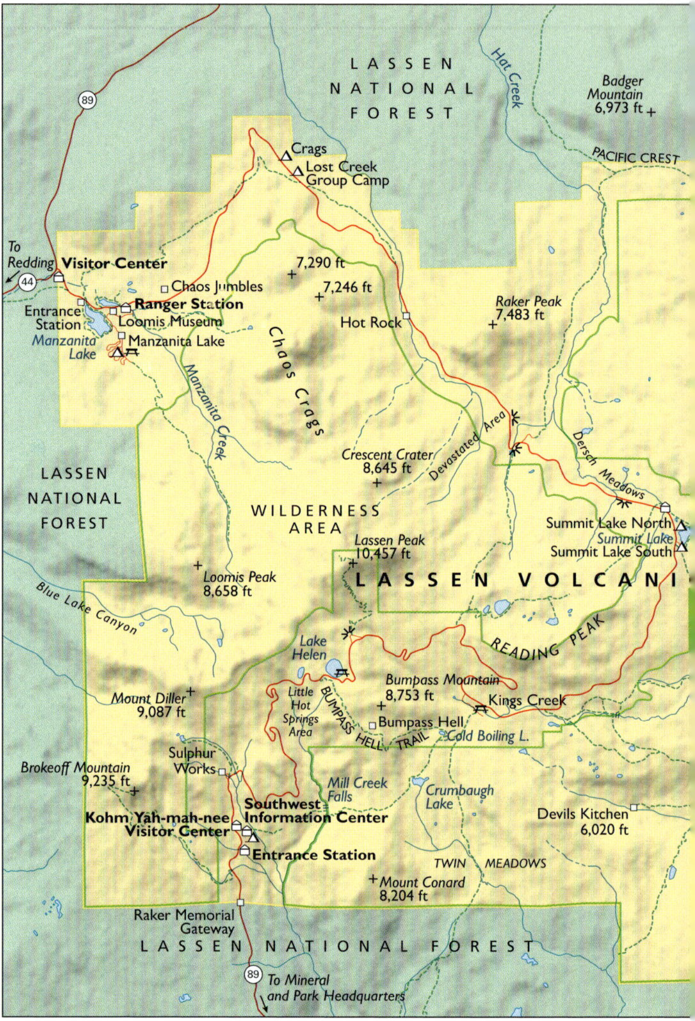

Pyritkristalle – Katzengold –, die von überhitztem Dampf aufgewirbelt werden.

Die Straße schwenkt im Bogen um Lassen Peak herum. Sie kommen zur **Devastated Area**. Die Spuren der Zerstörung, die Sie hier sehen, sind das Werk eines heftigen Ausbruchs im Mai 1915. Unter den vernarbten und gefallenen Stämmen die Zeichen der Erneuerung: Junge Bäume und standfeste Gräser siedeln sich allmählich und natürlich wieder an – ohne menschliche Hilfe. An vielen Haltepunkten der Straße kann man nun *Crags* und Canyons beobachten, die vulkanischen Hinterlassenschaften des Lassen Peak.

Sie kommen durch eine zerrissene Landschaft, die treffend als **Chaos Crags** und **Chaos Jumbles** bezeichnet wird. Gehen Sie dichter heran (wenn

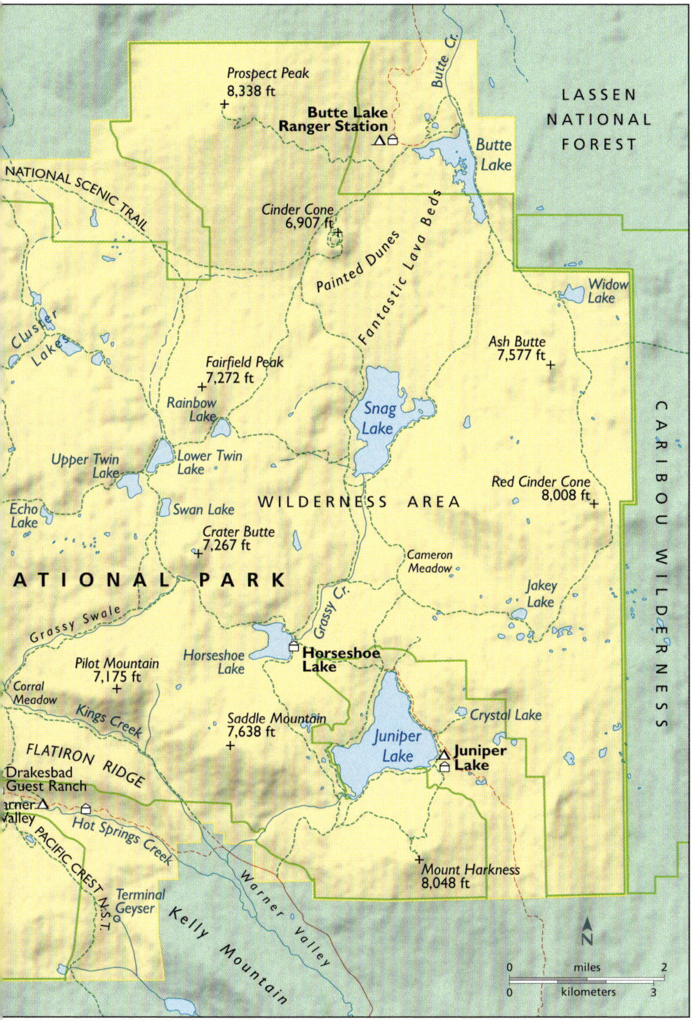

Sie Platz zum Parken finden). Vor etwa 300 Jahren stürzte hier in der Nähe eine Vulkankuppe ein, wohl weil die Erde bebte. Millionen Tonnen Steine rasten wie auf einem »Luftkissen« 2 Meilen über flaches Land. Diese horizontale Lawine krachte in einen Berg, drehte in einen Bach ab und staute ihn – zum **Manzanita Lake**. Hier ist der Park bald zu Ende, und Lassen National Forest beginnt.

CINDER CONE NATURE TRAIL

31 Meilen Fahrt, 5 Meilen zu Fuß; ein ganzer Tag

Der Trail beginnt am Butte Lake Campground, der über Calif. 44 und eine Schotterstraße zu erreichen ist. **Cinder Cone**, ein fast symmetrischer, 230 m hoher Lavaberg, den bunte

PRAKTISCHE INFORMATIONEN

ZENTRALE

Mineral, California 96063. Tel. (530) 595-4444 www.nps/gov/lavo

SAISON UND ANREISE

Park und beide Eingänge ganzjährig geöffnet. Lassen Park Road wegen Schnee Oktober bis Juni gesperrt. Straßenauskünfte über Tel. (530) 595-4444 oder Website.

BESUCHERINFORMATIONEN

Loomis Museum am **Manzanita Lake** ist täglich von Mitte Juni bis Anfang September geöffnet. Das neue **Kohm Yah-mah-nee Visitor Center** am südwestlichen Eingang besteht seit Herbst 2008, Besucherauskünfte bei der Zentrale.

EINTRITTSGEBÜHREN

$10 pro Wagen im Sommer, gültig für 7 Tage; Fußgänger und Radfahrer $5 für 7 Tage.

EINRICHTUNGEN FÜR BEHINDERTE

Zentrale, Kohm Yah-mah-nee Visitor Center, Loomis Museum, Devastated Area Interpretive Trail, Sulphur Works und einige Picknickplätze sind für Rollstuhlfahrer zugänglich;

AKTIVITÄTEN

Kostenlose naturkundliche und geologische Veranstaltungen: Naturspaziergänge und -wanderungen, Vorträge, Vorführungen zur Natur und Geschichte, Kinderprogramm, Abendprogramm, Schneeschuhwanderungen. Außerdem: Wandern, Schwimmen, Fischen, Bootfahren (keine Motorboote), Skilanglauf.

FREIES ZELTEN

Genehmigung erforderlich; kostenlos bei Headquarters, Visitor Center und am Anfang der Wege an der Summit Lake Ranger Station, am Butte Lake, Warner Valley und Juniper Lake. Lagerfeuer verboten.

CAMPINGPLÄTZE

Acht Campingplätze, **Summit Lake-North** und **Summit Lake-South** auf 7 Tage begrenzt; sonst 14-Tage-Limit. Die meisten Plätze Juni bis September geöffnet, je nach Wetter. *First come, first served.* Gebühren: $10–$18 pro Nacht. Duschen in Manzanita Lake. Wohnwagenplätze, außer in Juniper Lake und Southwest; keine Anschlüsse. Straßen nach Warner Valley und Juniper Lake für Wohnmobile nicht geeignet. 3 Gruppencampingplätze; Reservierung über NRRS erforderlich (siehe S. 11). Verpflegung im Park.

UNTERKUNFT

(wenn nicht anders vermerkt, gelten Preise für 2 Personen im Doppelzimmer zur Hauptsaison)

INNERHALB DES PARKS:

Drakesbad Guest Ranch 47 Meilen südöstlich der Zentrale) Chester, CA 96020.

Aschen einhüllen, erhebt sich schwarz und einsam über einem Kiefernwald. Sie brauchen Zeit für die 5 Meilen (hin und zurück) zum Gipfel – man geht durch lockere Asche wie durch Sand. Die Füße sinken bei jedem Schritt ein. Am Gipfel (2105 m) sieht man jüngere Krater, der letzte Ausbruch war Mitte des 17. Jh.

LASSEN PEAK TRAIL

5 Meilen hin und zurück; ein halber bis ganzer Tag

Der steile Serpentinenweg beginnt an der Parkstraße in 2580 m Höhe und führt auf 3187 m zum Gipfel hinauf. Wer aus dem Flachland kommt und sich noch nicht akklimatisiert hat, könnte Schwierigkeiten bekommen. Nehmen Sie Wasser, einen Hut und eine Windjacke mit. Kehren Sie um, wenn ein Gewitter droht: Blitze suchen den Gipfel. Der Berg hat nur spärlichen Pflanzenwuchs aufzuweisen. Doch Erdhörnchen wird man noch immer finden, und manchmal fliegen plötzlich Tausende Perlmutterfalter vorbei, und ihre Schatten tanzen über grauem Vulkangestein. Von oben erkennt man gut den schwarzen, starren Lavastrom von 1915 und bei guter Sicht sogar Mt. Shasta.

Tel. (530) 529-1512. 6 Lodge-Zimmer, 4 Cabins, 6 Bungalows. $155–179. Mahlzeiten inkl. Pool. Juni bis Anfang Oktober.

AUSSERHALB DES PARKS:
In Mineral, CA 96063:
Lassen Mineral Lodge (an Calif. 36E, 8 Meilen vom Parkeingang) P.O. Box 160. Tel. (530) 595-4422. 20 Zimmer. $80. Restaurant.
In Redding, CA 96002:
Best Western Hilltop Inn 2300 Hilltop Dr. Tel. (800) 336-4880 oder (530) 221-6100. 115 Zimmer. $159–$169. Klimaanlage, Pool, Restaurant.
Comfort Inn 2059 Hilltop Dr. Tel. (800) 228-5150 oder (530) 221-6530. 90 Zimmer. $130. Klimaanlage, Pool.
Red Lion Hotel 1830 Hilltop Dr. Tel. (800) 547-8010 oder (530) 221-8700. 192 Zimmer. $134–$164. Klimaanlage, Pool, Restaurant.
Vagabond Inn 536 E. Cypress Ave. Tel. (800) 522-1555 oder (530) 223-1600. 71 Zimmer. $80. Klimaanlage, Pool, Restaurant.

Weitere Auskünfte zu Unterkünften: Redding Chamber of Commerce, 747 Auditorium Dr., Redding, CA 96001. Tel. (530) 225-4433.

AUSFLÜGE

LASSEN NATIONAL FOREST
SUSANVILLE, CALIFORNIA

Zahlreiche vulkanische Erscheinungen in diesem Gebirgswald um Lassen Volcanic NP. Außerdem gibt es viele Seen und Flüsse. 4046 km². 40 Zeltplätze, Wandern, Bootfahren, Bootsrampe, Fischen, Reiten, Jagen, Picknickplätze, Wintersport, Wassersport, Zugang für Behinderte. Ganzjährig geöffnet; die meisten Zeltplätze von 15. Mai bis 15. Oktober. Auskunft in Chester, Calif. 36, ca. 40 Meilen vom Lassen Volcanic NP. Tel. (530) 258-2141.

WHISKEYTOWN-SHASTA-TRINITY NATIONAL RECREATION AREA
WHISKEYTOWN, CALIFORNIA

Im Lande des »Goldrausches« bieten drei Stauseen unbegrenzte Erholung an, im und auf dem Wasser. Wandern im Gelände und Goldwaschen sind auch möglich. 881 km². Angebote: 693 Zeltplätze, Cabins, Verpflegung, Wandern, Bootfahren, Fischen, Reiten, Mountainbiken, Panoramastraßen, Wassersport, Zugang für Behinderte. Ganzjährig geöffnet. Zentrale *Whiskeytown* an Calif. Hwy. 299, nahe I-5, ca. 60 Meilen westlich vom Lassen Volcanic NP. Tel. (530) 242-3400. Auskunft über *Shasta* und *Trinity*: Tel. (530) 226-2500.

Mt. Rainier oder Tahoma, »der große Berg« der Indianer

MOUNT RAINIER

WASHINGTON
GEGRÜNDET 2. MÄRZ 1899
953 Quadratkilometer

Schon lange bevor man den Park erreicht, der nach ihm benannt ist, beherrscht Mt. Rainier den Horizont. Mit fast 4500 m Höhe ist er der höchste Berg der Cascade Range und einer der mächtigsten Vulkane der Welt. Die Zweitausender um ihn herum erscheinen winzig gegen diesen Riesen.

Mt. Rainier ist zwar der Höhepunkt des Nationalparks, doch ist er nicht seine einzige Attraktion. Kaum 3 Autostunden von Seattle entfernt, schweift der Blick über endlose Blumenwiesen, kann man einen Gletscher knirschen hören und unter mehr als 1000-jährigen Bäumen spazieren gehen. Allerdings, die günstige Verkehrslage führt auch zu Staus, im Sommer wie im Winter, und sorgt auf beliebten Wanderwegen für Gesellschaft.

Mt. Rainier ist das Geschöpf von Feuer und Eis. Heute untätig, entstand er vor über ½ Million Jahren auf einem Lavasockel, den ältere Vulkane geschaffen hatten. Wohl tausendmal quollen im Laufe der Zeit Asche und Lava aus seinem Schlund, füllten die benachbarten Täler und bauten, Schicht um Schicht, den Vulkankegel bis zu einer Höhe von ca. 5000 m auf.

Noch während Mt. Rainier wuchs, schnitten die Gletscher Täler in den Berg und sein Umland. Die 25 großen

Gletscher hier bilden die größte Eismasse, die ein einzelner Berg der USA südlich von Alaska auf sich versammelt hat.

Der Gipfel des Mt. Rainier verfiel im Laufe der Zeiten, aber die Ausbrüche der letzten 2000 Jahre ließen ihn erneut auf 4392 m emporwachsen. Sein letzter Ausbruch liegt etwa ein Jahrhundert zurück.

Anreise

Von Seattle (95 Meilen) oder Tacoma (70 Meilen) über i-5 zum Wash. Hwy. 7, dann zum Wash. Hwy. 706 und zum Nisqually Entrance. Von Yakima über Wash. Hwy. 12 West zum Hwy. 123 oder 410, und von Osten (über Stevens Canyon oder White River Entrance; im Winter geschlossen) in den Park. Zu den Eingängen im Nordwesten (Carbon River und Mowich Lake) gelangt man über Wash. Die Carbon River Road wurde im November 2006 bei einer Überschwemmung zertstört. Hwy. 410, dann 169, dann 165, und folgt den Schildern. Flughäfen: Seattle, Wash. und Portland, Ore.

Reisezeit

Ganzjährig. Wildblumen blühen am schönsten im Juli und August. Hoch gelegene Pfade sind u. U. bis Mitte Juli schneebedeckt. Skilanglauf und Schneeschuhlaufen sind beliebte Wintersportarten. Reisen Sie zur Wochenmitte an.

Reiseempfehlungen

Wenn Sie einen Tag Zeit haben, fahren Sie vom **Nisqually Entrance** im Südwesten zu den Blumenwiesen von **Paradise** und weiter nach **Sunrise**. Wenn Sie zwei Tage Zeit haben, fahren Sie auf derselben Route am ersten Tag bis Paradise, am zweiten über **Stevens Canyon Road** nach Sunrise; wenn Sie vor 10 Uhr ankommen, erleben Sie noch das Morgenlicht, und können sich Zeit nehmen für die Rückfahrt. Wenn Sie mehr Zeit haben, fahren Sie aus dem Park heraus und durch die wenig besuchte Nordwestecke bei **Carbon River** wieder herein (über Straßensperrungen informieren); es gibt Feuchtwald und einen dunkel schimmernden Gletscher zu besichtigen. Weil **Mt. Rainier** sich gern tage- und wochenlang hinter Wolken verbirgt, sollten Sie sich dem zuwenden, was nahe liegt: Wasserfälle, Wälder, Wildblumen.

NISQUALLY BIS PARADISE

18 Meilen; ein halber bis ganzer Tag

Die Pilgerfahrt nach **Paradise** ist seit fast einem Jahrhundert Kern des Programms. Auf den ersten Meilen führt die Straße durch Hochwald aus Douglasien, Riesen-Lebensbäumen und Hemlocktannen. Achten Sie beim Überqueren des **Kautz Creek** (ca. 3 Meilen nach Parkeingang) auf angeschwemmtes Material und tote Bäume in einem sich erholenden Wald. Hier entlud **Kautz Glacier** im Jahre 1947 eine Sturzflut von Schmelzwasser. Ein mit Vulkantrümmern, Bäumen und Felsbrocken befrachteter Wasserwall stürzte das Flusstal hinab und begrub die Straße unter einer 15 m dicken Schlammschicht. Solche, wenn auch meist kleineren Schlammfluten ereignen sich alle paar Jahre am Mt. Rainier.

Parken Sie am **Longmire Museum** (6 Meilen nach Parkeingang). Der Pionier James Longmire entdeckte hier 1883 Mineralquellen und baute das erste Hotel am Mt. Rainier. Seine Reklame für Wunder wirkende Wasserkuren hat nicht nur den frühen Tourismus, sondern auch die Idee des Nationalparks beflügelt. Machen Sie einen erholsamen Gang von 1/2 Meile auf dem **Trail of the Shadows**. Besuchen Sie in Longmire auch das **Wilderness Information**

MOUNT BAKER-SNOQUALMIE
Carbon River Entrance
CARBON RIVER ROAD
To 165
June Cr.
Falls Cr.
Rust Ridge
Ipsut Creek
Tirzah Peak 5,208 ft
Wallace Peak
Chenuis Mountain
Chenuis Cr.
W. Fk.
White
Florence Peak 5,508 ft
North Park
Arthur Peak 5,483 ft
Carbon
Ipsut
Mosquito Flat
Natural Bridge
5,939 ft Tolmie Peak
Castle Peak 6,110 ft
Ipsut Pass
Mother Mountain
Crescent Mt.
Sluiskin Mountain
Mowich Lake
Goat Island Rocks
Vernal Park
Skyscraper Mountain 7,078 ft
165
Meadow Cr.
Mount Pleasant 6,454 ft
Old Desolate
Granite Cr.
Hessong Rock 6,385 ft
Spray Park
N. Mowich
Observation Rock 8,364 ft
Carbon Glacier
Winthrop Glacier
Ptarmigan Ridge
S. Mowich
Giant Falls
MOUNT RAINIER
NATIONAL PARK
Burroughs
Glacier Basin
Golden Lakes
Sunset Park
North Mowich Glacier
Emmons Glacier
Liberty Cap 14,122 ft
Columbia Crest 14,411 ft
MOUNT RAINIER
Little Tahoma 11,138 ft
WONDERLAND TRAIL
N. Puyallup
Klapatche Park
Puyallup Glacier
Klapatche Ridge
Tokaloo Rock 7,684 ft
Tahoma Glacier
Point Success 14,153 ft
Gibraltar Rock 12,660 ft
Ingraham Glacier
Cowlitz Glacier
St. Andrews Park
Kautz Glacier
Nisqually Glacier
Glacier Island
S. Puyallup
Round Pass 3,900 ft
Emerald Ridge
Pyramid Park
Pyramid Pk. 6,937 ft
Panorama Point 6,800 ft
NISQUALLY VISTA TRAIL
Iron Mt. 6,283 ft
Gobblers Knob 5,485 ft
Mount Ararat 6,010 ft
Henry M. Jackson Memorial Visitor Center
Paradise
Mazama Ridge
Lake George
Mount Wow
Satulik Mountain 5,577 ft
Cougar Rock
Narada Falls
Reflection Lakes
Louise L.
Kautz Cr.
Ricksecker Point
Bench L.
Snow L.
To Tacoma
Tenas Cr.
Paradise
Tatoosh Range
Plummer Pk. 6,370 ft
706
Tumtum Pk. 4,678 ft
TRAIL OF THE SHADOWS
Longmire Museum
Longmire Wilderness Information Center
Wahpenayo Pk. 6,231 ft
Unicorn 6,917
Nisqually Entrance
Sunshine Point
Nisqually
52
Butler Creek
TATOO
N
0 miles 4
0 kilometers 6
GIFFORD PINCHO

NATIONAL FOREST
To Seattle
410
NORSE PEAK WILDERNESS
Scarface 6,108 ft
Huckleberry Creek
Ada Cr.
Lost Cr.
White
Goat Creek
2,749 ft
Slide Mountain 6,339 ft
Silver Cr.
Josephine Cr.
Burnt Park
Bear Park
MATHER MEMORIAL PKWY.
Crystal Mountain
Norse Peak 6,856 ft
PACIFIC CREST NATIONAL SCENIC TRAIL
The Palisades
Sunrise Creek
Marcus Peak 6,962 ft
Sourdough Mts.
Mt. Fremont 7,181 ft
Sunrise Ridge
6,800 ft
Crystal Mountain Ski Area and Resort
McNeeley Pk. 6,786 ft
Dege Peak 7,008 ft
White River Entrance and Wilderness Information Center
Sunrise Visitor Center
White River
Morse Creek
Deadwood Cr.
MATHER MEMORIAL PARKWAY
To Yakima
White
Rainier Fork
Baker Point
Governors Ridge
Goat Island Mountain
Tamanos Mountain 6,790 ft
WENATCHEE
Yakima Peak
Chinook Pass 5,432 ft
NATIONAL
Barrier Peak 6,514 ft
Cayuse Pass 4,694 ft
Dewey Lake
Sarvant Glaciers
Panhandle Gap 6,800 ft
Buell Pk. 5,933 ft
FOREST
Seymour Pk. 6,337 ft
Ohanapecosh Park
Needle Cr.
123
WILLIAM O. DOUGLAS WILDERNESS
Double Peak 6,199 ft
Chinook Cr.
PACIFIC CREST N.S.T.
Margaret Falls
Cowlitz Park
Boulder Cr.
Shriner Peak 5,834 ft
Cougar Lake
WONDERLAND TRAIL
Twin Falls
COWLITZ DIVIDE
5,648 ft
Panther Creek
Nickel Cr.
Bald Rock 5,411 ft
Two Lakes
Sheep Lake
Stevens Ridge
Box Canyon
GROVE OF THE PATRIARCHS TRAIL
Stevens Canyon
Cougar Falls
Stevens Canyon Entrance
Three Lakes
Maple Falls
Silver Falls
WILLIAM O. DOUGLAS WILDERNESS
Muddy Fork Cowlitz
Carlton Cr.
Blue Lake
Backbone Ridge
Ohanapecosh
Ohanapecosh Visitor Center
WILDERNESS
Tatoosh Lakes
To Packwood
NATIONAL FOREST
Summit Creek

Camping am 4 Meilen langen Nisqually-Gletscher

Center (Oktober bis Mai geschlossen), für Wetter- und Wegeauskünfte sowie für Zeltinformation.

Fahren Sie 6½ Meilen in östliche Richtung und biegen Sie rechts in die Stichstraße zum **Ricksecker Pt.** ein. Im Süden ragen die Sägezähne der **Tatoosh Range** auf, merkwürdige Überreste von Lavaströmen, die 25 bis 35 Millionen Jahre älter sind als **Mt. Rainier**. Die Gletscher der Eiszeit haben scharfe Zacken und steilwandige Kare in den Fels geschnitten. Unten zieht der **Nisqually River** seine Schleifen; er entspringt am Gletschertor des **Nisqually Glacier**, der Ihnen am Mt. Rainier gegenüberliegt. Dieser Gletscher ist über 6 km lang und schiebt sich jeden Tag im Sommer 15 bis 30 cm talabwärts.

Nach weiteren 1½ Meilen gelangt man zum Halteplatz für **Narada Falls**. Hier stürzt der **Paradise River** schäumend 51 m in die Tiefe – es lohnt den kurzen, aber steilen Gang zur Aussichtsstelle unter der Brücke. Von oben sind es dann noch 3 Meilen zum Herzstück des Parks.

»Das ist ja wie im Paradies!« rief Martha Longmire aus, als sie die liebliche Hügellandschaft, in Blumen eingehüllt und vom weißhäuptigen Mt. Rainier bewacht, 1885 zum ersten Mal erblickte. Hier fallen 2500 mm Niederschlag im Jahr; auf dünnem, vulkanischem Boden blühen hier im Hochsommer an die 40 Arten Blumen. Parken Sie am **Henry M. Jackson Memorial Visitor Center** oder an dem im Jahre 1916 erbauten **Paradise Inn**.

Wählen Sie für Ihren Gang durch die Wiesen von Paradise den **Nisqually Vista Trail** (1½ Meilen). Dieser leichte Lehrpfad beginnt an der Treppe westlich des *Visitor Centers*. Die begleitende Broschüre führt Sie kompetent in die Geologie und Ökologie der Wiesen von Mt. Rainier ein.

So verlockend ein Spaziergang quer durch die Wiesen auch sein mag – *blei-*

ben Sie am Wege: Der Tritt weniger Leute kann die zarten Pflanzen zerstören. Man ist im Park immer noch damit beschäftigt, die Folgeschäden des »Camp of the Clouds« zu beseitigen, einer Zeltstadt, die hier zwischen 1898 und 1915 bestand.

Wenn Sie ein paar Steigungen nicht scheuen, dann wählen Sie den 5 Meilen langen **Skyline Trail**, der am am Westende der unteren Parkplätze beginnt und zu großartigen Aussichten am **Panorama Point** hinaufführt. In vielen Führungen wird noch ein Umweg zum **Paradise Glacier** empfohlen; dieser Abstecher ist heute nicht mehr so lohnend, da der Gletscher sich zurückgezogen hat.

VON PARADISE NACH SUNRISE

50 Meilen; ein halber bis ganzer Tag

Verlassen Sie Paradise und biegen Sie links nach **Sunrise** und **Yakima** ab. Bald liegen die vom Gletscher geschaffenen Reflection Lakes links neben Ihnen: An ruhigen Tagen ist das Spiegelbild so wirklich wie der Berg selbst. Nach 1 Meile lockt ein Spaziergang über die Hügel (2 1/2 Meilen hin und zurück) zum **Snow** und **Bench Lake** – Perlen, gefasst in die steilen Stirnwände der Tatoosh Range.

Halten Sie nach weiteren 3 Meilen zum Blick auf **Stevens Canyon**: Hier haben sich mächtige Gletscher durchs Flusstal geschoben und dieses zu einem klassischen U-förmigen Trogtal vertieft und verbreitert. Zuflüsse zum **Stevens Creek** schießen als Wasserfälle vom Canyonrand herunter. Fahren Sie 3 Meilen weiter zum **Box Canyon** (gleich hinter dem Picknickplatz) und gönnen Sie sich den fast ebenen **Canyon Stroll** (1/2 Meile): Es liegt eine 30 m tiefe Schlucht vor Ihnen, geschnitten von der **Muddy Fork** des **Cowlitz Rivers**.

Nach weiteren 9 1/2 Meilen ist der Naturlehrpfad durch **Grove of the Patriarchs** erreicht. Dieser leichte Rundweg von 1 1/3 Meilen führt auf eine Insel im **Ohanapecosh River**, die mit Douglasien, Riesen-Lebensbäumen und Hemlocktannen bestanden ist, viele davon 500 bis 1000 Jahre alt. Nun geht die Straße links als Wash. Hwy. 123 in Richtung Sunrise weiter.

Fahren Sie am **Cayuse Pass** auf Hwy. 410 weiter nach Norden und biegen Sie dann scharf nach links in Richtung **White River Entrance** ab. Die Straße endet bei Sunrise. Sie kommen an kirchturmförmigen subalpinen Tannen und weißstämmigen Zirbelkiefern vorbei. In Nähe der Baumgrenze verkümmern die Bäume zu knorrigem Strauchwerk oder Krummholz: Zwergenhafte, dünne Bäumchen sind mitunter 250 Jahre alt. Zwischen Gras und Seggen, wo Bäume nicht

Murmeltier knabbert an einer Lupine *(oben)*
Sägekauz in einer Espe *(unten)*

Narada Falls im Sommer

mehr wachsen, blühen die zartesten Wildblumen.

Erkundigen Sie sich im *Visitor Center*, ob die hohen Pfade schneefrei sind. Wenn Sie knapp an Zeit sind, gehen Sie den **Sourdough Ridge Nature Trail** (1½ Meilen, *self-guided*), dann den Emmons Vista Trail (½ Meile). Der Sourdough Ridge Trail, der steil beginnt, stellt Pflanzen und Tiere der subalpinen Zone vor. Der Emmons Vista Trail führt ohne Mühen zum Blick auf **Emmons Glacier**, dem mit 7 km^2 größten Gletscher am Mt. Rainier.

Wenn Sie mehr Zeit und genügend Kondition haben und der Schnee geschmolzen ist (Schnee auf den Hängen kann gefährlich sein, wenn man ohne Eispickel unterwegs bzw. den Umgang damit nicht gewöhnt ist), dann steigen Sie auf dem **Burroughs Mountain Trail** nach **First Burroughs** (5 Meilen) oder **Second Burroughs** (6 Meilen). Gehen Sie zunächst auf dem Sourdough Ridge Nature Trail, aber halten Sie sich oben links und folgen Sie den Schildern. Bald führt der Pfad in die Tundra. Gedrungene, kleine Pflanzen treiben winzige Blüten und Blätter, stumpfgrau von den zarten Härchen, die sie vor Austrocknung durch Wind schützen sollen. *Bleiben Sie immer auf dem Weg:* Eine zertretene Pflanze kann in dieser Klimazone Jahrzehnte brauchen, um sich zu erholen.

Bei Second Burroughs können Sie den mächtigen Gipfel des Mt. Rainier beinahe berühren. Folgen Sie dem **Sunrise Rim Trail** zum Wagen zurück.

DIE NORDWESTECKE: CARBON RIVER

5 Meilen im Park; ein halber Tag

Der Carbon River führt manchmal Hochwasser. Erkundigen Sie sich vor der Fahrt am *Visitor Center* nach dem Zustand der Strecke.

Hier bekommen Sie einen Feucht-Koniferenwald und den Gletscher zu sehen, der am weitesten vom Mt. Rainier herunterreicht. Etwa 6 Meilen nach Wilkeson zweigt links vom Wash. Hwy. 165 **Carbon River Road** ab. Obwohl im Park nicht geteert, ist diese Straße auch für normale Autos befahrbar. Nehmen Sie sich am Parkeingang den **Carbon River Rain Forest Trail** vor, einen Lehrpfad von ½ Meile, der Ihnen mächtige Sitka-Fichten, Douglasien und Riesen-Lebensbäume vorführt, alle dicht mit Moos behangen. Parken Sie dann am Ipsut Creek Campground.

Auf dem **Carbon Glacier Trail** (6 Meilen hin und zurück) gehen Sie an der ersten Gabelung rechts, an der zweiten links, und überqueren auf schwankender Brücke den Fluss. Der dunkel schimmernde Gletscher hat das Holzkohlengrau des Gerölls im Eis angenommen. *Vorsicht:* Es brechen ständig Brocken aus dem Gletschertor.

Von oben im Uhrzeigersinn: Rote Riesenkastillea und Tausendschönchen an der Tatoosh Range, Großblütiger Hundszahn, Westliche Anemone, Götterblume, Krähenbeeren-Blauheide, Phlox, Weidenröschen.

PRAKTISCHE INFORMATIONEN

ZENTRALE

55210 238th Ave. East, Ashford, Washington 98304. Tel. (360) 569-2211; www.nps.gov/mora

SAISON UND ANREISE

Park ist ganzjährig geöffnet. Wegen Schnee sind viele Straßen Ende November bis Mai oder Juni gesperrt. Auskunft (auf Band) über Wetter, Straßen, Wege und Einrichtungen über Tel. (360) 569-2211, oder Welle 1610 AM im Gebiet von Nisqually.

BESUCHERINFORMATIONEN

Longmire Willderness Information Center Mitte Mai bis Ende September täglich geöffnet. **Longmire Museum** ganzjährig geöffnet. **Henry M. Jackson Memorial Visitor Center** in Paradise Anfang Mai bis Mitte Oktober täglich, übrige Zeiten an Wochenenden geöffnet. **Ohanapecosh Visitor Center**, am Südosteingang des Parks, von Memorial Day bis Mitte Oktober täglich geöffnet. **Sunrise Visitor Center** von Juli bis Anfang Oktober täglich geöffnet.

EINTRITTSGEBÜHREN

$15 pro Wagen und Woche; $30 Jahresgebühr.

TIERE

An der Leine gehalten auf den Straßen erlaubt, aber nicht auf Wanderwegen und im Hinterland.

EINRICHTUNGEN FÜR BEHINDERTE

Die meisten öffentlichen Gebäude und einige Toiletten sind für Rollstuhlfahrer zugänglich; Wanderwege zum Teil zugänglich (Hilfe teilweise nötig). Näheres im Park.

AKTIVITÄTEN

Kostenlose naturkundliche Veranstaltungen: Natur- und historische Spaziergänge, Wanderungen, Lagerfeuer- und Kinderprogramm, Vorträge, Film, Dia-Vorträge. Außerdem: Wandern, Bergsteigen, Fischen (keine Erlaubnis nötig), Skilanglauf, Schneeschuhlaufen.

BESONDERE RATSCHLÄGE

- Der Mount Rainier ist ein aktiver Vulkan, seien Sie also vorsichtig. Sicherheitshinweise in den *Visitor Centers*.
- Vorsicht vor Steinschlag und Lawinen. Schauen Sie über sich.
- Gebietsweise drohen plötzliche Überschwemmungen, besondern im Spätsommer und Herbst. Fragen Sie nach, bevor Sie wandern.

FREIES ZELTEN

Genehmigung erforderlich; zu erhalten in Visitor Centers, Ranger Stations und im Wilderness Center, wo Sie auch bei Wanderungen Rat finden und Reservierungen vornehmen können. Auskunft Tel. (360) 569-2211. Reservierung auch über NRRS (siehe S. 11) möglich.

CAMPINGPLÄTZE

Vier Campingplätze, alle auf 14 Tage begrenzt. Geöffnet von Frühlingsende bis Herbstanfang. Beide Campingplätze *first come, first served*. Gebühren: $12–$15 pro Nacht. Duschen im Visitor Center Paradise vorhanden. Reservierung erforderlich über NRRS (siehe S. 11) für **Cougar Rock** und **Ohanapecosh**. Verpflegung im Park.

UNTERKUNFT

(wenn nicht anders vermerkt, gelten Preise für 2 Personen im Doppelzimmer zur Hauptsaison)

INNERHALB DES PARKS:

Mt. Rainier Guest Services, P.O. Box 108, Ashford, WA 98304. Tel. (360) 569-2275.

National Park Inn (auf dem Mount Rainier) 25 Zimmer, 18 mit eigenem Bad. $107–$143. Restaurant.

Paradise Inn (auf dem Mount Rainier) 118 Zimmer, 86 mit eigenem Bad. $99–$149. Restaurant. Ende Mai bis Anfang Oktober.

Weitere Hinweise bei der Parkverwaltung oder auf der Website.

AUSFLÜGE

GIFFORD PINCHOT NATIONAL FOREST
VANCOUVER, WASHINGTON

Dichter Nadelwald gibt immer wieder den Blick auf den Mount St. Helens frei. Enthält Gletscher und sieben Wilderness Areas. 5259 km². Angebote: 65 Zeltplätze (30 sehr einfach), Wandern, Bootfahren, Klettern, Fischen, Reiten, Jagen, Picknickplätze, Wintersport, Wassersport, Zugang für Behinderte. Ganzjährig geöffnet; die meisten Zeltplätze Juni bis Oktober. Grenzt an Südteil des Mount Rainier NP. Auskunft in Randle an Wash. 12, ca. 10 Meilen vom Park. Tel. (360) 891-5001.

MOUNT ST. HELENS NATIONAL VOLCANIC MONUMENT
AMBOY, WASHINGTON

Diese Sehenswürdigkeit verdankt ihr Bestehen dem Ausbruch des Mount St. Helens und der Zerstörung des umgebenden Waldes. Mit Ausstellungen und Führungen wird hier die Wiedergeburt des Waldes vorgeführt. 445 km². Angebote: Wandern, Radfahren, Bergsteigen (Anmeldung erforderlich), Fischen, Jagen, Picknickplätze, Panoramastraßen, Wintersport, Zugang für Behinderte. Viele Straßen bei Schnee gesperrt. Liegt im Gifford Pinchot NF. Vier Visitor Centers östlich von Castle Rock an Wash. Hwy. 504. Viele Aussichtspunkte und Wege sind vom Norden über Randle und vom Süden über Wash. Hwy. 503 bei Woodland erreichbar. Tel. (360) 449-7800.

RIDGEFIELD NATIONAL WILDLIFE REFUGE
RIDGEFIELD, WASHINGTON

Dieses Wildschutzgebiet im Tal des Columbia River wurde gegründet, um Winterquartiere einer Rasse der Kanadagans zu schützen, und bietet vielen anderen Wasservögeln Schutz. Hier leben Kanadareiher, rasten ziehende Sandhügelkraniche. 21 km². Angebote: Wandern, Bootfahren, Jagen, Parnoramastraßen. Ganzjährig geöffnet, *dawn to dusk*. Nahe I-5, ca. 90 Meilen vom Mount Rainier NP. Tel. (360) 887-4106.

Von Gletschern geschliffene Gipfel der North Cascades

NORTH CASCADES

WASHINGTON
GEGRÜNDET 2. OKTOBER 1968
2270 Quadratkilometer
mit zwei Recreation Areas

Der Nationalpark stellt eine Einheit des Gesamtkomplexes des North Cascades National Park Service dar. Die beiden anderen Einheiten – Ross Lake National Recreation Area und Lake Chelan National Recreation Area – sind mit mehr Einrichtungen für Besucher ausgestattet.

Der Park umfasst urwüchsige Wälder, Almwiesen und Hunderte von Gletschern. Auf den hohen Matten grasen Maultierhirsch und Weißwedelhirsch, Schwarzbären verschlingen Beeren, und Langhaar-Murmeltiere baden in der Sonne. Schneeziegen turnen an felsigen Hängen, Puma und Rotluchs – selten zu sehen – jagen das übrige Wild und sorgen für ein natürliches Gleichgewicht.

Wildheit und Rauheit dieses Parks ziehen besonders Rucksackwanderer und Bergsteiger an. Der Trapper Alexander Ross, der 1814 hierher kam, beklagte sich über die »schwierigste Reise, die je eines Menschen Los war«.

Heute jedoch sorgen die Main Road (durch Ross Lake NRA) sowie fast 400 Meilen Wanderwege für bequemen Zugang, so dass auch Gelegenheitsbesucher die Ruhe der

Wälder und das dramatische Schauspiel der Berge erleben können.

Das Gebiet gehört zur Cascade Range, einem Gebirgszug, der sich von British Columbia bis Nord-Kalifornien erstreckt. Nach geologischer Theorie entstand die Gebirgskette aus einem Mikro-Kontinent einige hundert Meilen draußen im Pazifik. Dieser trieb mit seiner Scholle langsam auf Nordamerika zu.

Vor etwa 100 Millionen Jahren prallte er gegen den nordamerikanischen Kontinent und wurde zu einem Gebirge gestaucht und gefaltet, das dem Festlandssockel aufsaß. Jenes Gebirge wurde abgetragen; was Sie heute sehen, ist erst vor 5 bis 6 Millionen Jahren entstanden.

Der Westen des Parks unterscheidet sich deutlich vom Osten. Feuchte Luft dringt vom Puget Sound und der Strait of Juan de Fuca herein, steigt am Westhang des Gebirges hoch und kondensiert zu Regen oder Schnee. Westlicher Riesen-Lebensbaum, Hemlocktanne und Douglasie wachsen prachtvoll an Hängen. Kommt diese Luft im Osten an, ist sie weitgehend abgeregnet: In Stehekin, am Scheitel des Lake Chelan, fallen nur mehr 900 mm Niederschlag. Im Regenschatten der Berge gedeihen daher trockenheitsliebende Artemisia-Heiden und Gelbkiefern.

Anreise

Von Seattle (ca. 115 Meilen vom Park) über I-5 zum Wash. Hwy. 20 (auch North Cascades Highway genannt). Von Osten trifft man in Winthrop auf Wash. Hwy. 20. Zum Stehekin Valley ab Cascade River Road zu Fuß über Cascade Pass (2 Tage) oder mit Hochgeschwindigkeits-Katamaran (1 Std.), Fähre oder Charter-Wasserflugzeug ab Chelan am Südzipfel von Lake Chelan. Chelan liegt an US 97. Flughäfen: Seattle, Bellingham und Wenatchee.

Reisezeit

Bequemer Zugang im Sommer, doch können Höhenwege bis Juli schneebedeckt sein. North Cascades Highway von Ross Dam bis Washington Pass (und weiter) im Winter gesperrt, andere Strecken auch Frühjahr und Herbst gesperrt. Ganzjähriger Ferienbetrieb in Stehekin, mit Skilanglauf im Winter.

Reiseempfehlungen

Bei 1-Tages-Besuch gibt **North Cascades Highway** durch **Ross Lake National Recreation Area** Überblick über Stauseen und -dämme des Erholungsgebietes, Berge des Parks und **Skagit River**. Bei 2-Tages-Besuch: Auf unbefestigter **Cascade River Road** zu Picknick und Wanderungen unter Gipfeln und Almwiesen. Bei längerem Aufenthalt: Fahrt nach **Chelan** und weiter mit Fähre oder Flugzeug nach **Stehekin**; Übernachtung in diesem heiteren, abgeschiedenen Ort oder Camping im Gelände.

CASCADES HIGHWAY: MARBLEMOUNT BIS WASHINGTON PASS

60 Meilen; ein halber bis ganzer Tag

Leicht gleitet man auf dem **North Cascades Highway** dahin, doch schroff und abweisend ist das Land. Davon zeugen schon die Namen, die Entdecker und Bergsteiger vergeben haben: Mt. Terror, Mt. Despair, Damnation Pk., Mt. Fury, Mt. Challenger. Die Straße durchs Gebirge wurde erst 1972 vollendet.

Ross Lake National Recreation Area beginnt 5 Meilen vor **Marblemount**. Der **Skagit River** neben der Straße schimmert im Sommer smaragdgrün – ein Hinweis, dass er von Gletschern gespeist wird: Gletscher zerreiben das anstehende Gestein an

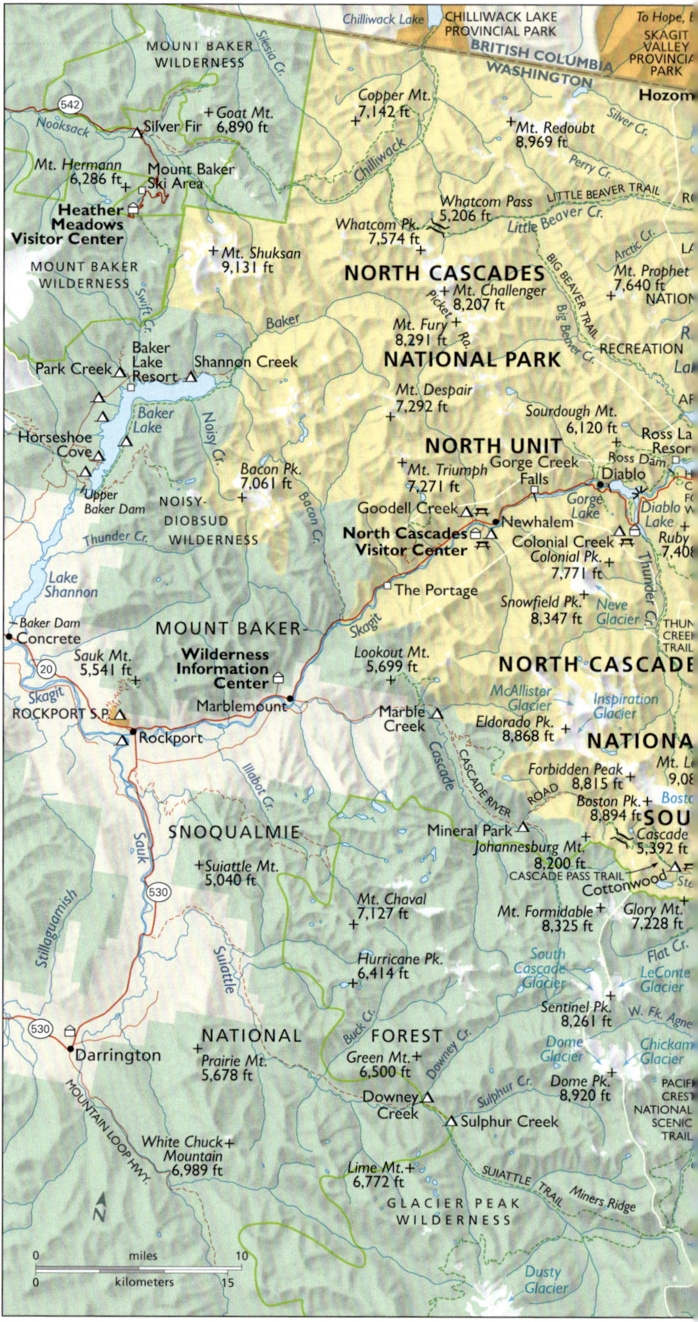

Chilliwack Lake
CHILLIWACK LAKE PROVINCIAL PARK
To Hope, B.C.
SKAGIT VALLEY PROVINCIAL PARK
BRITISH COLUMBIA
WASHINGTON
MOUNT BAKER WILDERNESS
Silesia Cr.
542
Nooksack
Silver Fir
Goat Mt. 6,890 ft
Copper Mt. 7,142 ft
Mt. Redoubt 8,969 ft
Silver Cr.
Chilliwack
Perry Cr.
Mt. Hermann 6,286 ft
Mount Baker Ski Area
Heather Meadows Visitor Center
Whatcom Pass 5,206 ft
LITTLE BEAVER TRAIL
Little Beaver Cr.
Whatcom Pk. 7,574 ft
Mt. Shuksan 9,131 ft
MOUNT BAKER WILDERNESS
NORTH CASCADES
Arctic Cr.
Mt. Prophet 7,640 ft
Mt. Challenger 8,207 ft
Picket Ra.
BIG BEAVER TRAIL
Big Beaver Cr.
Swift Cr.
Baker
Mt. Fury 8,291 ft
RECREATION
NATIONAL PARK
Park Creek
Baker Lake Resort
Shannon Creek
Baker Lake
Noisy Cr.
Mt. Despair 7,292 ft
Sourdough Mt. 6,120 ft
Horseshoe Cove
NORTH UNIT
Ross Dam
Gorge Creek Falls
Diablo
Bacon Pk. 7,061 ft
Mt. Triumph 7,271 ft
Upper Baker Dam
NOISY-DIOBSUD WILDERNESS
Bacon Cr.
Goodell Creek
Gorge Lake
Diablo Lake
Newhalem
Thunder Cr.
North Cascades Visitor Center
Colonial Creek
Colonial Pk. 7,771 ft
Lake Shannon
The Portage
Snowfield Pk. 8,347 ft
Neve Glacier
Thunder Cr.
Baker Dam
Concrete
MOUNT BAKER-
Skagit
Sauk Mt. 5,541 ft
Wilderness Information Center
Lookout Mt. 5,699 ft
NORTH CASCADE
20
Skagit
McAllister Glacier
Inspiration Glacier
ROCKPORT S.P.
Marblemount
Marble Creek
Eldorado Pk. 8,868 ft
Rockport
Cascade
CASCADE RIVER ROAD
Illabot Cr.
Forbidden Peak 8,815 ft
Boston Pk. 8,894 ft
SNOQUALMIE
Sauk
Mineral Park
Johannesburg Mt. 8,200 ft
Cascade 5,392 ft
Suiattle Mt. 5,040 ft
CASCADE PASS TRAIL
Cottonwood
530
Stillaguamish
Mt. Chaval 7,127 ft
Mt. Formidable 8,325 ft
Glory Mt. 7,228 ft
Flat Cr.
Suiattle
Hurricane Pk. 6,414 ft
South Cascade Glacier
LeConte Glacier
Sentinel Pk. 8,261 ft
530
NATIONAL
Buck Cr.
FOREST
Downey Cr.
Darrington
Prairie Mt. 5,678 ft
Green Mt. 6,500 ft
Dome Glacier
Chickamin Glacier
Dome Pk. 8,920 ft
Downey Creek
Sulphur Cr.
PACIFIC CREST NATIONAL SCENIC TRAIL
Sulphur Creek
MOUNTAIN LOOP HWY.
White Chuck Mountain 6,989 ft
Lime Mt. 6,772 ft
SUIATTLE TRAIL
Miners Ridge
GLACIER PEAK WILDERNESS
N
0 miles 10
0 kilometers 15
Dusty Glacier

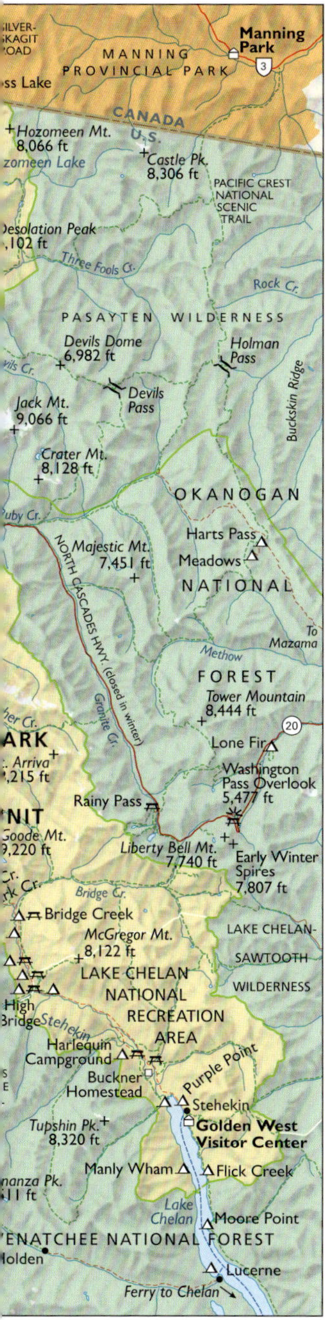

ihrer Unterseite zu feinem »Mehl«, und dieses »Gletschermehl« reflektiert den grünen und blauen Bereich des Spektrums im Gewässer. Im Winter angeln sich Seeadler kleine Lachse aus dem Skagit.

Nach der **Goodell Creek Bridge** (Meile 119) werfen Sie einen Blick auf die hohen Gipfel der **Picket Range**. Interessante Informationen hält das **North Cascade Visitor Center** bereit. Biegen Sie rechts in die Main Street von Newhalem ein,(Meile 121), um im Skagit Tours Information Center mehr über »Seattle City Light« und die Dämme am Skagit River zu erfahren. Die Staudämme der Gesellschaft – Gorge, Diablo und Ross – erzeugen rund ein Viertel des Spitzenstromverbrauchs von Seattle.

Hinter ihnen stauen sich **Diablo** und **Ross** und **Gorge Lake**. Die Eisenbahnlinie wurde in den 1920ern gebaut, um Menschen und Baumaterial von Rockport nach Diablo zu befördern.

Fahren Sie nun nach **Diablo** (links bei Meile 126), ebenfalls eine Gründung der City Light. Nicht weit von hier haben die Pionierfrau Lucinda Davis und ihre drei Kinder 1901 Land gerodet und ein Gasthaus errichtet; bewirtet und beherbergt wurden Bergleute, die auch nach zwei fehlgeschlagenen »Goldräuschen« nicht aufgeben wollten. Die Familie Davis baute das erste Wasserkraftwerk am Skagit – ein Wasserrad, das Strom für drei Glühbirnen erzeugte. Eine Nach-bildung dieses Wasserrades steht heute neben dem modernen Kraftwerk.

Fragen Sie im *Skagit Tours Information Center* nach Karten für die 2½stündige Skagit-Rundfahrt, die City Light veranstaltet, mit Bootsfahrt auf Diablo Lake und einer Bergfahrt. Oder gehen Sie an Bord eines Schleppschiffs der City Light, das zwischen **Diablo** und **Ross** verkehrt –

Lake Chelan, umgeben von den schneebedeckten Chelan Mountains

ein angenehmer 1-Stunden-Ausflug ab Diablo Dam Road.

Wenn Sie Lust auf eine anregende Kletterpartie haben, dann biegen Sie 4 Straßenmeilen weiter am Colonial Creek Campground rechts ab. Hinter dem Amphitheater beginnt der **Thunder Woods Nature Trail**. Der Rundweg (1 Meile) führt steil bergauf, vorbei an mächtigen, duftenden Lebensbäumen, die zum Teil über 300 Jahre alt sind. Der Westliche Riesen-Lebensbaum, mit seiner klebrigen, zimtfarbenen Rinde und seinem flachen, farnartigen Laub, hat den Indianern Holz für Kanus und Häuser geliefert, außerdem Fasern für Matten, Kleider und Körbe.

Gehen Sie noch ein Stück weit auf dem 19 Meilen langen **Thunder Creek Trail**; die Aussicht ist herrlich und der Weg am Anfang leicht (später geht es 1900 m aufwärts).

Verpassen Sie nicht **Diablo Lake Overlook** (1824 m) bei Meile 132. Mitten in einer wunderbaren Landschaft wird der Mitbegründer des Parks, Senator Henry M. Jackson, geehrt; 1987 wurde ihm der Park gewidmet.

Der höchste Berg, den man von hier aus sieht, ist **Colonial Peak** (2370 m) im Südwesten; er zeigt an seiner Flanke ein tief ausgeräumtes, markantes Gletscherkar. Im Norden liegt **Sourdough Mountain**, gekrönt von einem Feuerwachtturm.

Bei Meile 134 treffen Sie auf **Happy Creek Forest Walk**, einen Lehrpfad auf Planken von 1/3 Meile Länge. Wenig später verlässt die Straße den Park, und als North Cascades Scenic Hwy. mündet sie in den Okanogan National Forest (Meile 140). Nach weiteren 20 Meilen erreichen Sie **Washington Pass Overlook** (1671 m), den höchsten Punkt am North Cascades Highway. Nehmen Sie die Ausfahrt links bei Meile 162 und genießen Sie eine großartige Aussicht auf die Cascades. Direkt im Süden liegt der gedrungene **Liberty Bell Mountain** (2359 m), südlich davon die **Early Winter Spires** (2316 m). Mit dem Fernglas entdecken Sie vielleicht Kletterer in den Granitwänden.

CASCADE RIVER ROAD

45 Meilen hin und zurück; ein halber Tag

Cascade River Road, eine von nur zwei Straßen, die in den Nationalpark führen – und die einzige, die vom Highway aus erreichbar ist –, durchquert den Park auf fast seiner ganzen Länge. Die Straße zweigt vor Buffalo Run Inn in Marblemount ab.

Holen Sie sich im **Marblemount Wilderness Information Center** Karten und Auskunft über den Straßenzustand, bevor Sie losfahren. Je weiter

Sie kommen, desto enger, steiler und holpriger wird es. Trotzdem können PKWs die Strecke in 1 Stunde leicht bewältigen. Sie landen an einem Park- und Picknickplatz (1116 m) zwischen den von Gletschern funkelnden Gipfeln des **Johannesburg Mountains** (2460 m) im Westen und des **Boston Peaks** (2711 m) im Osten.

Wanderer wird der 3¾-Meilen-Weg zum **Cascade Pass** (1643 m) locken. Die Skagit- und Chelan-Indianer querten den Pass, um am **Lake Chelan** zu jagen oder Handel zu treiben. Der Weg führt aus Tieflandwäldern durch einen Wald aus Weißtannen, Berg-Hemlocktannen und Hemlocktannen zu blumenübersäten subalpinen Wiesen. *Bleiben Sie auf dem Weg* – die zarte Wiesenflora hat bereits Schaden gelitten.

Mitarbeiter des Parks und freiwillige Helfer züchten in Marblemont heimische Pflanzen im Gewächshaus. Im Spätsommer schaffen sie die Pflanzen per Rucksack oder Flugzeug zum Pass, wo sie das Gelände neu bepflanzen. Fragen Sie beim *Wilderness Information Center* nach freiwilliger Teilnahme am Rekultivierungsprogramm.

STEHEKIN VALLEY

eine oder zwei Übernachtungen

Seit hier um die Jahrhundertwende Hotels aufmachten und Bergleute die Kunde von der märchenhaften Landschaft verbreiteten, ist **Stehekin** ein Ferienparadies. Das am Nordufer des Gletschersees Lake Chelan gelegene Stehekin besitzt keine Straßenzufahrt und ist eine Gemeinde von kühnen Siedlerpionieren geblieben, die zwischen 1921 und 1988 sogar eine Schule betrieben. Das Tal bietet Unterkunft und Möglichkeiten zum Zelten, ohne dass man einen Rucksack schleppen muss: Es genügt, einen Schein auszufüllen, in den Pendelbus zu steigen und sein Zelt aufzuschlagen.

Auch wenn Sie nicht zelten wollen, sollten Sie auf jeden Fall das **Golden West Visitor Center** aufsuchen. Sie bekommen dort nämlich Wanderkarten und Fahrpläne für Busse und Touren. Außerdem kann man Ihnen Auskunft darüber geben, ob die Höhenwege inzwischen schneefrei sind oder nicht. Außerdem beschädigte 2003 eine Überflutung die Straße, der Zugang ist deshalb nur beschränkt möglich.

Nach dem Mittagessen dürfte Sie **Buckner Homestead** interessieren, wo die Familie William Buckner von 1911 bis 1953 lebte, ein Blick auf die Entbehrungen und Freuden des Grenzer-Lebens stimmt nachdenklich.

Am nächsten Morgen laden gleich 2 lehrreiche Pfade zu Entdeckungen ein. Der **Imus Creek Nature Trail** (I Meilen) geht vom *Visitor Center* aus, **McKellar Cabin Historical Trail** beginnt gleich hinter dem Postamt. Oder: Sie nehmen den Frühbus talauf. Er bringt Sie zu verschiedenen Trails. Die Rangers geben Auskunft über den Busfahrplan.

Gemütlicher ist dagegen die Wanderung auf dem **Agnes Gorge Trail**, 5 Meilen hin und zurück – und eben. Sie steigen bei **High Bridge** aus, wo der Pacific Crest Trail kreuzt, überqueren die Brücke, gehen am Schild zu Agnes Creek vorbei und zum Weg zur Agnes Gorge. Sie blicken abwechselnd in eine 65 m tiefe Schlucht hinein und zum **Agnes Mountain** (2473 m) hinauf. Nehmen Sie den Busfahrplan immer mit. Wenn Sie gern wandern, ist der Horseshoe Basin Trail (ab Cascade Pass Trail) empfehlenswert, ein mäßig steiler Weg von 3¾ Meilen, der an Wasserfällen vorbeiführt und mit herrlichen Ausblicken auf Gletscher und Berge aufwartet.

PRAKTISCHE INFORMATIONEN

ZENTRALE

810 State Rte. 20, Sedro Woolley, Wash. 98284. Tel. (360) 854-7200; www.nps.gov/noca

SAISON UND ANREISE

Park ist ganzjährig geöffnet, aber Zugang zu weiten Teilen von Mitte Oktober bis April wegen Schnees gesperrt.

BESUCHERINFORMATIONEN

North Cascades Visitor Center (in der Nähe von Newhalem) geöffnet täglich von Mai bis Oktober. Tel. (206) 386-4495. **Information Center** am Hwy. 20 (North Cascades Highway) in Sedro Woolley, geöffnet von Mai bis Oktober täglich, ansonsten nur an den Wochenenden. **Marblemount Wilderness Information Center** (im Westen der Parkgrenze ab North Cascades Hwy.) täglich geöffnet im Sommer. Informationen auch beim Colonial Creek Campground. **Lake Chelan NRA, Golden West Visitor Center** (Stehekin), Zugang mit Fähre, Wasserflugzeug oder zu Fuß; saisonbedingt geöffnet. Kürzere Öffnungszeiten im Winter; telefonisch bei der Zentrale nachfragen.

EINTRITTSGEBÜHREN

Keine Eintrittsgebühren, aber $5 Anlegegebühr am Lake Chelan; $30 Jahresgebühr.

TIERE

Im Nationalpark verboten, außer auf dem Pacific Crest Trail. In NRAs, an der Leine gehalten, erlaubt.

EINRICHTUNGEN FÜR BEHINDERTE

Die meisten Informationsstellen und viele kurze Wege am North Cascades Highway sind für Rollstuhlfahrer zugänglich.

AKTIVITÄTEN

Kostenlose naturkundliche Veranstaltungen: **Ross Lake NRA** – geführte Naturwanderungen, abendliches Lagerfeuerprogramm. **Lake Chelan NRA** – Wanderungen durch die Natur und zum Buckner Orchard. Abendprogramm. Außerdem: Wandern, Bootfahren, Fischen, Jagen, Reiten, Rafting auf dem Skagit River, Skilanglauf. Im Sommer Touren der Seattle City Light nach Diablo Lake und Ross Dam. Buchung mindestens 1 Monat im Voraus über Seattle City Light, Skagit Tour Desk, 500 Newhalem St. Rockport, Wash. 98283. Tel. (206) 684-3030.

FREIES ZELTEN

Genehmigung erforderlich; kostenlos im Wilderness Information Center in Marblemount zu erhalten.

CAMPINGPLÄTZE

Ross Lake NRA: Drei Campingplätze, 14-Tage-Limit. **Colonial Creek** und **Hozomeen** Mitte Frühjahr bis Mitte Herbst, **Newhalem** Mitte Juni bis Anfang September geöffnet. **Goodell Creek** ganzjährig geöffnet. Alle *first come, first served.* Gebühren: keine bis $12 pro Nacht. Keine Duschen. Zelt- und Wohnwagenplätze; keine Anschlüsse. Für **Goodell Creek** und **Newhalem Creek Group Campground** Reservierung erforderlich über NRRS erforderlich (siehe S. 10). **Lake Chelan NRA:** Drei Campingplätze, **Harlequin**, **Bulleon** und **Purple Point**, 14-Tage-Limit. Nur Zeltplätze. Reservierung erforderlich für **Harlequin Group Campground** (360-856-5700). Gastronomie in Lake Chelan NRA.

UNTERKUNFT

(wenn nicht anders vermerkt, gelten Preise für 2 Personen im Doppelzimmer zur Hauptsaison)

<u>In Ross Lake NRA:</u>
Ross Lake Resort (Zugang per Boot oder zu Fuß) 503 Diablo St., Rockport, WA 98283. Tel. (206) 386-4437. 15 Zimmer auf dem Wasser, Küchen. $122–$261. Mitte Juni bis Ende Oktober.
<u>In Lake Chelan NRA:</u>
Stehekin Landing Resort P.O. Box 457, Chelan, WA 98816. Tel. (509) 682-4494. 28 Zimmer. $123–$159. Restaurant.
Silver Bay Inn P.O. Box 85, Stehekin, WA 98852. Tel. (800) 555-7781. 4 Cabins, $135–$375. April bis Oktober.
Stehekin Valley Ranch P.O. Box 36, Stehekin, WA 98852. Tel. (509) 682-4677. 14 Zelt-Cabins, einige mit Duschen. $85–$95 pro Person, inkl. Mahlzeiten. Juni bis Anfang Oktober.
<u>In Concrete, WA 98237:</u>
Cascade Mountain Inn 40418 Pioneer Ln., Birdsview. Tel. (360) 826-4333. 6 Zimmer. $155–$195, inkl. Frühstück.

Weitere Unterkünfte: Chamber of Commerce, P.O. Box 216, Chelan, WA 98816. Tel. (800) 424-3526 oder (509) 682-3503.

AUSFLÜGE

MT. BAKER- SNOQUALMIE NATIONAL FOREST
MOUNTLAKE TERRACE, WASHINGTON

Die immergrünen Westhänge der Cascades besitzen tätige und ruhende Vulkane, Gletscher, Seen, Bäche und Wasserfälle. Mehrere Wilderness Areas. 6977 km². Angebote: 791 Zeltplätze, Wandern, Bootfahren, Bootsrampe, Bergsteigen, Fischen, Reiten, Picknickplätze, Panoramastraßen, Wintersport, Schwimmen, Zugang für Behinderte. Ganzjährig geöffnet; Zeltplätze Mai bis Oktober. Straßen im Winter häufig unpassierbar. Grenzt im Norden an North Cascades NP; im Süden an Mt. Rainier NP. Tel. (206) 783-6000.

SKAGIT RIVER BALD EAGLE NATURAL AREA
ROCKPORT, WASHINGTON

Dieses Wildschutzgebiet ist begehrtes Winterquartier für Hunderte Weißkopf-Seeadler, die sich jungen Keta-Lachs von den Kiesbänken des Skagit River holen. 40 km². Keine Besuchereinrichtungen. Markierte Aussichtsstellen (auch für Behinderte) am Wash. 20, ca. 10 Meilen vom North Cascades NP. Tel. (425) 775-1311.

OKANOGAN NATIONAL FOREST
OKANOGAN, WASHINGTON

Abgelegenes, raues Bergland mit immergrünem Wald und offenem Waldland, mit Berggipfeln, Bergseen und Wiesen. Enthält Pasayten und Lake Chelan-Sawtooth Wilderness Area. 7246 km². Angebote: 38 Zeltplätze, Wandern, Bootfahren, Bootsrampe, Bergsteigen, Fischen, Reiten, Jagen, Picknickplätze, Panoramastraßen, Wintersport, Schwimmen, Zugang für Behinderte. Ganzjährig geöffnet; die meisten Zeltplätze Mai bis Oktober. Grenzt östlich an North Cascades NP. Tel. (509) 826-3275.

Bärlapp auf Kletterahorn und Breitblättrigem Ahorn im Hoh Rain Forest

OLYMPIC

WASHINGTON
GEGRÜNDET 29. JUNI 1938
3731 Quadratkilometer

Dank seiner Lage auf der Olympic Peninsula hat Olympic National Park Anteil an 3 Ökosystemen: dem Wald und den Matten der subalpinen Zone, dem Feuchtwald der gemäßigten Zone und der felsigen Pazifikküste. Wegen seiner ursprünglichen und einzigartigen Landschaft wurde Olympic von den Vereinten Nationen zur International Biosphere Reserve und »Stätte des Welterbes« erklärt.

Die Olympic Mountains im Inneren des Parks sind beinahe rund: 13 Flüsse durchschneiden sie wie die Speichen eines Rades. Es gibt keine Straße, die den Park durchquert, wohl aber ein Dutzend Stichstraßen, die von US 101 in ihn hineinführen.

Bewohner der Olympic Peninsula bezeichnen ihn als Geschenk des Meeres, denn Wasser und Eis gaben ihm das Gesicht. Die Olympics sind auf dem Meeresboden entstanden – Meeresfossilien finden sich auf den Gipfeln der Berge. Vor etwa 30 Millionen Jahren kollidierte die Scholle, die den Pazifischen Ozean trug, mit dem nordamerikanischen Festlandssockel. Als die schwere ozeanische Scholle unter die leichtere festländische glitt, prallte der Meeresgrund auf die Küste und wurde zu den späteren Olympic Mountains zusammengedrückt. Später gaben Gletscher und Flüsse den Bergen ihre heutige Gestalt.

Fast 2 km dicke Gletscher haben auch die enge Meeresbucht Puget Sound und den Hood Canal im Osten sowie die Strait of Juan de Fuca im Norden ausgeschürft und so die Halbinsel vom Festland getrennt.

Die Isolation der Halbinsel während der Eiszeit brachte die »endemischen 16« hervor, jene von Biologen so bezeichneten 16 Arten von Wildblumen und Tieren, die nur hier heimisch sind. Dazu zählen die magentarote Olympic-Kastillea, das Olympic-Murmeltier, die Olympic-Mazama-Taschenratte und die Beardslee-Forelle.

Auch die »fehlenden 11« sind bemerkenswert, jene Säugetierarten also, die in den nahen Cascades und Rockies verbreitet sind, in den Olympics aber fehlen. Dazu gehören Grizzlybär, Stachelschwein und Bergschaf. Schneeziegen wurden in den 1920er Jahren – vor Einrichtung des Parks – eingeführt, haben die Almwiesen aber so geschädigt, dass man 1988 damit begonnen hat, sie in ihre Herkunftsgebiete zurückzubringen.

Feuchte Luft vom Pazifik kondensiert in den kühlen Höhen der Olympics und schlägt sich als Regen oder Schnee nieder; damit haben die Westhänge des Gebirges das feuchteste Klima der »unteren« 48 Staaten. Mt. Olympus, mit 2432 m der höchste Berg im Park, empfängt 5000 mm Niederschlag jährlich.

Anreise

Anfahrt zum Park über US 101, bietet Zugang von drei Seiten. *Main Visitor Center* und Haupteingang in Port Angeles. Von Seattle geht Washington State Ferry nach Winslow; dann mit dem Auto nordwärts zum Wash. 104, dann US 101 westwärts nach Port Angeles – eine Fahrt von ca. 60 Meilen. Flughäfen: Port Angeles, Seattle, Sequim und Olympia.

Reisezeit

Ganzjährig geöffneter Park. Der Sommer ist die »trockene« Jahreszeit, doch können auch dann kühles Wetter, dichter Nebel oder Regen herrschen. Im Winter an Wochenenden und Feiertagen Skilauf am Hurricane Ridge.

Reiseempfehlungen

Nehmen Sie sich mindestens zwei Tage Zeit. Schlendern Sie am ersten Tag über die weiten Almwiesen auf **Hurricane Ridge** und betrachten Sie Berggipfel und Gletscher aus der Ferne. Genießen Sie das Gebiet um **Lake Crescent** und gönnen Sie sich ein entspannendes Bad in **Sol Duc Hot Springs**.

Fahren Sie am zweiten Tag zum **Hoh Rain Forest** und seinen Naturlehrpfaden, bevor Sie sich den Stränden und Gezeitentümpeln der Pazifikküste widmen. Haben Sie länger Zeit, sind **Ozette** und **Quinault** lohnend.

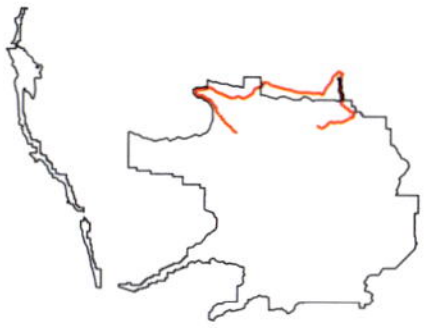

FAHRT NACH HURRICANE RIDGE, LAKE CRESCENT & SOLEDUCK

76 Meilen; ein sehr voller Tag

Übernachten Sie möglichst schon im Zielgebiet, damit Sie früh starten können. Erkundigen Sie sich im **Visitor Center** in Port Angeles nach dem Wetter auf **Hurricane Ridge**, und besorgen Sie sich einen Gezeitenplan für den nächsten Tag. Vom Ridge schweift der Blick zu den **Olympic Mountains** hinüber; im Norden

erblickt man – bei gutem Wetter – die Strait of Juan de Fuca und Vancouver Island. Auf 18 Meilen steigt die Straße aus den Tieflandswäldern bis zur Baumgrenze an – etwa 1½ km über dem Meer. Es bietet sich mancher Einblick in die geologische Struktur der Halbinsel.

Betrachten Sie nach 9 Meilen (hinter den Tunnels) das Gestein über der Straße. Die Blasen im Fels, auch Kissenlava genannt, deuten

auf die unterseeische Herkunft dieser Berge hin: Wenn heiße Lava ins Meerwasser eindringt, kühlt sie außen ab, erstarrt schnell und bildet oft Kugeln, wie sie hier zu sehen sind.

Am Hurricane Ridge sind die Gipfel der inneren Olympics auf Schautafeln abgebildet. **Mt. Olympus** vereint sieben der 60 namentragenden Gletscher der Olympics auf sich. Sein **Blue Glacier** bekommt 12 m

Schnee im Jahr; seine Fließgeschwindigkeit beträgt 12 cm pro Tag.

Wahrscheinlich können Sie Weißwedelhirsche und Olympic-Murmeltiere sehen, die zu pfeifen beginnen, wenn Sie näher kommen. Die Bäume sind hier meist subalpine Tannen; ihre Kirchturmform hilft ihnen, den Schnee abzuschütteln. An der Baumgrenze sind die Bäume zwar klein, oft aber sehr alt. Im Sommer sprießen Blumen, wo Bäume nicht mehr wachsen.

Schöne Picknickplätze gibt es gegen Ende der Straße, ungefähr 1 Meile hinter Hurricane Ridge. Wo die Straße aufhört, beginnt Hurricane Hill Trail; genießen Sie (3 Meilen hin und zurück; 213 Höhenmeter) den Blick auf Wildblumen und hohe Berge. Die Sedimente sind hier senkrecht oder schräg gekippt – eine Folge des Zusammenstoßes der Kontinente.

Wenn Sie unbedingt mit dem Auto weiter wollen: Es führt eine ziemlich verzwickte, 8 Meilen lange Piste zum **Obstruction Peak**. Sie erleben so die schönsten Aussichten durchs Autofenster – auf Mt. Olympus und auf schöne Blumenwiesen –, die der Park zu bieten hat. Ab 4. Juli ist die Straße normalerweise frei. Am Ende der Strecke treffen Sie auf **Grand Valley Trail** (3½ Meilen hin). Gehen Sie zumindest ein Stück auf dem Kamm entlang. Kehren Sie dann nach Port Angeles zurück und nehmen Sie US 101 nach Westen.

Zunächst führt die Straße am **Lake Sutherland**, dann am **Lake Crescent** vorbei. Beide Seen waren einmal ein einziger Gletschersee, bis sie ein gewaltiger Erdrutsch trennte. Nach indianischer Überlieferung war der Mount Storm King der Kämpfe zwischen den Quileute- und Clallam-Indiandern überdrüssig, so dass er einen Stein warf, der die Kämpfenden tötete und den See spaltete. Lake Crescent ist 180 m tief und bekannt für sein blaues Wasser.

Biegen Sie bei *Storm King Information Station* ab und wandern Sie auf dem **Marymere Falls Trail** (2 Meilen hin und zurück) durch Tieflandwald zu einem hübschen Wasserfall – 30 m hoch. Sie sehen auf dem Weg hauptsächlich Douglasien und Westliche Hemlocktannen, vereinzelt mit Lebensbaum durchsetzt.

Wenn Sie noch Zeit haben, dann fahren Sie die 14 Meilen lange Strecke nach **Sol Duc** (Abzweigung links, 1½ Meilen westlich von Fairholm). Die Indianer nutzten die heißen Quellen wohl zu Heilzwecken. Seit Gründung des ersten Kurbades 1912 entspannen Reisende hier ihre müden Muskeln. Falls Sie wandern möchten, bevor Sie tauchen: **Sol Duc Falls Trail** führt 1 Meile durch dichten Wald zu einem Wasserfall.

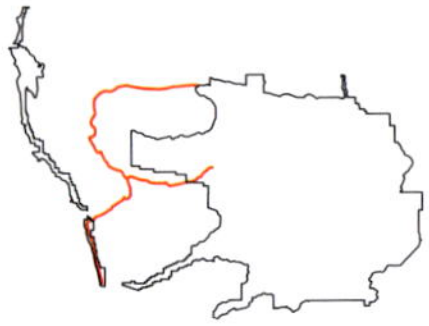

VOM HOH RAIN FOREST ZU DEN STRÄNDEN AM PAZIFIK

45 Meilen; ein ganzer Tag

Der **Hoh Rain Forest** liegt 2½ Stunden von Port Angeles entfernt. Um hinzukommen, umfahren Sie den Park in westlicher und südlicher Richtung auf US 101. Schauen Sie in der Parkzeitung nach, wann Führungen zu den Gezeitenbecken stattfinden und entscheiden Sie danach, ob Sie zuerst zum Feuchtwald oder zur Küste fahren.

Lake Crescent, vom Gletscher geschaffen

Zum Feuchtwald geht es auf **Hoh Road** 19 Meilen landeinwärts bis zum *Visitor Center*. Sie kommen an großen Kahlschlägen vorbei; diese liegen auf Privatland oder in Staats- oder Nationalwäldern, nicht im Park, wo Holzeinschlag verboten ist. Trotzdem leiden die Tiere darunter, die sich nicht an die Grenzen des Parks halten und deren Lebensraum schrumpft.

Zwei sehr lohnende Naturlehrpfade gehen vom *Visitor Center* aus: **Hall of Mosses Trail** (1 Meilen) und **Spruce Nature Trail** (1¹/₄ Meilen). Sie führen durch verzaubertes Land, Sitka-Fichten, Hemlocktannen und Lebensbäume mit bis zu 7 m Umfang ragen 90 m in die Höhe. Bärlapp und Süßholzfarne hüllen Nadelbäume und Breitblatt-Ahorn in dichtes Grün. Sämlinge, die auf dem Waldboden selbst keine Chance haben, wuchern dicht auf umgestürzten Bäumen, so genannten »Ammenbäumen«. Man sieht alte Baumriesen, in Reihen aufgestellt; sie stehen auf mächtigen Wurzeln – »Stelzen« genannt – wo einst die Ammenbäume lagen. Vielleicht kreuzen Roosevelt-Hirsche ihren Weg – die größte Herde im Lande – oder Sie hören ihr unheimliches Röhren. Sie sind nach Theodore Roosevelt benannt, der die Hirsche so liebte, dass der Park fast Elk Park genannt worden wäre. Die Tiere bilden das größte wild lebende Rudel im Land.

Spruce Nature Trail führt vor, wie sich ein Wald entwickelt. Wo der Hoh River in den letzten Jahrzehnten sein Bett verließ, siedelten sich zunächst Baumarten an, die viel Sonne brauchen – also Oregon-Erle, Weide und Douglasie. Später folgten schattenfeste Fichten und Hemlocktannen den Pionieren und beherrschten fortan den Wald.

Fahren Sie nach Ihrem Waldspaziergang auf US 101 nach Süden zum **Ruby Beach**. Schlendern Sie zum Sandstrand hinunter, aber merken Sie sich die Stelle, wo Sie aus dem Wald kamen. Sonst finden Sie vielleicht nicht zurück, denn das Dickicht aus ovalblättrigen Sträuchern zu beiden Seiten des Weges ist schier undurchdringlich.

Zu Olympic gehören 60 Meilen ursprünglicher Küste, im Norden felsiger und steiniger, im Süden von breiteren und sandigeren Stränden gesäumt. Die »Felsnadeln« vor der Küste, die von der Erosion abgetrennt wurden, haben schon manchen Schiffbruch verursacht.

Das Treibholz, über das Sie gelegentlich klettern müssen, wuchs einmal da, wo Sie gerade herkommen: in den oberen Wäldern. Von Winterstürmen gerissen, vom Hochwasser eines Baches unterspült, polterten die Stämme flussab zum Meer. Doch Vorsicht: So malerisch sich Treibholz bei Ebbe darbietet, so tödlich kann es wirken, wenn es von der Flut gepackt wird.

Vielleicht schwimmen Seehunde herum oder räkeln sich auf den Felsen. Im Frühjahr und Winter ziehen kalifornische Grauwale vorüber, tauchen und blasen in der Nähe der Küste auf der Wanderung zwischen Alaska und Baja California. Möwen und Krähen lassen Muscheln aus 15 m Höhe auf die Felsen fallen, um sie aufzubrechen. Weißkopf-Seeadler steigen von ihren Horsten im Walde auf und greifen sich Fische.

Fahren Sie auf US 101 südwärts und biegen Sie am Schild links zum **Big Cedar Tree** ab, einem der größten der Welt. Wie er am Ende der Zufahrt dasteht, wirkt er wie hergezaubert aus dem Lande Oz. Der Riese hat einen Umfang von über 20 m. Aber schauen Sie selbst, ob es sich um einen Baum oder mehrere handelt, die zusammengewachsen sind.

Von hier bis zur Südwestgrenze des Parks ist die Straße mit Aussichtspunkten und kurzen Wegen zum Strand gespickt. Wenn Sie die Führung an den »Tide Pools« versäumt haben und gerade Ebbe herrscht, besuchen Sie **Beach 4** (bei Meile 160). Ein kurzer, steiler Pfad führt zu den felsigen Gezeitentümpeln hinunter. Abwechselnd von den Wellen umspült, dann wieder von der Sonne gedörrt sind sie doch voller Leben. Auf 30 cm x 30 cm hat man 4000 Einzellebewesen und 20 Arten gezählt. Schauen Sie nach Seepocken und Entenmuscheln, nach Meerschnecken und den von Bohrmuscheln durchlöcherten Steinen. Knallbunte Seesterne suchen die Becken nach Miesmuscheln und anderen Weichtieren ab. Grüne See-Anemonen betäuben ihre winzigen Beutetiere mit Stechzellen an ihren Fangarmen. Purpurne Seeigel vertilgen Teile von Tang und andere Algen.

Zum abgelegenen Regenwald gelangen Sie über **Quinault** (südlich; 32 Meilen von Kalaloch entfernt) und dann über die North Shore Road. In der Nähe der *Quinault Rain Forest Ranger Station* beginnt der **Maple Glades Nature Trail**. 1/2 Meile vor dem North Fork Campground bietet sich der **Irely Lake Trail** an. Hier nisten Reiher, und man kann die Bauten der Biber bewundern.

OZETTE

Ozette, eine Stadt ganz im Norden des Parks, ist ein guter Ausgangspunkt für herrliche Küstenwanderungen. Anreise über US 101 bis Sappho, dann nach Norden zur Wash. 112; darauf bis Sekiu. Ozette liegt südwestlich davon.

Eine mittelschwere 9-Meilen-Tour bietet der **Ozette Lake-Cape Alava-Sand Point Trail**. Ausgangsspunkt ist die Ranger Station im Norden des **Ozette Lake**, wo man sich registrieren lassen muss. Diese 3 Meilen führen durch Küstenwald, Feuchtgebiete und Sümpfe. Bei **Sand Point** ist der Pazifik erreicht. Entlang der Felsküste geht es nun nach **Capa Alava**. Die großartige Küstenlandschaft macht die Wanderung hier zu einem besonderen Erlebnis. Achten Sie auch auf die verschiedenen Vögel, die hier heimisch sind; vielleicht werden Sie sogar einen Bären sehen.

PRAKTISCHE INFORMATIONEN

ZENTRALE
600 E. Park Avenue, Port Angeles, Wash. 98362. Tel. (360) 565-3000; www.nps.gov/olym

SAISON UND ANREISE
Park ganzjährig geöffnet. Einige Straßen im Winter gesperrt. Informationen Tel. (360) 565-3131.

BESUCHERINFORMATIONEN
In Port Angeles: **Olympic Park Visitor Center**, 3002 Mt. Angeles Road; Tel. (360) 565-3132. **Hoh Rain Forest Visitor Center** nahe 101, am Westrand des Parks; Tel. (360) 374-6925. **Hurricane Ridge Visitor Center**, ganzjährig geöffnet. Im Sommer gibt es Informationsstellen bei **Storm King** am Lake Crescent, **Kalaloch** und anderen Orten. Aktuelle Informationen über den Park auf Welle 530 AM im Gebiet von Port Angeles und Lake Crescent.

EINTRITTSGEBÜHREN
$15, gültig für 7 Tage, $30 für einen Jahrespass.

TIERE
An der Leine gehalten erlaubt, außer auf Wegen und im Hinterland.

EINRICHTUNGEN FÜR BEHINDERTE
Visitor Centers und einige Campingplätze sind für Rollstuhlfahrer zugänglich. Ebenso geteerte Wege auf Hurricane Ridge, eine kurze Schleife im Hoh Rain Forest und Madison Falls Trail im Elwha Valley sowie der »Moments in Time«-Weg bei Lake Crescent.

AKTIVITÄTEN
Kostenlose naturkundliche Veranstaltungen: Wiesen-, Wald-, Strand- und Gezeitentümpelwanderungen; Lagerfeuerprogramm. Außerdem: Wandern, Bootfahren, Fischen (keine Erlaubnis nötig), Bergsteigen, Schwimmen, Windsurfen, Wasserski, Rafting.

BESONDERE RATSCHLÄGE
• Vorsicht beim Wandern an der Küste; Felsen und Baumstämme können glitschig sein. Vorsicht vor der Flut (Gezeitenpläne am Wege): Holz in der Brandung kann tödlich werden.

FREIES ZELTEN
Genehmigung erforderlich. Zu erhalten im *Wilderness Information Center*, Tel. (360) 565-3131, in *Visitor Centers, Ranger Stations* und an den Wegepunkten.

CAMPINGPLÄTZE
15 Campingplätze, alle auf 14 Tage begrenzt. **Deer Park**, **Dosewallips**, **North Fork**, **Queets** – für Wohnwagen nicht zugänglich. Alle *first come, first served*, außer **Kalaloch**, wo man im Sommer reservieren muss. Reservierung auch über NRRS (siehe S. 11) möglich. Gebühren: $10–$18. Keine Duschen. 3 Gruppencampingplätze, Reservierung erforderlich über Parkzentrale. Verpflegung im Park.

UNTERKUNFT
(wenn nicht anders vermerkt, gelten Preise für 2 Personen im Doppelzimmer zur Hauptsaison)

INNERHALB DES PARKS:

Kalaloch Lodge (an US 101, 36 Meilen südlich von Forks) 157151 Hwy. 101, Forks, WA 98331. Tel. (360) 962-2271. 20 Zimmer; 44 Cabins, 38 mit Kochnischen. $107–$245. Restaurant.
Lake Crescent Lodge (an US 101) 416 Lake Crescent Rd., Port Angeles, WA 98363. Tel. (360) 928-3211. 45 Zimmer, 40 mit Bad. $68–$231. Restaurant. Geöffnet: Mitte Mai bis Mitte Oktober.
Log Cabin Resort (an Lake Crescent) 3183 E. Beach Rd., Port Angeles, WA 98363. Tel. (360) 928-3325 oder (360) 928-3245. 28 Zimmer, 3 mit Kochnischen. $55–$145. 5 Zeltplätze. $23. 35 Wohnmobilanschlüsse. $37. Restaurant. Mai bis Ende September.
Sol Duc Hot Springs Resort (12 Meilen von US 101) P.O. Box 2169, Port Angeles, WA 98362. Tel. (360) 327-3583. 33 Cabins, 11 Küchen. $141–$172. Pool, Restaurant. Anfang April bis Ende September.

Weitere Unterkünfte: Chambers of Commerce in Port Angeles, 121 E. -Railroad, 98362. Tel. (360) 452-2363; und Forks, P.O. Box 1249, Port Angeles, WA 98331. Tel. (800) 443-6757 oder (360) 374-2531.

Küsten-Redwoods, ein Wald von Riesen

REDWOOD

CALIFORNIA
GEGRÜNDET 2. OKTOBER 1968
534 Quadratkilometer, mit drei State Parks

Manchmal, wenn der Morgennebel an den großen Bäumen entlangstreicht, scheint die Vergangenheit durch den Wald zu schweben.... Endlose Wälder von Redwoods, in einem feuchten und fruchtbaren Nordamerika.... Hier, im wohlwollenden Klima der Pazifikküste, nach der Eiszeit, ein letzter Wald, eine letzte Bastion... Baum für Baum ein Opfer der Holzfäller.... Dann – ein Windstoß, und die Vergangenheit verschwindet. Man findet sich neben anderen Besuchern wieder, unter den größten Lebewesen der Erde.

Redwood National Forest liegt dicht an der Nordgrenze des schmalen Areals von Küsten-Redwoods. Er bewahrt die Reste eines Waldes, der einst 8000 km^2 bedeckte und um die Jahrhundertwende von Abholzung bedroht war. Der Staat Kalifornien und die »Save-the Redwoods«-Liga verhinderten dies durch den Kauf Hunderter von Waldteilen, die sie unter den Schutz von 26 State Parks stellten. Drei State Parks mit Redwoods – Jedediah Smith, Del Norte Coast und Prairie Creek – gingen bei seiner Gründung 1968 in den Nationalpark ein.

Doch auch die Holzfällung in den umgebenden Privatwäldern bedrohte die Redwoods. Boden und Sedimente von den abgeholzten Flächen wurden von Flüssen und Bächen fortgeschwemmt und weiter unten abgelagert. Schlick und Schlamm können die Redwoods ersticken – die Riesen sind erstaunlich verwundbar. Und stehendes Wasser am Boden mindert ihre Standfestigkeit gegenüber Sturm, denn sie wurzeln relativ flach, oft nur 3 m tief. Im Jahre 1978 stockte der Kongress die bisherigen 235 km^2 des Parks um weitere 194 km^2 auf, darunter 146 km^2 abgeholzte Flächen. Heute haben Arbeitskolonnen mit Erdarbeiten begonnen, um Land wieder urbar zu machen – für die Redwoods. Von der Holzabfahrt zerschnittene Hänge werden wieder hergestellt; ein Straßennetz von 220 Meilen wird wieder eingeebnet. Es wird mindestens 50 Jahre dauern, bis die Narben des Holzeinschlags verheilt sind, und weitere 250 Jahre, bis aus den eingesetzten Redwood-Sämlingen erwachsene Bäume geworden sind.

So ist zu den üblichen Besichtigungsritualen ein neues Element getreten. Die Besucher von heute können die kahl geschlagenen Berghänge betrachten und wissen, dass hier einmal wieder Redwoods stehen werden.

Anreise

Die waldgesäumte US 101, oder Redwood Highway, quert den Park in seiner Länge. Von Süden führt 101 zum Information Center bei Orick, ca. 40 Meilen nördlich von Eureka. Von Norden führt 101 über Crescent City, ebenfalls mit Information Center. Von Osten fährt man auf US 199, gesäumt von Redwoods, nach Hiouchi. Flughafen: Arcata-Eureka bei McKinleyville.

Reisezeit

Ganzjährig geöffneter Park. Im Sommer kommt es zu Staus, daher sind Frühjahr oder Herbst die besseren Reisezeiten. In beiden Jahreszeiten rasten auch die Zugvögel in den Redwoods. Rhododendren blühen im Frühjahr, im Herbst leuchten die Laubbäume. Im Winter sorgt Regen – den Redwoods willkommen, aber nicht den Gästen – für die notwendige Feuchtigkeit.

Reiseempfehlungen

US 101, gesäumt von vielen Redwoods, bietet einen Überblick durch die Windschutzscheibe. Will man die *Redwoods* wirklich erleben, muss man zu Fuß gehen. Wenn Sie nur einen Tag für die 50 Meilen Park haben, besuchen Sie **Lady Bird Johnson Grove** und **Big Tree**. Wandern oder spazieren Sie auf dem **Coastal Trail** und kosten Sie die pazifische Seite des Parks. Bei längerem Aufenthalt kommen **Tall Trees Grove** (mit dem Pendelbus), **Howland Hills Road**, eine Spritztour im Kajak auf **Klamath River** oder eine Holperfahrt zum **Fern Canyon** und **Gold Bluffs Beach** in Frage. Wenn Sie mit Wohnmobil oder Anhänger unterwegs sind, bleiben Ihnen einige Strecken versperrt; Auskunft in den *Information Centers*.

LADY BIRD JOHNSON GROVE & BIG TREE

13 Meilen; 2 Stunden

Halten Sie kurz vor Orick am *Redwood Information Center* (wo einst Sägemühlen die *Redwoods* zerschnitten) und schauen Sie sich Film und Ausstellung an. Fahren Sie dann nordwärts auf US 101 bis Bald Hills Road und biegen Sie rechts ab. Nach 2 Meilen sind Sie am **Lady Bird Johnson Grove**, einem Juwel, in dem sich der ganze Schatz des Parks widerspiegelt. Auf Ihrem Rundgang durch den Wald (1 Meile) spüren Sie die Kühle und Feuchtigkeit der Luft, das Lebenselixier der *Redwoods*. Sie sehen einen ausgehöhlten, noch lebenden Baum. Solche »Gänsestall«-Bäume dienten den frühen Siedlern zur Unterbringung von Vieh und Geflügel. Sie können die Pflanzen riechen und berühren, die unter dem Dach der Redwoods leben. Vor allem spüren Sie die Ruhe. Alle sprechen leise unter diesen Säulen.

To Coos Bay
SMITH N.W. & S.R.
To Grants Pass
REDWOOD HIGHWAY
199
Middle Fork Smith
SMITH RIVER N.R.A.
LAKE EARL STATE WILDLIFE AREA
Lake Earl
Lake Earl State Wildlife Area Headquarters
101
Simpson-Reed Grove
Hiouchi Information Center
Craigs Creek Mountain 2,195 ft
Smith
TOLOWA DUNES STATE PARK
Florence Keller County Park
Point St. George
Dead Lake
Hiouchi
South Fork Smith
Stout Grove
DOUGLAS PARK ROAD
JEDEDIAH SMITH REDWOODS STATE PARK
ELK VALLEY ROAD
Castle Rock
Crescent City
State Parks Offices
HOWLAND HILL ROAD
Park Headquarters
Battery Point Lighthouse
REDWOOD
SOUTH FORK
Whaler Island
Vista Point
East Fork Mill Cr.
Crescent Beach
ENDERTS BEACH ROAD
West Fork Mill Cr.
Crescent Beach
Mill Creek
Nickel Creek
Enderts Beach
DEL NORTE COAST REDWOODS STATE PARK
COASTAL TRAIL
N
Sister Rocks
DAMNATION CREEK TRAIL
Wilson Creek
NATIONAL
DeMartin
Footsteps Rocks
Redwood Hostel
Wilson Creek
False Klamath Cove
Lagoon Creek
Hunter Creek
Hidden Beach
PACIFIC
OCEAN
COASTAL TRAIL
YUROK INDIAN RESERVATION
REQUA RD.
Requa
Klamath River Overlook
Old Douglas Memorial Bridge
Flint Ridge
Klamath
World War II Radar Station
Klamath
High Bluff Overlook
Klamath Glen
PARK
Waukell Cr.
COASTAL DRIVE
McGarvey Creek
0 miles 4
0 kilometers 6
PRAIRIE CREEK REDWOODS STATE PARK
Ossagon Creek
COAST RANGE

SIX RIVERS N.F.
PACIFIC OCEAN
COAST RANGE
YUROK INDIAN RESERVATION
KLAMATH NATIONAL WILD & SCENIC RIVER
Klamath
McGarvey Cr.
Ossagon Creek
COASTAL TRAIL
Prairie Cr.
NEWTON B. DRURY SCENIC PARKWAY
PRAIRIE CREEK REDWOODS STATE PARK
Fern Canyon
Gold Bluffs Beach
Big Tree Wayside
CAL-BARREL ROAD
Elk Prairie
Prairie Creek Visitor Center
Gold Bluffs
DAVISON RD.
REDWOOD NATIONAL PARK
Lost Man Creek
HOLTER RIDGE
Lady Bird Johnson Grove
Lost Man Cr.
Orick Horse Trails
Redwood Creek Trail
Redwood Cr.
Kuchel Visitor Center
Orick
Freshwater Lagoon
Stone Lagoon
McArthur Cr.
Redwood Creek Overlook
Information
BALD HILLS ROAD
HUMBOLDT LAGOONS STATE PARK
TALL TREES ACCESS ROAD
Tall Trees Trail
REDWOOD HIGHWAY
Dolason Prairie
Tall Trees Grove
HARRY A. MERLO STATE REC. AREA
DOLASON PRAIRIE TRAIL
Bridge Creek Ridge
Bridge Creek
Big Lagoon
Rodgers Peak 2,745 ft
Childs Hill Prairie
Schoolhouse Peak 3,097 ft
Big Lagoon Beach and County Park
Lyons Ranch
Schoolhouse Prairie
To Eureka
101
Redwood Cr.
N
0 miles 4
0 kilometers 6

Wildblumen am Enderts Beach

Zurück zur US 101, und 4 Meilen in Richtung Norden, auf dem Newton B. Drury Parkway durch den **Prairie Creek Redwoods State Park**. Hier können Sie die frei laufenden Roosevelt-Hirsche beobachten, die in diesem Park leben. Eine Meile voraus findet sich rechts ein Hinweis auf den **Big Tree**. Ein kurzer Pfad führt zu ihm hin. Er ist treffend benannt: 93 m hoch, 6,6 m dick, 20 m im Umfang und etwa 1500 Jahre alt.

COASTAL TRAIL

4 Meilen hin; mindestens 2 Stunden

Fahren Sie die US 101 von Orick 20 Meilen über Klamath nach Norden und biegen Sie auf Requa Road links zum **Klamath River Overlook** ab. Die Anhöhe lädt zum Picknick. Auf 100 Kilometern kann man – bei klarem Wetter – die felsbewehrte Küste überschauen. Von hier erstreckt sich die **Hidden Beach Section** des Coastal Trails nordwärts. Der Pfad verläuft erst westwärts, dann schwenkt er nach Norden und folgt einer wilden, treibholzübersäten Küste. Einst schritten hier Yurok-Indianer – und Jedediah Smith, der erste Weiße, der die nordkalifornische Küste auf dem Landweg erreichte. Der Weg, den streckenweise Fichten- und Erlenzweige beschirmen, entfernt sich bisweilen vom Meer, doch nie so weit, dass es nicht mehr zu hören wäre. An vielen Stellen kann man aufs Meer hinausschauen. Im Frühjahr und Herbst ziehen Grauwale ihre Bahn. Möwen, Kormorane und Fischadler sind fast immer zu sehen.

Ein kurzer Seitenpfad führt zum **Hidden Beach** hinunter. Selbst wenn der Park voll ist, dürften Ihre Fußstapfen die einzigen im Sande sein. Genießen Sie den Anblick des Ozeans, aber schwimmen Sie nicht hinaus: Im ganzen Küstenbereich herrscht starker Sog. Ein Wall aus schwarzem Fels beendet ihren Strandspaziergang. Der Hauptweg führt nordwärts und schwenkt dann landeinwärts.

Er endet am **Lagoon Creek**, wo Süßwasser und Wald auf Meer und Steilküste treffen. Wenn Sie die 4 Meilen nicht wieder zurückwandern wollen, lassen Sie sich vom Parkplatz abholen.

TALL TREES GROVE

2 2/3 Meilen; ein halber Tag

Besorgen Sie sich im Information Center eine Genehmigung, um zum **Tall-Trees-Grove**-Parkplatz fahren zu können. Der Fußweg ist 20 Meilen lang (hin und zurück) und sehr steil. Rechnen Sie mindestens 30 Minuten für den Abstieg und weitere 30 bis 45 Minuten für Ihren Aufenthalt unter den Baumriesen. Star des Waldes ist **Tall Tree**; 1995 wurden 109 m gemessen. Diese sind die größten bekannte Bäume der Welt. Ihr Alter wird auf über 600 Jahre bis 1500 Jahre geschätzt.

HOWLAND HILL ROAD

8 Meilen; etwa 2 Stunden

Südlich von Crescent City geht es auf Elk Valley Road nach Nordosten, dann nach rechts zur **Howland Hill Road**. Die Straße war einst Versorgungsweg für den Bergbau und ist zum Teil mit Bohlen aus Redwood gedeckt, über die Ochsenkarren und Pferdefuhrwerke polterten. Auf dieser kurvenreichen 6-Meilen-Strecke ohne feste Decke treten die *Redwoods* näher heran als an den Highways.

Halten Sie am **Stout Grove**, einem der zahlreichen Schongebiete, die unter den Schutz des Nationalparks gestellt wurden; dieses wurde von der Frau eines Holzunternehmers gestiftet. (Im Sommer kommen Sie auch von der **Hiouchi Ranger Station** aus hin, auf einer Fußgängerbrücke über den kristallklaren **Smith River**.)

Weiter geht es über Douglas Park Road, South Fork Road und US 199 (links, 2 1/2 Meilen) zur Hiouchi Ranger Station. Melden Sie sich für eine vom Ranger geführte Wanderung an. Wenn Sie auf US 199 weiter Richtung Westen fahren, erreichen Sie **Simpson-Reed Grove** mit einem schönen Lehrpfad.

Auf dem Rückweg sollten Sie sich etwas Zeit gönnen, die farnbewachsenen, bis zu 10 m hohen Mauern zu bewundern. Wenn Sie noch etwas Energie haben, können Sie auch bis **Prairie Creek** hinaufklettern und von dort auf einer langen Wanderung zur Küste zurückkehren. Über den Südabschnitt des **Coastal Trail** kommen Sie zum Parkplatz am Fern Canyon zurück. Achten Sie auf die vielen Seevögel; auch Pelikane gibt es hier. Im Herbst und im Frühjahr können Sie mit etwas Glück am Horizont sogar Grauwale entdecken, deren Wanderroute hier vorbeiführt.

GOLD BLUFFS BEACH & FERN CANYON

20 Meilen; ein halber Tag

Fahren Sie vom *Kuchel Visitor Center* 4 1/2 Meilen nordwärts zur Davison Road, dann nach links bis **Gold Bluffs**. Die Straße führt noch 4 Meilen an der Küste entlang zum **Fern Canyon**; dort steigt ein Rundweg (I Meile) zu einer Grasfläche auf. Dort befand sich früher ein Bergwerk. Fahren Sie zum Canyon zurück, wandern Sie auf den Spuren der Elche hin zu einem verlassenen Strand.

Fahren Sie auf demselben Weg wieder zurück und halten Sie an, um die 10 m hohen, farnbedeckten Wände zu bewundern. Wer abenteuerlustiger ist, kann eine längere Wanderung zum Prairie Creek machen und an dessen Ufern entlanglaufen, bevor der Weg zurück zum Meer führt. Über den windigen Südteil des Coastal Trail geht es zurück zum Parkplatz beim Fern Canyon. Achten Sie auf die zahlreichen Vögel, darunter Pelikane, Seeschwalben und Möwen. Im Herbst oder Frühjahr halten Sie Ausschau nach den verräterischen Fontänen der Grauwale, auf ihrem Weg ins Winterquartier in Baja California oder zurück.

PRAKTISCHE INFORMATIONEN

ZENTRALE
1111 Second Street, Crescent City, Calif. 95531. Tel. (707) 464-6101; www,nps.gov/redw

SAISON UND ANREISE
Park ist ganzjährig geöffnet.

BESUCHERINFORMATIONEN
Crescent City Park Headquarters Information Center im Norden des Parks: ganzjährig täglich geöffnet. **Kuchel Visitor Center** am Südende des Parks bei Orick: ebenfalls ganzjährig geöffnet. **Hiouchi Information Center** am Nordende des Parks: Frühjahr bis Herbst geöffnet.

EINTRITTSGEBÜHREN
Keine; $6 Tagesgebühr für Jedediah Smith, Del Norte Coast und Prairie Creek State Park.

TIERE
An der Leine gehalten erlaubt, außer auf Wanderwegen und im Hinterland.

EINRICHTUNGEN FÜR BEHINDERTE
Information Centers, Crescent Beach, Picknickplatz am Lagoon Creek, Klamath Overlook, einige Wanderwege sind für Rollstuhlfahrer zugänglich.

AKTIVITÄTEN
Kostenlose naturkundliche Veranstaltungen: Gezeitentümpel- und Küstenwanderungen, Abendprogramm. Außerdem: Wandern, Kanufahren, geführte Kajaktouren, Reiten, Süßwasser- und Meeresfischen (Erlaubnis nötig), Schwimmen (nur Binnenland), Wal-Beobachtung.

BESONDERE RATSCHLÄGE
- Denken Sie daran, dass Zecken die *Lyme*-Krankheit übertragen können.
- Schwimmen im Meer ist nicht ratsam: sehr kaltes Wasser und gefährliche Widersee.

FREIES ZELTEN
Genehmigung erforderlich; zu erhalten an Wanderwegen und in den National Parks, im Information Center und Visitor Center. Der Park Service verwaltet 3 andere Campingplätze außerhalb – **De Martin**, **Flint Ridge** und **Nickel Creek**, begrenzt auf 14 Tage. Ganzjährig geöffnet, *first come, first served.* Keine Gebühr. Nur Zeltplätze. Keine Duschen.
Ossagon Creek im Prairie Creek State Park ist Radfahrern und Wanderern vorbehalten ($3 pro Nacht). Reservierungen am Prairie Creek Visitor Center.

CAMPINGPLÄTZE
Es gibt 4 State-Campingplätze im Park – **Gold Bluffs Beach**, **Jedediah Smith**, **Mill Creek** und **Elk Prairie**; begrenzt auf 15 Tage. Ganzjährig geöffnet; Gold Bluffs Beach wetterbedingt geschlossen. Duschen in der Nähe. Zelt- und Wohnwagenplätze; keine Anschlüsse; große Wohnwagen für Gold Bluffs Beach nicht erlaubt. Gebühren: $20 pro Nacht. Reservierung Mitte Mai bis August empfohlen: www.parks.ca.gov
Keine Verpflegung im Park.

UNTERKUNFT
(wenn nicht anders vermerkt, gelten Preise für 2 Personen im Doppelzimmer zur Hauptsaison)

In Crescent City, CA 95531:
Best Value Inn 440 Hwy. 101 N. Tel. (707) 464-4141. 61 Zimmer. $98.
Curly Redwood Lodge 701 Hwy. 101 S. Tel. (707) 464-2137. 36 Zimmer. $69–$77.
Econo Lodge Crescent City 725 Hwy. 101 N. Tel. (707) 464-6106. 52 Zimmer. $69–$80.
Front Street Inn 102 L St. Tel. (707) 464-4113. 30 Zimmer. $60–$80.

In Eureka, CA 95501:
Carter House Inns 301 L St. Tel. (800) 404-1390 oder (707) 444-8062. 31 Zimmer. $155–$595, inkl. Frühstück. Restaurant.

In Klamath, CA 95548:
Historic Requa Inn 451 Requa Rd. Tel. (866) 800-8777 oder (707) 482-1425. 10 Zimmer. $99–$169, inkl. Frühstück. Abendessen möglich.
Motel Trees 15495 Hwy. 101. Tel. (800) 848-2982 oder (707) 482-3152. 23 Zimmer. $61. Restaurant.

EXCURSIONS

HUMBOLDT BAY NATIONAL WILDLIFE REFUGE

LOLETA, CALIFORNIA

Die Inseln und Feuchtgebiete von Humboldt Bay bieten Lebensraum für »Ringelgänse, kleine, stämmige Gäste aus der Tundra. Vom Spätwinter bis zum frühen Frühjahr sammeln sich hier Tausende von Gänsen vor dem Flug zu den Nistplätzen im Norden. Es gibt auch andere Wasservögel und Wanderfalken. 14 km². Herrliche Vogelbeobachtungen vom Hookton Slough Trail und Salmon Creek. Nahe US 101, ca. 40 Meilen vom Redwood NP. Tel. (707) 733-5406.

SIX RIVERS NATIONAL FOREST

EUREKA, CALIFORNIA

Sechs größere Flüsse durchströmen diesen Tannen-Bergwald, liefern fast 10 Prozent des Oberflächenwassers des Staates und bieten Erholung, u.a. Wildwasser-Rafting, Kajakfahren und hervorragendes Angeln nach Stahlkopf-Forellen und Lachsen. Anteil an vier Wilderness Areas. 3875 km². Angebote: 355 Zeltplätze, Wandern, Bootfahren, Bootsrampe, Fischen, Reiten, Jagen, Picknickplätze, Panoramastraßen, Wintersport, Wassersport, Zugang für Behinderte. Ganzjährig geöffnet, doch die meisten straßenfernen Gebiete im Winter gesperrt. Mehrzahl der Zeltplätze Mai–November bei gutem Wetter geöffnet. Besteht aus vier Ranger-Bezirken. Auskunft im Büro des *superintendent* in Eureka an der US 101, etwa 30 Meilen vom Redwood NP. Tel. (707) 442-1721.

ALASKA

ALASKA

Im Jahre 1867 kaufte Außenminister William Seward Russland für 5 Cents den Hektar Alaska ab – und die Öffentlichkeit nannte das weite, leere Land »Sewards Torheit«. Bis heute sind über 14 Milliarden Fass Öl durch die Pipeline von Prudhoe Bay geflossen, und Wild und Wildnis Alaska ziehen jährlich Tausende von Besuchern an.

Die 8 Nationalparks bergen einen großen Teil dieser natürlichen Schätze. Katmai und Lake Clark sind Teil des »Pazifischen Feuerringes« – einer erdbebengefährdeten Zone tätiger Vulkane, wo Braunbären und Lachse leben. Wale, Seelöwen und Schwärme von Seevögeln suchen die kühlen Fluten an Glacier Bay und Kenai Fjords auf. Wrangell-St. Elias ist zum Teil so unzugänglich, dass manche Berge und Gletscher noch gar nicht benannt sind. Im hohen Norden liegen Gates of the Arctic und Kobuk Valley mit ihrer Tundra und wandernden Karibu-Herden. Im Vergleich dazu erscheint Denali geradezu gepflegt; es gilt als die »subarktische Serengeti«.

Die Parks von Alaska umfassen National Preserves, weite Wildnisgebiete ohne Häuser und Straßen, wo die Jagd erlaubt ist. Hier liegt auch das Land der Eskimos, das sie in alter Weise zu ihrer Subsistenz nutzen.

Im Prince William Sound ereignete sich 1989 mit der Havarie der Exxon Valdez die schlimmste Ölkatastrophe des Landes. Ölrückstände im Golf von Alaska und am Strand von Katmai und Kenai Fjords kosteten mehr als 3500 Seeottern, 350 000 Seevögeln und ungezählten anderen Tieren das Leben. Obwohl die Langzeitfolgen für den Lebensraum noch nicht absehbar sind, haben jahrelange Winterstürme und intensive Reinigungsarbeiten die Auswirkungen des Öls so weit beseitigt, dass sie mit bloßem Auge nicht mehr zu erkennen sind.

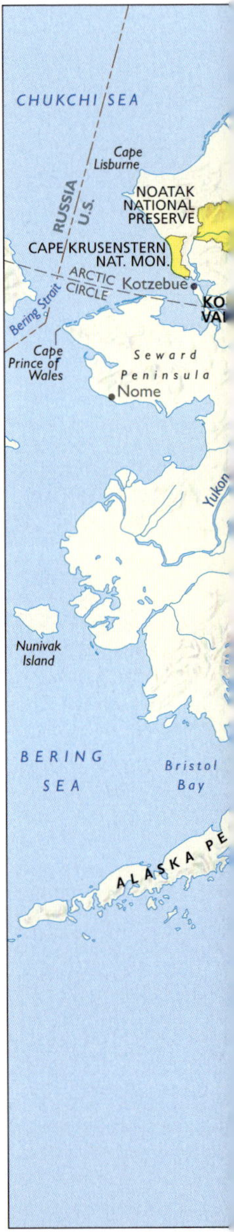

Zu den meisten Gebieten in den Nationalparks Alaskas gelangt man mit dem Flugzeug oder Schiff. Denali und Wrangell-St. Elias wie auch die Randzonen von Kenai Fjords und Gates of the Arctic sind auch mit dem Auto zu erreichen. Die Entfernungen zwischen den Parks sind groß. Die Schleife, die Anchorage mit Denali, Fairbanks und Wrangell-St. Elias verbindet – mit Abstecher nach Kenai Fjords – ist 1100 Meilen lang. Von Fairbanks nach Gates of the Arctic und zurück sind es 600 Meilen. Die Parks in Alaska sind rau, aber empfindlich; nehmen Sie Rücksicht.

ARCTIC OCEAN
Point Barrow
BEAUFORT SEA
Prudhoe Bay
Deadhorse
NUNAVUT
RTH SLOPE
Colville
KS RANGE
ARCTIC NATIONAL WILDLIFE REFUGE
Inuvik
GATES OF THE ARCTIC N.P. & PRES.
ARCTIC CIRCLE
Great Bear Lake
Mackenzie
Porcupine
Bettles
DALTON HWY.
Fort Yukon
NORTHWEST TERRITORIES
Koyukuk
WHITE MTS. N.R.A.
Circle
U.S.
CANADA
Mackenzie Mts.
Selwyn Mts.
Yukon
Fairbanks
YUKON-CHARLEY RIVERS NAT. PRES.
Dawson
N
ALASKA
Tanana
Delta Junction
YUKON
Tok
DENALI NATIONAL PARK AND PRESERVE
ALASKA RANGE
Susitna
Yukon
TETLIN N.W.R.
DENALI S.P.
Glennallen
WRANGELL-ST. ELIAS N.P. & PRES.
CHUGACH S.P.
ALASKA HWY.
Whitehorse
Valdez
Anchorage
ALASKA CHILKAT BALD EAGLE PRES.
KLONDIKE GOLD RUSH N.H.P.
Alsek
KE CLARK N.P. & PRES.
KENAI N.W.R.
CHUGACH N.F.
Skagway
BRITISH COLUMBIA
Prince William Sound
Seward
Haines
Homer
CAINES HEAD S.R.A.
Juneau
KENAI FJORDS N.P.
GLACIER BAY N.P. & PRES.
KACHEMAK BAY S.W.P.
KACHEMAK BAY S.P.
KATMAI N.P. & PRES.
McNEIL RIVER S.G.S.
Gulf of Alaska
Sitka
Stewart
Kodiak Island
Ketchikan
PACIFIC OCEAN
0 miles 400
0 kilometers 600
Attu I.
BERING SEA
ALEUTIAN ISLANDS
Near Islands
Rat Islands
Andreanof Islands
PACIFIC OCEAN
Same scale as main map

Herbstliche Tundra am Savage River

DENALI

ALASKA
GEGRÜNDET 26. FEBRUAR 1917
24584 Quadratkilometer

Ein Sommertag in Denali, Alaskas bekanntestem Nationalpark – das sind Erlebnisse, die man sein Leben lang nicht vergisst. Vielleicht ist es ein Steinadler, der sich gerade von den Felswänden am Polychrome Pass schwingt, oder eine Gruppe von 20 Dall-Schafen, die auf einem Bergsims am Primrose Ridge lagern, oder ein Grizzly, der am Sable Pass über die Tundra trottet. Vielleicht hält ein Karibu im Lauf inne, umflutet vom Licht des schwindenden Tages, oder es tönt der Ruf des Seetauchers über Wonder Lake. Wenn sich die Wolken teilen, tritt McKinley hervor – mit 6194 m das Dach des Kontinents.

Um das zu erleben, braucht man nur die 92 Meilen der Parkstraße abzufahren. Je weiter man kommt, um so offener zeigt sich diese subarktische Landschaft, und die Tiere darin bewegen sich in wilder, poetischer Schönheit.

Auch andere Parks in Nordamerika haben ihre Tiere, aber nirgends sind sie so greifbar und vielfältig wie in Denali. Auch andere Parks haben Berge, doch keiner ist so mächtig, so überragend wie Mt. McKinley.

Die Besucherzahlen in Denali haben in 30 Jahren um 200 Prozent zugenommen. Wie all diese Menschen aufnehmen, ohne die Natürlichkeit des Parks zu gefährden? Es gibt Pendelbusse, die Tierbeobachtung ermöglichen, ohne dass der Verkehr überhand nimmt. Die Campingplätze sind einfach und unauffällig gehalten. Und das Gelände ist in Abschnitte gegliedert, für die strenge Höchstbesucherzahlen gelten, um Überfüllung und Schaden an Flora und Fauna zu vermeiden. Wenn Sie nicht gleich einen Platz im Bus oder fürs Zelt bekommen: Das Warten lohnt sich.

Anreise

Von Anchorage: Über Alaska Hwy. 1 (Glenn Highway) 35 Meilen nordwärts zum Alaska Hwy. 3 (George Parks Hwy.), dann 205 Meilen nach Norden. Von Fairbanks: 120 Meilen auf Alaska Hwy. 3 nach Westen und Süden. Im Sommer halten Züge der Alaska Railroad zwischen Anchorage und Fairbanks täglich in Denali, im Winter nur am Wochenende. Im Sommer Flugverbindung zum Parkflugplatz ab Anchorage, Fairbanks und Talkeetna.

Reisezeit

Im Sommer ist es bis zu 21 Stunden hell. Busse bringen die Besucher von Ende Mai bis Mitte September in den Park. Im Juni ist es weniger überfüllt als im Juli und August. Ende August/Anfang September verfärbt sich die Tundra tiefrot, orange und gelb. Im Winter sind nur 3 Meilen bis Headquarters befahrbar, dann geht es per Ski weiter.

Mai und Anfang Juni sind die besten Zeiten für die Besteigung von Mt. McKinley, ab Juni drohen Lawinen. Die meisten Bergsteiger fliegen per Kufenflugzeug ab Talkeetna und landen in 2160 m Höhe auf Kahiltna Glacier, der Aufstieg von hier dauert 15 bis 30 Tage.

Reiseempfehlungen

Je mehr Zeit Sie haben, desto besser, doch brauchen Sie mindestens zwei Tage. Privatautos dürfen auf der Park Road 15 Meilen bis **Savage River Check Station** fahren, ab dort nur noch mit einer Camping-Erlaubnis für den Teklanika Camingplatz. Pendelbusse und Ausflugsbusse verkehren tagsüber bis abends von Mai bis Mitte September; Fahrpläne wechseln.

Die 85-Meilen-Fahrt im Bus auf der Parkstraße bis **Wonder Lake** dauert 11 Stunden hin und zurück – doch der Bus hält unterwegs. Andere Busse verkehren bis Kantishna, am Ende der Strecke, eine Fahrt von 13 Stunden. Sie brauchen warme Kleidung, ein Fernglas und etwas zum Essen (Einkaufsmöglichkeit beim **Denali Visitor Center** oder außerhalb, unterwegs kein Verpflegungsangebot). Sie können den Bus jederzeit zum Wandern verlassen, die Busse halten fast überall. Wenn Sie in den nächsten Bus einsteigen wollen, stoppen sie ihn. In der Hochsaison kann es zu Wartezeiten kommen.

Campingplätze und Busse im Park sind meist ausgebucht; daher ist mit ein, zwei Übernachtungen im Hotel oder auf einem Privatcampingplatz in Parknähe zu rechnen, während Sie auf einen Platz oder ein Busticket warten. Mount McKinley ist häufig hinter Wolken verborgen; beste Sicht frühmorgens oder spätabends.

PARK ROAD

85 Meilen hin;
11 Stunden hin und zurück

Die gesamte Fahrt dauert zwar einen ganzen Tag, doch kürzere Fahrten durch den Park machen ebenfalls großen Spaß. Die Busfahrt beginnt am **Wilderness Access Center** (Meile 0,6), inmitten von Fichtenwald oder Taiga. Bald haben Sie den Bahnhof der Alaska Railroad und das neue **Denali Visitor Center** passiert. Nach einer Meile kommen Sie an der Parkzentrale vorbei, wo die Schlittenhunde für winterliche Fahrten ins Gelände und sommerliche Vorführungen leben.

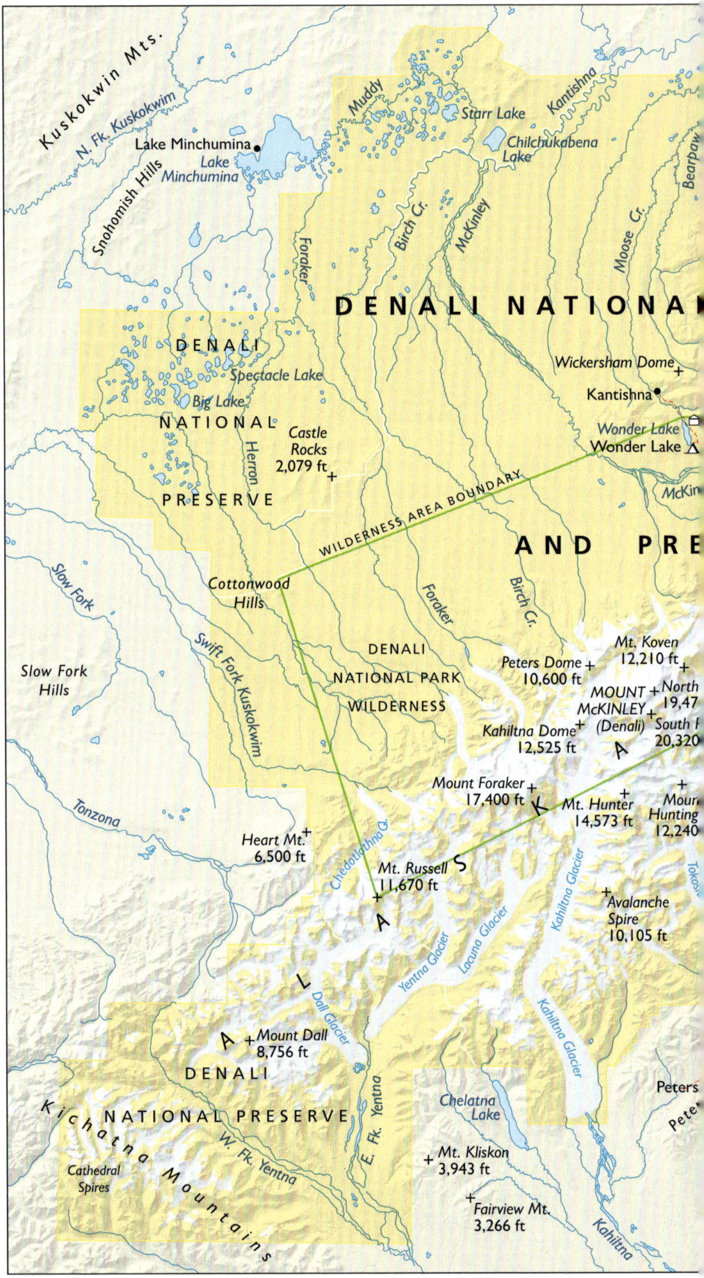
Kuskokwim Mts.
N. Fk. Kuskokwim
Lake Minchumina
Lake Minchumina
Snohomish Hills
Muddy
Starr Lake
Kantishna
Chilchukabena Lake
Bearpaw
Birch Cr.
McKinley
Moose Cr.
Foraker
DENALI NATIONAL
DENALI
Spectacle Lake
Big Lake
NATIONAL
PRESERVE
Castle Rocks 2,079 ft
Herron
Wickersham Dome
Kantishna
Wonder Lake
Wonder Lake
McKin
WILDERNESS AREA BOUNDARY
AND PRE
Slow Fork
Cottonwood Hills
Foraker
Birch Cr.
Swift Fork Kuskokwim
Slow Fork Hills
DENALI
NATIONAL PARK
WILDERNESS
Peters Dome 10,600 ft
Mt. Koven 12,210 ft
MOUNT McKINLEY (Denali)
North 19,47
South 20,320
Kahiltna Dome 12,525 ft
Mount Foraker 17,400 ft
Mt. Hunter 14,573 ft
Mour Hunting 12,240
Tonzona
Heart Mt. 6,500 ft
Chedotlothna G.
Mt. Russell 11,670 ft
A L A S K A
Avalanche Spire 10,105 ft
Kahiltna Glacier
Yentna Glacier
Lacuna Glacier
Tokos
Dall Glacier
Mount Dall 8,756 ft
DENALI
NATIONAL PRESERVE
Kichatna Mountains
Cathedral Spires
W. Fk. Yentna
E. Fk. Yentna
Chelatna Lake
Mt. Kliskon 3,943 ft
Fairview Mt. 3,266 ft
Kahiltna
Peters
Pete

Chitsia Mt.
3,862 ft
Kantishna Hills
Toklat
Teklanika
Nenana
Healy
Mount Healy
5,716 ft
Denali Park
(McKinley Park)
Denali Visitor Center
Sanctuary River
Savage River
Park Hdqrs.
Riley Creek
Teklanika River
Triple Lakes
Yanert Fork
Pyramid Mountain
5,519 ft
Stony Cr.
Igloo Mt.
4,800 ft
Igloo Creek
Fang Mt.
6,736 ft
Kankone Pk.
4,987 ft
Polychrome Mt.
5,790 ft
Sable Pass
Cathedral Mt.
4,905 ft
Toklat River
Polychrome Overlook
DENALI NATIONAL PARK
WILDERNESS
Stony Hill
4,508 ft
Highway Pass
Thorofare Pass
Stony Dome
4,700 ft
Foggy Pass
Eielson Visitor Center
Mount Pendleton
7,840 ft
Cantwell
DENALI HWY.
Scott Peak
8,838 ft
WILDERNESS AREA BOUNDARY
Broad Pass
2,345 ft
Muldrow Gl.
Mt. Mather
12,123 ft
Mt. Deception
11,768 ft
Eldridge Glacier
Chulitna
GEORGE PARKS
HIGHWAY
Chulitna Pass
Devils Canyon
Susitna
DENALI
STATE
PARK
THE ALASKA
RAILROAD
Stephan Lake
Ruth Glacier
Talkeetna Mts.
Talkeetna
0 miles 20
0 kilometers 30
Trapper Creek
Talkeetna
PETERSVILLE RD.
N

DENALI

Nordhang des Mount Hunter

Bald verlässt die Straße die Taiga und steigt zu den baumlosen Höhen der Tundra auf. Herrliche, weite Blicke tun sich auf; an klaren Tagen zeigt sich **Mt. McKinley** im Südwesten. Bei **Savage River Bridge** (Meile 14,8) können Sie erkennen, wie die sanfte, gletschergeprägte Landschaft im Süden von einem schroffen Steiltal eines Flusses im Norden abgelöst wird. Hier liegt die Nordgrenze des Eisvorstoßes von der **Alaska Range** nordwärts.

Die Straße folgt in Windungen unterhalb von **Primrose Ridge**, bevor sie zu einer feuchten Niederung hin abfällt, wo Fichten stehen, die sich wahllos in verschiedene Richtungen neigen. Dieser »betrunkene Wald« ist eine Folge des Dauerfrostbodens. Wenn dieser auftaut und der Boden ins Gleiten gerät, kippen die Bäume. Vielleicht stehen am Waldrand Elche, denn die mögen Fichtenwälder besonders in Verbindung mit Weidenbäumen.

Auf Teklanika River Campground (Meile 29) folgt **Taklanika River Bridge**. Wie andere Flüsse in Denali verästelt sich der Teklanika in mehrere Wasserarme, sein athapaskischer Name bedeutet: »mittleres Wasser«. Dann führt die Straße am Igloo Creek Campground vorbei und schiebt sich zwischen den **Igloo** und **Cathedral Mountains** durch. Hier liegen die Weidegründe der Dall-Schafe, der einzigen weißen Wildschafe der Welt. Vielleicht entdecken Sie welche an den oberen Hängen.

Wollen Sie Grizzlys sehen, dann ist kein Ort besser geeignet als **Sable Pass** (1187 m). Grizzlys ernähren sich hauptsächlich von Wurzeln, Beeren und anderen pflanzlichen Stoffen; gelegentlich greifen sie sich aber auch Erdhörnchen, Elchkälbchen und kranke Karibus, oder sie fressen Aas. Zum Schutze der Bären ist das Gelände um Sable Pass – die Straße ausgenommen – für Fußgänger gesperrt.

Nach 5 Meilen steigt die Straße steil zum **Polychrome Pass** an – mit fabelhaftem Blick auf die Alaska Range im Süden. Unten breiten sich die **Plains of Murie** mit ihren Schwemmterrassen aus. Der **Toklat River** (Meile 53,1) hat eine eigene Geschichte, denn 5 Meilen nördlich von der heutigen Brücke baute sich der Naturforscher Charles Sheldon eine Blockhütte, in der er 1907/08 überwinterte. Die Landschaft nahm ihn derart gefangen, dass er nach seiner Rückkehr in den Osten 9 Jahre lang den Gesetzgeber mit der Bitte bedrängte, den ersten Nationalpark Alaskas einzurichten. Ursprünglich hieß der Park Mt. McKinley, wurde aber 1980 in »Denali« umgetauft – was »der Große« bedeutet.

Am **Highway Pass** (1213 m) erreicht die Straße ihren höchsten Punkt, führt dann abwärts, überquert **Stony Creek** und steigt zum **Stony Hill Overlook** wieder auf. Hier können Sie Karibus durchs Gelände streifen sehen. Obwohl die Herde in Denali insgesamt 2000 Tiere zählt, treten die Tiere doch meist in kleineren Gruppen auf. Im Tiefland zwischen der Parkstraße und der Alaska Range können sie zu fast jeder Tageszeit irgendwo auftauchen.

Das neu gestaltete **Eilson Visitor Center** (bei Meile 66) ist eine Überraschung; es passt sich perfekt in die hügelgie Umgebung ein und bietet fantastische Ausblicke auf den Mount McKinley und die Alaska Range.

Weiter westlich hinter dem Visitor Center schneidet die Straße einen steilen Felshang, führt dann in ebeneres Gelände und bis auf 1 Meile an die Gletscherzunge des düsteren, geröllbedeckten **Muldrow Glacier** heran. Der Muldrow beginnt knapp unter dem Gipfel des Mt. McKinley und dehnt sich 55 km durch eine Granitschlucht bis in die Tundra aus.

Zweimal in den letzten 100 Jahren ist der Muldrow vorgerückt (die Gründe für diesen Vorgang sind noch nicht völlig geklärt), und zwar zuletzt im Winter 1956/57 um 5 km.

Die Straße führt an mehreren Teichen vorbei, mit guten Chancen, dass sich Biber, Elche oder Wasservögel zeigen – dann ist Wonder Lake Campground erreicht. Hier wendet der Bus für die 5½-stündige Rückfahrt oder er setzt seinen Weg nach Kantishna fort.

Im Süden liegt 43 km entfernt, Mt. McKinley. Seine Nordwand – **Wickersham Wall** – stürzt in einer Linie über 4000 m ab; es ist eine der höchsten Steilwände der Welt. Nördlich vom Campingplatz befindet sich der 6 km lange und 85 m tiefe **Wonder Lake**, ein Tummelplatz für Seeforellen, Seehechte, Aalquappen und Elche, die manchmal bauchtief in den See hineinwaten, um sich leckere Wasserpflanzen zu holen. Auch verschiedene Tauchvögel und Gänsesäger finden sich hier ein.

WANDERUNGEN

In einem Park, der größer ist als der Staat Massachusetts, ist natürlich viel Platz zum Wandern. Die meisten unterhaltenen Wege liegen in der Nähe des Denali Visitor Center. Karten gibt es in der benachbarten Denali Buchhandlung beim Parkeingang.

Der **Horseshoe Lake Trail** ist ein angenehmer 1½-Meilen-Weg durch Espen-Fichten-Wald zum **Horseshoe Lake**, einem Altwasser des **Nenana Rivers**. Broschüren zur Flora sind am Wege erhältlich. Von diesem Weg zweigt **Mt. Healy Overlook Trail** ab, der schon höhere Ansprüche stellt. Auf 3 Meilen überwindet er 500 Höhenmeter, durchbricht die Baumgrenze und führt zu einem Aussichtspunkt inmitten von Blumen und Felsen. 130 km entfernt im Südwesten thront Mt. McKinley. Ein neuer Weg (¼ Mei-

Präriehund überwacht das Gelände *(oben links)*; Rotfuchs *(oben rechts)*; Dallschafe halten Ausschau *(unten)*

le) führt vom Savage Cabin Campground nach **Savage Cabin**. Der **Triple Lakes Trail** lädt zu einer moderaten Halbtageswanderung (4 Meilen hin und zurück) ein und führt zu drei kleinen Seen in den Hügeln von Alaska Range mit herrlichen Ausblicken auf den **Mt. Fellows**, **Pyramid Mountain** und auf andere Gipfel.

Im Parkinneren wandert man, wohin man will. Man folgt einem Bach abwärts oder wandert einen Kamm aufwärts, oder man durchquert ein Tal. Wichtig ist, dass sich die Besucher verteilen und rücksichtsvoll bewegen, damit kein Schaden entsteht. In den meisten Gebieten gibt es keine Wege.

Andere Geländetouren führen nach Primrose Ridge, Mt. Wright, Igloo Mountain, Cathedral Mountain, Calico Creek, Tattler Creek, Polychrome Cliffs *(Loop)*, Stony Dome and Stony Hill, Stony Creek *(Loop)*, Sunrise Glacier *(Loop)*, Sunset Glacier, Thoroughfare Ridge und um Wonder Lake herum. Einige dieser Wanderungen dauern eine gute Stunde, andere mehrere Tage. Näheres erfahren Sie im *Visitor Access Center*. Und da es vorkommt, dass ein Geländeabschnitt gesperrt oder überfüllt ist, sollten Sie sich vor der Wanderung (mit Zelt) im VAC melden. Das kann z.B. an Tierwanderungen liegen.

PRAKTISCHE INFORMATIONEN

ZENTRALE

P.O. Box 9, Denali, Alaska 99755. Tel. (907) 683-2294; www.nps.gov/dena

SAISON UND ANREISE

Park ist ganzjährig geöffnet. Je nach Wetterlage ist die gesamte Straße von Ende Mai bis Mitte September für Busse offen. Hinter Savage River, 15 Meilen parkeinwärts, ist das Autofahren für Gäste mit einer Reservierung für den Teklanika Campground (Meile 29) erlaubt. Wenn die Straße frei ist und keine Busse verkehren, dürfen Privatautos 30 Meilen weit in den Park hineinfahren. Bei Schnee (Ende September bis Mitte Mai) wird Parkstraße nicht über *Headquarters* hinaus geräumt (Meile 3,1); Zugang daher nur für Skiläufer und Hundeschlitten möglich.

BESUCHERINFORMATIONEN

Denali Visitor Center (Meile 1,6) Mitte Mai bis Mitte September.
Murie Juni bis Mitte September geöffnet.
Talkeetna Ranger Station Mitte April bis Labor Day täglich, sonst Montag bis Freitag. Auskunft bei der Zentrale, ganzjährig täglich geöffnet.

EINTRITTSGEBÜHREN

$10 pro Person und Woche. $20 pro Familie. $40 Jahresgebühr.

PENDELBUS-VERKEHR

Ab *Wilderness Access Center* verkehren regelmäßig Pendelbusse von 5 Uhr morgens bis 15 Uhr, Ende Mai bis Mitte September. Vorausbuchung erforderlich. $22,75–$43,75 pro Person für Erwachsene, je nach Ziel. Reservierungen unter Tel. (800) 622-7275 oder (907) 272-7275. Keine Führung, doch die Busse halten für Tierbeobachtungen. Täglich verkehren Busse zu den Campingplätzen. Ferner Tundra Wilderness Tour ($93,50) und Natural History Tour ($55,95). Tel. (800) 622-7275 oder (907) 276-7234 für die erforderlichen Reservierungen (www.reservedenali.com).

EINRICHTUNGEN FÜR BEHINDERTE

Die meisten Gebäude sind für Rollstuhlfahrer zugänglich, viele Pendelbusse auch. Bei Reservierung bitte angeben, was gebraucht wird.

AKTIVITÄTEN

Kostenlose naturkundliche Veranstaltungen: Naturspaziergänge und -wanderungen, Kinderprogramm, Vorführung der Schlittenhunde, Vorträge, Dia-Shows und Filme. Außerdem: geführte Busfahrten, Wandern, Fischen (beschränkt möglich), Bergsteigen, Rafting, Skilanglauf, Hundeschlittenfahren, Reiten.

FREIES ZELTEN

Parkgelände ist in Abschnitte eingeteilt, Besucherzahl streng beschränkt (2 bis 12). Genehmigung erforderlich; kostenlos im *Visitor Center* zu erhalten, *first come, first served.* Spezielle Behälter, die Bären nicht öffnen können, sind unbedingt erforderlich. Shuttlegebühr $29,25.

CAMPINGPLÄTZE

Sieben Campingplätze, begrenzt auf 14 Tage, Mitte Mai bis Mitte September, sonst 30-Tage-Limit. **Riley Creek** ganzjährig geöffnet; übrige Ende Frühjahr bis Anfang Herbst. *First come, first served.* Im Sommer Reservierung ratsam. Tel. (800) 622-7275 oder (907) 272-7275 oder www.resevedenali.com. Gebühren: $9–$20 pro Nacht. Wohnwagenplätze außer **Sanctuary, Igloo Creek, Morino** und **Wonder Lake**; keine Anschlüsse. **Morino** mit Fahrzeugen nicht erreichbar. Busse bringen Camper zum Teklanika River nach **Sanctuary, Igloo Creek** und **Wonder Lake**. Für **Savage River Group Campground** Reservierung nötig (über Zentrale).

UNTERKUNFT

(wenn nicht anders vermerkt, gelten Preise für 2 Personen im Doppelzimmer zur Hauptsaison)

INNERHALB DES PARKS:

Camp Denali und **North Face Lodge** P.O. Box 67, Denali NP, AK 99775. Tel. (907) 683-2290. Camp Denali: 17 Cabins, zentrale Duschen. North Face Lodge: 15 Zimmer. $425 pro Person, alles inkl. Anfang Juni bis Mitte September.
Denali Backcountry Lodge Denali NP, AK 99775 (800) 841-0692. 30 Zimmer. $330–$490 pro Person und Nacht, alles inkl. Juni bis September.
Kanntishna Roadhouse Denali NP, 99775. Tel. (800) 942-7420. $385 pro Person, alles inkl., mindestens 2 Tage. Mitte Juni bis Mitte September.

AUSSERHALB DES PARKS:

Denali Cabins P.O. Box 229, Denali NP, AK 99755. Tel. (907) 683-2643. 45 Zimmer. $149–$249. Juni bis Mitte September.
Denali Princess Lodge P.O. Box 110, Denali NP, AK 99755. Tel. (800) 426-0442. 352 Zimmer. $269. Restaurant. Mitte Mai bis Mitte September.

AUSFLÜGE IN ALASKA

DENALI STATE PARK
TALKEETNA, ALASKA

Zwischen den Talkeetna Mountains und der Alaska Range gelegen, grenzt der 1316 km² große Denali State Park an den größeren Nationalpark. Landschaft und Tierwelt gleichen dem größeren Nachbarn, doch bietet der Park eine zusätzliche Möglichkeit, auch mit Camping, wenn der benachbarte Nationalpark überfüllt ist. Es gibt 4 Campingplätze mit mehr als 120 Stellplätzen und 2 ganzjährig geöffnete Cabins (Reservierung erforderlich). Der Park liegt am Parks Hwy. Meilensteine 131.7–169.2. Tel. (907) 745-3975.

CHUGACH NATIONAL FOREST
ANCHORAGE, ALASKA

Zum Chugach gehören 3550 Meilen Küste, mehr als 200 Vogelarten und zahlreiche Gletscher, darunter einer, der Portage, der leicht von Anchorage her zugänglich ist. 21 853 km², 400 Campingplätze, 36 Cabins. Angebote: Wandern, Bootfahren, Klettern, Radfahren, Fischen, Reiten, Jagen, Picknickplätze, Panoramastraßen, Winter- und Wassersport. Zugang für Behinderte. Ganzjährig geöffnet; die meisten Campingplätze von Ende Mai bis Anfang September. Visitor Center am Portage am Seward-Anchorage Hwy., etwa 45 Meilen südöstlich von Anchorage. Tel. (907) 743-9500.

KENAI NATIONAL WILDLIFE REFUGE
SOLDOTNA, ALASKA

Viele Elche teilen sich dieses Schutzgebiet mit Bären, Bergziegen, Dallschafen, Seetauchern, Adlern, Lachsen, Regenbogenforellen und Seesaiblingen. Fast 8093 km² mit zwei Gletscherseen – Skilak und Tustumena. Angebote: Camping, Wandern, Bootfahren, Fischen, Jagen, Picknickplätze, Panoramastraßen, Wassersport. Zugang für Behinderte. Liegt neben dem Kenai Fjords NP. Visitor Center in Soldotna am Sterling Hwy., etwa 110 Meilen südwestlich von Anchorage. Tel. (907) 262-7021.

TETLIN NATIONAL WILDLIFE REFUGE

TOK, ALASKA

Eingerahmt vom Alaska Highway im Norden und dem Wrangell- St. Elias National Park im Süden, bietet Tetlin mit seinen 3763 km² ein interessantes Naturerlebnis inmitten von Sümpfen, Seen, Teichen, Flüssen, Wäldern und Hügeln mit reicher Tierwelt. Es gibt 23 Campingplätze, Picknickplätze, eine Bootsrampe. Zu den Aktivitäten zählen Wandern, Bootfahren, Fischen und Jagen. Ganzjährig geöffnet. Visitor Center am Alaska Hwy. (Meile 1229) etwa 300 Meilen südöstlich von Fairbanks. Tel. (907) 883-5312.

YUKON-CHARLEY RIVERS NATIONAL PRESERVE

EAGLE, ALASKA

Jahrtausendelang sah der Yukon Boote und Schlitten sowie wandernde Karibuherden ziehen, doch der Mensch hat kaum Spuren hinterlassen. Brutraum für eine große Anzahl von Wanderfalken. Zusammen mit dem einmündenden Charley River bietet der Yukon gute Möglichkeiten zum Boot- und Floßfahren. 10 226 km². Angebot: einfaches Camping, Klettern, Fischen, Jagen. Ganzjährig geöffnet. Die Städte Circle und Eagle sind über Steese und Taylor Hwy. Bzw. per Boot oder Flugzeug erreichbar. Info in der Zentrale in Eagle. Tel. (907) 547-2233.

WHITE MOUNTAINS NATIONAL RECREATION AREA

FAIRBANKS, ALASKA

Die zerklüfteten White Mountains ragen über dem wilden Beaver Creek, Hütten und Wegen auf, das Skiläufer, Schlittenhundeführer und Snowmobilfahrer anlockt. Die Wanderwege im Sommer führen 22 Meilen weit durch Fichtenwälder und über Berggrate zum Creek. 4046 km². Angebot: einfaches Camping, 12 Cabins (Reservierung erforderlich), Bootfahren, Klettern, Fischen, Reiten. Ganzjährig geöffnet. Die Wege beginnen neben dem Steese und dem Elliot Hwy. 30 bis 70 Meilen nördlich von Fairbanks. Tel. (907) 474-2251.

Der gewundene Alatna River

GATES OF THE ARCTIC

ALASKA
GEGRÜNDET 2. DEZEMBER 1980
34 400 Quadratkilometer

»Der Blick vom Gipfel gab uns einen ausgezeichneten Eindruck von dem zerklüfteten Land, zu dem wir strebten. Die Hauptwasserscheide der Brooks Range war ganz mit Schnee bedeckt. Nur 10 Meilen nördlich ragten zwei steile Gipfel auf, einer zu jeder Seite der North Forks. Ich gab ihnen den Namen ›Gates of the Arctic‹...« Die Bezeichnung »Pforten der Arktis« trägt seither der ganze Landstrich.

Das Zitat stammt von Robert Marshall aus den frühen 1930er Jahren, der gefunden hatte, was ihn zu einem der bedeutendsten Naturschützer Amerikas machen sollte. Gates of the Arctic war reinste, abgeschiedenste nordamerikanische Wildnis. Damit es so bliebe, beschloss der Kongress die Gründung des Parks.

Besteigen Sie irgendeinen Gipfel im Herzen des Parks, und Sie finden gleich ein Dutzend Gletscherkare nebeneinander liegen; zackige Gipfel, die den Himmel zersägen, und Gewitter, die aus dunklen, drohenden Wolken züngeln.

Sechs National Wild and Scenic Rivers – Alatna, John, Kobuk, Noatak, North Fork Koyukuk und Tinayguk – fließen aus Hochgebirgstälern in die Wälder des Tieflands. Der Park liegt nördlich des Polarkreises, angelehnt an Brooks Range, eines der nördlichsten Gebirge der Erde.

Zusammen mit Kobuk Valley National Park und Noatak National Preserve wird in Gates of the Arctic wichtiger Lebensraum des Arktischen Karibus geschützt. Auch Grizzlys, Wölfe, Vielfraße und Füchse durchstreifen das strenge Land nach Nahrung. Schneehühner knabbern an den Weiden, und Gerfalken schlagen die Schneehühner.

Im Juni überschüttet eine zinnoberrote Sonne um 2 Uhr morgens die Berge mit Licht und bringt das wilde Land zum Glühen. In diesem riesigen Reich der Berge – den nördlichsten Ausläufern der Rocky Mountains – geht die Sonne im Sommer volle 30 Tage nicht unter.

»Nichts war zu sehen, hören, riechen oder spüren, das auch nur entfernt an Menschen oder ihre Werke erinnerte«, schrieb Marshall. »Es schien, als sei die Zeit vor 1 Million Jahren stehen geblieben, als wären wir in die Urzeit zurückversetzt.«

Anreise

Die Geländepiloten sagen, das wahre Alaska fängt da an, wo die Straßen aufhören. So ist es auch hier. Man kommt mit dem Flugzeug oder zu Fuß, die meisten fliegen. Von Fairbanks (ca. 400 km) gehen planmäßige Flüge nach Anaktuvuk Pass, einem Eskimodorf im Park, nach Bettles/Evansville sowie Ambler im Westen. Von dort, ab Fairbanks oder Coldfoot kann man mit Flugtaxis weiterreisen. Von Anaktuvuk Pass kann man auch zu Fuß in den Park wandern.

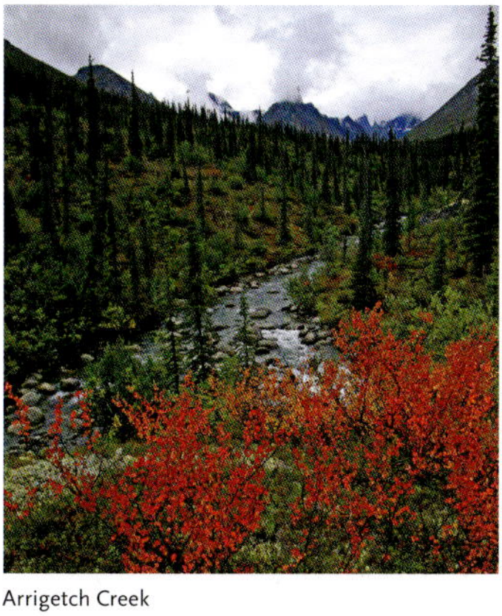
Arrigetch Creek

Oder man fährt von Fairbanks auf dem ungeteerten Dalton Highway, einem Pipeline-Transportweg, nach Wiseman und wandert von dort (oder anderen Punkten). Doch der Marsch zum Park ist lang und mühsam.

Reisezeit

Sommer. Er ist kurz, aber die Tage sind sehr lang; es können sogar milde Temperaturen herrschen. Das Wetter ist höchst unbeständig. Mit Schnee und Regen ist immer zu rechnen. Der August kann feucht sein, Frost kann ab Monatsmitte auftreten. Ende Juni und im Juli herrscht Mückenplage. Das Laub verfärbt sich Mitte August in den höheren, Ende August und Anfang September in den niederen Lagen.

Reiseempfehlungen

Bringen Sie Zeit mit für diese wilde Landschaft voll stiller Schönheit. Am besten, Sie kombinieren eine Wanderung mit einer Flussreise. Wer die Einsamkeit sucht, sollte sich vom Fluss ins Landesinnere begeben. Flugtaxis können auf Seen und Schotterbänken landen, um Sie abzusetzen oder abzuholen. Sie müssen gut planen und alles mitbringen, was Sie brauchen; es gibt keine Besuchereinrichtungen im Park. Dieses karge, strenge Land ist so verletzbar, dass schon der Tritt des Wanderers Flechten vernichten kann, die 150 Jahre zu ihrer vollen Reife benötigten. Teile des Parks haben seit Öffnung der Gates of the Arctic Schaden gelitten.

Wenden Sie sich vor der Reise an die Bettles Ranger Station. Lassen Sie sich unbedingt Ziele und Wanderrouten empfehlen und Flugtaxis, Führer und Veranstalter nennen, die im Park vertreten sind.

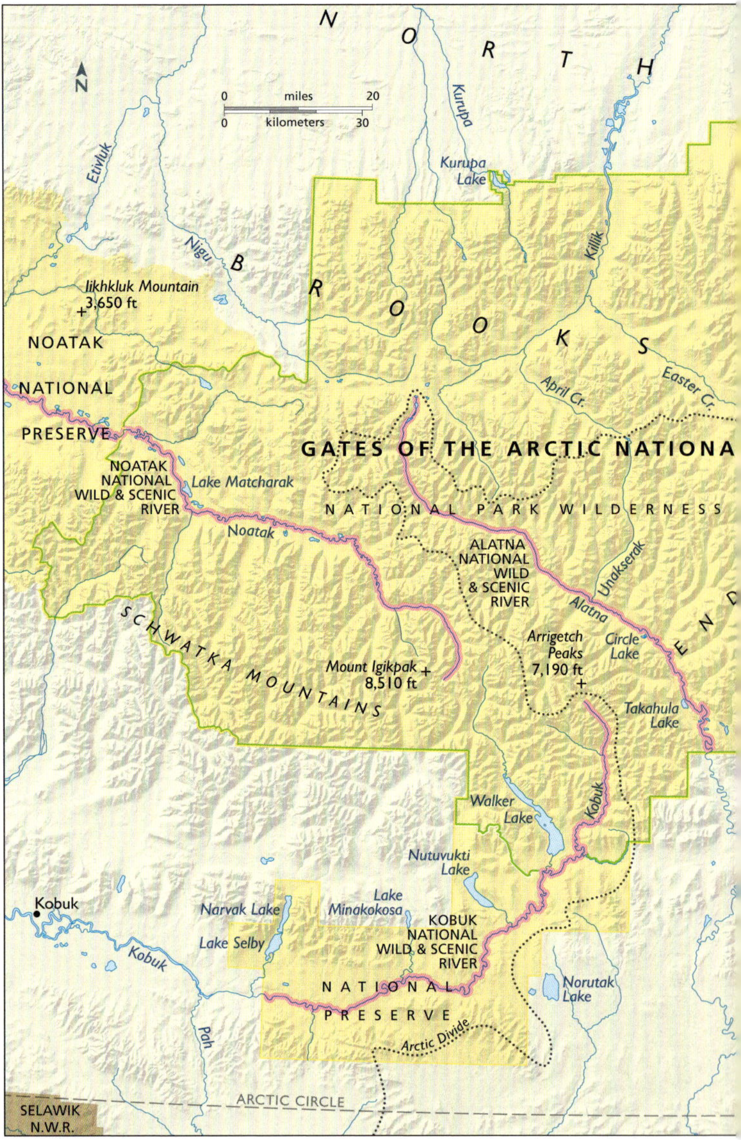

FLUSSFAHREN

Flüsse sind die Hauptreisewege durch den Park; die Eskimos und Karibus folgen ihnen seit jeher. Bei manchen gibt es Seen, auf denen Flugzeuge landen können. Zum Zelten eignen sich die Schotterbänke, aber Vorsicht – Sommerregen lassen die Flüsse schnell anschwellen. Höchster Wasserstand ist im Mai und Juni. Das Wandern ist mühsam, lohnt aber –

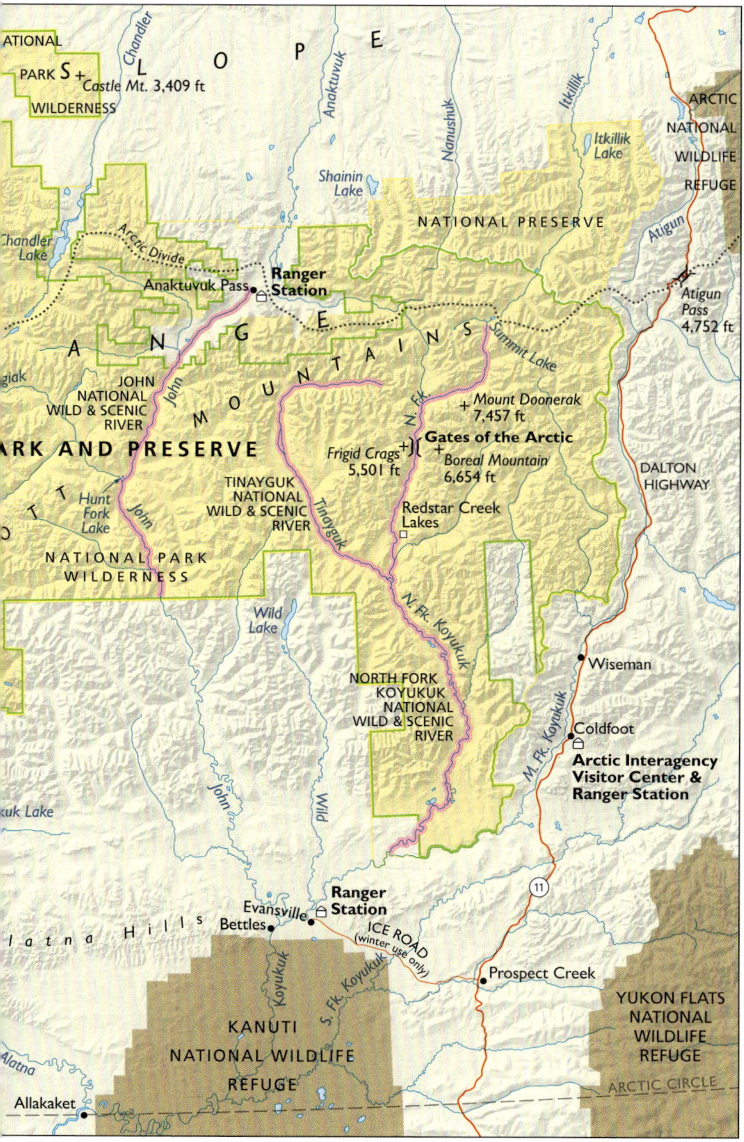

besonders im Hochgebirge. Folgende sechs Flüsse bilden eine Auswahl dessen, was der Park zu bieten hat.

Unterhalb des Takahula Lake ist **Alatna River** eine Flussfahrt wert. Am unteren Lauf fließt er durch ein weites, mit Weiden und Birken geschmücktes Gletschertal zum Koyukuk River. Einstieg ist am Circle Lake, Takahula Lake oder an anderen Seen flussaufwärts. Die meisten Boote fahren ab Allakaket (75 Meilen und 85 Meilen von Takahu-

Alatna River Valley nahe Circle Lake *(oben)*; Roter Steinbrech *(unten)*

la und Circle Lakes). Dort mündet der Alatna in den Koyukuk River.

John River ist oben bei Anaktuvuk Pass (der einzigen noch bestehenden Siedlung binnenländischer Nunamiut-Eskimos) nur ein Bach, wird aber auf seiner Reise nach Süden breiter und schneller. **Hunt Fork Lake** ist der beste Einstieg; weiter oben ist das Wasser gewöhnlich nicht tief genug. Der John fließt ins bewaldete Tiefland hinunter und bei Bettles in den Koyukuk River – eine Reise von 100 Meilen.

Kobuk River entspringt im **Walker Lake** (ein guter Einstieg) und fließt, südwärts und westwärts durch Berge, Canyons, Gebirgsausläufer und Niederungen. Über Stromschnellen muss das Boot getragen werden. Das Dorf Kobuk – 140 Flußmeilen unterhalb Walter Lake – ist ein beliebter Ausstieg. Oder Sie treiben weiter durch Kobuk Valley NP bis Kiana.

Der **North Fork Koyukuk** nimmt seinen Ausgang am **Summit Lake**, zwängt sich durch **Boreal Mountain** und **Frigid Crags** – die **Gates of the Arctic** –, passiert die **Redstar Creek Lakes** (ein guter Einstieg), bis er – 100 Meilen südlich – Bettles erreicht.

Der **Noatak** fließt von Gates of the Arctic 450 Meilen weit durch das Noatak National Preserve westwärts zum Tschuktschenmeer. Er durchströmt dabei eines der größten unberührten Flusssysteme Nordamerikas. Vom Einstieg am **Lake Matcharak** bis Noatak Preserve sind es 350 Meilen. Der Fluss ist ein wichtiger Verbindungsweg in diesem sonst wegelosen Gebiet. Die Reise dauert einen Monat.

Der **Tinayguk** wird seltener befahren; er fließt durch ein breites, von Gletschern ausgeräumtes Tal, bis er unterhalb von Boreal Mountain und Frigid Crags in den Koyukuk mündet.

Starten Sie 35 Meilen nördlich davon auf einer Schotterbank am Tinayguk und fahren Sie los. Treiben Sie bis zum Koyukuk, und dann die 80 Meilen weiter bis Bettles.

PRAKTISCHE INFORMATIONEN

ZENTRALE
Bettles Ranger Station, P.O. Box 26030 Bettles, AK 99726. Tel. (907) 692-5494; www.npg.gov/gaar

SAISON UND ANREISE
Park ist ganzjährig geöffnet. Zugang zu Fuß oder per Flugzeug; keine Straßen zum Park oder im Park. Holen Sie sich vor der Reise Rat bei der Zentrale. Dalton Highway verläuft parallel zur Ostgrenze des Parks. Es ist ein ungeteerter Pipeline-Transportweg.

BESUCHERINFORMATIONEN
Es gibt kein *Visitor Center* und keine Besuchereinrichtungen im Park. Die einzigen *Ranger Stations* sind in Bettles und Anaktuvuk Pass sowie Coldfoot im Winter. Ein *Visitor Center* verschiedener Behörden ist während des Sommers in Coldfoot besetzt.

TIERE
Nur Hunde für die Beförderung von Lasten erlaubt.

EINRICHTUNGEN FÜR BEHINDERTE
Keine.

AKTIVITÄTEN
Wandern (keine richtigen Wege), Rucksackwandern, Kanufahren, Kajakfahren, Rafting, Fischen (Erlaubnis nötig), Jagen (nur im *Preserve* mit Erlaubnis), Klettern und Bergsteigen, Wildbeobachtung. Im Winter: Langlaufen, Schneeschuhlaufen, Schlittenfahrten mit Hunden, Skilaufen. Park gibt Auskunft über konzessionierte Führer und Veranstalter (www.nps.gov/gaar(com.mops.htm).

BESONDERE RATSCHLÄGE
• Dieser Park ist Wildnis; jeder Besucher sollte mit dem Leben im Freien vertraut sein. Schusswaffen zur eigenen Sicherheit erlaubt.
• Grizzlys und Schwarzbären sind unberechenbar und gefährlich. Holen Sie sich bei der *Ranger Station* in Bettles einen Rat, wie man sich vor den Bären schützen kann.
• Eskimos betreiben im Park Fischfang und Jagd zur Selbstversorgung; sie und ihr Eigentum verdienen Rücksicht.
• Mitte Juni bis Juli gibt es reichlich Mücken und Moskitos; nehmen Sie Insektenschutzmittel, Kopfnetz und ein insektensicheres Zelt mit.
• Schnelle Strömung und eiskaltes Wasser machen Flussüberquerungen gefährlich. Unterkühlung ist trotz 24-stündiger Sonnenscheindauer möglich.

FREIES ZELTE
Keine Erlaubnis nötig, aber holen Sie neueste Auskünfte über Bären in *Ranger Stations* ein. Proviant, Kocher und alle Ausrüstungsgegenstände müssen getragen werden. Zelten Sie auf Schotterbänken, um zarte Tundra nicht zu verletzen. Es wird empfohlen, spezielle Behälter, die sicher sind, gegen Bären zu verwenden.

CAMPINGPLÄTZE
Keine; nur Zelten im Gelände.

UNTERKUNFT
(wenn nicht anders vermerkt, gelten Preise für 2 Personen im Doppelzimmer zur Hauptsaison)

INNERHALB DES PARKS:
Gates of the Arctic Caribou Cabin Alatna Guide Service, P.O. Box 80424, Fairbanks, AK 99708. Tel. (907) 479-6354. 1 Cabin, 6 Betten. 4-Übernachtunge all inclusive-Angebot ($9495 pro Person inkl. 2 Nächte in der Iniakuk Wilderness Lodge, siehe unten) Hin-und Rückflug zur Lodge und Cabin. Juli bis Anfang September.
Arrigetch Park Wilderness Cabins (am Alatna River nahe Arrigetch Peaks) P.O. Box 80424, Fairbanks, AK 99708. Tel. (907) 479-6354. 1 Cabin, 4 Betten. $8930 pro Person für 3 Nächte, inkl. Anreise per Flugzeug. Mitte Juni bis Anfang September.

AUSSERHALB DES PARKS:
Coldfoot Camp Motel Meile 175, Dalton Hwy., Coldfoot, AK 99701. Tel. (800) 474-3500. 80 Zimmer. $179. Restaurant.
Iniakuk Lake Wilderness Lodge (am Iniakuk Lake) Alatna Guide Service (siehe oben). 6 Zimmer, zentrales Bad. $7100 pro Person für 3 Nächte, inkl. Anreise von Fairbanks. Zusätzliche Führung durch den Nationalpark $1800 Mitte Juni bis Mitte September.

Blick auf Adams Inlet bei Sonnenuntergang

GLACIER BAY

ALASKA
GEGRÜNDET 2. DEZEMBER 1980
13274 Quadratkilometer

Als Capt. George Vancouver 1794 an der Küste Alaskas entlangsegelte, gab es Glacier Bay nicht. Die Bucht lag unter einer Kilometer breiten, dicken Eisschicht begraben. Seitdem hat sich das Eis um 100 km zurückgezogen – der schnellste bekannte Gletscherrückzug überhaupt. Neues Land in einer neuen Bucht kam zum Vorschein, es erwacht nun aus seinem langen Winterschlaf.

Die Wissenschaftler nutzen Glacier Bay als natürliches Labor zur Erforschung globaler Vorgänge, wie Gletscherrückzug, Pflanzenfolge und Tierdynamik. Die Bucht ist ein offenes Buch über die letzte Eiszeit. An ihrem Südende, wo das Eis vor 200 Jahren verschwand, hat ein Feuchtwald aus Fichten und Hemlocktannen Wurzeln geschlagen. In den nördlicheren Gebieten, die weniger lange eisfrei sind, bilden sich deshalb Klüfte und dünner Bewuchs.

Die Bucht verzweigt sich zu zwei großen Meeresarmen, der Westbucht und Muir Inlet. An Hängen, von denen sich das Eis vor 50 bis 100 Jahren zurückzog, wachsen Erlen und Weiden, dagegen bereiten Moose, Silberwurz und Zwergweidenröschen dort den Boden, wo das Eis erst vor 30 Jahren verschwand.

Das neue Pflanzenkleid schafft die Lebensgrundlage für Wölfe, Elche, Schneeziegen, Schwarzbären, Braunbären, Schneehühner und anderes

Wild. Im Meer ist eine Nahrungskette entstanden, zu der Lachs, Weißkopf-Seeadler, Gemeiner Seehund, Tümmler, Buckel- und Schwertwal gehören.

In der Glacier Bay gibt es neun Gletscher, die kalben. In den östlichen und südwestlichen Teilen der Bucht weichen die meisten zurück, im Westen rücken sie vor; dies liegt wohl in unterschiedlichen Meerestiefen begründet. Wenn Gletscher kalben, stürzen die Eisberge mit lautem Knall – wie Kanonendonner – ins Wasser. Die Tlingit-Indianer nannten es »Weißen Donner« – die furchtbare Stimme uralten Eises. Die Farbe eines Eisbergs zeigt seine Struktur; Blau weist auf dichtes Eis, Weiß bedeutet, dass Luftblasen eingeschlossen sind.

Anreise

Nur mit dem Schiff oder Flugzeug. Von Juneau gehen planmäßige Flüge nach Gustavus (85 km). Von da mit dem Bus nach *Glacier Bay Lodge* und *Bartlett Cove Campground* am Südende des Parks (10 Meilen). Nach Gustavus gehen auch Charterflüge ab Juneau, Skagway, Haines und Hoonah. Fragen Sie bei der Parkverwaltung oder in der Glacier Bay Lodge nach den Fahrtzeiten der Fähren von Juneau nach Bartlett. Will man die Bucht mit dem eigenen Boot anlaufen, braucht man die Erlaubnis (telefonisch oder schriftlich) von Headquarters in Bartlett Cove oder www.nps.gov/glba.

Reisezeit

Ende Mai bis Mitte September. Die Sommertage sind lang, die Temperaturen kühl. Im Mai und Juni scheint die meiste Sonne, doch können die oberen Buchten so voller Eisberge sein, dass man kaum an die Gletscher herankommt. Im September regnet es oft viel.

Reiseempfehlungen

Glacier Bay ist eine dicht befahrene Seestraße. Die meisten Besucher beschauen den Park vom Deck eines Kreuzfahrt- oder Ausflugsschiffes oder aus einem See-Kajak. Viele der großen Vergnügungsschiffe, die durch die Inside Passage kreuzen, laufen Glacier Bay an. Oder man übernachtet in **Glacier Bay Lodge** und besucht die Gletscher von dort. Camper und Kajakfahrer können sich vom Schiff an verschiedenen Stellen der Bucht absetzen oder abholen lassen oder selber nach **Bartlett Cove** zurückpaddeln.

DIE UNTERE BUCHT

Die untere Bucht erstreckt sich von **Bartlett Cove** nordwärts bis **Tlingit Point**, wo sie sich in zwei Arme gabelt, die sich nach Norden fortsetzen. Bei Bartlett Cove finden sich die beiden einzigen unterhaltenen Wanderwege des Parks. Von der **Glacier Bay Lodge** führt der **Forest Loop Trail** (1 Meile, 1 Stunde hin und zurück) durch jungen Fichten-Hemlocktannen-Feuchtwald. Auch für Rollstühle zugängliche Planken decken den ersten Teil des Weges bis **Blackwater Pond.**
Eine 1/2-Tages-Wanderung (über raueres Gelände) beginnt an der Straße, 1/2 Meile oberhalb der Lodge, und führt auf auf dem **Bartlett River Trail** 1 1/2 Meilen durch Feuchtwald zum Bartlett River, wo der Weg an einer stillen Wiese endet. Auf beiden Wanderungen kann man Rote Eichhörnchen, Felsengebirgshühner und Schwarzbären treffen. Der **Beach Trail** führt eine halbe Meile vom Bereich der Lodge am Strand entlang bis zur Zentrale. Er ist bei Spaziergängern und Radfahrern besonders beliebt.

Wenn Sie Kajak fahren wollen, dann bieten Ihnen die **Beardslee Islands** viele ruhige Wasserarme und Buchten, die sich wohltuend vom Lärm der Schiffe und Busse in Bartlett Cove abheben. Durch die untere Bucht ziehen sich der Länge nach die

TONGASS NATIONAL FOREST
SAINT ELIAS MOUNTAINS
Alsek
Tatshenshini
TATSHENSHINI
PROVINCIA
BRITISH COLUMBIA
ALASKA
Brabazon Range
Alsek
Melburn Glacier
ALS
Dry Bay Ranger Station
Alsek Glacier
Dry Bay
GLACIER BAY NATIONAL PRESERVE
Grand Pacific Glacier
Mt. Lodge 10,530 ft
Grand Plateau Glacier
CANADA
U.S.
Mt. Root 12,860 ft
Margerie Gl.
Mt. Fairweather 15,300 ft
Mt. Quincy Adams 13,650 ft
Johns Hopk Inlet
GLACIER BA
Cape Fairweather
Fairweather Glacier
Mt. Abbe 8,750 ft
FAIRWEATHER
Lituya Glacier
Mt. Crillon 12,726 ft
Lituya Bay
AN
Crillon Lake
La Perouse Glacier
N
PACIFIC OCEAN
GULF OF ALASKA
0 miles 20
0 kilometers 30

KLONDIKE GOLD RUSH N.H.P.
CHILKOOT TRAIL
Taiya
Mt. McDonnell 5,481 ft
ALASKA CHILKAT BALD EAGLE PRESERVE
Chilkat
Chilkoot
Skagway
White Pass and Yukon Railroad
Klehini
Klukwan
HAINES STATE FOREST
Alaska Marine Highway System (ferry)
-ALSEK
PARK
Tsirku Glacier
Tsirku
Takhin
Haines
ANGE
TAKHINSHA MOUNTAINS
Muir Glacier
Riggs Glacier
McBride Glacier
Carroll Glacier
White Thunder Ridge 1,900 ft
McConnell Ridge 3,000 ft
Wolf Cr.
Sealers I.
Goose Cove
Interglacial Forest Stumps
Lynn Canal
TONGASS NATIONAL FOREST
Wachusett Inlet
Muir Inlet
Reid Inlet
Adams Inlet
Endicott Gap 900 ft
ENDICOTT RIVER WILDERNESS
NATIONAL PARK
Muir Point
Beartrack Mts.
Reid Gl.
Lamplugh Gl.
Tlingit Point
GLACIER BAY
North Marble Island
Beartrack
BRADY ICEFIELD
Geikie Inlet
Interglacial Forest Stumps
South Marble Island
Excursion
CHILKAT RANGE
PRESERVE
ANGE
Beardslee Islands
Bartlett
Excursion Ridge
Sitakaday Narrows
Park Headquarters
Glacier Bay Lodge and Visitor Center
Bartlett Cove
Gustavus
Gustavus Airport
Brady Glacier
Pleasant Island
Dundas Bay
ICY STRAIT
Alaska Marine Highway System (ferry)
Lemesurier Island
Taylor Bay
Inian Islands
Cape Spencer
Elfin Cove
Cross Sound
TONGASS NATIONAL FOREST
Chichagof Island
Hoonah

Sitakaday Narrows, wo sich gefährliche Strudel und Strömungen bilden, wenn die Gezeitenströme (mit 4½ m Tidenhub) hindurchjagen. Schauen Sie den Wassertretern, Möwen und Seeschwalben zu, wie sie nach den kleinen Fischen schnappen, die das Wasser an die Oberfläche wirbelt. Nördlich davon steigen die **Marble Islands** abrupt aus dem Wasser. Auf den eisfreien Inseln gibt es jetzt Brutkolonien von Möwen, Kormoranen, Lunden und Lummen. Im Sommer sind sie für Besucher tabu. Auf **South Marble Island** tummeln sich die Seelöwen.

DIE WESTBUCHT

Der westliche Arm der Bucht besitzt die höchsten Berge und aktivsten Küstengletscher des Parks. Bei klarem Wetter tritt die **Fairweather Range** eindrucksvoll hervor, gekrönt vom 4660 m hohen **Mt. Fairweather**. An Wolkentagen erhalten **Margerie**, **Grand Pacific**, **Lamplugh** und **Reid Glacier** auf ihrer wasserzugewandten Seite einen düsterblauen Schimmer. Auf das wilde **Johns Hopkins Inlet** stürzen gleich sieben Gletscher zu, die rings umher von bis zu 2440 m hohen Bergen kommen. Alljährlich im Juni werden auf den Eisbergen in Johns Hopkins und **Tarr Inlet** Tausende von kleinen Seehunden geboren (deshalb ist der Bereich zeitweilig gesperrt).

Stellers Seelöwen

Blue Mouse Cove und die Nordwestecke von **Reid Inlet** sind die besten Ankerplätze. Zelten kann man fast überall (außer in Johns Hopkins Inlet, wo es zu steil ist). Wandern heißt hier, dahin zu gehen, wohin die Stimmung und die Landschaft einen führen. Braunbären sind im ganzen Gebiet anzutreffen. *Also Vorsicht.*

MUIR INLET

Als schmale Bucht, die 25 Meilen in den Nordosten des Parks hineingreift, ist **Muir Inlet** ein Kajak-Dorado.

Vom unteren Muir Inlet zweigt ostwärts **Adams Inlet** ab – eine Lieblingsbucht der Kanuten. Halten Sie sich bei der Ein- und Ausfahrt an die Gezeitenströme, die durch die enge Öffnung wirbeln. **Sealers Island** im Norden (für Besucher gesperrt) ist Brutplatz für Küstenseeschwalben und schwarze Austernfischer.

Nicht weit davon liegt **Goose Cove**, der sicherste Ankerplatz in Muir Inlet. Im Gegensatz zu den Gletschern der Westbucht sind die meisten Gletscher hier auf dem Rückzug. So haben sich **McBridge** und **Riggs Glacier** 1941 bzw. 1961 vom abschmelzenden **Muir Glacier** getrennt. Alle drei werden weiterhin kleiner.

Der Aufstieg zur **White Thunder Ridge** oder **McConnell Ridge** wird mit wirklich großartigen Ausblicken aufs obere Muir Inlet belohnt. Beide Wanderungen dauern allerdings je einen Tag, und auf beiden ist immerhin ein Höhenunterschied von 450 m zu überwinden. Auch lohnt die Wanderung entlang **Wolf Creek**, wo fließendes Wasser die Überreste eines Waldes freigelegt hat, der vor 4000 bis 7000 Jahren vom Gletscher begraben wurde.

PRAKTISCHE INFORMATIONEN

ZENTRALE
Gustavus, Alaska 99826, P.O. Box 140. Tel. (907) 697-2230; www.nps.gov/glba

SAISON UND ANREISE
Park ist ganzjährig geöffnet, doch dauert die Saison nur von Ende Mai bis Mitte September. Zu den übrigen Zeiten werden Verkehrsleistungen und Besucherdienste nur beschränkt angeboten. Vor Reisen außerhalb der Saison sollte man im Park anrufen.
Es führen keine Straßen zum Park oder durch den Park; Zugang nur per Schiff, Flugzeug oder Fähre möglich. Allen Marine Tours (888-289-0081) betreibt eine Fähre zwischen Auke Bay (nördlich von Juneau) und Bartlett Cove. Alaska Marine Highway System bietet einen begrenzten Fährdienst von Juneau nach Bartlett Cove. Gäste mit eigenem Boot brauchen eine Genehmigung für die Zeit vom 1. Juni bis 30. August; Tel. (907) 697

BESUCHERINFORMATIONEN
Information Center am Dock in Bartlett Cove und im *Glacier Bay Visitor Center*. Besucherauskünfte über Tel. (907) 697-2627.

EINTRITTSGEBÜHREN
Keine.

TIERE
An der Leine gehalten nur im Gebiet von Bartlett Cove erlaubt. Im Hinterland verboten. Bootfahrende müssen ihre Tiere auf Schiffe bringen.

EINRICHTUNGEN FÜR BEHINDERTE
Glacier Bay Lodge ist für Rollstuhlfahrer zugänglich. Ein Wanderweg, der zum Teil mit Planken belegt ist, ist ebenfalls zugänglich.

AKTIVITÄTEN
Kostenlose naturkundliche Veranstaltungen (ab Glacier Bay Lodge): Naturwanderungen, Filme, Dia-Vorträge und Abendprogramm. Außerdem: Kajakfahren, Fischen (Erlaubnis nötig), Bootsausflüge nach Fahrplan, Gletscherbesichtigung, Wal- und Vogelbeobachtung, Wandern, Beerensammeln, Bergsteigen und Gletscherklettern (nur für Geübte), Rundflüge, Skilanglauf.
Auskunft und Anmeldung für naturkundliche Bootsfahrten ab Bartlett Cove über Glacier Bay Lodge, Inc., Tel. (888) 299-8687.Fragen Sie im Park nach weiteren konzessionierten Veranstaltern, Vermietern und Führern.

BESONDERE RATSCHLÄGE
• Fahren Sie mit Ihrem Boot nicht zu dicht an die Eisberge heran, klettern Sie nicht auf Gletscher, wenn Sie keinen Führer oder keine Erfahrung haben.
• Nehmen Sie reichlich Insektenschutzmittel mit.
• Vorsicht Bären! Beachten Sie die Sicherheitsvorschriften der *Information Centers* und der Ranger.

FREIES ZELTEN
Genehmigung erforderlich. Wer ins Gelände will, muss die »Gefahren zu Lande und zu Wasser« studiert haben, bevor er loswandern kann. Es müssen die parkeigenen Nahrungsmittel-Behälter verwendet werden.

CAMPINGPLÄTZE
Nur 1 Zeltplatz; **Bartlett Cove**, auf 14 Tage begrenzt. Ganzjährig geöffnet; *first come, first served.* Keine Gebühren. Duschen in der Lodge (ca. 1 Meile), nur in der Saison. Hütte zum Aufwärmen vorhanden. Nur Zeltplätze. **Bartlett Cove Group Campground**; ganzjährig geöffnet; *first come, first served.*

UNTERKUNFT
(wenn nicht anders vermerkt, gelten Preise für 2 Personen im Doppelzimmer zur Hauptsaison)

INNERHALB DES PARKS:
Glacier Bay Lodge P.O. Box 199, Gustavus, AK 99826. Tel. (888) 229-8687 oder (907) 697-4000. 55 Zimmer. \$175–\$202. Pauschalangebote mit Anreise erhältlich. Restaurant. Mitte Mai bis Anfang September.

AUSSERHALB DES PARKS:
In Gustavus, AK 99826
Annie Mae Lodge P.O. Box 55. Tel (800) 478-2346 oder (907) 697-2346. 11 Zimmer. \$160–\$190, inkl. Mahlzeiten und Beförderung am Boden.
Glacier Bay Country Inn P.O. Box 5. Tel. (800) 628-0912 oder (907) 697-2288. 10 Zimmer. \$198–\$235 pro Person, inkl. Mahlzeiten. Mitte Mai bis Mitte Sept.
Gustavus Inn P.O. Box 60. Tel. (907) 697-2254. 13 Zimmer, 11 mit Bad. \$190 pro Person, inkl. Mahlzeiten und Freizeitangebot. Mai bis Mitte September.

Alaska-Braunbären auf Lachsfang bei Brooks Falls

KATMAI

ALASKA

GEGRÜNDET 2. DEZEMBER 1980

19122 Quadratkilometer

Vulkane und Bären – gewaltig, unberechenbar und Furcht einflößend – prägen das Bild von Katmai. Im Bereich des Nationalparks und des *Preserve* finden sich nicht nur 15 tätige Vulkane, die zum Teil noch qualmen, sondern auch etwa 2000 geschützte Braunbären, die größte Population in Nordamerika.

Der Besucher kann wandern, Kajak fahren und paddeln oder bis zur Hüfte im Wasser glasklarer Flüsse stehen und angeln; oder er kann dem besten Fischfänger überhaupt, dem Alaska-Braunbären, zuschauen, wie er nach Fischen taucht, dann wieder aus der Luft fängt. Und am Ende des Tages entspannen Sie sich in einer ländlichen, aber komfortablen Lodge am Rande eines saphirblauen Sees.

Im Jahre 1912 gab es hier einen Vulkanausbruch von zehnmal größerer Wucht als der des Mt. St. Helens 1980. Katmai fand sich plötzlich in den Schlagzeilen der Weltpresse wieder. Asche erfüllte die Luft, die Temperaturen sanken weltweit, saurer Regen ätzte in Vancouver, B.C., und auf Kodiak Island die Wäsche von den Leinen – der Tag wurde zur Nacht.

Als Leiter einer Expedition, die 1916 von der National Geographic Society ausgesandt wurde, bestieg der Botaniker Robert Griggs Katmai Pass von Shelikof Strait aus. Er schrieb: »Das ganze Tal, so weit der Blick auch reicht, war von Tausenden, nein – buchstäblich – Zehntausenden Rauchsäulen erfüllt, die aus dem geborstenen Boden quollen.« Diese Fumarolen stiegen 150 bis 300 m hoch in die Luft.

Griggs, der Namensgeber des »Valley of Ten Thousand Smokes«, wurde einer der Hauptbefürworter des Nationalparks von Katmai.

Die Rauchfahnen sind abgezogen. Aber rauchende Löcher gibt es noch genug im Park.

Anreise

Von Anchorage fliegen Linienjets die 465 km nach King Salmon, wo sich *Park Headquarters* befinden. Von dort fliegen von Juni bis zum 18. September täglich Wasserflugzeuge die restlichen 53 km nach Brooks Camp, Standort eines *Visitor Centers* im Sommer und Zentrum aller Aktivitäten. Charterflüge gehen in andere Gebiete. Mit dem Auto kann man von King Salmon 9 Meilen nach Lake Camp fahren, das am Westrand des Parks und Naknek River liegt, von dort kommt man mit dem Boot nach Brooks Camp, zur Bay of Islands und zu anderen Punkten am Naknek Lake.

Reisezeit

Juni bis Anfang September. Nur dann besteht Verkehrsverbindung zwischen Brooks Camp und dem Valley of Ten Thousand Smokes, sind Lodges, Cabins und *Brooks Camp* Campground geöffnet. Den Bären schaut man am besten im Juli zu, wenn die Rotlachse laichen. Angeln und wandern kann man den ganzen Sommer, doch ist mit Regen zu rechnen. In höheren Lagen kann bis Juli Schnee liegen. Tagestemperaturen im Sommer bei 13 bis 18 °C; nachts gehen sie auf 7 °C im Mittel herunter.

Reiseempfehlungen

Wenn die Zeit knapp ist, ist **Brooks Camp** der richtige Ort. Hier treffen Menschen, Fische, Bären, Boote und Flugzeuge zusammen. Im Vergleich zum Rest des Parks herrscht hier Gedränge. Doch Lodge und Campingplatz sind komfortabel (reservieren lassen!), und die Bären sind einmalig. Wandern und Fischfang bestens. Fahren Sie mit Bus oder Kleinbus die 23 Meilen von Brooks Camp zum **Valley of Ten Thousand Smokes**. Sie können am selben Tag zurück oder im Tal zelten. Für einen längeren Aufenthalt bieten sich noch viele andere Seen, Bäche, Flüsse und Lodges im Park an, die man mit Boot oder Flugzeug erreicht.

BROOKS CAMP & VALLEY OF TEN THOUSAND SMOKES

Es gehen einige schöne Wanderungen von **Brooks Camp** aus. Zuerst möchten Sie ja wohl die Bären sehen. Der 1/2-Meilen-Weg beginnt bei Brooks Camp und führt sanft durch Wald nach **Brooks Fall**; dort endet er an einer Aussichtsplattform. Hölzerne Stufen führen zu einer Galerie, von wo man dem Schauspiel der springenden Fische und schmatzenden Bären folgen kann. Mit einem Durchschnittsgewicht von 450 kg und einer Länge von bis zu 3 Metern sind Alaska-Braunbären die größten fleischfressenden Landtiere überhaupt.

Der Weg auf den **Dumpling Mountain** ist eine gute Tageswanderung weit. Er beginnt am Campingplatz und steigt über 1 1/2 Meilen zu einem 240 m hohen Aussichtspunkt an. Von dort führt er weitere 2 Meilen durch alpine Tundra zum 744 m hohen Gipfel. Vom Aussichtspunkt wie vom Gipfel bieten sich herrliche Blicke auf **Naknek Lake** und die Berge der Umgebung.

Die beliebtesten und spannendsten Wanderungen führen ins **Valley of Ten Thousand Smokes**. Es gibt keine zweite Landschaft wie diese auf der Welt. Täglich gehen Touren von Brooks Camp zum **Three Forks Overlook** und zu einer Cabin am Nordrand des Tales. In 60 m Tiefe braust der **Ukak**

Alagnak
ALAGNAK NATIONAL WILD & SCENIC RIVER
Kukaklek Lake
Battle Lake Cabins
Nonvianuk Camp
Nonvianuk Lake
Kulik Lodge
Kulik
Enchanted Lake Lodge
American Cr.
Oakley Peak 4,625 ft
Sugarloaf Mountain 2,085 ft
Idayain Lake
Lake Coville
K A T M A
A N
PORTAGE TRAIL
Lake Grosvenor
Grosvenor Lake Lodge
Lake Camp
Naknek
Naknek Lake
North Arm
Bay of Islands
Dumpling Mountain 2,440 ft
Brooks Camp
Brooks Falls
Visitor Center
Iliuk Arm
Brooks Lake
Mount Kelez 3,250 ft
Margot Falls
Ukak
Granite Peak 1,683 ft
Yori Pass
Three Forks Overlook
Valley of Ten Thousand Smokes
Buttress Ra.
Windy Cr.
Crater Lake
Katmai Pass
Red Mountain 1,721 ft
King Salmon
Gertrude Peak 1,141 ft
Mount Megeik 7,250 ft
KEJULIK MTS.
Katmai
BECHAROF NATIONAL WILDLIFE REFUGE
Becharof Lake
Kejulik
Cape Kubugak

COOK INLET
McNeil Cove
MCNEIL RIVER
STATE GAME
SANCTUARY
N
Kamishak
Douglas
Mt. Douglas
7,063 ft
Cape
Douglas
Fourpeaked
Glacier
NATIONAL PARK
PRESERVE
Kaguyak
Crater
Swikshak
Bay
Kiukpalik Island
Wolverine Falls
Rainbow
Hook
Glacier
Mount Denison
7,606 ft
Ninagiak I.
Hallo
Bay
Hallo Glacier
Serpent Tongue
Glacier
Kukak Bay
Kaflia
Bay
Kinak Bay
Takli Island
Dakavak
Bay
SHELIKOF STRAIT
KODIAK
ISLAND
0
miles
20
0
kilometers
30

Valley of Ten Thousand Smokes

River durch eine Schlucht im anstehenden Fels, unter Wänden vulkanischer Asche.

Wenn Sie im Tal wandern wollen, richten Sie sich auf eine Übernachtung ein. Der Weg zweigt 1/2 Meile vor Ende der Straße ab. Er kreuzt **Windy Creek**, führt am Nordrand der **Buttress Range** vorbei, folgt dem **River Lethe** und steigt schließlich 300 m zur Baked Mountain Cabin an, wo Sie übernachten können. Diese anstrengende 12-Meilen-Tour nimmt einen ganzen Tag in Anspruch; Trinkwasser ist selten.

Direkt südlich von der Cabin liegt in 5 1/2 Meilen Entfernung **Katmai Pass**, wo Robert Griggs 1916 das Tal zum ersten Mal erblickte. Durch den Pass jagt häufig ein heftiger Wind.

Ein aufregender Abstecher führt nach **Novarupta**, einer 60 m hohen Kuppel aus Vulkangestein, dem Schlotpfropfen des großen Ausbruchs. Die Geologen glauben, daß ein großer Teil der Lava und Asche von 1912 hier aus dem Erdspalt drang, der mit dem nahen Mt. Katmai verbunden war; der Entzug von Magma unter **Mt. Katmai** führte zum Zusammenbruch des Gipfels und zur Ausbildung einer Caldera.

Die Wanderung zur Caldera ist anstrengend und dauert einen bis zwei Tage, lohnt aber die Mühe. Der Weg führt von Novarupta oder Baked Mountain ostwärts zu den von Asche bedeckten **Knife Creek Glaciers**, dann über Asche und Eis 1160 m aufwärts zum Kraterrand. Wenn Sie hinunterschauen, erblicken Sie einen wunderbaren See, der seltsam vitriolblau leuchtet.

AUSFLÜGE MIT BOOT & FLUGZEUG

Für Bootssportler jeder Art gibt es viel zu entdecken in Katmai. Führer und Boote kann man sich über Brooks Lodge oder bei den kleineren Lodges, die hauptsächlich Angler aufnehmen, bestellen. Ein besonders hübscher und beliebter Fleck ist die **Bay of Islands** im **North Arm** des Naknek Lake – 22 Meilen von Brooks Camp.

Ehrgeizigen Paddlern, die es ernst meinen mit dem wilden Katmai, ist **Savonoski Loop** zu empfehlen, eine Schleife von 85 Meilen ab Brooks Camp; man braucht dafür – je nach Wetter – vier bis acht Tage. Sie paddeln durch die Bay of Islands, tragen das Boot zum **Lake Grosvenor**, treiben auf dem **Grosvenor** und **Savonoski River** abwärts zum Illuk Arm des Naknek Lake und kehren nach Brooks Camp zurück. Bleiben Sie jedoch sicherheitshalber in Ufernähe: Wenn plötzlich Wind aufkommt, schlagen die Wellen hoch.

Wenn Ihnen eine Flussfahrt lieber ist, sollten Sie sich dem **Alagnak River** – ein *Wild and Scenic River* – oder **Ukak River** zuwenden; letzterer kommt mit Stromschnellen der Stufe V nur für Geübte in Frage.

Wie andere Nationalparks in Alaska auch, beeindruckt Katmai auch aus der Luft. Aussichtsflüge kann man in **King Salmon** oder Brooks Camp buchen. Der »Große Rundflug« führt über das Valley of Ten Thousand Smokes, durch **Katmai Bay** bis **Swikshak Bay** entlang, über **Kaguyak Crater**, den Savonoski River abwärts und nach Brooks Camp zurück. Bringen Sie eine Menge Film mit – und einen unempfindlichen Magen.

PRAKTISCHE INFORMATIONEN

ZENTRALE
P.O. Box 7, King Salmon, Alaska 99613. Tel. (907) 246-3305.

SAISON UND ANREISE
Park ist ganzjährig geöffnet, aber planmäßige Flüge von Anchorage nach King Salmon (Anschluss mit Wasserflugzeug nach Brooks Camp im Park) nur Juni bis Mitte September. Buchen Sie rechtzeitig. Mit Privat- oder Charterflugzeug ganzjährig zugänglich; im Park Auskunft über zugelassene Charterfluggesellschaften.

BESUCHERINFORMATIONEN
Brooks Camp Visitor Center und gewerbliche Einrichtungen vom 1. Juni bis Mitte September geöffnet. Besucherauskünfte beim Park oder Katmailand: 4125 Aircraft Drive, Anchorage 99502. Tel. (800) 544-0551 oder (907) 243-5448. **King Salmon Visitor Center** ganzjährig geöffnet (907-246-4250).

EINTRITTSGEBÜHREN
Keine.

EINRICHTUNGEN FÜR BEHINDERTE
Brooks Lodge ist für Rollstuhlfahrer geeignet, allerdings mit Hilfe.

AKTIVITÄTEN
Kostenlose naturkundliche Veranstaltungen: täglich Vorträge, Abendprogramm, Naturwanderungen. Außerdem: Busfahrten zum Valley of Ten Thousand Smokes, Bärenschau, Wandern, Kajakfahren, Paddeln, Motorbootfahren, Bergsteigen, Aussichtsflüge, Fischen (Erlaubnis nötig, erhältlich im Park), Floßfahrten. Katmailand, Inc., stellt Führer, Boote und Angelausrüstung – zu mieten in Brooks Lodge. Vorausbestellung nötig.

BESONDERE RATSCHLÄGE
- Alaska-Braunbären sind unberechenbar und gefährlich; halten Sie weiten Abstand von ihnen, außer auf der Aussichtsplattform bei Brooks Falls.
- Vorsicht beim Durchqueren von Gletscherbächen.
- Bei Wanderungen zur Baked Mountain Cabin unbedingt ausreichend Wasser mitführen.
- Auf Kayakfahrten sollten nur sehr Erfahrene ohne Führer gehen; beim Visitor Center erfragen, welches Können erforderlich ist und wie die Wetterlage aussieht.

FREIES ZELTEN
Keine Genehmigung erforderlich außer bei Brooks Camp (siehe unten), aber Anmeldung dringend empfohlen. Ratgeber fürs Gelände vorhanden. Bärensichere Lebensmittelbehälter gibt es im Brooks Camp oder *King Salmon Visitor Center.*

CAMPINGPLÄTZE
Ein Campingplatz im Gelände, **Brooks Camp**, 7-Tage-Limit von Juni und September, geöffnet Juni bis Mitte September. Reservierungen über NRRS notwendig (siehe Seite 11). Campingplatz $8 pro Nacht und Person. Duschen vorhanden bei Brooks Lodge. Nur Zeltplätze. Drei Hütten zum Kochen vorhanden. Eingeschränkte Gastronomie im Park.

UNTERKUNFT
(wenn nicht anders vermerkt, gelten Preise für 2 Personen im Doppelzimmer zur Hauptsaison)

INNERHALB DES PARKS:
Katmailand, Inc., bietet diverse Pauschalangebote mit Unterkunft, Anreise und Aktivitäten, z. B. Angeln. Auskunft: Katmailand, Inc., 4125 Aircraft Dr., Anchorage, AK 99502; Tel. (800) 544-0551 oder (907) 243-5448.

Brooks Lodge 16 Cabins. Angebote ab $1542 pro Person. Juni bis Mitte September.
Grosvenor Lake Lodge 3 Cabins. Angebote ab $2500 pro Person. Juni bis Ende September.
Kulik Lodge 12 Cabins. Angebote ab $2600 pro Person. Mitte Juni bis Ende September.

Spaziergang zum Exit Glacier

KENAI FJORDS

ALASKA
GEGRÜNDET 2. DEZEMBER 1980
2455 Quadratkilometer

Das Wesen der Küste Alaskas ist hier auf den Punkt gebracht: Wildheit, Dynamik, Schönheit – reich an Gletschern, von Menschen kaum berührt, unerbittlich im Sturm, unvergleichlich im warmen Sonnenschein. Kenai Fjords ist der kleinste Nationalpark Alaskas. An seiner Küste trifft die südliche Mitte des Staates auf den Golf von Alaska, dringt das Land mit klauenähnlichen Halbinseln und Felsspornen ins Meer vor, während das Meer mit langen Fjorden und Hunderten stiller Buchten ins Land hineingreift.

Gekrönt wird der Park vom Harding Icefield, einer Eisfläche, die fast 1800 km^2 groß und bis 1500 m dick ist. Von ihr zehren über 30 Gletscher, von denen 6 zur Küste hin abfließen. Das Eisfeld ist ein Relikt der mächtigen Eisdecke, die im Eiszeitalter weite Teile Alaskas bedeckte.

Frühere Gletscher haben die Fjorde von Kenai ausgeräumt und einen idealen Lebensraum für Scharen von Meerestieren geschaffen. Etwa 20 Arten von Seevögeln nisten längs der Felsküste, die meisten von ihnen sind Alken. Weißkopf-Seeadler stürzen sich aus den Steilklippen, und Wanderfalken schweben über den äußeren Inseln. Zehntausende ziehender Seevögel sammeln sich hier.

Es gibt 23 Arten von Säugetieren, darunter Gemeine Seehunde, Nördliche Seelöwen und Seeottern, Elche, Schwarzbären, Vielfraße, Luchse und Marder durchstreifen den schmalen Waldgürtel zwischen Küste und Eisfeld. Und direkt darüber, an baumlosen Hängen, klettern sicheren Fußes die Schneeziegen.

Anreise

Seward ist das Tor zu Kenai Fjords. Man erreicht Seward über den Seward Highway (Alaska Hwy. 9) südlich von Anchorage. Die 130-Meilen-Fahrt ist ein Erlebnis. Seward ist mit Anchorage auch durch Busse und kleine Pendelflugzeuge verbunden. Charterflugzeuge fliegen ab Seward oder Homer direkt zum Park. Im Sommer ist Seward durch die Alaska Railroad mit Anchorage verbunden (mit Anschlüssen von Fairbanks und Whittier).

Reisezeit

Gewöhnlich im Sommer. Die Tage sind dann länger, das Meer ist ruhiger. Die Straße zum Exit Glacier ist ab Mai frei; mit dem ersten Schnee im Oktober wird sie allerdings gesperrt. Viele Wintergäste fahren per Ski oder Schneemobil zum Gletscher. Aussichtsflüge können in Seward problemlos zu jeder Jahreszeit gebucht werden.

Reiseempfehlungen

Besuchen Sie zunächst das **Seward Information Center** nahe dem kleinen Bootshafen. Die größte Sehenswürdigkeit im Park – und am besten zugänglich – ist **Exit Glacier**, 13 Meilen nordwestlich von Seward. Fahren Sie selbst oder nehmen Sie einen Ausflugsbus. Fußwege von 1/2 Stunde führen zum Gletscher, eine Tageswanderung zum **Harding Icefield**.

Sonst heißt Wandern hier, dass man wilde Küsten oder Kämme erkundet, die nur mit Boot oder Flugzeug zu erreichen sind. Mitte Mai bis Ende September gibt es halb- oder ganztägige Bootsfahrten ab Seward zu den Fjorden und äußeren Inseln. Charterboote bringen Kajakfahrer und Camper zum Fjord ihrer Wahl (meist **Aialik Bay**) und holen sie nach Wunsch wieder ab. Für Kajaktouren, Angelfahrten und Überlandwanderungen sind Führer vorhanden; der Park vermittelt.

Ab Seward oder Homer gibt es einstündige, atemberaubende Flüge über das Harding Icefield und die Küste von Kenai. Zu gewagteren Abenteuern bringen Kufenflugzeuge Skifahrer zum Eisfeld, und Wasserflugzeuge befördern Kajakfahrer zu den Fjorden.

EXIT GLACIER & HARDING ICEFIELD

Exit Glacier ist einer von mehreren Eisströmen, die vom **Harding Icefield** ausgehen. Sie fahren von Seward nordwärts bis Meile 3,7; von da führt eine 9 Meilen lange Schotterstraße zum Parkplatz. Dort stehen drei Wege zur Wahl: **Main Trail** ist 3/4 Meile weit bis zur Aussichtsstelle geteert, dann teilt er sich in zwei Rundwege. Die untere Schleife (kann manchmal wegen Überschwemmung gesperrt sein, führt auf die Sanderebene und bis dicht an den Gletschermund heran; die obere steigt 3/4 Meile an zum Blick auf tiefe Gletscherspalten und mächtige Eisnadeln am Rande des Gletschers.

Ein **Nature Trail** von 1/2 Meile führt von der *Ranger Station* über Altmoränen und durch Pappel-, Erlen- und Weidengehölze; er folgt dann dem **Exit Creek** zurück zum Main Trail. Der **Harding Icefield Trail** zweigt vom gepflasterten Main Trail ab, überwindet 900 m auf 3 1/2 Meilen und endet im Eisfeld. Oben ist der Weg meist

N
Tustumena Lake
KENAI
NATIONAL
WILDLIFE
REFUGE
Skilak Glacier
Killey Glacier
Indian Glacier
Tustumena Glacier
FJORD
HARDING ICEF
KENAI MOUNTAINS
NATIONAL
PARK
Fox
Truuli Peak
6,612 ft
Chernof Glacier
Holgate
Northwestern Glacier
Sheep Creek
Fox
6,450 ft
Striation Island
Northwest Lagoon
McCarty Gl.
Bradley Lake
Kachemak Bay
Dinglestadt Glacier
Kachemak Gl.
Nuka Glacier
Nuka
McCarty Fjord
Kvasnikoff Falls
Iceworm Peak
5,800 ft
Storm Mountain
3,793 ft
Two Arm Bay
Cloudy Mountain
1,810 ft
North Arm Cabin
North Arm
Thunder Bay
Palisade Pk.
3,442 ft
Beauty Bay
Yalik Glacier
West Arm
Shelter Cove
Petrof Glacier
GULF
Yalik Point
Ragged Island
ALASKA MARITIME
NATIONAL
WILDLIFE REFUGE
KACHEMAK BAY STATE WILDERNESS PARK
KACHEMAK BAY
STATE PARK
Nuka Bay
PYE ISLANDS
Nuka Passage
NUKA ISLAND

schneebedeckt, unten nach Regen glitschig und schlammig. Fragen Sie einen Ranger nach dem Zustand des Weges, und tragen Sie sich ins Wege-Register ein. An den Hängen dürften sich Schneeziegen und Schwarzbären zeigen.

DIE FJORDE

Ausflugsschiffe durchqueren täglich **Resurrection Bay**, fahren am malerischen **Caines** und **Callisto Head** vorbei, umschiffen das steile Aialik Cape und biegen in **Aialik Bay** ein – den meistbesuchten Fjord im Park. Hier münden der **Holgate** und **Aialik Glacier**. Die Schiffe steuern meist den Holgate an; sie kehren dann über die **Chiswell Islands** (zum Alaska Maritime NWR gehörig) nach Seward zurück. Bei den Inseln kann man Seelöwen auf den Felsen liegen und Seevögel brüten sehen.

Unbekanntes in großer Zahl erwartet Bootsfahrer und Wanderer am Ufer der Fjorde von Kenai. Wenn Sie ohne Führer unterwegs sind, fragen Sie im *Information Center* nach Wetteraussichten, Landestellen, Gezeiten und Risiken. Je weiter Sie die Küste in südwestliche Richtung hinunterfahren, desto menschenleerer wird sie. Durch die aufregende **Granite Passage** geht es in **Harris Bay** hinein. Zwischen 1910 und 1960 ist **Northwestern Glacier** um 15 km geschrumpft, so dass **Northwestern Lagoon** entstand. Diese »Lagune« sollte man nur bei ruhiger See und bei Flut ansteuern. Wenn Sie an Land gehen, erwarten Sie großartige Wanderziele, darunter der **Northeastern, Southwestern** oder **Sunlight Glacier**.

Küstenabwärts lädt **Thunder Bay** zum Ankern bei rauem Wetter. Ein enger Durchlass trennt die **Pye Islands** vom Festland. Von hier dringt der **McCarty Fjord** 23 Meilen weit ins Land vor. Im **West** und **North Arm** der

Nuka Bay gibt es Verschiedenes zu sehen, so das kantige Profil des **Palisade Peak**, einen Wasserfall (270 m), historische Goldminen – daneben Schwarzbären, Elche und Fischotter am **Nuka River** und Schnepfenvögel in den Watten von **Shelter Cove**. Am Südende des Parks erscheinen die schwarzen Sandstrände von **Yalik Point**. Kaum jemand findet den Weg in die Nuka Bay.

Hornlunde *(oben)*, Rotfuchs *(Mitte links)*, Seelöwen *(Mitte rechts)*, Buckelwal in Aialik Bay *(unten)*

PRAKTISCHE INFORMATIONEN

ZENTRALE
P.O. Box 1727, Seward, Alaska 99664. Tel. (907) 224-7500; www.nps.gov/kefj

SAISON UND ANREISE
Park ist ganzjährig geöffnet, aber Straße zum Exit Glacier kann ab Mitte Oktober bis Mai wegen Schnee gesperrt sein. Zugang dann nur mit Ski, Schneemobil, Hundeschlitten oder Schneeschuh möglich. Auskunft über Wetter- und Straßenverhältnisse bei der Zentrale.

BESUCHERINFORMATIONEN
Information Center in Seward, im kleinen Hafen an der 4th Ave., täglich von Memorial Day (30. Mai) bis Labor Day (1. Montag im September) geöffnet; übrige Zeiten des Jahres nur an Wochentagen. **Nature Center** täglich geöffnet (nur im Sommer). Besucherauskünfte Tel. (907) 224-2132.

EINTRITTSGEBÜHREN
Keine.

TIERE
An der Leine gehalten erlaubt an der Exit Glacier Road und auf Parkplätzen. Auf allen Wanderwegen verboten.

EINRICHTUNGEN FÜR BEHINDERTE
Exit Glacier ist das am besten zugängliche Gebiet. Ab dem Nature Center kann 1/3 Meile des Weges zum Gletscher bis Ausstellungskiosk und Aussichtsstelle mit einem Rollstuhl befahren werden. Das Information Center ist ebenfalls zugänglich.

AKTIVITÄTEN
Kostenlose naturkundliche Veranstaltungen: im Sommer (ab Exit Glacier Nature Center) Wanderungen zum Fuße des Gletschers, Tageswanderungen zum Eisfeld und abends Diaprogramm. Außerdem: Bergsteigen (für Fortgeschrittene), Segeln, Skilanglauf, Hundeschlittenfahren, Schneeschuhlaufen, Kajakfahren. Zugelassene gewerbliche Führer bieten Camping-, Angel-, Kajak- und Bootstouren sowie Rundflüge an. Sie begleiten auch zur Beobachtung von Seevögeln, Walen, Kleintümmlern und anderen Tieren. Für eine Liste der Firmen rufen Sie die Zentrale an oder gehen Sie auf die Website des Parks.

BESONDERE RATSCHLÄGE
• Bevor Sie ohne Führer ins Gelände gehen, beraten Sie Ihr Vorhaben mit einem Ranger.
• Vorsicht vor Unterkühlung auf dem Eisfeld.
• Fahren Sie nicht mit dem Boot hinaus, es sei denn, Sie haben Erfahrung mit rauem Seegang.
• Denken Sie daran, dass Gletscher bewegte Eisgebilde sind; wenn Teile abbrechen, kann das gefährlich sein. Spalten sollten nicht von Unerfahrenen überquert werden.
• Vorsicht vor Braunbären und Elche. Kontaktieren Sie das Information Center

FREIES ZELTEN
Kostenlose Genehmigung im *Information oder Nature Center.* Anmeldung erbeten für Harding Icefield.

CAMPINGPLÄTZE
Ein Campingplatz (zu Fuß erreichbar) bei **Exit Glacier**. Drei Cabins in den Fjorden von Mai bis Ende September. Zugang nur mit Boot oder Flugzeug. Im Winter steht 1 Cabin zur öffentlichen Benutzung bei Exit Glacier zur Verfügung. Beim *Alaska Public Lands Information Center* Tel. (866) 896-6887 fragen.

UNTERKUNFT
(wenn nicht anders vermerkt, gelten Preise für 2 Personen im Doppelzimmer zur Hauptsaison)

In Seward, AK 99664:
Breeze Inn 1306 Seward Hwy., P.O. Box 2147. Tel. (907) 224-5237. 100 Zimmer. $269. Restaurant.
Hotel Seward (an 5th Ave.) P.O. Box 2288. Tel. (800) 440-2444 oder (907) 224-8001. 38 Zimmer. $229–$259. Klimaanlage.
Marina Motel (an Alas. 9) P.O. Box 1134. Tel. (907) 224-5518. 26 Zimmer, 1 mit Kochnische. $115–$135.
Murphy's Motel 911 4th Ave., P.O. Box 736. Tel. (907) 224-8090. 24 Zimmer. $149–$169.
Van Gilder Hotel 308 Adams St., P.O. Box 609. Tel. (800) 204-6835. 24 Zimmer mit Gemeinschaftsbad $119, 21 mit Bad $159–$199.

Die großen Sanddünen des Kobuk auf dem Vormarsch in einen Fichtenwald

KOBUK VALLEY

ALASKA
GEGRÜNDET 2. DEZEMBER 1980
7086 Quadratkilometer

»Jetzt waren wir allein zwischen fichtengesäumten Ufern eines klaren Flusses, und Tundra bedeckte die Hänge der Berge« – so schrieb John McPhee in »Coming into the Country«. »Kobuk Valley«, meinte McPhee, »war höchstwahrscheinlich die abgeschiedenste Wildnis, die ich je zu sehen bekommen würde«. Nördlich des Polarkreises gelegen, ist Kobuk Valley der am wenigsten besuchte Nationalpark. Inupiaq-Eskimos werden die einzigen sein, denen Sie begegnen; sie jagen die Karibus, die alljährlich hier durchziehen.

Als vor 13 000 Jahren Nordamerika unter einer dicken Eisschicht lag und eine Landbrücke Asien mit Alaska verband, war Kobuk Valley eisfrei und von Gras-Tundra bedeckt, ähnlich der im heutigen Sibirien. Bisons, Mastodonten und Mammuts zogen hindurch, neben den Menschen, die ihnen nachstellten. Seitdem hat sich das Klima verschoben, ist die Landbrücke überflutet, sind viele der damaligen Säugetiere verschwunden. Doch birgt auch die Strauchflora heute noch Reste der voreiszeitlichen Steppe, sind im kalten, harten Boden Spuren vorzeitlicher Tiere und Völker bewahrt.

Dieser Nationalpark, abgeriegelt durch die Baird und Waring Mountains, schützt den mittleren Teil des

Kobuk River, das Entwässerungssystem des wilden, malerischen Salmon River und vielfältiges Tierleben. Hier stößt borealer Nadelwald an seine Nordgrenze, kreuzen sich die Zuglinien Nordamerikas und Asiens. Buchten von Tundra verschmelzen mit Birken und Fichten, die wegen des eisigen Windes kümmerwüchsig bleiben. Und längs des Kobuk Rivers breiten sich auf 65 km² Treibsanddünen aus, in denen die Sommertemperaturen bis auf 38 °C ansteigen.

Die Verwaltung des Kobuk Valley National Park fördert die traditionelle Erhaltung der Natur, wie sie die Ureinwohner praktizierten, so gibt es keine Wege und Einrichtungen für Touristen im Park.

Anreise
Verkehrsflugzeuge fliegen täglich von Anchorage und Fairbanks nach Kotzebue, wo sich das Information Center des Parks befindet. Ab Kotzebue oder den benachbarten Dörfern können Flugzeuge oder Boote zur Erkundung des Parks gechartert werden.

Reisezeit
Sommer. Die Tage sind lang (etwa vom 3. Juni bis zum 9. Juli geht die Sonne nicht unter), und die Temperaturen steigen auf 30 °C und mehr. Das Eis auf dem Kobuk bricht im Mai, Mitte Oktober kommt es wieder. Mitte Juni bis Ende Juli blühen die meisten Wildblumen. Im August kann es regnen und im September schneien. Ende August werden die Espen gelb und die Tundra rot, das Karibu beginnt seine Wanderung. Die *Ranger Station* in Onion Portage ist zeitweise von Juni bis September besetzt.

Reiseempfehlungen
Kombinieren Sie Flussfahrt und Wanderreise: So können Sie abwechselnd paddeln und wandern, ohne Ihr ganzes Gepäck schleppen zu müssen. Bringen Sie alles mit, was Sie brauchen – im Park gibt es keine Einrichtungen. Den breiten und ruhigen **Kobuk River** können Sie mit Paddelboot, Kajak oder Motorboot befahren. Die meisten steigen in Ambler ein und in Kiana aus – beide Orte außerhalb der Parkgrenzen. In Ambler können Sie ein Boot mieten oder chartern. Auch auf dem **Salmon**, einem *Wild and Scenic River*, können Sie gleiten oder paddeln, doch strömt er schneller und ist schwerer zu erreichen. Fast überall kann man herrlich wandern, aber unterhaltene Wege oder Flussübergänge gibt es nicht. Planen Sie daher gründlich.

Nehmen Sie Rücksicht auf die Grundstücke der Eskimos längs des Kobuk Rivers. Eine Karte zeigt Ihnen, wo sie liegen.

DER KOBUK RIVER

Er entspringt in der mittleren Brooks Range, fließt 200 Meilen nach Westen, zieht seine Schleifen 61 Meilen durch Parkgebiet – mit einem Gefälle von nur 3 bis 5 cm pro Kilometer – und mündet in **Hotham Inlet** am **Kotzebue Sound**. Mit seiner geringen Strömung wirkt der Kobuk River manchmal eher wie ein See als wie ein Fluss.

Obwohl die Ufer manchmal steil sind, kann man dennoch gut vom Fluss aus wandern. Die Ranger werden Ihnen Routen vorschlagen. Beide Ufer sind bewaldet, von Seen und Tundra umgeben; am Südufer säumen Sanddünen den Fluss. Halten Sie sich an höhere Lagen, um nicht in Sümpfen stecken zu bleiben. Ende August und Anfang September können Sie am Hochufer sitzen und zusehen, wie die Karibus – mit neuem Herbstfell – durch den Fluss schwimmen. Mächtige Geweihe und weiße Halskrausen lassen die Bullen erkennen.

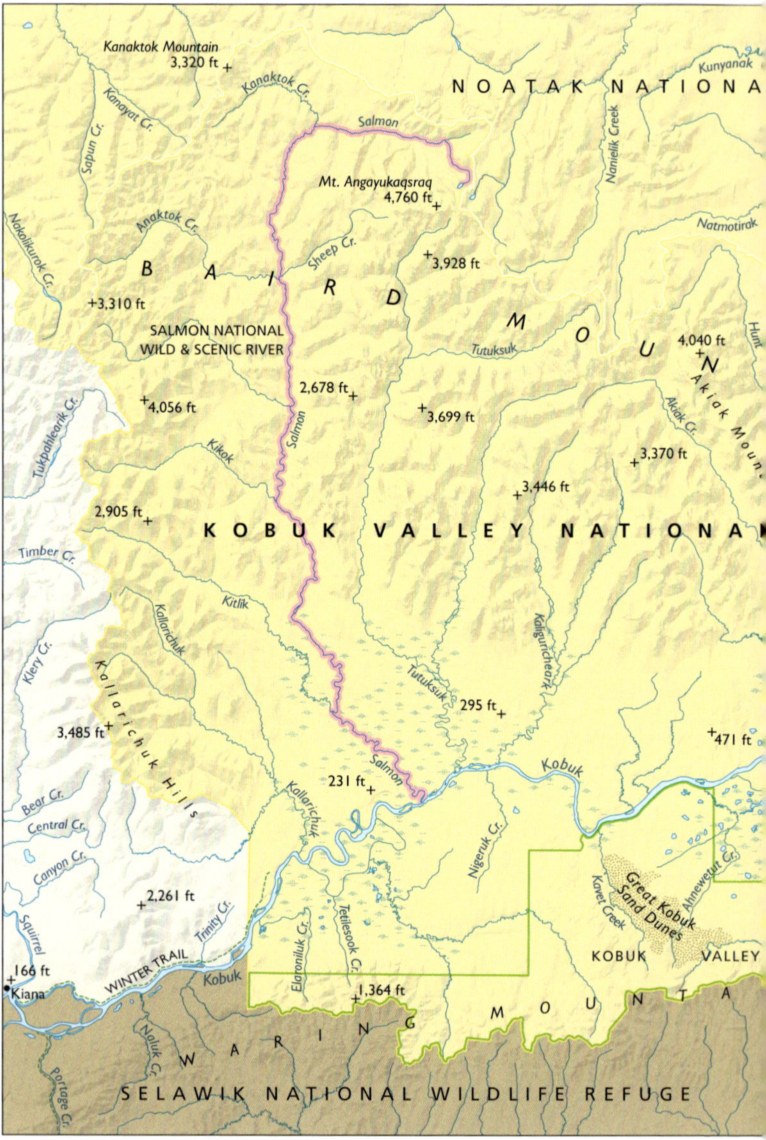

Eine Flussfahrt von Ambler nach Kiana, mit eingestreuten Fußwanderungen, dauert etwa eine Woche. Wenn das nicht genügt, starten Sie 3 Meilen unterhalb **Walker Lake** im Gates of the Arctic National Park: Von da sind es zwei bis drei Wochen bis Kiana – je nach Wetter und Strömung.

Beide Touren führen Sie an **Onion Portage** vorbei, einer Biegung im Fluss,

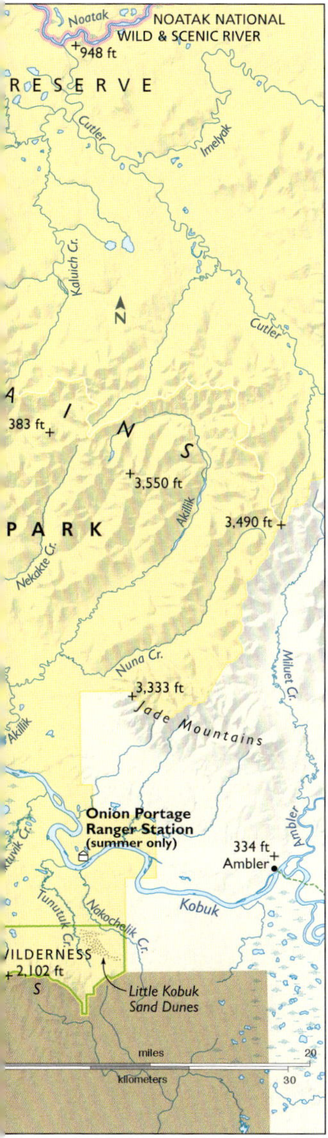

wo seit Jahrtausenden wandernde Karibus den Kobuk überqueren. Als der Archäologe J. Louis Giddings hier 1961 grub, wollte er seinen Augen nicht trauen: Er hatte gefunden, was ein Ethnologe der Smithsonian Institution später als »wichtigste archäologische Fundstätte der Arktis« bezeichnete. Giddings' hektargroße Grabung ergab 30 Schichten mit Artefakten, die sieben Stufen der Feuersteinbearbeitung umfassten – die älteste über 10 000 Jahre alt.

Heute ist die Grabungsstätte verlassen und weitgehend überwachsen. Doch im Spätsommer und Herbst machen die Eskimos hier Jagd auf Karibus, wie sie es seit Jahrtausenden tun. Von Onion Portage aus kann man gut wandern.

DIE GROSSEN SANDDÜNEN DES KOBUK

Weiter flussabwärts breiten sich die **Great Kobuk Sand Dunes** aus, eine Mini-Sahara von 65 km^2. Man kommt vom Fluss, zieht sein Boot ans Ufer, geht ein kurzes, aber anstrengendes Stück und erklimmt die Dünen. Dies sind Relikte der Eiszeit, ausgeblasen aus der Materialfracht abgeschmolzener Gletscher. Die Gegebenheiten des Geländes halten die Dünen in Bewegung – und die Vegetation fern. Die Dünen sind bis 60 m hoch; ältere, mit dünnem Bewuchs, legen einen Gürtel um diese wechselhafte Landschaft, 35 Meilen über dem Polarkreis.

Braunbär

Karibus auf Wanderschaft durchschwimmen den Kobuk River *(oben)*,
leicht zu verstauen und aufblasbar – die Boote der Flussfahrer *(Mitte)*,
Cranberries, Bärlapp und Sphagnum-Moos in der Tundra *(unten)*

PRAKTISCHE INFORMATIONEN

ZENTRALE

P.O. Box 1029, Kotzebue, Alaska 99752. Tel. (907) 442-3890; www.npa.gov/kova

SAISON UND ANREISE

Ganzjährig geöffnet, aber im Allgemeinen nur von Juni bis September zugänglich – per Boot oder mit dem Charterflugzeug ab Kotzebue. Der Kobuk River ist bis Juni gewöhnlich aufgetaut; ab Mitte Oktober friert er wieder zu. Es gibt keine Straßen zum oder im Park.
• Arktische Temperaturen jederzeit möglich. Wenden Sie sich vor der Reise an die Zentrale. Wenn Sie mit dem Charterflugzeug einfliegen wollen, lassen Sie sich vom Park konzessionierte Fluggesellschaften nennen.

BESUCHERINFORMATIONEN

Im Sommer ist **Kotzebue Headquarters and Information Center** – 80 Meilen vom Park entfernt – täglich geöffnet, Zeit telefonisch erfragen.

EINTRITTSGEBÜHREN

Keine.

TIERE

Es wird dringend abgeraten, Tiere in den Park mitzunehmen.

EINRICHTUNGEN FÜR BEHINDERTE

Kotzebue Headquarters and Information Center ist für Rollstuhlfahrer zugänglich; sonst nichts.

AKTIVITÄTEN

Film-Vorführung im *Kotzbue Information Center*. Der Park bietet kein organisiertes Programm, aber Kajakfahren, Rafting, Kanufahren, Sportangeln (Erlaubnis nötig) und Rundflüge sind möglich. Gewerbliche Veranstalter bieten verschiedene Führerdienste an, so bei Flussfahrten, Angelausflügen und Überlandwanderungen.

BESONDERE RATSCHLÄGE

• Nehmen Sie sich einen Führer, außer Sie haben Erfahrung mit der freien Natur.
• Mücken und Moskitos können sehr lästig werden; bringen Sie Insektenschutzmittel, Kopfnetz und ein insektensicheres Zelt mit.
• Den Inuit gehört ein großer Teil des Gebietes am Fluss; sie jagen und fischen für ihren Lebensunterhalt. Zollen Sie ihren Aktivitäten und ihrem Besitz Respekt.

FREIES ZELTEN

Keine Genehmigung erforderlich; aber fragen Sie im Park nach dem aktuellen Wetter, dem Stand der Flüsse, nach Bären und den Aktivitäten der Eskimos im Rahmen ihrer Subsistenzwirtschaft.

CAMPINGPLÄTZE

Keine; nur Zelten im Gelände.

UNTERKUNFT

(wenn nicht anders vermerkt, gelten Preise für 2 Personen im Doppelzimmer zur Hauptsaison)

In Kotzebue, AK 99752:
Bayside Inn 303 Shore Ave., P.O. Box 336. Tel. (907) 442-3600. 12 Zimmer. $150. Restaurant.

AUSFLÜGE

CAPE KRUSENSTERN NATIONAL MONUMENT
KOTZEBUE, ALASKA

Seit mehr als 5000 Jahren lebt ds Volk der Inuit auf dieser Kiesbank, die in den Chukchi-See hineinragt; 114 aufgeschüttete Kieselbänke sind Beweise ihrer archäologischen Einmaligkeit. Jagd und Fischen haben noch große Bedeutung. 2747 km². Angebote: einfaches Zelten, Bootfahren, Angeln. Ganzjährig geöffnet. Zugang per Charterboot oder per Flugzeug von Kotzebue. Tel. (907) 442-3890.

Turquoise Lake – vom Gletscherschluff getönt

LAKE CLARK

ALASKA
GEGRÜNDET 2. DEZEMBER 1980
16377 Quadratkilometer

»Denken Sie an all die Wunder Alaskas«, schrieb der Naturschützer John Kauffmann, »Gletscher, Vulkane, hohe Gebirge, wilde Flüsse und Seen, wo sich die Äschen tummeln. Stellen Sie sich Küsten vor, um die zahllose Seevögel schwirren. Malen Sie sich aus, wie Herden von Karibus und große Bären über weite Tundra und durch dichte Wälder streifen. Nun drängen Sie all das auf weniger als ein Prozent des Staates zusammen – und Sie haben Lake Clark, die Quintessenz Alaskas.«

Vielfalt ist das Kennzeichen von Lake Clark. Auf dem Turquoise-Telaquana-Plateau breitet sich Tundra, ähnlich der an der Nordkappe Alaskas aus, während die Küsten von Wäldern gesäumt sind, ähnlich denen im Panhandle des Südostens. Schwarzbär und Dall-Schaf finden hier die Südgrenze ihres Lebensraumes, die Sitka-Fichte – Baum des Staates Alaska – die Nordgrenze des ihrigen. Drei Flüsse – Mulchatna, Chilikadrotna und Tlikakila – gelten amtlich als *Wild and Scenic*.

Die Chigmit Mountains, Rückgrat des Parks, sind so wild zerklüftet, wie Berge nur sein können. Sie liegen am Rande der nordamerikanischen Scholle, wo diese der pazifischen aufliegt – und ihre zerrissenen Konturen spiegeln die Kräfte wider, die hier wirken. Zwei tätige Vulkane gibt es, Iliamna und Redoubt. Iliamna ist seit 1768 sechsmal ausgebrochen. Redoubt brach 1989 aus: Seine Aschenwolken stiegen bis 12 km hoch in den Himmel. Nicht weniger als 13 Erdbeben haben den Park von 1972 bis 1982 erschüttert – alle Stufe V und stärker auf der Richterskala.

Wie archäologische Funde bestätigen, leben seit Jahrhunderten Menschen in diesem Gebiet, zuletzt Tanaina-Indianer. Reichlich Lachs und Wild gaben ihnen eine gesicherte Existenz.

Anreise

Fliegen Sie ins Parkinnere oder nehmen Sie ein Schiff oder Flugzeug zur Küste. Die Geländepiloten von Anchorage sagen, »Lake Clark liegt gleich vor der Haustür« – ein Flug von 1 Stunde. Sie können ein Flugzeug von Anchorage nach Port Alsworth chartern, einer kleinen Gemeinde am Südostufer von Lake Clark. Der Flug durch Lake Clark Pass führt über blaue Gletscher, gewundene Flüsse und schneebedeckte Berge. Flugzeuge bringen Sie auch an die Küste zum Lachsfang.

Billiger ist ein Flug von Anchorage nach Iliamna (30 Meilen vom Park), von dort mit Weiterflug im Flugtaxi. Flugtaxis verkehren auch ab Homer und Kenai. Auf dem Seeweg erreicht man den Park von Anchorage über Cook Inlet oder quer herüber von Kenai Peninsula.

Reisezeit

Sommer. Wildblumen blühen am schönsten Ende Juni. Das Laub verfärbt sich Anfang September in den höheren, Mitte September in den niederen Lagen. Die Tagestemperaturen liegen zwischen Juni und August im Osten um 15° C, im Westen und Parkinneren um 25° C.

Reiseempfehlungen

Die meisten Besucher fliegen direkt in die innere Seeregion des Parks. Flugtaxis können Gäste zu bestimmten Zeiten an bestimmten Orten absetzen oder abholen – je nach den Wetterbedingungen. Die kleineren Seen sind vorzüglich für Kajaktouren geeignet, und einige Wildwasserflüsse machen die Fahrt im Kajak oder Schlauchboot zum großen Erlebnis.

Wandern kann man um die Seen herum und von See zu See. Die Angelmöglichkeiten sind erstklassig. Die Zentrale in Anchorage gibt Auskunft über Führerdienste und Lodges. Bestellen Sie frühzeitig. Wenn Sie nicht völlig autark sein wollen, müssen Sie weit im Voraus buchen und planen Sie mögliche Verzögerungen durch Wetterwechsel ein.

AUF DEN SEEN & FLÜSSEN

Seen und Flüsse des Parks sind ein Paradies für Angler, das man am besten aus der Luft erreicht. Es locken Saibling, Kanada-Hecht und fünf Arten von Lachs – Königslachs, Ketalachs, Kisutschs-Lachs, Buckellachs und besonders Rotlachs. Viele Angler starten von Port Alsworth, wo sich die *Field Headquarters* des Parks befinden. Unterkunft findet man am Lake Clark und an anderen Seen.

Mit dem Kajak auf Lake Clark – das ist eine Verführung zur Freiheit. Man kann ein weites Terrain erkunden, eine Menge Gerät mitnehmen und zwischendurch noch wandern. Nur sollte man daran denken, dass bei plötzlichem Wind hohe Wellen entstehen können. Gute Seen zum Paddeln sind **Telaquana, Turquoise, Twin, Lake Clark, Kontrashibuna** und **Tazimina**.

Noch eine Art, das Land zu erleben, ist die Reise auf dem Fluss. Sie haben die Wahl zwischen langen Touren (3 bis 4 Tage) auf dem *Wild and Scenic* **Muchatna, Chilikadrotna** und **Tlikakila**, oder kurzen (im Allgemeinen 1 bis 2 Tage) auf dem **Tanalian** und **Tazimina**. Am besten, Sie nehmen einen Führer; oder Sie erkundigen sich im Park gründlich nach den Eigenheiten der Gewässer.

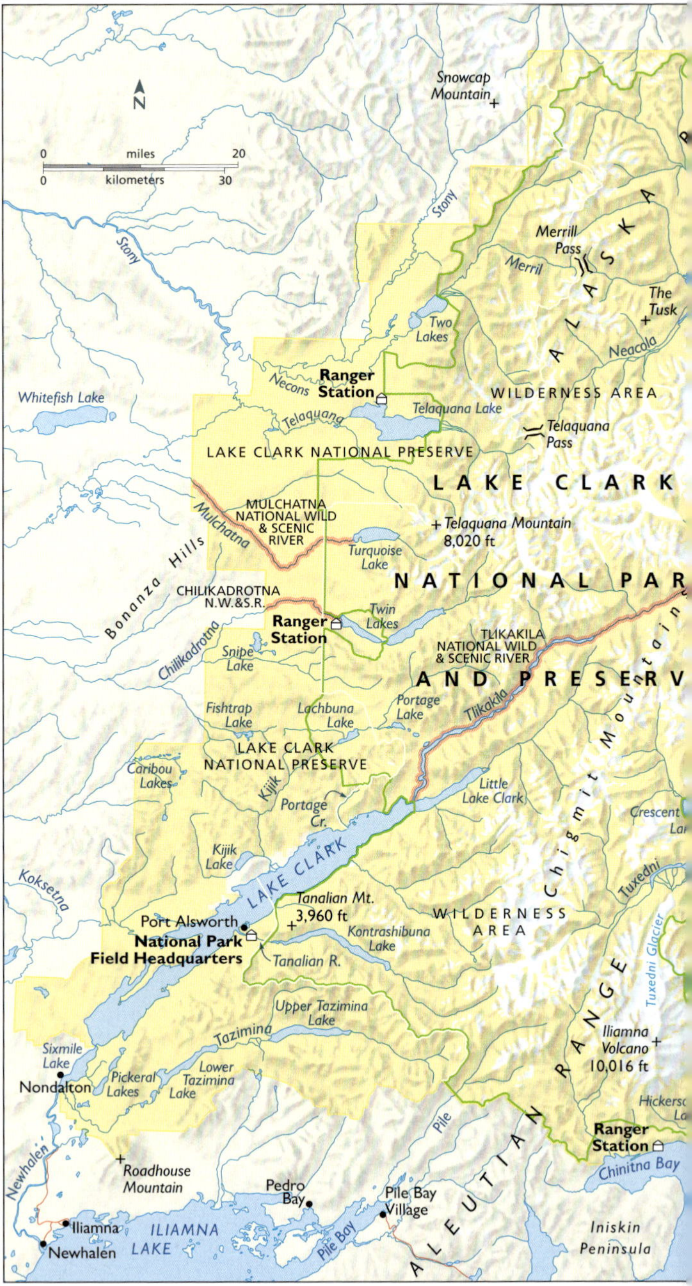
miles
0
20
kilometers
0
30
Snowcap Mountain
Stony
Merrill Pass
Merril
The Tusk
Two Lakes
Neacola
ALASKA RANGE
Ranger Station
Necons
WILDERNESS AREA
Whitefish Lake
Telaquana Lake
Telaquana
Telaquana Pass
LAKE CLARK NATIONAL PRESERVE
LAKE CLARK NATIONAL PARK AND PRESERVE
MULCHATNA NATIONAL WILD & SCENIC RIVER
Mulchatna
Telaquana Mountain 8,020 ft
Turquoise Lake
Bonanza Hills
CHILIKADROTNA N.W.&S.R.
Twin Lakes
TLIKAKILA NATIONAL WILD & SCENIC RIVER
Chilikadrotna
Snipe Lake
Fishtrap Lake
Lachbuna Lake
Portage Lake
Tlikakila
Chigmit Mountains
LAKE CLARK NATIONAL PRESERVE
Caribou Lakes
Kijik
Portage Cr.
Little Lake Clark
Crescent
Kijik Lake
LAKE CLARK
Koksetna
Tanalian Mt. 3,960 ft
Tuxedni
Port Alsworth
National Park Field Headquarters
Kontrashibuna Lake
Tanalian R.
Tuxedni Glacier
Upper Tazimina Lake
Tazimina
Iliamna Volcano 10,016 ft
Sixmile Lake
Nondalton
Pickeral Lakes
Lower Tazimina Lake
Pile
Newhalen
Roadhouse Mountain
Ranger Station
Chinitna Bay
Pedro Bay
Pile Bay Village
ALEUTIAN RANGE
Iliamna
ILIAMNA LAKE
Pile Bay
Iniskin Peninsula
Newhalen

Herbstlicher Regenbogen über Stony River

WANDERN

In einem Park ohne Wege mit nur einem unterhaltenen Wanderweg kommt alles auf die gute Planung und die richtige Route an. Und auf die richtige Ausrüstung, zum Beispiel Wind- und Regenzeug gegen schnellen Wetterumschwung und ein Mittel gegen Mücken. Wenn Sie ohne Führer wandern, holen Sie sich Rat beim Ranger und stecken Sie eine gute Karte ein. Ein paar allgemeine Regeln lauten: Gehen Sie auf trockener Tundra; meiden Sie dichtes Buschwerk; wählen Sie sorgfältig aus, wo Sie einen Fluss überqueren. Am besten läuft es sich oberhalb von 600 m im Inneren (wo trockene Tundra anfängt) und oberhalb von 200 m an der Küste (wo die Grasdecke beginnt); die Erlendickichte darunter können undurchdringlich sein.

Der **Tanalian Falls Trail** (2 Meilen) ist der einzige erschlossene Wanderweg im Park. Er beginnt in Port Alsworth und führt bequem durch Schwarzfichten- und Birkenwald, an Mooren und Teichen vorbei und am tosenden Tanalian River aufwärts.

Tanalian Mountain über Lake Clark *(oben)*, Gebirgs-Bärentraube mit Flechten *(unten links)*, Arktisches Erdhörnchen knabbert an einem Schmalblättrigen Weidenröschen *(unten rechts)*

Halten Sie Ausschau nach Elchen in den Teichen, Äschen im Fluss, Dall-Schafen auf dem **Tanalian Mountain** und Bären – überall.

Anstrengender ist der 1100-m-Aufstieg von Port Alsworth auf den Tanalian Mountain. Ein Weg zweigt vom Tanalian Falls Trail ab; ein anderer führt am Ufer von Lake Clark entlang und mit leichter Steigung einen Bergkamm hinauf – 7 Meilen hin und zurück.

Mehrere Seen im Norden von Lake Clark laden zu schönen Wanderungen ein. Fliegen Sie mit dem Flugtaxi zu einem der Seen und wandern Sie zum nächsten; oder bleiben Sie an ein und demselben, genießen Sie ihn, umrunden Sie ihn oder starten Sie von dort zu einer Tageswanderung in die Berge. Wenn Sie von See zu See wandern wollen, wählen Sie die 16-Meilen-Route vom Telaquana Lake südwärts zum Turquoise Lake; oder die 13 Mei-

PRAKTISCHE INFORMATIONEN

ZENTRALE
4230 University Drive, Suite 311, Anchorage, Alaska 99508. Tel. (907) 644-3326; www.npa.gov/lac

SAISON UND ANREISE
Park ist ganzjährig geöffnet und mit kleinen Flugzeugen von Anchorage, Kenai, Homer und Iliamna auch ganzjährig zu erreichen. Es gibt keine Straßen zum oder im Park. Das Wetter kann schnell umschlagen. Fragen Sie in Port Alsworth unter Tel. (907) 781-2218 nach dem aktuellen Wetter.

BESUCHERINFORMATIONEN
Field Headquarters Station in Port Alsworth, am Südufer von Lake Clark (1 Park Pl., Tel. (907) 781-2218); Homer (2181 Kachemak Dr., Tel. (907) 235-7903). Besucherauskünfte bei der Zentrale in Anchorage. Tel. (907) 644-33626, und bei den Field Headquarters.

BENZIN UND PROVIANT
Bringen Sie alles mit, was Sie zu Ihrer Versorgung brauchen.

EINTRITTSGEBÜHREN
Alle Gelände und Lodges sind zugänglich.

TIERE
Es wird empfohlen, die Tiere zu Hause zu lassen, da sie Bären anlocken können.

EINRICHTUNGEN FÜR BEHINDERTE
Keine.

AKTIVITÄTEN
Kleines vom Park organisiertes Programm (Juni bis Mitte September). Angebot: Wandern, Rucksackwandern, Bergsteigen, Rafting, Kajakfahren, Fischen (Erlaubnis nötig), Bootfahren, Vogel- und Wildbeobachtung, Aussichtsflüge, Jagen (im *Preserve*).

Wenden Sie sich telefonisch oder schriftlich an die Zentrale, wenn Sie Auskunft über konzessionierte Anbieter von Führerdiensten wünschen. www.nps.gov/lacl/visiting_the_park.htm.

BESONDERE RATSCHLÄGE
- Sie müssen sich in der freien Natur gut auskennen, wenn Sie ohne Führer wandern, zelten oder fischen wollen.
- Betreten oder stören Sie in keiner Weise die Anwesen örtlicher Anwohner.
- Bringen Sie Insektenschutzmittel mit; Kopfnetz und insektensicheres Zelt sind ebenfalls nützlich.

FREIES ZELTEN
Keine Genehmigung erforderlich, doch wird Campern geraten, vor einer Geländetour die Field Station aufzusuchen. Tel. (907) 781-2218.

CAMPINGPLÄTZE
Keine. Nur Zelten im Gelände. Keine Toiletten, Duschen oder andere Annehmlichkeiten, außer in Lodges. Toiletten in der Zentrale in Port Alsworth.

UNTERKUNFT
(wenn nicht anders vermerkt, gelten Preise für 2 Personen im Doppelzimmer zur Hauptsaison)

INNERHALB DES PARKS:
Alaska's Wilderness Lodge am Südufer des Lake Clark) P.O. Box 90748, Anchorage, AK 99519. Tel. (907) 781-2223. 7 Cabins. $5950 pro Person und Woche. Komplettangebote für Sportfischer erhältlich. Mitte Juni bis Anfang Oktober.
AUSSERHALB DES PARKS:
Newhalen Lodge (am Six Mile Lake nahe Nondalton). Tel. (907) 294-2233 (Lodge) oder (907) 522-3355 (ganzjährig). 9 Zimmer. $6000 pro Person und Woche, alles inkl. Juni bis Oktober.

Weitere Informationen bei der Parkverwaltung.

len vom Turquoise Lake südwärts zu den Twin Lakes. Von den Twin Lakes können Sie 17 Meilen bis **Portage Lake** gehen, einem Bergsee , von dort 11 Meilen zum **Lachbuna Lake**, dann über einen Riegel und am **Portage Creek** entlang zum Lake Clark.

Wenn Sie es noch länger, wilder und anspruchsvoller wünschen, machen Sie die 50-Meilen-Tour vom **Telaquana Lake** ostwärts über **Telaquana Pass**, am **Neacola River** entlang zum **Kenibuna Lake** – und dann zum großen Felsenturm namens **The Tusk**.

Der Eisstrom des Kennicott Glacier; links Mt. Blackburn

WRANGELL-ST. ELIAS

ALASKA
GEGRÜNDET 2. DEZEMBER 1980
53370 Quadratkilometer

Selbst in einem Bundesstaat, der sich seiner Größe rühmen kann, ragt Wrangell-St. Elias heraus: Er ist bei weitem der größte Nationalpark der USA – fast sechsmal so groß wie Yellowstone. Fliegen Sie darüber hin, und vor Ihnen liegen Berge über Berge, Gletscher über Gletscher, Flüsse über Flüsse. Treiben Sie einen Fluss hinunter und erleben Sie, wie sich die Landschaft ständig ändert.

Drei große Gebirgsketten laufen hier zusammen: die vulkanischen Wrangell, die St. Elias – das höchste Küstengebirge der Welt – und die Chugach Mountains. Hier sind 9 der 16 höchsten Berge der USA versammelt, darunter 4 Fünftausender; ferner über 150 Gletscher, von denen einer – der Malaspina – größer ist als der Staat Rhode Island. Wrangell-St. Elias und der angrenzende Kluane National Park in Kanada wurden 1980 von den Vereinten Nationen zur »Stätte des Welterbes« erklärt.

So weit und rau er ist, so ist er doch keine Festung. Zwei Straßen führen zu kleinen Gemeinden, die zu Zeiten des Gold- und Kupferbergbaus am Anfang des Jahrhunderts blühten. Heute lockt nicht der Bergbau, sondern man kommt wegen der schier unbegrenzten Möglichkeiten zu wandern, auf Flüssen zu treiben, Kajak zu fahren und auf die Berge zu klettern.

Anreise

Chartern Sie ein Flugzeug, nehmen Sie das Auto oder den Bus. Fahren Sie von Anchorage auf Alaska Hwy. 1 (Glenn Hwy.) 189 Meilen nordostwärts nach Glennallen, dann 74 Meilen am Copper River und an der Westgrenze des Parks entlang nach Slana; von dort auf unbefestigter Straße 42 Meilen bis Nabesna.

Oder nehmen Sie Kurs auf McCarthy: Auf Richardson Hwy. von Glennallen 32 Meilen südostwärts zur Abkürzung Edgerton (Hwy. 10), dann nach links und 33 Meilen bis Chitina. Dort endet die Teerdecke, und es geht auf einer alten Eisenbahntrasse von ca. 60 Meilen bis zum Park. Busse fahren im Sommer regelmäßig von Anchorage nach Valdez mit einem Zwischenstopp in Glennallen.

Charterflüge zum Park starten ab Anchorage, Fairbanks, Yakutat, Cordova, Glennallen, Gulkana, Tok und Northway. Linienflüge bedienen Yakutat und Cordova. Die Alaska State Ferry läuft im Sommer Valdez von Whittier aus an.

Reisezeit

Sommer. Lodges und Führerdienste sind im Park von Mitte Mai bis Ende September zu haben. Im Juni blühen die Blumen, im Juli ist es am wärmsten, und im August reifen die Beeren. Rechnen Sie mit Wolken – aber im September kann es herrlich sein: mit blauem Himmel, Herbstlaub, ohne Moskitos und mit einem Hauch Neuschnee auf den Berggipfeln. März und April sind hervorragend für Skilanglauf – für Leute, die starken Willens sind.

Reiseempfehlungen

Nehmen Sie eine der beiden ungeteerten, aber guten Zubringerstraßen zum Park. **McCarthy Road** wird im Sommer passierbar gehalten, zu anderen Zeiten mag Vierradantrieb erforderlich sein. **Slana-Nebesna Road** wird ebenfalls unterhalten, doch bei Hochwasser kann wegen der Flussüberquerungen ein Allradfahrzeug nötig sein. Beide Straßen führen zu Wanderwegen im Herzen des Parks.

Vielleicht chartern Sie ein Flugzeug und fliegen in eine abgelegene Ecke und wandern dort, oder Sie paddeln einen Fluss hinunter. Mehrere Gesellschaften bieten Rafting- oder Kajaktouren auf den Flüssen bzw. in den Küstenbuchten an. Die Parkverwaltung gibt Auskunft.

MCCARTHY ROAD BIS KENNICOTT

62 Meilen hin; ein halber Tag

Ab Chitina und dem Zusammenfluss des **Chitina** und **Copper River** folgt die Straße der Trasse der stillgelegten Copper River und Northwest Railroad. Bei Meile 17 überquert sie **Kuskulana River Bridge** – 160 m lang und 73 m hoch über dem Fluss. Eine weitere alte Strebebalkenbrücke spannt sich bei Meile 28,5 über den Gilahina River. Die Straße endet an einem Parkplatz am **Kennicott River**. Um zur alten Bergwerksstadt **McCarthy** zu kommen, überquert man eine Fußgängerbrücke und nimmt einen Shuttlebus. Heute wohnen in McCarthy eine Handvoll kühner Individualisten, zu Zeiten des Bergbaus lebten hier 2000 Menschen.

Ab McCarthy klettert eine Schotterstraße 5 Meilen weit und 150 m hoch zur ehemaligen Stadt und dem Hammerwerk **Kennicott** hinauf. Nehmen Sie in McCarthy den Pendelbus oder mieten Sie sich ein Fahrrad, wenn Sie nicht laufen wollen. Kennicott war einmal Standort der reichsten Kupfermine der Welt. Von 1906 bis zu Schließung der Grube 1938 lieferte sie 591 000 Tonnen Kupfer und 25½ Tonnen Silber. Noch immer ist das stille, 13 Stock hohe Werk, wie auch andere Gebäude in Kennicott, oxidrot gestrichen und weiß abgesetzt. Ob-

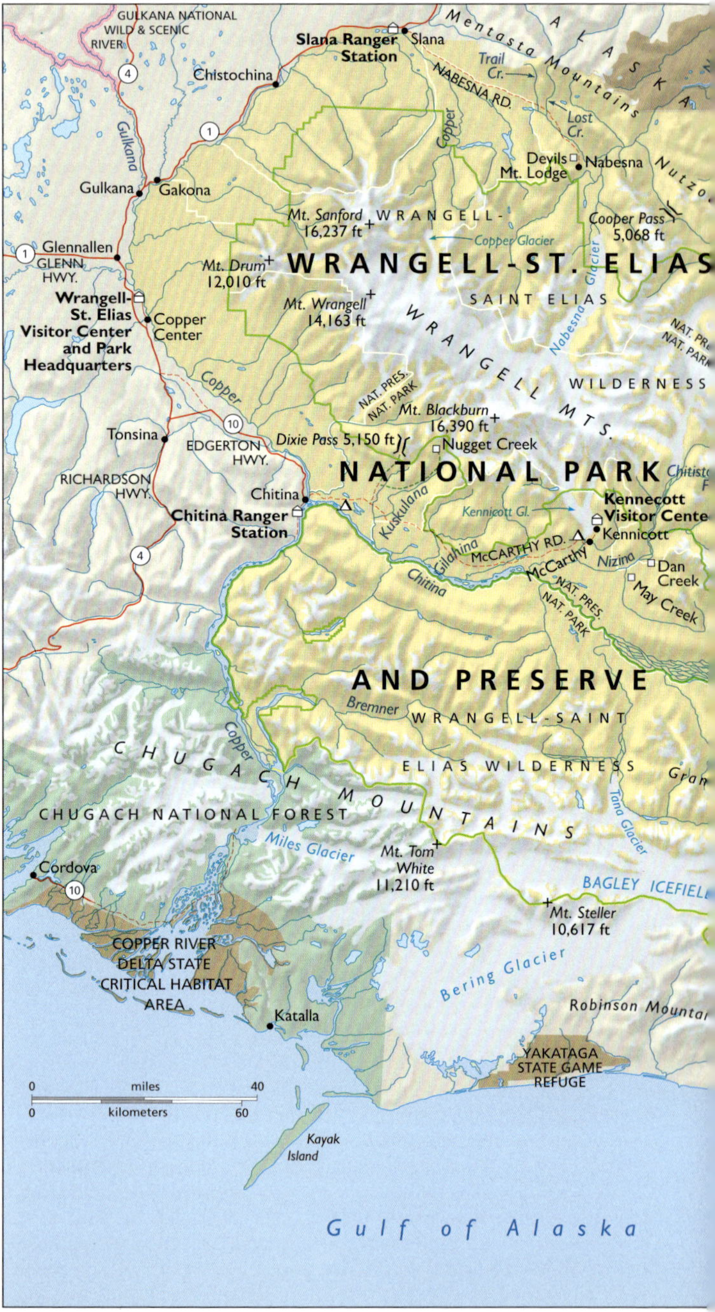

GULKANA NATIONAL WILD & SCENIC RIVER
Slana Ranger Station
Slana
Mentasta Mountains
ALASKA
Trail Cr.
NABESNA RD.
Lost Cr.
Chistochina
Gulkana
Copper
Devils Mt. Lodge
Nabesna
Nutzo
Gulkana
Gakona
Mt. Sanford 16,237 ft
WRANGELL-
Cooper Pass 5,068 ft
Copper Glacier
Glennallen
GLENN HWY.
Mt. Drum 12,010 ft
WRANGELL-ST. ELIAS
SAINT ELIAS
Wrangell-St. Elias Visitor Center and Park Headquarters
Copper Center
Mt. Wrangell 14,163 ft
WRANGELL MTS.
Nabesna Glacier
NAT. PRES. NAT. PARK
WILDERNESS
Copper
NAT. PRES. NAT. PARK
Mt. Blackburn 16,390 ft
Tonsina
EDGERTON HWY.
Dixie Pass 5,150 ft
Nugget Creek
NATIONAL PARK
Chitistone
RICHARDSON HWY.
Chitina
Kuskulana
Kennicott Gl.
Kennecott Visitor Center
Chitina Ranger Station
Gilahina
McCARTHY RD.
Kennicott
McCarthy
Nizina
Dan Creek
Chitina
NAT. PRES. NAT. PARK
May Creek
AND PRESERVE
Bremner
WRANGELL-SAINT
CHUGACH MOUNTAINS
Copper
ELIAS WILDERNESS
CHUGACH NATIONAL FOREST
Tana Glacier
Miles Glacier
Mt. Tom White 11,210 ft
Cordova
BAGLEY ICEFIELD
Mt. Steller 10,617 ft
COPPER RIVER DELTA STATE CRITICAL HABITAT AREA
Bering Glacier
Robinson Mountains
Katalla
YAKATAGA STATE GAME REFUGE
0 miles 40
0 kilometers 60
Kayak Island
Gulf of Alaska

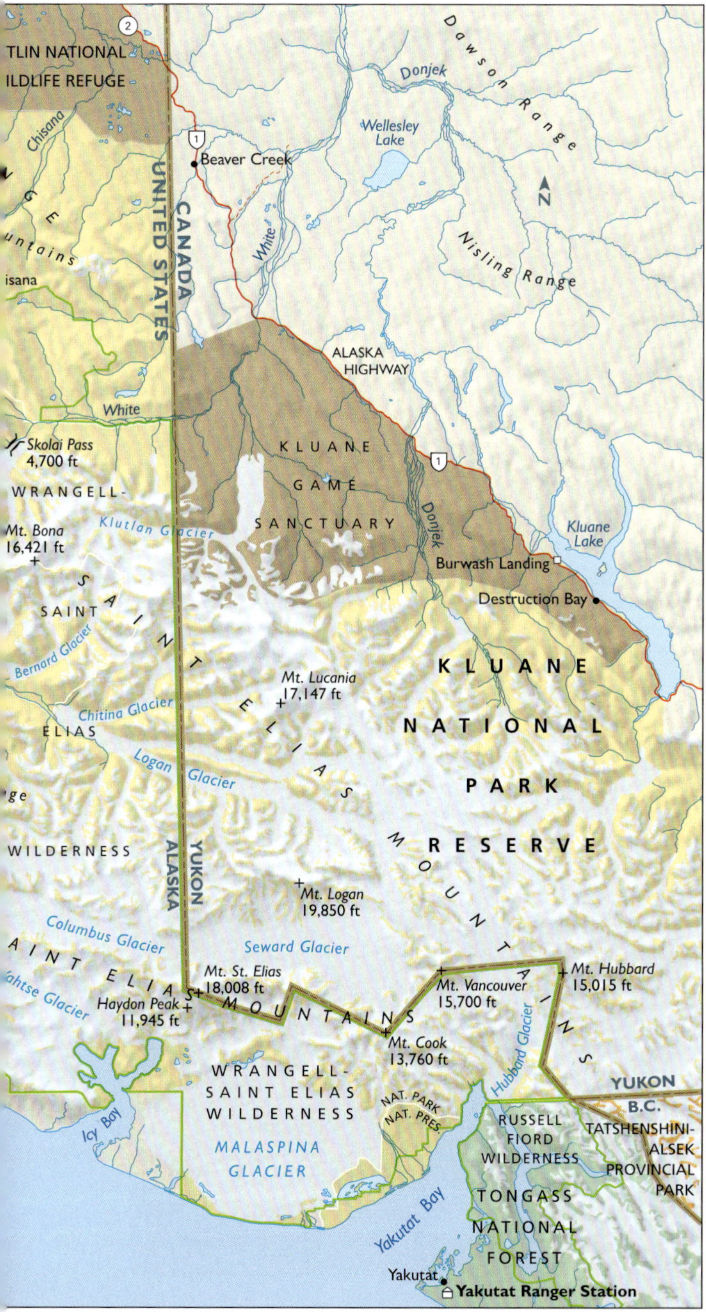
TLIN NATIONAL
ILDLIFE REFUGE
Chisana
Beaver Creek
Dawson Range
Donjek
Wellesley Lake
White
UNITED STATES
CANADA
Nisling Range
isana
ALASKA HIGHWAY
White
Skolai Pass
4,700 ft
WRANGELL-
KLUANE
GAME
SANCTUARY
Donjek
Kluane Lake
Mt. Bona
16,421 ft
Klutlan Glacier
Burwash Landing
Destruction Bay
SAINT
SAINT ELIAS
Bernard Glacier
Mt. Lucania
17,147 ft
KLUANE
NATIONAL
PARK
RESERVE
Chitina Glacier
ELIAS
Logan Glacier
WILDERNESS
ALASKA
YUKON
MOUNTAINS
Mt. Logan
19,850 ft
Columbus Glacier
Seward Glacier
Mt. St. Elias
18,008 ft
Mt. Vancouver
15,700 ft
Mt. Hubbard
15,015 ft
Haydon Peak
11,945 ft
Hubbard Glacier
Mt. Cook
13,760 ft
WRANGELL-
SAINT ELIAS
WILDERNESS
NAT. PARK
NAT. PRES.
YUKON
B.C.
RUSSELL
FIORD
WILDERNESS
TATSHENSHINI-
ALSEK
PROVINCIAL
PARK
Icy Bay
MALASPINA
GLACIER
Yakutat Bay
TONGASS
NATIONAL
FOREST
Yakutat
Yakutat Ranger Station

wohl verfallen, bilden sie ein höchst fotogenes Ensemble historischer Gebäude; seit 1986 werden sie im nationalen Register historischer Stätten geführt. Nachdem Sie Kennicott gesehen haben, bieten sich vom Norden der Stadt bemerkenswerte Blicke auf den **Kennicott** und **Root Glacier**.

NABESNA ROAD

42 Meilen hin; ein halber Tag

Da Teile dieser Straße in die **Wrangell Mountains** unterspült sein können, fragen Sie lieber erst den Ranger, bevor Sie fahren. Die Straße führt an Wohnstätten und Anglercamps auf Privatland vorbei und überwindet die Wasserscheide (Meile 25) zwischen dem Copper River, der zum Golf von Alaska fließt, und dem **Nabesna River**, der dem **Tanana River**, dem Yukon River und schließlich dem Beringmeer zufließt. Großartige Blicke auf **Mt. Sanford** und **Copper Glacier** im Südwesten tun sich auf. Die letzten 4 Meilen, von **Devil's Mountain Lodge** zur alten Bergbaustadt **Nabesna**, sind die schwierigsten.

WANDERUNGEN & FLUSSFAHRTEN

Von der **McCarthy Road** zweigt bei Meile 13,5 die **Nugget Creek-Kotsina Road** ab, die 2 1/2 Meilen nordostwärts zum Nugget Creek Trail führt. Der Weg erreicht nach 15 Meilen und einem Anstieg von 300 m unter dem Mt. Blackburn ein Cabin; hier kann man Picknick machen und sein Lager aufschlagen. Ein Dutzend schöner Tageswanderungen sind von hier aus möglich. Hier gibt es Dall-Schafe. Eine gute Meile nach Beginn des Nugget Creek Trails zweigt der Dixie Pass Trail ab. Er überwindet 1100 m auf 12 Meilen – anstrengend, aber lohnend (bei guter Sicht).

Schöne Wanderrouten bieten **Trail Creek** und **Lost Creek**, die bei Meile 30 bzw. 30,8 von der Nabesna Road abgehen. Die Wege sind selten markiert, also folgen Sie einfach dem Bachbett nordwärts, so weit sie mögen. Obwohl es keine schwierigen Strecken sind, stoßen Sie doch hin und wieder auf Fels oder müssen über den Bach springen oder hindurchwaten. Aber als Lohn winken erstklassige Ausblicke aufs obere Copper River Basin. Sprechen Sie mit einem Ranger und geben Sie Ihre Route an, wenn Sie über Nacht bleiben wollen.

Gewerbliche Veranstalter bieten Rafting-Touren auf Nabesna, Copper, Kennicott, Chitina und **Nizina River** an. Kurze Touren dauern 3 Stunden, lange 2 Wochen; alle Schwierigkeitsstufen sind vorhanden. Eine höchst abenteuerliche Reise!

Die Kupfermine von Kennicott – seit 1938 stillgelegt

PRAKTISCHE INFORMATIONEN

ZENTRALE
P.O. Box 439, Copper Center, Alaska 99573. Tel. (907) 822-5234; www.nps.gov/wrst

SAISON UND ANREISE
Park ist ganzjährig geöffnet, aber Mitte Mai bis September ist die beste Zeit. Im Winter eingeschränkter Zugang wegen Schnee.
Fragen Sie bei der Zentrale nach dem Straßenzustand, bevor Sie eine Autofahrt in den Park wagen.

BESUCHERINFORMATIONEN
Park Headquarters (Meile 106,8) am Alaska Hwy. 4 (Old Richardson Hwy.), am Westrand des Parks, Mitte Mai bis September täglich geöffnet, sonst an Wochentagen. Auskünfte außerdem bei den *Ranger Stations* in Yakutat Slana und Chitina – alle außerhalb des Parks. *Chitina* Oktober bis Ende Mai geschlossen.

EINTRITTSGEBÜHREN
Keine.

TIERE
An der Leine gehalten erlaubt, außer in öffentlichen Gebäuden; im Hinterland auch ohne Leine erlaubt.

EINRICHTUNGEN FÜR BEHINDERTE
Keine.

AKTIVITÄTEN
Kein vom Park organisiertes Programm doch folgendes Angebot: Wandern, Reiten (Mietpferde in McCarthy), Reitausflüge mit Gepäck, Flussfahrten, Kajakfahren, Vermietung von Jetbooten, Angeln im See, Bergsteigen, Rundflüge, Skilanglauf. Fragen Sie im Park nach Anbietern von Führungen und Gerät. Bei der Parkzentrale eine Liste der Firmen abfragen, die Führer und Outfits bieten oder die Website des Parks besuchen, www.nps.gov/wrst/wrstcommercialservices.htm

BESONDERE RATSCHLÄGE
- Der Park ist reine Wildnis; Wanderer und Camper müssen vollständig unabhängig sein. Wagen Sie keine Geländetour ohne Führer, wenn Sie nicht erfahren und gut ausgerüstet sind.
- Wählen Sie sorgfältig aus, wo Sie einen Fluss überqueren; viele Flüsse sind unpassierbar.
- Nehmen Sie Rücksicht auf Camps der Anwohner, auf Fischnetze und sonstiges Privateigentum.
- Im Juni, Juli und August stechen die Mücken; bringen Sie Insektenschutzmittel, Kopfnetz und ein insektensicheres Zelt mit.

FREIES ZELTEN
Keine Erlaubnis erforderlich, aber Sie sollten sich anmelden, bevor Sie ins Gelände gehen. Lassen Sie sich bei der Routenplanung beraten.

CAMPINGPLÄTZE
Zwei private Campingplätze im Park: **Silver Lake Campground** (Meile 9,3 – McCarthy Road): Camping und einfache Dienstleistungen. **Tram Station Campground** und **Glacier View Campground** am Ende der McCarthy Road. Einige Plätze auch an der Nabesna Road; keine Gebühren. 12 Hütten, $15 pro Nacht.

UNTERKUNFT
(wenn nicht anders vermerkt, gelten Preise für 2 Personen im Doppelzimmer zur Hauptsaison)

INNERHALB DES PARKS:
Kennicott Glacier Lodge (in Kennecott) P.O. Box 103940, Anchorage, AK 99510. Tel. (800) 582-5128 oder (907) 258-2350. 25 Zimmer mit gemeinsamen Bädern, $195 pro Person. 10 Zimmer mit Bad, $255 pro Person. Inkl. Mahlzeiten.

AUSSERHALB DES PARKS:
Copper Center Lodge (Meile 101.5 am Old Richardson Hwy.) Drawer J, Copper Center, AK 99573. Tel. (907) 822-3245. 21 Zimmer, 11 mit Bad. $120–$165. Restaurant.
Gakona Lodge (am Alas. 1, nördlich von Glennallen) P.O. Box 285, Gakona, AK 99586. Tel. (907) 822-3482. 1 Cabin, mit Bad $100; 9 Zimmer, gemeinsame Bäder $95. Mai bis Ende September. Restaurant.

Weitere Informationen bei der Parkverwaltung.

DANKSAGUNG

Viele Privatpersonen sowie private und staatliche Einrichtungen haben uns bei der Vorbereitung dieses Buches unterstützt; ihnen schulden wir Dank. Unser besonderer Dank gilt dem National Park Service und den vielen Mitarbeitern der einzelnen Parks.

BILDNACHWEIS

Folgende Abkürzungen wurden verwendet: (o)-oben; (u)-unten; (l)-links; (r)-rechts; (m)-Mitte; BPS-Biological Photo Service; NGS-National Geographic Society Image Collection; NPS-National Park Service; PR-Photo Researchers, Inc.; TGP-Terra Galleria Photography.

Umschlagvorderseite: Klettern im Yosemite National Park (Greg Epperson/iStockphoto), Delicate Arch (Mike Norton/Fotolia.com), Braunbären in Alaska (Suzann Julien/iStockphoto). Buchrücken: Arches National Park (Nancy Ross/iStockphoto). Umschlagrückseite: Aussichtsturm im Everglades National Park (zorani/iStockphoto), Joshua Tree National Park (Eric Foltz/iStockphoto), Breaks Canyon (Dick Durrance II).

Der Osten

12 (o), Tom Jones; (m), Stephen J. Krasemann/Peter Arnold, Inc.; (u), David Muench; 13, QT Luong/TGP; 18, Adam Jones/Getty Images; 20, Angelo Lomeo; 24, Raymond Gehman/CORBIS; 25, Alan Nyiri; 27 (o), Bill Silliker, Jr.; (m), Joel Sartore/www.joelsartore.com; (u), Jeff Lepore/PR; 28, QT Luong/TGP; 29, QT Luong/TGP; 31, QT Luong/TGP; 32, Brian Skerry/NGS; 33 (o), QT Luong/TGP; (ml), Charles V. Angelo/PR; (mr)&(ul)&(ur), Stephen Frink; 35 (o), James Valentine; (m), C.C. Lockwood; (u), Caulion Singletary; 36, Raymond Gehman; 37, Raymond Gehman; 40, QT Luong/TGP; 41, Michael S. Quinton/NGS; 43 (o), Arthur Morris/CORBIS; (u), David Muench/CORBIS; 44, Tom Jones; 47, Tom Jones; 48, Tom Jones; 50, Matt Bradley; 52, Matt Bradley; 54, James P. Blair; 58, QT Luong/TGP; 59, Stephen J. Krasemann/Peter Arnold, Inc.; 61 (ol), Bianca Lavies; (or), NPS; (ml), Jim Kern Expeditions; (mr), Fred Hirschmann; (u), Raymond Gehman/CORBIS; 63 (o), James Valentine; (m), Farrell Grehan; (u), QT Luong/TGP; 64, Marc Muench/CORBIS; 68, Dennis Flaherty; 69 (o), NPS; (u), Raymond Gehman/CORBIS; 70, Raymond Gehman; 72 (o), Larry Ulrich; (m), David Muench/CORBIS; (u), Dick Durrance II; 73 (o), James Randklev/CORBIS; (m), David Muench/CORBIS; (u), James Valentine; 74, QT Luong/TGP; 75, Matt Bradley; 78, Matt Bradley; 79 (o), Richard Hamilton Smith/CORBIS; (c)&(b), Matt Bradley; 80, Tom Bean/CORBIS; 83, John & Ann Mahan; 84, Jim Brandenburg/Minden Pictures; 86 (o), John & Ann Mahan; (m), Richard Hamilton Smith/CORBIS; (u), John & Ann Mahan; 87 (o), John & Ann Mahan; (m), Carl R. Sams; (u), Rod Planck/PR; 88, Marc Muench/Alamy; 90–91, Richard Schlecht; 91 (l) & (r), Chip Clark; 92, Laurence Parent; 92–93, Richard Schlecht; 95 (o), Dan J. Dry; (u), David Muench/CORBIS; 96, NPS; 100, NPS; 101, George Grall/NGS; 103 (o), Carr Clifton; (m), David Muench/CORBIS; (u), Jeff Lepore/PR; 104, M. Dillon/CORBIS; 108, Jodi Cobb/NGS; 111, Stephen Frink; 112, John & Ann Mahan; 113, Erwin & Peggy Bauer; 116, Richard Olsenius; 117 (o), Erwin & Peggy Bauer; (u), Terraphotographics/BPS; 119 (o), John & Ann Mahan; (m), Jim Zipp/PR; (u), Richard Hamilton Smith/CORBIS.

Der Südwesten

120 (o), Larry Ulrich; (m), George F. Mobley, NGS; (u), David Muench; 121, QT Luong/TGP; 124, QT Luong/TGP; 125, Matt Bradley; 128, William Manning/CORBIS; 129, Larry Ulrich; 130, George F. Mobley, NGS; 131 (l), Jim Steinberg/PR; (r), Tom Bean; 132, Bruce Dale/NGS; 133, David Muench/CORBIS; 134, Adam Woolfitt/CORBIS; 138, Walter M. Edwards/NGS; 139, QT Luong/ TGP; 141 (o), Wendy Shattil/Bob Rozinski; (cm), Lewis Kemper; (u), Wendy Shattil/Bob Rozinski; 142, Jonathan Blair/CORBIS.

Das Colorado-Plateau

148 (o), Farrell Grehan; (m) & (u), Larry Ulrich; 149, Tom & Pat Leeson; 152, Tom & Pat Leeson; 153, NPS; 156, QT Luong/TGP; 157, NPS; 159 (o), Farrell Grehan; (u), Larry Ulrich; 160, Larry Ulrich; 161, Fred Hirschmann; 163, Grant Haist; 165 (o), Fred Hirschmann; (m), Raymond Gehman/CORBIS; (u), Pat O'Hara; 166, QT Luong/TGP; 167, David Muench; 169, Gary Vestal; 170, NPS; 171, Walter M. Edwards/NGS; 172 (o), Gary Vestal; (u), Pat O'Hara; 174 (o), Tom Till Photography; (m), Farrell Grehan; (u), Donna Ikenberry/Animals Animals; 175 (o), Larry Ulrich; (u), Neil Rabinowitz/CORBIS; 176, Gordon Anderson; 177, Larry Ulrich; 178, Charlie Borland/Wild Vision Photo; 180 (l), David Muench/CORBIS; (r), QT Luong/TGP; 182, Larry Ulrich; 187, Jack Dykinga; 188, George H. H. Huey; 189, Ned Seidler/NGS; 191 (o), Jeff Gnass; (m), Larry Ulrich; (u), Jeff Gnass; 192, David Muench/CORBIS; 193, David Muench; 195 (o), Larry Ulrich; (u), Larry Ulrich; 197 (o), QT Luong/TGP; (m)& (ul), Richard Olsenius; (ur), QT Luong/TGP; 199 (o), Jack Olson; (m), Joe McDonald/CORBIS; (u), Jan Nachlinger; 200, David Muench; 205, NPS; 207 (o), Larry Ulrich; 207 (m)&(u), Tom Till Photography; 208, Ralph Lee Hopkins/NGS; 213 (o)& (m), Fred Hirschmann; (u), George H. H. Huey; 214, George H. H. Huey; 217 (o), QT Luong/TGP; (u), George H. H. Huey; 219 (o), David Muench/CORBIS; (m), AP/Wide World Photos; (u), Joe Raedle/Getty Images; 220, QT Luong/TGP; 221, James Randklev; 222, Fred Hirschmann; 224 (ol), David Muench; (or)&(m), QT Luong/TGP; (ul), Jeff Lepore/PR; (ur), Fred Hirschmann; 226, Pat O'Hara.

Der Pazifische Südwesten

228 (o), Steve Raymer/NGS; (m), Harald Sund; (u), QT Luong/TGP; 229, Jeff Gnass; 232, QT Luong/TGP; 234, Jeff Gnass; 235, Roy Toft/NGS; 239 (o), Caroline Sheen; (u), David Muench; 240, Carr Clifton; 244, David Muench; 246, Larry Dale Gordon/CORBIS; 251 (o), David Muench; (m), NPS; (u), Robert J. Western/NPS; 253 (o), Jeff Gnass; (u), Douglas Peebles/CORBIS; 254, CORBIS; 255, Douglas Peebles/CORBIS; 258, Paul A. Souders/CORBIS; 259 (o), Darodents/PacificStock.com; (u), Jeff Gnass; 261 (o), Roger Ressmeyer/ Starlight Collection/CORBIS; (u), Chad Ehlers/Alamy; 262, Harald Sund; 266, NPS; 268, QT Luong/TGP; 273, Galen Rowell/ CORBIS; 275 (o)& (u), Pat O'Hara; (m), NPS; 276, Dewitt Jones; 281, Pat O'Hara; 283

(ol), Steve Raymer/NGS; (or), Jim Brandenburg/Minden Pictures; (u), QT Luong/TGP; 285 (o), Pat O'Hara; (m), Lewis Kemper; (u), QT Luong/TGP.

Die Rocky Mountains

286 (o), Joel W. Rogers/CORBIS; (m), Pat O'Hara; (u), Larry Ulrich; 287, Jim Brandenburg/Minden Pictures; 290, QT Luong/TGP; 294, Thomas J. Abercrombie/NGS; 296, Larry Ulrich; 297, David Muench/CORBIS; 300, George H. H. Huey; 301, Michael Lewis/CORBIS; 302, Tom Danielsen; 305, QT Luong/TGP; 306, Pat O'Hara; 308 (o), NPS; (ml)&(ur), QT Luong/TGP; (mr), K.D. McGraw; (ul), Scott Rutherford; 311 (o), Raymond Gehman; (m), Pat O'Hara; (u), Charles Gurche; 312, George H. H. Huey; 316 (o), George H. H. Huey; (u), Taylor S. Kennedy/NGS; 317, Wendy Shattil/Bob Rozinski; 318, Wendy Shattil/Bob Rozinski; 320, QT Luong/TGP; 323, Linde Waidhofer; 325, Wendy Shattil/Bob Rozinski; 326, Leonard Lee Rue III; 328 (o), CORBIS; (m), Tom Bean/CORBIS; (u), Wendy Shattil/Bob Rozinski; 329 (o), John Fielder; 329 (m), Wendy Shattil/Bob Rozinski; (u), Tom Bean/CORBIS; 330, Layne Kennedy/CORBIS; 331, Steven C. Kaufman; 334 (o), QT Luong/TGP; (m), Jim Brandenburg/Minden Pictures; (u), Steven C. Kaufman; 337 (o), David Muench; (m), Herbert Kehrer/zefa/CORBIS; (u), Bates Littlehales/NGS; 338, Lowell Georgia/NGS; 342, Steven C. Kaufman; 344, Buddy Mays/CORBIS; 346 (t), Lowell Georgia /NGS; (m), Brian A. Vikander/CORBIS; (u), George Wuerthner; 347 (m), Joel W. Rogers/CORBIS; (u), Rod Planck/PR; 348, QT Luong/TGP; 350, Francois Gohier/PR; 353 (o), Rod Planck/PR; (m), NPS; (b), Joel Strasser; 354, NPS; 355, Dean Krakel II; 358, Steven Fuller; 359, Jim Brandenburg/Minden Pictures; 360, Jim Brandenburg/Minden Pictures; 361 (o), Craig Fujii/The Seattle Times; (u), Tom Danielsen; 363 (o), Pat O'Hara; (m), Laurance B. Aiuppy; (ul), Farrell Grehan; (ur), Jeff Vanuga; 365 (o), Pat O'Hara; (m), Wayne Lankinen; (u), Randy Ury.

Der Pazifische Nordwesten

366 (o), Charles Mauzy/CORBIS; (m), Steve Terrill; (u), Jeff Gnass; 367, Pat O'Hara; 370, James A. Sugar/BLACK STAR; 374, Steve Terrill; 376 (o), Raymond Gehman/CORBIS; (m), Larry Ulrich; (u), Jeff Gnass; 377 (o), Steve Terrill; (u), Farrell Grehan; 378, Ron Watts/CORBIS; 383 (o), Pat O'Hara; (u), Jeff Gnass; 384, Art Wolfe/ArtWolfe.com; 388, Galen Rowell/CORBIS; 389 (o), Darrell Gulin/CORBIS; (u), Art Wolfe/ArtWolfe.com; 390, Steve Terrill; 391 (ol)&(mr), Pat O'Hara; (or)&(ml), Farrell Grehan; (ul), Charles Mauzy/CORBIS; (ur), George F. Mobley; 393 (o), Pat O'Hara; (m), Layne Kennedy/CORBIS; (u), Darrell Gulin/CORBIS; 394, Pat O'Hara; 398, Pat O'Hara/CORBIS; 401 (o)&(u), Pat O'Hara; (m), Art Wolfe/ArtWolfe.com; 402, Pat O'Hara; 407, David M. Seager; 410, David Muench; 414, QT Luong/TGP; 417 (o), Richard R. Hansen/PR; (u), Jean Hawthorne/Six Rivers National Forest.

Alaska

418 (o), Michio Hoshino/Minden Pictures; (m), Tom Bean; (u), Fred Hirschmann; 419, George Herben; 422, QT Luong/TGP; 426, QT Luong/TGP; 428 (ol), John Eastcott und Yva Momatiuk/NGS; (or), Joel Sartore/www.joelsartore.com; (u), QT Luong/TGP; 430 (o), NPS; (m), Marc Muench/Getty Images; (u), Paul Souders/Getty Images; 431 (o), Len Rue, Jr.; (m), Michael Melford; (u), Kennan Ward/CORBIS; 432, QT Luong/TGP; 433, QT Luong/TGP; 436 (o), QT Luong/TGP; (u), Fred Hirschmann; 438, Tom Bean; 442, Joel Sartore/NGS; 444, Fred Hirschmann; 448, QT Luong/TGP; 450, QT Luong/TGP; 454 (t), Momatiuk & Eastcott/Animals Animals; (ml), Art Wolfe/PR; (mr), Boyd Norton; (u), George Herben; 456, QT Luong/TGP; 459, Len Rue, Jr.; 460 (o), Michio Hoshino/Minden Pictures; (m), Tim Thompson; (u), Michael Melford; 461, Pat O'Hara; 462, Will Troyer; 465, Fred Hirschmann; 466 (o)&(ul), Fred Hirschmann; (ur), Victoria McCormick/Animals Animals; 468, Kim Heacox; 472, Dicon Joseph/AccentAlaska.com.

REGISTER

Abkürzungen im Register

Bureau of Land Management = BLM
National Forest = NF
National Historic Park = NHP
National Marine Sanctuary = NMS
National Monument = NM
National Park = NP
National Recreation Area = NRA
National Recreation Trail = NRT
National Wildlife Refuge = NWR
State Park = SP

A

B

ZEICHENERKLÄRUNG und ABKÜRZUNGEN

National Park	N.P.
National Park and Preserve	N.P. & Pres.
National Preserve	Nat. Pres.
National Conservation Area	N.C.A.
National Historical Park	N.H.P.
National Memorial	Nat. Mem.
National Monument	Nat. Mon.
National Natural Landmark	N.N.L.
National Recreation Area	N.R.A.
National Forest	N.F., Nat. For.
National Recreation Area	N.R.A.
National Volcanic Monument	N.V.M.
State Forest	S.F.
National Wildlife Refuge	N.W.R.
National Wildlife Range	
State Game Refuge	
State Game Sanctuary	S.G.S.
State Wildlife Area	
Habitat Area	
National Grassland	
Bureau of Land Management	B.L.M.
National Monument (B.L.M.)	Nat. Mon.
National Recreation Area (B.L.M.)	N.R.A.
State Park	S.P.
State Historic Site	S.H.S.
State Primitive Park	
State Recreation Area	S.R.A.
State Wilderness Park	S.W.P.
Provincial Park	P.P.
County Park	
Indian Reservation	I.R.
Reserve (Canada)	
Built-up Area	

U.S. Interstate (5) · U.S. Federal, State oder Provincial Highway (50) (33) (1) · andere Straße (J59)

Geländestrecke · Wanderweg · Fähre

Eisenbahn · Wasserscheide · Bruchlinie

Wildnis · National Marine Sanctuary · National Wild & Scenic River

Militärgebiet · Staatsgrenze · Bundesstaatsgrenze

- Bundeslandhauptstadt, Provinzhauptstadt
- Ranger Station, Visitor Center, Park Headquarters
- Sehenswürdigkeit
- Campingplatz
- Rastplatz
- Aussichtspunkt
- Erhebung (Höhe)
- Pass
- Tunnel
- Damm
- periodischer Fluß
- periodischer See
- trocken gefallener See
- Sanddüne
- Wasserfall
- Quelle
- Geysir
- Gletscher
- Sumpf/Moor
- Riff
- Schiffswrack

SIEDLUNGSGRÖSSE

DENVER	über 500.000
Sacramento	50.000 bis 500.000
Helena	10.000 bis 50.000
Morton	unter 10.000

WEITERE ABKÜRZUNGEN

Admin.	Administrative
AVE.	Avenue
Cr.	Creek
DR.	Drive
E.	East
Fk.	Fork
ft.	feet
Gl.	Glacier
Hdqrs.	Headquarters
HWY.	Highway
I.-s.	Island-s
L.	Lake
M.	Middle
Mt.-s.	Mount-ain-s
N.	North
NAT.	National
N.M.S.	National Marine Sanctuary
N.S.T.	National Scenic Trail
Pk.	Peak
PKWY.	Parkway
P.P.	Provincial Park
PRES.	Preserve
Pt.	Point
R.	River
Ra.	Range
RD.	Road
Rec.	Recreation
Res.	Reservoir
S.	South
ST.	Street
TERR.	Territory
TR.	Trail
U.S.F.S.	United States Forest Service
W.	West
WILD.	Wilderness

In der Reihe NATIONAL GEOGRAPHIC TRAVELER sind bisher folgende Titel erschienen:
ÄGYPTEN
ALASKA
AMSTERDAM
AUSTRALIEN
BARCELONA
BERLIN
BOSTON UND UMGEBUNG
CHINA
COSTA RICA
DEUTSCHE NATIONALPARKS
DOMINIKANISCHE REPUBLIK
FLORENZ UND TOSKANA
FLORIDA
FRANKREICH
GRIECHENLAND
GROSSBRITANNIEN
HAWAII
HONGKONG
INDIEN
IRLAND
ITALIEN
JAPAN
KALIFORNIEN
KANADA
KARIBIK
KRETA
KUBA
LONDON
MADRID
MEXIKO
MIAMI UND DIE FLORIDA KEYS
NEAPEL UND SÜDITALIEN
NEUSEELAND
NEW YORK
PANAMA
PARIS
PEKING
PERU
PIEMONT UND
NORDWEST-ITALIEN
MIT TURIN UND DEN ALPEN
PORTUGAL
PRAG UND TSCHECHIEN
PROVENCE UND CÔTE D'AZUR
ROM
RUMÄNIEN
SAN FRANCISCO
SANKT PETERSBURG
SHANGHAI
SIZILIEN
SPANIEN
STATE PARKS – AMERIKAS
„KLEINE NATIONALPARKS"
SÜDAFRIKA
SYDNEY
TAIWAN
THAILAND
USA NATIONALPARKS
VENEDIG
VIETNAM
WASHINGTON, D.C.
Weitere Titel in Vorbereitung

Deutsche Ausgabe veröffentlicht von National Geographic Deutschland (G+J/ RBA GmbH & Co KG), Hamburg 2000
5. aktualisierte Auflage 2009

Übersetzung: Dr. Siegfried Birle, Christiane Gsänger (Aktualisierung 2009), Barbara Henninger, Dr. Marion Pausch
Gesamtproducing: CLP • Carlo Lauer & Partner
Schlussredaktion: Dr. Horst Leisering
Satz: CDN MEDIA, Klaus Numberger
Druck und Verarbeitung: Offizin Andersen Nexö Leipzig GmbH

Printed in Germany
ISBN 978-3-86690-149-0

Titel der amerikanischen Originalausgabe
National Geographic Guide to the National Parks of the United States

Alle Angaben in diesem Buch wurden zum Zeitpunkt der Erarbeitung sorgfältig geprüft. Dennoch können sich natürlich Details ändern, und der Verlag kann für solche Änderungen, eventuelle Fehler oder Auslassungen keine Verantwortung oder Haftung übernehmen. Bewertungen von Hotels, Restaurants oder Sehenswürdigkeiten geben die Sicht der Autoren wieder.

Die National Geographic Society, eine der größten gemeinnützigen wissenschaftlichen Vereinigungen der Welt, wurde 1888 gegründet, um «die geographischen Kenntnisse zu mehren und zu verbreiten».
Sie unterstützt die Erforschung und Erhaltung von Lebensräumen sowie Forschungs- und Bildungsprogramme. Ihre weltweit mehr als neun Millionen Mitglieder erhalten monatlich das NATIONAL GEOGRAPHIC-Magazin, in dem die besten Fotografen ihre Bilder veröffentlichen sowie renommierte Autoren aus nahezu allen Wissensgebieten der Welt berichten. Ihr Ziel: inspiring people to care about the planet, Menschen zu inspirieren, sich für ihren Planeten einzusetzen.

Die National Geographic Society informiert nicht nur durch das Magazin, sondern auch durch Bücher, Fernsehprogramme und DVDs.

Falls Sie mehr über National Geographic wissen wollen, besuchen Sie unsere Website unter www.nationalgeographic.de.